松永瑠成〈著〉

貸本問屋と貸本文化

娯楽的書籍の出版・流通・受容

勉誠社

序章

近世以降、日本国内での出版点数は年々増加し、それまで読書と縁のなかった層へも、次第に書籍が行き渡るようになる。しかしながら、当時の書籍はそれほど安価なものではなかった。そのため、蔵書として代々引き継ぐだけの価値を有する（と考えられた）書籍以外、たとえば小説類をはじめとする娯楽的書籍などを購入する人々はそう多くなかった。

では、人々はどのようにして娯楽的書籍を手に取り、読んでいたのか。近世・近代の日本において、そうした書籍は自ら購入するよりも、貸本屋から借りて読む方が一般的であった。それは人々が自らの読書体験を振り返った回想類のほか、貸本屋の蔵書目録や営業文書、あるいは書籍に貼付された摺物、押捺された貸本印などを一瞥すれば明らかである。したがって、娯楽的書籍の受容を考える上で、貸本文化からのアプローチは有効であるばかりか、必要不可欠といっても過言ではない。

具体的にどのような書籍が貸本をとおして読まれていたのだろうか。それは貸本屋の蔵書内容が如実に物語ってくれる。近世期の貸本屋が蔵書を形成するまでの過程、特に書籍の入手に関しては、長友千代治氏が四つの方法を提示している。①版元からの直接購入、②貸本屋からの購入、③「貸本類仕入所」や「古本売買所」などからの購入、④貸本屋自身による制作（特に写本）の四つである。(1) このうち①③について長友氏は、貸本屋がかつて貸し出していた書籍、すなわち貸本屋旧蔵書にみられる広告や摺物により、書籍の仕入れ方法を分析している。(2) ほかにも浜田啓介氏は、馬琴の書簡に基づく調査により、貸本屋が版元から読本を購入していく様子を浮かび上がらせている。(3)

こうした研究をとおして、貸本屋がどのようにして書籍を入手したかが明らかになったとき、初めて版元から貸本屋、そして貸本屋から読者へと書籍が行き届くまでの過程を解き明かすことができる。換言すれば、娯楽的書籍の出版・流通・受容を一つの流れ（「版元↓貸本屋↓読者」）として捉えられるようになるのである。しかしながら、版元・貸本屋間の書籍の動きについては、近世だけでなく近代においても、未だ十全に明らかにされているとは言い難い。

本書では、こうした版元・貸本屋間における書籍の動きを明らかにすべく貸本問屋に注目する。第一部第二章「丁子屋平兵衛の躍進――貸本屋世話役から貸本問屋へ」で定義するように、貸本問屋とは「貸本向けの書籍を出版・蔵版し、それらを卸す問屋としての機能を有した書肆」であり、「版元↓貸本屋↓読者」という構図でいえば「版元」にあたる。したがって貸本問屋とは、貸本をとおして受容される娯楽的書籍の起点に位置する存在なのだが、その実態は今なお詳らかになっていない。しかし、前述した娯楽的書籍の出版・流通・受容を捉えるためには、貸本問屋の実態、とりわけどのような書籍を、いかにして出版・流通させていたのかを解明しなければならないだろう。

貸本問屋のうち、本書では文渓堂丁子屋平兵衛・文永堂大島屋伝右衛門・聚栄堂大川屋錠吉を取り上げる。それぞれ近世後期から近代にかけて活躍した代表的な貸本問屋である。彼らの活動時期は多少重なる部分があるものの、大別すると近世後期（丁子屋）・近世後期〜近代初頭（大島屋）・近代初頭〜近代末葉（大川屋）となる。つまり、それぞれの活動とその意義を調査・研究することは、貸本問屋の実態解明に留まらず、近世・近代におけるその史的展開をも明らかにすることへ繋がる。また、本書ではあわせて近世・近代日本における貸本屋の具体的な蔵書内容、さらには営業の様子をも明らかにしていく。これにより、丁子屋・大島屋・大川屋ら貸本問屋を起点に出版・流通した娯楽的書籍が、貸本屋をとおして人々に受容されるまでを、一つの流れのなかで捉えることが可能となる。

以上のように、娯楽的書籍の出版・流通・受容を考える上で、貸本問屋は欠かすことのできない存在であるとともに、重要な視点なのである。

本書は、貸本問屋の実態解明とその史的展開を明らかにする第一部および第二部、個々の貸本屋の様相と変遷を取り上げた第三部から構成されている。

第一部「貸本問屋の史的展開」は、貸本問屋という業態が生まれる基盤になったと考えられる貸本屋組合、特にその成立を端緒として、丁子屋平兵衛・大島屋伝右衛門・大川屋錠吉ら、それぞれの活動とその意義を明らかにし、近世から近代における貸本問屋の実態とその史的展開を通観するものである。

第一章「江戸・大坂における貸本屋組合の成立」では、江戸・大坂の地において、貸本屋の組織である貸本屋組合が成立した経緯、またその背景を明らかにしていく。

第二章「丁子屋平兵衛の躍進――貸本屋世話役から貸本問屋へ」では、丁子屋平兵衛が貸本屋世話役から貸本問屋となり、その地位を確かなものにしていくまでの過程を書籍の売捌と貸本屋に向けられた販路の形成といった点に着目して論じる。

第三章「中本受容と大島屋伝右衛門」では、滑稽本や人情本をはじめとする中本（ちゅうほん）の版元として知られていないがら、実態が把握できていなかった大島屋伝右衛門を取り上げ、その系譜と出版活動および具体的な書籍流通を明らかにするなかで、大島屋が中本受容に果たした役割について考察する。

第四章「大島屋伝右衛門と池田屋一統――売薬「処女香」を端緒として」では、大島屋が精剤・販売していた売薬「処女香」を取り上げ、その広告や引札などを精査するなかで、大島屋と池田屋清吉をはじめとする池田屋一統との結びつきを指摘するとともに、彼らとの間で築き上げられた書籍流通網について論じる。

第五章「黎明期の初代大川屋錠吉」では、講談本などの版元として知られる大川屋錠吉（後の大川屋書店）の黎明期の動向とその出版物に着目し、後に彼が貸本問屋として躍進できた要因を明らかにする。

第六章「赤本屋としての初代大川屋錠吉」では、明治期に「赤本」と呼ばれた書籍、およびその名称の定義を確認した上で、初代大川屋錠吉の赤本屋としての一面に着目し、その出版と流通を明らかにする。

第二部「貸本問屋の出版書目」では、大島屋・丁子屋・大川屋ら貸本問屋が出版・蔵版・求版した書籍を年代順に概観し、彼らの出版活動の全体像とその変遷を明らかにする。これは貸本問屋の実態解明のみならず、貸本屋をとおして人々がいかなる書籍を受容していたのかを、貸本問屋の側から浮かび上がらせていくこととともなる。それぞれ第一章「丁子屋平兵衛出版書目年表稿」では丁子屋、第二章「大島屋伝右衛門出版書目年表稿」では大島屋、第三章「初代大川屋錠吉出版書目年表稿」では大川屋の出版書目を取り上げる。なお、それぞれ参考として、蔵版書目が豊富に記載された「書林文渓堂蔵販目録」「東都書林文渓堂蔵販中形絵入よみ本之部目録」（丁子屋）、「書林文永堂蔵販目録」（大島屋）、『第二十三回大川屋出版小説図書総目録（明治三十二年八月改正増訂）』（大川屋）を附録する。

第三部「貸本文化の変容とその諸相」では、丁子屋・大島屋・大川屋らが活躍していた時代、とりわけ幕末から明治・大正期において、貸本屋がいかなる変容を遂げていったのか、その様相を貸本屋がかつて所蔵し、実際に貸し出していた書籍、すなわち貸本屋旧蔵書を史料として活用しながら通観し、貸本文化の流れを捉える。

第一章「貸本屋の諸相」では、貸し出す書籍を補強するため、貸本屋自らが裏打ちした貸本営業関係の記録を分析し、幕末に営業していた小林某と春日堂播磨屋伊三郎らの蔵書内容やその実態を明らかにする。

第二章「誠光堂池田屋清吉の片影」では、坪内逍遙も利用したことで知られる貸本屋池田屋清吉の実態を貸本屋旧蔵書に貼付された記録類から浮かび上がらせる。

第三章「近代金沢における書籍受容と春田書店」では、石川県立図書館辻家貸本文庫の調査・分析をとおして、貸本屋兼古本屋であった春田書店の蔵書内容や貸本業・古本業の実態、同地における書籍受容の様相を明らかにする。

以上の構成により、本書では貸本問屋の実態解明に留まらず、近世・近代における貸本問屋を起点とした娯楽的書籍の出版・流通・受容の流れ（貸本問屋→貸本屋→読者）をも捉えていく。

注

（1）長友千代治著『近世貸本屋の研究』（東京堂出版、一九八二年）四五頁。
（2）注（1）前掲書（四六～五〇頁）および『江戸時代の図書流通』（思文閣出版、二〇〇二年）一三四頁。
（3）浜田啓介「馬琴をめぐる書肆・作者・読者の問題」（『近世小説・営為と様式に関する私見』京都大学学術出版会、一九九三年所収。初出は一九五三年）。

目次

目　次

第二部　貸本問屋の出版書目

第一部　貸本問屋の史的展開

第一章　江戸・大坂における貸本屋組合の成立

はじめに

名主であった斎藤市左衛門の手控えとされる『画入読本外題作者画工書肆名目集』[1]（以下『名目集』）には、「文化五辰年五月改」として「町々貸本屋世話役名前」「組合惣人数高」「最寄分十弐組惣人数」が記されている。ここから文化五年（一八〇八）五月の時点で、江戸に十二組から構成される貸本屋の組織が存在していたことを確認できる。天保七年（一八三六）八月十四日におこなわれた曲亭馬琴の書画会の参加者に、「かし本やハ、一組ニて、惣名代一人づゝ出席」[2]とみえるのも、おそらく同様の組織の存在を示していよう。すなわち、貸本屋の組織の「惣名代」が書画会に参加しているのである。

貸本屋の長門屋で奉公していた村田幸吉は、貸本向けの書籍が刊行された際には、「来ル幾日売出に付以前御申込被下度といふ様な廻状」が本屋だけでなく「貸本屋仲間」へも廻されていたと回想している。[3]この「貸本屋仲間」こそが、前述した貸本屋の組織、あるいはその後身にあたるものだと考えられる。

後述するように、江戸のみならず大坂にも「貸本屋仲間」は存在した。しかしながら、これら江戸・大坂の組織は、幕府によって公認された仲間ではない。よって行論上の混乱を回避するためにも、以下本書では「貸本屋組合」と称して進める。

今田洋三氏は、寛政以降おこなわれた出版取締り体制の総仕上げとして、文化五年五月に幕府が貸本屋をはじめとする仲間外の者を対象とし、強制的に組織させたのが貸本屋組合であった可能性を指摘するとともに、「組合を作らせて、仲間内でお互いに違法のないように監視させ、連帯責任を負わせようとしたものにちがいない」と述べている。(4) また弥吉光長氏は、「町奉行も板木屋に仲間を作らせたように、貸本屋にも仲間を作らせた。その時期は明らかな記録がないが、文化四年頃ではあるまいか」という見方を示している。(5)

一方で長友千代治氏は、『名目集』の記述を踏まえて「江戸十二組というのは、貸本屋仲間が組織されていることを意味し、そのことは貸本屋の仲間が商売上の利益や防衛をめぐって、結束を固めていることを物語る」(6)と、想定される貸本屋組合の機能について触れるに留め、組合成立に至る経緯には深く言及していない。

以上のように諸氏によって言及されながらも、江戸貸本屋組合がいかなる経緯で成立したのかは、現在まで詳細に検証されていない。そうした状況は大坂貸本屋組合に関しても同様である。

そこで本章では、従来詳しく検証されてこなかった江戸・大坂において貸本屋組合が成立した経緯、またその背景を明らかにする。江戸貸本屋組合については、『名目集』の記述からその成立を文化五年五月とした上で、長らく書籍業界を悩ませていた世利（せり）本屋と上方の本屋との直接取引をめぐる問題から考察していく。他方、大坂貸本屋組合については、組合成立と関係が深いと思しい小組と呼ばれた組織を中心に考察を進めていく。

一、江戸の書籍業界と世利本屋

今田氏が指摘していたとおり、江戸貸本屋組合の成立には、本屋仲間外の者、とりわけ後述する世利本屋が関係していると考えられる。

享保十五年（一七三〇）に江戸書物問屋行事は、大坂から江戸へやってくる本屋に①「御公儀様御法度之書物幷書キ本類」「御諱諸家之噂等書顕し候新板」「好色本」「風俗之為不宜書物」の売買禁止、②行事の割印がない上方出来の新版の売買禁止、③「三組仲ヶ間外世利衆」との取引禁止といった三点を要請すべく、大坂本屋仲間へ書状を送っている。(7)なお、「三組」とは江戸書物問屋仲間を構成する通町組・中通組・南組を指す。

③にみえる「世利衆」は、本屋仲間の者を親とし、その名義のもと書籍の取引をおこなう者であり、世利本屋・糶本屋・糶・世利子・世利売・売子とも呼ばれている。以下、彼らを「世利本屋」と称す。仲間外の者による書籍の取引は原則禁止されていたものの、この世利本屋は例外的に認められていた。彼らがおこなう取引の内容は多岐にわたり、直接本屋や市に出向いて書籍を売買するほか、貸本営業もおこなっていた。(8)本屋から本屋、あるいは本屋から読者へと書籍を流通させる彼らなくして、当時の書籍業界は成り立たないといってもよい。

先の要請のうち、③では大坂の本屋が世利本屋と直接取引することを禁じていたが、これは①や②であげられている禁制の書や割印のない書籍などが、書物問屋仲間の者を介さずに売買され、江戸へ流入するのを防ぐためになされた要請とみてよい。

こうした江戸の世利本屋と上方の本屋との直接取引については、江戸書物問屋仲間の記録である早稲田大学図書館蔵『三組書物問屋諸規定』（ワ〇三―〇一一三二）に収められた『書林連印帳之写』にも関連する記述を見出せる。『書林連印帳之写』は宝暦十二年（一七六二）五月に制定され、天明六年（一七八六）五月に改定されたもので、開版や売弘に関する三都の仲間間での申し合わせ事項がまとめられている。

一自今京大坂ニ而致出来候新板物、当地吟味相済不申先江、下り売之本屋持来候歟、又は上方引合之店ゝ江、詰合ニ下り候共、壱部ニ而も売買堅無用ニ候。右躰之叓、仲間之内未熟候ニ而ハ、割印之無規模も、後世ニ至候而は、京大坂之新板物は、割印不取致し売買候様、可相成候後難可慎候。若紛敷新板物、詰合ニ下り候ハヽ、年行司江合聞合、割印不相済物は、売買可為無用亊。

一京大坂下り之商人

御公法大切ニ相守、仲間申合之作法相用、従先年被致売買候処、近年猥ニ相成、仲間外之者被致売買候様ニ相見得、甚不埒ニ候。自今はケ様之族無之様、其旅人宿元ら、時ゝニ急度可被申渡候。然ル上ニも、不埒成人有之候は、仲間申合、其下り商人与堅致売買申間舗事。(9)

一つ目の条目では、享保十五年の要請②とほぼ同内容が周知されている。二つ目の条目では、上方の本屋と江戸の「仲間外之者」との取引を取り沙汰し、厳しく言い渡したにもかかわらず、取引がおこなわれた場合は、当事者である上方の本屋との取引禁止が仲間に求められている。こちらは一つ目の条目で周知した割印のない上方出来の書籍の取引を念頭に置いているものと考えられる。

文化元年（一八〇四）に江戸書物問屋行事は、京都・大坂の本屋仲間へ、「仲間外之衆中」あるいは「外本や」と取引しないよう要請しているが、(10)これは同年の『絵本太閤記』とその関連作品の絶版に端を発するものである。つまり、この要請は江戸の世利本屋と上方の本屋との直接取引により、絶版となった『絵本太閤記』などの書籍が、江戸へ流入することを防ぐ目的でなされたものだと考えられるのである。本来取引が禁止されている書籍の流入を防ぐためという点は、先に確認した享保十五年の要請、また『書林連印帳之写』の条目とも共通している。

なお、文化四年（一八〇七）十月、江戸書物問屋仲間は京都・大坂の本屋仲間へ再び同様の要請をするが、そちらについては後述する。

以上のように、長らく江戸では世利本屋と上方の本屋との間でおこなわれる、書物問屋仲間の者を介さない直接取引が問題視されていた。その背景には、直接取引により禁制の書や割印のない書籍など、取引が禁止されている書籍の流入する危険性があった。

二、文化露寇と江戸貸本屋組合の成立

文化三〜四年(一八〇六〜一八〇七)にかけて、ロシア帝国の外交使節ニコライ・レザノフが部下に命じ、樺太島クシュコンタンをはじめとする日本の北方を襲撃した文化露寇(フヴォストフ事件)が起こる。藤田覚氏によれば、この文化露寇に関する情報は、江戸藩邸の留守居役や蝦夷地の商人などをとおして、瞬く間に全国へと広がり、次第に幕府の対応をめぐる批判が生まれる事態となる。この事態を重くみた幕府は、文化四年六月、武家に対して三通の触書を出し、文化露寇に関する情報を公開するとともに、江戸市中に雑説禁止令を含む町触を発出したという(11)。幕府は文化露寇に関する情報を統制しようとしたのであり、その影響は書籍業界にも及ぶこととなる。

佐藤悟氏は、文化露寇がもたらした新版への影響(書名の変更・内容の改変など)を指摘し、さらに情報統制としての検閲強化のため、名主改が創始されたとする(12)。名主改とは、従来の仲間行事による改に加え、名主も検閲をおこなう新体制である。このように文化露寇は、新たな検閲体制を創始させるほど、書籍業界に大きな影響を及ぼしたわけだが、その余波は世利本屋、ひいては貸本屋にも及ぶこととなる。

『名目集』には「貸本屋世利本渡世の者ニ而手広にいたし候者名前」「右十八人の者共ゟ書物問屋共え上方直

荷物江戸板共改を受す売捌申間敷旨之取極一札取置申候」として、石渡利助・上総屋忠助以下十六名の名前が記載されている。この「一札」については、国立国会図書館蔵『類集撰要』巻四十六（八〇四―三）に収められた「文化四卯年十月」とある「一札之事」から裏付けることができる。[13]そこには仲間の者を介さずに上方から江戸へ流入した書籍、また仲間外の者によって出版された書籍が、行事改を受けずに取引されていた一件について、本屋仲間が「仲ヶ間御当地外
羅本屋貸本屋」と「上方直荷引受候者」から一札を取った旨が記されている。

同じく『類集撰要』巻四十六所収の文化四年十月に書物問屋行事から出された「以書付申上候」では、「羅本屋貸本屋」らが行事改を受けずに書籍を出版するとともに、そうした書籍と上方の本屋との直接取引により入手した書籍とを売り捌き、流布させている事態への対策が名主に求められている。これを受け、同月に名主は本屋仲間行事をとおして、「御当地羅本屋貸本屋」や「上方筋積下候書物屋」に対し、注意を促している（『類集撰要』巻四十六）。

文化四年十月に書物問屋仲間行事が「羅本屋貸本屋」による改を受けていない書籍の出版・売捌・流布、および上方の本屋との書籍の直接取引を取り沙汰した背景には、前年から話題となっていた文化露寇がある。前節「江戸の書籍業界と世利本屋」で確認したような取引が禁止されている書籍、とりわけ文化露寇関連の書籍の流入を防ぐべく、書物問屋仲間は名主へ対策を求めたのである。

しかし、文化四年九月に創始された名主改は、新たに出版される書籍の検閲強化へと繋がったものの、江戸の世利本屋と上方の本屋との直接取引に対しては、それほど効力を発揮しなかった。同様に同年十月の名主による指示も、直接取引を抑止することはできなかった。文化五年二月、書物問屋仲間が絵入読本改掛肝煎名主へ提出した「以書付御願申上候」（『類集撰要』巻四十六）には次のようにある。

上方ゟ仲間外之本屋江直積下候品ハ、不沙汰ニ致商売候ニ付、改方難行届奉存候、尤去秋中、各様方へ申上

候之通、私共仲間定ニ而上方ゟ仲間外之者へ、荷物直積下候義致間敷旨申合置候処、近頃猥ニ相成仲ヶ間外直積下し候ニ付、猶又去十月中、京大坂行事共江も右之段申遣し、弁御当地仲ヶ間外之者ゟ上方下リ荷物引受申間敷一札取置候、然処此度いつまて草四冊、七福七難図会五冊、浦青梅二冊、同後編二冊、仲間外新右衛門町上総屋忠助方へ、上方ゟ荷物積送不沙汰ニ致商売候、去冬一札まて差出置右体之儀有之候而は、自然禁忌之品も売捌候様相成取締不宜奉存候、依之何卒仲間外之者上方ゟ荷物引受不申様御触被成下、弁京大坂書物屋共江も御当地仲間外之者へ、荷物積下し不申様ニ為仰付候ハヽ、取締も宜且は仲間内之者も商内手広ニ相成、問屋株之規模も有之仲間一同難有仕合奉存候、何卒仲間外之者共へ御触被成下、弁上方書物屋共へも右之段被仰渡候様御願被下度、此段各様迄御願申上候以上

（引用に際して読点と傍線を補った）

本屋仲間に属していない上総屋忠助が、上方出来の『戯場壁生草』『七福七難図会』などを上方から入手し、許可無く売り捌いた一件をはじめとする「仲間外之者」と上方の本屋との直接取引が再びおこなわれたのである。「自然禁忌之品も売捌候様相成」とあるように、やはり直接取引は「禁忌之品」が流入する危険性を伴っていた。なお、傍線部Aについては、実際に文化四年十月ごろ、京都の本屋仲間へ仲間外の者との取引を禁止する旨の要請がなされていることを確認できる。(14)また傍線部Bは前述した一札を指している。

傍線部Cの要請を受け、名主がどのような対策を講じたかは、現存する記録類から読み取れない。京都・大坂の記録にも関連する記述を見出せないことから、なんら対策がなされなかった可能性もある。そうしたなかで、この要請から三ヶ月後の五月に江戸貸本屋組合が成立している点は無視できまい。

江戸貸本屋組合は、日本橋南組や京橋南組などの十二組を江戸市中に設け、それぞれに貸本屋世話役を置いている（『名目集』）。なぜ江戸市中を分割し、世話役を置く必要があったのか。新たな検閲体制を創始させるほど、書籍業界に大きな影響を及ぼした文化露寇が前年に起こっている以上、それは貸本屋による上方の本屋との直接

取引、またそうした取引によって、事件に関連した書籍が流入・流布するのを防ぐためだったのだと考えられる。

宝暦八年（一七五八）、美濃国郡上藩で起こった金森騒動を講談に仕立てて読んだ馬場文耕は捕らえられ、市中引き回しの上で獄門に処された。この時、「世上之異説当時之噂事致流布候儀」「当時之噂事書顕し有之処家業に取扱候段不届之至り」として、文耕作の写本を流布させた貸本屋も数名処罰された[15]。また、享和年間には『中山物語』、文化二年には『観延政命談』に関連して貸本屋が処罰されている[16]。時として貸本屋は「世上之異説当時之噂事」を流布する存在として、処罰の対象となり得るのであった。

後述するように、大坂では文化露寇を題材とした写本『北海異談』により、貸本屋をはじめとする数名が処罰されている。書物問屋としては、こうした書籍が貸本屋をとおして流入・流布し、問題へと発展する事態を避けたかったに違いない。文化露寇関連の書籍の流入・流布に起因する問題を未然に防ぐためにも、何らかの形で貸本屋を監視・統制する必要がここに生まれたのである。

『名目集』には、貸本屋世話役の名前に加えて、その所在地をも記載されている。つまり、彼らは各組（地域）の貸本屋の代表であるとともに、いずれも身許の確かな者として書物問屋や名主に認知された存在だった。文化露寇の影響を踏まえるならば、貸本営業のみならず、個々の貸本屋による書籍の取引をも監視・統制するのが、貸本屋世話役だったとみてよいだろう。

このように、上方の本屋との直接取引により、取引が禁止されている書籍、とりわけ文化露寇関連の書籍を流入・流布させないため、貸本屋を監視・統制すべく、成立したのが貸本屋組合だったのだと考えられる。今田氏が指摘するように仲間外本屋の取締りの一環ではあるものの、幕府が主導して組合を結成させた様子は、現存する記録類から読み取ることができなかった。決定的な史料を欠くものの、本章では文化露寇に起因する問題を未然に防ぐべく、書物問屋仲間が率先して貸本屋組合を組織した可能性を指摘しておきたい。

三、大坂における世利本屋の取締りと「貸本や衆中」

大坂貸本屋組合については、架蔵する『吾妻みやげ』なる書に貼付された摺物（図1）が参考になる。『吾妻みやげ』は、市川三升作『爰佃天網島』後編（文政十一年〈一八二八〉刊）と笠亭仙果作『枕琴夢通路』上巻（天保六年〈一八三五〉刊）が合冊された改装本で、幕末から明治期にかけて営業していた大坂天満津国町の貸本屋、播磨屋伊三郎の旧蔵書である。[17] その後ろ見返しに貼付された図1の上段には、「本屋仲間」名義で貸本利用者へ向けた「御断書」が、下段には「浪花　貸本屋仲間」名義でジャンルごとの見料を示した「貸本値段書之定」が、それぞれ記されている。この「浪花　貸本屋仲間」の語によって、大坂にも貸本屋組合の存在を確認できる。

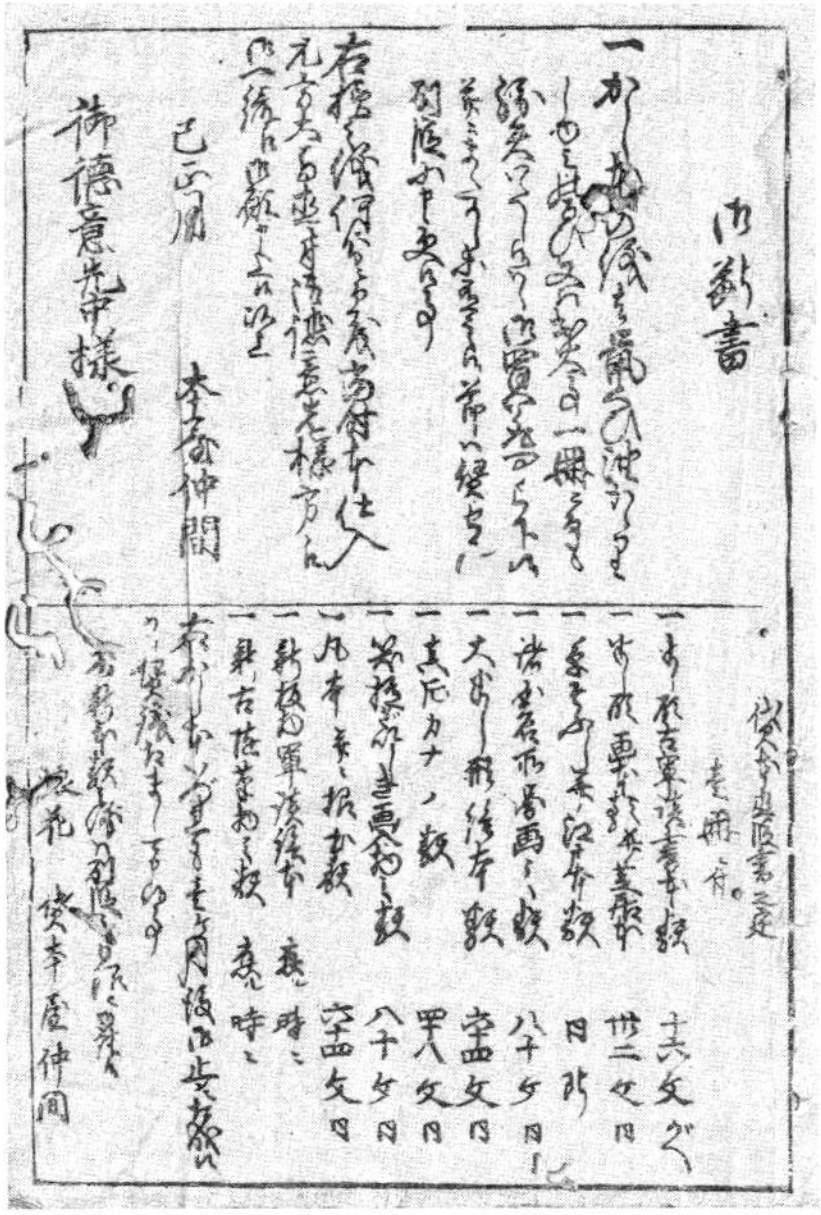

大坂貸本屋組合の成立事情を明らかにすべく、本章では文化五年（一八〇八）以降、次第に強化されていった世利本屋への取締りと、そのなかで発足された小組に注目したい。以下、『大坂本屋仲間記録』の『出勤帳』[18]を中心にみていく。

図1　架蔵『吾妻みやげ』附載の摺物

文化五年七月一日、差紙を受け取り東寺社御役所へと向かった大坂本屋仲間行司は、文化露寇を題材とした写本『北海異談』に関わった五人のなかに、仲間の者が含まれるか否かを問われる。行司は住吉屋もと代判同家栄助・俵屋五兵衛・奈良屋剛蔵・伏見屋嘉兵衛・菱屋武助ら五人のうち、伏見屋だけが仲間に属すると、口上書を以て回答する。また、この口上書では、五人のなかに前年絶版となった『絵本太閤記』および『絵本信長記』を所持する者がいたこともあわせて報告している[19]。

七月六日、奉行所は再び行司を呼び、今度は本屋仲間外の者との書籍の取引について問う。『北海異談』および『絵本太閤記』『絵本信長記』の流布に仲間外の者が関わっていたことを受け、奉行所は動いたのである。行司は禁止されていた仲間外との取引があったことを認めつつも、今後はそうした取引の禁止を徹底する旨の回答をし、本屋仲間は申し合わせの後、九日に口上書を提出している。その口上書には「世利親共へ無株之者加入為致候様、申聞置候最中ニ御座候」と現状を説明しつつ、今後は仲間株がなければ取引ができないよう取り締まる旨が記されている[20]。「世利親共へ」とあることからも、「無株之者」すなわち仲間外の者が世利本屋であったことがわかる。

口上書が提出された七月九日以降、『出勤帳』には「仲間取締之義」という語が度々みられるようになるが、新規加入者はそれほど増加していない。世利本屋を仲間へ加入させる動きへと、すぐには発展しなかったのである。進展をみせるのは、翌文化六年（一八〇九）十月五日である。

十月五日、「仲間取〆り之事」について「仲間内卅人余」は書付を提出する。その内容は不明ながらも、翌六日この書付は差し戻されることとなる。しかし、同日中に本屋仲間では、提出された書付を受けて取締りについての惣寄合が開かれている。同月八日、「仲間卅軒余」は再び書付を提出する。今度は不筋のことゆえ差し戻されるが、行司は彼らに書付を遣わし、「卅四軒」から印判を取っている。ここで初めて、先の「仲間内卅人余」あるいは「仲間卅軒余」が三十四人だとわかる。

十七日に惣寄合が開かれた後、翌十八日には仲間の取締りに関する惣触が認められるとともに、「取締ニ付口上書」および「仲間一統之口上書」が提出される。そして、二十日には惣仲間中へ仲間外の者を仲間に加入させるよう申し付ける。以後、仲間への新規加入者は急速に増加していくこととなる。

さて、世利本屋の取締りを進展させるきっかけとなった書付は、本屋仲間に属する三十四人によって提出された。彼ら三十四人については、『出勤帳』文化七年（一八一〇）正月五日の条が参考になる。

一旧年口上書差出候三十四人之内、代として五人罷出候、其人別、朝田屋清兵衛・井筒屋伝兵衛・本屋徳兵衛・丸屋喜兵衛・豊後屋伊兵衛、右之衆中ゟ申出候ハ、旧年銘々共ゟ口上書さし出候而、於御役中御取締ニ付、追々仲間へ加入有之候処、いまた加入不致候衆も有之候へ共、其侭有之候事
仲間外ニ新板物等相廻り申候事
旧年申出し置候義、御役中御含置之由、其省略も沙汰無之事
新加入八十六匁ニて相加へ申候ハ、何迄と申義ニ候哉之事
右之趣ニて加入之もの共仲間へ入候迚、切も無之義ニ而、彼是申候よしにて、三十四人之もの共迷惑ニ付、此段如何之成行ニ御座候哉之旨、会所へ申出候、仍之行司より返答、此義役中にて及聞居候事ニ付、等閑ニいたし居不申、調中ニ候へ共、何分旧年ゟして会所ふしん加入取調仲間取締等にて大繁多ニ而、中々諸事心外ニ延引いたし有之候、其元衆中ゟ被申出之義も、其しらへ于今行届相談も無之間、追々相しらへ此方より沙汰ニおよひ可申間、其旨相心得可申様申聞、今日之処帰し申候也

「旧年口上書差出候三十四人」は、その人数からみて文化六年十月五日に書付を提出した三十四人であろう。また、「旧年」に出されたという口上書は、前述した文化六年十月十八日の「取締ニ付口上書」および「仲間一統之口上書」を指していよう。文化六年十月五日の書付だけでなく、同年同月十八日の二つの口上書も、本屋仲間に属する三十四人が提出していたのである。五日の書付と同様、仲間の取締りに関するものと思しい「取締ニ付口上書」とともに出された「仲間一統之口上書」については後述する。

彼ら三十四人について山口佳代子氏は、名前の判明する二十五人の多くが板株を有さない、出版以外に重きを置く本屋だったことを指摘している。(21) 本章では、山口氏が触れていない「口上書被差出候貸本や衆中江、外本や加入被致候様通達致候事」という記述を取り上げたい。この記述は、二つの口上書が提出された文化六年十月十八日の条にみえる。記述に従えば、口上書を提出したのは「貸本や衆中」ということになる。文化六年十月二十日に惣仲間中へ申し付けるよりも先に、「貸本や衆中」へ仲間への加入に関する通達がなされていたのは、「取締ニ付口上書」を提出したのが彼らだったからにほかならない。

以上のように、文化六年十月五日の書付と同年同月十八日の二つの口上書を提出したのは、本屋仲間に属する「貸本や衆中」三十四人だった。前述の山口氏による指摘も、彼らが貸本屋であったことを示す証左といえよう。

なお、文化六年十月五日に彼ら三十四人が書付を提出したのは、『北海異談』の一件に関する判決が下されたことと無関係ではないと考えられる。文化六年九月二十二日、『北海異談』に関わった者たちに重い刑罰が下された。(22) 具体的には、『北海異談』の作者南豊が獄門に処されたほか、情報を提供した講釈師秀弘が遠島、同書を取り扱った貸本屋四名が大坂三郷払となった。(23) 貸本屋が処罰されたことを受けて、先の三十四人は自主的に取締りを強化する目的で書付を提出したのだと考えられる。

四、小組と大坂貸本屋組合

前節「大坂における世利本屋の取締りと「貸本や衆中」」で引用した文化七年正月五日の条には、口上書を提出した三十四人の代表として、朝田屋清兵衛・井筒屋伝兵衛・本屋徳兵衛・丸屋喜兵衛・豊後屋伊兵衛の五名が会所を訪れたとある。『出勤帳』の記述には解釈し難い部分があるものの、（1）口上書提出後、仲間加入者は増えたが、未だに仲間外の者が放任されていること、（2）仲間外の者へも「新板物」が渡っていること、（3）「旧年申出し置候義」に関して音沙汰がないこと、（4）八十六匁という加入料で仲間へ加入できるのはいつまでか、以上の四点を問うために彼らは会所を訪れたのであった。これらについて、行司は会所の普請や「加入取調仲間取締」による対応の遅れを認めつつ、後日追って知らせる旨を述べている。(24)

朝田屋清兵衛らが行司に問うた事柄のうち、（1）（2）（4）はいずれも仲間の取締りに関するものである。残りの（3）は正月五日の条だけでは「旧年申出し置候義」が何を指しているのかわからず解釈し難いが、これこそが文化六年十月十八日に出された「仲間一統之口上書」だったのではなかろうか。

文化七年正月五日以降、三十四人の一件に関して二十五日に相談がなされ、二十七日には寄合が開かれる。その後、翌二月五日に行司は朝田屋清兵衛を呼び寄せる。体調不良の朝田屋に代わって訪れた丸屋喜兵衛・阿波屋清次・播磨屋徳三郎に対し、行司は先だってから出されていた願いの詳細について問い合わせている。三十四人からの返答を受け、二月十一日および十三日に再び寄合が開かれる。この寄合では、三十四人が望んだ次の二点について話し合われている。一つは正月五日の（4）に関連する内容で、新たに加入した者たちの人数と彼らが収めた加入料の総額についてである。彼らは世利本屋の取締りに伴う人と金銭の動きについて説明を求めたのである。いま一つは「小組」の発足についてであった。

十一日の寄合では、まず行司がおこなう諸事を周知させるため、小組に当番を設け、これを本屋仲間年行司の加役とすることが定められる。十三日の寄合では、「旧冬願出候願書含置候趣意」のとおり、先の三十四人のなかから二人の小組行司を立てることとなった。これが前述の当番にあたる。「旧冬願出候願書」それ自体が文化六年十月十八日の「仲間一統之口上書」であったかはわからない。しかし、「貸本や衆中」三十四人が、かねてより小組の発足と自分たちのなかから、小組行司を立てることを望んでいたのは確かである。したがって「仲間一統之口上書」は、少なくとも小組の発足に関する内容と解釈して、まず問題なかろう。

文化七年三月七日に開かれた寄合で、十一日および十三日の決定事項を朝田屋清兵衛・丸屋喜兵衛・播磨屋十郎兵衛・山口屋新兵衛・播磨屋徳三郎・加賀屋専蔵らは承諾し、小組の発足について惣触が出される。また同日、大坂本屋仲間を構成する博組・審組・篤組・明組の代表たち十二人は「小組定メ之事」を話し合い、小組は東・西・南・北・中の五組に定め、それぞれに二人の当番を正月・五月・九月の交代制で置くことが決定する。かくして、「貸本や衆中」三十四人の望みどおり、彼らを中心とする小組は発足した。なお、東組をはじめとする五組は、文化七年三月二十日の条では「方角組分」とも称されている。また、後に中組が中北組と中南組にわかれ「六組」となる。(25)

文化七年六月二十九日には、「甲州板早引小本」が重版により売留となるが、このとき仲間のほかにも六組へも売留に関する書付が認められている。また、七月八日に京都の文昌堂なる者によって重版の「甲州板五行」が大坂にもたらされた際、売留とすべく仲間一統へ惣触が出されたが、ここでもまた六組へも触書が認められている。

こうした売留に関する通達が、本屋仲間とは別に小組（六組）へもなされている点は興味深い。少なくとも本屋仲間にとって小組は、貸本屋を含む世利本屋を監視・統制する組織、といった位置づけだったのであろう。それは世利本屋の取締り強化、ひいては小組の発足のきっかけとなった文化六年十月五日の書付が、彼らによる自主的な取締りを目的として提出されたこと、また文化七年十二月五日以降、再び世利本屋が取り締まられ始めた際、関連する寄合や相談に小組と思しい「組合」が加わっていることなどからも、そうした本屋仲間の認識を窺い知れる。

その後、文化九年（一八一二）二月二十七日、これまで「兎角不勤」である上、さして仲間の取締りのためにもならなかったとして、小組行司の廃止が決定される。本屋仲間は小組の発足により、世利本屋の取締りが進むことを期待していたようだが、さしたる成果はもたらされなかったようである。文政六年（一八二三）九月十一日、かつて小組行司を務めていた河内屋得兵衛が、本屋仲間のなかに「小組」という組織を新たに作ろうとしていることから、小組行司のみならず、小組そのものも文化九年二月二十七日に一度廃止された可能性がある。いずれにせよ、文政六年九月十一日の記録以後、小組の名は『出勤帳』にみられなくなる。

前述のとおり、本屋仲間は貸本屋を含む世利本屋を監視・統制する組織として、小組を位置づけていたと考えられるが、小組はそうした期待を裏切ったのであった。しかしながら、朝田屋清兵衛をはじめとする三十四人たちは、本屋仲間が期待したような機能を持つ組織として、小組を発足させたのであろうか。

小組が発足した文化八年三月以降、九月には道具屋でありながら貸本営業と書籍の取引をおこなった天満伊勢町の阿波屋辰蔵が、また同年十月には仲間外でありながら、同じく貸本営業と書籍の取引をおこなった堂嶋新船町の池田屋善太郎がそれぞれ取り沙汰されている(26)。従来問題にはならなかった仲間外の者による貸本営業が、小組の発足後に問題とされている点は注目に値する。朝田屋清兵衛らが小組を発足した理由の一つは、仲間や小組に属さない者たちによる貸本営業を取り締まるためだったのではなかろうか。

「貸本や衆中」三十四人による小組の発足が、『北海異談』の一件のような事態を未然に防ぐべく、貸本屋を含む世利本屋の取締りを強化するためだったことは前述した。しかしながら、世利本屋の取締りにおいて小組が「兎角不勤」である上、さしたる成果をもたらさなかった事実を踏まえるならば、そうした目的はあくまで小組の発足を本屋仲間に認めてもらうための表向きの理由だったと考えることが許されよう。実際は仲間や小組に属する貸本屋の利権を守ることが、彼ら三十四人が小組を発足した本当の目的だったのである。そうだとすれば、世利本屋の取締りにおいて、小組が本屋仲間の期待を裏切ることとなったのも納得できる。

すでに述べたように、「貸本や衆中」三十四人の発案により、文化七年三月に発足された小組は、文化九年二月二十七日以降、記録上は姿を消してしまう。しかし、仲間や小組に属する貸本屋の利権の保護を目的としていたと考えられる以上、その後の貸本屋組合の前身、あるいは母体となる存在であった蓋然性は高いといえよう。図1の摺物をみる限り、大坂貸本屋組合は本屋仲間とは別の組織でありながらも、仲間に内包されているかのような印象を受ける。おそらく小組は、本屋仲間の内部組織のような形で残り続け、やがて大坂貸本屋組合へと発展したのだと考えられる。

おわりに

以上、江戸・大坂において貸本屋組合が成立した経緯とその背景をみてきた。江戸貸本屋組合は、貸本屋と上方の本屋との直接取引により、取引が禁止されている書籍、とりわけ文化露寇に関する書籍が流入・流布する事態を未然に防ぐため、貸本屋を監視・統制すべく成立し、一方で大坂貸本屋組合は、「貸本や衆中」三十四人を中心に発足した小組から発展して成立したものと考えられる。

江戸貸本屋組合の世話役には、読本をはじめとする書籍の出版へと本格的に乗り出した者がいる。なかでも本町組の世話役であった丁子屋平兵衛の活躍は目覚ましく、後に貸本問屋と称される業態を確立するに至る。この貸本問屋という業態は、貸本屋組合のなかで生まれ、育まれたといってもよい。この点については、次章で詳しく取り上げる。

少なくとも江戸貸本屋組合の成立は、文化露寇関連の書籍の流入・流布に起因する問題の防止、また江戸・上方間における書籍の取引の正常化に繋がっただけでなく、貸本問屋という業態の誕生にも、大きな影響を及ぼしていくこととなったのである。

注

（1）慶應義塾大学国文学研究会編『国文学論叢　第一輯　西鶴――研究と資料』（至文堂、一九五八年）所収の松本隆信氏による翻刻を参照。以下同様。

（2）天保七年十月二十六日殿村篠斎宛書簡（柴田光彦・神田正行編『馬琴書翰集成』第四巻、八木書店、二〇〇三年所収）二二四頁。

（3）村田幸吉「会員談叢（四）」（『集古会誌』壬子巻三、集古会、一九一三年九月）。

（4）今田洋三「江戸の出版資本」（『江戸町人の研究』第三巻、吉川弘文館、一九七四年所収）一六〇頁および、同著『江戸の本屋さん』（日本放送出版協会、一九七七年）一六〇頁。

（5）弥吉光長著『未刊史料による日本出版文化　第四巻　江戸出版史――文芸社会学的結論』（ゆまに書房、一九八九年）三七八頁。

（6）長友千代治著『近世貸本屋の研究』（東京堂出版、一九八二年）四三頁。

（7）『裁配帳』二番（『大坂本屋仲間記録』第九巻、清文堂出版、一九八二年）二二九～二三〇頁。

（8）世利本屋については蒔田稲城著『京阪書籍商史』（高尾彦四郎書店、一九六八年）、および橋口侯之介著『江戸の古本屋　近世書肆のしごと』（平凡社、二〇一八年）に詳しい。

（9）引用は金子宏二「翻刻『三組書物問屋諸規定』」（『早稲田大学図書館紀要』第十八巻、早稲田大学図書館、一九七七年三月）による。

（10）『京都書林行事上組済帳標目』「享和四年子正月ゟ文化元年子五月迄標目」（宗政五十緒・朝倉治彦編『京都書林仲間記録』第五巻、ゆまに書房、一九七七年）三八六頁に「江戸表ゟ彼地仲間外之衆中江商致申間敷旨参候一件」、また『出勤帳』二十番（『大坂本屋仲間記録』第二巻、清文堂書店、一九七六年）二五八頁、文化元年（一八〇四）五月十八日の記事に「江戸ゟ仲間外商内之儀ニ付行事中ゟ書状到来、評議之上返書出ス、尤仲間内ゟ下向之衆、彼地外本や江直売不被致候様仲間へ及通達候、触書相認候こと」とある。

（11）藤田覚「近世後期の情報と政治――文化年間日露紛争を素材として」（『近世後期政治史と対外関係』東京大学出版会、二〇〇五年所収。初出は二〇〇〇年）。

(12) 佐藤悟「名主改の創始――ロシア船侵攻の文学に与えた影響について」(『読本研究新集』第三集、読本研究の会、二〇〇一年十月)。
(13) 「一札之事」については高木元「江戸読本の板元――貸本屋の出板をめぐって」(『江戸読本の研究――十九世紀小説様式攷』ぺりかん社、一九九五年所収。初出は一九八八年)に詳しい。
(14) 『京都書林行事上組済帳標目』「文化四年卯九月ゟ同五年辰正月迄」(宗政五十緒・朝倉治彦編『京都書林仲間記録』第五巻、ゆまに書房、一九七七年)四〇二頁に「江戸仲ヶ間外江直売致間敷旨一統相触候一件」とある。
(15) 「幕府時代亜丰渡沙録」(中根淑校『百万塔』第九巻、金港堂、一八九二年)三五頁。
(16) 宮武外骨著『筆禍史』(朝香屋書店、一九二六年改訂増補第四版)。
(17) 播磨屋については、本書第三部第一章「貸本屋の諸相」を参照のこと。
(18) 『大坂本屋仲間記録』第二巻(清文堂出版、一九七六年)所収。
(19) 口上書の内容は『差定帳』三番(『大坂本屋仲間記録』第八巻、清文堂出版、一九八一年)二〇〇頁に記載。
(20) 口上書の内容は注(19)前掲書二〇一～二〇二頁に記載。
(21) 山口佳代子「近世大坂における出版業界の展開――大坂本屋仲間の視点から」(『歴史評論』第五四七号、校倉書房、一九九五年十一月)。
(22) 『差定帳』三番(『大坂本屋仲間記録』第八巻、清文堂出版、一九八一年)二〇三頁。
(23) 松本英治「北方問題の緊迫と貸本『北海異談』の筆禍――文化期における幕府の情報統制」(『洋学史研究』第十五号、洋学史研究会、一九九八年四月)を参照。
(24) 注(21)前掲論文において、山口佳代子氏は『出勤帳』九番、寛政二年(一七九〇)正月二十日の条から「従来の加入料は、たとえば寛政年間では金二〇〇疋に銀五枚と定められ」ていたとし、朝田屋ら三十四人が自分たちよりも低額の加入料しか納めていない新規加入者に対して、「切も無之」「迷惑」と捉える向きがあったことを指摘している。
(25) 「方角組分」および中組の分裂については、安永美恵「七組行司のことなど」(『筑紫国文』第二十三号、筑紫女学園短期大学国文科、二〇〇〇年六月)でも言及されている。
(26) 『差定帳』四番(『大坂本屋仲間記録』第八巻、清文堂書店、一九八一年)二一五～二一六頁。

第二章　丁子屋平兵衛の躍進
――貸本屋世話役から貸本問屋へ

はじめに

貸本問屋という業態、またその存在はこれまでも知られている。前田愛氏はこれを「個人営業の貸本屋を対象に、営業用の貸本の戯作小説・写本類を卸す問屋」(1)とし、浜田啓介氏はその業態を「貸本屋向きの本を刊行し、貸本屋に仲間売りをする業態」(2)としている。

この「貸本問屋」自体は、近世後期から使用が認められる語である。たとえば、曲亭馬琴の文政元年(一八一八)十月二十八日鈴木牧之宛書簡(3)には、「拙者が引つけ遣候かし本問屋にて、本の下がりいたし、拙者が拵之遣候得意方をまハり、かしつけ候て、小石川辺に罷在候」とある。これは馬琴の長女さきの婿候補であった貸本屋に関する記述である。(4)書簡によれば、この貸本屋は馬琴が懇意にしている貸本問屋で「本の下がり」によって貸本向けの書籍を入手している。この記述により、文政元年にはすでに貸本問屋と呼ばれる存在、あるいは業態が確立されていることを確認できる。

また文政十一年(一八二八)五月二十一日殿村篠斎宛書簡には、「此板元素人故、自分ニて売捌キ候事不叶、丁子

図2　山本作兵衛の印（架蔵『浮世床』三編上巻）

やハ書林なれども、かし本問屋ニて、此もの引受、売捌キ候故、凡五六わりの高利を得〔候〕ハねば引請不申候」とある。書物問屋仲間に属さない版元に代わって、貸本問屋である丁子屋平兵衛は手数料と引き替えに売捌を担っていたという。同様に天保十一年（一八四〇）十二月十四日殿村篠斎宛書簡でも「如仰の、如此くたれ本ハ、貸本問屋江頼置候ても得安く候得ども、元摺ニ而無きずの本は、久敷丁子屋江頼置候へども、手ニ入かね候間、無拠其御地江奉頼候事ニ御座候」と貸本問屋として丁子屋平兵衛があげられている。馬琴は「元摺ニ而無きずの本」、つまり摺りも状態もよい本は、たとえ丁子屋でも手に入れるのは難しいと述べている。

馬琴の書簡以外でも、天保年間刊の為永春水作『春告鳥』二編（丁子屋平兵衛版）序文に「今年も新著の発行を巳午の間から万よしとは面白き笑顔ぞ貸本問屋衆の喜悦重なる二編三編」、『藤岡屋日記』第二十九「嘉永三庚戌年　珍話八月ゟ極日迄」に「九月二日夜雨降ニ、大伝馬町三丁目貸本問屋丁子屋平兵衛方江、手先之者参り候て申候」(5)などの用例がみられる。

以上をもとに改めて整理するならば、貸本問屋とは貸本向けの書籍を出版・蔵版し、それらを卸す問屋としての機能を有した書肆ということになろう。だが、架蔵する式亭三馬作『浮世床』三編上巻に捺された「水戸青物町／貸本問屋／山本作兵衛」という印（図2）が示すように、ほとんど出版をおこなっていない水戸の書肆山本作兵衛も、自身を「貸本問屋」と称している。(6) そのため、時として貸本屋に書籍を卸す仲卸業者をも、貸本問屋といったようである。

先の貸本問屋の用例で幾度も名前のあがっていた丁子屋平兵衛は、江戸における貸本問屋の先駆けであるとともに、その代表的な存在である。『画入読本外題作者画工書肆名目集』[7]（以下『名目集』）によれば、文化五年（一八〇八）五月時点で丁子屋は本町組の貸本屋世話役となっている。本章では、丁子屋が貸本屋世話役から貸本問屋へとなる過程と、丁子屋が保持した書籍流通網について明らかにしていく。

一、丁子屋平兵衛の概要とその系譜

丁子屋平兵衛については、次の藤沢毅氏による記述が現在最もまとまっており、参考になる。

江戸の地本問屋、のち書物問屋を兼ねる。堂号文渓堂、姓は岡田。貸本屋出身。初代は宝暦十二年（一七六二）生、文政十一年（一八二八）没。養子の左兵衛が二代目となる。二代目はまた琴秀を名乗る。兄は大坂屋半蔵（江戸の書肆。千翁軒）。住所は江戸小伝馬町三丁目。天保十三年（一八四二）冬頃に大伝馬町二丁目（庄三郎地借）に転居。これは天保の改革の出版規制による咎めを受けたことが原因だが、店を子の名義にして営業を続けた。『南総里見八犬伝』を始め、馬琴の長編読本の出版に大きく関わった。読本の他、人情本・滑稽本の出版が多く、また『画像稗史外題鑑』に始まる目録の製作も行う。河内屋茂兵衛などの大坂書肆とは、本替などの機構により営業活動を共にした。[8]

本章では、まずこの記述を参考にしつつ、資料を補いながら初代から二代目、そして藤沢氏が言及していない三代目に至るまでの丁子屋の概要と系譜を整理してみたい。

初代丁子屋平兵衛の出自や経歴は詳らかでないが、当初は貸本屋だったようである。貸本印や摺物など直截的に貸本業の様子を物語る史料はないものの、前述のとおり文化五年（一八〇八）五月には本町組の貸本屋世話役となっていたことが『名目集』から窺い知れる。おそらく貸本業は、文化初年ごろからおこなわれていたのだと考えられる。

本書第二部第一章「丁子屋平兵衛出版書目年表稿」によれば、文化期に丁子屋が携わった出版物は、文化五年刊の熟睡亭主人作『復讐古実独揺新語』、同七年刊の四方歌垣作『月霄鄙物語』前編、同九年刊の神屋蓬洲作『観音利生天縁奇遇』、十返舎一九作『討はいたさぬ金がかたき世の中貧福論』前編、赤須賀米作『成田道中黄金の駒』、同十一年刊の岡山鳥作『四季日待春廿三夜待』、文化末年ごろの刊行と思しい一楊軒玉山編『出像稗史外題鑑』であり、それほど多くはない(9)。当時丁子屋は貸本屋と貸本屋世話役の業務が主で、出版活動はまだ従だったようである。出版活動が本格化するのは、文政四年（一八二一）の十返舎一九作『清談峰初花』後編（植村藤右衛門・秋田屋太右衛門・菱屋金兵衛・鶴屋金助との相版）からである。文政四年以降、断続的に出版物が世に送り出されていくことから、貸本屋のみならず、版元としての土台も初代平兵衛によって作り上げられたとみてよい。

『曲亭馬琴日記』文政十一年（一八二八）七月二十三日の条に「昼後、大坂や半蔵来ル。丁子や平兵衛、当月七日ニ病死、五十三歳、内損のよし(10)」とあるように、初代平兵衛は文政十一年七月七日に亡くなっている。藤沢氏は初代平兵衛の生年を宝暦十二年（一七六二）としていたが、没年から逆算すれば生まれは安永五年（一七七六）となる。

初代亡き後、養子の佐兵衛（左兵衛）が継いで二代目平兵衛となる。二代目が養子であったことやその名前については、たとえば、「予他行中、丁子や平兵衛養子某来ル」（『曲亭馬琴日記』文政十年〈一八二七〉六月朔日の条）や、「四時比、丁子屋左兵衛事平兵衛来ル」（同文政十二年〈一八二九〉十一月二日の条）といった記述などから判明する。文化十三年（一八一六）六月六日、丁子屋のもとを訪れた信濃国松本の書肆、高美屋甚左衛門は「伝馬町丁子屋佐兵衛（中略）へ寄」（『江都紀行(11)』）という記録を残している。文化末年には、後の二代目となる佐兵衛がすでにおり、丁子屋の経営を支えていたのである。

かつて丁子屋のもとで奉公していた「当年七十五歳」の二代目大島屋伝右衛門が、明治三十九年（一九〇六）に「主人平兵衛は馬喰町の書林若林清兵衛の所で年季を仕上げた人」と証言している。(12)二代目伝右衛門は幼名を安次郎といい、初代伝右衛門が亡くなった安政三年（一八五六）五月に大島屋を継いでいる。(13)「当年七十五歳」から逆算すれば、生まれは天保三年（一八三二）となる。初代丁子屋平兵衛は文政十一年に亡くなっているため、二代目伝右衛門が奉公していたのは、二代目平兵衛の時代ということになる。つまり、佐兵衛は若林清兵衛のもとで奉公した後、文化十三年までの間に丁子屋の養子となり、初代亡き後二代目平兵衛となったのであった。

二代目平兵衛時代の丁子屋で特筆すべきは、曲亭馬琴との結びつきを強め、その著作を刊行したことである。文政五年（一八二二）ごろ、刊行が遅れていた『南総里見八犬伝』五輯の制作を手伝うなかで、初代平兵衛は馬琴の知遇を得ている。(14)その後も親交はあったようで、小伝馬町周辺を焼いた文政十年（一八二七）二月十四日の火事に際して、馬琴は丁子屋を見舞っている（『曲亭馬琴日記』文政十年二月十四日の条）が、初代平兵衛は馬琴と密接な関係を築いてはいなかった。次にみていくように、二代目平兵衛が兄である千翁軒大坂屋半蔵を介して馬琴との距離を縮めていくなかで、丁子屋は馬琴の著作を刊行するようになる。以下、『曲亭馬琴日記』を中心にその様子を窺ってみたい。

文政十年（一八二七）二月十二日、大坂屋半蔵は弟佐兵衛こと後の二代目平兵衛を伴い、『松浦佐用媛石魂録』後編の彫板の担当が丁子屋になったことを馬琴へ報告するとともに、その執筆を催促している。『松浦佐用媛石魂録』は、鶴屋金助を版元として文化五年に前編が刊行された。しかし、前編奥付で予告されながらも、後編はすぐには刊行されなかった。馬琴は自身の多忙ゆえとするが、(15)佐藤悟氏が指摘するように文化露寇の影響もあったのであろう。(16)文政年間中に前編の版木を入手した大坂屋半蔵は、馬琴に後編の執筆を乞う。「前編を綴りしより既に二十許年(きよねん)に及びて、いたく流行に後れしものなれば、作者のこゝろ、こゝにあらず」(17)と当初は執筆を固辞していた馬琴であったが、大坂屋の再三にわたる要求に屈し、最終的にこれを了承したのであった。(18) なお、丁子屋は彫板だけでなく、書物問屋ではなかった大坂屋に代わって『松浦佐用媛石魂録』後編の売捌をも請け負うこととなる（文政十一年五月二十一日殿村篠斎宛書簡）。

その後も二代目平兵衛は『松浦佐用媛石魂録』後編執筆の催促（四月五日および六月一日）のほか、嫁を迎えた息子宗伯への祝儀（四月二十一日）や暑中見舞い（閏六月十四日）を大坂屋とともに送るなどして、馬琴との距離を少しずつ縮めていく。翌十一年に『松浦佐用媛石魂録』後編が刊行された後も、丁子屋は大坂屋を介して今度は『近世説美少年録』初輯の売捌に携わる（文政十二年二月九日殿村篠斎宛書簡）。また、馬琴の方でも文政十一年八月五日に大坂屋を介して、丁子屋から『鎌倉管領九代記』を取り寄せるなどしている。こうした結びつきも関係してか、丁子屋は『南総里見八犬伝』七輯上帙の売り出しを担当し（文政十二年十一月二日および四日の条など）、続く下帙では質に置かれた版木を請け出して売り出すなどしている（『近世物之本江戸作者部類』巻之二上）。「七輯は丁平の資(たすけ)を得て発販することを得たるものから」（『近世物之本江戸作者部類』巻之二上）と馬琴も述べているとおり、七輯における丁子屋の働きは大きかったようで、下帙の奥付にはその名が記されている。

丁子屋と馬琴の結びつきは、仲介役ともいうべき大坂屋半蔵の死をきっかけにしてさらに強まる。大坂屋は文政十二年（一八二九）六月ごろから体調を崩しながらも、『近世説美少年録』二輯の制作を進めていたが、翌文政十三年（一八三〇）一月二十三日に亡くなってしまう。(19) 製本途中だった『近世説美少年録』二輯は丁子屋に引き継がれることとなるが、(20) この当時馬琴は二代目平兵衛を「としわか故、万事行届不申候」と評しており、大坂屋ほど信頼してはいなかったようである。(21) しかし、二代目平兵衛は『近世説美少年録』二輯だけでなく、大坂屋が携わっていた『開巻驚奇俠客伝』初集をも引き継ぎ、その版元である河内屋茂兵衛と馬琴との間を取り持った。(22) こうした動きから、二代目平兵衛には大坂屋の後任となることで、馬琴との結びつきを強めていこうという企みがあったのだと考えられる。この企みは実際に功を奏したようで、その後丁子屋から『近世説美少年録』三輯と『開巻驚奇侠客伝』二〜四集のほか、八輯以降の『南総里見八犬伝』や『新局玉石童子訓』が刊行されるようになっていく。

馬琴の著作を刊行するようになった天保期は、丁子屋にとっての全盛期である。この時期の出版物については、本書第二部第一章「丁子屋平兵衛出版書目年表稿」に譲るとして、ここではその様子を蔵版目録から窺ってみたい。

蔵版目録としてよく知られているのは、丁子屋が携わった書籍に時折附載されている「書林文渓堂蔵販目録」と「東都書林文渓堂蔵販中形絵入よみ本之部目録」である（いずれも本書第二部第一章に附録）。「書林文渓堂蔵販目録」には読本や随筆類が三十三作品、「東都書林文渓堂蔵販中形絵入よみ本之部目録」には中本を中心とする四十作品が掲載され、それぞれ書名・著編者・画工・員数に加え、簡単な紹介文が記されている。鈴木圭一氏によれば、これら二つの目録は天保七年（一八三六）の蔵版状況を示すものであり、翌八年正月にはすでに存在していたという(23)。文化期はわずかに七点の出版物しか世に送り出すことができなかった丁子屋は、天保期に至って七十以上の書籍を出版・蔵版するまでに成長している。当時著名な名物・店・文人・絵師などをまとめた天保年間刊と思しい『東都名所旧跡諸名家名物高名競』(24)には「書林　小テンマ丁　丁子屋」とある。貸本屋として歩み始めてから約四十年の間に、丁子屋は江戸を代表する書肆へと変貌を遂げたのである。

精力的に活躍し、全盛期を迎えていた丁子屋だったが、天保の改革に伴う出版取締りを受け、勢いがやや衰えることとなる。まず、取締りを受けたのは人情本と好色本である。人情本は天保三年（一八三二）の為永春水作『春色梅児誉美』初編以降、活況を呈しており年々新版が刊行されていた。市中取締懸がかねてからの調査に基づき作成し、天保十二年（一八四一）十二月に提出した「絵草紙幷人情本好色本等之義ニ付申上候書付」(25)（以下、

「書付」）には「人情本之義者、滑稽本ニなそらへ色情之義ヲ専ニ綴、好色本ニ紛敷婬風之甚敷、婦女子等江者以外風俗ニ抱（拘）候処、読本掛名主共改之詮無之、追年数十篇出板差出候趣相聞候ニ付、当年迄差出候表題幷来春売出候分共荒増左ニ申上候」として、大島屋伝右衛門・徳兵衛・丁子屋平兵衛・菊屋幸三郎・永楽屋東四郎・加賀屋源助・釜屋又兵衛ら版元七名が所持していた人情本および好色本の名が記されている。丁子屋については、以下のように人情本十一作品、好色本八作品があげられている。

小伝馬町三丁目書物問屋家主平兵衛所持

一処女七種　初篇ゟ五篇迄　拾五冊　（『処女七種』）
一梅の春　初篇ゟ三篇迄　九冊　（『梅の春』）
一まゆみの花　初篇ゟ三篇迄　九冊　（『眉美の花』）
一六玉川　初篇ゟ二篇迄　六冊　（『六玉川』）
一春告鳥　初篇ゟ五篇迄　拾五冊　（『春告鳥』）
一三人娘　初篇ゟ三篇迄　九冊　（『三人嬢児』）
一若紫　同断　九冊　（『和可紫』）
一藤枝恋の柵　初篇ゟ四篇迄　十二冊　（『藤枝恋情柵』）
一お玉か池　初篇ゟ三篇迄　九冊　（『お玉ヶ池』）
一さとの桜　初篇ゟ三篇迄　九冊　（『花街桜』）
一恋の若竹　同断　九冊　（『恋の若竹』）
前書平兵衛所持之分
一秋の七草　三冊　（『阿幾の七艸』前編）

一花筏　　同　　三冊（『花以嘉多』）
一忠臣蔵　同　　三冊（『仮名手本夜光玉』）
一大江山　　　　三冊（『逢悦弥誠』）
一色のはさま　同　三冊
一肉ふすま　同　三冊（『春情肉婦寿満』）
一四季園　大本　三冊
一須摩　　同　　三冊（『亥中源氏須磨琴』）(26)

取締りの後、これら「書付」記載の書籍は焼き捨てられ、その版木は没収された。さらに丁子屋を含む版元七名には、過料として五貫文の支払いが命じられ、人情本の代表的な作者である為永春水は手鎖に処された。「書付」および前述の「東都書林文渓堂蔵販中形絵入よみ本之部目録」の存在が示すとおり、丁子屋は為永春水のほか鼻山人や松亭金水の人情本や滑稽本を多く刊行していた。そのため、この取締りは大きな損害を与えたようで、馬琴は「就中丁平ハ、中本之板多く有之、且当暮売出し候新板、既ニ製本致候も有之、彫ハ大抵出来、頭ヲ未ダ彫ざる板も有之、是等皆損失ニて」（天保十三年正月十二日殿村篠斎宛書簡（別紙））と述べている。

天保十三年（一八四二）六月、さらに追い打ちをかけるかのように、今度は天保三年（一八三二）の初編以降、すでに五編まで刊行されていた寺門静軒作『江戸繁昌記』が取締りを受ける。『著作堂雑記抄』(27)によれば、かつて丁子屋が初編・二編の出版を願い出た際、林大学頭から「此書は不㆑宜物に候、売買無用可㆑為と被㆑申候に付、右之書は御差止に相成、出板仕間敷旨」が伝えられていたにも関わらず、丁子屋は五編まで摺刷し、売り出していたというのである。この一件は先の人情本および好色本よりも悪質と見做され、丁子屋は所払を命じられる(28)。これにより二代目平兵衛は一人高砂町へ移るが、しばらくは六歳だった息子平吉名義で丁子屋の営業を続けている。(29) 実際に天保十四年（一八四三）の出版物には「小伝馬町三丁目　丁子屋平吉」とあるものがいくつかある（『早引永代節用大全』『日本廿四孝子伝』など）。(30)

高砂町と小伝馬町はそれほど離れていないものの、丁子屋を営む上で別居生活が不便だと思った二代目平兵衛は、都合のよい売り地があれば一家一同そこへ移ろう考えていたようである。しかしながら、妻子の反対もありすぐには転居できなかった（天保十三年九月二十三日殿村篠斎宛書簡（別紙・代筆））。天保十四年十月刊の『訂正補刻絵本漢楚軍談』初輯では、所在地が大伝馬町二丁目となっていることから、おそらく天保十四年の後半に丁子屋は大伝馬町へと移ったのだと思われる。(31) 大伝馬町へ転居後、数年のうちに丁子屋は代替わりする。

興画合に興じた人々の横顔（影絵）と伝記を記した嘉永三年（一八五〇）刊の梅屋編『くまなき影』には、発句とともに次のようにある。

> 通称丁字屋平兵衛書号文渓堂といふ父は是好勧弥壮盛の頃勝見連の大棟梁たり発刻の書数多成事は古人　春水が著はしゝ外題鏡にくはし栄寿父が譲りをうけて活業尚もとのごとくまた発兌の新板数部に及べり

「父は」云々とあるように、この「栄寿」なる人物は二代目平兵衛の息子平吉である。平吉は文桂舎（文渓舎）栄寿と号し、興画合のほか三題噺に興じていた。(32)「栄寿父が譲りをうけて活業尚もとのごとくまた発兌の新板数部に及べり」とあることから、嘉永三年時点ですでに二代目平兵衛は退いており、平吉が名実ともに三代目平兵衛となっていたことがわかる。

現時点で三代目平兵衛時代の丁子屋の足取りは摑めておらず、不明な部分が多くある。慶応三年（一八六七）から明治二年（一八六九）にかけての間、丁子屋が書物問屋仲間の行事もしくは「添年行司」であったことが、慶應義塾大学図書館蔵『書林書留』(33)（九九―二七―一）から窺い知れる。そのほか、明治六年（一八七三）十一月官許の太田勘右衛門編『戊辰以来新刻書目便覧』附載の「東京府管下書物問屋姓名記」(34)と、明治十四年（一八八一）に新たに設立された東京書林組合の名簿(35)に名前が記載されていることを確認できる。

各記録に記載された情報や明治以降の出版物から、三代目平兵衛は「大谷」あるいは「大渓」姓を名乗っていたようである。現時点で確認できている最後の出版物は、明治十四年（一八八一）刊の『暁斎鈍画』初編（朝野文三郎との相版）である。これ以後の足取りは摑めておらず、丁子屋がいつまで営業していたのか、また二代目および三代目の没年などは定かでない。

二、貸本屋世話役から貸本問屋へ

前述のとおり、文化期の丁子屋は貸本屋と貸本屋世話役の業務が主で、出版活動はまだ従だった。とはいえ、文化五年の段階で『復讐古実独揺新語』を刊行している以上、出版への意欲は早くから持ちあわせていたに違いない。それにも関わらず、文化期の刊行点数が少ない理由の一つは、出版に必要な費用の不足であろう。

一口に出版といっても、書籍が出来上がるまでには作者と版元だけでなく、筆耕・彫師・摺師・製本師のほか、絵がある場合は絵師が制作に従事する。彼らに支払う代金のほか、版木や紙をはじめとする原材料費がなくては書籍を出版できない。後に丁子屋も多く手掛けることになる読本のうち、五冊ものの読本の出版について浜田啓介氏は、およそ八十両の費用が必要であり、しかも「一般的には三百部が元手回収の堺目と見てよいだろう」と述べている。(36)つまり、読本の出版で利益を得るには三百部以上を売る必要があり、それ以下では赤字となったのである。これは読本の例だが、いかに出版がリスクを伴うものであったかが理解されよう。

このように決して少なくないリスク、そして何より費用を要するがために、丁子屋の文化期の刊行点数は少なかったのであろう。丁子屋の出版活動が軌道に乗るのは文政四年（一八二一）以降である。したがって、文政三

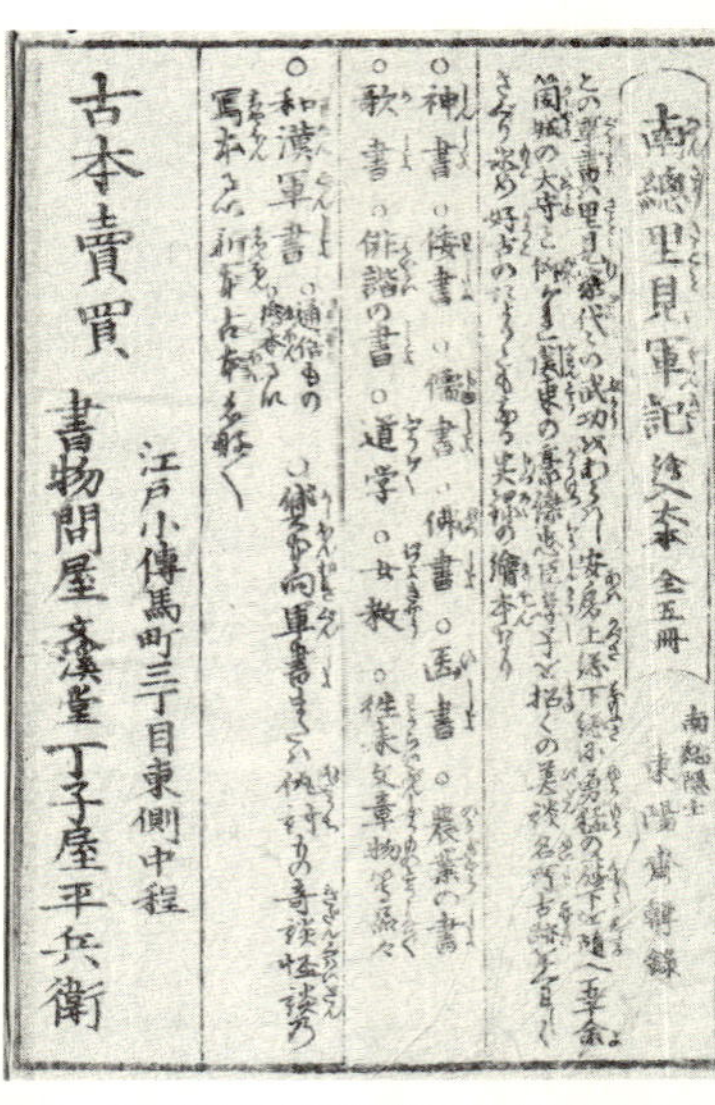

図3　「東都書林文渓堂蔵販中形絵入よみ本之部目録」の巻末（架蔵『処女七種』四編下）

年までは出版に必要な費用を貯えていた時期であったと考えられる。ではどのようにしてその費用を工面したのだろうか。「東都書林文渓堂蔵販中形絵入よみ本之部目録」の末尾に「古本売買」と記されている（図3）ように、丁子屋は貸本業のほか古本業もおこなっていた。この二つが収入源だったのは確かだが、ここでは丁子屋がおこなった書籍の売捌に注目したい。

加藤在止作『太平国恩俚談』全三編十五巻は、安永三年（一七七四）に江戸の雁金屋久兵衛から刊行された。中野三敏氏によれば、丁子屋は本書を求版し、見返しを新刻した上で『太平国恩俚譚』と改題し再版しているという(37)。架蔵する『太平国恩俚譚』の奥付は次のようなものである（図4）。

右全部拾五巻加藤在止作
安永三甲午歳六月十七日　　雁金屋久兵衛
御免開版所　東都小伝馬町三丁目
　　　　　　丁子屋平兵衛

『太平国恩俚談』の奥付（図5）をほとんどそのまま用いており、わずかに末尾の版元名（「東都書林／雁金屋久兵衛」）を「雁金屋久兵衛／東都小伝馬町三丁目　丁子屋平兵衛」と改めているだけである。気にかかるのは、版元名の部分を一度全て削っているにもかかわらず、丁子屋の名だけでなく、もともとあった雁金屋の名をも埋木している点である。見返しにこそ「東都　文渓堂発梓」とあるものの、丁子屋は雁金屋と『太平国恩俚談』の板株を分かち合うなどした上で、『太平国恩俚譚』の売捌を優先的に請け負っていたのではなかろうか。

同様の例として、「東都書林文渓堂蔵販中形絵入よみ本之部目録」掲載の『絵本八幡太郎一代記』『絵本将門一代記』『絵本保元平治物語』『絵本楠二代軍記』『絵本尊氏勲功記』などをあげることができる。これらはいずれも鶴屋喜右衛門から求版されたものだが、その奥付には「東都書肆　鶴屋喜右衛門／小伝馬町三丁目　丁子屋平兵衛販」とある。『太平国恩俚譚』同様、版元名部分を全て削った後、鶴屋の名を再び埋木しているのである。先の『太平国恩俚譚』の例に加え、これら絵本類の奥付にみられる「丁子屋平兵衛販」の語を考えあわせるならば、やはり丁子屋は板株を分割するなどした上で、書籍の売捌を優先的に請け負っていた可能性がある。

丁子屋が書籍の売捌を請け負っている様子は、後年の例ながら前述の『松浦佐用媛石魂録』後編や『近世説美

右全部拾五巻　加藤在止作
安永三甲午歳六月十七日
御免閣版所　東都　小傳馬町三丁目
雁金屋久兵衛
丁子屋平兵衛

図4　『太平国恩俚譚』の奥付（架蔵）

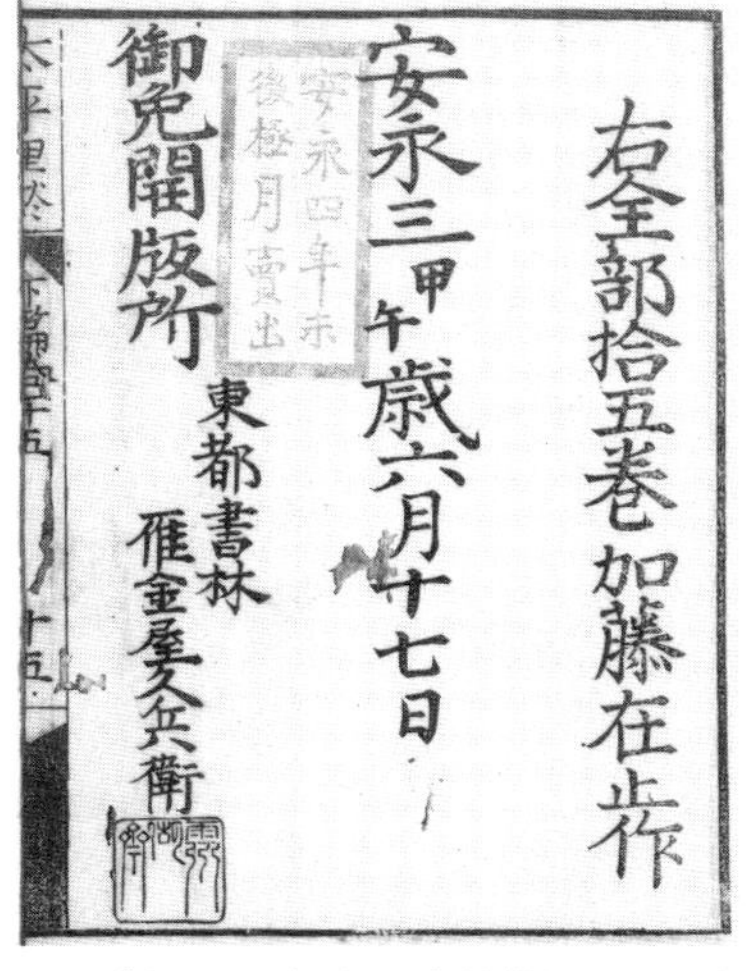
右全部拾五巻　加藤在止作
安永三甲午歳六月十七日
御免閣版所　東都書林
雁金屋久兵衛

図5　『太平国恩俚談』の奥付（関西大学図書館中村幸彦文庫蔵（L24**4-110*1-1/15））

少年録』初輯のほか、次にみる『南総里見八犬伝』の一件からも窺い知れる。『近世物之本江戸作者部類』には「大凡京摂・江戸の貸本屋等、初輯より五輯までを買まく欲りするもの多かれども、これを得るによしなかりしを、丁子屋平兵衛、美濃甚に代りて権且その板を購ひ出して、毎輯百五十部摺刷製本して、欲りせしものに売与しけり」といったように、丁子屋が美濃屋甚三郎に代わって『南総里見八犬伝』の「板を購ひ出して」摺刷・製本・売捌をおこなったことが記されている。

以上を踏まえるならば、板株の実態は不明ながらも、先の『太平国恩俚譚』や『絵本八幡太郎一代記』などの売捌も、丁子屋は請け負っていたのだとみてよさそうである。おそらく丁子屋は、同様にほかの書籍の売捌も積極的におこなっていたと思われる。自ら開版するのに比べて、リスクも出費も少ない売捌に丁子屋は力を入れていたのである。

とはいえ、書籍を効率よく捌くためには、安定して書籍を供給できる販路が必要不可欠となる。先に引用した『近世物之本江戸作者部類』によれば、丁子屋は「大凡京摂・江戸の貸本屋等」の求めに応じて『南総里見八犬伝』の摺刷・製本・売捌をおこなっていた。ここからその販路が貸本屋へ開かれたものだった可能性を指摘できる。文化末年ごろの刊行と思しい『出像稗史外題鑑』の存在と、丁子屋が本町組の貸本屋世話役であったことは、この可能性を裏付けるものであるとともに、貸本問屋としての丁子屋を考える上で重要である。

『出像稗史外題鑑』は、読本九十三作品と滑稽本二十八作品の著編者・画工・員数を列挙した両面摺りの摺物である(38)。このうち読本には、「かなでほん忠臣蔵をもろこしの小説水滸伝になぞらへて作る」（山東京伝作『忠臣水滸伝』）といったような簡単な紹介文がそれぞれ記されている。刊記には蔦屋重三郎・丸屋文右衛門・鶴屋金助・塩屋長兵衛・丁子屋平兵衛らが名を連ねるが、標題下にある一楊軒玉山の言によれば、「文溪堂主人」すなわち丁子屋平兵衛（初代）の求めに応じて作成されたという。読本の項の後には、次のような文章が挿入されている。

右にあらはす外題はよみ本を翫ひ給ふ○ひめ○との○たちの為に備ふれば出来の巧拙甲乙をわくるにあらず只その数の荒増を挙て次第の順は思ひいだせるまゝにしるせば必しも論し給ふな何の本を今一度よまんとおぼす時の便とするのみ

読本を手に取る読者が「何の本を今一度よまんとおぼす時」の参考にするため、編まれたのが『出像稗史外題鑑』だというのである。だが、高木元氏が指摘しているように、読本が気軽に入手できるような安価な書籍でなかった以上、この『出像稗史外題鑑』は「貸本屋の品揃えのための手引きや在庫目録」として用いられたものだと思われる(39)。このような貸本屋向けの『出像稗史外題鑑』を自らが中心となって刊行していることからも、丁子屋は貸本屋に開かれた販路を有していたとみてよいだろう。そして、そうした販路と丁子屋が貸本屋世話役であったことは無関係ではない。

前章「江戸・大坂における貸本屋組合の成立」で確認したように、文化五年（一八〇八）五月には江戸市中に十二の組からなる江戸貸本屋組合があり、そこには計六五六人の貸本屋が属していた（『名目集』）。これらの組には、貸本屋世話役がそれぞれ複数人配置されており、丁子屋はその一人であった。丁子屋が世話役を務める本町組には、七十四人の貸本屋が属していた。したがって、文化五年五月の時点で少なくとも彼ら七十四人に向けた販路を丁子屋は有していたということになる。だが、丁子屋は自身の組だけでなく、ほかの世話役の協力を得ながら、江戸市中の十二組に属する貸本屋を包括するネットワークを利用していたものと思われる。このネットワークについては、時代は下るものの貸本屋の長門屋で奉公していた村田幸吉による次の回想が参考になる。

江戸時代の貸本屋といふものは中々盛んだつたもので、其中でも名高かつたのは本芝の長門屋、両国の加賀屋又兵衛、山谷の万屋弥三郎などで、長門屋なんぞは雇人の十四五人も使つて、それは〱繁盛したものです。其頃草双紙の出るは重に初春で、私の覚えて其売高の多かつたのは丁子屋から出た八犬伝、大島屋の神稲水滸伝などです。かういふ本を売出すときには、来ル幾日売出に付以前御申込被下度といふ様な廻状を本屋や貸本屋仲間に廻はして置て、売出当日迄にどの店は何部どの店からは何十部といふ様に、今いふ予約をして貰つて置いて、扨いよ〳〵当日には出来上つた本を三宝に載せて店前きに飾り、それに御神酒を供へたもので、其日は素人には小売りは一切しないで、黒人側の取引ばかり。それでも店前は中々の雑閙で一寸買ひ切れなかつた程でした(40)

貸本向けの新版が出版される際には、本屋のみならず「貸本屋仲間」へも廻状が廻され、宣伝がなされたという。貸本向けの書籍の宣伝には、「貸本屋仲間」内に張り巡らされた貸本屋のネットワークが利用されているのである。村田幸吉の述べる「貸本屋仲間」は、前章で詳述した江戸貸本屋組合、あるいはその後身にあたる組織だと考えられる。そうした組織内に張り巡らされた貸本屋のネットワークをとおして、丁子屋は江戸市中の貸本屋へ効率よく、かつ安定して書籍を捌くことのできる販路を形成していたのである。

以上のように、江戸市中の貸本屋へと向けられた販路を有していた丁子屋は、安定して書籍を供給することができた。そうして着実に出版に必要な費用を貯えていき、文政四年（一八二一）に満を持して『清談峰初花』後編の刊行に参画する。以降、続々と読本・滑稽本・人情本をはじめとする貸本向けの書籍を丁子屋は刊行していくこととなる。精力的に出版活動をおこなうなかで役立ったのは、すでに形成されていた貸本屋に向けた販路であった。自らが刊行した貸本向けの書籍を、貸本屋に向けて送り出していくなかで、丁子屋は貸本問屋としての地位を確かなものにしていったのである。

三、広域的な書籍流通網の形成

最後に丁子屋の書籍流通網について考えてみたい。

江戸市中においては、前述のとおり貸本屋に開かれた販路を丁子屋は有していたと考えられる。それ以外の地域を含む広域的な書籍流通網については、曲亭馬琴の天保十二年（一八四一）正月二十八日殿村篠斎宛書簡に「上方筋ハ殊之外行れ、東北ハ奥州迄、西ハ長崎を限り、春水の中本多売候由、丁子屋悦吹聴致候事ニ御座候」とあるのが参考になる。天保期には上方はもとより東は奥州、西は長崎に至るほとんど全国的な流通網を丁子屋は保持していたのである。博多や長崎が物語の舞台となっている天保九年（一八三八）刊の為永春水作『春色恋白波』初編（大島屋伝右衛門・河内屋長兵衛・大文字屋専蔵との相版）などは、こうした流通網の片鱗を窺わせる。では丁子屋はいかにして、これほどまでに広域的な流通網を手にすることができたのであろうか。

本書第二部第一章「丁子屋平兵衛出版書目年表稿」をもとに、文化から天保までの出版物をみても、三都のほか名古屋の書肆以外が奥付等に記されるのは、常陸国水戸の茗荷屋弥兵衛とともに刊行された天保二年（一八三一）刊の松亭金水作『青柳草帋』のほか、紀伊国の阪本屋喜一郎の名がみえる天保十三年（一八四二）刊の暁鐘成校閲『武蔵坊弁慶異伝』後編や同じく紀伊国の綛田屋平左衛門の名がある天保十四年刊『女童教訓女大学宝鑑本朝女廿四孝』を除いてない。つまり、丁子屋が全国各地の書肆と直接結びついている様子は、出版物から確認できないのである。

大和博幸氏は、『松浦佐用媛石魂録』後編の売捌を丁子屋が担うにあたり、①「貸本屋仲間の世利市会で売り捌く方法」、②「大坂の河内屋茂兵衛との間で交易（本替）を行うことで上方方面での引受人を確保し、刊行本の売弘め（販売）を確実にするという方法」、③大坂屋「半蔵の抱えている薬の取次所をベースとして、刊行本の売弘め（販売）を確実にするとともに、薬の取次所を増加させることで東国方面の販路を拡大させて行くという方法」の三つを構想していた可能性を指摘している。(41) 丁子屋の書籍流通網を考える上で傾聴すべき指摘だが、①②については少しく訂正する必要がある。

まず①は、馬琴の文政十一年（一八二八）五月二十一日殿村篠斎宛書簡にみられる「中ケ間うり正味十五匁ニうり出し」という記述を踏まえたものだが、この「中ケ間うり」は「貸本屋仲間の世利市会」ではなく、同業者への卸売りを意味する語である。また②は、その根拠として『曲亭馬琴日記』文政十一年十月四日の条をあげているが、それをみる限り本替は大坂屋半蔵と河内屋茂兵衛との間で取り決められており、そこに丁子屋は介在していない。しかも、このとき本替されることが決まったのは、すでに刊行されている『松浦佐用媛石魂録』後編ではなく、『近世説美少年録』二輯と『開巻驚奇俠客伝』初集である。(42) 丁子屋が河内屋茂兵衛と本替をおこない、密接な関係を築くのは、大坂屋半蔵の没後にその後任となってからのことである。

さて、③にある「半蔵の抱えている薬」は、大坂屋半蔵が精剤・販売していた順補丸を指す。順補丸の広告は大坂屋か丁子屋が携わった書籍の巻末にたびたび附されている。この広告には「秘方じゅんほ丸功能書」とある中本サイズのもの（図6）と、「順補丸」「じゆんほぐわんこうのうあらましをしるす」とある半紙本サイズのもの（図7）とがあるが、大和氏が取り上げているのは、江戸をはじめ武蔵国・相模国・安房国・下総国・常陸国・上野国・下野国・信濃国・陸奥国・越後国の取次所が記されている前者の方である。取次所の分布状況や書籍の流通と売薬あるいは小間物類の販売ルートの親和性に加えて、(43) 大坂屋半蔵の没後に刊行された書籍にも、順補丸の広告が附載されていることをも考慮するならば、(44) 確かに丁子屋の東国方面の書籍流通に順補丸が関係している可能性はある。しかしながら、取次所として記された者たちが実際に順補丸だけでなく、丁子屋の書籍も取り次いでいることのわかる史料等がない以上は想像の域を出ない。そこで、本章では別の角度から丁子屋と東国方面の書肆との

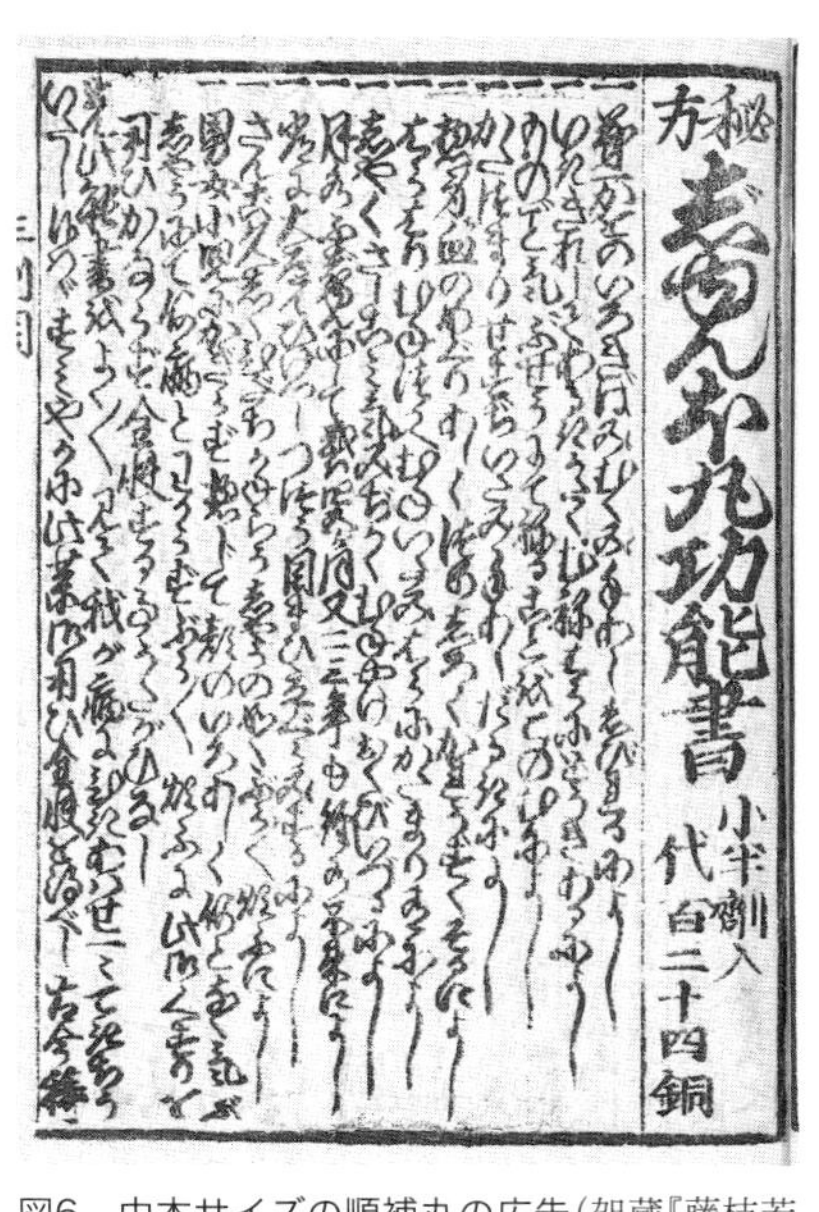

図6　中本サイズの順補丸の広告（架蔵『藤枝若葉添竹』二之巻）

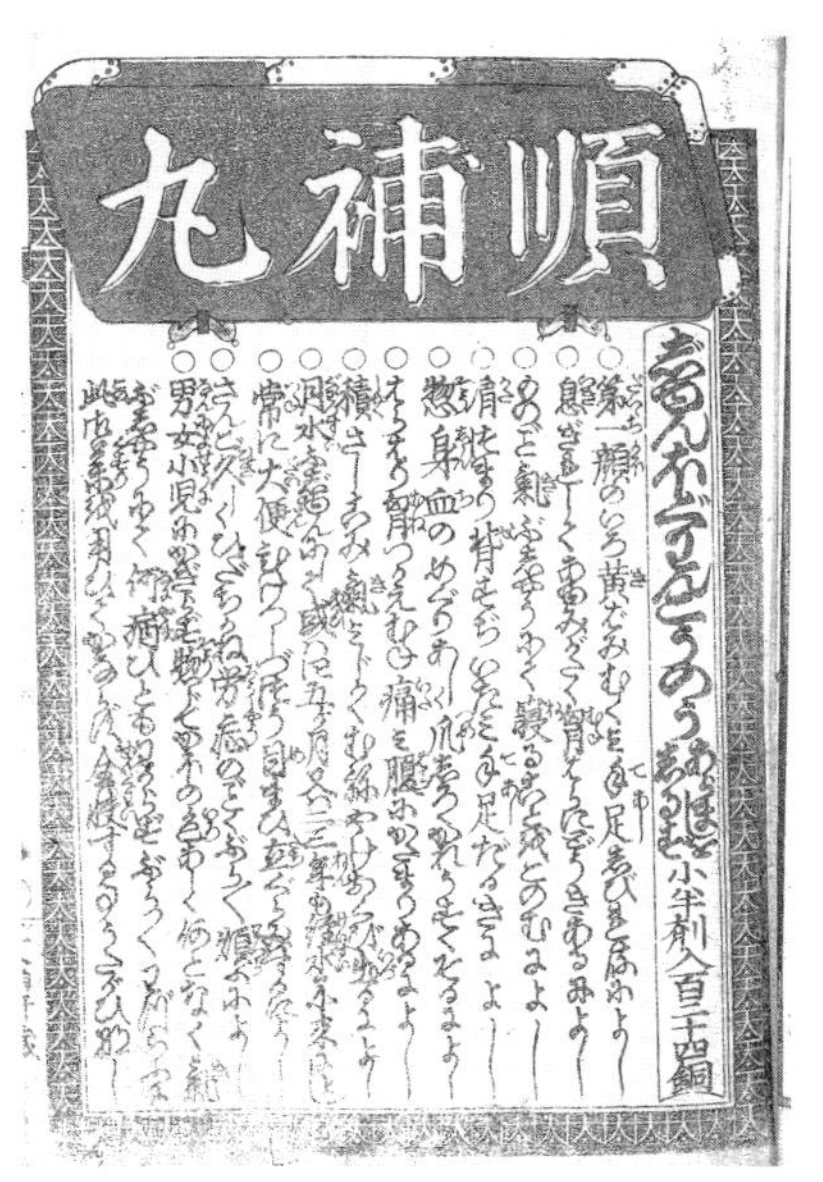

図7　半紙本サイズの順補丸の広告（架蔵『近世説美少年録』第一輯巻之三）

結びつき、そしてそこから想定される書籍流通網を指摘したい。

鈴木俊幸氏は、江戸近郊の書肆が江戸を訪れ、書籍類を仕入れている事例をいくつか紹介している(45)。そのなかには、丁子屋から仕入れをおこなっているもの、あるいは仕入れを思わせるものが僅かに含まれている。たとえば、すでに前節で取り上げた信濃国松本の書肆、高美屋甚左衛門の事例である。文化十三年（一八一六）六月に江戸を訪れた際の記録（『江都日記』）には「伝馬町丁子屋佐兵衛（中略）へ寄」とあった。この記述からは仕入れがおこなわれていることを確認できないが、江戸滞在中の貴重な時間を割いてわざわざ丁子屋を訪れているからには、普段から交流があり、書籍の取引もなされていたとみてよいだろう。また、時代は下るものの、弘化ごろには上総国東金の書肆、能勢嘉左衛門尚貞（後の多田屋）が丁子屋で広覚道人編『広求大成和漢書画集覧』（弘化元年〈一八四四〉序）を仕入

れている。(46)

高美屋も多田屋もそれぞれ地域における書籍需要を支えるだけでなく、周辺地域への流通拠点的存在ともなっていたことは鈴木俊幸氏によって論じられている。(47)江戸で仕入れられた書籍は、彼らを起点としてさらに流通していったのである。

貸本向けの書籍を豊富に取り扱う丁子屋は、江戸近郊の書肆にとっては、自らの貸本用としてはもちろん、地域のほかの書肆、あるいは貸本屋への卸売のための仕入れ先として魅力的であったことだろう。天保二年（一八三二）に『青柳草帋』をともに刊行した水戸の茗荷屋弥兵衛も、おそらくは貸本向けの書籍の仕入れをとおして丁子屋と結びついたのだと思われる。水戸は貸本屋への仲卸をおこなっていたと思しい山本作兵衛を有するほど、貸本向け書籍の需要の高い地域であった。江戸から水戸街道を経て水戸へもたらされた書籍は、同地の需要を満たすとともに、さらに水戸を起点として奥州方面へと広まっていったことであろう。水戸の書肆もまた流通拠点の一つだったのだと考えられる。

今回提示できた事例は僅かだが、これは史料の残存状況によるもので、江戸近郊の書肆による仕入れの少なさを示すものではない。仕入れをとおして、丁子屋は東国方面への流通拠点となる書肆と結びつき、彼らの流通網によって広く書籍を行き渡らせることができたのである。

一方で、長崎に至る西国方面への書籍流通は、上方、とりわけ大坂の書肆によって支えられていたと考えられる。文政三年（一八二〇）刊の『商人買物独案内』には、「書物江戸積問屋」を称する書肆が記載されている。そのうち、秋田屋市兵衛・秋田屋太右衛門・河内屋喜兵衛・河内屋太助・河内屋長兵衛・塩屋長兵衛は、文化から天保にかけての間に丁子屋とともに書籍を刊行している（本書第二部第一章「丁子屋平兵衛出版書目年表稿」）。大坂の書肆が北陸・近畿のほか、西国方面への流通網を持っていたことはすでに知られており、たとえば河内屋太助は帯屋伊兵衛をはじめとする紀伊国の書肆との結びつきが強く、[48] また秋田屋太右衛門は紀伊国・播磨国・備前国・備中国・筑前国に売弘書肆を有していた。[49]

秋田屋市兵衛をはじめとする彼ら上方の書肆にとって、丁子屋は豊富な貸本向け書籍を取り扱う仕入れ先、あるいは取引先としてだけでなく、江戸市中の貸本屋へ向けられた販路、そして東国方面への流通網を保持しているという点において重要だったのだと思われる。つまり、書籍の取引をおこなうことは、西国方面へ書籍を流通させたい丁子屋だけでなく、江戸、ひいては東国方面へ書籍を流通させたい上方の書肆にもメリットがあったのである。

こうした丁子屋と上方の書肆、双方の思惑が結実した一つの表れが、天保九年（一八三八）刊の『増補外題鑑』である。丁子屋は『増補外題鑑』を自身が中心となって刊行しただけでなく、その蔵版主でもあった。しかも、版元としてだけでなく、本書には著述者として二代目平兵衛が携わっている（「岡田琴秀」名義）。『増補外題鑑』の「補正」を担った鷦鷯貞高こと為永春水は、その序文で次のように述べている。

> 茲に東都の書林二世の文渓堂主人は諸の書籍を彫刻させ製本を発行する事丹誠なり猶世に稀なる奇書珍書を探り人に益あるものは必ず書写し或は梓に上して是を弘む別て出像稗史物の本を鬻くに出精なれば所蔵の販本のみならず三都の新著も漏す事なく捌くに多欲を慎めり依之諸国の得意月々に倍すされば年来心を用ひて其業体同商の人々に有益の書あらんことをはかりしが先代の志を継で物の本の外題鑑を増益し最細かに再販す

二代目平兵衛が「先代の志を継で物の本の外題鑑を増益し最細かに再販」したのが本書であるという。「外題鑑」にあたるのは、初代平兵衛が中心となって刊行された『出像稗史外題鑑』である。『出像稗史外題鑑』同様、『増補外題鑑』にも作品の書名・著編者・画工・員数に加えて、簡単な紹介文が添えられているが、収録される作品数はそ

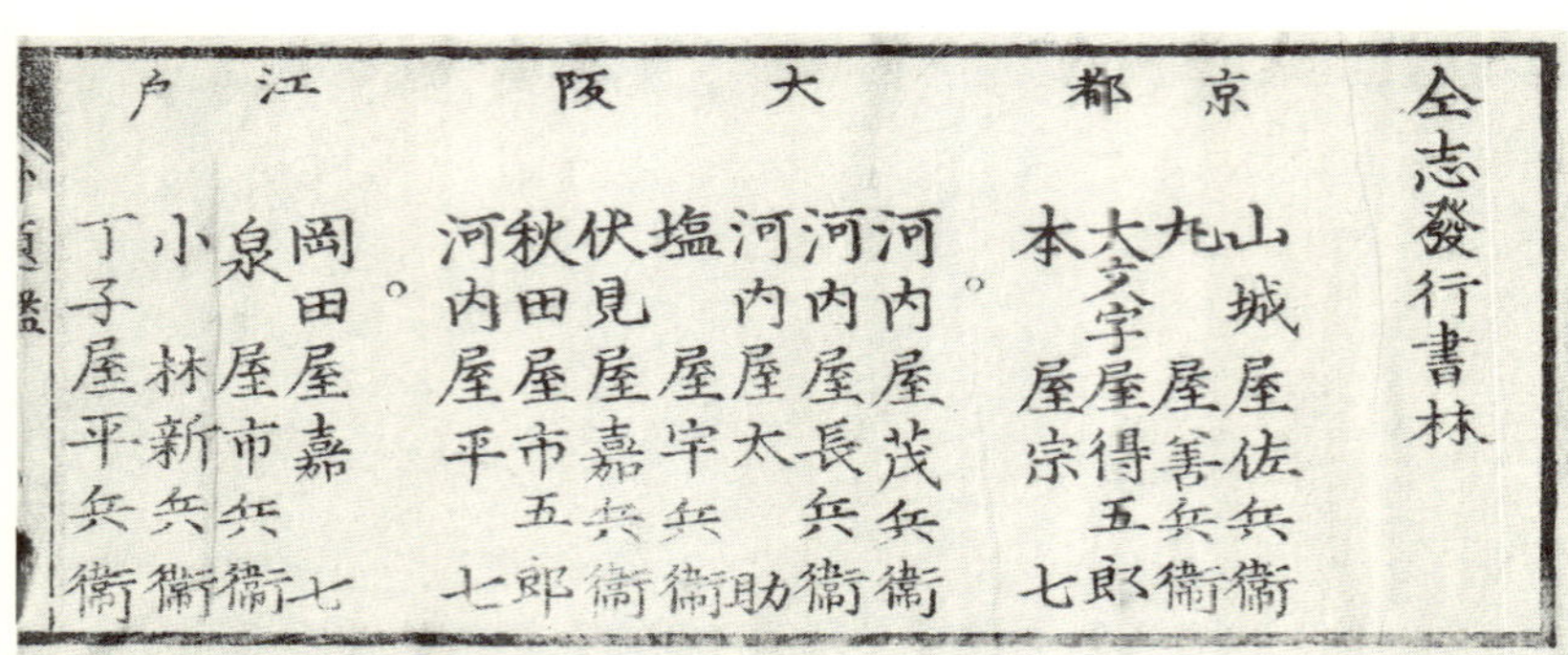
全志發行書林
京都
山城屋佐兵衛
丸屋善兵衛
大文字屋得五郎
本屋宗七
大阪
河内屋茂兵衛
河内屋長兵衛
河内屋太助
塩屋宇兵衛
伏見屋嘉兵衛
秋田屋市五郎
河内屋平七
江戸
岡田屋嘉七
泉屋市兵衛
小林新兵衛
丁子屋平兵衛

図8　『増補外題鑑』附載の「全志発行書林」（架蔵）

の三倍強の約四〇〇作品となっている。これは「諸国の得意月々に倍すされば」という世相が反映された結果だと考えられる。全国各地で貸本向け書籍の需要が高まりつつあったなかで、丁子屋は「先代の志」を継いで『出像稗史外題鑑』と同じく貸本屋向けのカタログのような『増補外題鑑』を刊行したのである。

そして『増補外題鑑』には、「全志発行書林」として丁子屋のほか京都の山城屋佐兵衛・丸屋善兵衛・大文字屋得五郎・本屋宗七、大坂の河内屋茂兵衛・河内屋長兵衛・河内屋太助・塩屋宇兵衛・伏見屋嘉兵衛・秋田屋市五郎・河内屋平七、江戸の岡田屋嘉七・和泉屋市兵衛・小林新兵衛らが名を連ねる（図8）。全国的に機運が高まりつつあったタイミングを逃すことなく、三都の書肆たち「全志発行書林」は貸本屋向けの『増補外題鑑』に参画している。貸本向け書籍を広く流通させたい書肆たちの思惑は、こうして『増補外題鑑』として実を結んだのである。

かくして、江戸近郊と上方の書肆と結びついた丁子屋は、「上方筋ハ殊之外行れ、東北ハ奥州迄、西ハ長崎」に至る広域的な書籍流通網を形成することができたのであった。

おわりに

江戸貸本屋組合の世話役には、丁子屋以外にも読本の版元として活躍した者が幾人もいる。いずれも自身の貸本屋、そして世話役としての経験をもとに読本の出版へと乗り出していったのだと考えられるが、丁子屋とは異なり貸本屋向けに特化した業態を確立していない。貸本屋世話役から、やがて貸本問屋へとなっていった丁子屋は、むしろ例外的な存在であったといえるだろう。しかし、こうした道を丁子屋が歩んだのは偶然ではない。後に『出像稗史外題鑑』が編まれるほど、貸本向け書籍の需要が高まっていくことを見込み、初代平兵衛は自らの世話役としての立場を最大限に活用して、貸本屋への販路を形成していったのだと考えられる。初代平兵衛なくして、貸本問屋としての丁子屋はあり得なかったのである。

また、初代の志を継ぐのみならず、当代の人気作者曲亭馬琴との距離を縮め、その著作を刊行した二代目平兵衛なくして、天保期に丁子屋が全盛期を迎えることはなかった。機をみるに敏い初代、商才に長けた二代目と逸材が続いたからこそ、江戸を代表する書肆、そして貸本問屋として丁子屋は目覚ましい躍進を遂げることができたのである。

やがて、丁子屋が切り拓いた貸本問屋という道を追従する者が現れる。中本の出版・流通において、丁子屋と双璧をなすといってもよい文永堂大島屋伝右衛門はその一人であった。

注

（1）中野三敏ほか校注『新編日本古典文学全集80　洒落本・滑稽本・人情本』（小学館、二〇〇〇年）四二一頁の頭注。

(2) 浜田啓介「馬琴をめぐる書肆・作者・読者の問題」(『近世小説・営為と様式に関する私見』京都大学学術出版会、一九九三年所収。初出は一九五三年)二八六頁。

(3) 以下、馬琴の書簡については全て柴田光彦・神田正行編『馬琴書翰集成』第一〜六巻(八木書店、二〇〇二〜二〇〇三年)による。

(4) この貸本屋については服部仁「馬琴の娘婿になりそこなった貸本屋」(『彷書月刊』一七五号、弘隆社、二〇〇〇年三月)に詳しい。

(5) 『近世庶民生活史料　藤岡屋日記』第四巻(三一書房、一九八八年)一八八頁。

(6) 同様の印は、秋山高志著『近世常陸の出版』(青裳堂書店、一九九九年)三七頁の図版にも確認できる。また、国立国会図書館蔵『今昔物語』(W六七―N二〇)には、「水戸本五丁目／貸本問屋／山本作兵衛」という山本作兵衛の別の印が押捺されている。

(7) 慶應義塾大学国文学研究会編『国文学論叢　第一輯　西鶴――研究と資料』(至文堂、一九五八年)所収の松本隆信による翻刻を参照。

(8) 井上宗雄ほか編『日本古典籍書誌学辞典』(岩波書店、一九九九年)三九一頁。

(9) 求版、あるいは求版と思しいものは除外している。

(10) 以下、『曲亭馬琴日記』の記述は全て柴田光彦新訂増補『曲亭馬琴日記』第一〜四巻(中央公論社、二〇〇九年)による。

(11) 鈴木俊幸著『信州の本屋と出版　江戸から明治へ』(高美書店、二〇一八年)所収の翻刻を参照。

(12) 四葩山人「文溪堂と八犬伝(上)」(『高潮』第三号、吉川弘文館、一九〇六年五月)。また、二代目大島屋伝右衛門が二代目丁子屋平兵衛のもとで奉公していたことは、浅倉屋久兵衛「明治初年東京書林評判記」(『古本屋』第三号、荒木伊兵衛書店、一九二七年十一月)にある「大島屋伝兵衛(ママ)及麴町古本屋森田鉄五郎其外丁忠、丁善等皆こゝの出身也」という記述からも裏付けられる。

(13) 詳細は本書第一部第三章「中本受容と大島屋伝右衛門」を参照のこと。

（14）文政六年（一八二三）正月九日殿村篠斎宛書簡（別紙）による。また、神田正行「文渓堂丁子屋平兵衛と『八犬伝』――板株の確立まで」（『国語と国文学』第九十一巻第五号、明治書院、二〇一四年五月）のなかで、この『南総里見八犬伝』五輯の一件が、馬琴の著作に丁子屋が関与した最初であることが指摘されている。

（15）早稲田大学図書館蔵本（へ一三―〇〇七〇八）をはじめとする『松浦佐用媛石魂録』後編巻之一の初印本に収められた馬琴の「再識」に「後集の討求ありといへども。筆硯煩多の故をもて。いまだ果さゞりけるに」とある。

（16）佐藤悟氏は「名主改の創始――ロシア船侵攻の文学に与えた影響について」（『読本研究新集』第三集、読本研究の会、二〇〇一年十月）のなかで、作中の蒙古襲来が文化露寇を想起させる恐れがあったゆえ、後編の刊行が二十年後になったと述べている。

（17）『近世物之本江戸作者部類』巻之二上。なお本文は曲亭馬琴著・徳田武校注『近世物之本江戸作者部類』（岩波書店、二〇一四年）に拠った。以下同様。

（18）前編の版木を大坂屋が入手してから、馬琴が後編執筆を了承するまでの経緯については、すでに高木元「『松浦佐用媛石魂録』論」（『江戸読本の研究――十九世紀小説様式攷』ぺりかん社、一九九五年所収。初出は一九八〇年）や徳田武著『馬琴京伝中編読本解題』（勉誠出版、二〇一二年）でまとめられている。本章でも両氏が用いている前述の「再識」や文政十年三月二日殿村篠斎宛書簡および同年十一月二十三日篠斎宛書簡を参照した。

（19）大坂屋半蔵の死については、柴田光彦「版元大坂屋半蔵病没のこと」（『新編日本古典文学全集月報』七十七、小学館、二〇〇一年九月）に詳しい。

（20）文政十三年正月二十八日殿村篠斎宛書簡のほか、『近世物之本江戸作者部類』巻之二上に「明年〔己丑〕、又『近世説美少年録』第一集五巻を綴る。幷に大阪屋半蔵板也。その書いまだ発兌に及ばず、庚寅の春正月、半蔵身故す。半蔵の弟丁子屋平兵衛代りてこれを発販せり。是より丁平の蔵板になりぬ」とある。

（21）文政十三年正月二十八日殿村篠斎宛書簡による。同書簡で馬琴は大坂屋について「心ばえよきものニ候」「とかく好人物ハ短命多く候事、和漢今昔一致ニ御座候。右板元大半ハ、享年四十才、飽までよミ本好ニて、よき板元ニ候処、ケ様之仕合、最歎しき事ニ御座候」と述べている。

（22）文政十三年九月朔日河内屋茂兵衛宛書簡に「『俠客伝』著述之事、当地丁平殿より追々御承知と奉存候」とある。当初『開巻驚奇俠客伝』初集は大坂屋半蔵と河内屋茂兵衛とで出版した上で、『近世説美少年録』と本替をおこなうつもりだったようである（文政十二年八月六日河内屋茂兵衛宛書簡および文政十三年正月二十八日殿村篠斎宛書簡）。

(23) 鈴木圭一「資料報告『書林文渓堂蔵販目録』・『東都書林文渓堂蔵販中形絵入よみ本之部目録』――『増補外題鑑』成立の一過程」（『読本研究』第四輯下套、広島文教女子大学『読本研究』編集部、一九九〇年六月）。

(24) 早稲田大学図書館蔵『芸海余波』六集（イ五―一六四六（六））所収。

(25) 東京大学史料編纂所編『大日本近世史料　市中取締類集　十八』（東京大学出版会、一九八八年）所収。

(26) 「好色本」の特定については林美一著『秘板梅ごよみ』（緑園書房、一九六五年）を参照した。

(27) 早川純三郎編『曲亭遺稿』（国書刊行会、一九一一年）所収。

(28) 『著作堂雑記抄』のほか、天保十三年九月二十三日殿村篠斎宛書簡（別紙・代筆）に「『江戸繁昌記』一件、八月廿三日ニ致落着候。作者静軒ハ武家奉公御構也。丁子屋平兵衛ハ所払ニ相成候。但し、家材ハ妻子ニ被下候」とある。

(29) 天保十三年九月二十三日殿村篠斎宛書簡（別紙・代筆）に「丁平ハ四五日店の戸を閉候て隠れ罷在、六才の倅平吉名まへニて、小伝馬町の店を開き、家主役ハ組合持ニ致、彼身ハ高砂町の借家ニ別宅致、夜分ハひそかに小伝馬丁の宅江罷帰り、帳合等致候由也」とある。

(30) 服部仁「天保改革時の出版状況瞥見――『孝子顕彰』の読売と『御触書集覧　修身孝義鑑』の相関関係、及び『日本廿四孝子伝』等の出板を手がかりに」（『雅俗』第十九号、雅俗の会、二〇二〇年七月）にて紹介。

(31) 『藤岡屋日記』巻十四「天保十三年壬寅年日記」に「一　江戸繁昌記作者、板本小伝馬町丁子屋平兵衛御咎メ、所構ニ而、大伝馬町二丁目江引越ス」（『近世庶民生活史料　藤岡屋日記』第二巻、三一書房、一九八八年所収）とあるが、これは後年に天保の改革関連のことをまとめて追記したゆえであろう。

(32) 佐藤悟「パトロンの時代（一）――近世文学史の空白域」（『江戸文学』第十八号、ぺりかん社、一九九七年十一月）や大久保尚子「人情本にみる江戸時代後期の服飾文化――趣味人たちの芝居、書画の享受、交遊と装いの趣向」（『江戸の服飾意匠――文芸、美術、芸術との交流と近代への波及』中央公論美術出版、二〇一五年所収。

初出は一九九八年および一九九九年）などに詳しい。なお、両氏も指摘しているように、三代目平兵衛の伝記は、文久三年（一八六三）序の仮名垣魯文・山々亭有人合輯『粋興奇人伝』にもみられる。

(33) 本章では藤實久美子「翻刻「書林書留」（慶應義塾大学図書館所蔵）」（『官版日誌類に関する史料学の構築および戊辰戦争期の情報と地域に関する学際的研究』研究成果報告、二〇一九年四月版）を参照した。

(34) 本章では朝倉治彦・佐久間信子編『明治初期三都新刻書目』（日本古書通信社、一九七一年）所収の影印によった。なお、鈴木俊幸「『戊辰以来新刻書目便覧』の諸本」（『書籍流通史料論序説』勉誠出版、二〇一二年所収。初出は二〇一〇年）によって、『戊辰以来新刻書目便覧』は七度の修訂がおこなわれ、八種の刊本が存在すること、八種の刊本間には異同がみられることが指摘されているが、丁子屋に関する部分に異同はみられない。

(35) 弥吉光長「明治初年の出版団体（その一）——書物問屋仲間から東京書籍出版営業者組合へ」（『弥吉光長著作集四　明治時代の出版と人』日外アソシエーツ、一九八二年所収。初出は一九五三年）を参照。

(36) 浜田啓介「馬琴をめぐる書肆・作者・読者の問題」（『近世小説・営為と様式に関する私見』京都大学学術出版会、一九九三年所収。初出は一九五三年）二八七頁。

(37) 『日本古典文学大辞典』第四巻（岩波書店、一九八四年）の解説（中野三敏氏執筆）を参照。

(38) 『出像稗史外題鑑』については、『為永春水編増補外題鑑』（和泉書院、一九八五年）の解説（横山邦治執筆）および髙木元「『出像稗史外題鑑』について——文化期江戸読本書目年表稿」（『読本研究』第三集上套、広島文教女子大学研究出版委員会『読本研究』編集部、一九八九年六月）に詳しい。

(39) 髙木元「江戸読本の板元——貸本屋の出板をめぐって」（『江戸読本の研究　十九世紀小説様式攷』ぺりかん社、一九九五年所収。初出は一九八八年）。

(40) 村田幸吉「会員談叢（四）」（『集古会誌』壬子巻三、集古会、一九一三年九月）。なお、引用に際して句読点を補った。

(41) 大和博幸「江戸期広域出版流通の一形態——本の取次と薬の取次の関わり」（『国学院雑誌』第一二〇巻第二号、国学院大学、二〇一九年二月）。

(42) 『曲亭馬琴日記』文政十一年十月四日の条に「よミ本来春綴り遣し候つもり、江戸表一切之事、潤筆等之事も、大平引請」云々とあることからも、文政十一年刊の『松浦佐用媛石魂録』後編ではありえない。『近世説美少年録』初輯と『開巻驚奇俠客伝』初集の本替については文政十三年正月二十八日殿村篠斎宛書簡に「『俠客伝』も、すり本『美少年録』と交易のつもりニて」とある。

(43) 大和博幸「広告からみた近世後期出版ルート考」(『国学院大学近世文学会会報』第七号、二〇〇一年三月) 同「江戸期広域出版流通の一形態——本の取次と薬の取次の関わり」(『国学院雑誌』第一二〇巻第二号、国学院大学、二〇一九年二月)、長友千代治「本屋と売薬」(『江戸時代の図書流通』思文閣出版、二〇〇二年所収)、鈴木俊幸「近世日本における薬品・小間物の流通と書籍の流通」(『書籍流通史料論序説』勉誠出版、二〇一二年所収。初出は二〇〇七年)、同「須原屋茂兵衛の薬商売——引札と広告葉書」(『書籍文化史料論』勉誠出版、二〇一九年所収。初出は二〇一七年) などで指摘されている。

(44) 大坂屋は半蔵の息子が二代目となって存続しており、その間は順補丸の製剤・販売が続けられていたようである。

(45) 鈴木俊幸「地方の本屋さん——信州松本書肆高美屋甚左衛門を中心に」(『江戸の読書熱　自学する読者と書籍流通』平凡社、二〇〇七年所収。初出は一九九七年)、同「上総国における書籍流通拠点の成立——江戸時代の東金書肆多田屋」(『近世読者とそのゆくえ　読書と書籍流通の近世・近代』勉誠出版、二〇一七年所収。初出は二〇一六年)、同「磐城三春の書肆とその江戸仕入れ」(同。初出は二〇一四年) など。

(46) 鈴木俊幸「上総国における書籍流通拠点の成立——江戸時代の東金書肆多田屋」(『近世読者とそのゆくえ　読書と書籍流通の近世・近代』勉誠出版、二〇一七年所収。初出は二〇一六年)。

(47) 注(45) 前掲論文。

(48) 山本卓「文運東漸と大坂書肆」(『舌耕・書本・出版と近世小説』清文堂出版、二〇一〇年所収。初出は二〇〇〇年)。

(49) 鈴木俊幸「明日の見物——新しい読者と蔦重・泉市」(『江戸の読者熱　自学する読者と書籍流通』平凡社、二〇〇七年所収)。

第三章　中本受容と大島屋伝右衛門

はじめに

大島屋伝右衛門は「人情本中その大半はこの文永堂から発行されたと云つても可い位」(1)、または「中本版元の第一人者」(2)などと称されるほどに中本との関わりが指摘されていながらも、これまであまり注目されてこなかった書肆である。本章では、そうした大島屋の出版活動を概観していくなかで、版元が貸本屋へ中本を供給していく構造の一例を明らかにするとともに、大島屋が人々の中本受容に果たした役割について考察していく。

一、大島屋伝右衛門の概要とその系譜

大島屋伝右衛門は、江戸京橋弥左衛門町の書肆。文永堂と号した。明治以降は「武田伝右衛門」「武田文永堂」「文永堂書店」とも称している。「書物問屋名前帳(古組)」(3)、「地本双紙問屋仮組」(4)の双方に名前を見出せることから、書物問屋・地本草紙問屋を兼ねていたようである。

図9　架蔵『よし原雀』に押捺された印

本書第二部第二章「大島屋伝右衛門出版書目年表稿」[5]によれば、大島屋が携わった最初の出版物は、文化十二年（一八一五）に和泉屋市兵衛・三崎屋清吉・中村屋幸蔵らとの相版で出版された米々斎赤須嘉米『御利生正札附千社参』初編である。[6]対して最後の出版物は、大正九年（一九二〇）二月五日発行の行徳王江著『日本名勝詩選』第六版および近藤南洲著『篆刻鍼度』第六版、同著『杜工部詩醇』第六版[7]で、全て大正七年（一九一八）に廃業した青木嵩山堂から求版されたものである。[8]よって出版物から確認できる活動時期は、文化十二年から大正九年となる。大島屋は少なくとも文化年間から明治・大正にわたる約一〇〇年もの間、営業を続けていた書肆であった。

まずは断片的な資料や記述を整理しながら歴代伝右衛門の系譜を辿り、大島屋の概要を整理していく。

初代伝右衛門の生年や出自、『御利生正札附千社参』初編を刊行するまでの経歴は一切不明だが、当初は初代丁子屋平兵衛同様、貸本業を営んでいたと考えられる。これは架蔵の写本『よし原雀』[9]に押捺された「山形に大伝」という印（図9）の存在に基づく推測だが、後述する貸本問屋としての活動にも、こうした経験が活かされていると思われるため、その蓋然性は高い。

初代伝右衛門の名がみえる確かな史料には、先に触れた嘉永四年（一八五一）、問屋仲間再興時の名前帳「地本双紙問屋仮組」がある。なお、引用に際して読点を補った。

弥左衛門町家主　大島屋伝右衛門

安政三辰年五月十八日、播磨守殿御内寄合、此伝右衛門病死ニ付、同人倅安次郎事伝右衛門と改、名跡相続

願済、同廿日申渡

同人倅安次郎事　伝右衛門

この安政三年（一八五六）五月に病死しているのが、初代伝右衛門であろう。とすれば、必然的に天保の改革で処罰されたのも、この初代ということになる。市中取締懸が天保十二年（一八四二）十二月に提出した「絵草紙幷人情本好色本等之義ニ付申上候書付」(10)には、天保の改革で処罰された版元ならびに、その版元が蔵版していた書籍の一覧が記されている。このうち、大島屋の項を抜粋する。

弥左衛門町家主書物問屋伝右衛門所持罷在候板木

一恵の花　初篇ゟ二篇迄　六冊　（『春色恵の花』）
一梅暦　初篇ゟ四篇迄　拾弐冊　（『春色梅児誉美』）
一辰巳の園　同断　拾弐冊　（『春色辰巳園』）
一英対暖語（エイタイダンゴ）　初篇ゟ五篇迄　拾五冊　（『春色英対暖語』）
一懐中歴　初篇ゟ四篇迄　拾五冊　（『花名所懐中暦』）
一貞操深雪松　初篇ゟ二篇迄　六冊　（『貞操深雪松』）
一八堅志　初篇ゟ四篇迄　拾弐冊　（『婦女八賢誌』）
一雪の梅　前篇ゟ後篇迄　六冊　（『春色雪の梅』）
一蘭蝶記　初篇ゟ三篇迄　九冊　（『蘭蝶記』）
一文のはやし　初篇　三冊　（『文のはやし』）
一二筋道（再板もの）　初篇ゟ後篇迄　六冊　（『傾城買二筋道』）

天保の改革で摘発された大島屋を含む版元七人には、次のような判決が下された。

弥左衛門町家主地本屋伝蔵（ママ）　外六人

右之もの共儀、絵本草双紙類渡世致し、風俗之ためニ不相成猥かましき事、又は異説等書綴候書物類売買いたす間敷旨之町触相背、人情本と唱候小冊物之内ニは、男女之勧善にも相成苦かる間敷と心得違ニ而、長次郎ニ著述為致候小本は、改受候而も追々増補いたし、風俗ニ拘不宜候所、売渡、売徳取候段不埒ニ付、売渡（徳）取上、過料五貫文つゝ

右ニ類板木共取上ル、本類は焼捨間、其旨可存(11)

先にみた『春色恵の花』や『春色梅児誉美』をはじめとする人情本が風紀を乱すとして、売上金の取り上げと過料五貫文の支払い、および版木の没収と書籍の焼き捨てが命じられたのである。この時、初代伝右衛門の蒙った損害は並大抵ではなかったはずだが、彼は亡くなる安政三年まで大島屋を存続させ、次の世代へと引き継いでいる。

二代目伝右衛門は、先に引用した「地本双紙問屋仮組」の記述にあったとおり、初代伝右衛門の亡くなった同年同月に名跡を継いだ倅の「安次郎」である。正確な生年は不明だが、ある程度の経歴と没年は以下の回想類から判明する。

一つは、四葩山人が書き留めた二代目伝右衛門自身による回想である。(12)

青山堂の父大島屋伝右衛門といへる人あり当年七十五歳の高齢なるが、鑁鑠として記憶明晰、嘗つて丁字屋の小厮として、馬琴に親しく面会し、又当時の状況を詳にすと聞き、一日伝右衛門氏を青山堂に訪ひ、其懐旧談を聞き、聞くに随つて筆記せるもの左の一篇なり、（中略）ハイ何から申上げてよいのか、大分古いお話でも御座いますし、記憶して居らぬ事も沢山御座いますから、其お積りでお聞取りを願ひます。当時私の奉公して居つた文渓堂の主人が即ち丁字屋平兵衛で御座います

「青山堂」は雁金屋清吉のことであり、ここでは八代目を指している。『東京書籍商組合史及組合員概歴』（東京書籍商組合、一九一二年）に「当主ハ江戸ニ生レ、九代（ママ）武田伝右衛門ノ次子ニシテ幸次郎ト称ス」とあるように、八代目雁金屋清吉は二代目伝右衛門の次子であった。二代目伝右衛門自身の口から、かつて丁子屋平兵衛のもとで奉公していたと語られている。この二代目の言は浅倉屋久兵衛の証言からも裏付けられる。(13)

もう一つの回想は、浅倉屋による「紙魚の跡　浅倉屋の巻（四）」(14)である。ここで浅倉屋は「七月（大正九年七月か）に亡くなった和書出版界の古老大島屋武田伝右衛門老人から嘗て聞いた話」として、福沢諭吉の本屋仲間加入について紹介している。括弧で示された注は『読売新聞』の編集者によるものと思われる。この没年については、東京書籍商組合が発行した機関誌『図書月報』第十八巻第七号（大正九年〈一九二〇〉七月十五日）掲載「組合通報」の「組合員死亡」欄に「大島屋　武田伝右衛門君」とあることから裏付けられる。大正九年は、現時点で確認できている最後の出版物『日本名勝詩選』『篆刻鍼度』『杜工部詩醇』の刊年とも合致する。

三代目伝右衛門に関しては、反町茂雄編『紙魚の昔がたり　明治大正篇』（八木書店、一九九〇年）に収められた書肆の談話が参考になる。とりわけ浅倉屋久兵衛「和本屋生活半世紀の思い出」は情報に富んでいる。

> 大島屋さんは武田伝右衛門の二代目の人で、私共の店に居た時分は政吉といっていました。極く根気がよく、若い時分「彙刻書目」など写しておりました。年季がすんで貸本問屋でした生家へ戻ると、ちょうどその時分、大切な米櫃の「梅暦」やその他の人情本の蔵版が続々と活版に出来てしまったので、貸本問屋もやりにくく、セドリに転向してしまったのです。そして市会を青柳で開くようになり、会主となって一時はなかなか盛んなものでした。惜しい事にまだ働き盛りに亡くなりました。舎弟が吉川弘文館さんの御出身で、後に雁金屋清吉さんの跡をついだ青山さんでした。

「二代目の人」が「私共の店に居た」「惜しい事にまだ働き盛りに亡くなりました」と述べているが、先ほどみたように二代目伝右衛門の奉公先は丁子屋平兵衛方であった。また、「和書出版界の古老」とも称され、大正九年に没した二代目を「働き盛り」とするのは些か不自然ではなかろうか。

明治二十四年（一八九一）に刊行された春秋園武田編・佳峰園等栽校『俳諧新五百題』(15)の著作者は「武田正吉」、発行者兼印刷人は「武田伝右エ門」である。このうち前者は浅倉屋のいう「政吉」だとわかるが、後者は一見すると何代目の伝右衛門を指しているのかわからない。しかし、当時存命しているのは、「政吉」を除けば先に確認した二代目ただ一人である。したがって、「舎弟」が八代目雁金屋清吉である「政吉」は、二代目伝右衛門の長子であるとともに、後の三代目であると考えられる。つまり、浅倉屋は本来三代目である「政吉」を「二代目」としていたのだが、同様の呼称は『紙魚の昔がたり　明治大正篇』に収められたほかの談話にもみられる。その理由は判然としないが、彼らは「政吉」が三代目だと知らなかったのではなく、単に「後嗣」という意で「二代目」の呼称を用いていただけなのかもしれない。なお、『俳諧新五百題』以降の出版物に「武田正吉（政吉）」の名がみえないため、三代目は少なくとも明治年間中に没したようである。

これまで確認してきた三代にわたる歴代伝右衛門の系譜をまとめると次のようになる。

初　代…天保の改革で処罰を受ける。安政三年没。

二代目…幼名「安次郎」。かつて丁子屋平兵衛方で奉公。初代の死没により、安政三年に二代目伝右衛門となる。大正九年七月没。

三代目…通称「政吉（正吉）」。二代目伝右衛門の長子。浅倉屋久兵衛方で奉公の後、三代目伝右衛門となる。明治年間中に死没か。

三代目早世の後、大島屋の営業は再び二代目伝右衛門の手に委ねられたのであろう。だが、前述のとおり大正九年以降の出版物を確認できないため、大島屋は二代目伝右衛門の死とともに廃業したものと推察される。

二、中本と大島屋伝右衛門

次に大島屋の出版活動を種々の蔵版目録に加えて、本書第二部第二章「大島屋伝右衛門出版書目年表稿」をもとに概観していく。

現在確認できる最初の出版物である『御利生正札附千社参』初編の刊行後、文政二年（一八一九）には古今亭三鳥作『籠細工はなし』、翌文政三年には滝亭鯉丈作『花暦八笑人』初編を刊行し、以後本格的に出版活動を展開していく。翌文政四年に刊行された鼻山人作『玉散袖』下巻には「文永堂蔵版目録」（図10）が附載されており、こうした大島屋の初期の様子を垣間見ることができる。

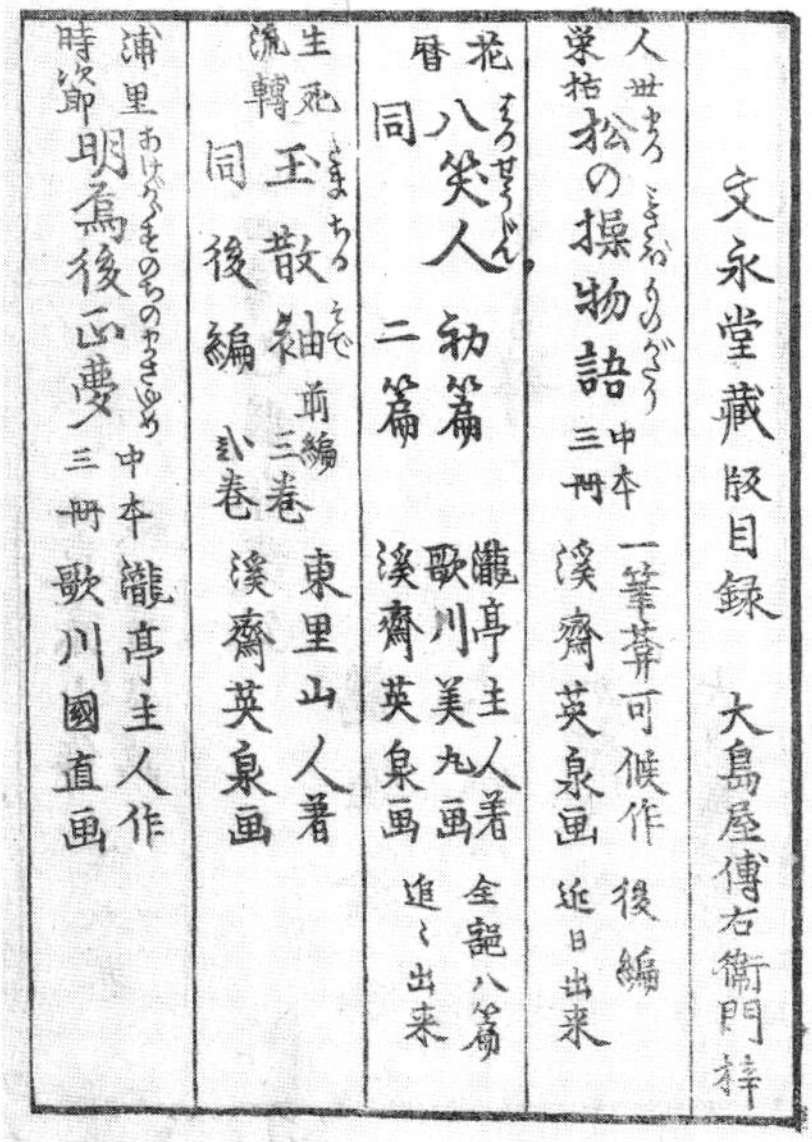

図10　「文永堂蔵版目録」（架蔵『玉散袖』下巻）

「文永堂蔵版目録」には、滝亭鯉丈作『花暦八笑人』初・二編（文政三〜四年刊）、一筆庵主人作『松の操物語』（同三年刊）、鼻山人作『玉散袖』（同年刊）、滝亭鯉丈・南仙笑楚満人作『明烏後正夢』初編（同四年刊）、山東京山作『鷲談伝奇桃花流水』（文化六年〈一八〇九〉刊）の蔵版が謳われるとともに、『松の操物語』後編（『貞烈竹の節談』）と『花暦八笑人』三編から八編までの刊行が予告されている。なお『鷲談伝奇桃花流水』は求版本である。

「文永堂蔵版目録」と同時期の目録に、梅暮里谷峨作『斯波遠説七長臣』巻五（文政四年刊）附載の「文永堂蔵版目録」（図11）がある。[16] 記載された

図11　「文永堂蔵版目録」（関西大学図書館中村幸彦文庫蔵『斯波遠説七長臣』巻五）

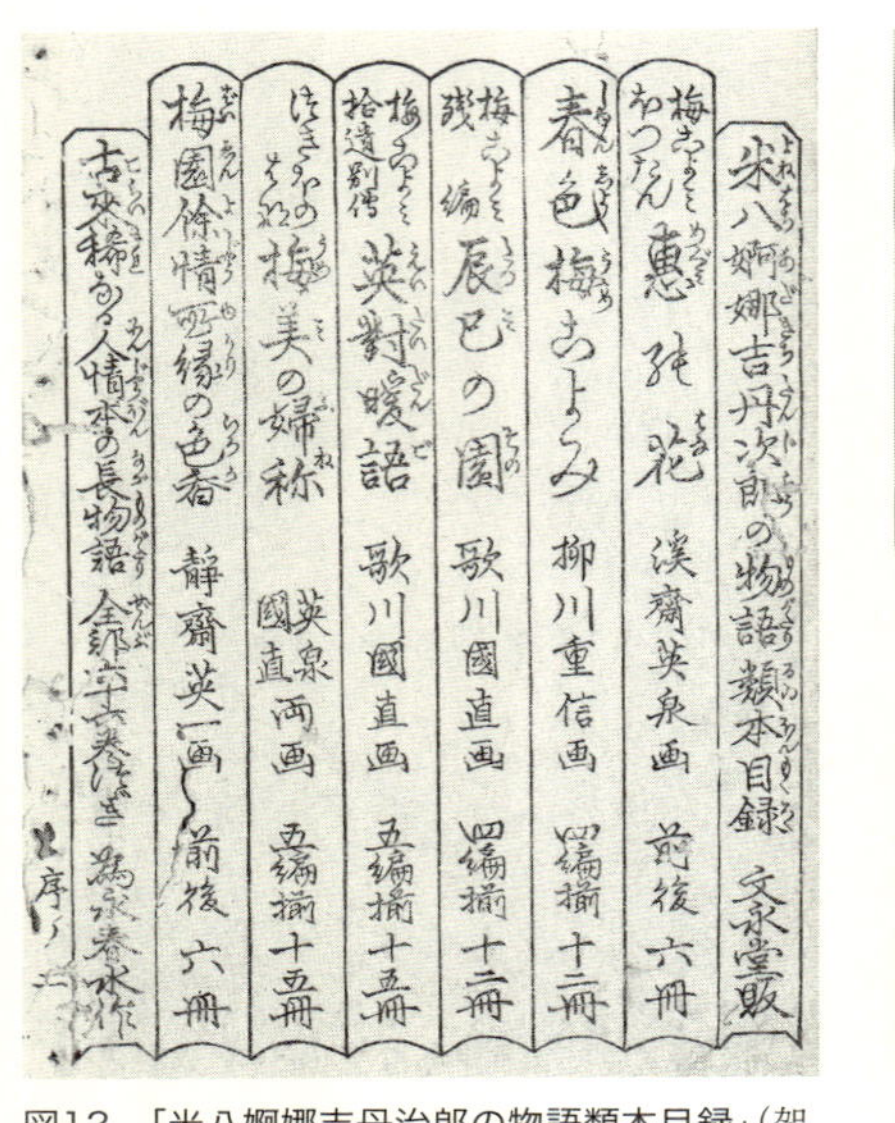

米八婀娜吉丹次郎の物語類本目録　文永堂版
梅暦 恵の花　渓齋英泉画　前後六冊
春色梅児誉美　柳川重信画　四編揃十二冊
梅暦残編 辰巳の園　歌川國直画　四編揃十二冊
梅暦拾遺別伝 英對暖語　歌川國直画　五編揃十五冊
梅美の婦祢　英泉 國直 両画　五編揃十五冊
梅園余情 かたみの色香　静齋英一画　前後六冊
古今稀なる人情本の長物語　全部廿六巻　為永春水作

図12　「米八婀娜吉丹治郎の物語類本目録」（架蔵『春色英対暖語』五編上巻）

書目は多く重複しているが、こちらにはさらに梅園主人作『奇談園の梅』（文政四年〈一八二一〉刊）、式亭三馬作『七癖上戸』（文化七年〈一八一〇〉刊）の蔵版が謳われ、鼻山人作『契情意味張月』（文政六年刊）の刊行が予告されている。『七癖上戸』も先の『鶯談伝奇桃花流水』同様に求版本である。

為永春水作『春色英対暖語』五編上巻所収の「米八婀娜吉丹治郎の物語類本目録」（図12）は、『春色梅児誉美』初～四編（天保三～四年〈一八三二～一八三三〉刊）、『春色辰巳園』初～四編（同四～六年刊）、『春色恵の花』初～後編（天保七年刊）、『春色英対暖語』初～五編（同九年刊）、『春色梅美婦祢』初～五編（同十二年刊）などの所謂「梅暦シリーズ」の蔵版を示す目録である。先に浅倉屋が「梅暦」を大島屋の「大切な米櫃」と称していたように、これら一連の諸作品は明治期に至るまで読み続けられた当たり作であった。

梅暦シリーズの刊行を経て、大島屋は全盛期を迎える。この時期の様子を伝えるのが、本書第二部第二章に附録した「書林文永堂蔵販目録」である。大島屋が携わった書籍にたびたび附載されるこの目録には、計四十二の書目が列挙されているのだが、そのうち中本は三十八作品（滑稽本は七、人情本は三十一）というかなりの割合を占めている。そのうち、求版本と判明しているものは次のとおりである。

式亭三馬作『戯場粋言幕之外』（文化三年〈一八〇六〉刊）
同作『無而七癖酩酊気質』（同年刊）
同作『例之酒癖一盃綺言』（同十年〈一八一三〉刊）
同作『古今百馬鹿』（同十一年〈一八一四〉刊）
同作『素人狂言紋切形』（同年刊）
鼻山人作『傾城此糸蘭蝶記』初～三編（文政七年〈一八二四〉序）

以上のように、中本を積極的に出版するだけでなく、他書肆から求版している様子が窺える。(17) その割合からみても、大島屋の出版活動は中本が軸になっていたといえる。

こうした中本と大島屋の関係性に加え、明治期まで中本を印行していた様子は、現存する中本そのものからも指摘できる。

現存する中本には、見返しや奥付を欠いた本が多いため、出版もしくは流通に携わった版元を書籍から特定するのは困難である。しかしながら、版元を特定する術が全くないわけではない。書籍の表紙と附載された広告は、十分その手掛かりとなり得る。

中本のなかでも特に人情本の表紙には、華やかな千代紙風の料紙がよく用いられている。この料紙の文様には、書名や作品内容との相互関係(18)がみられるだけでなく、版元ごとに異なる意匠が凝らされている場合もある。「大島屋伝右衛門所用表紙文様一覧」（図13）は、大島屋が蔵版していた作品や、後述する処女香・初みどりの広告を

英對暖語三編
下
春色后巳園
三編
中
春色梅児譽美
上
花名所懐中暦
初編
中
初編
中
玉川婦婆言
初編

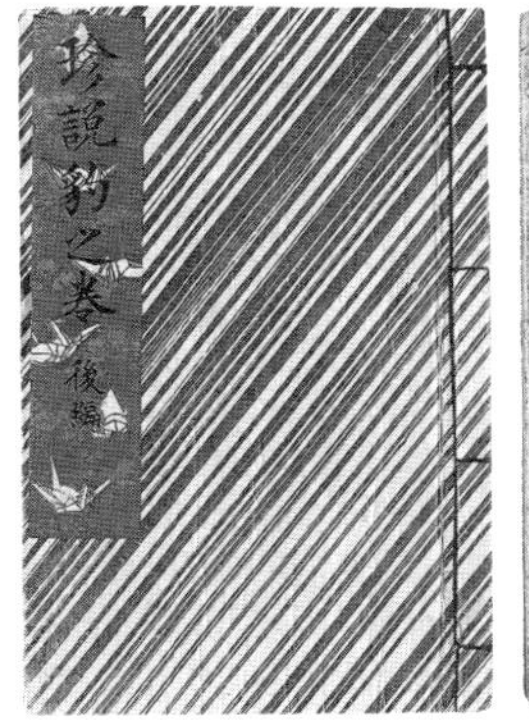

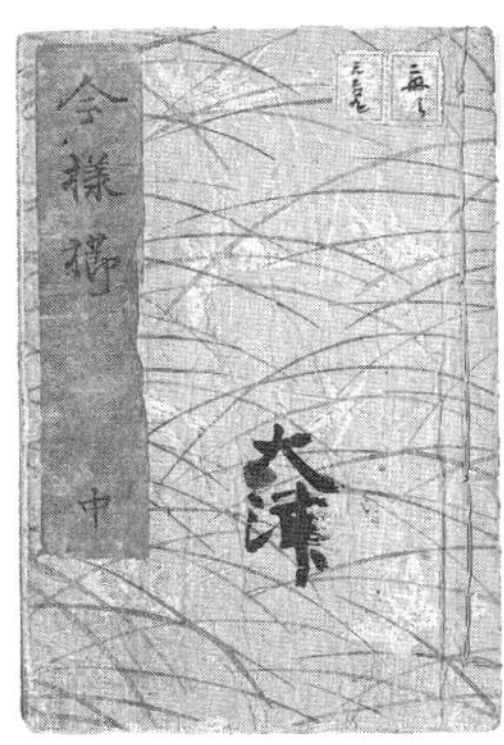

図13　大島屋伝右衛門所用表紙文様一覧

有する書籍の表紙、すなわち大島屋特有と思われる表紙文様を架蔵本から集成した一覧である。梅暦シリーズに好んで用いられているものから、作品を問わず用いられているものまで様々ある。これらの表紙は一編三巻三冊が一冊に合冊され、口絵が藍摺、あるいは墨摺となっている後印本にも用いられている。

書籍に附載された広告も、版元を特定する手掛かりの一つである。中本を出版した版元には売薬を兼業している者もおり、彼らは自らが発行した書籍にその広告をたびたび附載した。菊屋幸三郎の清涼香、大坂屋半蔵の順補丸、丁子屋平兵衛の花橘や雪の梅などがよく知られた例であろう。大島屋の場合、処女香と初みどりを商っている（図14・図15）。このうち処女香は、「為永春水精剤」と謳われる白粉下だが、実際は大島屋によって製剤・販売がなされていた。処女香については、次章「大島屋伝右衛門と池田屋一統――売薬「処女香」を端緒として」で詳述したので参照されたい。

こうした表紙や処女香・初みどりの広告を有する中本、特にその後印本は非常に多く、大学図書館や公共図書館にもかなりの割合で収蔵されている。それはまさしく、大島屋が長期にわたって中本を印行していたことの証左であるとともに、変わりなく中本が人々に受容されていた事実を物語っている。

本書第三部第一章「貸本屋の諸相」および同第二章「誠光堂池田屋清吉の片影」からも明らかなように、近世後期のみならず近代初頭においても、中本をはじめとする戯作は貸本屋の主力商品であり続けた。先に浅倉屋も「貸本問屋でした生家」と回想していたように、大島屋は明らかに貸本屋を顧客として意識し、中本を軸に据えた営業をおこなっていたのである（図16）。

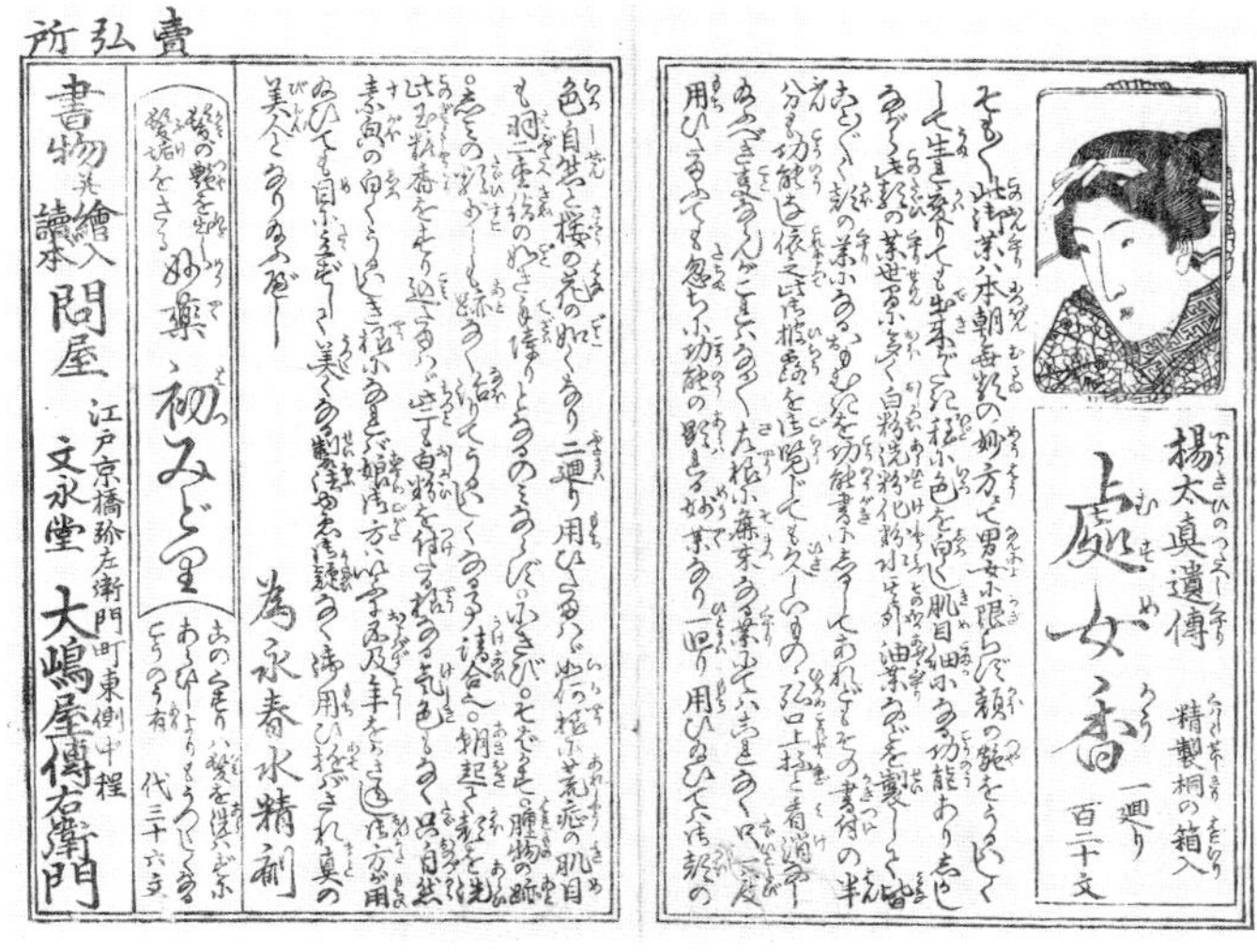

図14　処女香の広告（架蔵『娜真都翳喜』三編）

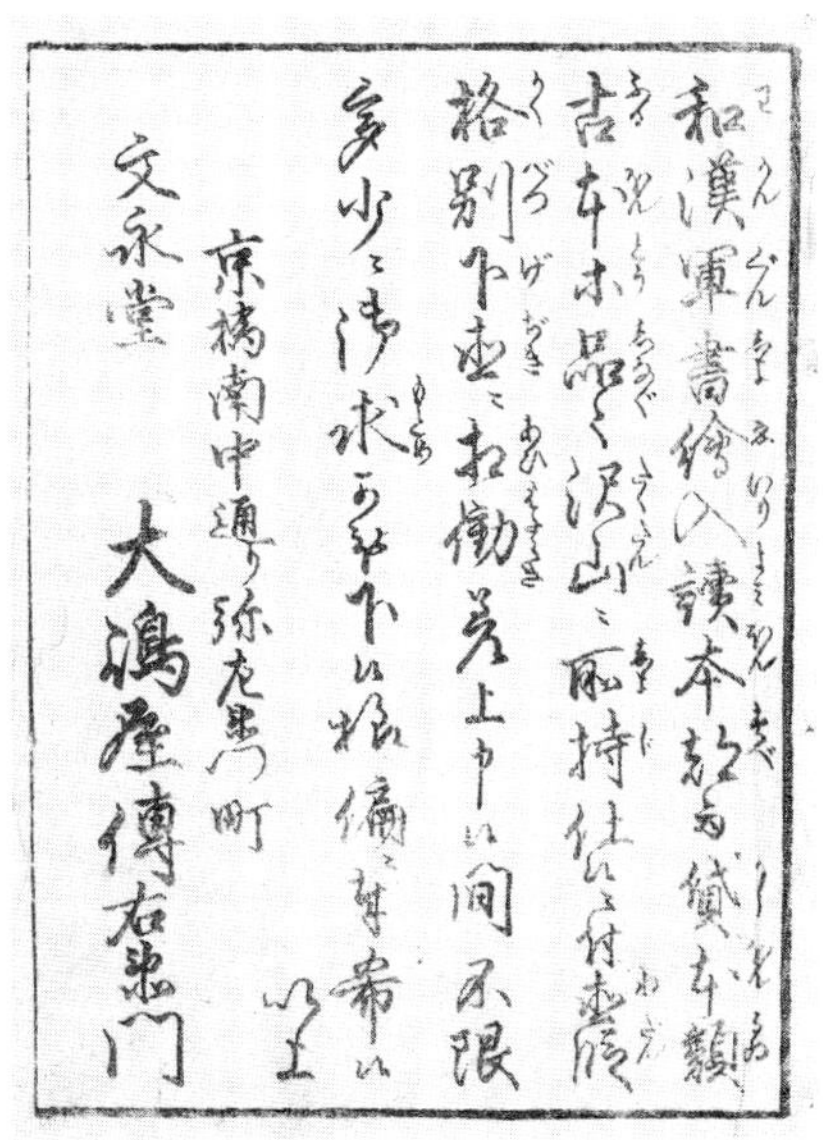

図16　貸本屋に向けた広告（架蔵『娜真都翳喜』三編）

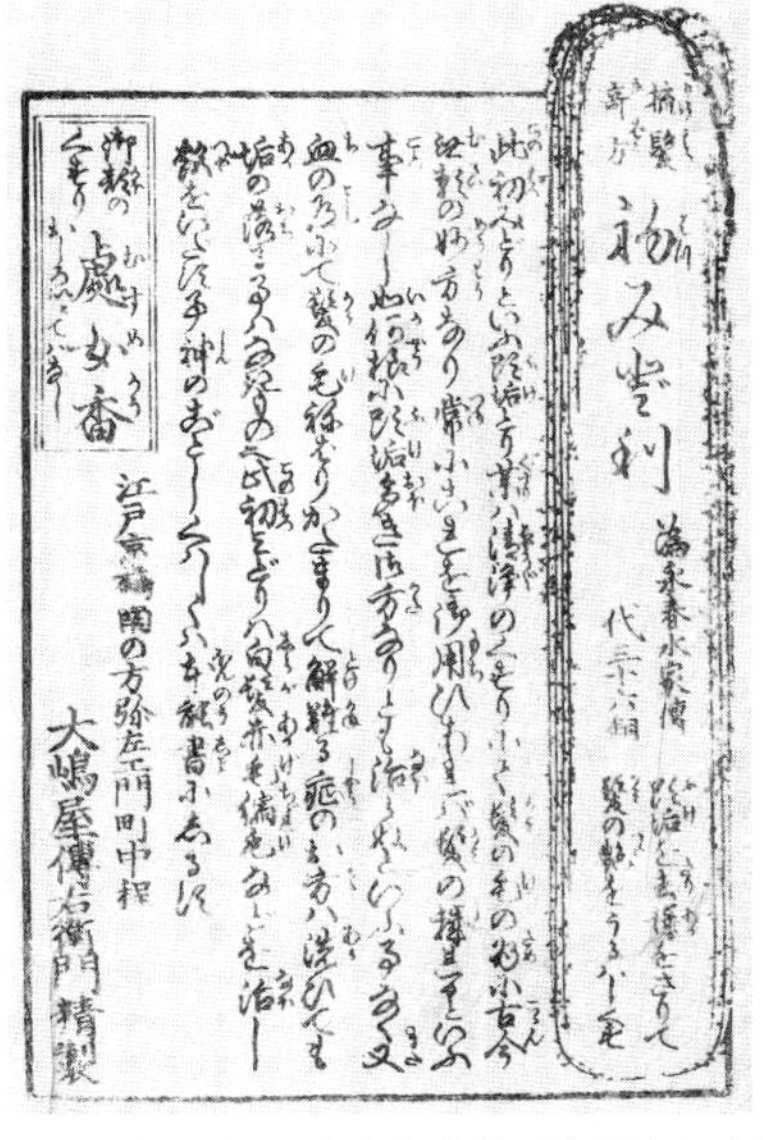

図15　初みどりの広告（架蔵『娜真都翳喜』三編）

三、大島屋伝右衛門の書籍流通

先に浅倉屋が回想していたように大島屋もまた貸本問屋であり[19]、その営業は近代にまで及ぶ長期的なものであった。では、主として中本を取り扱う版元であるとともに、貸本問屋でもあった大島屋はどのような書籍流通網を保持していたのであろうか。

大島屋を中心とする書籍流通を明らかにするため、大島屋が蔵版していた作品や、前述した表紙・広告を有する書籍を対象に調査をおこない、それらに押捺された貸本印、または貸本印と思しい印を収集し表にまとめた（表1）。なお、本書第二部第二章に附録した「書林文永堂蔵販目録」に掲載されている書籍については、「目録」の項に「○」を入れている。印から貸本屋を特定するのは難しく、地域の判明した例はそれほど多くないが、流通の片鱗を窺い知るには十分であろう。この表から大島屋の携わった書籍が流通を経て、最終的に行き着いた地点が判明する。

表1の地域には、江戸・京都・大坂をはじめとして、陸奥国・出羽国・加賀国・越後国・常陸国・上野国・武蔵国・信濃国・甲斐国・遠江国・尾張国・伊豆国・紀伊国・伊勢国・近江国・播磨国・備中国・備後国・安芸国・伊予国・筑前国・肥後国を確認できる。書籍が卸された時期や仕入れた書肆もわからず、扱いにくいデータであるが、ほぼ全国的ともいえるかなり広い範囲に書籍が流通している様子が窺える。だが、明治期も含めた大島屋の出版物にみえる売弘所や売捌所からは、こうした全国的な流通の痕跡を確認できない。はたして、大島屋は広域的な流通網を本当に保持していたのであろうか。

本書第二部第二章「大島屋伝右衛門出版書目年表稿」をもとに、文化十二年（一八一五）から明治元年（一八六八）までの間に大島屋と共同で出版をおこなっている書肆を集計した。そのうち、上位に位置する書肆は次のとおりである。なお、集計にあたっては、大島屋にとって画期となったと考えられる『春色梅児誉美』の刊行前と刊行後とにわけている。

『春色梅児誉美』刊行前　（文化十二～天保二年〈一八一五～一八三一〉）

越前屋長次郎（江戸）　11
西村屋与八（江戸）　11
鶴屋金助（江戸）　9
丁子屋平兵衛（江戸）　7
大坂屋茂吉（江戸）　6
河内屋茂兵衛（大坂）　5

『春色梅児誉美』刊行後　（天保三～明治元年〈一八三二～一八六八〉）

丁子屋平兵衛（江戸）　12
河内屋茂兵衛（大坂）　12
西村屋与八（江戸）　10
秋田屋市兵衛（大坂）　6
河内屋長兵衛（大坂）　4
菊屋幸三郎（江戸）　3

『春色梅児誉美』刊行前は、ほかの江戸の書肆と出版をおこなうなかで、地本問屋としての足場を固めている

請求記号	表紙	処女香	初みどり	目録	備考
		○		○	
Pg-92					求版本
A4-0383		○		○	
				○	
	○			○	
ナ4-245-1～4					
ナ4-11-6	○			○	
208-714	○	○			求版本
	○			○	ほか1顆（「大勝」）
A4-0305-1～5	○			○	
4L-130-1～3	○	○			ほか1顆（「貸本安井」）
	○			○	ほか1顆（「具重」）
	○			○	
	○				ほか2顆 （「なら久」「吉田屋」）
A4-0348			○	○	ほか1顆（「文秀堂」）
4L-78-1～14	○	○		○	
へ13-03229-0002	○				
hayBK03-0822-01～12	○	○	○	○	ほか2顆 （「鴻安」「本熊」）
		○		○	
W913.54-42		○			ほか1顆（「本亦」）
		○			ほか1顆（「飯田」）
ナ4-199-23～27	○	○		○	
A4-0174		○			

表1

地域	印記	印主	書名	所蔵
江戸	釜亦	釜屋又兵衛	花街鑑	架蔵
	紙徳	紙屋徳八	三国一夜物語	京都大学 文学研究科図書館 浜田啓介文庫
	［山形］両国 大重		春色辰巳園 初-4編	国立国会図書館
	京橋／村田／太刀売		花暦八笑人 三編追加下	鈴木圭一氏
	錦耕堂	山口屋藤兵衛	春色英対暖語　巻4	鈴木圭一氏
	貸本 松寿堂	大黒屋平助	質屋雀　初-2編	国文学研究資料館
	貸本商 芝区西久保／八幡 二十一番地／大野屋金七	大野屋金七	花暦八笑人 初-5編	国文学研究資料館
	牛込［丸形に本］池清	池田屋清吉	縁結月下菊	国立国会図書館
京都	亀武	亀屋武助	春色辰巳園　巻9	架蔵
	富山堂		廓雑談　初-3編	東京大学 国語研究室
	京鮹富角／安井		春宵風見種 初-3編	東京大学 国語研究室
大坂	［丸形に十］具重	具足屋重兵衛	春色辰巳園　巻1	架蔵
	三木与	三木屋与助	花名所懐中暦　巻8	架蔵
	本亦	本屋亦兵衛	清談松の調 初-4編	架蔵
	万かし本／ 南久宝寺町壱丁目／ 布屋佐七	布屋佐七	其小唄恋情紫　2編	東京大学 国語研究室
	書林 大阪塩町／ 三休橋北／山本与助	山本与助	春色英対暖語 初-5編	東京大学 国語研究室
	三休橋通／博労町南／ 山本勘助	山本勘助	清談松の調　4編	早稲田大学図書館
	柏精	柏原屋清右衛門	春色梅児誉美 春-4編	立命館大学ARC
陸奥国	嵩文堂	大塚屋長兵衛	花暦八笑人 四編下	鈴木圭一氏
	弘前／［入山形に二］樽沢 ／百石町		秋色絞朝顔　4編	弘前市弘前図書館
	磐城平／飯田商店／ 壱丁目		清談松の調 初-4編	鈴木圭一氏
出羽国	羽前／［山形に一］ 万屋／大山		春色英対暖語 初-5編	国文学研究資料館
	出羽［曲尺形に入と一］ 山形／尾関／鉄炮町		花筐　初-5編	東京大学 国語研究室

請求記号	表紙	処女香	初みどり	目録	備考
000-Z00-M2507.3～4				○	
	○			○	
		○			
913.55-17.8-25430		○		○	
ナ4-692-7～9				○	
	○			○	
477-31	○			○	ほか1顆（「桜渓」）
	○	○		○	
近世-36・11-21		○		○	
		○	○		ほか3顆（「小田嶋」「浜崎」「新発田／青林堂／蔵書記」）
		○			
W913.54-16	○			○	
W913.54 ／サ		○		○	
	○				
	○	○		○	
A4-0378	○			○	
へ13-03076		○		○	
へ13-03094					
				○	

地域	印記	印主	書名	所蔵
出羽国	［山形にや］ 米沢桐町／高田屋仙松		契情肝粒志　後編	専修大学図書館 向井信夫文庫
	山形／［山形に二］ 小松屋／十日町		春色辰巳園　巻10	鈴木圭一氏
	秋田［山形にイ］ 茶町扇之丁／貸本所／ 伊藤源吉	伊藤源吉	清談若緑　3編	鈴木圭一氏
	上茶屋町／日新堂／弐丁目		花暦八笑人 初-4編追加	岐阜大学図書館
	羽州山形／［入山形に二］ 加藤屋／三日町		契情肝粒志　3編	国文学研究資料館
	羽州［丸形に藤］ 置場郡／藤屋／大町上		恩愛二葉艸 三編上	鈴木圭一氏
加賀国	金沢区御徒町／テカ／ かし本所／ナス／ 二番丁廿五番地	寺田屋	廓雑談　初-3編	東京都立中央図書館 東京誌料
越後国	書林 北越□□□／東江堂／ 川村屋勘兵エ	川村屋勘兵衛	貞操婦女八賢誌 4輯巻2	鈴木圭一氏
	越後／石川平助／寺泊	石川平助	花暦八笑人 初-5編	東京大学 国文学研究室
	和漢御書物所／越後柴田上 町／新津屋木治兵衛	新津屋木治兵衛	娜真都翳喜 初-3編	架蔵
常陸国	粗毛［山形にス］		三日月阿専 前・後編	架蔵
上野国	上州［曲尺形に大］二軒在 家／石原／金銀不用		質屋雀　初編上	架蔵
武蔵国	横浜書林 紀伊国屋		春色梅児誉美　巻6	弘前市弘前図書館
	横浜／［山形に高一］ 高橋屋／相生		花街寿々女	玉川大学 学術情報図書館
信濃国	上田書林 宮島舎	宮島舎喜兵衛	珍説豹の巻 前・後編	架蔵
	信上／［一つ引きに三つ星］ 大藤／塩尻		春色伝家の花 初-4編	架蔵
	玉壺堂	浜屋為吉	春色梅美婦袮　2編	東京大学 国語研究室
	慶林堂／高美記	高美屋甚左衛門	春色英対暖語 初-5編	早稲田大学図書館
甲斐国	甲府／玄々堂／三井		花暦八笑人 初-5編	早稲田大学図書館
遠江国	掛川［山形に万］金銀／ 山崎／不用		契情肝粒志 後編上	鈴木圭一氏

請求記号	表紙	処女香	初みどり	目録	備考
	○				求版本
				○	
	○			○	
		○		○	
		○		○	
		○			求版本か
L24**11-2-B*3	○	○		○	
へ13-02925	○	○		○	
へ13-02925	○	○		○	
	○				
		○		○	
	○			○	
	○			○	
	○				
	○		○		
へ13-02922	○			○	
	○	○		○	
L24**11-112-A* 4-1～2				○	
L24**11-112-A* 4-1～2				○	

地域	印記	印主	書名	所蔵
尾張国	熱田神戸町／竹葉堂／笹屋徳右エ門	笹屋徳右衛門	三日月阿専　前編	架蔵
伊豆国	豆州三島市ヶ／原町盈緗堂／朝日仲次郎	朝日仲次郎	花暦八笑人　五編下	鈴木圭一氏
紀伊国	若山／京屋福之助／書林	京屋福之助	廓雑談　3編上	鈴木圭一氏
	湯浅／橋義／中町		貞烈竹の節談　中	鈴木圭一氏
	若山／坂本屋喜市郎／書林	坂本屋喜市郎	貞烈竹の節談　中	鈴木圭一氏
伊勢国	松阪［丸形に加］おしろい町／本屋嘉助	本屋嘉助	軒並娘八丈　4編中	鈴木圭一氏
	勢州／［山形に久］柏屋久八／松阪	柏屋久七	春色梅児誉美　巻8	関西大学図書館中村幸彦文庫
近江国	江州／［方形に十］西川勝助／八幡	西川勝助	春色伝家の花　初-5編	早稲田大学図書館
	八幡魚屋町／万国書籍所／西川勝助	西川勝助	春色伝家の花　初-5編	早稲田大学図書館
播磨国	播中［曲尺形にモ］中嘉		娜真都翳喜　4編	架蔵
備中国	岡山［山形に二］浜田町／貸本所／中嶋屋		娘太平記操早引　初-4編	鈴木圭一氏
	岡山橋本町／御書物所／片山屋孫兵衛	片山屋孫兵衛	春色辰巳園　巻9	鈴木圭一氏
	玉泉堂 岡山橋本町北側／貸本所／片山屋孫兵衛	片山屋孫兵衛	春色辰巳園　巻9	鈴木圭一氏
備後国	備後府中／加藤書肆		春色玉襷　初-3編	架蔵
安芸国	広島［井桁形に口］播磨屋町北側／書籍処／井筒屋出店		清談松の調　中	鈴木圭一氏
伊予国	イヨ［山形に圭］松山本町三丁目／貸本所／野中栄三郎	野中栄三郎	仇競今様櫛　初-3編	早稲田大学図書館
筑前国	筑前国／親愛社／山家伝		春色梅児誉美　初-4編	架蔵
肥後国	熊本県 山鹿町／万屋／坂口		貞操婦女八賢誌　4輯	関西大学図書館中村幸彦文庫
	肥後山鹿町／和漢書籍／同文具類／井出郡太	井出郡太	貞操婦女八賢誌　4輯	関西大学図書館中村幸彦文庫

感がある。加えて首位に立つ越前屋長次郎（後の為永春水）という存在は、梅暦シリーズをはじめ春水作品を多く出版・蔵版していくことになる大島屋の今後を予感させるものである。

対して『春色梅児誉美』刊行後では、河内屋茂兵衛や河内屋長兵衛、秋田屋市兵衛といった上方の書肆との出版が増加する。とりわけ、近世後期から近代初頭にかけて絶大な勢力を誇った河内屋一統の存在は見逃せない。(20)このような傾向は大島屋だけでなく、中本の出版全体にみられる。鈴木圭一氏は、ここにすでに全国に拓かれていた読本の流通網が利用されていると指摘している。(21)

だが、本章ではさらに大島屋と丁子屋平兵衛との関係に注目しておきたい。丁子屋は共同で出版をおこなっている書肆として常に上位にあるだけではない。越前屋長次郎は馬琴の天保九年（一八三九）十月二十二日殿村篠斎宛書簡(22)のなかで「丁子屋のふところ小刀」と称されるほどに丁子屋と懇意であった。また、丁子屋は河内屋茂兵衛と相版で読本や人情本を多く出版しており、両者が近しい間柄であったことは容易に想像される。大島屋の書籍流通網には、丁子屋の影がみえてきはしないだろうか。

丁子屋が江戸市中の貸本屋に向けられた販路と広域的な書籍流通網を保持していたことは、前章「丁子屋平兵衛の躍進――貸本屋世話役から貸本問屋へ」で詳述したとおりである。おそらく、二代目伝右衛門が丁子屋方で奉公するより前から、つまり初代伝右衛門の時代から大島屋と丁子屋は親しかったのであろう。丁子屋の斡旋により越前屋長次郎や河内屋一統との知遇を得た大島屋は、彼らと丁子屋の書籍流通網をベースとする販路を利用できた。これにより、豊富な中本の蔵版を売りとしながら、全国各地の書肆や貸本屋を対象とした営業をおこなうことが可能となったのだと考えられる。

おわりに

大島屋伝右衛門は、文化年間の創業から中本を多く刊行するだけでなく、ほかの書肆から積極的に求版することによって、次第にその蔵版書目を豊かなものとしていった。そして丁子屋平兵衛の流通網や、丁子屋の協力により得た河内屋一統をはじめとする上方の流通網を利用しながら、中本を明治期まで世に送り出していたのである。

版元、そして貸本問屋として、書籍を市場へ供給し続けることで、大島屋は近代初頭に至るまで貸本屋を、また彼ら貸本屋を通じた人々の中本受容を支えていたのである。

注

（1）人情本刊行会叢書『人情本略史』（人情本刊行会、一九二六年）八〇頁。

（2）前田愛「出版社と読者――貸本屋の役割を中心として」（『前田愛著作集　第二巻　近代読者の成立』筑摩書房、一九八九年所収。初出は一九六一年）二八七頁。

（3）弥吉光長著『未刊史料による日本出版文化』第三巻（ゆまに書房、一九八八年）所収。

（4）国立国会図書館蔵『諸問屋仮組名前帳』四巻（八一一―一九）所収。

（5）井上隆明氏は『改訂増補近世書林板元総覧』（青裳堂書店、一九九八年）において、西島長孫撰『歴代題画詩類絶句抄』と酒井抱一編『光琳百図』（求版本。原版は文化十二年刊『光琳百図』前編二冊）の二書をあげ、大島屋の活動時期を文化十年（一八一三）から明治三十年（一八九七）としている。だが、『歴代題画詩類絶句抄』の版元は、『割印帳』によれば大島屋ではなく宝翰堂堀野屋儀助である。また、後述するように明治三十年以降の出版物も存在する。

（6）中本。二巻二冊。歌川国芳画。関西大学図書館蔵本（L二三＊＊九〇〇＊六三一九〜六三二〇）の奥付は次のとおり。「文化十二乙亥歳正月発兌／江戸書賈　和泉屋市兵衛／三崎屋清吉／中村幸蔵／大嶌屋伝右衛門梓」。なお、本書の見返し・口絵にはそれぞれ「江戸書賈　文耕堂梓」「板元文耕堂」とあるが、これが当時大島屋の名乗っていた堂号かどうかは現段階では不明である。
（7）いずれも活版印刷の袖珍本。発行者は「武田伝右衛門」、発行所は「文永堂」。
（8）青木嵩山堂の廃業年は、青木育志・青木俊造著『青木嵩山堂――明治期の総合出版社』（アジア・ユーラシア総合研究所、二〇一七年）による。
（9）半紙本。十巻十冊。内題は「火宅罪火消」。
（10）東京大学史料編纂所編『大日本近世史料　市中取締類集　十八』（東京大学出版会、一九八八年）所収。
（11）『天保雑記』第五十一冊（内閣文庫所蔵史籍叢刊『天保雑記（三）』汲古書院、一九八三年所収）。なお、引用に際して読点を補った。
（12）四葩山人「文渓堂と八犬伝（上）」（『高潮』第三号、吉川弘文館、一九〇六年五月）。
（13）「明治初年東京書林評判記」（『古本屋』第三号、荒木伊兵衛書店、一九二七年十一月）には、「丁子平」の項に「大島屋伝兵衛（ママ）及麴町古本屋森田鉄五郎其外丁忠、丁善等皆こゝの出身也」、「紙魚の跡　浅倉屋の巻（一）」（『読売新聞』第一八四六三号、一九二八年七月二十五日）には「『八犬伝』や『梅暦』や其他いろいろな人情本の版元丁子屋さんは、文渓堂大渓半兵衛といつて、ずゐ分派出な人でした。近火のあつた翌朝など力士や役者が見舞に来て店にゐたので、大に人目を引いたものです。大伝馬町二丁目に居られました、大島屋武田伝兵衛（ママ）、麴町の古本屋森田鉄五郎、その他、「丁忠」「丁善」皆ここの出身です」とある。
（14）『読売新聞』第一八四六六号（一九二八年七月二十八日）。
（15）春秋園瀧川編・佳峰園等栽校『明治玉簾集』（明治二十二年〈一八八九〉刊）の改刻改題本。同じ奥付は、『風来六々部集後編』にもみられる。
（16）図版は関西大学図書館中村幸彦文庫蔵本（L二四＊＊五―三六七―一／五―二）による。なお、『斯波遠説七長臣』の刊行年については、本書第二部第二章「大島屋伝右衛門出版書目年表稿」を参照のこと。

(17) 中本、とくに文政期の人情本を大島屋が求版していたことは、前田愛「出版社と読者――貸本屋の役割を中心として」(『前田愛著作集　第二巻　近代読者の成立』筑摩書房、一九八九年所収。初出は一九六一年)でも指摘されている。

(18) たとえば、鶴亭秀賀作『安矢女艸』初~四編(安政五~六年〈一八五八~一八五九〉刊)の表紙には菖蒲の絵、忠臣蔵を題材とした為永春水ほか作『いろは文庫』初~十八編(天保七~明治五年〈一八三六~一八七二〉刊)の表紙には大石内蔵助の家紋(二つ巴)の文様が用いられているなど。

(19) 大島屋が貸本問屋であったことは、前田愛「明治初期戯作出版の動向――近世出版機構の解体」(『前田愛著作集　第二巻　近代読者の成立』筑摩書房、一九八九年所収。初出は一九六三・一九六四年)でも指摘されている。

(20) 浜田啓介「近世後期における大阪書林の趨向――書林河内屋をめぐって」(『近世文学・伝達と様式に関する私見』京都大学学術出版会、二〇一〇年所収。初出は一九五六年)を参照。

(21) 鈴木圭一「人情本の全国展開――洒落本・中本の出版動向より」(『中本研究　滑稽本と人情本を捉える』笠間書院、二〇一七年所収。初出は一九九七年)。

(22) 柴田光彦・神田正行編『馬琴書翰集成』第五巻(八木書店、二〇〇三年)所収。

第四章　大島屋伝右衛門と池田屋一統

――売薬「処女香」を端緒として

はじめに

近世から近代初頭にかけての出版業界は、現代のように出版・取次・小売が明確にわかれていないばかりか、一つの書肆が複数の業種を兼ねている場合が多かった。のみならず、隣接する貸本業や古本業との兼業も一般的であったため、かつての出版業界は書籍にまつわる複数の業種を横断した、謂わば書籍業界とも称すべき総合的なまとまりに包括されていたといえる。

書籍業者が売薬・文房具・小間物類をも取り扱っていたこと、また反対に薬屋や小間物屋が書籍を取り扱っていたことなどは、すでにいくつもの事例が紹介されており、書籍流通との連関を論じている研究も多くある(1)。書籍は複合的な回路のなかで流通していたのであり、書籍そのものだけに目を向けていたのでは、当然ながら業界内外に張り巡らされた流通網を把握することなど到底望めない。

本章では、大島屋が取り扱っていた売薬「処女香」に着目することで、丁子屋や河内屋一統とは異なる業者間の結びつきを浮かび上がらせるとともに、その結びつきを介して展開された大島屋を中心とする近代初頭におけ

図17 処女香の広告（架蔵『春色伝家の花』四編中巻）

る書籍流通網について考察していく。

一、処女香について

まず、いくつかの広告から処女香の概要を整理する。前章「中本受容と大島屋伝右衛門」でもすでに述べたように、大島屋が出版もしくは流通に携わった書籍には、時折処女香の広告が附載されている。この広告には大きくわけて三系統の版がある。以下、それぞれの版を仮にA版・B版・C版とする。

いずれの版も全一丁である。図17にはそのうちB版を見開きの形で掲出した。見開き右（本来のオモテ）には女性の胸像と表題および価格（「楊太真遺伝／処女香　精製切の箱入／一廻リ／百二十文」）、「そも〳〵此御薬は」と説き起こされた効能書き、見開き左（本来のウラ）には効能書きの続きと髪薬「初みどり」の広告と価格、そして売弘所が記されている。この売弘所は管見の限り大島屋伝右衛門のみだが、「書物幷絵入読本所　江戸数寄屋橋御門外弥左ヱ門町東側中程」（A版）、「書物幷絵入読本所　江戸京橋弥左ヱ門町東側中程」（B版）、「書物幷絵入読本問屋　江戸京橋弥左ヱ門町東側中程」（C版）といったように、冠された名称もしくは所書きがそれぞれ版によって異なっている。また、三つの版を比較すると、広告を囲む枠や使用されている仮名の字母などに違いがみられるものの、内容自体に違いはない。

さて、効能書きをみる限り、処女香には「生れ変りても出来がたき程に色を白くし肌目細になる」とともに、「一廻り用ひ給ひては御顔の色自然と桜の花の如くなり二廻り用ひ給はゞ如何様に荒症の肌目も羽二重絹の如き手障りとなるのみならず」「にきび」「そばかす」「腫物の跡」「しみの類」を治す効果があるという。さながら薬効を有した化粧品といったところであろうか。「男女に限らず」と謳っているものの、滑稽本・人情本をはじめとした中本を手にとる読者のなかでも、主な購買者として女性を想定していることは想像に難くない。

効能書きの末尾に「為永春水精剤」と記されているが、この語の真偽のほどは定かでない。かつて春水は「美艶の白粉に丁子車のかほりをそへて益繁昌せんことを余慶のしごとにこひねがふ其口上を演るものは　東都戯作者　南仙笑楚満人」（文政七年〈一八二四〉刊『牛島土産』中巻）、「文政十一年戊子春の新販にとて同十年亥の冬股引掛にて筆を採る　通油町丁子車のはみかき店　楚満人」（同十一年〈一八二八〉刊『玉濃枝』序）、「御ひいきつよき粂三歯みがき丁子車の精製所　狂訓亭主人」（同年刊『婦女今川』三編）、「文政十一子春新絵草紙の魁本　丁子車の主人　狂訓亭楚満人」（同年刊『風俗女西遊記』序）、「油街の市人　丁子車はみがき見世の主人改名いたして　為永春水再識」（同十二年〈一八二九〉刊『菊廼井草紙』三編序）、「御はみがき丁子車精製のいとま　教訓亭主人為永春水誌」（同年刊『菊廼井草紙』四編序）、「油街の市中翠橋の辺にひさく丁子車梅我歯磨精製のいとま筆を教訓亭の南窓に採て　為永春水老人誌」（同年刊『孝女二葉錦』序）などのように、自身が製剤・販売する歯磨き粉「丁子車」をことある毎に宣伝していた。しかしながら、こうした自らの商品を積極的に売り込もうとする姿勢が、処女香にはみられないのである。

為永春水作『春色伝家の花』二編中巻には、登場人物にこと寄せて種々の化粧品と薬が宣伝されている場面がある。

姿は見えねど暗闇にても隠れはあらぬ梅が香の薫りに増る仙女香の化粧の匂ひほのめきて肌にはたしか花橘　処女香の功能深く口にふくみし梅の雪ゆかしき常の身たしなみ真の美人と賞すべし

因によつて言右にしるす薬は女中衆の常に用ひたまはねばならぬ化粧の品又たしなみの妙薬なり

○美艶仙女香当世白粉の第一番　南伝馬町　坂本氏製
○御化粧水花橘　硝子入　小伝馬町　丁子屋店
○おしろい下処女香しぜんといろの白く肌のくすりなるみやうやく　弥左衛門町　大島屋
○御懐中たしなみ薬　梅の雪　小伝馬町　丁子屋(2)

仙女香の坂本氏以外には「製」の字がみられないため、丁子屋や大島屋がそれぞれの化粧品や薬の売捌にのみ携わっていたのか、それとも製剤をも手掛けていたのかは今一つ判然としない(3)。だが処女香の場合、早稲田大学図書館西垣文庫蔵の上包み（文庫一〇―〇八〇一八―〇〇〇二）に「文永／堂製」という朱印（図18）がみられることから、製剤していたのは春水ではなく大島屋であったと考えられる。つまり、『春色伝家の花』では処女香の製剤・販売を担う者として大島屋が宣伝されていたということになる。広告にみられた「為永春水精剤」の語は、あくまで宣伝用の謳い文句にすぎないのである。

天保三年（一八三二）に大島屋から刊行された為永春水作『新春竜宮物語』の後ろ見返しには、また異なる処女香の広告（図19）がみら

図18　処女香の上包み
（早稲田大学図書館蔵）

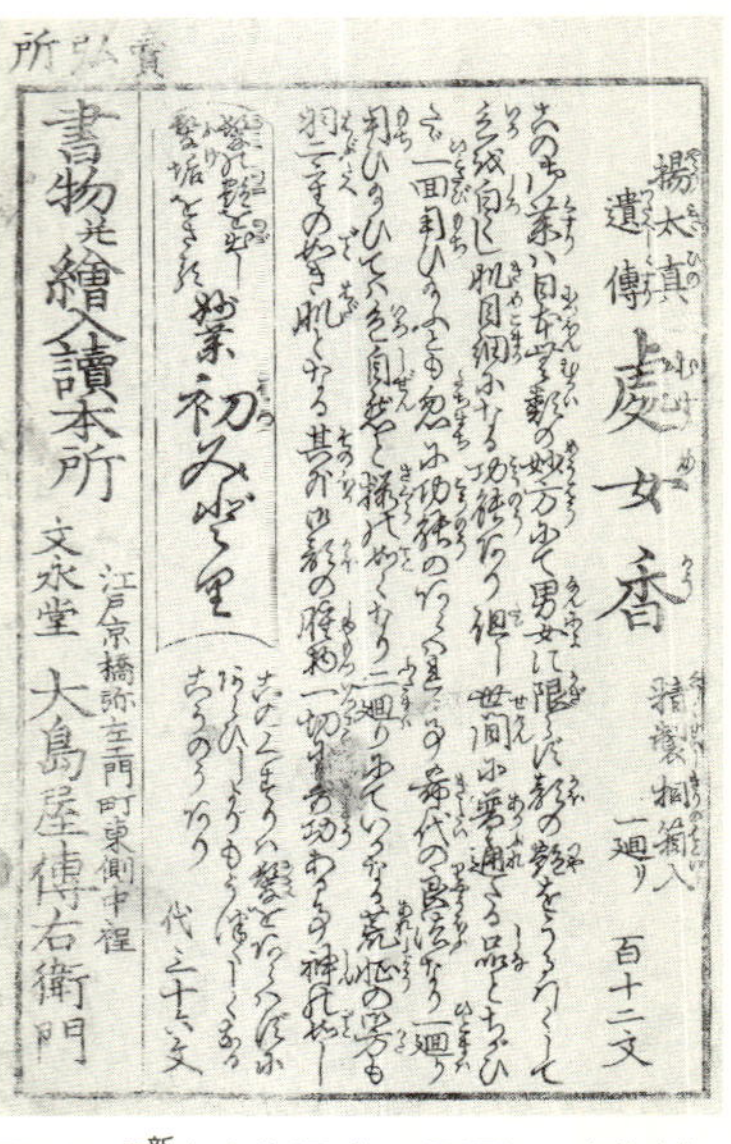

図19　『新春竜宮物語』後ろ見返しの広告（立命館大学ARC蔵（hayBK03-0904））

れる。管見に及んだ立命館大学アートリサーチセンター・京都大学文学部図書館・アドミュージアム東京所蔵の『新春竜宮物語』全てに確認できるため、この広告自体も天保三年、それも「新春」と書名にあることから正月時のものと考えて差し支えないであろう。こちらの広告には、先のA・B・C版と異なり、効能書きの末尾に「為永春水精剤」と記載されていない。こうした広告における「為永春水精剤」という語の有無には、『春色梅児誉美』が関係している。

大島屋は天保三年（一八三二）正月に西村屋与八との相版で為永春水作『春色梅児誉美』初・後編を刊行する。周知のとおり、本作は人情本の代表作であるとともに、春水の出世作でもある。その成功は春水の人気を不動のものとし、以後の人情本に多大なる影響を及ぼした。人情本というジャンルにとって、そしてなにより作者春水自身にとって、この『春色梅児誉美』という作品は一つの転機であったといえる。

こうした背景を勘案したとき、「為永春水精剤」の有無はそれぞれの広告が制作された当時の春水人気、あるいはその名前が持つ影響力の違いを表していると考えられよう。つまり、『新春竜宮物語』は『春色梅児誉美』と同時期に刊行されたため、附載広告にはまだ「為永春水精剤」の語がみられないのである。対してA・B・C版の広告は『春色梅児誉美』の刊行以降、その成功に伴う作者春水の人気・影響力の増大に肖るため、「為永春水精剤」の語を追加し、訴求効果をさらに高めようとしたのだと考えられるのである。早稲田大学図書館西垣文庫

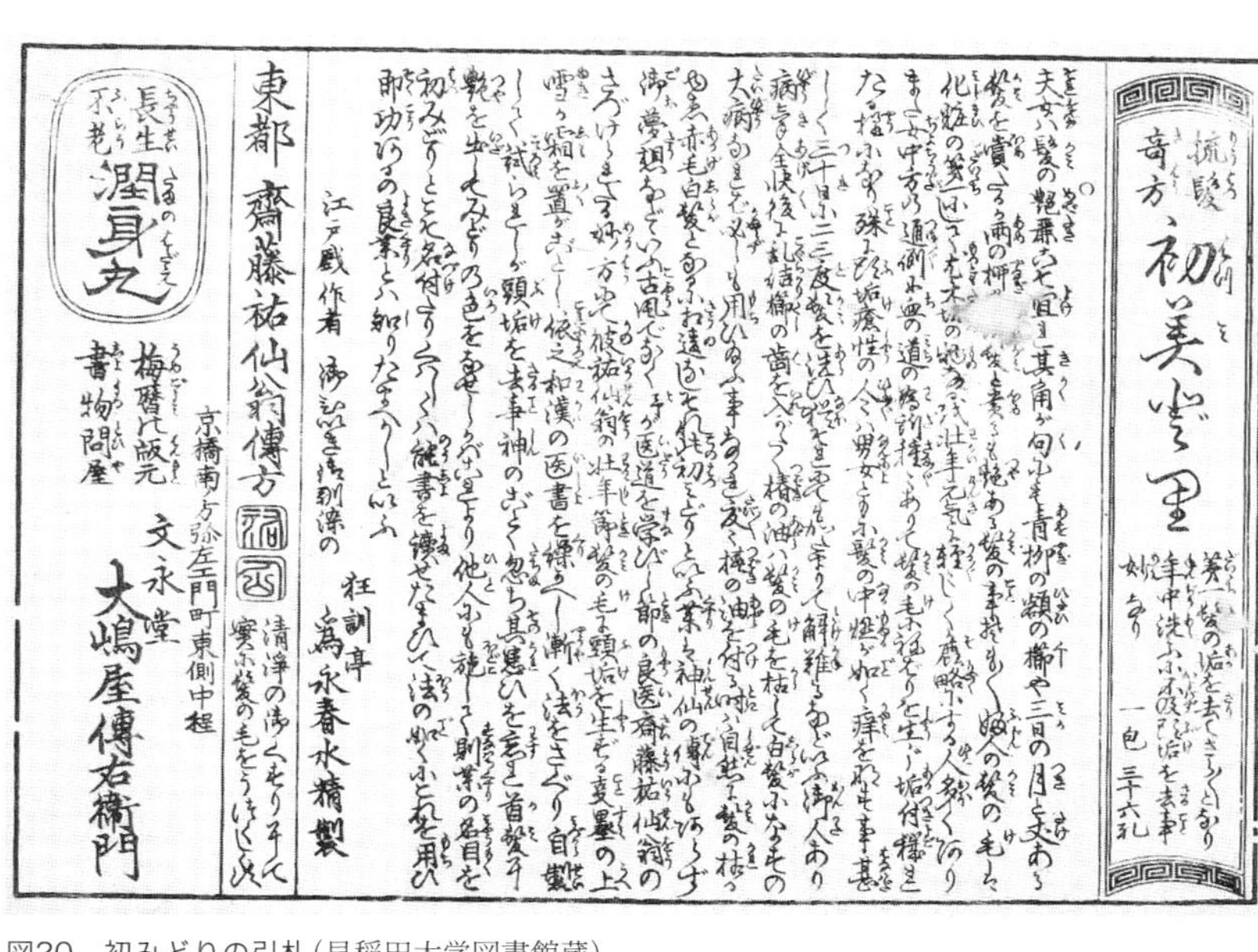
奇方 流髪 初美登里

一包 三十六礼

東都 齋藤祐仙翁傳方

江戸戯作者 狂訓亭 爲永春水精製

長生不老 潤耳丸

京橋南弓弥左衛門町東側中程
梅暦元販元
書物問屋
文永堂
大嶋屋傳右衛門

図20　初みどりの引札（早稲田大学図書館蔵）

蔵の初みどりの引札（文庫一〇―〇八〇一八―〇〇〇二）で、大島屋が「梅暦の版元」と宣伝されているのも、『春色梅児誉美』ひいては春水の人気・影響力のほど、そしてさらなる訴求効果を求める版元の姿を示している（図20）。以上の作為は大島屋が処女香の製剤・販売を担っていたとともに、『春色梅児誉美』の版元であったからこそ可能だったのである。

ところで前述のB版には、価格部分（「百二十文」「代三十六文」）の削られたものが間々みられる。おそらく新貨条例の施行された明治四年（一八七一）以降にも広告を使い回すべく、時代にそぐわない価格部分を削除したのだと思われる。処女香は近代初頭においてもなお、販売が続けられていたのである。

大島屋伝右衛門・大川屋錠吉相版の萩原乙彦作『新門辰五郎游侠譚』初・二編（明治十二年〈一八七九〉五月御届）、松村春輔作『春風日記』初編下（同十三年〈一八八〇〉十二月二十八日御届）にそれぞ

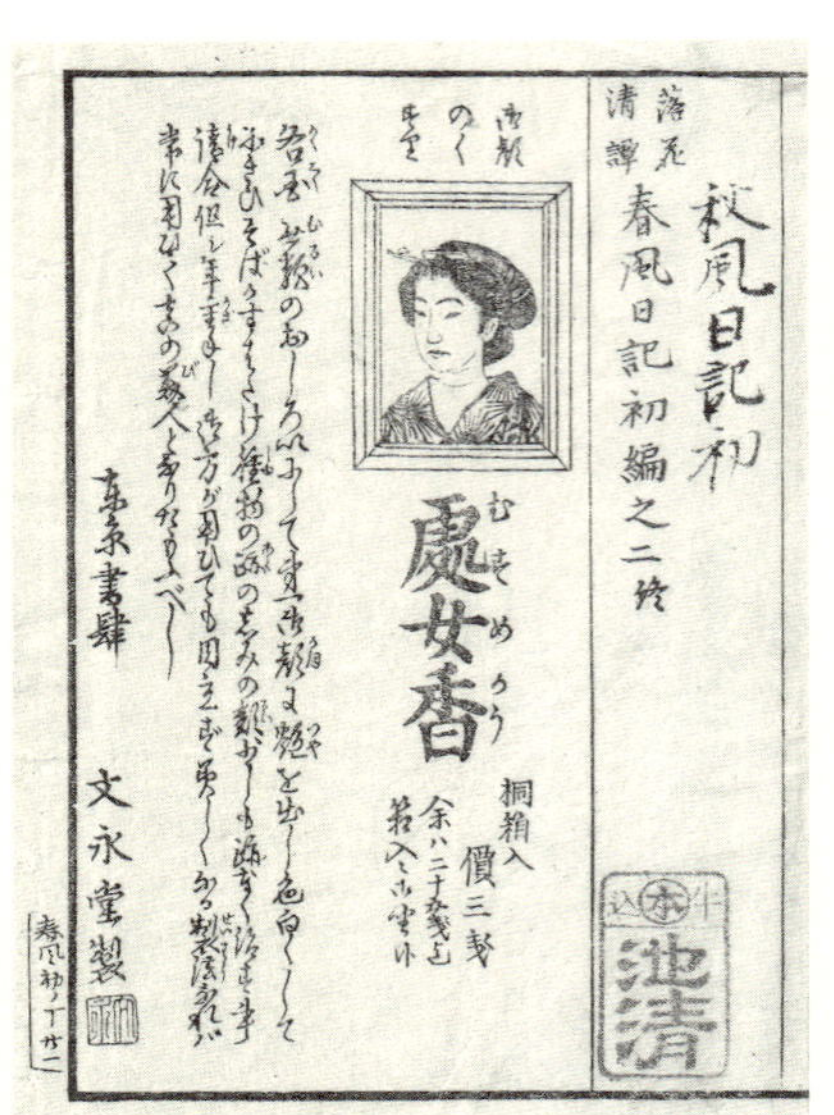

図22　『春風日記』初編下にある処女香の広告（架蔵）

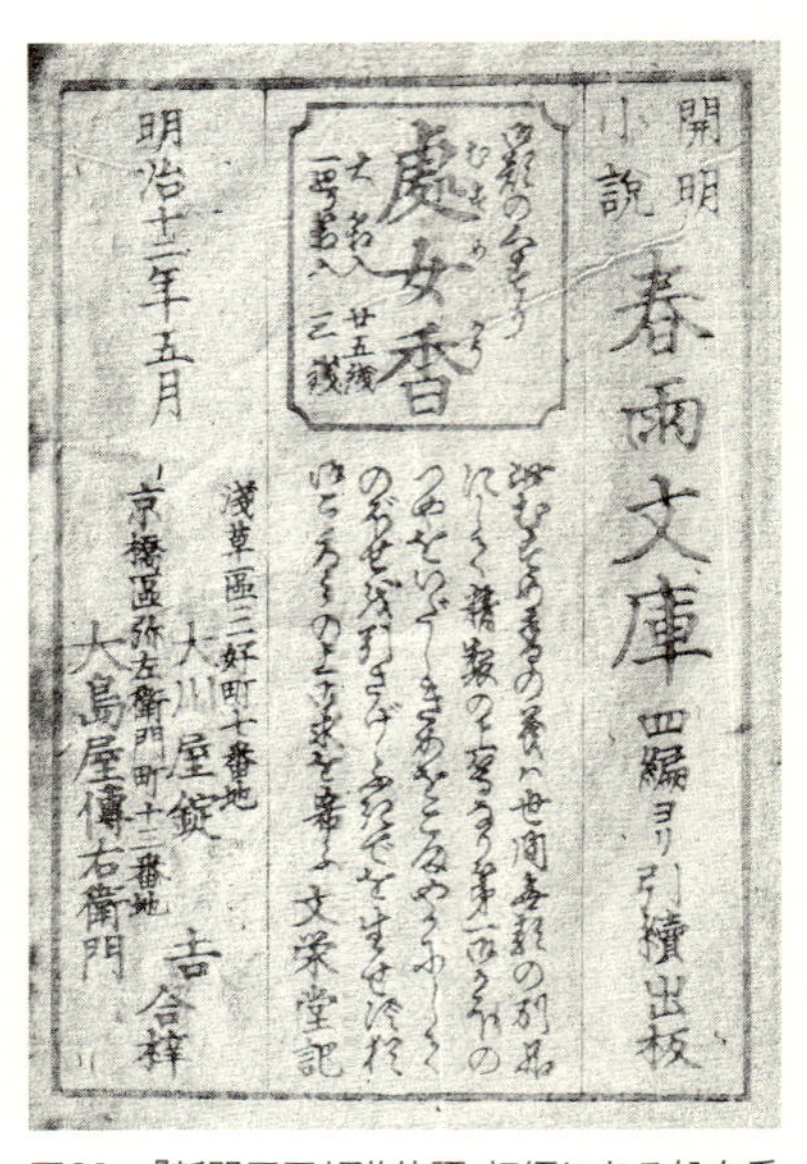

図21　『新門辰五郎游侠譚』初編にある処女香の広告（架蔵）

れ処女香の広告（図21および図22）がみられる。なお、架蔵する『春風日記』初〜六編は後述する貸本屋池田屋清吉の旧蔵書である。図21には効能書きの末尾に「文栄堂記」とあるが、これは大島屋の堂号「文永堂」の誤記、あるいは「文永堂」と大川屋の堂号「聚栄堂」とをあわせた称だと思われる。もし後者であるならば、大川屋も処女香の販売に携わっていたことになるが、残念ながら今のところそれを裏付ける史料を見出せていない。しかしながら、次章「黎明期の初代大川屋錠吉」で詳述するように、三代目大島屋伝右衛門と初代大川屋錠吉は両者とも浅倉屋久兵衛のもとで奉公していた経歴を持つ。そのため、浅倉屋での奉公を終えた後も両者の間に親交が保たれており、やがて大川屋が処女香の販売および取次に関与するようになっていたとしても不思議ではない。

次にみるのは、明治五年（一八七二）七月五日付の河内屋茂兵衛方利助宛松川半山書簡である。

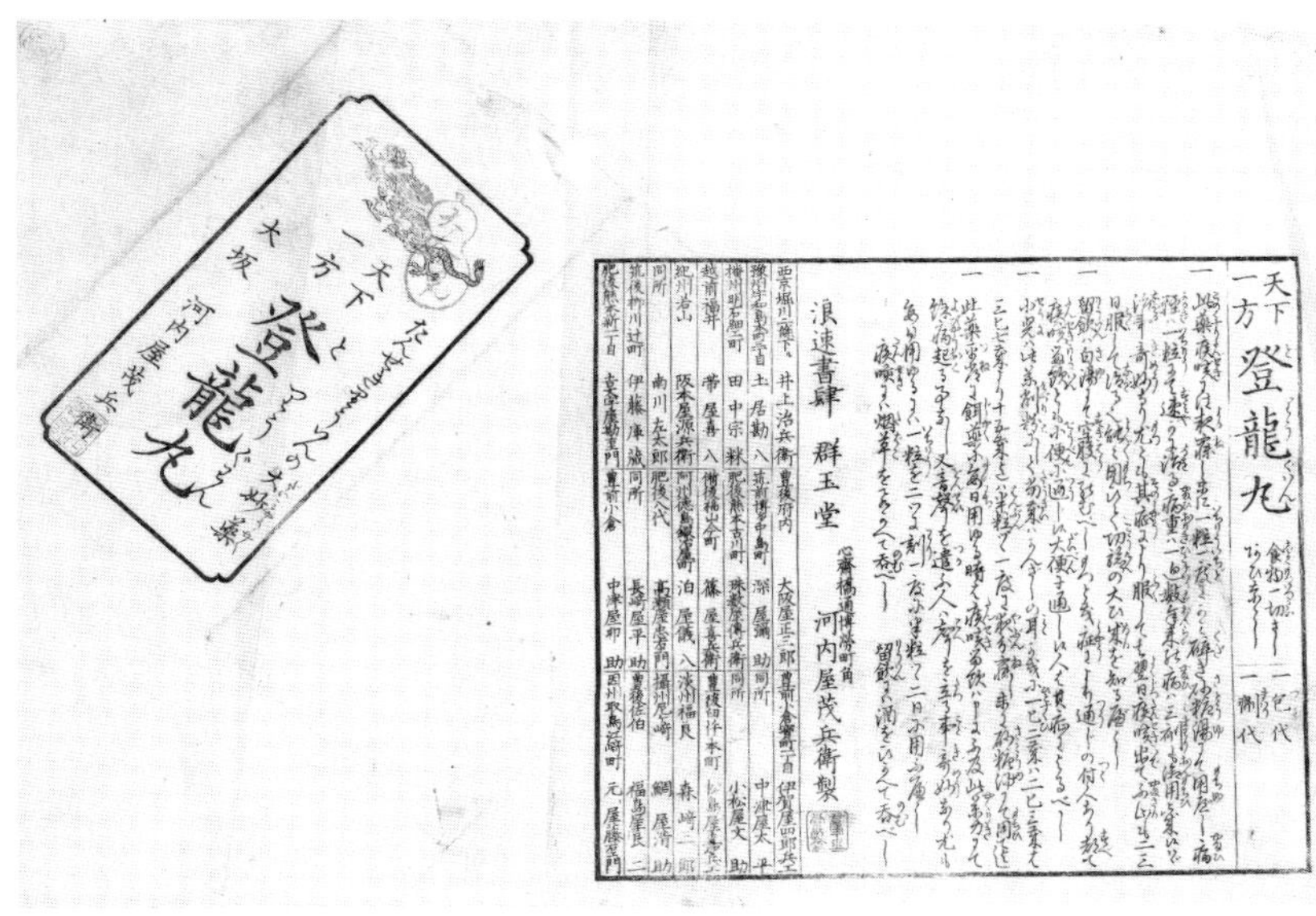

図23　登龍丸の広告（国際日本文化研究センター宗田文庫蔵）

五月前分
一金壱朱　登龍丸、上包の龍
一金三朱　むすめ香、上包はり張
一金百疋　用文章、袋伝信機
一金九両壱ふ弐朱　明治用文章、草稿百丁
　但し、壱丁金壱朱半宛
〆　金九両三歩弐朱
　　申七月前

右之通ニ御座候、毎度乍自由、十日頃迄ニ為持被下候ハヾ、大ニ都合宜敷大慶奉存候、呉ゝ茂希上候、已上

　七月五日／松川半山／群玉堂御店利助様(4)

「登龍丸」は書肆青雲堂英文蔵が製剤していた咳止め薬で、ここで言及されている上包みは、国際日本文化研究センターの宗田文庫に所蔵されている（二―二〇四）。上包みには「大坂　河内屋茂兵衛」と明記されており、上部には確かに龍が描かれている（図23）。この龍を半山が描いたというのであろう。さらに書簡には「一金三朱　むすめ香、上包は

り張」とある。「上包はり張」の意味するところはわからないが、河内屋が処女香の上包みの作成に、登龍丸と同じく半山を起用していたのは確かである。大川屋だけでなく、河内屋茂兵衛もまた処女香を取り次いでいたのであった。

広告ではないものの、『驥尾団子』第一一四号（明治十四年〈一八八一〉一月五日発行）に掲載された梅亭蕩人（金鵞）作「新暦渓間桜」第九回に処女香が登場している。

> 貧士族の娘然たる粧ひで居てさへ彼だから石鹸で洗ッた上をまた極製の糠で磨き香水で荒打をし処女香で上塗を掛なぞと来た日にやァ柳橋や金春で幅を利せて居る白い顔も是に比べると馬の草鞋へ霜を置たとしか見えやすめへ

以上のように、処女香は少なくとも『新春竜宮物語』の刊行された天保三年から明治十四年までの間、大島屋によって製剤・販売されていたのであり、その取次には現段階でわかっているだけでも河内屋茂兵衛と大川屋錠吉が関与していた。両者ともに大島屋との関わりが深い書肆である。書肆による売薬の取次が、結びつきの強い間柄のなかで展開されていた様子をここに認めることができる。

二、大島屋伝右衛門と池田屋清吉

貸本屋旧蔵書には、処女香に限らず売薬・化粧品類の広告が貼付・附載されていることが多い。たとえば、江戸西ノ久保神谷町で酒屋兼貸本屋を営んでいた三河屋磯吉は、「万通膏」という売薬を製剤・販売している。その様子は架蔵の引札（図24）および国立国会図書館蔵『広告研究資料』第一巻（寄別三―五―一―二）に貼付された(5)引札のほか、架蔵の為永春水作『春暁八幡佳年』初編上巻や高井蘭山作『平家物語図会』巻一～六に貼付された

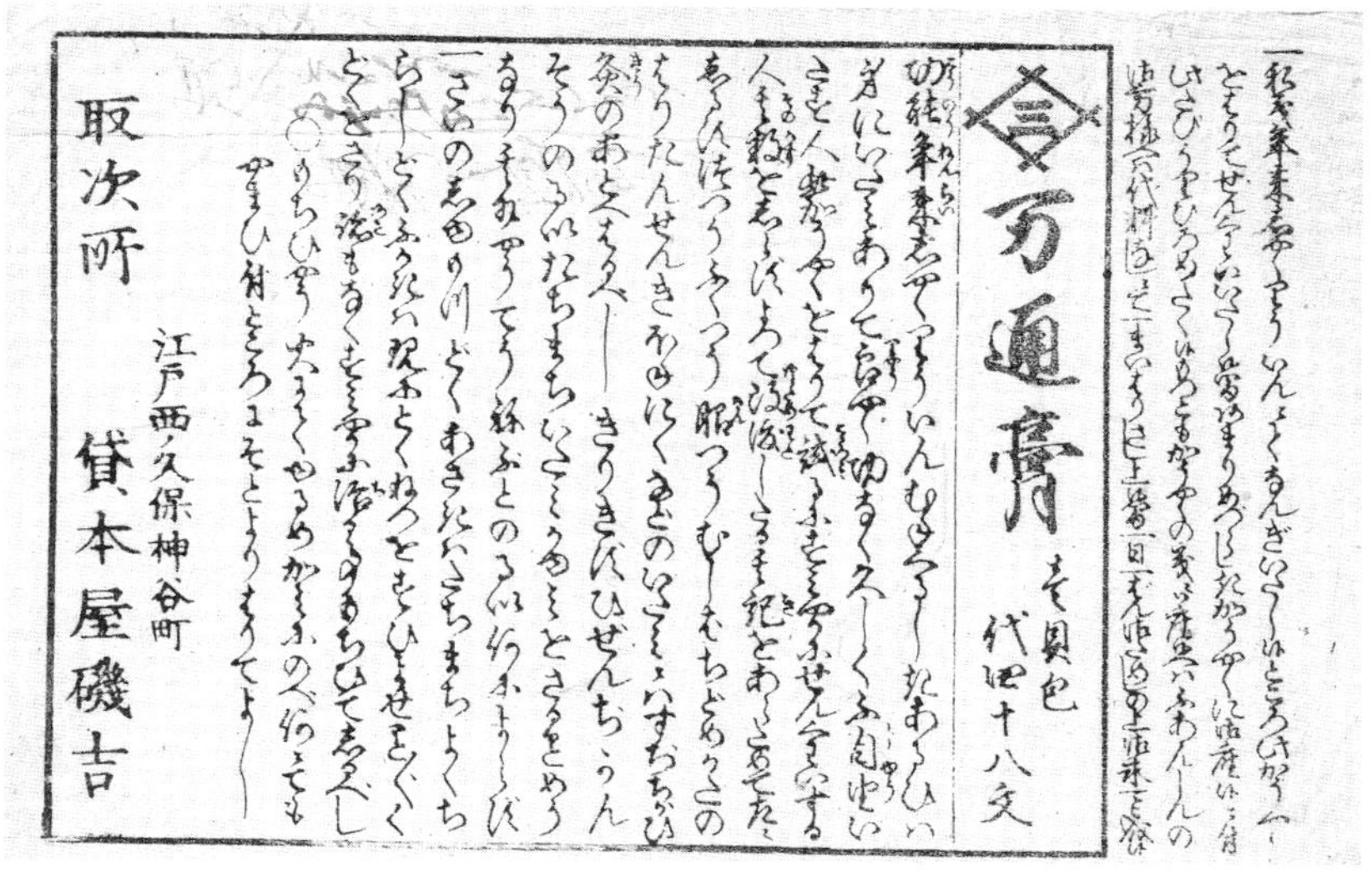

図24　万通膏の引札（架蔵）

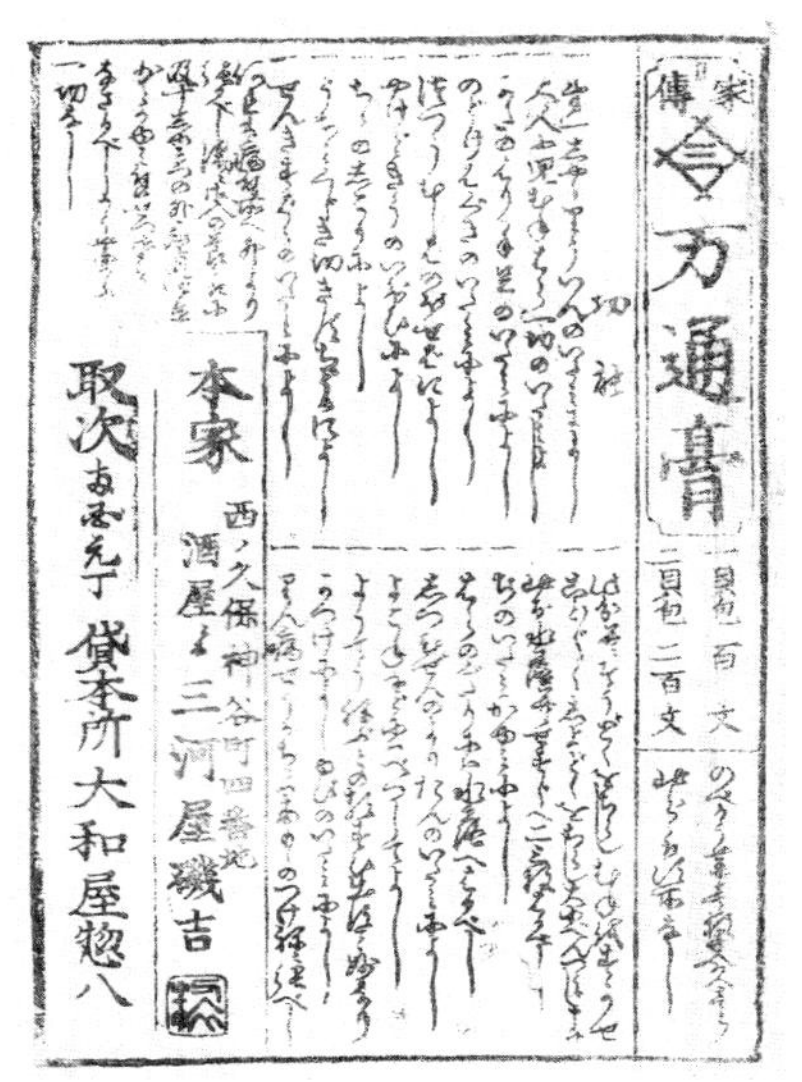

図26　大和屋惣八の万通膏の広告（架蔵『平家物語図会』巻一～六）

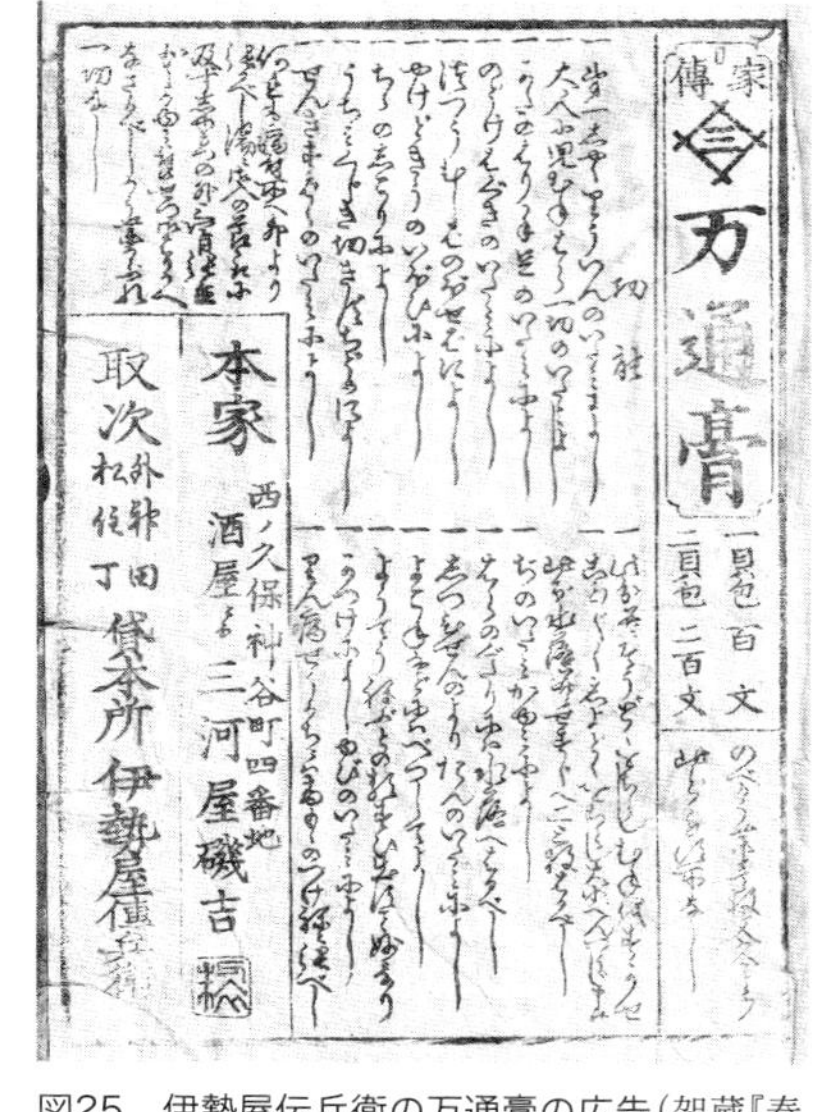

図25　伊勢屋伝兵衛の万通膏の広告（架蔵『春暁八幡佳年』初編上巻）

広告から確認できる（図25・図26）。このうち広告は、一見どちらも同じ版木で摺られたもののようだが、前者は取次所の部分が「取次　外神田松住丁　貸本所　伊勢屋伝兵衛」、後者は「取次　両国元丁　貸本所　大和屋惣八」となっている。埋木によって広告の取次所が改変されているのであり、三河屋磯吉が複数の貸本屋を利用して万通膏の宣伝活動をおこなっていたことがわかる。これは不特定多数の読者の手に渡る貸本が、ある程度の宣伝効果を期待できる広告媒体であったことを示す証左であるともいえよう。それゆえ、貸本には広告が貼付されるのである。

また、貸本屋が一般的におこなっていた継本という営業方法も、広告と密接に結びついている。継本とは貸本屋がそれぞれに設定した期限にあわせて家々を巡回し、以前貸し出した作品の続編等を持ち込むといった営業方法のことである(6)。換言すれば、この継本によって読者のもとには書籍が定期的に届く仕組みとなっていたといえる。つまり貸本に貼付・附載された広告は、さながら現代の折り込み広告のような側面をも持ちあわせていたのである。

天保九年（一八三八）刊の為永春水作『春色恋白波』巻三には、貸本屋の中尾幸吉が登場する。

家内に入折節来るは今駕籠町の貸本屋中尾幸吉、幸「ヘイ、今日は能お天気でございます。小「ヲヤ幸吉さんかへ。お前マア、此間の後は何様被成だ。私きやアモウ、前編の章は忘れて仕まつたヨ。幸「左様サ、為永の弟子の作にも面白ひのがござゐますそふだが、まだ大坂から下してよこしません。小「アレサ、じれつたいねへ。耳が遠ひから外の返事をするにはこまるねへ。幸「アハヽヽヽヽヽ、又何だか間違た挨拶を仕ましたかネ。其代り今日はお前さんの御注文ものを不残持て参りました、ト風呂敷の包をひらき、幸「まづお顔の薬の仙女香。これはモシ、江戸の第一番の白粉でござゐますから(7)

中尾幸吉が注文の品として仙女香を得意先へ届けている。先の万通膏も仙女香同様、取次所となっていた貸本屋が利用者の求めに応じて届けていたことだろう。このように貸本屋は広告による宣伝ばかりでなく、化粧品をはじめとする売薬の取次・販売をおこなうこともあった。処女香もその例外ではない。

株式会社オリコミサービスが国文学研究資料館に寄託している増田コレクションには、処女香の引札（一二八八）が所蔵されており、そこには効能書きとともに「貸本　東京牛込細工町　池田屋清吉述」と記されている（図27）。池田屋清吉は「池清」の通称で親しまれた貸本屋であり、坪内逍遙をはじめとする文士が利用していたことで知られている。なお、その蔵書内容と実際の営業の様子については、本書第三部第二章「誠光堂池田屋清吉の片影」で取り上げた。引札には効能書きに加え、薬の上包みを持つ女性が描かれている。

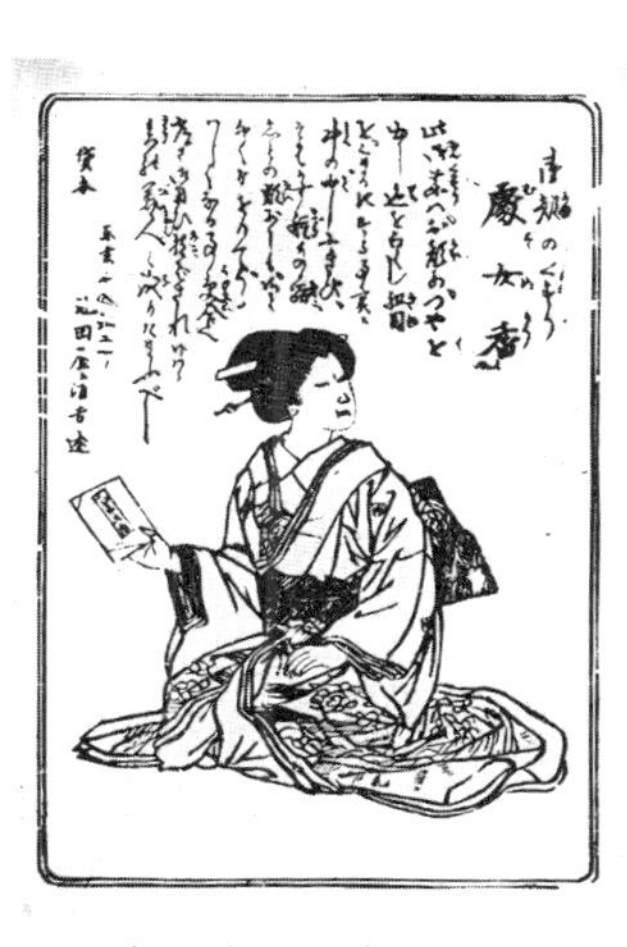

図27　処女香の引札（増田コレクション蔵）

この女性を描いた構図には、為永春水作『処女七種』三編上巻の口絵が利用されている。『処女七種』は七編各三巻三冊の人情本で、初編から五編は為永春水作、渓斎英泉・静斎英一画。六編から七編は梅亭金鵞作、梅の本鶯斎画。初編は天保七年（一八三六）刊。四編は同十一年（一八四〇）刊。五編は同十二年（一八四一）刊。そのほかはみな刊年不詳とされる(8)。本書第二部第一章に附録した「東都書林文渓堂蔵販中形絵入よみ本之部目録」に初編から四編までが掲載されているほか、天保の改革に際して市中取締懸がまとめた「絵草紙人情本好色本等之義ニ付申上候書付」(9)に「小伝馬町三丁目書物問屋家主平兵衛所持」として「処女七種　初篇ゟ五篇迄」と記載されていることから、五編までは丁子屋平兵衛が版元であったようである。

丁子屋版『処女七種』三編上巻の口絵が図28である。処女香ではなく、丁子屋が取り扱っていた「梅の雪」と「花橘」を宣伝してはいるものの、構図は池田屋清吉の引札と類似し

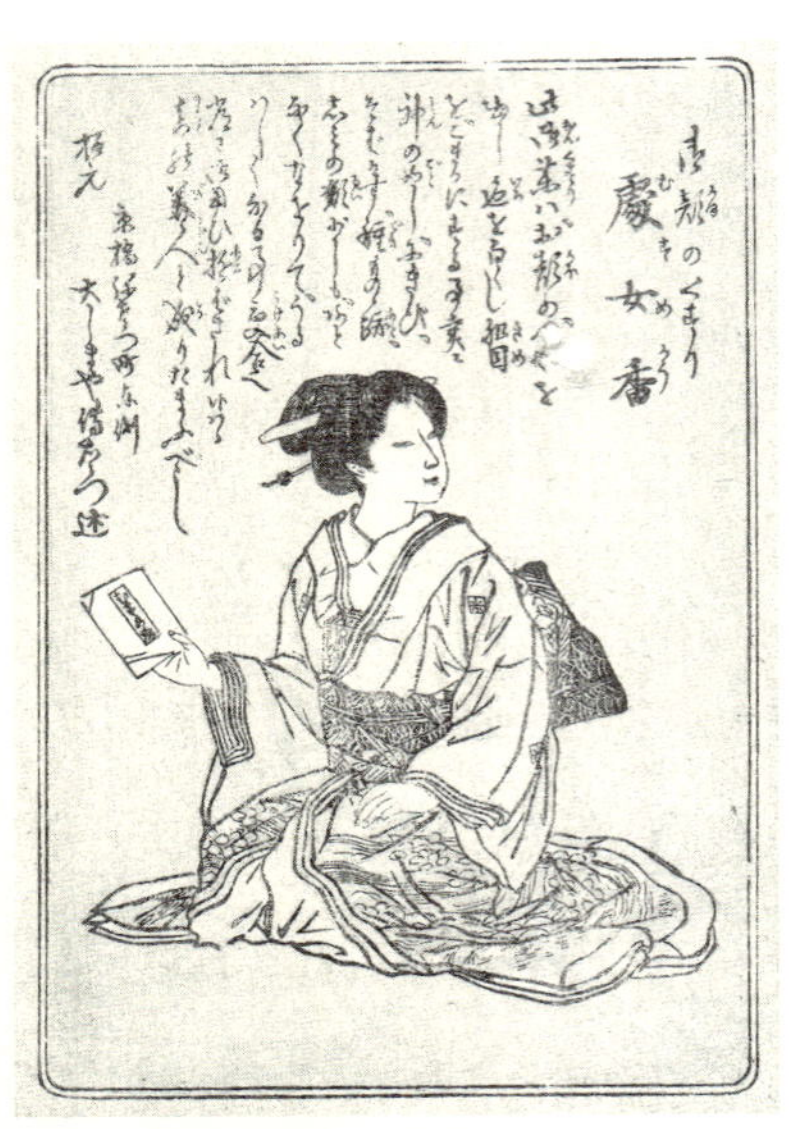

図29　大島屋版『処女七種』三編上巻の口絵（架蔵）

図28　丁子屋版『処女七種』三編上巻の口絵（架蔵）

ている。しかし、この『処女七種』には、三編上巻の口絵にのみ改刻された異版が存在する。その口絵が図29である。

丁子屋版の口絵より目新しさを感じさせる描線で描かれた女性は、池田屋清吉の引札と瓜二つである。効能書きの末尾に「板元　京橋弥左衛門町東側　大しまや伝右衛門述」とあるように、この口絵は丁子屋平兵衛から大島屋伝右衛門へと『処女七種』の版木が移動した後、作成されたものである。落款はないが、画風からみて絵師は安達吟光であろう。大島屋は前述の明治十三年（一八八〇）刊『春風日記』初編のほか、明治十五年（一八八二）五月刊の高畠藍泉作『赤穂節義録』初編および同十七年（一八八四）十月刊の二編などで吟光を絵師として起用している（本書第二部第二章）。『処女七種』の口絵もこれらと同時期に作成されたものと推察される。

以上のように池田屋清吉の引札は、丁子屋平兵衛から版木が移った後、大島屋が吟光を起用し新たに作成した『処女七種』三編上巻の口絵を利用していた。描かれた女性の表情等の細部に注目してみれば、引札と口絵とで同一の版木が用いられていないのは明らかである。とはいえ、口絵の構図をほぼそのまま踏襲しているからには、大島屋と池田屋清吉との間に版元（もしくは貸本問屋）と貸本屋以上の関係を想定できよう。

三、大島屋伝右衛門と池田屋一統

増田コレクションには、池田屋清吉の「御あらゐこ」とともに、処女香が宣伝されている引札（一八七六）も所蔵されている（図30）。効能書きの末尾には「為永春水精剤」と記されているが、為永春水は天保十四年（一八四三）にすでに亡くなっている。そのため、文字どおり受け取ればここでの「為永春水」は二世春水こと染崎延房を指しているということになる。しかし、かつて式亭三馬亡き後、息子小三馬が三馬名義で商品を宣伝していた例と同様、知名度・影響力のある初代春水の名をあえて用いているものと思われる。たとえこの「為永春水」が本来は染崎延房を指していようとも、貸本屋をとおして春水人情本が未だ受容されていた当時において、人々はその名から初代春水をも想起したはずである。引札の売弘所には、これまで確認してきた大島屋伝右衛門・池田屋清吉に加え、新たに池田屋利三郎の名がみえる。架蔵の池田屋清吉旧蔵『大岡政談村井長庵調合机』巻四には、『近世小説嶋田

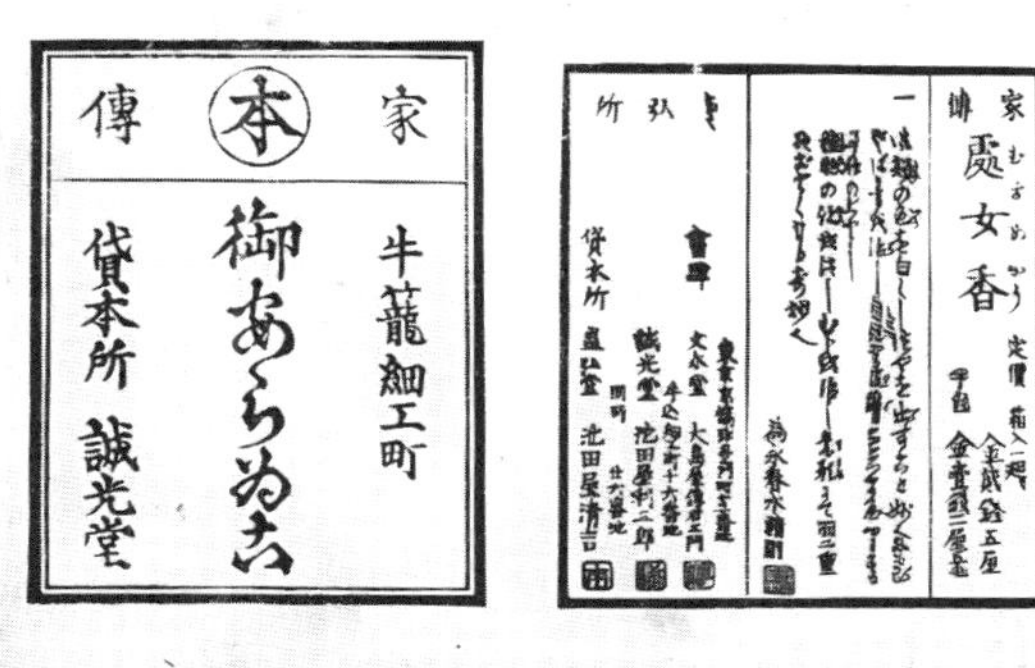

図30　処女香の引札（増田コレクション蔵）

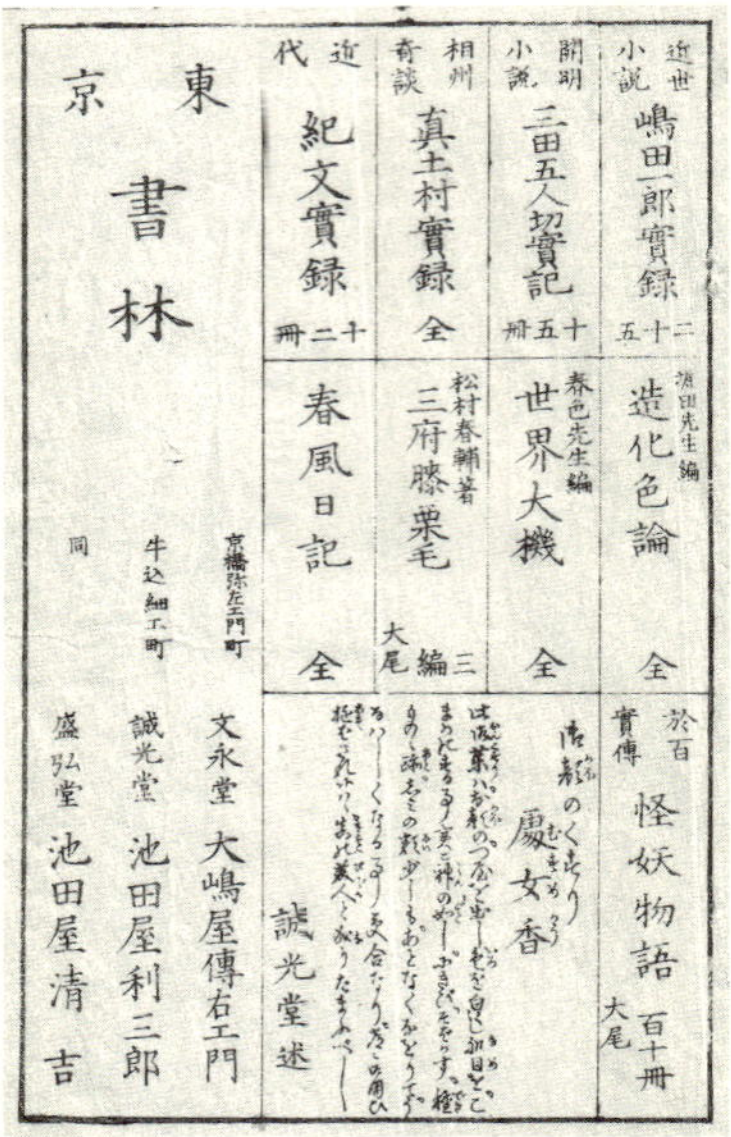

図31　処女香を宣伝する摺物（架蔵『大岡政談村井長庵調合机』巻四）

一郎実録』をはじめとする諸作品とともに、処女香を宣伝した摺物が附載されている（図31）。「誠光堂述」とある功能書きは、先にみた池田屋清吉の引札および大島屋版『処女七種』三編上巻の口絵とほぼ同文となっている。末尾には売弘所ではなく「東京書林」として、前述の「御あらゐこ」の引札と同じく大島屋伝右衛門・池田屋利三郎・池田屋清吉とある。

この池田屋利三郎なる人物は、横山錦柵編『東京商人録』（横浜商人録社、明治十三年〈一八八〇〉刊）の「貸本商之部」「〇牛込区」に「細工町十六番地　池田利三郎」とみえるように、池田屋清吉と同じ牛込区細工町の貸本屋である。

図30の引札にある池田屋清吉の所在地「同所（松永注、牛込細工町）廿六番地」は、『東京市及接続郡部　地籍台帳』（明治四十五年〈一九一二〉四月二十五日刊）では「池田利三郎」の所有地となっている。同じく細工町で貸本業を営むだけでなく、池田屋清吉が居住する（もしくはしていた）土地の所有者でもあった利三郎は、彼と血縁関係あるいは別家にあたる人物であるとしか考えられない。

同じく架蔵の池田屋清吉旧蔵『大岡政談村井長庵調合机』巻三に附載された書肆の一覧にも池田屋利三郎の名がみえる（図32）。近世後期・近代初頭における東西の有力書肆に、大島屋伝右衛門・池田屋利三郎・池田屋清吉らが肩を並べている。池田屋清吉の部分には「蔵版」ではなく「蔵書」とあることから、これは一般的な売捌書肆の一覧とは異なるもののようである。ここにもまた新たな「池田屋」号の書肆「池田屋幸吉」が顔をみせている。

池田屋幸吉は、横山錦柵編『横浜商人録』（横浜商人録社、明治十四年〈一八八一〉刊）の「書籍商之部Book Store」「〇横浜区」に「仝（松永注、弁天通四丁目）八十番　池田幸吉」と立項されている書肆で、川井景一著『横浜新誌』初編（明治十年〈一八七七〉刊）にて紹介されている「中幸」こと中屋幸吉と同一人物である。ほかにも池田屋幸吉は「池田孝吉」「中屋孝吉」等の名も用いている。

管見の限りで最も早い出版物は、明治八年（一八七五）刊の高畠藍泉著『一新要文』である。本書の出版人は武田伝右衛門、すなわち大島屋伝右衛門である。池田屋幸吉は「中屋孝吉」名義で発兌書林の一人に数えられている。なお、そのほかの発兌書林は中屋政太郎と森田鉄五郎の二人である。中屋政太郎については未詳だが、同じく「中屋」号を用いていた池田屋幸吉や、横浜の書肆中屋銀次郎らとなんらかの関係下にある者だと思われる。森田鉄五郎はかつて二代目大島屋伝右衛門と同じく丁子屋平兵衛のもとで奉公していた経歴を持つ書肆である(10)。

『読売新聞』第一六〇九号（明治十三年〈一八八〇〉五月三十日発行）には、「板木摩滅」によるこの『一新要文』の再版が宣伝されている。

高畠藍泉著 故佐瀬得所書　一新用文
右ハ盛大販売高にて板木摩滅仕候に付今般再板仕候間諸君何卒御求を奉願上候也
横浜弁天通り三丁目　池田孝吉
発兌書肆　東京麴町八丁目八番地　森田鉄五郎
同弥左衛門町十三番地　武田伝右衛門

書林
大阪心斎橋通二丁目　秋田屋市兵衛
仝　北久宝寺町四丁目　河内屋源七郎
仝　博労町四丁目　河内屋茂兵衛
仝　南久宝寺町四丁目　伊丹屋善兵衛
横濱辨天通り　池田屋幸吉
東京日本橋通一丁目　須原屋茂兵衛
仝　弐丁目　山城屋佐兵衛
仝　芝三島町　和泉屋市兵衛
仝　京橋弥左エ門町　大嶋屋傳右エ門
仝　牛込細工町　池田屋利三郎
仝　池田屋清吉蔵書

図32　池田屋利三郎の名がみえる摺物（架蔵『大岡政談村井長庵調合机』巻三）

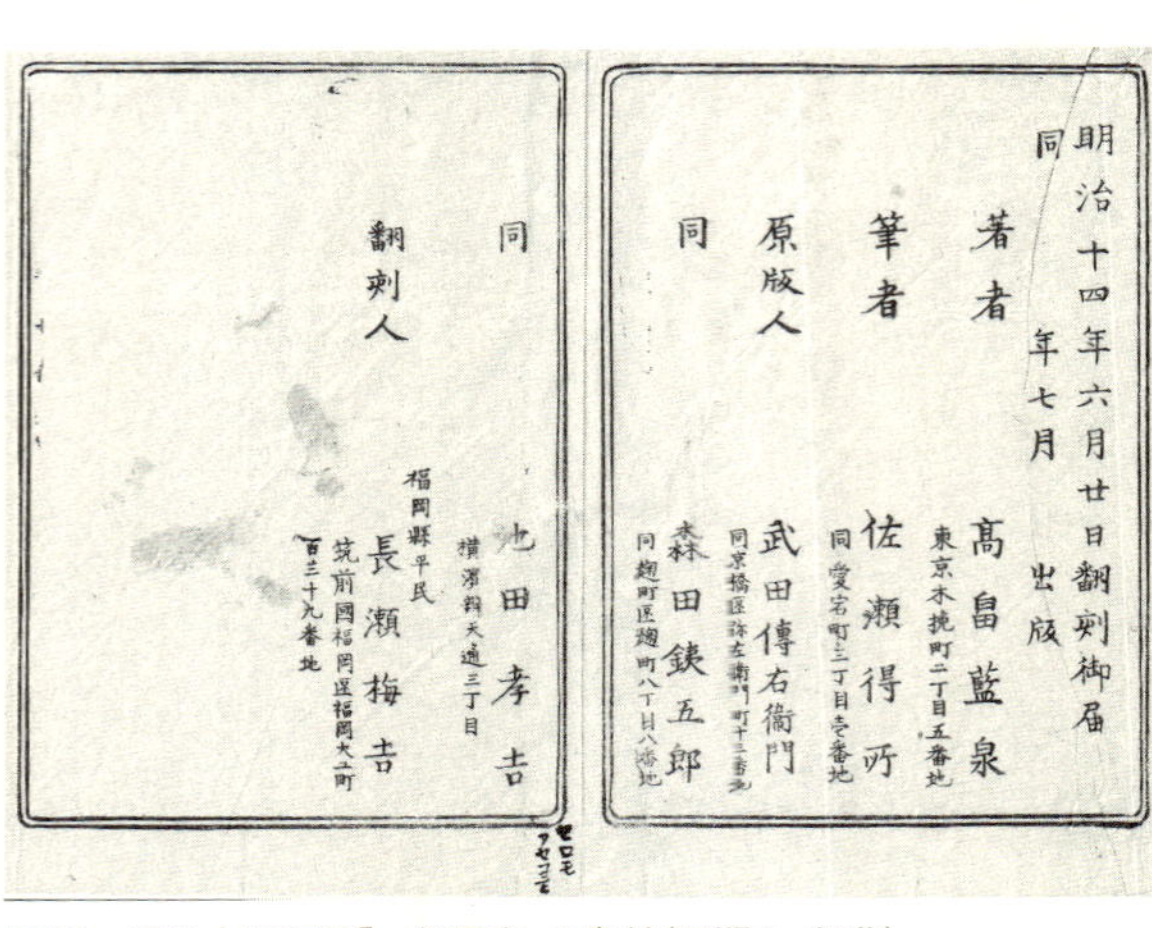

明治十四年六月廿日翻刻御届
同　年七月　出版
著者　高畠藍泉　東京木挽町二丁目五番地
筆者　佐瀬得所　同愛宕町三丁目壱番地
原版人　武田傳右衛門　同京橋区弥左衛門町十三番地
同　森田鉄五郎　同麹町区麹町八丁目八番地
同　池田孝吉　横濱[illegible]天通三丁目
翻刻人　長瀬梅吉　福岡縣平民　筑前國福岡区福岡大工町百三十九番地

図33　明治十四年版『一新要文』の奥付（見開き、架蔵）

衛門

発兌書肆として池田屋幸吉をはじめとする三者が名を連ねている。求版された後の明治十四年（一八八一）版や明治十九年（一八八六）版の奥付でも、池田屋幸吉・森田鉄五郎・武田伝右衛門の名が原版人としてあげられていることから、この書は当初から三者による相版で刊行されたのだと考えられる（図33）。書籍の出版に携わりはじめたときから、池田屋幸吉は大島屋とすでに結びついていたのである。

『一新要文』以降も池田屋幸吉は出版物を手掛けているが、その数はそれほど多くない。出版よりもむしろ取次に力を入れていた書肆だったようである。たとえば、売捌書肆に名のみえる書籍には次のようなものがある。(11)

『神奈川県地誌提要』（師岡屋伊兵衛、明治八年十月二十五日版権免許）
『神奈川県地誌略』（池田真七・高梨栄蔵、明治九年七月二十九日出版）
『華謡新聞』十六号（風香月影社、明治九年十一月十五日出版）
『東京新誌』第五十六号（九春社、明治十年七月二十一日発行）
『東京新誌』第七十九号（九春社、明治十一年一月二十六日発行）
『神奈川県地誌略字引』（今井徳次郎、明治十二年十月十五日出版）
『小学必用神奈川県違式詿違註訳』（半田研吉、明治十二年十月十六日出版）

『貞烈節義明治烈婦伝』（明治十四年六月二日版権免許）
『暁斎楽画』（武田伝右衛門・森田鉄五郎、明治十四年七月三日出版）
『諸職雛形北斎図式』初編（武田伝右衛門、明治十五年四月五日出版）
『英国情史蝶舞奇縁』初編（桑野鋭、明治十五年五月出版）
『新伝秘法一名智慧の緒環』（丸谷新八、明治十六年三月二十日出版）
『英国私犯法』（山田喜之助、明治十六年四月出版）
『花街膝栗毛』初編（矢尾弥一郎、明治十六年五月一日出版）
『胡蝶草誌』後編（九春社、明治十六年六月十五日出版）
『東都仙洞余譚』（九春社、明治十六年八月出版）
『勧懲繍像奇談』（九春社、明治十六年十月出版）
『第二世夢想兵衛胡蝶夢物語』前編（丸谷新八、明治十七年一月出版）
『徴兵必携陸軍刑法治罪法俗解』（酒井忠誠、明治十七年二月出版）
『情天比翼縁』（丸谷新八、明治十七年二月出版）
『世界周遊旅日記』（亀山徳三郎、明治十七年三月出版）
『人情美談磯馴草紙』（早川熊吉、明治十八年五月出版）

横浜のみならず、東京の書肆が発行している書籍・雑誌類も取り次いでいることから、関東近郊の書籍・雑誌を横浜という立地を活かし、海運によって西国方面へと流通させていたのだと思われる。

このように、処女香に着目することにより、池田屋一統とも称すべき池田屋清吉・池田屋利三郎・池田屋幸吉らと大島屋との結びつきがみえてきた。では最後に、こうした結びつきから想定される書籍流通網について考え

図34　『貞烈節義明治烈婦伝』の奥付（架蔵）

ていきたい。

近代初頭における大島屋の書籍流通の片鱗を窺わせる史料には、架蔵する明治十四年（一八八一）六月二日版権免許の松村春輔著『貞烈節義明治烈婦伝』の売捌書肆一覧がある（図34）。

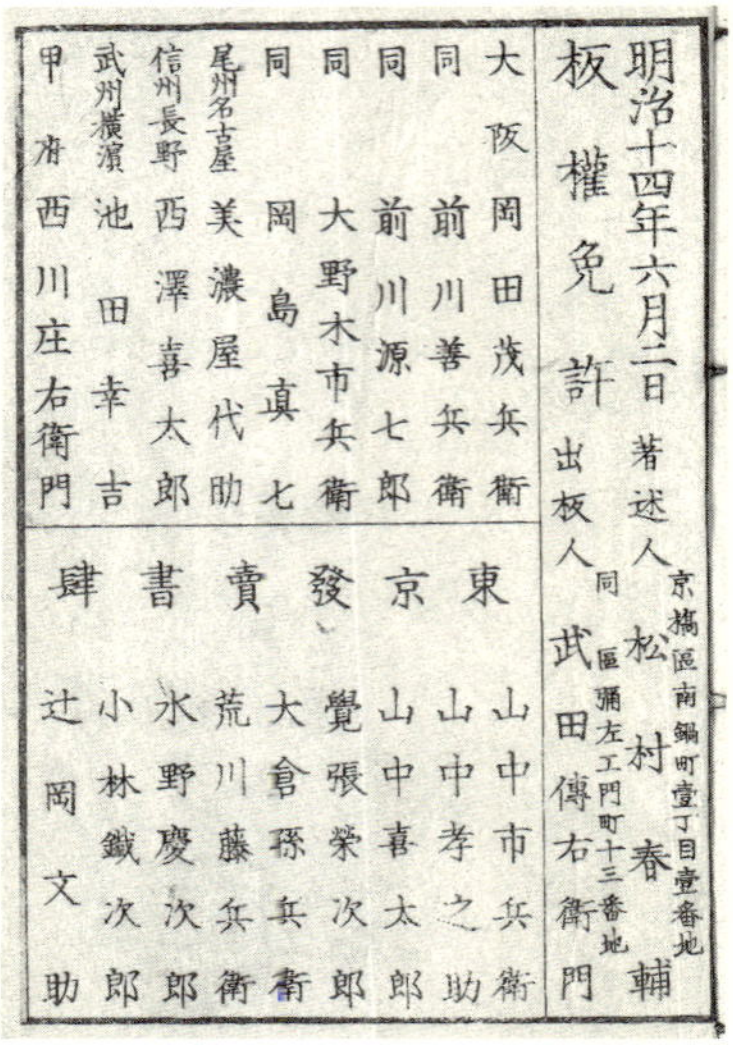

大坂　岡田茂兵衛
同　前川善兵衛
同　前川源七郎
同　大野木市兵衛
同　岡島真七
尾州名古屋　美濃屋代助
信州長野　西沢喜太郎
武州横浜　池田幸吉
甲府　西川庄右衛門
　山中市兵衛
肆　山中孝之助
書　山中喜太郎
売　覚張栄次郎
発　大倉孫兵衛

京　荒川藤兵衛
東　水野慶次郎
　　小林鉄次郎
　　辻岡文助

まず目を引くのは、岡田茂兵衛・前川善兵衛・前川源七郎・岡島真七ら河内屋一統と、山中市兵衛・山中孝之助・山中喜太郎らの存在であろう。当時においても河内屋一統の勢いは健在で、西日本への流通を考えるならば、まず彼らの助力を得るのが何よりの近道であった。なかでも河内屋真七は、幕末に河内屋佐助から独立した新興の書肆でありながら、全盛期には「大阪書林の雄鎮」(12)と称されるほどの繁栄を誇った存在である。また、山中市兵衛を筆頭に名を連ねる山中姓の者は、みな「和泉屋」号の書肆である。とりわけ和泉屋市兵衛は、往来物等の書籍によって東日本を中心とする地方への流通網を近世後期から整備しており、近代初頭においては支店を多く抱えながら、当時では最大規模の流通網を保持していた。(13)このように大島屋は、西日本・東日本における広域的な流通網をすでに保持している書肆との連携を図る一方で、名古屋の美濃屋代助や長野の小枡屋西沢喜太郎、甲府の西川庄右衛門など地方の流通拠点(14)となっていたと思われる書肆とも結びついているのである。こうした流通の片鱗は、仕入印からも確認することができる。

仕入印とは、書肆が書籍を仕入れた際に押捺するもので、多くは後ろ見返し裏にみられる。書き添えられた仕入先や仕入値等を示す符牒とともに、書籍がどういったルートで流通していたかを知る手掛かりとなり得る。(15)近代初頭における大島屋の出版物に確認できた仕入印は次のとおりである。(16)

「泉市」（架蔵・松村春輔作『復古夢物語』初編）

「泉市」「蔦伴」（架蔵・高畠藍泉著『一新要文』）

「寿々喜」（架蔵・松村春輔作『復古夢物語』初・二編）

「小枡喜」（架蔵・松村春輔作『復古夢物語』初編）

それぞれ「泉市」は和泉屋山中市兵衛、「蔦伴」は蔦屋岩下伴五郎、「寿々喜」は播磨屋鈴木喜右衛門、「小枡喜」は小枡屋西沢喜太郎の仕入印である。確認できた仕入印が僅かではあるものの、『貞烈節義明治烈婦伝』で確認した売弘書肆のもとへ実際に書籍が流通していることがわかる。

以上のように、近代初頭の大島屋は、近世期同様すでに全国的な流通網を保持していた書肆との連携を図りながら、書籍を流通させていた。だが、一方で地域の流通拠点的な書肆とも結びついていた点からは、丁子屋やほかの大手書肆に依存しない独自の流通網を確立しようとしていた様子が窺える。これまでみてきた池田屋一統との結びつきは、そうした流通網の一つの表れであったのではなかろうか。

本書第一部第二章「丁子屋平兵衛の躍進——貸本屋世話役から貸本問屋へ」でみた丁子屋と江戸近郊の書肆たちとのように、大島屋は貸本問屋として貸本に供するための書籍を供給するなかで、池田屋清吉や池田屋利三郎との関係を深めていき、やがて彼らをとおして池田屋幸吉との知遇を得たのであろう。前述の架蔵する池田屋清吉旧蔵『春風日記』の存在は、こうした様子を何よりも物語るものである。それにより大島屋は、池田屋幸吉を介した横浜を起点とする流通網を手中に収めることができたのである。つまり、大島屋と池田屋一統との結びつきは、そのまま具体的な書籍流通網の形成過程を物語るものだといえるのである。

おわりに

大島屋伝右衛門と池田屋一統、とりわけ池田屋幸吉との関係を考える上で、その所在地は無関係ではなかろう。

大島屋の所在地は東京の京橋弥左衛門町。対して池田屋幸吉の所在地は横浜である。この二つの土地は、明治五年（一八七二）九月十二日、新橋・横浜間に開通した日本初の鉄道によって当時すでに繋がっていた。大島屋の所在地から新橋駅へは二、三町を隔てているにすぎない。鉄道によって東京から横浜へ、そして横浜から海運で西日本方面へと書籍が流通していくルートをここに想定できる。

処女香から浮かび上がった大島屋と池田屋一統の結びつきは、近代初頭における大島屋の書籍流通網のみならず、鉄道を利用した東京・横浜間、また横浜を経て海運によって西日本へといく書籍流通を考える上で、一つの材料となり得る事例でもあるのであった。

注

（1）大和博幸「広告からみた近世後期出版ルート考」（『国学院大学近世文学会会報』第七号、二〇〇一年三月）、同「江戸期広域出版流通の一形態――本の取次と薬の取次の関わり」（『国学院雑誌』第一二〇巻第二号、国学院大学、二〇一九年二月）、長友千代治「本屋と売薬」（『江戸時代の図書流通』思文閣出版、二〇〇二年所収）、鈴木俊幸「近世日本における薬品・小間物の流通と書籍の流通」（『書籍流通史料論序説』勉誠出版、二〇一二年所収。初出は二〇〇七年）、同「須原屋茂兵衛の薬商売――引札と広告葉書」（『書籍文化史料論』勉誠出版、二〇一九年所収。初出は二〇一七年）など。

（2）本文は架蔵本による。

（3）崔泰和「趣向としての広告」（『春水人情本の研究――同時代性を中心に』若草書房、二〇一四年所収。初出は二〇一一年）では、為永春水作『春色湊の花』の記述をもとに、梅の雪が春水によって製剤されていたとしている。

（4）多治比郁夫・佐藤敏江「明治六年の松川半山――河内屋茂兵衛あて書簡と著画刊行年表」（『大阪府立図書館紀要』第二十四号、大阪府立中之島図書館、一九八八年三月）内で紹介されている。

（5）名義は「貸本屋磯吉」。
（6）前田愛「出版社と読者――貸本屋の役割を中心として」（『前田愛著作集　第二巻　近代読者の成立』筑摩書房、一九八九年所収。初出は一九六一年）。
（7）本文は神保五弥校『春色恋白波』（古典文庫、一九六七年）による。
（8）『日本古典文学大辞典』第五巻（岩波書店、一九八四年）の解説（神保五弥執筆）を参照。
（9）東京大学史料編纂所編『大日本近世史料　市中取締類集　十八』（東京大学出版会、一九八八年）所収。
（10）浅倉屋久兵衛「明治初年東京書林評判記」（『古本屋』第三号、荒木伊兵衛書店、一九二七年十一月）の「丁子平」の項に「大島屋伝兵衛（ママ）及麴町古本屋森田鉄五郎其外丁忠、丁善等皆こゝの出身也」とある。
（11）鈴木俊幸編『近世日本における書籍・摺物の流通と享受についての研究――書籍流通末端業者の網羅的調査を中心に』（研究費補助金研究成果報告書、一九九九年）では「中屋孝吉」として立項され、森田友昇著『横浜地名案内』（明治八年跋）をはじめ、売捌に名のみえる書籍が紹介されている。本章ではそちらと重複しないもののみ取り上げる。
（12）『玉淵叢話』中巻（東京開成館・大阪開成館、一九〇二年）八四頁。
（13）鈴木俊幸著『江戸の読書熱　自学する読者と書籍流通』（平凡社、二〇〇七年）および同著『近世読者とそのゆくえ　読書と書籍流通の近世・近代』（勉誠出版、二〇一八年）による。
（14）小枡屋西沢喜太郎については、鈴木俊幸著『信州の本屋と出版　江戸から明治へ』（高美書店、二〇一八年）に詳しい。
（15）鈴木俊幸「仕入印と符牒」（『書籍流通史料論序説』、勉誠出版、二〇一二年所収。初出は二〇〇〇年）による。
（16）架蔵本に押捺された仕入印は、全て人文情報学研究所の蔵書印データベース検索システム（https://seal.dhii.jp/sealdb/）で公開されている。

第五章　黎明期の初代大川屋錠吉

はじめに

本書第三部第三章「近代金沢における書籍受容と春田書店」で取り上げる春田書店に顕著なように、明治も後半に差し掛かるころには、貸本屋の蔵書にはもはや近世の面影がみられなくなる。そこにあるのは、貸本屋の新しい姿であった。

新たに蔵書の中心となったのは、講談本や小説類である。特に前者は近世期の読本・滑稽本・人情本と同様、ほとんど貸本向けに出版されていたといってもよい書籍であった。これまでみてきた丁子屋平兵衛や大島屋伝右衛門をはじめとする近世以来の貸本問屋は、明治になっても営業を続けるが、やがては新興の書肆にその地位を譲ることとなる。そうした新興書肆のなかでも、出版点数や活動面で抜きん出ていたのは、聚栄堂大川屋錠吉（後の大川屋書店）であった。

これまでも前田愛氏(1)や柴野京子氏(2)の研究のなかで大川屋は取り上げられているが、いずれもその実態を明らかにできているとは言い難い。新たに貸本屋の蔵書の中心となった講談本の出版と流通、ひいてはその受容への理解を深めるため、そして明治期の貸本問屋を知るためにも、大川屋の実態を解明する必要がある。そこで、本章では営業の基盤を築き上げた初代大川屋錠吉に着目する。そして、その黎明期の動向から、大川屋が貸本問屋として躍進できた要因を明らかにしていく。

一、貸本屋としての大川屋

大正十五年（一九二六）三月六日、初代大川屋錠吉（以下、大川屋）は脳溢血のため亡くなった。享年八十一歳。同月十一日の『読売新聞』第一七五九九号には、次のような訃報が掲載された。

大川屋主人逝く
東京書店界屈指の老舗として重きをなしている浅草区三好町大川屋の主人大川錠吉氏は去六日脳溢血で逝去八日根岸西蔵寺で葬儀が行はれた享年八十一歳、誠に天寿を完うしたもの、出版界に於ける業績も前後五十年の久しきに亘り其間東京地本彫画営業組合の評議員東京出籍(ママ)出版営業者組合の協議員、東京書籍商組合の評議員等に重任し斯界の巨頭と仰がれ巨万の資産を興した弘化三年六月武州入間郡横沼村の生れで十二歳初て江戸に出た時には書林浅倉屋久兵衛方の貸本小僧をしていたが勤続十年独立して深川に小さな貸本屋を開業したのが出世の最初で正に立志伝中の人物であつた

ここに記される華々しい経歴は『東京書籍商組合史及組合員概歴』(3)から、「斯界の巨頭と仰がれ巨万の資産を興した」活躍ぶりについては橋本求著『日本出版販売史』(4)や『全国出版物卸商業協同組合　三十年の歩み』(5)、また誠文堂新光社の小川菊松(6)や大東館の藤井誠治郎(7)、甥にあたる集文堂の大川義雄(8)ら書籍業界の者による回想などからそれぞれ窺い知ることができる。

『東京書籍商組合史及組合員概歴』（以下、『概歴』）は、この訃報だけでなく、前述の前田氏や柴野氏(9)に加えて、事典類(10)も参照している基本的な文献である。まずは『概歴』をもとに大川屋の経歴を確認しておく。

大川屋　大川錠吉　初代（弘化三年六月九日生）　東京市浅草区三好町七番地　創業慶応四年八月二十三日

生国ハ武蔵入間郡横沼村ニシテ、幼ニシテ父ニ従ヒ江戸ニ出デ、十二歳ニシテ書店浅倉屋久兵衛ノ店員トナリ、貸本部ニ勤続スルコト十年、慶応四年八月独立シテ深川西町ニ貸本業ヲ営ム。明治二年現在地ニ移転シ、同十八年ニ至リ貸本業ヲ廃シ書籍出版及取次販売ヲ開始ス。

明治二十五年以降三十一年迄東京地本彫画営業組合ノ評議員ニ当選シ、翌三十二年ヨリ今日迄同頭取ニ就任ス。明治二十七年及三十四年ニ東京書籍出版営業者組合ノ協議員ニ当選シ、同三十五年ヨリ今日迄東京書籍商組合ノ評議員ニ当選ス。別ニ聚栄堂ノ商号ヲ併用ス。

父に連れられ江戸へ出てきた十二歳の大川屋は、書肆浅倉屋吉田久兵衛のもとで奉公することとなった。浅倉屋は「浅倉屋書店」の名で現在も営業を続けている古本業界の老舗であり、その創業は貞享・元禄年間と伝えられている。大川屋が奉公していたのは、文積と号した八代目久兵衛の時代であった(11)。「貸本部ニ勤続スルコト十年」とあるように、浅倉屋は古本業のみならず貸本業、それに加えて出版業もおこなっている。貸本業については史料が残っておらず不明な点が多いものの、木更津市立図書館蔵『真書太閤記』巻十九・二十に押捺された貸本印（浅草東仲浅倉）から、その営業時期は浅草東仲町に店を構えていたころであったと考えられる。

浅倉屋貸本部での奉公後、独立し深川で貸本屋として歩み始めたのが、大川屋の書肆としての第一歩である。しかしながら、この深川時代は一年半ほどと短く、すぐに浅草三好町へと移っている。三好町移転後の大川屋は、往時の貸本屋を偲ぶ回想に名をみせるほど奮っていた。たとえば、坪内逍遙は「東京の貸本屋で、明治以後に名を知られてゐた主なのは、先づ、芝の長門屋、本所相生町の三又、牛込山伏町の池清、聖堂脇の伊勢屋、市ヶ谷

図35　大川屋の票と貸本印（架蔵『天竺得瓶仙蛙奇録』巻之三）

の村田、浅草の大河屋など（ママ）」(12)としている。また、俳人岡野知十も「本所の上総屋、浅草の大川屋、牛込の池田屋これなんかが先づ貸本屋として大きくやつてゐた店だらう」とその名をあげている。(13)

鈴木圭一氏は、所蔵する大川屋旧蔵本（『実生儀談』『元正間記』『花筐』『処女七種』『大岡仁政録』『花暦封じ文』）を紹介し、大川屋の「出版物および商法も貸本屋としての実地が活かされている」と指摘している。(14)鈴木氏所蔵本によれば、大川屋は自身の蔵書に「大川屋錠吉」もしくは「本錠」という貸本印を捺し、書籍の表紙に「浅草三好町／七番地／大川屋錠吉」と「亀印」あるいは「梅印」の字が印刷された票を貼付している。架蔵する為永春水作『天竺得瓶仙蛙奇録』巻之三にも、「浅草三好町／七番地／大川屋錠吉」の票と「本錠」という印（図35）を確認できる。架蔵本に貼付された票には「鶴印」と印刷されている。旧蔵本からみる限り、大川屋は鶴亀や松竹梅といった分類のもと、読本・人情本・実録など近世期に出版もしくは筆写されたと思しい蔵書を整理している。(15)この時期の大川屋は、牛込の池田屋清吉同様、昔ながらの背負いの貸本屋であったという。(16)蔵書内容だけでなく営業形態も旧来の貸本屋そのものである。現時点で大川屋旧蔵の講談本や小説類を確認できていないことから、おそらくこうした形の営業は貸本業を廃するまで変わらなかったものと思われる。

『概歴』によれば、大川屋は明治十八年（一八八五）に貸本屋から「書籍出版及取次販売」に転じたとあるが、この記述については検討を要する。『商人名家東京買物独案内』（上原東一郎、明治二十三年〈一八九〇〉刊）で「稗史小説出版販売所」と紹介されていることから、確かに明治二十三年の段階で大川屋は「書籍出版及取次販売」を始めていることがわかる。管見の限りでは、明治十八年ごろからボール表紙本を中心とする書籍の売捌書肆として、大川屋の名は散見するようになる。明治十年代後半から次第に出版・取次・販売へ参入していったのであろう。だが一方で、『日本紳士録』第一版（交詢社、明治二十二年〈一八八九〉刊）や同第二版（交詢社、同二十五年〈一八九二〉刊）、賀集三平編『東京諸営業員録』（賀集三平、同二十七年〈一八九四〉刊）では、いずれも大川屋を「貸本屋」あるいは「貸本商」としている。また、論拠は不明ながら沓掛伊左吉氏も「大川貸本店は、貸本のかたわら軍記、実録物、通俗小説の出版を兼ねながら、明治二十四、五年頃には貸本業を切り捨て、出版屋へ転業し、自家刊行書をもって貸本問屋として大をなした」と述べている。[17] 大川屋は書籍の出版・取次・販売をしながらも、しばらくの間は貸本業を続けていたのである。『日本紳士録』第三版（交詢社、明治二十九年〈一八九六〉刊）で「書籍商」とされて以降は「貸本屋（貸本商）」と記されなくなるため、貸本業を廃したのはおそらく明治二十七〜二十八年ごろであったと考えられる。

本書第二部第三章「初代大川屋錠吉出版書目年表稿」からも明らかなように、明治二十年代以降に大川屋が刊行した書籍には、奥付に「再版」と記されたものが多い。これらは他書肆から求版された書籍である。こうした求版本も含めた明治二十年代の出版点数は、明治十年代とは比較にならないほど増加している。大川屋は求版本を中心としながら、出版活動を精力的におこなっているのである。その様子は、次章「赤本屋としての初代大川屋錠吉」で詳しく取り上げる。

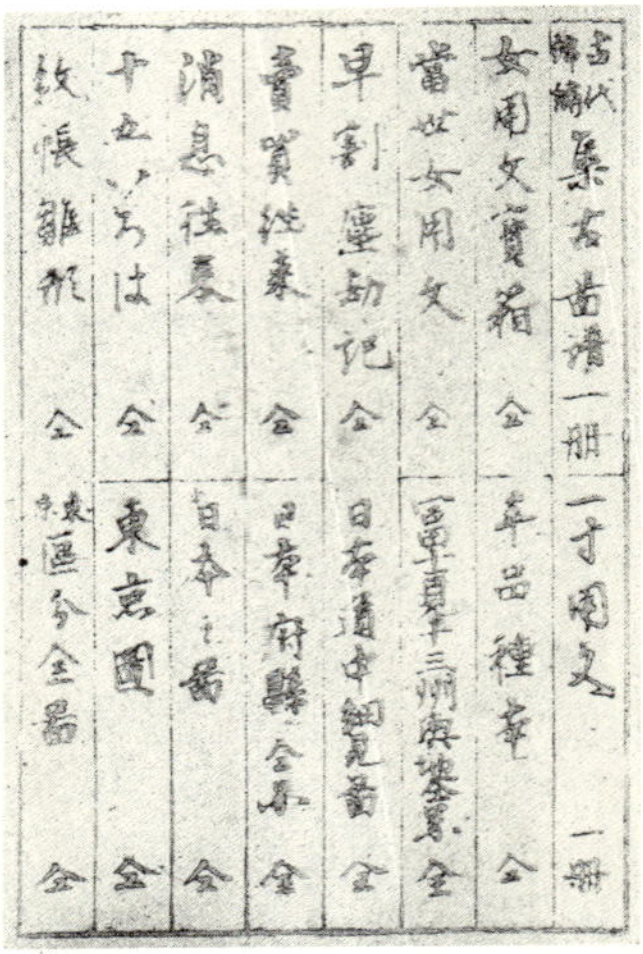

図36　架蔵する『敵討鶯塚美談』附載の蔵版目録

そうした活動の陰で、貸本業が継続されていた点は大川屋を考える上で重要である。少しずつ近世の面影が失われていく貸本業界の変容の一部始終を、大川屋は出版・取次・販売としてだけでなく、一貸本屋として目の当たりにしていたのである。書籍を供給する側・供給される側という二つの視点を持ちあわせていた大川屋は、日々刻々と変わりゆく世のなかで、どのような書籍に需要があるかをいち早く察知し、それらを供給することができたと考えられる。これは貸本問屋として躍進を遂げられた一つの要因である。

二、明治十年代の出版物と周辺人物

貸本屋を営みながら、大川屋は出版業へと乗り出していく。その時期は『概歴』記載の明治十八年よりも早い。架蔵する著編者不詳の『敵討鶯塚美談』（大川錠吉、明治十九年〈一八八六〉刊）には、大川屋の蔵版目録が附載されている（図36）。本書は明治十九年二月廿五日出版御届、同年四月刻成の水野幾太郎版『今古実録敵討鶯墳美談』の口絵をそのままに、異なる序文を附し本文を全て組み直した求版本である。蔵版目録記載の『古代錦鏽集古図譜』『女用文宝箱』『当世女用文』『早引塵劫記』『売買往来』『消息往来』『十五いろは』『紋帳雛形』『一寸用文』『手品種本』『冨士見十三州輿地全図』『日本道中細見図』『日本府県全図』『日本之図』『東京図』『東京区分全図』は、いずれも明治十年代前後に刊行された、大川屋が早い段階で携わった出版物である。

そのほかの明治十年代の出版物を本書第二部第三章「初代大川屋錠吉出版書目年表稿」で確認してみると、単独ではないにせよ、明治十二年（一八七九）からすでに大川屋は出版に携わっていることがわかる。概してこれら明治十年代の出版物には相版と求版、あるいは求版と思しいものが多い。後半には地図類の出版が目立つが、これらも求版だと考えられる。出版に関わる人物に注目してみると、武田伝右衛門・瀬山直次（治）郎・高梨弥三郎らの名が頻出している。次にこれらの人物を取り上げるなかで、明治十年代における大川屋の動向を探ってみたい。

まずは高梨弥三郎についてみていく。高梨弥三郎の名が最初にみえるのは、大川屋が武田伝右衛門との相版で出版した明治十三年（一八八〇）刊の松村春輔著『春風日記』初編の発売書肆としてである。所在地は浅草区新福井町。前田健次郎編『郵便端書一寸用文』（高梨弥三郎、明治十二年〈一八七九〉刊）の見返しに、「明十堂」という堂号を確認できることから、その創業は明治十年（一八七七）だと思われる。なお、後にこの堂号は「十」を「輯」に改めた「明輯堂」となっている。明治十四年には新たに設立された東京書林組合に加盟していることを確認できる。[18]

高梨弥三郎の早期の出版物は、明治十一年（一八七八）刊の『洋算独稽古』である。その後、明治二十年（一八八七）ごろまで出版を続けているが、その数はそれほど多くない。明治二十六年（一八九三）刊の戸川耕城著『生涯安泰安全儲蓄法』は、発行所が「高梨東神堂」、発行者が「高梨弥三郎」だが、所在地はいずれも「神戸市下山手通七丁目二百八十六番地」となっている。この神戸の高梨弥三郎が同一人物であるとするならば、業界内で「神戸落ち」と称されているものの早い例であるかもしれない。[19]仮にここでは両者を同一人物とする。その後、代が替わった後も神戸で営業を続けていたようだが、大正十四年（一九二五）には閉店している。[20]

大川屋は明治十四年（一八八一）に岡田霞船編『明治文雅都鄙人名録』を刊行する。その売捌書肆一覧には七十七も

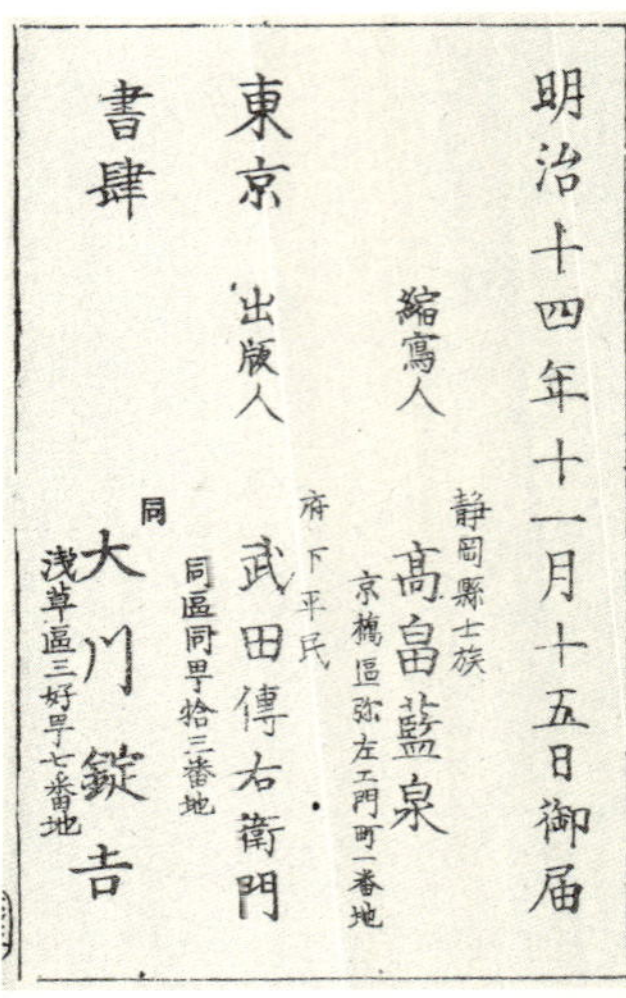
明治十四年十一月十五日御届
縮寫人　静岡縣士族　高畠藍泉　京橋區弥左エ門町一番地
東京　出版人　府下平民　武田傳右衛門　同區同町拾三番地
書肆　同　大川錠吉　浅草區三好町七番地

図37　埋木された『華椿靄隆近世四大家画譜』の奥付（架蔵）

の書肆が列挙されているが、末尾に名前がみえるのは高梨弥三郎である。また、同年に出版された岡田霞船編『近世名婦百人撰』の売捌には山中市兵衛・水野慶次郎・石川治兵衛・山口藤兵衛・山中孝之助・山中喜太郎・稲田佐兵衛など当時の東京における有力書肆が名を連ねているが、こちらも末尾は高梨弥三郎となっている。大川屋は明治十四年の段階では東京書林組合・東京地本錦絵営業者組合のいずれにも加盟していない。そのため、当初流通等は高梨弥三郎になんらかの形で頼っていた可能性が考えられる。

ただ明治十五年（一八八二）一月十八日の『読売新聞』第二〇九四号に掲載された『近世名婦百人撰』の広告に「但遠国より御注文ハ定価の金御届次第郵送致候事」、また同年三月三日の同紙第二一三一号掲載『明治文雅都鄙人名録』の広告に「但本編出来の上御求めの君ハ定価金三十五銭御届次第郵税持にて御逓送申上候也」とあるように、大川屋は郵便を使って遠国の顧客と結びついていた。このように高梨弥三郎やほかの有力書肆に頼らない流通網も保持していたようである。そうした別の流通網の一端は、次章で取り上げる。

さて、大川屋は高梨弥三郎が刊行した書籍の蔵版などを受け継いでいる。たとえば、武田伝右衛門が出版人、高梨弥三郎が発売人として明治十四年（一八八一）に刊行された高畠藍泉編『華椿靄隆近世四大家画譜』には、発売人の部分だけが大川錠吉の名義に埋木されている版がみられる（図37）。

また、福城駒太郎編『和漢読史玉篇』はもともと高梨弥三郎が出版したものであるが、後に大川屋が『新選明治玉篇』と改題し、明治十九年（一八八六）に刊行している。このように、大川屋は発売人もしくは出版人が高梨弥三郎であった書籍の権利を後に得ている。おそらくは高梨弥三郎が何らかの理由により神戸へ移る際に、彼の持つ書籍の一部を大川屋が求版、もしくは高梨自身から譲渡されたのだと思われる。これも偏に両者が親しい間柄にあったがゆえであろう。

次に瀬山直次郎についてみていく。大川屋の出版物との関わりは、瀬山直次郎を発売人として刊行された井沢保治編『対山画譜』(明治十二年〈一八七九〉刊)から始まる。当時の所在地は大川屋や高梨弥三郎と同じ浅草区の蔵前片町。明治十四年(一八八一)時、東京書林組合に加盟していることを確認できる。瀬山直次郎は『対山画譜』や『漢画指南』初・二集など美術関係の書籍を多く手掛けているが、その本業はセドリであった。『東京古書組合五十年史』では、当時目利きとして知られていた求古堂松崎半造の弟であり、明治十年代に名の知られていたセドリとして瀬山直次郎を紹介している。[21]このセドリについては、小林善八氏による以下の説明が参考になる。

此年、警視庁は古物商取締令を発布された、その当時の書店は多く新古書を取扱つた。古本商の取締を銀座三丁目の稲田政吉が指定され取扱ふ事になり、同店にて古物商の鑑札を出した、手数料は一件弐拾銭。この古物商の取締が頗る厳重になつたので、新古書店漸次分離し専門に傾いた。古本仲買人は団体をつくる事になり、長尾文蔵、大屋房太郎等が幹事となり三十人ほどの一団となつた、この古本仲買人を「せどり」と云つた。この一団には仁義があつて下駄は履かず泥鰌草履ばきで風呂敷を背負ひ、先に店に入つた者が風呂敷を開けぬ内は、後から這入つた者は決して開けぬと云ふ習慣であつた。その店先へは腰を下さずかゞんで商ひをした、この糶取の事を俗に風呂敷と云つた。[22]

古本仲買人の別称が「セドリ」であること、そのセドリには団体、つまり組合があったこととその商習慣を知ることができる。また、反町茂雄は端的にセドリを「一般のお客は相手とせず、同業者間での売買による利鞘か

せぎを主な仕事とする人々」とし、彼らが日本橋・京橋・浅草広小路の古本屋を相手に営業していたとしている。(23)

浅倉屋久兵衛は、古物商条例発布後、結成された仲買、つまりはセドリの組合の幹事の一人として、瀬山直次郎の名前をあげている。(24) この組合の設立に関する文書は現代まで残されている。橋口侯之介氏が紹介している文書（大屋書房纐纈公夫氏所蔵）がそれである。

古本商仲買設立

古本仲買ノ者是迄数年御店方ノ御蔭ヲ以テ渡世仕居候処、今般売買御規則厳重ノ御布告ニ付、町名番地不明ニテハ御取引ニ御疑念有之候ト存ジ、左ノ人名協議ノ上仲買同盟取結、町名番地相認メ差上置キ不都合無之様売買仕候。

一品物御買入ニ相成候節ハ必ズ御帳面ヘ目録相認メ、左ノ印章ヲ以テ証ト仕候。右品物ニ付、万一苦情有之候節ハ御報知次第、本人罷出御迷惑無之様為致可申候間、是迄通御疑念ナク御取引願上候也。

幹　従二月至四月々番　長尾銀次郎

　　　　　　　　　　　横尾卯之助

事　従五月至八月々番　小林米造

　　　　　　　　　　　岩田七五郎

　　従九月至十二月々番　高木和助

　　　　　　　　　　　瀬山直次郎

結合人名

神田五軒町　精板会社林安之助印行(25)

古物商取締令により、売買規則が厳しくなり、仲買人の所在する町名番地が不明では認められないので、長尾銀次郎・横尾卯之助・小林米造・岩田七五郎・高木和助・瀬山直次郎の六人で協議の上、仲買同盟（セドリの組合）を取り結び、その同盟に所属する者たちの町名番地を認め、不都合なく取引できるようにしたという。幹事は三期にわけて交代で当番を担っていたようで、瀬山直次郎は九月から十二月までを担当している。

このように、瀬山直次郎は美術関係の書籍を出版するだけでなく、組合の幹事を務めるほどのセドリであった。なぜセドリの瀬山直次郎と大川屋が結びついたのか、その理由は出版物からは浮かび上がってこない。だが、後述する武田伝右衛門が両者の間に介在していたのだと考えられる。

以上みてきた高梨弥三郎・瀬山直次郎の両人は、いずれも浅草区の者で、大川屋からすれば近隣にいた同業者ということになる。大川屋の当初の活動が、同じ浅草区の書籍業者によって支えられていた様子をここに認めることができよう。しかしながら、本書第二部第三章「初代大川屋錠吉出版書目年表稿」をみる限り、明治十年代の出版物で際立つのは、武田伝右衛門という存在である。次にこの人物に着目してみたい。

三、大島屋武田伝右衛門との関係をめぐって

武田伝右衛門は、本書第一部第三章「中本受容と大島屋伝右衛門」および同第四章「大島屋伝右衛門と池田屋一等――売薬「処女香」を端緒として」で取り上げた文永堂大島屋伝右衛門である。以下に歴代伝右衛門の略歴を再掲する。

初　代…天保の改革で処罰を受ける。安政三年没。

二代目…幼名「安次郎」。かつて丁子屋平兵衛方で奉公。初代の死没により、安政三年に二代目伝右衛門となる。大正九年七月没。

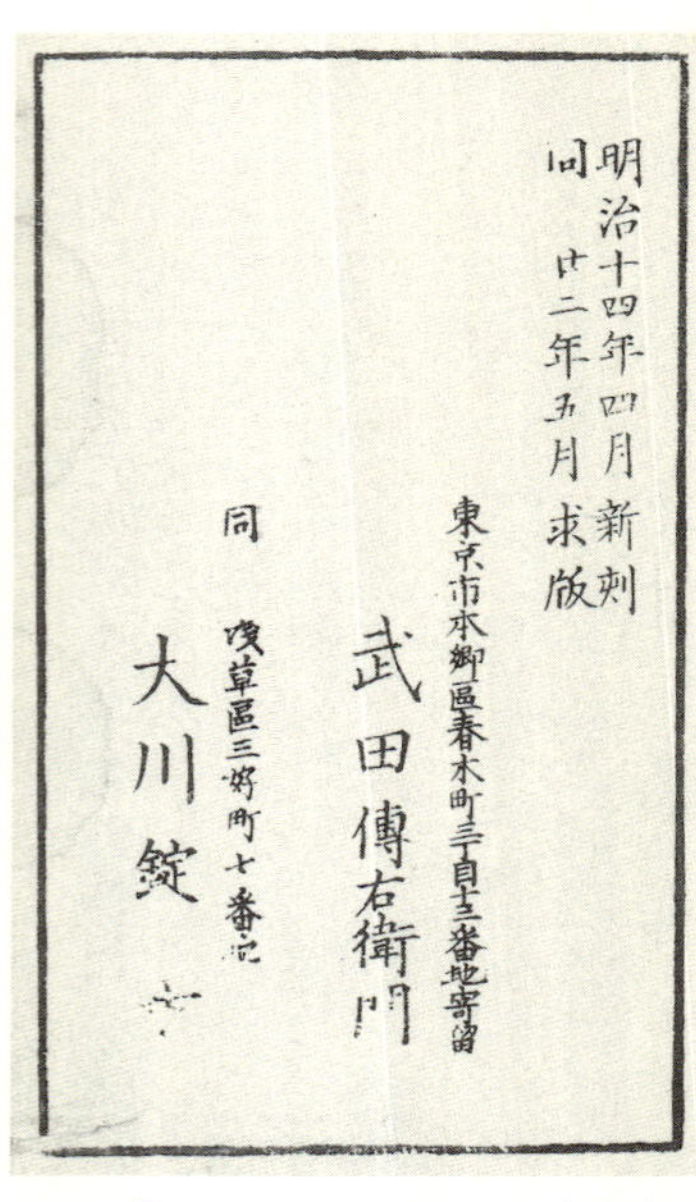
明治十四年四月新刻
同　廿二年五月求版
東京市本郷區春木町三丁目十三番地寄留
同　武田傳右衛門
淺草區三好町七番地
大川錠吉

図38　『風来先生春遊記』の奥付（架蔵）

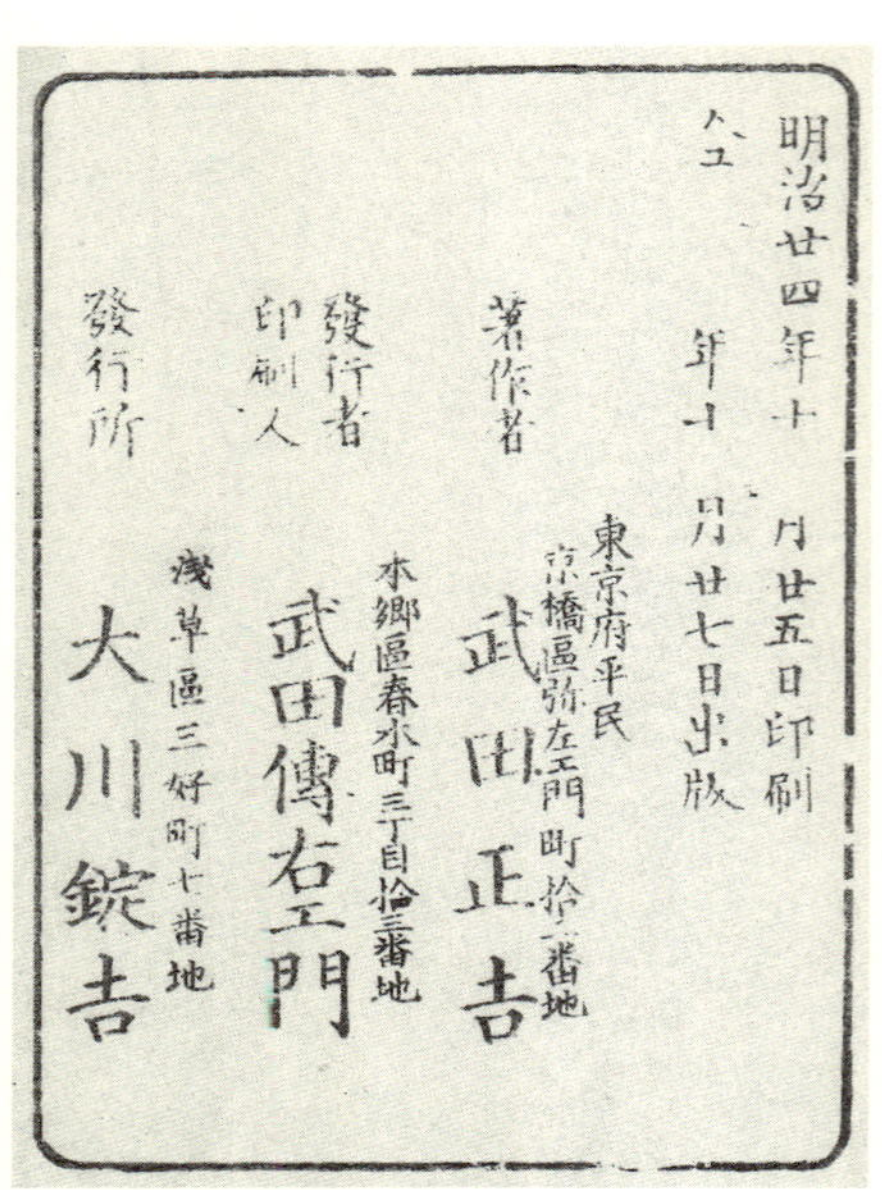
明治廿四年十月廿五日印刷
仝　年十月廿七日出版
著作者　東京府平民
京橋區弥左エ門町拾六番地
武田正吉
發行者
印刷人　本郷區春木町三丁目拾三番地
武田傳右エ門
發行所　淺草區三好町七番地
大川錠吉

図39　『風来六々部集後編』の奥付（架蔵）

三代目…通称「政吉（正吉）」。二代目伝右衛門の長子。浅倉屋久兵衛方で奉公の後、三代目伝右衛門となる。明治年間中に死没か。

明治十年代には、二代目と三代目が存命していた。このうち、特に大川屋と関わりが深いのは、同じく浅倉屋で奉公していた経歴を持つ武田政吉こと三代目伝右衛門である(26)。

多くの書籍をともに出版している大川屋と三代目伝右衛門（以下、大島屋）だが、明治二十年代以降も両者は近しい間柄にあったようである。

たとえば、明治十四年（一八八一）四月新刻、同二十二年（一八八九）五月求版の平賀鳩渓（源内）著述・大田南畝批評『風来先生春遊記』では、奥付に二人の名前を確認できる（図38）。また、明治二十四年（一八九一）十月二十五日印刷、同年十月二十七日出版の求版本『風来六々部集後編』では、著作者が「武田正吉」、発行者兼印刷人が「武田伝右エ門」となっている（図39）。前者が三

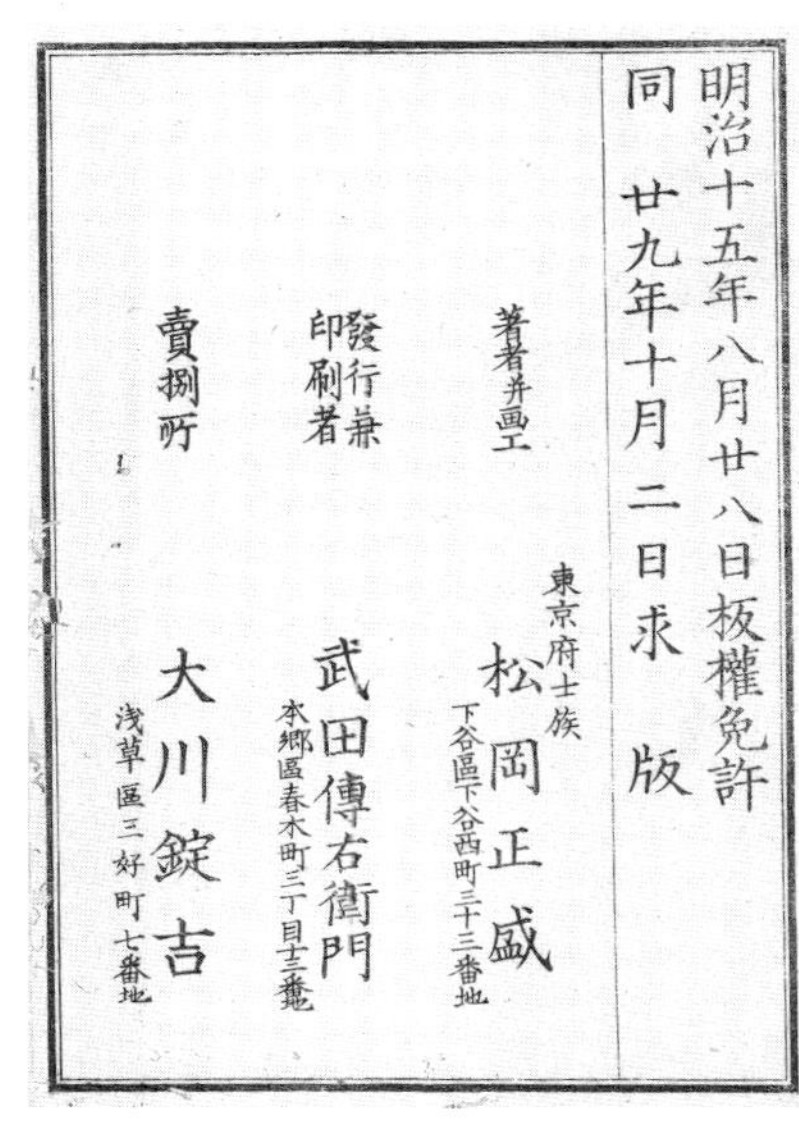
明治十五年八月廿八日板權免許
同　廿九年十月二日求版
著者并畫工　東京府士族　松岡正盛　下谷區下谷西町三十三番地
發行兼印刷者　武田傳右衛門　本郷區春木町三丁目十三番地
賣捌所　大川錠吉　浅草區三好町七番地

図40　『漢画独楽譜』の奥付（架蔵）

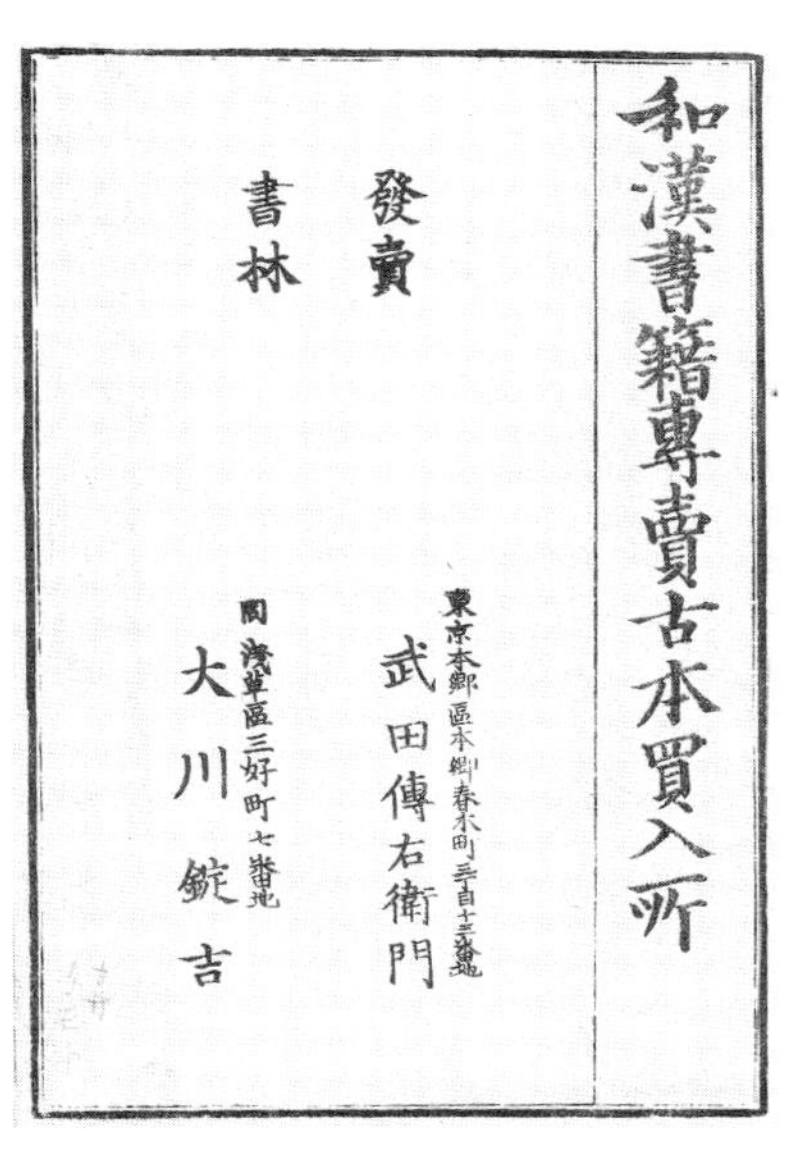

図41　「和漢書籍専売古本買入所」の広告（架蔵『人相独稽古』下巻）

代目、後者がその父二代目である。なお、同様の奥付は『明治玉簾集』を改題改修した『俳諧新五百題』にもみえる。おそらく、大島屋もしくは大川屋が求版した書籍に附されたのが、この奥付なのであろう。明治十五年（一八八七）八月二十八日版権御届、同二十九年（一八九六）十月二日求版の松岡正盛画『漢画独楽譜』が示すとおり、少なくとも明治二十九年まで両者のこうした関係性は継続している（図40）。

図41は、架蔵する『人相独稽古』下巻に附載された広告である。こちらの広告も先ほどの奥付同様、求版された書籍に附載されたものだと考えられるが、「和漢書籍専売古本買入所」とある点に注目したい。この広告は『人相独稽古』に加えて、次に書名をあげる書籍の後印本にもみられる。

中田潜竜子編『楽焼秘嚢』（元文元年〈一七三六〉刊）

墨憨斎編『笑府』（明和五年〈一七六八〉刊）

馮夢竜撰『刪笑府』（安永五年〈一七七六〉刊）

五大坊卜友著『生花独稽古』（天明五年〈一七八五〉序）
皆川淇園著『老子繹解』（寛政九年〈一七九七〉刊）
『四季雅筵挿花衣之香』（寛政十一年〈一七九九〉刊）
池永栄春撰『訂正篆書字引』（享和二年〈一八〇二〉序）　※もとの書名は『聯珠篆文』
苗村三敲校『黄帝宅経』（文化元年〈一八〇四〉刊）
『敬輔画譜』（同年刊）
石川雅望著『都の手ふり』（文化五年〈一八〇八〉刊）
『米庵墨談』正編（文化九年〈一八〇九〉刊）
『蕪村翁文集』（文化十三年〈一八一六〉刊）
『米庵墨談』続編（文政十年〈一八二七〉刊）
藤原貞幹著『神代宝器抄』（嘉永二年〈一八四九〉刊）
萩原広道著『弖爾乎波係辞辨』（同年刊）
『応挙画譜』（嘉永三年〈一八五〇〉刊）
『宕陰存稿』（明治三年〈一八七〇〉刊）
郭象注『荘子南華真経』（刊年不詳）
村上五雄校『人相独稽古』（刊年不詳）
石梁撰『草字彙』（刊年不詳）
李攀竜編・神埜世猷通校『唐詩選』（刊年不詳）

いずれも大島屋もしくは大川屋、あるいは両者が資金を出し求版した書籍なのだと思われる。前田愛氏も指摘しているように、明治三十年（一八九七）の時点で大川屋は春陽堂に次ぐ出版点数を誇ったが、その大半がほかの版元から求版したものであった(27)。実際に本書第二部第三章「初代大川屋錠吉出版書目年表稿」をみても、奥付に「再版」の語を有する求版本は多い。なお明治三十年ごろの出版点数の多さは、第二部第三章に附録した『第二十三回大川屋出版小説図書総目録（明治三十二年八月改正増訂）』からも窺い知ることができる。求版に必要な資金は、こうした大島屋とともにまだ需要のある古い版を入手し、それらを販売して得た利益であったのかもしれない。先の広告にあった「和漢書籍専売古本買入所」の表記からも明らかなように、大川屋と大島屋の両者は古本業もおこなっていた。とりわけ、大島屋は古本業界では知られた存在であった。

全国でも有数の古本屋を紹介した「明治四十一年の日本全国古本屋見立番付(28)」（図42）のなかで、大島屋は「世話方（市宿）」に位置づけられている。この「世話方（市宿）」とは、丸括弧内の「市宿」が示すとおり、当時催されていた古書の市の会主を指している。

明治期の古書市については橋口侯之介氏の解説が参考になる。

> 島屋の市に活気がなくなったこともあって、田中菊雄らは別に和本を扱う古書市を開設する。そのひとつが神田・青柳亭の市である。明治二十年代にはあった。田中菊雄は屋号を田菊書店といい、万延元年（一八六〇）生まれで、セドリで生計を立て

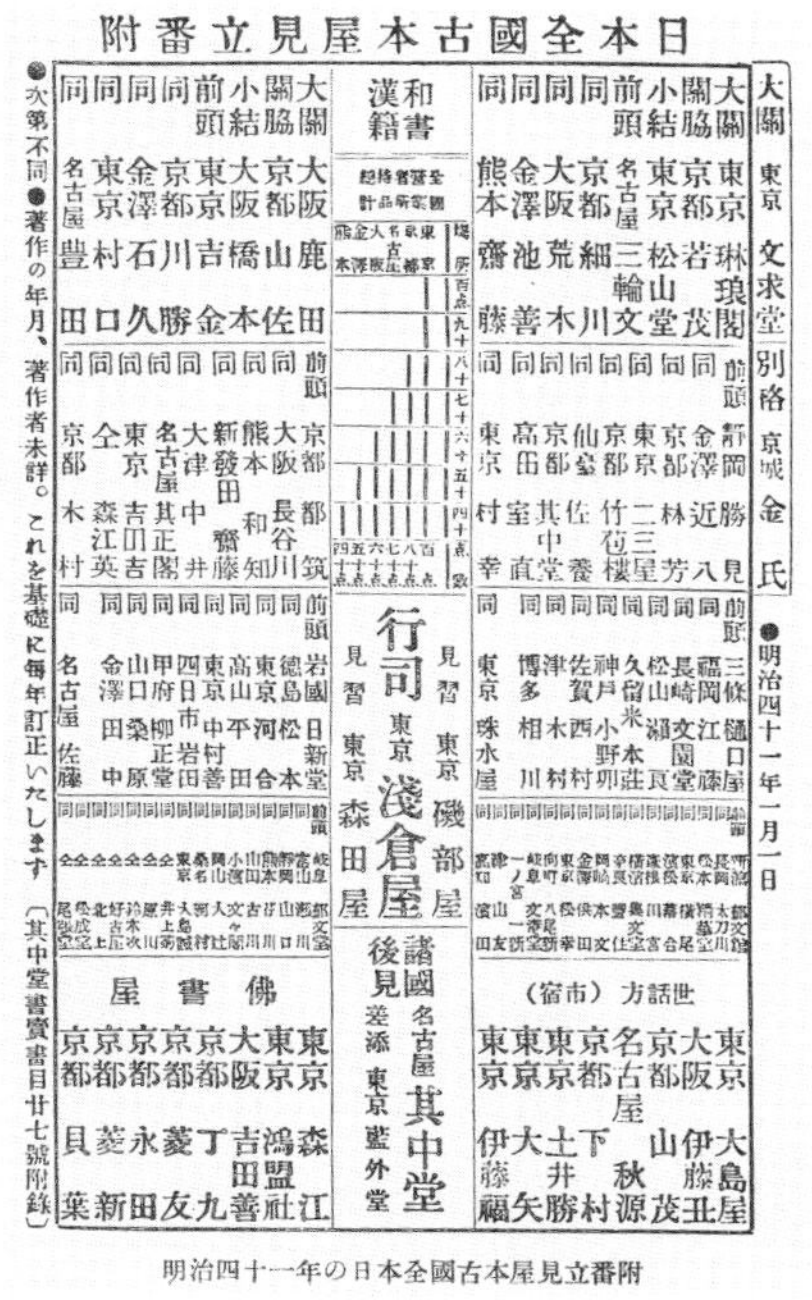

日本全國古本屋見立番附

明治四十一年の日本全國古本屋見立番附

図42　「明治四十一年の日本全国古本屋見立番付」（『古本屋』五号より）

ていた。明治十年頃、吉川半七（現吉川弘文館）の店で月に一回定市を開くようになったときの会主となった。この市は長続きせず、その後、いくつかの市を作っては廃止するという変転を経て、伊藤福太郎、武田伝右衛門（大島屋）、土井勝吉と四人で青柳亭に市を開いたのである。これは盛んな市になった。大量の売り立てなどがあると徹夜で続けたというエピソードがあるくらいである。(29)

大島屋は青柳亭に新たな古書の市を開くとともに、その会主となったようなのである。ちなみにこの青柳亭は集会貸席であり、古本の市以外にも諸商人の寄合がおこなわれていた場所であった。(30)

南陽堂深沢良太郎は「旧派のセドリの親方があって組合があった。田中さんは話さなかったけれども、連名帳があって皆セドリには判があって、同じやうな判をいくつも拵えてあったものです」と回想している。(31)「セドリの親方」にあたるのが、瀬山直次郎をはじめとする先ほどの六人である。連名帳は、橋口侯之介氏が紹介している三十二名の一覧を指していると思われる。(32)その京橋区の項には、「武田政吉／弥左衛門町十三番地」とある。つまり大島屋は、青柳亭で催される市を設立し、その会主となるばかりでなく、セドリの組合にも属する者であったのである。組合の一覧には、もちろん幹事を務めていた瀬山直次郎の名もみえる。ここから、大川屋と瀬山直次郎との間を取り持ったのが、自身もセドリであり、組合にも属していた大島屋であったのだと考えられる。

大島屋は瀬山直次郎との間を取り持っただけでなく、大川屋のその後の経営方針にも影響を与えている。これまでみてきたとおり、「全国の貸本屋や絵草子屋等が華客」(33)とされる大川屋同様、大島屋も近世後期から続く貸本問屋であった。同じく浅倉屋で奉公したのみならず、その後もともに書籍を出版・求版していた大島屋に、大川屋が影響を受けたとしても不思議ではない。つまり、自身の貸本屋としての経験、そして身近な大島屋の影響によって、大川屋は貸本問屋としての道を歩み始めたのだと考えられるのである。

大正二年（一九一三）刊の石井研堂著『独立自営営業開始案内』第二編では、貸本に供する東京出来の講談本の仕入れ先として、大川屋が筆頭にあげられている。明治末年から大正にかけての時代において、大川屋は東京を代表する貸本問屋へと成長を遂げているのである。こうした躍進の要因の一つが、長らく書籍の出版・取次・販売と並行して続けられていた貸本業であったことはすでに述べた。だが、身近に大島屋という存在がなければ、そもそも大川屋は貸本問屋になっていなかったかもしれない。大島屋がいたからこそ、大川屋は貸本問屋としての道を歩み、やがては「斯界の巨頭と仰がれ巨万の資産を興」す活躍ができたのである。

おわりに

初代大川屋錠吉にとっての黎明期は、貸本業に勤しみながら、同じ浅草区の書肆高梨弥三郎や瀬山直次郎、同門の三代目大島屋伝右衛門と協力し合い、力を蓄えていた時期であったといえる。後の成功は、この時期を経なければあり得なかっただろう。明治二十七〜二十八年ごろまで続けられた貸本業と、三代目伝右衛門との関係および彼から受けた影響の大きさは計り知れない。

前述のとおり、明治も後半に差し掛かるころの貸本屋には、もう近世の面影は残されていない。しかしながら、彼らの営業は大川屋という近世的な土壌のなかで生まれ、成長した書肆によって支えられていたのである。

丁子屋平兵衛・大島屋伝右衛門に続くように、大川屋は近代の貸本文化を支える貸本問屋へとなっていったのであった。

注

（1）前田愛「明治初期戯作出版の動向——近世出版機構の解体」（『前田愛著作集　第二巻　近代読者の成立』筑摩書房、一九八九年所収。初出は一九六三・六四年）。
（2）柴野京子「赤本の近代」（『書棚と平台　出版流通というメディア』弘文堂、二〇〇九年所収。初出は二〇〇七年）。
（3）東京書籍商組合編『東京書籍商組合史及組合員概歴』（東京書籍商組合、一九一二年）一一二頁。
（4）講談社、一九六四年。三二～三三頁。
（5）全国出版物卸商業協同組合、一九八一年。三二～三三頁および三七頁。
（6）小川菊松著『出版興亡五十年』（誠文堂新光社、一九五三年）一八四～一八七頁。
（7）『回顧五十年　藤井誠治郎遺稿』（藤井誠治郎遺稿刊行会、一九六二年）一三〇～一三二頁。
（8）大川義雄「「大川文庫」三〇〇点の歴史」（尾崎秀樹・宗武朝子編『日本の書店百年』青英舎、一九九一年所収）。
（9）前田・柴野両氏は特に注記していないものの、大川屋の経歴に関する記述は明らかに『概歴』を踏まえている。
（10）たとえば、稲岡勝監修『出版文化人物事典』（日外アソシエーツ、二〇一三年）など。
（11）浅倉屋の創業年および八代目久兵衛については浅倉屋吉田久兵衛「和本屋生活半世紀の思い出」（反町茂雄編『紙魚の昔がたり　明治大正篇』八木書店、一九九〇年所収）を参照。
（12）坪内逍遙著『少年時に観た歌舞伎の追憶』（日本演芸合資会社出版部、一九二〇年）一〇七頁。
（13）「紙魚の跡　貸本屋の巻（一）」（『読売新聞』一八四九〇号、一九二八年八月二十一日）。
（14）鈴木圭一「明治期二題」（『書籍文化史』二、二〇〇一年一月）。
（15）鈴木俊幸氏所蔵の松本万年著『田舎繁昌記』二編には、「本錠」印に加えて「大川イ印」という貸本印がみられる。大川屋は鶴亀や松竹梅のほか、イロハによる分類も用いていたようである。
（16）大川義雄「「大川文庫」三〇〇点の歴史」（尾崎秀樹・宗武朝子編『日本の書店百年』青英舎、一九九一年所収）のなかで、「その貸本屋というのは昔ながらの運びの貸本屋ですか、それとも店を開いた形で」という問いに対し、甥の大川義雄は「運びらしいです」と答えている。

(17) 沓掛伊左吉「貸本屋の歴史」(『沓掛伊左吉著作集　書物文化史考』八潮書店、一九八二年所収。初出は一九七一年)二〇四頁。

(18) 弥吉光長「明治初年の出版団体(その一)――書物問屋仲間から東京書籍出版営業者組合へ」(『弥吉光長著作集四　明治時代の出版と人』日外アソシエーツ、一九八二年所収。初出は一九五三年)を参照。なお、表記は「高梨孫三郎」となっている。以下、東京書林組合および東京地本錦絵営業者組合の加入者については弥吉氏の論文を参照。

(19) 『回顧五十年　藤井誠治郎遺稿』(藤井誠治郎遺稿刊行会、一九六二年)に「小川氏(松永注　小川菊松)の次に至誠堂から独立し『主婦之友』の創刊当時一手扱いをやった、止善堂原猛君が、失敗して神戸落ちした時」(二二頁)とある。

(20) 出版タイムス社編『日本出版大観』(出版タイムス社、一九三一年)の大阪盛文館支店の項に「大正十四年閉店した高梨熊太郎氏経営の店舗を買収し開設された」とある。

(21) 東京都古書籍商業協同組合編『東京古書組合五十年史』(東京古書組合、一九七四年)五頁。

(22) 小林善八著『日本出版文化史』(日本出版文化史刊行会、一九三八年)八八五頁。

(23) 反町茂雄著『蒐書家・業界・業界人』(八木書店、一九八四年)二三五頁。

(24) 浅倉屋吉田久兵衛「和本屋生活半世紀の思い出」(反町茂雄編『紙魚の昔がたり　明治大正篇』八木書店、一九九〇年所収)に「古物商条例発布後、仲買の人達が申し、残らず同じ小判形の印章に苗字を入れて、品物取引の時はこれを判取帳へ押す事になりました。この時には結合の人名三十二人、幹事が長尾銀次郎さん・横尾卯之助さん・小林米蔵さん・岩田七五郎さん・高木和助さん・瀬山直次郎さんの六人でした」(八六頁)とある。

(25) 橋口侯之介著『江戸の古本屋　近世書肆のしごと』(平凡社、二〇一八年)三一三頁。

(26) 大川屋は大島屋が製剤・販売していた売薬「処女香」の売弘所であった可能性がある。これも両者の関わりの深さを示す一例といえよう。なお、処女香については本書第一部第四章「大島屋伝右衛門と池田屋一統――売薬「処女香」を端緒として」を参照のこと。

(27) 前田愛「明治初期戯作出版の動向――近世出版機構の解体」(『前田愛著作集　第二巻　近代読者の成立』筑摩書房、一九八九年所収。初出は一九六三・六四年)。

(28) 『古本屋』第五号(荒木伊兵衛書店、一九二八年五月)所収。この番付は、もともと明治四十一年の「其中堂書賈目録」の附録である。しかしながら、現在目録および番付そのものの所在を確認することはできていない。

(29) 注(25)前掲書。三一九頁。

(30) 金子春夢編『東京新繁昌記』(東京新繁昌記発行所、一八九七年)に貸席として「〇青柳、〇福日屋、〇相模屋」の三つをあげ、「共に集会貸席にて、外神田仲町大時計の前にあり、書生、商人の寄合多し、席料一日六十銭以上」と解説している。

(31) 南陽堂深沢良太郎「明治大正期のセドリについて　その二、洋本屋の巻」(反町茂雄編『紙魚の昔がたり　明治大正篇』八木書店、一九九〇年所収)二〇八頁。

(32) 注(25)前掲書。三一四頁。

(33) 小川菊松著『出版興亡五十年』(誠文堂新光社、一九五三年)一八四頁。

第六章　赤本屋としての初代大川屋錠吉

はじめに

明治以降「赤本」と俗称された出版物の一群がある。宮本大人氏によれば、江戸時代において草双紙の初期形態を指していた「赤本」の語は、明治に入り次第に地本問屋あるいは草紙問屋の流れを汲む者により、出版・取次される出版物全般の呼称へと変化したという。そして、具体的に絵本や双六、カルタなどの紙製印刷玩具類のほか、演芸速記本類・「通俗」的な小説類・歌本類・地図・暦・実用書類などを赤本としてあげている。[1] これら赤本は、時には業界内外で侮蔑の対象ともされたが、柴野京子氏はその出版・流通の延長線上に「近代出版市場の成立」を認めている。[2]

赤本を扱った業者は「赤本屋」と呼ばれている。[3] この赤本屋として広く知られているのが、初代大川屋錠吉（以下、大川屋）である。前章で述べたとおり、大川屋は東京浅草の書肆浅倉屋久兵衛方で奉公した後、まず慶応四年（一八六八）に貸本屋として独立した。その後、明治二十七～二十八年（一八九四～一八九五）ごろまで貸本業を続けながら、並行して書籍の出版・取次・販売をおこなっていた。

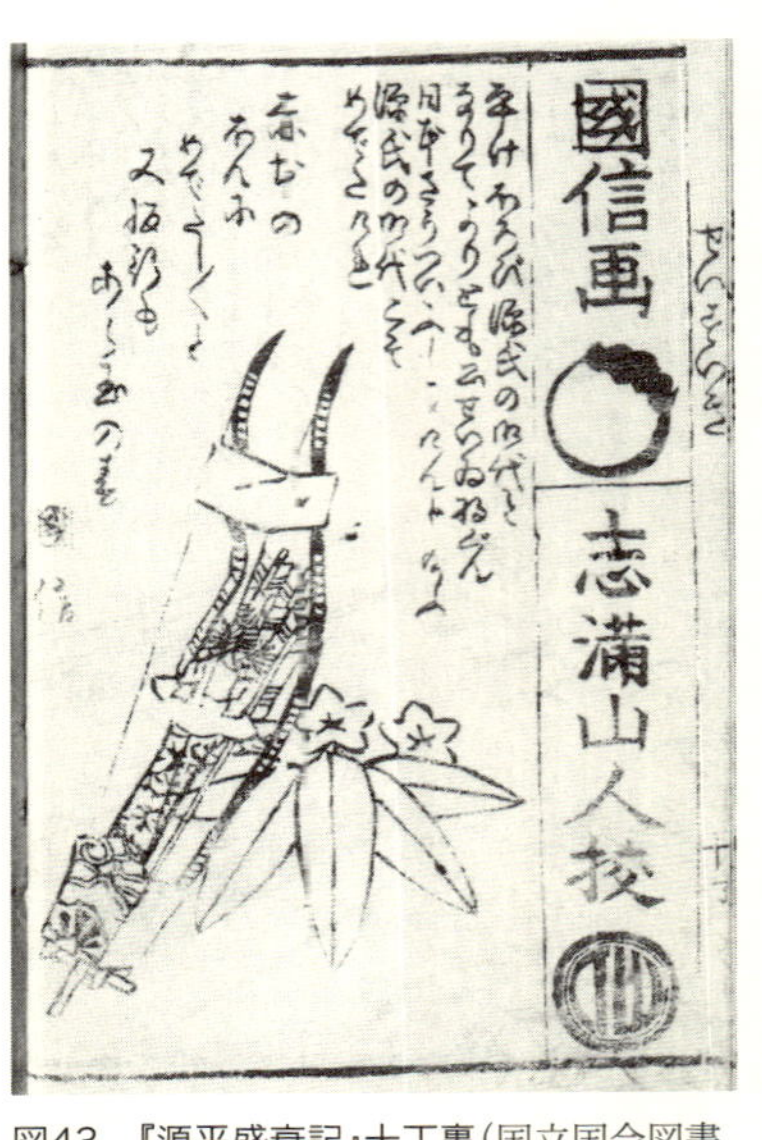

図43　『源平盛衰記』十丁裏（国立国会図書館蔵）

本章では、江戸時代の地本・絵草紙に連なる「赤本」の語の変遷を確認した上で、大川屋の赤本屋としての一面に着目し、その出版と流通について考察していく。

一、赤本の淵源

本章の冒頭で確認したように、草双紙の初期形態を指す「赤本」の語は、明治以降次第に変化していった。しかし、こうした変化の萌芽はすでに近世後期から芽生えていた。

中本の約半分ほどの大きさで、合巻の様式を模した小型の草双紙の一群がある。「豆合巻」とも称されるこれらの草双紙は、文政期（一八一八～一八三〇）後半にはすでに出現しており、明治以降も刊行され続けていく(4)。天保期（一八三〇～一八四四）の刊行と思しい国立国会図書館蔵（寄別三―六―一―一）の豆合巻『源平盛衰記』（鶴屋喜右衛門・鶴屋金助版）には、「赤本のほんにめでたし〳〵と又板行もあら玉の春」（十丁裏）という歌がみられる（図43）。ここでの「赤本」は草双紙の赤本ではなく、『源平盛衰記』のような豆合巻を指して用いられている(5)。

元講談社営業部長の堀江常吉氏は、次のように述べている。

> 地本というのは、その土地で作られた本という意味でしょう。江戸では上方本などに対して、江戸独自の出版物を地本と呼び、赤本などの草双紙類から発して地本屋なるものが栄え、その流れが江戸から東京へとつづいた。出版内容は時代とともに変ったが、その中でごく通俗的な本が伝統的に作られ、赤本と総称された

のだろうと思いますね。まあ、赤味の多い色彩の表紙をつけた安づくりの本というような意味に発展して(6)。

堀江氏のいう「赤味の多い色彩の表紙をつけた安づくりの本」には、赤い表紙を持つ豆合巻も含まれていよう。実際に明治期に刊行された豆合巻には、アニリン染料による鮮やかな赤を基調とした表紙が多く備わる。明治二十三年（一八九〇）三月十日に開業した東京堂は、書籍の出版・取次で知られるが、当初は書籍や新聞雑誌、錦絵や絵草紙のほか、文房具類などを商う小売店だった。開業間もない三月十一日の東京堂の売上帳にある「金四銭　小赤本　二」「金二銭　赤本　一」などは、おそらく赤い表紙の豆合巻を指していると考えられる(7)。次第に「赤本」の語に包括されていった豆合巻は、赤い表紙を備えていくなかで、名実ともに「赤本」となっていくのである。

さて、豆合巻の版元は、先の『源平盛衰記』を刊行した鶴屋喜右衛門や鶴屋金助、和泉屋市兵衛などの老舗地本問屋のほか、嘉永六年（一八五三）に再興された地本草紙問屋仮組に加わった新興の地本問屋たちであった(8)。したがって彼らによって出版された豆合巻も、地本のうちに数えることができる(9)。

このように、草双紙の初期形態を指す「赤本」の語は、近世後期には同じく草双紙であり、地本でもある豆合巻をも包括しながら明治へと至っていた。だが、豆合巻のみならず、地本そのものを指して「赤本」と呼ぶ用法もまた、近世後期には用いられていた。

名古屋市蓬左文庫尾崎久弥コレクション蔵（一三―一三九）の春川五七自画作『当見席眼鬘（あててみるざしきめかづら）』前編（天保三年〈一八三二〉刊）の刊記には次のようにある。

当たつの春新板もの御江戸にしきゑくさ草紙るゐ
追々うり出シ申候間不相替御もとめ被遊可被下候已上
赤本御問屋　京寺町通五条上ル丁　秋田屋藤六板

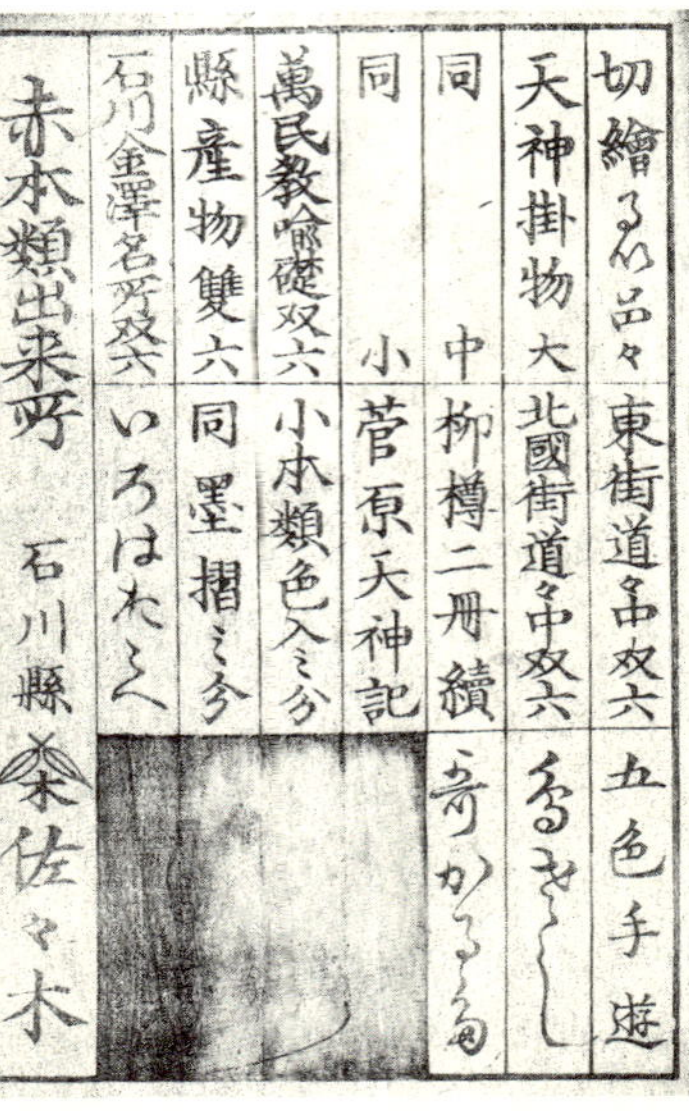

図44　『柳樽』上巻附載の蔵版目録（架蔵）

「御江戸にしきゑくさ草紙るゐ」、つまりは地本の卸問屋として、京都の草紙屋である秋田屋藤六は「赤本御問屋」を自称しているのである。こうした地本を「赤本」と称す用法は、必ずしも一般化しなかったようだが、明治期における「赤本」という語の変化の萌芽をここに認めることができよう。さらに明治に入ると地本のみならず、絵草紙類も「赤本」の語に包括されていく。

架蔵する『柳樽』上巻は刊行年が不明ながらも、煙草税や地方税に関する川柳が収録されていることから、刊年は明治十年代前半だと推定し得る。同書には図44のような蔵版目録が備わる。

掲出される品々をみる限り、佐々木は絵草紙類を刊行していた版元のようである。絵草紙は、「本来錦絵を含み、絵入りの草紙、たとえば、草双紙などをも包括する概念である。もうちょっと分かりやすく乱暴に言えば、絵草紙屋で売っている、木版印刷という手法で製作された紙製の商品」とされる(10)。それらが「赤本類」と総称されていく背景には、本章第三節「赤本の流通網と大川屋」で取り上げる地本の全国的な展開が関係しているものと考えられる。一部で「赤本」とも呼ばれていた地本が全国的に流通するなかで、その呼称も広まっていったのであろう。なお、後述するように明治以降「地本」の語は「赤本」と同義として用いられていくこととなる。

以上のように、草双紙の初期形態であった「赤本」の語は、時代とともに豆合巻や地本・絵草紙を包括していった。地本も絵草紙も地本問屋あるいは草紙問屋系の者が、出版・取次する出版物であることはいうまでもない。明治期における「赤本」という語の変化は、すでに近世後期から少しずつ始まっていたのである。

最後に赤本が持つ特徴の一つを指摘しておきたい。益文館書店顧問の島村水之助氏が「赤本と称する定義は、僕が知っている限りでは、もう一段下の絵双紙のようなものを称していたのが、時代の変化とともに、通俗的な造本の講談本や小説本の類も赤本という言葉で総称するようになったんじゃないですか」(11)と述べているように、赤本の範囲は流動的で、時代が下るにつれて拡大していくという特徴を持っていた。これは明治期の赤本が、地本問屋あるいは草紙問屋の流れを汲む者によって、出版・取次される出版物全般を指す呼称であったからにほかならない。すなわち、彼らが出版・取次する出版物が増加すれば、それに伴って赤本の範囲も拡大していくのである。後年、赤本は月遅れ雑誌や特価本をも包括していくが、これもそうした実情に起因するものといえる。

二、赤本屋としての大川屋

本書第二部第三章「初代大川屋錠吉出版書目年表稿」を参考にしながら、出版あるいは求版された書籍によって、大川屋の出版活動を概観してみたい。

大川屋は明治十二年（一八七九）五月、同じく浅倉屋で奉公していた経歴を持つ三代目大島屋（武田）伝右衛門との相版で、萩原乙彦による草双紙『新門辰五郎游侠譚』前後編を刊行する。相版とはいえ、大川屋にとって最初の出版物となるこの書が、草双紙であった点は注目してよい。以後、しばらくは大島屋や近隣で営業していた書肆高梨弥三郎と瀬山直次郎らが、何らかの形で携わる出版が続くが、大川屋単独での出版も次第におこなわれるようになっていく。

発売人や売捌等に大島屋らの名がみえない、大川屋単独での出版には、明治十四年（一八八一）十月十三日版

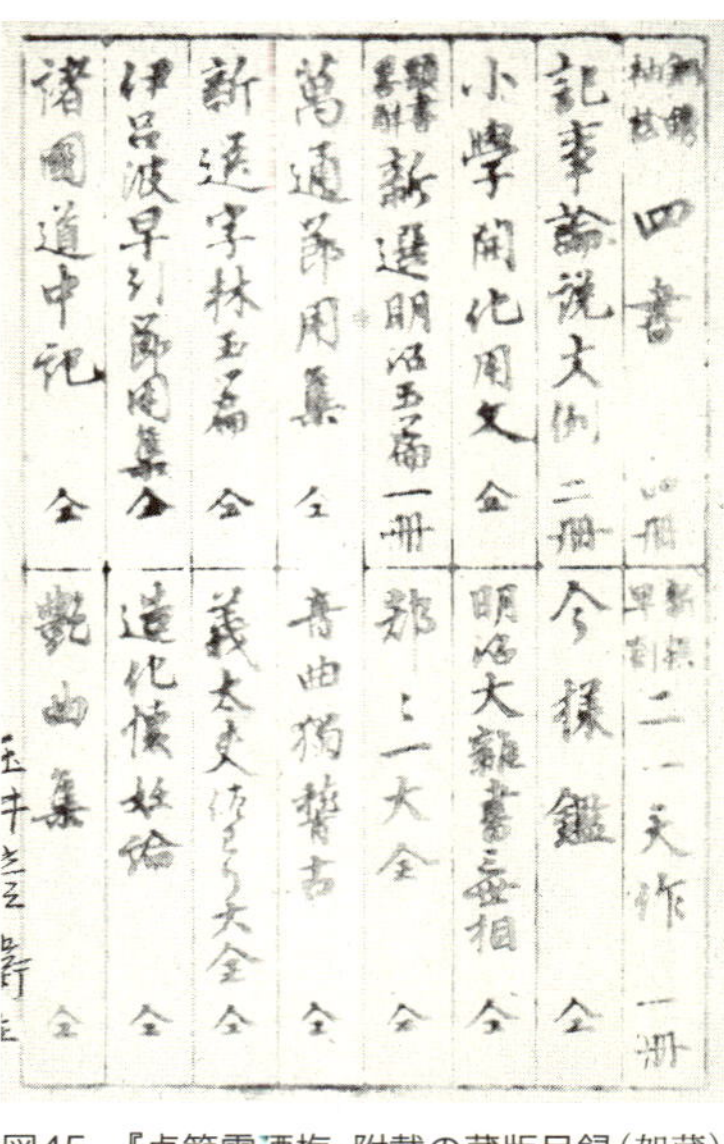

図45　『貞節雪廼梅』附載の蔵版目録（架蔵）

権免許、同十五年七月十五日出版発兌の顧靄吉選・安藤龍淵増訂『増訂隷弁』がある。ただし、本書は瀬山直次郎から求版されたものである。同様に求版されたものには、明治十六年（一八八三）二月九日求版御届の梅亭金鵞作『七偏人』初〜五編がある。さらに同年には六月十九日出版御届、同月出版の小神野孫叟筆『百工美術画譜』初編を刊行するが、こちらも明治十五年（一八八二）六月九日版権免許、同十六年五月出版の榊原友吉版を求版したものである。

前章で述べたとおり、大川屋は大島屋とともに、当時まだ需要のある近世期の古い版を求版していたが、明治以降に刊行された比較的新しい出版物も積極的に求版していたようである。

架蔵する明治十九年（一八八六）二月二十五日御届、同年二月出版の作者不詳『敵討鶯塚美談』（出版人は大川錠吉、発兌は大川屋）、明治二十年（一八八七）三月九日翻刻御届、同年四月出版の鶯亭昌安編『貞節雪廼梅』（翻刻出版人は菅谷与吉、発兌元は大川錠吉）にそれぞれ附載された蔵版目録によって、明治二十年ごろまでの大川屋の出版物を窺い知ることができる（第五章図36・図45）。現存を確認できていないものも少なくないが、歌本類（「都々一大全」「音曲独稽古」「義太夫さわり大全」「艶曲集」）や地図（「冨士見十三州輿地全図」「日本道中細見図」「日本府県全図」「日本之図」「東京図」「東京区分全図」「諸国道中記」）、往来物をはじめとする実用書類（「売買往来」「消息往来」「女用文宝箱」「当世女用文」「早割塵劫記」「十五いろは」「一寸用文」「小学開化用文」）など、目録に記載された書目の大半は、明治期の赤本に含まれる出版物である。ただし、これら全ての書目が、大川屋によって開版されたものであるかは疑わしい。

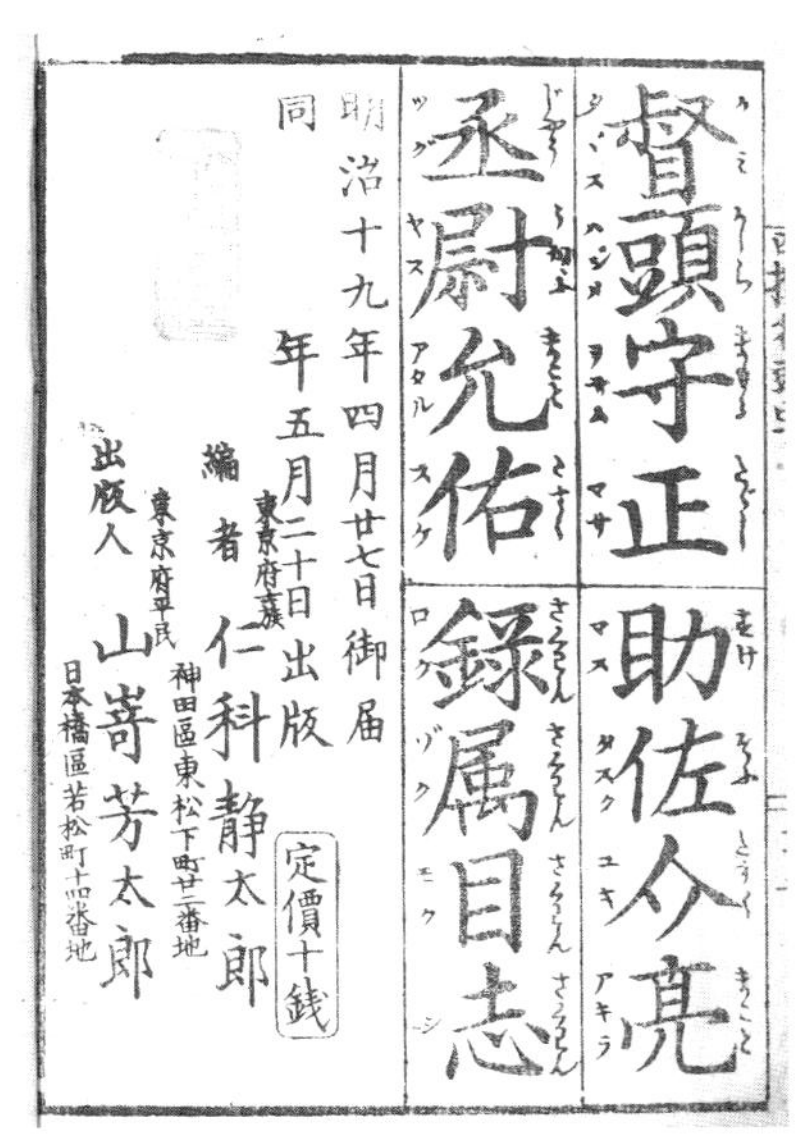

督頭守正
助佐介亮
丞尉允佑
録属目志

明治十九年四月廿七日御届
同　年五月二十日出版
編　者　東京府士族　仁科静太郎　神田區東松下町廿三番地
出版人　東京府平民　山嵜芳太郎　日本橋區若松町十四番地
定價十錢

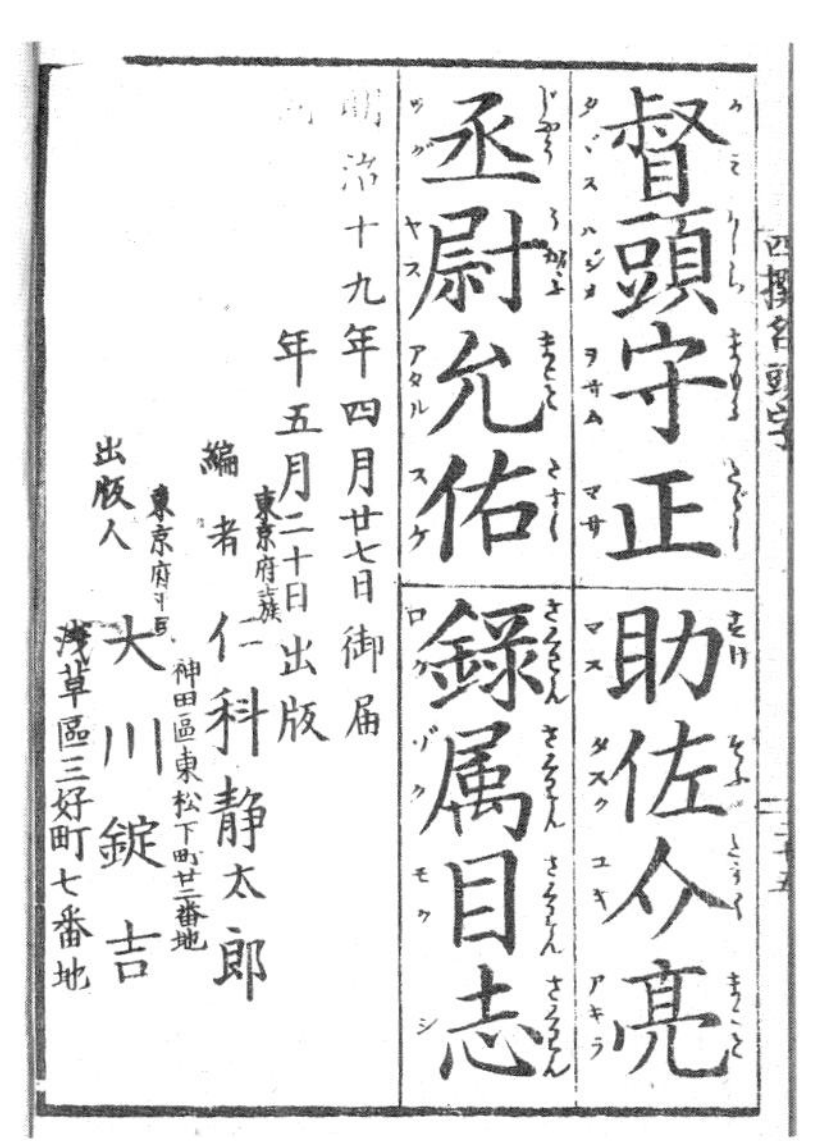

督頭守正
助佐介亮
丞尉允佑
録属目志

明治十九年四月廿七日御届
同　年五月二十日出版
編　者　東京府士族　仁科静太郎　神田區東松下町廿三番地
出版人　東京府平民　大川錠吉　浅草區三好町七番地

図46　山崎芳太郎版（右）と大川錠吉版（左）『英語入十五伊呂波』の奥付（架蔵）

たとえば、図36にみえる「十五いろは」は明治十九年四月二十七日御届、同年五月二十日出版の仁科静太郎編『英語入十五伊呂波』を指すが、これは山静堂山崎芳太郎からの求版で、大川屋版は出版人の部分のみを埋木で改めている（図46）。同様に図45にみえる『頭書略解新選明治玉篇』も求版で、こちらは明治十五年（一八八二）一月十四日版権免許、同年一月出版の福城駒太郎編『和漢読史玉篇』（高梨弥三郎版）を改題し、明治十九年（一八八六）に新たに出版したものである。先の『百工美術画譜』初編をはじめとして、大川屋が明治期以降の出版物も積極的に求版していた様子を考慮するならば、図36・図45に掲載された書目もまた、同様に求版であったと考えられる。

前田愛氏は、大川屋版『通俗経国美談』に附載された蔵版目録中の小説本七十二種のうち、原版人が特定できるものをいくつか指摘しつつ、その大半が求版だった可能性を指摘している[12]。ここではさらに、架蔵する明治十九年（一八八六）十二月一日御

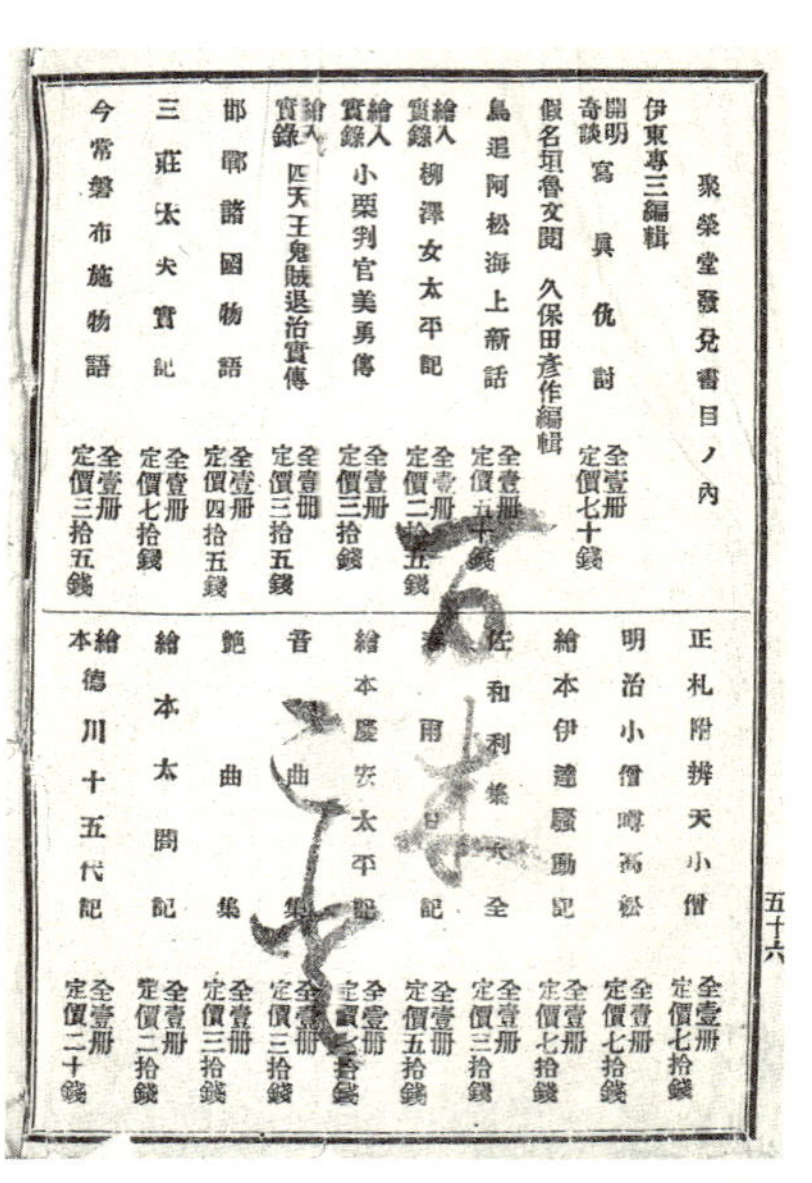

聚栄堂發兌書目ノ内

伊東専三編輯 開明奇談 寫眞仇討 全壹冊 定價七十錢
假名垣魯文閲 久保田彦作編輯 鳥追阿松海上新話 全壹冊 定價五十錢
繪入實録 柳澤女太平記 全壹冊 定價二拾五錢
繪入實録 小栗判官美勇傳 全壹冊 定價三拾錢
繪入實録 四天王鬼賊退治實傳 全壹冊 定價三拾五錢
邯鄲諸國物語 全壹冊 定價四拾五錢
三荘太夫實記 全壹冊 定價七拾錢
今常磐布施物語 全壹冊 定價三拾五錢

正札附辨天小僧 全壹冊 定價七拾錢
明治小僧噂高松 全壹冊 定價七拾錢
繪本伊達騒動記 全壹冊 定價七拾錢
佐和利集大全 全壹冊 定價三拾錢
春雨日記 全壹冊 定價五拾錢
繪本慶安太平記 全壹冊 定價[illegible]錢
音曲集 全壹冊 定價三拾錢
艶曲集 全壹冊 定價三拾錢
繪本太閤記 全壹冊 定價二拾錢
繪本德川十五代記 全壹冊 定價二十錢

五十六

図47　「聚栄堂発兌書目ノ内」（架蔵『小間物屋彦兵衛伝』）

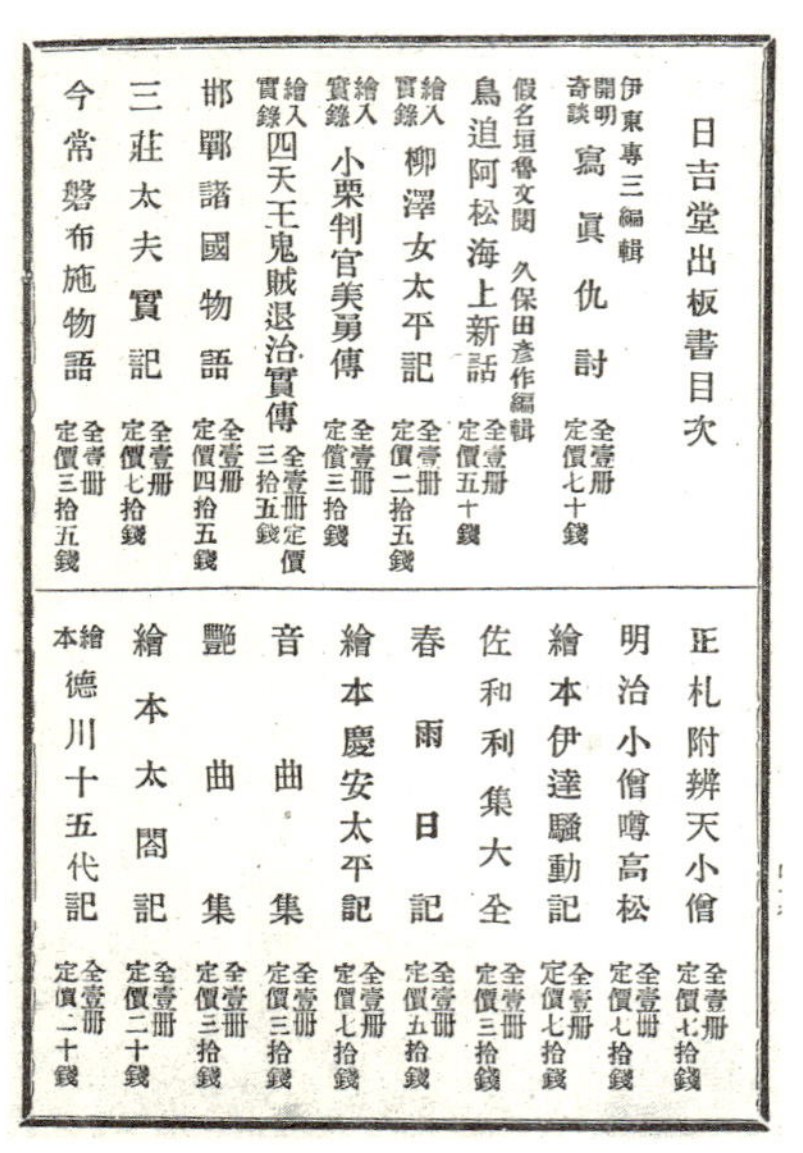

日吉堂出板書目次

伊東専三編輯 開明奇談 寫眞仇討 全壹冊 定價七十錢
假名垣魯文閲 久保田彦作編輯 鳥追阿松海上新話 全壹冊 定價五十錢
繪入實録 柳澤女太平記 全壹冊 定價二拾五錢
繪入實録 小栗判官美勇傳 全壹冊 定價三拾錢
繪入實録 四天王鬼賊退治實傳 全壹冊定價三拾五錢
邯鄲諸國物語 全壹冊 定價四拾五錢
三荘太夫實記 全壹冊 定價七拾錢
今常磐布施物語 全壹冊 定價三拾五錢

正札附辨天小僧 全壹冊 定價七拾錢
明治小僧噂高松 全壹冊 定價七拾錢
繪本伊達騒動記 全壹冊 定價七拾錢
佐和利集大全 全壹冊 定價三拾錢
春雨日記 全壹冊 定價五拾錢
繪本慶安太平記 全壹冊 定價七拾錢
音曲集 全壹冊 定價三拾錢
艶曲集 全壹冊 定價三拾錢
繪本太閤記 全壹冊 定價二十錢
繪本德川十五代記 全壹冊 定價二十錢

図48　「日吉堂出板書目次」（架蔵『春雨日記』）

届、同二十年二月出版の作者不詳『小間物屋彦兵衛伝』（出版人は菅谷与吉、発兌元は大川錠吉）に附載された蔵版目録「聚栄堂発兌書目ノ内」（図47）をあげておく。「開明奇談写真仇討」以下十七種の蔵版が謳われているが、これらは全て日吉堂菅谷与吉から求版されたものである。しかも、この「聚栄堂発兌書目ノ内」自体が、菅谷与吉による「日吉堂出板書目次」（図48）の内容をそのまま踏襲している。

このように大川屋は、自ら新たに開版するのではなく、ほかの書肆が刊行した出版物、とりわけ明治期の赤本を積極的に求版していたのである。

一方で注目すべきは、大川屋の赤本の取次としての一面である。前田愛氏は、明治十八年（一八八五）に貸本業を縮小した大川屋が「赤本の大売捌」に転身し、「売捌として雌伏数年の間に、全国的な販売網をつくり上げた」としている[13]。しかしながら、前章でも指摘したように、貸本業は明治二十七〜二十八年ごろまで続けられていたため、大川屋は貸本業を続ける傍ら、出版業に加えて「赤本の大売捌」も開始したということになる。

前述した大川屋版『百工美術画譜』初編の奥付に「各市諸県書林絵双紙店エ差出置候間御最寄ニテ御求メアランヿヲ願」（図49）とあるように、大川屋は早い段階から各地の「書林」のみならず、「絵双紙店」への流通も謳っている。まずは自身が求版・出版した出版物を「絵双紙店」にまで至るような流通に乗せるなかで、少しずつその販路を拡大させていったのであろう。そうして少しずつ拡大されていった販路を利用し、大川屋は売捌所として、ほかの書肆が刊行した出版物をも広めていくようになる。

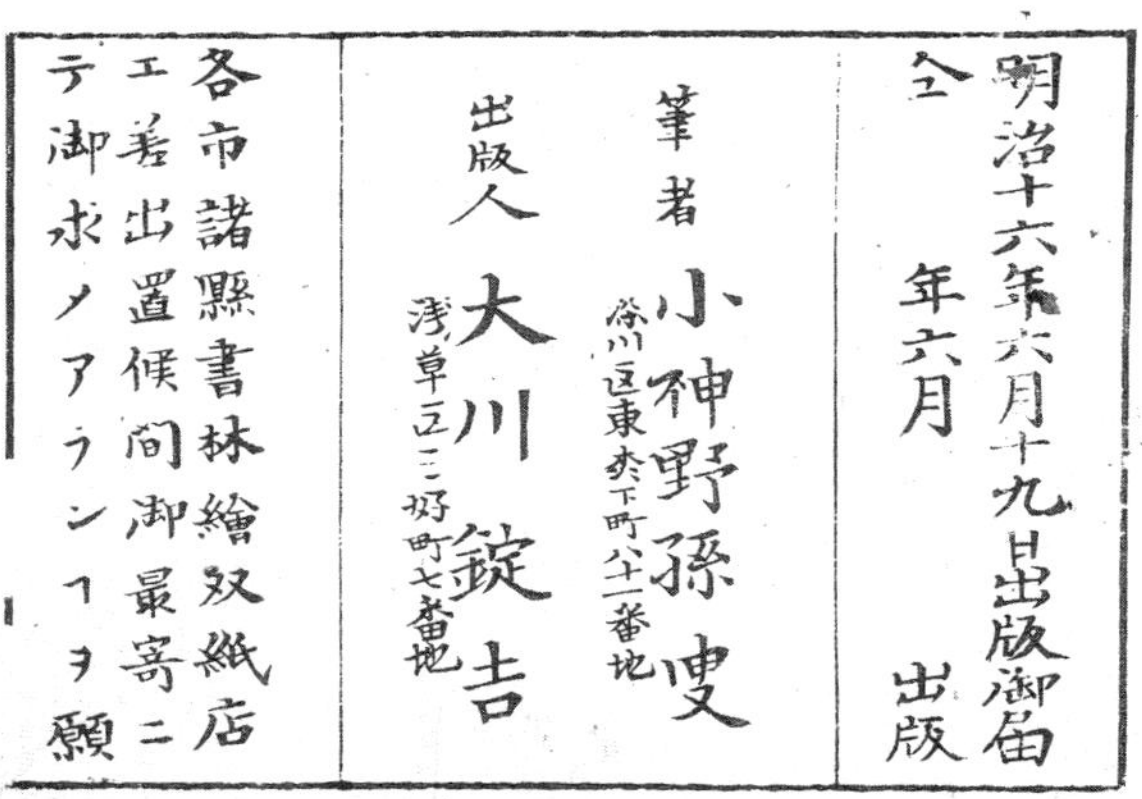

明治十六年六月十九日出版御届
仝　年六月　出版
筆者　小神野孫叟　深川区東森下町八十一番地
出版人　大川錠吉　浅草区三好町七番地
各市諸縣書林繪双紙店エ差出置候間御最寄ニテ御求メアランヿヲ願

図49　『百工美術画譜』初編の奥付（架蔵）

売捌所として大川屋の名がみえるのは、管見の限りでは明治十八年（一八八五）三月三十日御届、同年四月出版の作者不詳『慶安太平記』上下巻（嵯峨野増太郎版）が最も早い。その後、売捌所に大川屋の名前のある出版物、とりわけ赤本は格段に増加していくこととなる。貸本業こそ縮小してはいないものの、「赤本の大売捌」となるのは、やはり明治十八年ごろからのようである。

時代は下るが、大正二年（一九一三）八月二十九日発行の『東京朝日新聞』第九七三三号に掲載された「劣悪文学の流（二）青年男女を蠹毒する赤本屋跋扈」という記事に次のようにある。

▲赤本屋の一団　「桃太郎」だの「かち〳〵山」だの「文福茶釜」だの二銭か三銭の子供相手の絵双紙本を出して薄い儲けに満足して居た赤本屋と称(いは)れる社会(なかま)が、浅草を中心として下谷、神田芝三田と彼此(かれこれ)二十軒許りも市内各所に散在(ちらば)つて居るが、平

> 生普通、出版業者とは殆ど没交渉で自から別社会を形成り、浅草三好町の大川屋といふのが社会での大問屋兼親分株といふ格であるが、固より資本の富裕な者は少いので、何か一つ出版をすると印本を悉皆大川屋へ持つて行て若干かの金を借ると云つた様な事は彼等社会での慣用手段になつて居る、また通常此社会で出版した書籍は御互同志で売捌す外に矢張大川屋の手から全国各地の赤本もの取次店に送る仕組になつて居る、斯ふ云ふ事情から親分大川屋は彼等社会にはすばらしく幅を利かして居る

求版した赤本を出版・販売するなかで販路を拡大していった大川屋は、ほかの書肆が刊行した赤本をも取り次ぐことで、着実に赤本屋としての歩みを進めていった。そして、やがては「大川屋の手から全国各地の赤本もの取次店に送る仕組」を作り上げ、赤本業界の「大問屋兼親分株といふ格」と称されるほどの位置を確立するのである。

だが、明治十四年（一八八一）の段階で、当時の業界団体である東京書林組合や東京地本錦絵営業者組合へも加盟していない大川屋が、わずか数年のうちに前田氏が述べるような「全国的な販売網」を一から築き上げたとは到底思えない。全国的に広がる既存の流通網を利用したと考えるのが自然であろう。それこそが、地本・絵草紙の流れを汲む赤本の流通網だったのだと考えられる。

三、赤本の流通網と大川屋

大正八年（一九一九）七月、東京書林組合の後身にあたる東京書籍商組合の規約改正に際し、大川屋を中心とする四名の組合員は「経営上不合理の条項」として出版物の定価販売を義務づける第十条、および組合員以外との取引禁止が盛り込まれた第十三条をあげ、修正案を提出した。しかし、当時大川屋は組合の「評議員たる故」

この修正案は承認を得られなかった。そこで朝野文三郎は「内外呼応して改正案上程の席上突如起て」「反対の理由説明演説を為し」改めて修正案を提出したという。[14]

朝野は修正を求める理由として、次の二点を主張している。一つは、自らも含めた一部の業者が扱う「明治維新以前ヨリ地本ト称スル昔噺、お伽噺、歌本ノ如キ玩具ニ等シキ出版物」は極めて安価であり、かつその販路が玩具店・小間物店・雑貨店などの書籍業者以外へも開かれていること。いま一つは、俗に「並べ屋」と称される露天商とも取引をおこなうが、彼らが「規約励行ヲ妨害スル因」となることである。結果として朝野による修正案は認められ、「地本ト称スル玩具ニ等シキ印刷物」は第十条および第十三条の例外とされる条目が加わり、全六十六条となった規約が大正八年十二月一日から施行された。[15]

さて、「明治維新以前ヨリ地本ト称スル昔噺、お伽噺、歌本ノ如キ玩具ニ等シキ出版物」、また「地本ト称スル玩具ニ等シキ印刷物」は明治期の赤本を指している。したがって、その価格の安さや玩具店・小間物店・雑貨店・露天商など書籍業者以外への流通などは、そのまま赤本の特徴としても指摘し得る。そして、これらの特徴は旧来の地本が持つ特徴と重なる部分が大きい。

地本とその流通については、鈴木俊幸氏の研究に詳しい。[16] 鈴木氏によれば、十九世紀以降、錦絵を筆頭に地本は江戸市中のみならず、近郊の都市や上方に流通拠点を形成し、その流通網を拡大していく。幕末に近づくにつれて、次第に全国的な展開をみせるようになる地本の流通は、流通拠点ともなっていた各地の草紙屋や絵草紙屋によって支えられていたが、小間物屋などが地本類を取り扱うことも少なくなかったという。氏はその理由として、地本をはじめとする草紙類が安価で仕入れのリスクが低く、小規模な営業をおこなう者でも、ほかの商品とともに扱いやすかったことをあげている。こういった地本が持つ価格の安さや書籍業者以外への流通、そして絵草紙屋などへ向けられた全国的な流通網は、赤本へも受け継がれていると考えられる。

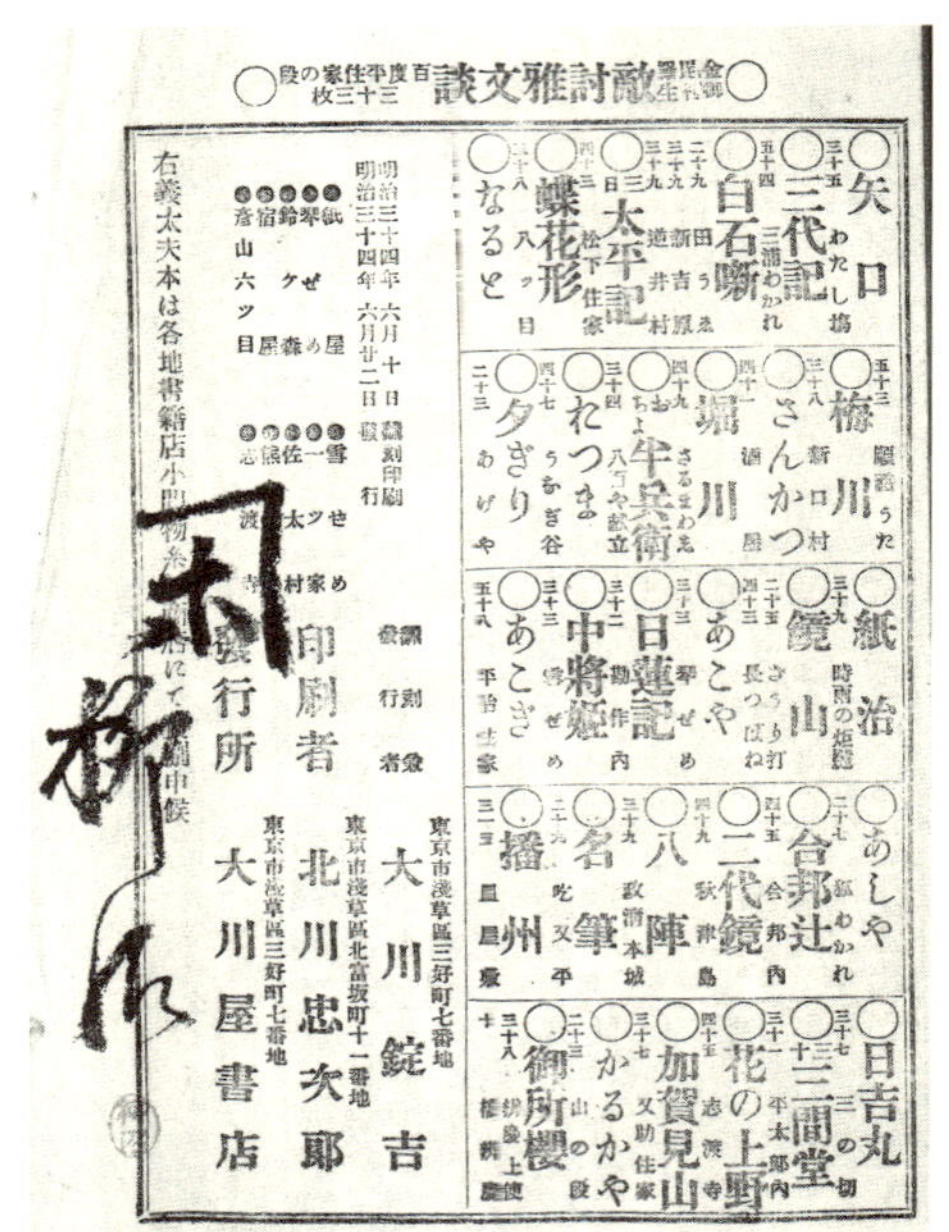

図50　『艶容女舞衣』の奥付（架蔵）

絵本出版で知られる金井信生堂の金井英一氏は、その安さゆえ「普通の取次」では赤本を扱ってもらえず、「赤本屋仲間」が持っていた「別の流通機構」を介して流通させていたと述べている。また、赤本が買い切りであり、玩具屋や雑貨屋などへ大部数の赤本を束にして卸していたとも述べている。(17)「別の流通機構」というのは、おそらく地本で築き上げられた絵草紙屋のみならず、ほかの業種へも開かれた全国的な流通網を指していよう。価格の安さも含めて、地本の特徴は赤本へ継承されているのである。

明治十六年（一八八三）刊『百工美術画譜』初編の奥付で「絵双紙店」への流通が謳われていたように、大川屋は早くから地本、ひいては赤本の流通網へ出版物を乗せている。誠文堂新光社の小川菊松氏による「大川屋は全国の貸本屋や絵草子屋等が華客で」(18)という言も、そうした流通の片鱗を窺わせる。また、こちらも求版と思しい明治三十四年（一九〇一）六月日翻刻印刷、同年六月二十二日発行の義太夫本『艶容女舞衣』の奥付に、「右義太夫本は各地書籍店小間物糸紙商店にて売捌申候」（図50）とあるように、大川屋は「書籍店」に加えて「小間物糸紙商店」などの書籍業以外へも実際に出版物を流通させている。大川屋が「赤本の大売捌」となり、全国的な流通網を築き上げた背景には、やはり地本の流れを汲む赤本の流通網があったとみてよいだろう。

先にあげた小川菊松氏の「全国の貸本屋や絵草子屋等が華客で」という言からは、大川屋の貸本問屋として

図51　万里商店の引札（架蔵）

の一面も仄見える。『北隆館五十年を語る』に収められた匿名による座談会「書籍販売の今昔」では、「大川屋さんの如き貸本屋を相手にした卸店[19]」と大川屋を例にあげ、当時「地本屋」とも呼ばれていた赤本屋が、貸本屋への流通網をも持っていた存在として語られている。

ここで注目したいのが、明治・大正期の貸本業が必ずしも専業ではなく、別の業種との兼業でおこなわれることが少なくなかった点である。それは、引札や貸本屋旧蔵書にみられる摺物・貸本印などから窺い知ることができる。図51は徳島県板野郡宮島で営業していた万里商店の引札である。同商店では油・小間物・化粧品の小売とともに貸本業がおこなわれている。また、架蔵する明治三十五年（一九〇二）十二月二十日印刷、同三十六年一月一日発行の山田美妙著『小説漁隊の遠征』（青木嵩山堂版）や、同じく架蔵する明治四十年（一九〇七）六月十七日印刷、同年六月二十二日発行の神田伯龍講演『川村兄弟宇都宮の仇討』（博多成象堂版）、明治四十五年（一九一二）二月二十日三十版印刷、同年二月二十

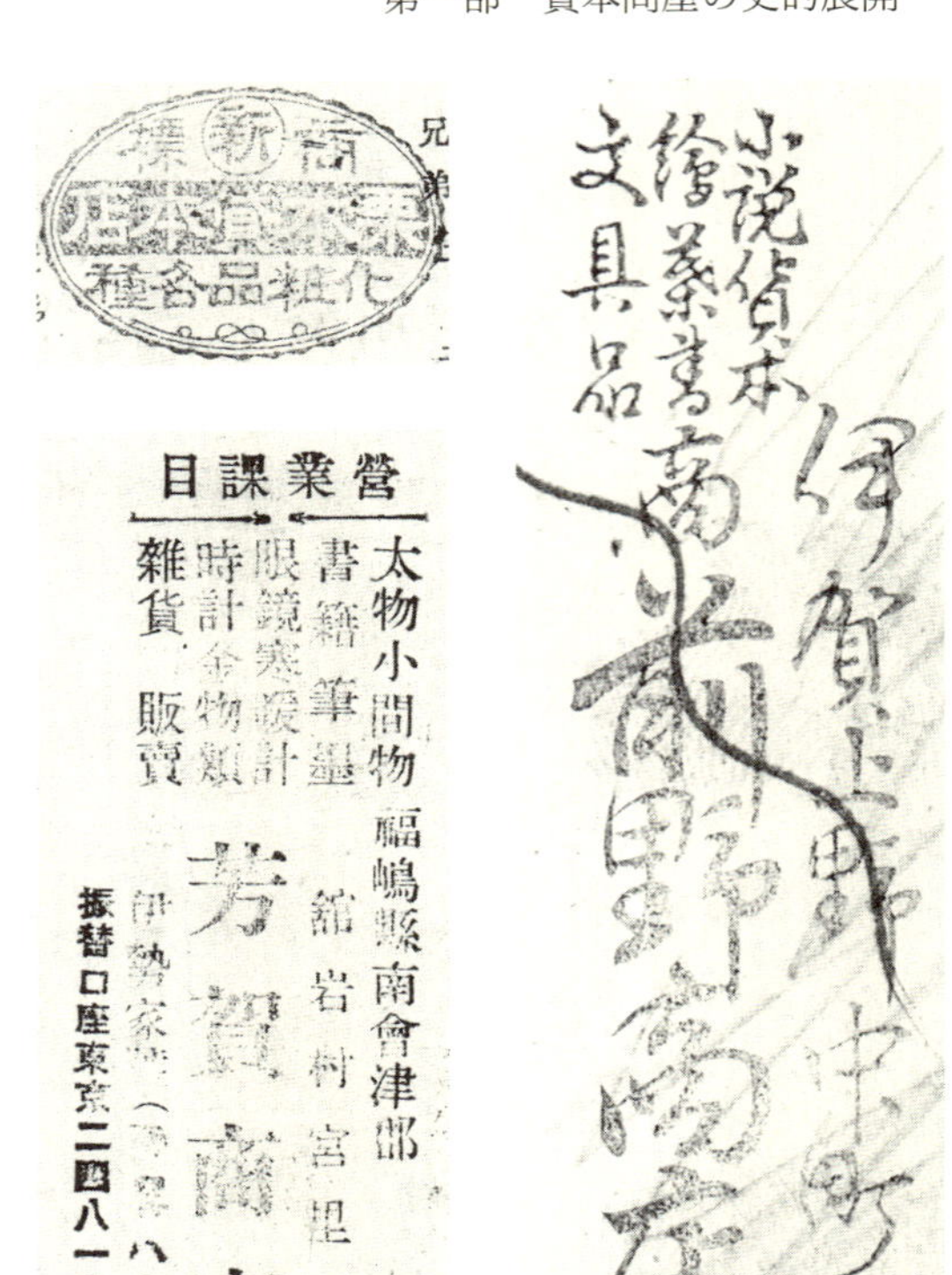

図52（右）『小説漁隊の遠征』（架蔵）に捺された貸本印
図53（左上）『川村兄弟宇都宮の仇討』（架蔵）に捺された貸本印
図54（左下）『天下豪傑後藤又兵衛』（架蔵）に捺された貸本印

四日三十版発行の春桜亭小三講演『天下豪傑後藤又兵衛』（大川屋書店版）にそれぞれ押捺された貸本印（図52・図53・図54）からも、絵葉書・文房具・化粧品・太物・小間物・雑貨、時には眼鏡等の商いとともに、貸本業がおこなわれていることがわかる。

　こうした貸本業の兼業は、石井研堂著『独立自営営業開始案内』第二編（博文館、大正二年〈一九一三〉）をはじめとする職業案内本でも推奨されている。[20] たとえば、『独立自営営業開始案内』第二編では、書物商のほか、煙草商・文具商・小間物商などを例にあげ、貸本業との兼業を推奨している。

　講談本の版元として知られる大阪の赤本屋、樋口隆文館は「貸本屋専門の卸し売り」をおこなっており、「農家の副業とか、田舎のよろず屋さん」のうち「貸本を扱っていたとこ」へも卸していたという。[21] 農家のような例外はみられるものの、貸本業を兼業する業種は、先にみた赤本の流通網と重なっている。とはいえ、書籍業者以外へも開かれた赤本の流通網が、こうした貸本業の兼業を促したわけではない。しかしながら、明治・大正期の貸本文化が赤本、そしてその流通網に支えられていたことは指摘できよう。
以上のように、大川屋は地本から受け継がれた絵草紙屋はもとより、小間物屋をはじめとする書籍業者以外へも開かれた全国的な流通網を利用して出版物を流通させていた。赤本屋、そして貸本問屋としての大川屋は、赤本の流通網によって支えられていたのである。

おわりに

大川屋は、明治十九年（一八九六）に設立された東京地本彫画営業組合の評議員を明治二十五年（一八九二）から同三十一年（一八九八）まで勤めた後、翌明治三十二年（一八九九）からは頭取に就任している[22]。赤本の流通網をもとに、赤本屋、そして貸本問屋として発展した大川屋は、やがて業界内の重鎮へとなっていく。

注

（1）宮本大人「湯浅春江堂と榎本法令館――近代における東西「赤本」業者素描」（『日本出版史料――制度・実態・人』第五巻、日本エディタースクール出版部、二〇〇〇年三月）および同「近代における出版・流通と絵本・絵雑誌」（『はじめて学ぶ日本の絵本史Ⅰ　絵入本から画帖・絵ばなしまで』ミネルヴァ書房、二〇〇一年所収）。

（2）柴野京子「赤本の近代」（『書棚と平台　出版流通というメディア』弘文堂、二〇〇九年所収。初出は二〇〇七年）八八～八九頁。

（3）志田義秀・佐伯常麿編『日本類語大辞典』（晴光館、一九〇九年）では「絵双紙をうる」本屋として、「ゑざうしや（絵草紙屋）。ゑざうしみせ（絵双紙店）。ゑざうしてん（絵双紙店）。あかほんや（赤本屋）。くさざうしみせ（草草紙店）。くさざうしや（草草紙屋）」をあげている。このように「赤本屋」は絵草紙屋の別称としても用いられていたのだが、本章では赤本を出版・取次する業者を特に「赤本屋」と称す。

（4）「豆合巻」という呼称、またその制作・出版・流通については鈴木俊幸「豆合巻小考」（『江戸文学』第三十五号、ぺりかん社、二〇〇六年十一月）に詳しい。また加藤康子氏は『幕末・明治　豆本集成』（国書刊行会、二〇〇四年）において、五十点の豆合巻を紹介するとともに、約三五〇点に及ぶ幕末・明治期に刊行された豆合巻のリストを作成している。

（5）加藤康子氏は「幕末・明治の豆本」（『幕末・明治　豆本集成』国書刊行会、二〇〇四年所収）において、「子どもの本である赤本を意識し、豆本をそれに重ねて捉えていたことが推測される」（三七六頁）と述べている。

（6）橋本求著『日本出版販売史』（講談社、一九六四年）一〇八頁。

（7）岩出貞夫編『東京堂の八十五年』（東京堂、一九七六年）二〇頁。

（8）鈴木俊幸「豆合巻小考」（『江戸文学』第三十五号、ぺりかん社、二〇〇六年十一月）。

（9）鈴木俊幸氏は「浮世絵の流通回路」（同編『出版文化のなかの浮世絵』勉誠出版、二〇一七年所収）において、「地本は浮世絵だけではなく、草双紙や往来物、また唄や浄瑠璃、芝居の冊子など、地本問屋で制作されるものがすべて含まれる」（一一六頁）と述べている。

（10）鈴木俊幸著『絵草紙屋　江戸の浮世絵ショップ』（平凡社、二〇一〇年）二五三〜二五四頁。

（11）橋本求著『日本出版販売史』（講談社、一九六四年）一〇七頁。

（12）前田愛「明治初期戯作出版の動向——近世出版機構の解体」（『前田愛著作集　第二巻　近代読者の成立』筑摩書房、一九八九年所収。初出は一九六三〜一九六四年）七一〜七二頁。

（13）注（12）前掲論文七一頁。

（14）朝野蝸牛著『江戸絵から書物まで』（朝野文三郎、一九三四年）四五頁。

（15）東京書籍商組合編『東京書籍商組合史』（東京書籍商組合事務所、一九二七年）二三〇頁。

（16）鈴木俊幸「江戸の文化発信——草紙類の広域的流通をめぐって」（『国文学解釈と鑑賞』第六十八巻十二号、至文堂、二〇〇三年十二月)、同著『絵草紙屋　江戸の浮世絵ショップ』(平凡社、二〇一〇年)、同「浮世絵の流通回路」(同編『出版文化のなかの浮世絵』勉誠出版、二〇一七年所収)など。

(17)「金井信生堂の絵本　元経営者・金井英一氏の語る」(上笙一郎編『聞き書・日本児童文学』太平出版社、一九七四年所収)二二五頁。

(18)小川菊松著『出版興亡五十年』(誠文堂新光社、一九五三年)一八四頁。

(19)『北隆館五十年を語る』(北隆館、一九四〇年)三七六頁。

(20)出版史料としての職業案内本の有用性については、磯部敦「職業案内本の〈近代〉、あるいは時代閉塞の現状について」(『幕末明治移行期の思想と文化』勉誠出版、二〇一六年所収)に詳しい。

(21)「樋口隆文館聞き書き」(三代目旭堂小南陵著『明治期大阪の演芸速記本基礎研究』たる出版、一九九四年)九一頁。

(22)東京書籍商組合編『東京書籍商組合史及組合員概歴』(東京書籍商組合、一九一二年)一一二頁。

第二部　貸本問屋の出版書目

第一章　丁子屋平兵衛出版書目年表稿

附　「書林文溪堂蔵販目録」「東都書林文溪堂蔵販中形絵入よみ本之部目録」

丁子屋平兵衛は、江戸（東京）の書肆。堂号は文溪堂。書物問屋・地本草紙問屋を兼ねる。姓は岡田。明治以降は大溪（大谷）姓を名乗る。

初代平兵衛は安永五年（一七七六）生まれ。その出自や経歴は不明だが、当初は貸本業を営んでいたものと考えられ、文化五年（一八〇八）には、七十四名の貸本屋を有する本町組の貸本屋世話役となっている（『画入読本外題作者画工書肆名目集』）。文化五年の熟睡亭主人作『復讐古実独揺新語』以降、文化年間には七点の書籍を刊行するものの、まだこの時期は貸本業および貸本屋世話役としての業務が中心だったようである。所在地は小伝馬町三丁目。本格的に出版活動を開始していくのは、文政四年（一八二一）の十返舎一九作『清談峰初花』後編（植村藤右衛門・秋田屋太右衛門・菱屋金兵衛・鶴屋金助との相版）から。以後、読本・滑稽本・人情本をはじめとする貸本向けの書籍を多数刊行し、版元また貸本問屋としての丁子屋の基礎を築く。文政十一年（一八二八）七月七日没。

二代目平兵衛は、初代の養子であった佐兵衛（左兵衛）。江戸の書肆若林清兵衛のもとで奉公した後、文化十三年（一八一六）までの間に養子となり、初代が亡くなった後に二代目平兵衛となる。実兄である書肆大坂屋半蔵を介して曲亭馬琴との距離を縮め、大坂屋亡き後は馬琴の著作を多く刊行していく。本章に附録した「書林文溪堂蔵販目録」および「東都書林文溪堂蔵販中形絵入よみ本之部目録」には、計七十三の書籍が掲載されている。天保の改革に際して処罰を受け、大きな損害を被る。天保十三年（一八四二）六月、『江戸繁昌記』が取り締まられた後、翌十四年に大伝馬町二丁目へと転居する。その後も活動を続けるが、没年については未詳。

三代目平兵衛は、二代目の実子である平吉。嘉永三年（一八五〇）までには代替わりし、三代目平兵衛となっている（『くまなき影』）。書物問屋仲間の行事のほか、「添年行司」といった役職についていたようである。[(1)] 没年は未詳。

丁子屋がいつまで営業を続けていたのかは不明なものの、最後の出版物は、明治十四年（一八八一）の『暁斎鈍画』初編（朝野文三郎との相版）。おそらく、このころには廃業したのではないかと考えられる。

注

（1）　藤實久美子「翻刻「書林書留」（慶應義塾大学図書館所蔵）」（『官版日誌類に関する史料学の構築および戊辰戦争期の情報と地域に関する学際的研究』研究成果報告、二〇一九年四月版）。

凡例

一、文渓堂丁子屋平兵衛が出版に携わった書籍のうち、現段階で確認できたものを年代順に記載した。

一、丁子屋が求版した書籍についても、その年代の明らかなものは記載した。

一、書名ごとに立項し、判型・員数・分類に加え、書誌事項を次の項目に従って示した。

【著編者】…著者・編者・校閲者等を通行の名に改めて示した。

【序年・序者】…序文の記された年・序文を記した人物を示した。また、序文が複数ある場合は、①・②・③とそれぞれ項目を設けた。

【跋年・跋者】…跋文の記された年・跋文を記した人物を示した。

【画工】…通行の名に改めた画工名を示した。

【筆耕】…通行の名に改めた筆耕名を示した。

【奥付等】…刊記・奥付を抜粋した。刊記・奥付を確認できていない場合は「未見」とした。

【備考】…特記すべき事項を示した。

一、【序年・序者】【跋年・跋者】【画工】【筆耕】【備考】の項目は、該当する書誌事項がない場合は省略した。

一、明治以降は基本的に分類の項を省略した。

文化五年（一八〇八）戊辰

復讐古実独揺新語　半紙本五巻六冊　読本

【著編者】熟睡亭主人（編）忍持摺（校）【序年・序者】文化四・熟睡亭主人【跋年・跋者】文化四・忍持摺【画工】栄松斎長喜【筆耕】不詳【奥付等】「文化四年丁卯五月稿成／仝五年戊辰正月発兌／浪花　心斎橋筋　河内屋太助／馬喰町三丁目　若林清兵衛梓／小伝馬町三丁目　丁子屋平兵衛梓」【備考】見返しに「逍遥堂／文渓堂梓」とある。彫師は「一二ノ巻　沖重左衛門／三ノ巻　中村吉左衛門／四ノ巻　木村嘉兵衛／五ノ巻上下　小泉新八」。

文化七年（一八一〇）庚午

月霄鄙物語　前編　半紙本四巻五冊　読本

【著編者】四方歌垣【序年・序者】四方歌垣【画工】柳々居辰斎【筆耕】石原駒知道【奥付等】「文化七庚午年孟春発兌／書肆　大坂心斎橋筋唐物町　河内屋太助／江戸馬喰町三丁目　若林清兵衛／同小伝馬町三丁目　和泉屋重右衛門／同所　丁子屋平兵衛梓」【備考】彫工は

田代吉五郎。下巻末に「四方歌垣主人著述読本目録」がある。上巻見返しには「文渓堂梓」とある。

文化九年（一八一二）壬申

観音利生天縁奇遇　半紙本三巻三冊　読本
【著編者】神屋蓬洲【序年・序者】①文化九・藿月野人②文化九・神屋蓬洲【画工】神屋蓬洲【筆耕】不詳【奥付等】「文化九壬申年孟春発兌／書肆　大坂心斎橋筋唐物町　河内屋太助／江戸十軒店　西村源六／同大伝馬町二丁目　前川弥兵衛／同小伝馬町三丁目　武蔵屋直七／同所　丁子屋平兵衛」

討はいたさぬ金がかたき世の中貧福論　前編　中本三巻三冊　滑稽本
【著編者】十返舎一九【序年・序者】文化九・十返舎一九【跋年・跋者】十返舎一九【画工】十返舎一九【筆耕】不詳【奥付等】「文化九年壬申春正月発版／東都書林　麹町平川町二丁目　角丸屋甚助／小伝馬町三丁目　丁子屋平兵衛／日本橋檜物町　大橋文蔵」

成田道中黄金の駒　中本一巻二冊　滑稽本
【著編者】赤須賀米【序年・序者】文化九・赤須賀米【画工】葛飾北岱【筆耕】武しゆん【奥付等】「文化九年壬申春正月吉辰発販／東都書肆　西村源六／西村与八／丁子屋平兵衛／大島屋惣兵衛／中村幸蔵」

文化十一年（一八一四）甲戌

四季日待春廿三夜待　中本三巻三冊　滑稽本
【著編者】岡山鳥【序年・序者】文化九・岡山鳥【画工】歌川国貞・歌川国繁【筆耕】不詳【奥付等】「文化十一甲戌春発行／江戸書林　馬喰町二丁目　西村与八／小伝馬町三丁目　丁子屋平兵衛／神田通鍋町　柏屋半蔵」

文政四年（一八二一）辛巳

清談峰初花　後編　中本三巻三冊　人情本
【著編者】十返舎一九【序年・序者】文政四・十返舎一九【画工】不詳【筆耕】不詳【奥付等】「書林　京都堀川通　植村藤右衛門／大坂安堂寺町　秋田屋太右衛門／名古屋永安寺町　菱屋金兵衛／江戸小伝馬町　丁子屋平兵衛／同人形町通　鶴屋金助」

文政五年（一八二二）壬午

木曽義仲鼎臣録　初編　半紙本五巻五冊　読本
【著編者】瀬川如皐【序年・序者】①文政五・散木居士②文政五・瀬川如皐【画工】渓斎英泉【筆耕】藍庭晋

米・田中正造・千形道友【奥付等】「文政壬午陽旦発行同志東都書房　馬喰町　永寿堂　西村屋与八／乗物町双鶴堂　鶴屋金助／通油町　仙鶴堂　鶴屋喜右衛門／日本橋　文魁堂　大坂屋茂吉／長者町　連玉堂　加賀屋源助／弥左衛門町　文永堂　大島屋伝右衛門／新泉町　文亀堂　伊賀屋勘右衛門／松坂町　平林堂　平林庄五郎／小伝馬町　文渓堂　丁子屋平兵衛／（中略）／文政五年壬午閏正月発鬻　江戸書房　青林堂　越前屋長次郎」

太田道灌雄飛録　半紙本六巻六冊　読本

【著編者】木村忠貞【序年・序者】大田南畝【跋年・跋者】石川雅望【画工】北尾美丸・勝川春亭【筆耕】不詳【奥付等】「文政三年庚辰秋八月脱稿鐫梓／江戸　希言子　木村忠貞著編／仝　画工　北尾美丸／勝川春亭／仝　画図彫匠　加藤利助／仝五年壬午孟春発鬻／大坂書林　心斎橋筋唐物町　河内屋太助／尾陽書林　名護屋本町　永楽屋東四郎／江戸書林　小伝馬町三丁目　蔦屋重三郎／仝　同町　丁子屋平兵衛／仝　深川森下町　榎本平吉／仝　人形町通乗物町　鶴屋金助」

世の中貧福論 後編　中本三巻三冊　滑稽本

【著編者】十返舎一九【序年・序者】文政五・十返舎一九【画工】竜斎正澄【筆耕】不詳【奥付等】「文政五年壬午春正月発版／書林　江戸糀町平川町二丁目　角丸屋甚助／仝小伝馬町三丁目　丁子屋平兵衛／仝人形町　鶴屋金助／仝檜物町　大橋文蔵」【備考】見返しには「文昌堂梓」とある。

文政六年（一八二三）癸未

相馬将門総猨僣語　半紙本五巻五冊　読本

【著編者】瀬川如皐【序年・序者】文政五・為一陳人【画工】渓斎英泉【筆耕】滝野音成・千形道友・田中正道【奥付等】「文政六稔癸未春正月発兌／新春喜慶大吉利市／東都書肆　耕書堂　蔦屋重三郎／青林堂　越前屋長次郎／木蘭堂　榎本平吉／双鶴堂　鶴屋金助／文渓堂　丁子屋平兵衛／平川館　伊勢屋忠右衛門／文永堂　大島屋伝右衛門／永寿堂　西村屋与八郎」【備考】奥付の「文政六稔」を「文政七稔」とするものもある。

滑稽和合人 初編　中本三巻三冊　滑稽本

【著編者】滝亭鯉丈【序年・序者】渓斎英泉【画工】渓斎英泉【筆耕】不詳【奥付等】「文政六癸未年正月吉日発行／人形町乗物町　双鶴堂　鶴屋金助／橘町二丁目　青林堂　越前屋長次郎／馬喰町二丁目　永寿堂　西村屋与八郎／小伝馬町三丁目　耕書堂　蔦屋重三郎／京橋弥

左衛門町　文永堂　大島屋伝右ェ門／小伝馬町三丁目文渓堂　丁子屋平兵衛」【備考】上巻に「諸先生著編文渓堂開版目録」を備える。

秘事末解 工夫痴会話　中本二巻二冊　滑稽本

【著編者】玉虹楼一泉【序年・序者】花笠文京【跋年・跋者】玉虹楼一泉【画工】渓斎英泉【筆耕】不詳【奥付等】「文政六年未春正月吉辰梓行／東都書賈　丁子屋平兵衛／つる屋金助／加賀屋利助／小島屋藤七／遠州屋治助／丁子屋藤助」【備考】見返しに「青林堂梓」とある。

明烏後正夢　三編　中本三巻三冊　人情本

【著編者】南仙笑楚満人・滝亭鯉丈【序年・序者】瀬川路考【画工】渓斎英泉【筆耕】不詳【奥付等】「文政六年未正月発行／西村屋与八／鶴屋金助／大坂屋茂吉／丁子屋平兵衛／越前屋長次郎」

文政七年（一八二四）甲申

廿三夜後編 如月稲荷祭　中本三巻三冊　滑稽本

【著編者】岡山鳥【序年・序者】文政七・神田豈山人【画工】渓斎英泉【筆耕】浜山考【奥付等】「文政七甲申歳／江戸書肆　馬喰町二丁目　西村屋与八／人形町通乗物町　鶴屋金助／小伝馬町三丁目　丁子屋平兵衛／深川六間堀町　堺屋国蔵」

お花半七赤縄奇縁 勧善松の月　中本三巻三冊　人情本

【著編者】亀友山人（稿本）駅亭駒人（閲序）【序年・序者】文政六・駅亭駒人【画工】渓斎英泉【筆耕】不詳【奥付等】「文政七甲申陽春新板／書林　江戸小伝馬町三丁目　丁子屋平兵衛／同町　鶴屋平蔵／大坂心斎橋博労町　伊丹屋善兵衛／江戸人形町通乗物町　鶴屋金助」

文政八年（一八二五）乙酉

忠孝比玉伝　半紙本六巻六冊　読本

【著編者】岡野養拙庵（戯作）南仙笑楚満人（校訂）【序年・序者】①文政八・四方歌垣②文政八・岡野養拙庵【跋文】南仙笑楚満人【画工】渓斎英泉【筆耕】滝野音成【奥付等】「文政八捻乙酉孟春／精工佳紙善本六巻／書房　京都　伏見屋半三郎／大坂　河内屋茂兵衛／江戸　大坂屋茂吉／仝　蔦屋重三郎／仝　丁子屋平兵衛」【備考】巻六巻末に『太平国恩俚談』『太田道灌雄飛録』『木曾義仲鼎臣録』初～三編の広告とともに「文政八乙西陽春／越前屋長次郎／丁子屋平兵衛／中村屋幸蔵」という奥付を有する諸本（早稲田大学図書館蔵本など）あり。

春宵美談朧月夜 後編　中本三巻三冊　人情本
【著編者】不詳【序年・序者】文政八・五息斎主人【画工】渓斎英泉【筆耕】不詳【奥付等】「乙酉の春新刻発行／東都書林　丁子屋平兵衛／西村与八／小島屋藤七／大阪屋茂吉」

寝覚繰言 初編　中本三巻三冊　人情本
【著編者】南仙笑楚満人【序年・序者】①文亭綾継②文狂亭綾丸【画工】渓斎英泉【筆耕】不詳【奥付等】「東都書店　西村屋与八／丁子屋平兵衛／越前屋長次郎」

文政九年（一八二六）丙戌

伽婢子　大本十三巻六冊　仮名草子
【著編者】浅井了意【序年・序者】①寛文六・浅井了意②寛文六・雲樵【画工】不詳【筆耕】不詳【奥付等】「文政九年丙戌正月補刻／書林　前川六左ヱ門／丁子屋平兵衛」【備考】求版本。巻十三巻末に『怪談小夜時雨』の広告あり。

梅之由兵衛物語後編梅花春水　半紙本四巻四冊　読本
【著編者】南仙笑楚満人【序年・序者】文政九・南仙笑楚満人【画工】柳川重山【筆耕】不詳【奥付等】「文政九年丙戌正月良旦上梓／江戸　馬喰町二丁目　西村屋与八／小伝馬町三丁目　丁子屋平兵衛／横山町二丁目　大坂屋半蔵板」【備考】見返しに「東都書賈　千翁軒鐫」とある。

文政十一年（一八二八）戊子

松浦佐用媛石魂録 後集　半紙本七巻七冊　読本
【著編者】曲亭馬琴【序年・序者】文政十・曲亭馬琴【画工】渓斎英泉【筆耕】谷金川・筑波仙橘【奥付等】「文政十一年戊子春正月吉日発行／大坂心斎橋筋博労町　河内屋茂兵衛／江戸小伝馬町三町目　丁子屋平兵衛／同横山町二町目　大坂屋半蔵梓」【備考】見返しに「千翁軒梓」とある。彫工は原喜智。

長者永代鑑　中本三巻三冊　人情本
【著編者】南仙笑楚満人（補綴）【序年・序者】琴通舎英賀【画工】貞斎泉晁・北雅【筆耕】不詳【奥付等】「戊子陽春／書林　馬喰町二丁目角　西村屋与八／小伝馬町三丁目　蔦屋重三郎／通油町　越前屋長次郎／小伝馬町三丁目　丁子屋平兵衛」

文政十二年（一八二九）己丑

近世説美少年録 初輯　半紙本五巻五冊　読本
【著編者】曲亭馬琴【序年・序者】文政十一・曲亭馬琴【画工】歌川国貞【筆耕】谷金川【奥付等】「文政十二年己丑春正月吉日発行／大坂心斎橋筋博労町　河内屋茂兵衛／江戸小伝馬町三町目　丁子屋平兵衛／同両国横山町二町目　大坂屋半蔵梓」【備考】彫工は朝倉伊八・原喜知。

本朝悪狐伝 前編　半紙本五巻五冊　読本
【著編者】岳亭丘山【序年・序者】文政十二・岳亭丘山【画工】英斎国景【筆耕】不詳【奥付等】「文政十二己丑年／書房　江戸小伝馬町三丁目　丁子屋平兵衛／名古屋本町六丁目　永楽屋東四郎／大阪心斎橋博労町北へ入河内屋長兵衛」

関西野乗大内多々羅軍記　半紙本六巻六冊　読本
【著編者】白頭子柳魚【序年・序者】文政十二・清狂道人【画工】柳斎重春【奥付等】「文政十二己丑年十一月発兌／書肆　江戸　丁子屋平兵衛／京都　山城屋佐兵衛／同　吉野屋仁兵衛／大坂　伏見屋嘉兵衛／同　長門屋嘉七／同　伊丹屋善兵衛」【備考】見返しに「文政己丑歳冬十二月発／浪速書房前川文栄堂梓」とある。

玉川日記 五編　中本三巻三冊　人情本
【著編者】為永春水（元稿）松亭金水（補綴）【序年・序者】①文政十二・古松花②松亭金水【画工】歌川国丸【奥付等】「江戸　西村屋与八郎／大坂　河内屋茂兵衛／江戸　丁子屋平兵衛」

松月露談拾遺の玉川　中本三巻三冊　人情本
【著編者】為永春水（作）延津賀（校合）【序年・序者】津賀女【画工】歌川国直【筆耕】松亭金水【奥付等】「江戸書林　馬喰町二丁目角　西村与八／小伝馬町三丁目　文渓堂　丁子屋平兵衛」

文政十三年・天保元年（一八三〇）庚寅

近世説美少年録 二輯　半紙本五巻五冊　読本
【著編者】曲亭馬琴【序年・序者】文政十二・曲亭馬琴【画工】魚屋北渓【筆耕】谷金川【奥付等】「文政十三年庚寅春正月吉日刊行／発販書行／大坂心斎橋筋博労町河内屋茂兵衛／江戸小伝馬町三町目　丁子屋平兵衛／同横山町二町目　大坂屋半蔵梓」【備考】見返しに「庚寅孟春嗣梓／書行　千翁軒」とある。彫工は朝倉伊八・原喜知。「著作堂編撰有像国字稗史署目」（千翁軒蔵梓）あり。

将門外伝 総猨僣語 第三輯　半紙本五巻五冊　読本

【著編者】白頭子柳魚（駅亭駒人）【序年・序者】文政十二・岳亭定岡【跋年・跋者】文政十二・白頭子柳魚【画工】岳亭定岡【筆耕】洪斎逸士【奥付等】「文政十三年寅正月発兌／書肆　皇都　伏見屋半三郎／山城屋佐兵衛／浪華　河内屋長兵衛／尾陽　美濃屋清七／東都　丁子屋平兵衛／大島屋伝右衛門／大坂屋茂吉」

中国外伝 出雲物語　半紙本五巻五冊　読本

【著編者】池田東籬（删補）紀美麿（原稿）【画工】森川保之【筆耕】不詳【奥付等】「文政十三年寅孟春／書房　東武　大島屋伝右衛門／丁子屋平兵衛／摂陽　河内屋長兵衛／河内屋茂兵衛／尾陽　永楽屋東四郎／皇都　山城屋佐兵衛」

大内興隆 十杉伝 初輯　半紙本五巻五冊　読本

【著編者】為永春水（稿）松亭金水（校正）【序年・序者】文政十二・為永春水【画工】歌川国安・歌川国芳・歌川国丸【筆耕】松亭金水【奥付等】「文政十三歳庚寅孟春新鐫発梓／書林　江戸弥左右ヱ門町　文永堂　大島屋伝右衛門／同横山町二丁目　千翁軒　大坂屋半蔵／同小伝馬町三丁目　文渓堂　丁子屋平兵衛／大坂心斎橋通博労町　群玉堂　河内屋茂兵衛」

南総里見八犬伝 七輯下帙　半紙本三巻三冊　読本

【著編者】曲亭馬琴【序年・序者】文政十・曲亭馬琴【画工】渓斎英泉・柳川重信【筆耕】筑波仙橘・谷金川【奥付等】「文政十三年庚寅正月吉日発行／書林　江戸小伝馬町三丁目　丁子屋平兵衛／書林　江戸数寄屋橋御門通リ加賀町　美濃屋甚三郎梓」【備考】見返しに「湧泉堂梓」とある。巻七巻末に「著作堂新旧国字綉像小説湧泉堂蔵版略目」あり。

本朝悪狐伝 後編　半紙本五巻五冊　読本

【著編者】岳亭丘山【序年・序者】文政十二・白頭子柳魚【画工】英斎国景【筆耕】不詳【奥付等】「文政十三寅孟春／書肆　名古屋　永楽屋東四郎／江戸　丁子屋平兵衛／大阪　河内屋長兵衛」

天保二年（一八三一）辛卯

大内興隆 十杉伝 二輯　半紙本五巻五冊　読本

【著編者】為永春水【序年・序者】文亭綾継【画工】渓斎英泉・歌川国芳【筆耕】松亭金水【奥付等】「天保二年陽春発版／仝志書林　江戸　文永堂　大島屋伝右衛門／大坂　群玉堂　河内屋茂兵衛／江戸　文渓堂　丁子屋

平兵衛」【備考】見返しには「文渓堂／文永堂／仝志梓」とある。「東都狂訓亭為永春水新鐫稗史目録」あり。

続々膝栗毛　初編　中本二巻二冊　滑稽本
【著編者】十返舎一九【序年・序者】天保二・十返舎一九【画工】不詳【筆耕】不詳【奥付等】「旹天保二年辛卯春発販／東都書房　小伝馬町三丁目　丁子屋平兵衛／本所松坂町二丁目　平林庄五郎／浅草黒船町　西村源六／新橋金六町　美濃屋甚三郎板」

続々膝栗毛　二編　中本二巻二冊　滑稽本
【著編者】十返舎一九【序年・序者】天保二・十返舎一九【画工】不詳【筆耕】不詳【奥付等】「天保二年辛卯春三月吉辰／東都書房　浅草黒船町　西村源六／同所　和泉屋利兵衛／馬喰町二丁目　西村与八／小伝馬町三丁目　丁子屋平兵衛／新橋金六町　美濃屋甚三郎」【備考】二又淳「『膝栗毛』の版権」（『江戸文学』第四十二号、ぺりかん社、二〇一〇年五月）を参照。

青柳草帋　中本三巻三冊　人情本
【著編者】松亭金水【序年・序者】未見【画工】葛飾北堤【筆耕】不詳【奥付等】「文政十四辛卯年孟春発市／書舗　江府小伝馬町三丁目　丁子屋平兵衛／水府　茗荷屋弥兵衛」

清談常盤色香　中本三巻三冊　人情本
【著編者】笠亭仙果【画工】不詳【筆耕】不詳【奥付等】「文政十四年卯孟春／三都書房　東武　西村与八／丁子屋平兵衛／大坂屋半蔵／尾陽　美濃屋清七／浪速　河内屋茂兵衛／河内屋長兵衛／秋田屋市五郎／皇都　山城屋佐兵衛」

天保三年（一八三二）壬辰

鴨東訛言老楼志　中本三巻三冊　洒落本
【著編者】胡蝶庵主人【序年・序者】天保二・櫟亭琴魚【画工】暁鐘成【筆耕】不詳【奥付等】「天保三壬辰陽春／書房　江戸　丁子屋平兵衛／大坂　河内屋茂兵衛／尾州　大野屋嘉兵衛／京都　石見屋九兵衛／丸屋善兵衛／山城屋佐兵衛」【備考】見返しに「文政堂寿梓」とある。

大内興隆十杉伝　三輯　半紙本五巻五冊　読本
【著編者】為永春水【序年・序者】文政十三・文亭綾継【画工】歌川国直・歌川国丸【筆耕】松亭金水【奥付等】「天保三歳壬辰孟春新鐫発梓　書林　江戸弥左ヱ門町　文永堂　大島屋伝右衛門／同横山町二丁目　千翁軒　大坂屋半蔵／同小伝馬町三丁目　文渓堂　丁子屋平兵衛／大坂心斎橋通博労町　群玉堂　河内屋茂兵衛」

近世説美少年録 三輯　半紙本五巻五冊　読本
【著編者】曲亭馬琴【序年・序者】天保二・曲亭馬琴【画工】魚屋北渓【筆耕】谷金川【奥付等】「天保三年歳次壬辰春正月吉日発行／大阪心斎橋筋博労町　河内屋茂兵衛／江戸小伝馬町三町目　丁子屋平兵衛」【備考】彫工は朝倉伊八・原喜知。「曲亭翁編述国字小説新旧略目」（文渓堂蔵梓）あり。

南総里見八犬伝 八輯上帙　半紙本四巻五冊　読本
【著編者】曲亭馬琴【序年・序者】天保三・曲亭馬琴【画工】柳川重信【筆耕】谷金川【奥付等】「天保三年歳次壬辰夏五月吉日発行／江戸書林　京橋水谷町　美濃屋甚三郎／本所松坂町二町目　平林庄五郎／小伝馬町三町目　丁子屋平兵衛板」【備考】見返しに「江戸書林文渓堂精刊」とある。彫工は浅倉伊八・横田守・桜木藤吉・原喜知。

武蔵坊弁慶異伝 前編　半紙本五巻五冊　読本
【著編者】白頭子柳魚（駅亭駒人）【序年・序者】①花笠文京②白頭子柳魚【画工】渓斎英泉【奥付等】「天保三年壬辰春正月新刻／書林　江戸小伝馬町　丁子屋平兵衛／尾州名古屋小巻町　美濃屋伊八／京都麹屋町　吉野屋仁兵衛／大阪博労町心斎橋　伊丹屋善兵衛／同所　河内屋茂兵衛」【備考】見返しに「前川文栄堂／岡田群玉堂」とあり。

大内興隆十杉伝 四輯　半紙本五巻五冊　読本
【著編者】為永春水【序年・序者】①天保二・為永春水②為永春水【画工】歌川国直【筆耕】松亭金水【奥付等】「天保三壬辰稔陽旦発行／江戸小伝馬町三丁目　文渓堂　丁子屋平兵衛／大阪心斎橋筋博労町　群玉堂　河内屋茂兵衛／江戸京橋弥左衛門町　文永堂　大島屋伝右衛門」

開巻驚奇侠客伝 初集　半紙本五巻五冊　読本
【著編者】曲亭馬琴【序年・序者】天保二・曲亭馬琴【画工】渓斎英泉【筆耕】谷金川【奥付等】「天保三年壬辰正月吉日印発／江戸小伝馬町三町目　丁子屋平兵衛／大坂心斎橋筋博労町　河内屋茂兵衛」【備考】見返しには「羣玉堂精刊」とある。彫工は朝倉伊八・原喜知・井上治兵衛。

天保四年（一八三三）　癸巳

尼子九牛七国士伝 初輯　半紙本五巻五冊　読本
【著編者】為永春水・松亭金水【序年・序者】天保四・赤山道人【画工】柳川重信【筆耕】不詳【奥付等】「天

保四癸巳季猛陽発兌／書林　大阪心斎橋筋博労町　河内屋茂兵衛／仝　河内屋長兵衛／江戸小伝馬町三丁目　丁子屋平兵衛」【備考】彫工は横田守。

開巻驚奇侠客伝 二集　半紙本五巻五冊　読本
【著編者】曲亭馬琴【序年・序者】天保三・曲亭馬琴【画工】柳川重信【筆耕】谷金川【奥付等】「天保四年癸巳正月吉日発行／書林　江戸小伝馬町三町目　丁子屋平兵衛／大阪心斎橋筋博労町　河内屋茂兵衛板」【備考】見返しには「群玉堂精刊」とある。彫工は桜木藤吉・横田守・田中三八。

南総里見八犬伝 八輯下帙　半紙本四巻五冊　読本
【著編者】曲亭馬琴【序年・序者】天保三・曲亭馬琴（附録）【画工】柳川重信【筆耕】谷金川・黒田仙橘【奥付等】「天保四年癸巳春正月吉日発行／書林　大坂　心斎橋筋博労町　河内屋長兵衛／同所同町　河内屋茂兵衛／江戸　本所松阪町二町目　平林庄五郎／小伝馬町三町目　丁子屋平兵衛板」【備考】見返しに「文渓堂印発」とある。彫工は浅倉伊八・横田守・桜木藤吉・京喜知・田中三八。

木曽義仲鼎臣録 三輯　半紙本五巻五冊　読本
【著編者】為永春水【序年・序者】天保二・文亭綾継【画工】渓斎英泉【筆耕】不詳【奥付等】「天保四癸巳年夏発兌／書林　大坂　河内屋茂兵衛／同　河内屋長兵衛／江戸　丁子屋平兵衛板」【備考】「狂訓亭主人新著目録三都書林合梓」を備える。

淀屋形金鶏新話 前編　半紙本五巻五冊　読本
【著編者】岳亭定岡【序年・序者】天保四・遠藤春足【画工】岳亭定岡【筆耕】不詳【奥付等】「天保四年巳孟春／書賈　江戸小伝馬町二丁目　丁子屋平兵衛／同南伝馬町三丁目　中村屋幸蔵／京三条富小路　近江屋治助／大阪心斎橋南久太郎町　秋田屋市五郎」

淀屋形金鶏新話 後編　半紙本五巻五冊　読本
【著編者】岳亭定岡【序年・序者】花笑林高井金守【画工】岳亭定岡【筆耕】不詳【奥付等】「天保四癸巳年十月発行／書肆　大坂心斎橋博労町　河内屋茂兵衛／江戸日本橋通壱町目　須原屋茂兵衛／同通弐町目　小林新兵衛／同小伝馬町三丁目　丁子屋平兵衛」

義仲勲功図会 前編　半紙本五巻五冊　読本
【著編者】山田案山子【序年・序者】天保三・山田案山子【画工】有阪蹄斎【筆耕】不詳【奥付等】「天保四癸巳歳孟春発行／書林　江戸　丁子屋平兵衛／同　中村屋幸蔵／京都　吉野屋仁兵衛／同　伏見屋半三郎／同　丸

屋善兵衛／尾陽　玉野屋新右衛門／泉州堺　住吉屋弥三郎／大坂　河内屋喜兵衛／同　河内屋長兵衛」【備考】見返しに「京摂書林　積玉圃／宝珠軒」とある。

綿圃要務　半紙本二巻二冊　農業
【著編者】大蔵永常【序年・序者】天保四・石田醒斎【画工】暁鐘成・長谷川雪堤【筆耕】不詳【奥付等】「天保四癸巳年十月発行／書肆　大坂心斎橋博労町　河内屋長兵衛／江戸日本橋通壹町目　須原屋茂兵衛／同通弐町目　小林新兵衛／同小伝馬町三丁目　丁子屋平兵衛」

天保五年（一八三四）甲午

開巻驚奇侠客伝　三集　半紙本五巻五冊　読本
【著編者】曲亭馬琴【序年・序者】天保四・曲亭馬琴【画工】歌川国貞【筆耕】谷金川【奥付等】「天保五年甲午春正月吉日発行／書林　江戸小伝馬町三町目　丁子屋平兵衛／大阪心斎橋筋博労町　河内屋茂兵衛板」【備考】見返しには「群玉堂精刊」とある。彫工は朝倉伊八・桜木藤吉。

復仇越女伝　前編　半紙本五巻五冊　読本
【著編者】柳川春種【序年・序者】天保三・柳川春種【画工】柳斎重春【筆耕】不詳【奥付等】「天保五甲午初春発兌／書肆　大坂　河内屋茂兵衛／河内屋長兵衛／勝尾屋六兵衛／江戸　前川弥兵衛／角丸屋甚助／英大助／丁子屋平兵衛」

復仇越女伝　後編　半紙本五巻五冊　読本
【著編者】柳川春種【序年・序者】天保三・黙々山人【画工】柳斎重春【筆耕】不詳【奥付等】未見【備考】見返しに「書林　石倉堂／文渓堂」とある。

絵本和田軍記　前編　半紙本六巻六冊　読本
【著編者】速水春暁斎（遺稿）山田案山子（校合）【序年・序者】山田案山子【画工】柳斎重春【筆耕】不詳【奥付等】「天保五年甲午正月発兌／書房　東武　丁子屋平兵衛／尾陽　大野屋惣八／浪華　河内屋長兵衛／堺　住吉屋弥三郎／皇都　近江屋治助／同　山城屋佐兵衛」

絵本和田軍記　後編　半紙本六巻六冊　読本
【著編者】速水春暁斎（遺稿）山田案山子（校合）【序年・序者】山田案山子【画工】柳斎重春【筆耕】不詳【奥付等】「天保五年甲午正月発兌／書房　東武　丁子屋平兵衛／尾陽　大野屋惣八／浪華　河内屋長兵衛／堺　住吉屋弥三郎／皇都　近江屋治助／同　山城屋佐兵衛」

嵐峡花月奇譚　後編　半紙本五巻五冊　読本
【著編者】瀬川恒成（作）関亭京鶴（校）【序年・序者】

関亭京鶴【画工】菱川清春【筆耕】不詳【奥付等】「天保五年初春発販／書林　江戸小伝馬町三丁目　丁子屋平兵衛／同南伝馬町三丁目　中村屋幸蔵／尾州名古屋樽屋町巾下　玉野屋新右ェ門／京都三条通富小路　近江屋治助／同寺町通錦小路　伏見屋半三郎／大坂心斎橋筋南久太良町　秋田屋市五郎」

虚南留別志　半紙本二巻二冊　滑稽本
【著編者】木屑庵成貨【序年・序者】①覚蓮房②天保五・木屑庵成貨【筆耕】愛花道人（序）【奥付等】「天保五甲午仲夏発行／東都書林　小伝馬町三丁目　丁子屋平兵衛／両国吉川町　山田佐助／馬食町三丁目　宮屋源兵衛」【備考】見返しに「天保甲午孟秋鐫」「東都　向栄堂蔵」とある。

娘消息二編　中本三巻三冊　人情本
【著編者】三文舎自楽【序年・序者】三文舎自楽【画工】柳川重信【筆耕】不詳【奥付等】「維時天保五甲午年孟陽発販／書房　大阪　河内屋長兵衛／江戸　丁子屋平兵衛」

さとのいろ花物がたり前編　中本三巻三冊　人情本
【著編者】鼻山人【序年・序者】天保四・鼻山人【画工】不詳【筆耕】不詳【奥付等】「天保五甲午年初春発兌／書肆　大坂　河内屋茂兵衛／河内屋長兵衛／勝尾屋六兵衛／江戸　前川弥兵衛／角丸屋甚助／英大助／丁子屋平兵衛」

さとのいろ花物がたり後編　中本三巻三冊　人情本
【著編者】鼻山人【序年・序者】天保四・鼻山人【画工】不詳【筆耕】不詳【奥付等】「天保五甲午年初春発兌／書肆　大坂　河内屋茂兵衛／河内屋長兵衛／勝尾屋六兵衛／江戸　前川弥兵衛／角丸屋甚助／英大助／丁子屋平兵衛」

天保六年（一八三五）乙未

南総里見八犬伝　九輯上函　半紙本六巻六冊　読本
【著編者】曲亭馬琴【序年・序者】天保五・曲亭馬琴【画工】二世柳川重信【筆耕】谷金川【奥付等】「天保六年乙未春正月黄道大吉日発販／書林　大阪　心斎橋筋博労町　河内屋長兵衛／同所　河内屋茂兵衛／江戸　小伝馬町三町目　丁子屋平兵衛板」【備考】見返しに「文渓堂精刊」とある。巻六巻末に「著作堂編演国字稗史新旧略目」あり。彫工は朝倉伊八・横田守・桜木藤吉。

開巻驚奇侠客伝　四集　半紙本五巻五冊　読本
【著編者】曲亭馬琴【序年・序者】天保五・曲亭馬琴

【画工】柳川重信【筆耕】谷金川【奥付等】「天保六年乙未春正月吉日発行／書林　江戸小伝馬町三町目　丁子屋平兵衛／大阪心斎橋筋博労町　河内屋茂兵衛板」【備考】見返しには「群玉堂精刊」とある。彫工は朝倉伊八・横田守・桜木藤吉・田中三八。

能登守教経外伝西海浪間月　半紙本五巻五冊　読本
【著編者】森川保之【画工】森川保之【筆耕】不詳【奥付等】「天保六乙未孟陽発販／東武　小伝馬町三町目　丁子屋平兵衛／同　京橋弥左衛門町　大島屋伝右衛門／浪華　心斎橋筋博労町南　河内屋茂兵衛／同　心斎橋筋博労町北　河内屋長兵衛／本町通七丁目　大野屋嘉兵衛／皇都　寺町通錦小路　伏見屋半三郎／三条通麩屋町角　山城屋佐兵衛」

廓中奇談浪花夢　半紙本三巻五冊　人情本
【著編者】平亭銀鶏【序年・序者】壺中庵主人【画工】歌川貞広・歌川貞芳【筆耕】不詳【奥付等】「天保六年己未秋　書林　京都　大文字屋得五郎／同　吉野屋仁兵衛／江戸　丁子屋平兵衛／左海　住吉屋弥三郎／大阪　河内屋長兵衛」【備考】見返しに「石倉堂板」とある。

太平楽皇国性質　半紙本二巻二冊　随筆
【著編者】松亭金水【序年・序者】天保五・松亭金水【筆耕】不詳【奥付等】「天保六年己未年季秋大吉祥日／浪花書林　心斎橋通博労町　群玉堂　河内屋茂兵衛／東都書林　小伝馬町三丁目　文渓堂　丁子屋平兵衛」【備考】見返しに「浪華　群玉堂蔵」とある。

銀河艸紙　半紙本三巻三冊　風俗
【著編者】池田東籬【序年・序者】池田東籬【画工】菱川清春【筆耕】不詳【奥付等】「天保六年己未六月／書房　東部小伝馬町三町目　丁子屋平兵衛／尾陽名古屋本町七町目　永楽屋東四郎／泉州堺天神北門前　住吉屋弥三郎／摂陽心斎橋筋博労町北へ入　河内屋長兵衛／皇都三条通東洞院東へ入　大文字屋得五郎」【備考】彫工は井上治兵衛。

天保七年（一八三六）丙申

南総里見八犬伝　九輯中帙　半紙本六巻七冊　読本
【著編者】曲亭馬琴【序年・序者】天保六・曲亭馬琴（附言）【画工】二世柳川重信【筆耕】谷金川・千形道友【奥付等】「天保七年丙申春正月吉日令辰発行／書林　大阪　心斎橋筋博労町　河内屋長兵衛／同所　河内屋茂兵衛／江戸　小伝馬町三町目　丁子屋平兵衛板」【備考】見返しに「文渓堂精刊」とある。巻十二下巻末に「著作

堂手集国字碑史新旧略目」あり。彫工は横田守・桜木藤吉・高木蓊樫。

復讐野路の玉川　前編　半紙本五巻五冊　読本
【著編者】滄海堂主人【序年・序者】滄海堂主人【画工】不詳【筆耕】不詳【奥付等】「天保七申年九月／大阪書林　河内屋茂兵衛／河内屋長兵衛／塩屋喜兵衛／塩屋利助／江戸書林　森屋治兵衛／丁子屋平兵衛」

復讐野路の玉川　後編　半紙本四巻四冊　読本
【著編者】滄海堂主人【画工】不詳【筆耕】不詳【奥付等】「天保七申年九月／大阪書林　河内屋茂兵衛／河内屋長兵衛／塩屋喜兵衛／塩屋利助／江戸書林　森屋治兵衛／丁子屋平兵衛」

濡燕栖傘雨談　初編　半紙本五巻五冊　読本
【著編者】墨川亭雪麿（編）曲亭馬琴（閲）【序年・序者】天保六・曲亭馬琴【画工】柳川重信【筆耕】谷金川【奥付等】「天保七丙申年正月吉旦／皇都　丸屋善兵衛／仝　山城屋佐兵衛／江戸　平林庄五郎／大坂　河内屋茂兵衛／仝　河内屋長兵衛／堺　住吉屋弥三郎／江戸　丁子屋平兵衛」【備考】見返しに「東都文渓堂梓」とある。

清談花可都美　初編　中本三巻三冊　人情本
【著編者】二世十返舎一九【序年・序者】天保六・金鈴舎一宝【画工】歌川国直【筆耕】不詳【奥付等】「天保七丙申孟春発市／洛陽書肆　山城屋佐兵衛／東都書肆　丁子屋平兵衛」

深契情話恋の若竹　後編　中本三巻三冊　人情本
【著編者】二世十返舎一九【序年・序者】天保七・二世十返舎一九【画工】歌川国直【筆耕】不詳【奥付等】「東都書肆　小伝馬町三丁目　丁子屋平兵衛販」

春情美佐尾の巻　中本三巻四冊　人情本
【著編者】八路駒彦【序年・序者】天保六・八路駒彦【画工】歌川国直【筆耕】滝野音成【奥付等】未見【備考】中巻挿絵に「ハンモト」「丁平」と記された千社札が描かれている。

骨董集　上編前帙　大本二巻二冊　随筆
【著編者】山東京伝【序年・序者】大田南畝【画工】不詳【筆耕】島岡長盈（上巻）橋本徳瓶（中巻）【奥付等】「文化十一年甲戌冬十二月発行／天保七丙申年季春吉旦求版／東都書肆　文渓堂　小伝馬町三丁目　丁子屋平兵衛」【備考】見返しに「東都書肆　文渓堂梓」とある。彫工は名古屋治平・鈴木栄次郎。

骨董集　上編後帙　大本二巻二冊　随筆
【著編者】山東京伝【序年・序者】文化十二・山東京伝

【画工】不詳【筆耕】島岡長盈・藍庭林信【奥付等】「天保七年丙申初夏／江戸書肆　大伝馬町二町目　文渓堂丁子屋平兵衛」【備考】見返しに「東都書肆　文渓堂梓」とある。彫工は名古屋治平・朝倉吉次郎。

南総里見八犬士伝花魁莟八総　前咲　半紙本二巻二冊　浄瑠璃

【著編者】山田案山子【画工】不詳【筆耕】不詳【奥付等】「天保七年丙申秋　山田案山子作」「江戸小伝馬町三町目　丁子屋平兵衛／大阪心斎橋筋博労町北へ入　河内屋長兵衛／同北堀江市場　綿屋喜兵衛／京寺町通松原上ル町　菊屋七郎兵衛／同寺町通夷川上ル町　鶴屋喜右衛門／同寺町通二条下ル町　柏屋宗七／同四条通寺町西へ入　吉野屋勘兵衛／板元／京寺町通高辻下ル町　菱屋治兵衛／同六角通堺町東へ入　平野屋茂兵衛／同三条通東洞院東へ入　大文字屋得五郎」

北越雪譜　初編　大本三巻三冊　地誌

【著編者】鈴木牧之（編撰）山東京山（刪定）【序年・序者】①天保六・山東京山②天保六・山東京水【画工】山東京水【筆耕】不詳【奥付等】「天保七丙申年九月発兌／書肆　大坂心斎橋筋博労町　河内屋茂兵衛／江戸小伝馬町三丁目東側　丁子屋平兵衛寿梓」【備考】見返しに「江戸書肆　文渓堂梓行」とある。

天保八年（一八三七）丁酉

南総里見八犬伝　九輯下帙上　半紙本六巻五冊　読本

【著編者】曲亭馬琴【序年・序者】天保七・曲亭馬琴【画工】二世柳川重信【筆耕】谷金川【奥付等】「天保八年丁酉年春正月吉日令辰発行／書林　大阪　心斎橋筋博労町　河内屋長兵衛／同所　河内屋茂兵衛／江戸　小伝馬町三町目　丁子屋平兵衛板」【備考】見返しに「文渓印発」とある。彫工は横田守・桜木藤吉・鳥山某。

清談花可都美　二編　中本三巻三冊　人情本

【著編者】二世十返舎一九【序年・序者】坂東秀調【画工】歌川国直【筆耕】不詳【奥付等】「天保八年丁酉初春発兌／洛陽書肆　山城屋佐兵衛／東都書肆　丁子屋平兵衛」

南総里見八犬伝花魁莟八総　後咲　半紙本二巻二冊　浄瑠璃

【著編者】山田案山子【画工】不詳【筆耕】不詳【奥付等】「天保八年丁酉春　山田案山子作」「江戸小伝馬町三町目　丁子屋平兵衛／大坂心斎橋筋博労町北へ入　河内屋長兵衛／同北堀江市場　綿屋喜兵衛／京寺町通松原上ル町　菊屋七郎兵衛／同寺町通夷川上ル町　鶴屋喜右衛門／同寺町通二条下ル町　柏屋宗七／同四条通寺町西へ

入　吉野屋勘兵衛／京寺町通高辻下ル町　菱屋治兵衛／同三条通東洞院東へ入　大文字屋得五郎／同六角通堺町東へ入　平野屋茂兵衛／開板」

兼好法師伝記考証　半紙本五巻五冊　伝記
【著編者】野々口隆正（輯校）【序年・序者】天保六・野々口隆正【画工】村田嘉昇【奥付等】「于時天保八丁酉発行／書肆　江戸　丁子屋平兵衛／田中長蔵／京　和泉屋吉兵衛／戎屋市右衛門／大坂　藤屋弥兵衛／藤屋善七」【備考】巻五巻末に「野口隆正大人著述近刻書目」あり。

天保九年（一八三八）戊戌

南総里見八犬伝　九輯下帙中　半紙本五巻五冊　読本
【著編者】曲亭馬琴【序年・序者】天保八・曲亭馬琴【画工】二世柳川重信【筆耕】谷金川【奥付等】「天保九年戊戌春正月吉日発行／書林　大阪心斎橋筋博労町　河内屋長兵衛／同所　河内屋茂兵衛／江戸小伝馬町三町目　丁子屋平兵衛板」【備考】見返しに「江戸書林文渓堂精刊」とある。彫工は横田守・森田某・桜木藤吉。

倭寵愛児漢余模妓春色恋白波　初編　中本三巻三冊　人情本
【著編者】為永春水【序年・序者】①天保九・陽風亭柳外②為永春水③為永春水【画工】渓斎英泉【筆耕】滝野音成【奥付等】「仝志書林　江戸小伝馬町三丁目　丁子屋平兵衛／江戸京橋弥左ェ門町　大島屋伝右衛門／大坂心斎橋博労町北江入　河内屋長兵衛／京都三条通東洞院東江入　大文字屋専蔵」【備考】神保五弥校『春色恋白波』（古典文庫、一九六七年）による。

春色籬之梅　初編　中本三巻三冊　人情本
【著編者】為永春水【序年・序者】①丁子屋平兵衛②天保八・為永春水【画工】歌川国直【筆耕】不詳【奥付等】未見

春色籬之梅　二編　中本三巻三冊　人情本
【著編者】為永春水（作）為永春江（校合）【序年・序者】為永春水【画工】歌川国直【筆耕】不詳【奥付等】未見【備考】序文に「文渓堂へ。進て梓の縁日物も」とある。

増補外題鑑　横本一巻一冊　書目
【著編者】岡田琴秀（著述）為永春水（補正）【序年・序者】①天保九・為永春水②岡田琴秀【筆耕】松亭金水【奥付等】「天保九戊戌年仲秋発行／（中略）／仝志発行書林／京都　山城屋佐兵衛／丸屋善兵衛／大文字屋得五郎／本屋宗七／大阪　河内屋茂兵衛／河内屋長兵衛／河内屋太助／塩屋宇兵衛／伏見屋嘉兵衛／秋田屋市五郎／

河内屋平七／江戸　岡田屋嘉七／泉屋市兵衛／小林新兵衛／丁子屋平兵衛」【備考】後版には東条琴台の序（天保十年）がみられる。

新改正万国地球全図　一鋪　地図
【著編者】栗原信晁【序年・序者】天保九・阿部喜任【画工】栗原信晁【筆耕】不詳【奥付等】「書肆　東都大伝馬町二丁目　丁子屋平兵衛発行」

天保十年（一八三九）己亥

南総里見八犬伝　九輯下帙下上編　半紙本五巻五冊　読本
【著編者】曲亭馬琴【序年・序者】天保九・曲亭馬琴【画工】二世柳川重信【筆耕】谷金川・白馬台音成【奥付等】「天保十年己亥春正月吉日発行／書行　京都　大文字屋得五郎／大阪　河内屋長兵衛／大阪　河内屋茂兵衛／大阪　河内屋太助／江戸小伝馬町三町目　丁子屋平兵衛板」【備考】見返しに「江戸書林文渓堂精刊」とある。巻二十八巻末に「著作堂新編国字稗史略目」あり。彫工は鏤廉士・森田甲・横田守・常盤園。

閑情末摘花　初編　中本三巻三冊　人情本
【著編者】松亭金水【序年・序者】天保十・松亭金水【画工】不詳【筆耕】不詳【奥付等】未見

いろは文庫　二編　中本三巻三冊　人情本
【著編者】為永春水【序年・序者】天保十・為永春水【画工】渓斎英泉【筆耕】不詳【奥付等】「仝志書林　江戸　文渓堂　丁子屋平兵衛／江戸　連玉堂　加賀屋源助／大坂　群玉堂　河内屋茂兵衛」

春色籬之梅　三編　中本三巻三冊　人情本
【著編者】為永春水【序年・序者】天保十・兎喬【画工】歌川国直【筆耕】不詳【奥付等】未見

春色籬之梅　四編　中本三巻三冊　人情本
【著編者】為永春水【序年・序者】為永春水【画工】不詳【筆耕】不詳【奥付等】「売弘所小伝馬町三丁目　書物問屋　丁子屋平兵衛」

春色籬之梅　五編　中本三巻三冊　人情本
【著編者】為永春水【序年・序者】為永春水【跋年・跋者】為永春笑【画工】不詳【筆耕】不詳【奥付等】「小てんま町　丁子屋平兵衛」【備考】序文に「文渓堂(ぶんけいどう)の園(その)に満(みち)て」とある。

娘消息　三編　中本三巻三冊　人情本
【著編者】三文舎自楽【序年・序者】為永春水【画工】歌川国直【筆耕】不詳【奥付等】「同志発客　江戸小伝馬町三丁目中程　文渓堂　丁子屋平兵衛／大坂心斎橋通

博労町北江入　石倉堂　河内屋長兵衛／京三条通東洞院東江入　宝珠軒　大文字屋得五郎」

娘消息 四編　中本三巻三冊　人情本
【著編者】三文舎自楽【序年・序者】天保十・為永春水【画工】静斎英一【筆耕】不詳【奥付等】「三都書林　東武　丁子屋平兵衛／浪花　秋田屋市兵衛／皇都　大文字屋仙蔵」

天保十一年（一八四〇）　庚子

南総里見八犬伝 九輯下帙下中編　半紙本四巻五冊　読本
【著編者】曲亭馬琴【序年・序者】天保十・曲亭馬琴【画工】二世柳川重信・歌川貞秀【筆耕】谷金川【奥付等】「天保十一庚子年春正月吉日発行／書行　京都　大文字屋得五郎／大阪　河内屋茂兵衛／同　河内屋太助／江戸小伝馬町三町目　丁子屋平兵衛板」【備考】見返しに「書林文渓堂正舗刊」とある。巻三十二巻末に「曲亭翁新旧著編略目」あり。彫工は沢金次郎・朝倉伊八・常磐園・鏤近吉。

南総里見八犬伝 九輯下帙下之弐　半紙本三巻五冊　読本
【著編者】曲亭馬琴【序年・序者】天保十・曲亭馬琴【画工】歌川貞秀【筆耕】谷金川【奥付等】「天保十一庚子年春正月吉日発行／発販書行　京都三条通東洞院東へ入　大文字屋得五郎／大阪心斎橋筋博労町　河内屋茂兵衛／大阪心斎橋筋唐物町南へ入　河内屋太助／江戸小伝馬町三町目　丁子屋平兵衛板」【備考】見返しに「江戸書林文渓堂精刊」とある。巻三十五巻末に「曲亭翁の新編未房近刻の者」あり。彫工は沢金次郎・常盤園・高谷熊五郎。

芳薫功話好文士伝　半紙本五巻五冊　読本
【著編者】為永春水（著）為永春笑（補助）為永春江（校訂）【序年・序者】①天保十一・福内鬼外②天保十・文亭綾継【画工】渓斎英泉【筆耕】滝野音成【奥付等】「三都仝志小説発行書林／京都三条通東洞院東江入　大文字屋得五郎／大坂心斎橋筋博労町　河内屋茂兵衛／大坂心斎橋筋安堂寺町　秋田屋太右衛門／江戸小伝馬町三町目　丁子屋平兵衛／江戸京橋弥左ェ門町　大島屋伝右ェ門販」

閑情末摘花 二編　中本三巻三冊　人情本
【著編者】松亭金水【序年・序者】天保十一・松亭金水【画工】不詳【筆耕】不詳【奥付等】未見【備考】上巻広告に「東都書林　小説（よみほん）の問屋（といや）　小伝馬町三丁目　文渓堂　丁子屋平兵衛」とある。

閑情末摘花 三編　中本三巻三冊　人情本
【著編者】松亭金水【序年・序者】天保十一・松亭金水【画工】不詳【筆耕】不詳【奥付等】未見

青郊媚景春色初若那 初編　中本三巻三冊　人情本
【著編者】為永春江【序年・序者】天保十一・為永春江【画工】静斎英一【筆耕】省斎錦江【奥付等】未見

青郊媚景春色初若那 二編　中本三巻三冊　人情本
【著編者】為永春水（閲）為永春江（著）【序年・序者】為永春水【画工】静斎英一【筆耕】不詳【奥付等】「東都書林　小伝馬町三丁目　丁子屋平兵衛販」【備考】序文に「文渓堂（ぶんけいどう）の丹誠備（たんせいそな）ふ」とあるほか、口絵に「丁子屋／職人中」と記された提灯が描かれている。

天保十二年（一八四一）辛丑

南総里見八犬伝 九輯下帙下之上　半紙本五巻五冊　読本
【著編者】曲亭馬琴【序年・序者】天保十一・曲亭馬琴【画工】二世柳川重信・渓斎英泉【筆耕】谷金川【奥付等】「天保十二年辛丑春正月吉日発行／発販書行　京都蛸薬師東洞院西へ入　大文字屋仙蔵／大阪心斎橋筋博労町　河内屋茂兵衛／大阪心斎橋筋唐物町南へ入　河内屋太助／江戸小伝馬町三町目　丁子屋平兵衛板」【備考】見返しに「江戸書林文渓堂精刊」とある。巻四十巻末に「曲亭翁精編本房蔵板略目」あり。彫工は沢金次郎・常盤園・高谷熊五郎。

南総里見八犬伝 九輯下帙下中下　半紙本五巻五冊　読本
【著編者】曲亭馬琴【序年・序者】天保十一・曲亭馬琴【画工】二世柳川重信【筆耕】谷金川【奥付等】「天保十二年辛丑春正月吉日発行／発販書行　京都　河内屋藤四郎／同地　大文字屋仙蔵／大阪　河内屋太助／同地　河内屋直助／同地　河内屋茂兵衛／江戸小伝馬町三丁目　丁子屋平兵衛板」【備考】彫工は高谷熊五郎・沢金次郎。

重扇五十三駅　半紙本五巻五冊　読本
【著編者】梅菊翁【序年・序者】梅菊翁【画工】歌川景松【筆耕】不詳【奥付等】「天保十二辛丑年五月吉日／書林　江戸小伝馬町三丁目　丁子屋平兵衛／京東洞院蛸薬師西入　大文字屋専蔵／大阪心斎橋通博労町北入　河内屋長兵衛」

鎮西菊池軍記 後編　大本五巻五冊　読本
【著編者】暁鐘成【序年・序者】文政十三・松堂散人村直【画工】暁鐘成【筆耕】九雀山樵陸寅（序）【奥付等】「天保十二辛丑春正月発版／書肆　京二条車屋町　本屋宗七／同寺町通錦小路下ル　伏見屋半三郎／江戸小伝馬

町三丁目　丁子屋平兵衛／名古屋本町十丁目　松屋善兵衛」

綟手摺昔木偶　半紙本五巻五冊　読本
【著編者】柳亭種彦【序年・序者】文化十・松亭陳人【画工】柳川重信【筆耕】未詳【奥付等】「天保十二辛丑孟春新刻／書林　大阪心斎橋通博労町　河内屋茂兵衛／江戸小伝馬町三丁目　丁子屋平兵衛」【備考】文化十年刊の山青堂山崎屋平八版を求版。

伊勢日向寄生木草紙 後編　半紙本五巻五冊　読本
【著編者】栗杖亭鬼卵【画工】不詳【筆耕】不詳【奥付等】「天保十二丑年初春発販／書林　江戸　小伝馬町三丁目　丁子屋平兵衛／同京橋弥左ェ門町　大島屋伝右ェ門／尾州　名古屋樽屋町巾下　玉野屋新右ェ門／江戸馬喰町四丁目　菊屋幸三郎／京都　三条通寺町西　丸屋善兵衛／大阪　心斎橋通南久太郎町　秋田屋市兵衛」

滑稽和合人 三編　中本三巻三冊　滑稽本
【著編者】滝亭鯉丈【序年・序者】天保十二・滝亭鯉丈【画工】渓斎英泉【筆耕】不詳【奥付等】未見

青郊媚景春色初若那 三編　中本三巻三冊　人情本
【著編者】為永春江【序年・序者】天保十二・為永春笑【画工】歌川貞重【筆耕】不詳【奥付等】未見

赤本実語教並童子経　中本一巻一冊　教訓
【著編者】岳亭定岡【序年・序者】岳亭定岡【奥付等】「天保十二辛丑年孟春／書賈　江戸小伝馬町三丁目　丁子屋平兵衛／京三条東洞院　大文字屋得五郎／京東洞院蛸薬師　大文字屋専蔵／大阪心斎橋博労町　河内屋長兵衛」【備考】見返し題は「赤本実語教」。見返しに「書肆　石倉堂」とあり。

俳家奇人談　半紙本三巻三冊　俳諧・伝記
【著編者】竹窓玄玄一（遺稿）蓬廬青青（参訂）【序年・序者】①文化十二・臥舫散人②八朶園寥松【筆耕】不詳【奥付等】「天保十二辛丑年孟春新刻／書林　大阪心斎橋通博労町　河内屋茂兵衛／江戸大伝馬町二丁目　丁子屋平兵衛」【備考】求版本。

倭龍愛児漢余模妓春色恋白浪 二編　中本三巻三冊　人情本
【著編者】為永春水【序年・序者】天保十二・為永春水【画工】静斎英一【筆耕】滝野音成【奥付等】「仝志書林　江戸　丁子屋平兵衛／大坂　河内屋長兵衛／江戸　大島屋伝右衛門／京都　大文字屋専蔵」【備考】神保五弥校『春色恋白波』（古典文庫、一九六七年）による。

書画鑑識要覧　横本一巻一冊　書画
【著編者】中川凹凸【序年・序者】天保十二・中川凹凸

【筆耕】不詳【奥付等】「天保十二辛丑新板／東都書林　須原屋茂兵衛／岡田屋嘉七／丁子屋平兵衛／尾州書林　永楽屋東四郎／大坂書林　柳原木兵衛／岡田茂兵衛／京都書林　寺町通仏光寺角　中川藤四郎」【備考】刊記に「京　森何某刀」とある。

天保十三年（一八四二）壬寅

神功皇后三韓退治図会　大本五巻五冊　読本
【著編者】瀬川恒成（編述）【序年・序者】天保十二・上田元冲【画工】葛飾戴斗【奥付等】「天保十三年壬寅正月／東都書林　小伝馬町三丁目　丁子屋平兵衛／皇都書林　三条通寺町西入　丸屋善兵衛／寺町通仏光寺角　河内屋藤四郎／浪華書林　心斎橋筋北久宝寺町　河内屋源七郎／同博労町角　河内屋茂兵衛」

武蔵坊弁慶異伝 後編　半紙本五巻五冊　読本
【著編者】暁鐘成（校閲）【序年・序者】壷処散人【画工】不詳【奥付等】「天保十三年寅十二月吉旦／御免／書肆　江戸小伝馬町三丁目　丁子屋平兵衛／京都寺町三条通　丸屋善兵衛／名古屋本町七丁目　永楽屋東四郎／若山駿河町　阪本屋喜一郎／大阪心斎橋通博労町　河内屋茂兵衛／同仝所　塩屋喜兵衛／同仝所　伊丹屋善兵衛」【備考】見返しに「浪速　文栄堂梓」とある。

南総里見八犬伝 結局編　半紙本四巻五冊　読本
【著編者】曲亭馬琴【序年・序者】天保十二・曲亭馬琴【画工】二世柳川重信・渓斎英泉【筆耕】不詳【奥付等】「天保十三年壬寅春正月吉日／大阪心斎橋筋博労町　河内屋茂兵衛／江戸小伝馬町三町目　丁子屋平兵衛板」【備考】見返しに「東都文渓堂精刊」とある。

南総里見八犬伝 結局下編　半紙本四巻五冊　読本
【著編者】曲亭馬琴【画工】二世柳川重信・渓斎英泉【筆耕】谷金川・亀井金水・対二楼音成【奥付等】「時天保十三年壬寅春正月吉日先刊所成五冊発行／同年春三月吉日後刊五冊追販全書無闕遺焉／発販書行　京都　河内屋藤四郎／同地　大文字屋仙蔵／大阪　河内屋太助／同地　河内屋直助／同地　河内屋茂兵衛／江戸小伝馬町三丁目　丁子屋平兵衛板」【備考】見返しに「文渓堂精刊」とある。彫工は高谷熊五郎・沢金次郎・米蔵幸太郎。

北越雪譜 二編　大本四巻七冊　地誌
【著編者】鈴木牧之（編撰）山東京山（増修）【序年・序者】天保十一・山東京山【画工】山東京水【筆耕】不詳【奥付等】「天保十三年壬寅孟春／仝志発行書林　大坂心斎橋通順慶町　堺屋新兵衛／心斎橋筋博労町　河内

屋茂兵衛／江戸　小伝馬町三丁目　丁子屋平兵衛蔵版」【備考】見返しに「天保辛丑新刻／書肆　文渓堂／発販」とある。

天保十四年（一八四三）癸卯

（勧善懲悪）海川夜話仙家月　半紙本五巻五冊　読本
【著編者】岳亭定岡【序年・序者】天保十三・岳亭定岡【画工】不詳【筆耕】不詳【奥付等】「天保十四癸卯歳三月発販／書肆　江戸小伝馬町三丁目　丁子屋平兵衛／同京橋弥左エ門町　大島屋伝右ヱ門／同馬喰町四丁目　菊屋幸三郎／京都寺町通六角下ル　近江屋治助／同五条橋通堺町東へ入町　丁子屋定七／大阪心斎橋通南久太良町　秋田屋市兵衛」

（訂正補刻）絵本漢楚軍談　初輯　半紙本十巻十冊　読本
【著編者】為永春水【序年・序者】為永春水【画工】葛飾北斎【筆耕】不詳【奥付等】「天保十四癸卯年十月御免開板／発行書林　大阪　河内屋茂兵衛／江戸　岡田屋嘉七／同　須原屋茂兵衛／同　山城屋佐兵衛／同　小林新兵衛／同　西宮弥兵衛／同大伝馬町二丁目　丁子屋平兵衛」【備考】巻十巻末に「書林　江戸　文渓堂丁子屋平吉梓」とある。

日本廿四孝子伝　半紙本五巻五冊　教訓
【著編者】島定賢【序年・序者】天保十四・島定賢【画工】不詳【筆耕】不詳【奥付等】「天保十四癸卯年閏九月立冬日／三都書房　江戸日本橋通二丁目　山城屋佐兵衛／同小伝馬町三丁目　丁子屋平吉／京寺町仏光寺角　河内屋藤四郎／大坂心斎橋博労町　河内屋長兵衛／同所西北角　河内屋茂兵衛」

（女童教訓）女大学宝鑑本朝女廿四孝　大本一巻一冊　教訓
【著編者】不詳【画工】川部玉園【筆耕】不詳【奥付等】「天保十四卯夏新板／諸国売弘書肆　江戸　丁子屋平兵衛／大坂　秋田屋太右衛門／名古屋　菱屋藤兵衛／紀州　綛田屋平左衛門／東都　近江屋卯兵衛／東都　人形町通　吉田屋文三郎板」

（女訓姿見）女前訓躾種　大本一巻一冊　心学
【著編者】手島堵庵【画工】下川辺拾水【筆耕】下川辺拾水【奥付等】「天保二年辛卯新板／同十四年癸卯補刻／三都書林　京　吉野屋仁兵衛／江戸　須原屋茂兵衛／同　山城屋佐兵衛／同　岡田屋嘉七／同　丁子屋平兵衛／大坂心斎橋通博労町角　河内屋茂兵衛」【備考】見返しに「群玉堂梓」とある。

早引永代節用大全　横本一巻一冊　辞書・節用集
【著編者】山崎美成【序年・序者】天保十三・北峰成【画工】不詳【筆耕】中村源八【奥付等】「天保十三壬寅年御免／天保十四癸卯年新刻／発行書林　大坂安堂寺町　秋田屋太右衛門／仝所　河内屋喜兵衛／仝所唐物町　河内屋太助／江戸日本橋通壱丁目　須原屋茂兵衛／仝浅草茅町二丁目　須原屋伊八／仝芝神明前　岡田屋嘉七／仝日本橋通二丁目　小林新兵衛／仝所　山城屋佐兵衛／仝芝神明前　和泉屋市兵衛／仝日本橋通四丁目　須原屋佐助／仝小伝馬町三丁目　丁子屋平吉版」

天保十五・弘化元年（一八四四）甲辰

風俗三石士　中本二巻二冊　洒落本
【著編者】胴脈先生（遺稿）【序年・序者】天保十二・安穴道人【画工】不詳【筆耕】不詳【奥付等】「弘化元甲辰冬新板／書林　江戸　丁子屋平兵衛／大坂　河内屋茂兵衛／京都　越後屋治兵衛／林芳兵衛」

報仇絵本高尾外伝　半紙本五巻五冊　読本
【著編者】為永春水【序年・序者】天保十四・為永春水【画工】渓斎英泉【筆耕】晋上斎熨斗人（序）【奥付等】「天保十五甲辰正月吉日／書肆／大阪心斎橋筋安土町角　河内屋儀助／京都三条通麩屋町角　山城屋佐兵衛／尾州名古屋本町通七丁目　永楽屋東四郎／東都麴町平川二丁目　角丸屋甚助／仝小伝馬町三丁目　丁子屋平兵衛」【備考】文政十年刊『紅葉塚』の改題改修本。

広求大成和漢書画集覧　横本一巻一冊　書画
【著編者】広覚道人【序年・序者】弘化元・海西漁夫【筆耕】不詳【奥付等】「大坂書肆　心斎橋筋博労町　河内屋茂兵衛／心斎橋通北久太郎町　河内屋喜兵衛／安堂寺町　秋田屋太右衛門／東都書肆　日本橋通一丁目　須原屋茂兵衛／同二丁目　山城屋佐兵衛／四日市　山城屋政吉／通二丁目　小林新兵衛／芝神明前　岡田屋嘉七／同　和泉屋市兵衛／十軒店　英大助／横山一丁目　出雲寺万次郎／同三丁目　和泉屋金右衛門／浅草茅町　須原屋伊八／同　山崎屋清七／大伝馬町二丁目　丁子屋平兵衛板」

弘化二年（一八四五）乙巳

大内興隆十杉伝　五輯　半紙本五巻五冊　読本
【著編者】二世為永春水【序年・序者】①弘化二・二世為永春水②二世為永春水【画工】歌川国芳【筆耕】不詳【奥付等】未見【備考】見返しに「浪花／東都　書林

群玉堂／文永堂／文渓堂」とある。

新局玉石童子訓 上帙　半紙本三巻五冊　読本

【著編者】曲亭馬琴【序年・序者】弘化二・曲亭馬琴【画工】歌川豊国【筆耕】谷金川【奥付等】「弘化二年乙巳春正月吉日開板発行／大坂書肆　心斎橋筋博労町角　河内屋茂兵衛／心斎橋筋南久太郎町　秋田屋市兵衛／江戸書肆　大伝馬町弐丁目　丁子屋平兵衛板」

新局玉石童子訓 下帙　半紙本三巻五冊　読本

【著編者】曲亭馬琴【序年・序者】弘化二・曲亭馬琴【画工】歌川豊国【筆耕】谷金川【奥付等】「弘化二年乙巳秋八月発行／大坂書肆　心斎橋筋博労町角　河内屋茂兵衛／江戸書肆　大伝馬町弐丁目　丁子屋平兵衛板」

滑稽和合人 四編　中本三巻三冊　滑稽本

【著編者】二世為永春水【序年・序者】二世為永春水【画工】渓斎英泉【筆耕】不詳【奥付等】「東都書肆　大伝馬町二丁目　文渓堂　丁子屋平兵衛板」

教訓滑稽魂胆夢輔譚 二編　中本三巻三冊　滑稽本

【著編者】一筆庵主人【序年・序者】弘化二・一筆庵主人【画工】渓斎英泉【筆耕】不詳【奥付等】未見【備考】上巻に「一筆庵主人新著目録　文渓堂発販」あり。

弘化三年（一八四六）丙午

新局玉石童子訓 第三版　半紙本五巻五冊　読本

【著編者】曲亭馬琴【序年・序者】弘化二・曲亭馬琴【画工】歌川豊国【筆耕】谷金川・丸喜知【奥付等】「弘化三㐂丙午春正月吉日発行／大坂書肆　心斎橋筋博労町角　河内屋茂兵衛／心斎橋筋北久宝寺町　河内屋源七／江戸書肆　大伝馬町弐丁目　丁子屋平兵衛板」

新局玉石童子訓 第四版　半紙本五巻五冊　読本

【著編者】曲亭馬琴【序年・序者】弘化二・曲亭馬琴【画工】歌川豊国【筆耕】丸喜知・谷金川【奥付等】「弘化三年丙午夏五月吉日発行／大坂書肆　心斎橋筋博労町　河内屋茂兵衛／江戸書肆　大伝馬町弐丁目　丁子屋平兵衛板」

教訓滑稽魂胆夢輔譚 三編　中本三巻三冊　滑稽本

【著編者】一筆庵主人【序年・序者】弘化二・一筆庵主人【画工】渓斎英泉【筆耕】不詳【奥付等】「版元丁子屋平兵衛」（下巻末）

続俳家奇人談　半紙本三巻三冊　俳諧・伝記

【著編者】蓬盧青々山人（著）八朶園寥松（編）【序年・序者】八朶【画工】不詳【筆耕】不詳【奥付等】「弘化

三丙午年六月発兌／大坂書肆　河内屋喜兵衛／河内屋茂兵衛／江戸書肆　須原屋茂兵衛／岡田屋嘉七／山城屋佐兵衛／須原屋伊八／丁子屋平兵衛梓」【備考】求版本。

新刻日本輿地路程全図　一鋪　地図
【著編者】長久保赤水【序年・序者】①安永四・柴邦彦②弘化三・栗原信充【画工】不詳【筆耕】不詳【奥付等】「弘化三丙午年三月刻成／東都書肆　須原屋茂兵衛／岡田屋嘉七／泉屋市兵衛／山城屋佐兵衛／丸屋善兵衛／丁子屋平兵衛合梓」【備考】安永八年版の再版。

倭大学　大本一巻一冊　往来物
【著編者】三止坊【序年・序者】天保十四・三止坊【画工】不詳【筆耕】不詳【奥付等】未見【備考】見返しに「弘化丙午夏」「江戸書肆　丁子屋平兵衛発兌」とある。

永代年代記大成　中本一巻一冊　年代記
【著編者】細河並輔（鼻山人）【序年・序者】弘化二・山崎美成【画工】不詳【筆耕】不詳【奥付等】「弘化元辰年春発行／弘化三丙午二月開版／細河並輔編輯／東都芝神明前　和泉屋市兵衛板／書林　岡田屋嘉七／須原屋茂兵衛／須原屋伊八／山城屋佐兵衛／英大助／丁子屋平兵衛／西宮弥兵衛」

弘化四年（一八四七）丁未

新局玉石童子訓 第五版　半紙本五巻五冊　読本
【著編者】曲亭馬琴【序年・序者】弘化三・曲亭馬琴【画工】歌川豊国【筆耕】谷金川【奥付等】「弘化三年丙午冬月刊彫成／四年丁未春正月吉日発行／大坂書肆　心斎橋筋博労町角　河内屋茂兵衛／江戸書肆　大伝馬町弐丁目　丁子屋平兵衛板」

教訓滑稽魂胆夢輔譚 五編　中本三巻三冊　滑稽本
【著編者】一筆庵主人【序年・序者】弘化三・一筆庵主人【画工】渓斎英泉【筆耕】不詳【奥付等】「弘化四丁未年新春発兌／江戸大伝馬町弐丁目　文渓堂　丁子屋平兵衛寿梓」

三国因縁東西集　半紙本三巻六冊　仏教
【著編者】不詳【序年・序者】不詳【画工】不詳【筆耕】不詳【奥付等】「弘化四歳丁未五月開版／東都書林　須原屋茂兵衛／岡田屋嘉七／丁子屋平兵衛／大坂書林　河内屋平七／河内屋茂兵衛／袋屋亀次郎／皇都書林　村上勘兵衛／須磨勘兵衛／山城屋佐兵衛／丸屋善兵衛／山形屋宇兵衛」【備考】見返しに「弘化二乙巳新版」「村上平楽寺」とある。

三国因縁南北集　半紙本三巻六冊　仏教
【著編者】不詳【序年・序者】不詳【画工】不詳【筆耕】不詳【奥付等】「弘化四歳丁未五月開版／東都書林　須原屋茂兵衛／岡田屋嘉七／丁子屋平兵衛／大坂書林　河内屋平七／河内屋茂兵衛／袋屋亀次郎／皇都書林　村上勘兵衛／須磨勘兵衛／山城屋佐兵衛／丸屋善兵衛／山形屋宇兵衛」【備考】見返しに「弘化四丁未新版」「三都書林」とある。

兵家紀聞　大本五巻五冊　雑史
【著編者】栗原信充【序年・序者】天保十四・栗原信充【画工】栗原信兆【筆耕】不詳【奥付等】「弘化四年丁未春発兌／栗原孫之丞信充著／東都書肆大伝馬町二町目　丁子屋平兵衛板」

暦日註釈絵抄　中本一巻一冊　暦
【著編者】山田案山子【画工】川部玉園【奥付等】「三都書房／江戸大伝馬町二丁目　丁子屋平兵衛／尾州名護屋　永楽屋東四郎／大坂心斎橋筋博労町　河内屋茂兵衛／同北久宝寺町　敦賀屋彦七／京寺町通四条上ル町　丹後屋岩次郎／同六角堂東二丁目　大文字屋仙蔵」【備考】見返しに「弘化丁未青陽　皇都書肆／明石堂梓」とある。

大日本道中細見絵図　一鋪　地図
【著編者】不詳【画工】不詳【筆耕】不詳【奥付等】「弘化四年未春／京都六角通　平野屋茂兵衛／同　大文字屋仙蔵／江戸大伝馬町　丁子屋平兵衛」【備考】後ろ表紙には「江戸大伝馬町　丁子屋平兵衛／馬喰町　菊屋幸三郎」とある。

弘化五・嘉永元年（一八四八）戊申

新局玉石童子訓　第六版　半紙本五巻五冊　読本
【著編者】曲亭馬琴【序年・序者】弘化四・曲亭馬琴【画工】歌川豊国【筆耕】谷金川【奥付等】「弘化四年丁未秋月刊彫成／五年戊申春正月吉日発行／大坂書肆　心斎橋筋博労町角　河内屋茂兵衛／江戸書肆　大伝馬町弐丁目　丁子屋平兵衛板」

奥羽一覧道中膝栗毛　三編　中本三巻三冊　滑稽本
【著編者】三世十返舎一九【序年・序者】弘化五・千柳亭綾彦【画工】蛟斎北岑【筆耕】不詳【奥付等】「嘉永改元戊申年六月発兌／書舗　大阪心斎橋筋博労町角　河内屋茂兵衛／江戸大伝馬町二丁目　丁子屋平兵衛／同馬喰町二丁目　山口屋藤兵衛／同浅草福井町　山崎屋清七」

仮名読八犬伝 初編　中本二巻二冊　合巻
【著編者】二世為永春水【序年・序者】弘化五・二世為永春水【画工】歌川国芳【筆耕】不詳【奥付等】「文渓堂　大伝馬町弐丁目　丁子屋平兵衛版」【備考】各巻見返しに「弘化五新板」「文渓堂」とある。

仮名読八犬伝 二編　中本二巻二冊　合巻
【著編者】二世為永春水【序年・序者】弘化五・二世為永春水【画工】歌川国芳【筆耕】董仙【奥付等】「文渓堂　大伝馬町弐丁目　丁子屋平兵衛版」【備考】上巻表紙に「弘化五申新板」、各巻見返しに「文渓堂梓」とある。

仮名読八犬伝 三編　中本二巻二冊　合巻
【著編者】二世為永春水【序年・序者】弘化五・二世為永春水【画工】歌川国芳【筆耕】不詳【奥付等】「文渓堂　大伝馬町弐丁目　丁子屋平兵衛版」【備考】各巻見返しに「文渓堂」とある。

随筆奇事春雨譚　中本五巻五冊　随筆
【著編者】高井蘭山【序年・序者】天保十四・高井蘭山【画工】速水春暁斎【筆耕】不詳【奥付等】「嘉永元歳申十月／京都書肆　丸屋善兵衛／枡屋勘兵衛／近江屋佐太郎／経師屋太七／山城屋佐兵衛／大阪書肆　河内屋平七／江戸書肆　丁子屋平兵衛」【備考】見返しに「嘉永元年戊申晩春刻成」「三都書肆　五山堂合梓」とある。

閑度雑談　大本三巻三冊　随筆
【著編者】中村弘毅【序年・序者】嘉永元・島田周忠【画工】不詳【筆耕】不詳【奥付等】「天保三辰年御免／嘉永元年申四月刻成／大坂書林　河内屋茂兵衛／江戸書林　丁子屋平兵衛／京都書林　亀屋善兵衛／菱屋正次郎／丁子屋源次郎」

改正新刻商売往来　中本一巻一冊　往来物
【著編者】不詳【画工】不詳【筆耕】不詳【奥付等】「嘉永元戊申年五月新刻／東都書肆　大伝馬町二丁目　文渓堂　丁子屋平兵衛板」

嘉永二年（一八四九）己酉

開巻驚奇俠客伝 五集　半紙本五巻五冊　読本
【著編者】萩原広道【序年・序者】嘉永二・萩原広道【画工】柳川重信【筆耕】不詳【奥付等】「京都書林　二条通堀川下ル　越後屋治兵衛／東都書林　大伝馬町二町目　丁子屋平兵衛／浪華書林　心斎橋筋本町　河内屋藤兵衛／心斎橋筋博労町　河内屋茂兵衛板」【備考】見返しには「群玉堂精刊」とある。

左刀奇談　半紙本五巻五冊　読本
【著編者】池田東籬（校合）手塚兎月（遺稿）【序年・序者】池田東籬【画工】松川半山【筆耕】不詳【奥付等】「嘉永二己酉歳初春発兌／京都書舗　山城屋佐兵衛／浪華書肆　藤屋善七／秋田屋市兵衛／藤屋禹三郎／江都書房　須原屋茂兵衛／丁子屋平兵衛／坂元　本屋又助」【備考】見返しには「嘉永己酉春／三書堂発兌」とある。

奥羽一覧道中膝栗毛　四編　中本三巻三冊　滑稽本
【著編者】三世十返舎一九【序年・序者】嘉永二・百舌鳥廼屋【画工】歌川国芳【筆耕】不詳【奥付等】「嘉永二年己酉正月／発行書房　大阪心斎橋筋博労町角　河内屋茂兵衛／江戸大伝馬町二丁目　丁子屋平兵衛／同馬喰町弐丁目　山口屋藤兵衛／同浅草福井町壱丁目　山崎屋清七」

仮名読八犬伝　四編　中本二巻二冊　合巻
【著編者】二世為永春水【序年・序者】嘉永二・二世為永春水【画工】歌川国芳【筆耕】金交【奥付等】「文渓堂　大伝馬町二丁目　丁子屋平兵衛版」【備考】上巻表紙に「嘉永二年酉新板」、各巻見返しに「文渓堂梓」とある。

仮名読八犬伝　五編　中本二巻二冊　合巻
【著編者】二世為永春水【序年・序者】嘉永二・二世為永春水【画工】歌川国芳【筆耕】不詳【奥付等】「文渓堂　大伝馬町二丁目　丁子屋平兵衛版」【備考】各巻見返しに「嘉永二年酉新板」「文渓堂（梓）」とある。

仮名読八犬伝　六編　中本二巻二冊　合巻
【著編者】二世為永春水【序年・序者】嘉永二・二世為永春水【画工】歌川国芳【筆耕】金交【奥付等】「文渓堂　大伝馬町二丁目　丁子屋平兵衛版」【備考】上巻表紙に「嘉永二年酉新板」とある。

仮名読八犬伝　七編　中本二巻二冊　合巻
【著編者】二世為永春水【序年・序者】嘉永二・為永春水【画工】歌川国芳【筆耕】董仙【奥付等】「文渓堂　大伝馬町二丁目　丁子屋平兵衛」【備考】各巻見返しに「文渓堂（梓）」とある。

風流錦のし　小本一巻一冊　歌謡
【著編者】不詳【画工】橘庵貞房【筆耕】不詳【奥付等】「嘉永二年己酉初春発行／江戸　丁子屋平兵衛／京　丸屋善兵衛／大坂　河内屋藤兵衛／心斎橋博労町　河内屋茂兵衛」【備考】柱題は「一休二ヘン」。

〔掌中増補〕千代尼発句集　小本一巻一冊　俳諧

【著編者】闌更【序年・序者】宝暦十三・闌更【跋年・跋者】嘉永二・直山大夢【筆耕】不詳【奥付等】「加陽　金沢上堤町　八尾屋喜兵衛／同安江町　近岡屋太兵衛／東都　本石町十軒店　英大助／大伝馬町二丁目　丁子屋平兵衛／浅草福井町　山崎屋清七／下谷池之端仲町　東国屋長五郎」【備考】見返しに「笈古堂梓」とある。

嘉永三年（一八五〇）庚戌

仮名読八犬伝 八編　中本二巻二冊　合巻

【著編者】二世為永春水【序年・序者】嘉永三・二世為永春水【画工】歌川国芳【筆耕】董仙・金交【奥付等】「文渓堂　大伝馬町二丁目　丁子屋平兵衛」【備考】下巻見返しに「文渓堂」とある。

仮名読八犬伝 九編　中本二巻二冊　合巻

【著編者】二世為永春水【序年・序者】嘉永三・二世為永春水【画工】歌川国芳【筆耕】不詳【奥付等】「文渓堂　大伝馬町二丁目　丁子屋平兵衛」【備考】上巻表紙に「嘉永三戌新板」、各巻見返しに「文渓堂」とある。

仮名読八犬伝 十編　中本二巻二冊　合巻

【著編者】二世為永春水【序年・序者】嘉永三・二世為永春水【画工】歌川国芳【筆耕】不詳【奥付等】「文渓堂　大伝馬町二丁目　丁子屋平兵衛」【備考】下巻表紙に「嘉永三庚戌春新板」、下巻見返しに「文渓堂梓」とある。

早引永代節用集　横本二巻二冊　俳諧

【著編者】山崎美成【序年・序者】天保元・北峰成【画工】不詳【筆耕】中村源八【奥付等】「天保十四卯年新刻／嘉永三戌年再刻／発行書房　大阪　河内屋茂兵衛／秋田屋太右衛門／江戸　須原屋茂兵衛／山城屋佐兵衛／小林新兵衛／岡田屋嘉七／出雲寺万次郎／和泉屋金右衛門／須原屋伊八／山崎屋清七／和泉屋市兵衛／大伝馬町三丁目　丁子屋平兵衛版」【備考】見返しに「文渓堂」とある。

〔因縁図会〕諸国古寺譚　大本五巻五冊　寺院

【著編者】不詳【序年・序者】不詳【画工】不詳【奥付等】「嘉永三庚戌正月／東都　丁子屋平兵衛／京都　枡屋勘兵衛／丸屋善兵衛／浪花　河内屋平七板」【備考】巻五巻末に「浪花書肆　藤屋善七」とある。

嘉永四年（一八五一）　辛亥

仮名読八犬伝　十一編　中本二巻二冊　合巻
【著編者】二世為永春水【序年・序者】嘉永四・二世為永春水【画工】歌川国芳【筆耕】不詳【奥付等】「文渓堂　大伝馬町二丁目　丁子屋平兵衛」【備考】上巻表紙に「嘉永四辛亥新春」、各巻見返しに「文渓堂（梓）（版）」とある。

仮名読八犬伝　十二編　中本二巻二冊　合巻
【著編者】二世為永春水【序年・序者】嘉永四・二世為永春水【画工】歌川国芳【筆耕】不詳【奥付等】「文渓堂　大伝馬町二丁目　丁子屋平兵衛」【備考】上巻見返しに「嘉永四辛亥初春新刻」、各巻見返しに「文渓堂（板）」とある。

仮名読八犬伝　十三編　中本二巻二冊　合巻
【著編者】二世為永春水【序年・序者】嘉永四・二世為永春水【画工】歌川国芳【筆耕】不詳【奥付等】「文渓堂　大伝馬町二丁目　丁子屋平兵衛」【備考】下：巻見返しに「嘉永四辛亥初春」、各巻見返しに「文渓堂（版）（梓）」とある。

仮名読八犬伝　十四編　中本二巻二冊　合巻
【著編者】二世為永春水【序年・序者】嘉永四・二世為永春水【画工】歌川国芳【筆耕】不詳【奥付等】「文渓堂　大伝馬町二丁目　丁子屋平兵衛」【備考】下巻見返しに「嘉永四辛亥初春」、各巻見返しに「文渓堂（寿梓）（梓）」とある。

雨窓閑話　大本三巻三冊　随筆
【著編者】不詳【序年・序者】嘉永四・河田興【跋年・跋者】小林畏堂【筆耕】河田興（序）【奥付等】「嘉永四辛亥十月／京都　五条寺町　勝村治右衛門／大阪　心斎橋北久太郎町　河内屋喜兵衛／同博労町　河内屋茂兵衛／東都　大伝馬町　丁子屋平兵衛／芝神明前　和泉屋吉兵衛梓」【備考】見返しに「嘉永辛亥新鐫」「東都書肆名山閣」、奥付に「小林重介改読」とある。

纒雛形　中本一巻一冊　消防
【著編者】紀賤丸【序年・序者】嘉永四・紀賤丸【画工】紀賤丸【筆耕】不詳【奥付等】「嘉永四亥年春刊行／柱亭賤丸図／書林　大伝馬町二丁目　丁子屋平兵衛」

増補夢合長寿宝　中本一巻一冊　卜占
【著編者】松亭金水【序年・序者】嘉永四・松亭金水【筆耕】不詳【奥付等】「東都書林　大伝馬町二丁目　丁

子屋平兵衛版」【備考】見返しに「東都文渓堂発兌」とある。

嘉永五年（一八五二）壬子

仮名読八犬伝 十五編　中本二巻二冊　合巻
【著編者】二世為永春水【序年・序者】嘉永五・二世為永春水【画工】歌川国芳【筆耕】不詳【奥付等】「文渓堂　大伝馬町二丁目　丁子屋平兵衛」【備考】下巻見返しに「文渓堂寿梓」とある。

仮名読八犬伝 十六編　中本二巻二冊　合巻
【著編者】二世為永春水【序年・序者】嘉永五・二世為永春水【画工】歌川国芳【筆耕】不詳【奥付等】「文渓堂　大伝馬町二丁目　丁子屋平兵衛」【備考】各巻見返しに「文渓堂（版）（梓）」とある。

農業自得　大本二巻二冊　農業
【著編者】田村吉茂【序年・序者】天保十二・平田篤胤【筆耕】不詳【奥付等】「嘉永五年壬子新刻／大坂　心斎橋通北久太郎町　河内屋喜兵衛／同博労町　河内屋茂兵衛／同筋木町角　河内屋藤兵衛／江戸　日本橋通一丁目　須原屋茂兵衛／同二丁目　山城屋佐兵衛／同　小林新兵衛／芝神明前　岡田屋嘉七／本石町十軒店　英大助／大伝馬町二丁目　丁子屋平兵衛／横山町三丁目　和泉屋金右衛門／浅草茅町二丁目　須原屋伊八／筋違御門外旅籠調一丁目　紙屋徳八」【備考】見返しに「東都書林　智新堂発行」とある。

嘉永六年（一八五三）癸丑

楠家外伝木石余譚 第一輯　半紙本六巻六冊　読本
【著編者】曲亭馬琴（閲）伊藤丹丘（校合）斎藤湖南（編述）【序年・序者】①弘化元・曲亭馬琴②黒田梁洲【跋年・跋者】斎藤湖南【画工】斎藤湖南【筆耕】伊藤丹丘【奥付等】「嘉永六年丑春発兌書肆／東武　小伝馬町三町目　丁子屋平兵衛／浪華　心斎橋筋北久太郎町　秋田屋市兵衛／仝　心斎橋筋博労町　河内屋茂兵衛／皇都　寺町通五条上ル　山城屋佐兵衛」【備考】見返しに「文政堂梓」とある。

仮名読八犬伝 十七編　中本二巻二冊　合巻
【著編者】曲亭琴童【序年・序者】嘉永六・曲亭琴童【画工】歌川国芳【筆耕】不詳【奥付等】「文渓堂　大伝馬町二丁目　丁子屋平兵衛」【備考】見返しは歌川芳幾画。上巻見返しに「文渓堂蔵」とある。

仮名読八犬伝 十八編　中本二巻二冊　合巻
【著編者】曲亭琴童【序年・序者】嘉永六・曲亭琴童【画工】歌川国芳【筆耕】不詳【奥付等】「文渓堂　大伝馬町二丁目　丁子屋平兵衛」【備考】見返しは歌川芳幾画。

文渓古状永代宝　大本一巻一冊　往来物
【著編者】不詳【画工】不詳【筆耕】不詳【奥付等】「嘉永六年丑春再刻／大伝馬町弐丁目　丁子屋平兵衛板」

庭訓往来絵抄　中本一巻一冊　往来物
【著編者】不詳【画工】広貫斎【筆耕】不詳【奥付等】「天保十三年寅正月新刻／嘉永六年丑十月再刻／東都書林　大伝馬町二丁目　丁子屋平兵衛板」

嘉永七年・安政元年（一八五四）甲寅

仮名読八犬伝 十九編　中本二巻二冊　合巻
【著編者】曲亭琴童【序年・序者】嘉永七・曲亭琴童【画工】歌川国芳【筆耕】不詳【奥付等】「文渓堂　大伝馬町二丁目　丁子屋平兵衛」【備考】下巻見返しに「文渓」とある。

仮名読八犬伝 二十編　中本二巻二冊　合巻
【著編者】曲亭琴童【序年・序者】嘉永七・曲亭琴童【画工】歌川国芳【筆耕】不詳【奥付等】「文渓堂　大伝馬町二丁目　丁子屋平兵衛」【備考】各巻見返しに「文渓堂板」とある。

仮名読八犬伝 二十一編　中本二巻二冊　合巻
【著編者】曲亭琴童【序年・序者】嘉永七・曲亭琴童【画工】歌川国芳【筆耕】不詳【奥付等】「文渓堂　大伝馬町二丁目　丁子屋平兵衛」【備考】各巻見返しに「文渓堂梓」とある。

安政二年（一八五五）乙卯

浮世滑稽質屋雀 二編　中本二巻二冊　滑稽本
【著編者】葎窓貞雅【序年・序者】葎窓貞雅【画工】富士川船麿【筆耕】不詳【奥付等】「乙卯之春　京橋弥左衛門町　大島屋伝右衛門／下谷御成道　紙屋徳八／目白坂　万屋弥吉／大伝馬町二丁目　丁子屋平兵衛」

仮名読八犬伝 二十二編　中本二巻二冊　合巻
【著編者】曲亭琴童【序年・序者】嘉永八・曲亭琴童【画工】歌川国芳【筆耕】不詳【奥付等】「文渓堂　大伝馬町二丁目　丁子屋平兵衛」【備考】各巻見返しに「文渓堂（梓）」とある。

安政三年（一八五六）丙辰

笠松峠鬼神敵討 前編　半紙本五巻五冊　読本
【著編者】松風亭琴調【序年・序者】安政三・松亭金水【画工】歌川国芳【筆工】山金瓶【奥付等】未見【備考】見返しに「東都書肆　文渓堂梓」とある。

笠松峠鬼神敵討 後編　半紙本五巻五冊　読本
【著編者】松風亭琴調【序年・序者】安政三・松亭金水【画工】歌川国芳【筆工】不詳【奥付等】未見【備考】見返しに「書肆　文渓堂梓」とある。

仮名読八犬伝 二十三編　中本二巻二冊　合巻
【著編者】曲亭琴童【序年・序者】安政三・曲亭琴童【画工】歌川国芳【筆耕】不詳【奥付等】「文渓堂　大伝馬町二丁目　丁子屋平兵衛」

安政四年（一八五七）丁巳

仮名読八犬伝 二十四編　中本二巻二冊　合巻
【著編者】曲亭琴童【序年・序者】曲亭琴童【画工】歌川国芳【筆耕】不詳【奥付等】「東都書林　文渓堂　大伝馬町二丁目　丁子屋平兵衛」【備考】刊年は仮の判断。

仮名読八犬伝 二十五編　中本二巻二冊　合巻
【著編者】曲亭琴童【序年・序者】安政四・曲亭琴童【画工】歌川国芳【筆耕】不詳【奥付等】「東都書林　文渓堂　大伝馬町二丁目　丁子屋平兵衛」

仮名読八犬伝 二十六編　中本二巻二冊　合巻
【著編者】曲亭琴童【序年・序者】曲亭琴童【画工】歌川国芳【筆耕】不詳【奥付等】「東都書林　文渓堂　大伝馬町二丁目　丁子屋平兵衛」【備考】刊年は仮の判断。

安政五年（一八五八）戊午

仮名読八犬伝 二十七編　中本二巻二冊　合巻
【著編者】曲亭琴童【序年・序者】曲亭琴童【画工】歌川国芳【筆耕】不詳【奥付等】「東都書林　文渓堂　大伝馬町二丁目　丁子屋平兵衛」【備考】各巻見返しに「文渓堂梓」とある。

積翠閑話　大本四巻四冊　随筆
【著編者】中村経年（松亭金水）【序年・序者】嘉永二・鸎渓樵夫校【画工】梅の本鶯斎【筆耕】不詳【奥付等】「安政五戊午年立春発行／三都書肆　京麩屋町通姉小路上ル　俵屋清兵衛／同三条通御幸町角　吉野屋仁兵衛／大坂心斎橋筋博労町　河内屋茂兵衛／同心斎橋筋本町角

河内屋藤兵衛／江戸大伝馬町二丁目　丁子屋平兵衛」【備考】見返しに「書肆　文渓堂／群鳳堂」とある。

安政六年（一八五九）己未

本朝錦繍談図会　半紙本五巻五冊　読本
【著編者】池田東籬【序年・序者】安政六・和菊久公【画工】梅川東挙【筆耕】不詳【奥付等】「安政六己未年九月刻成／三都発行書房　江戸　須原屋茂兵衛／山城屋佐兵衛／岡田屋嘉七／丁子屋平兵衛／菊屋幸三郎／大島屋伝右衛門／大和屋喜兵衛／京　山城屋佐兵衛／越後屋治兵衛／大阪　河内屋藤兵衛／河内屋茂兵衛」

万延元年（一八六〇）庚申

役者商売往来　横本三巻三冊　役者評判記
【著編者】俳優堂夢遊【筆耕】不詳【奥付等】「板元　江戸大伝馬町二丁目　丁子屋平兵衛／大坂心斎橋南本町北江入　河内屋平七」【備考】内題は「俳優商売往来」。

役者新世帯　横本三巻三冊　役者評判記
【著編者】戯場堂夢遊【筆耕】不詳【奥付等】「安政七年庚申三月／板元　江戸大伝馬町二丁目　丁子屋平兵衛／京四条寺町西へ入丁　吉野屋勘兵衛／大坂心斎橋南本町河内屋平七」

万延二・文久元年（一八六一）辛酉

傍廂　前集　大本三巻三冊　随筆
【著編者】斎藤彦麿【序年・序者】嘉永六・斎藤彦麿【画工】不詳【筆耕】不詳【奥付等】「官許　斎藤氏蔵板／万延二年酉孟春　発行書肆　大坂心斎橋博労町　河内屋茂兵衛／同久宝寺町　河内屋源七郎／同心斎橋南江壱丁目　秋田屋市兵衛／江戸日本橋通壱丁目　須原屋茂兵衛／同通弐丁目　山城屋佐兵衛／同芝神明前　岡田屋嘉七／同大伝馬町弐丁目　丁子屋平兵衛／同京橋弥左衛門町　大島屋伝右ェ門」

役者矸言草　横本三巻三冊　役者評判記
【著編者】戯場堂夢遊・梅月亭有蝶【序年・序者】戯場堂夢遊【筆耕】不詳【奥付等】「江戸大伝馬町二丁目丁子屋平兵衛／名古屋本町　金網屋伴七／大坂心斎橋南本町　河内屋平七／万延二年酉正月吉日」

文久三年（一八六三）癸亥

役者日本鑑　横本三巻三冊　役者評判記
【著編者】戯場堂夢遊【筆耕】不詳【奥付等】「板元　大

坂心斎橋南本町北江入　河内屋平七／京四条通寺町西江入　吉野屋勘兵衛／尾州名古屋本町十一丁目　金網金網屋伴七／江戸大伝馬町三丁目　丁子屋平兵衛／文久三亥年正月吉日」

硝石製煉法　大本一巻一冊　火術
【著編者】平野元亮【序年・序者】漁村老人【画工】福島隣春【筆耕】不詳【奥付等】「文久三癸亥年／東都書林　須原屋茂兵衛／山城屋佐兵衛／小林新兵衛／岡田屋嘉七／和泉屋吉兵衛／内野屋弥平治／播磨屋勝五郎／英文蔵／須原屋伊八／和泉屋金右衛門／丁子屋平兵衛発兌」【備考】見返しに「書肆　文渓堂発兌」、巻末に「文久三癸亥年／平野元亮著蔵」とある。

慶応二年（一八六六）丙寅

孟子集註　中本四巻四冊　漢学
【著編者】朱熹（集註）【筆耕】塚田為徳【奥付等】「慶応二丙寅正月刻成／島村孝司蔵版／塚田為徳謹書／東都書肆　大伝馬町二丁目　文渓堂　丁子屋平兵衛発兌」

慶応三年（一八六七）丁卯

風狂文艸　大本五巻三冊　俳諧
【著編者】田中友水子【序年・序者】延享二・田中友水子【奥付等】「慶応三庚戌正月／東都　丁子屋平兵衛／京都　枡屋勘兵衛／丸屋善兵衛／浪花　河内屋平七板」
【備考】延享二年刊大野木市兵衛版を求版か。

明治二年（一八六九）己巳

名乗字引　横本一巻一冊
【著編者】高井蘭山【序年・序者】高井蘭山【筆耕】不詳【奥付等】「嘉永二年己酉発兌／明治二年己巳再刻／東京書肆　須原屋茂兵衛／須原屋伊八／山城屋佐兵衛／小林新兵衛／岡田屋嘉七／和泉屋吉兵衛／丁子屋平兵衛／和泉屋金右ェ門／出雲寺万次郎／森屋治兵衛／山口屋藤兵衛／藤岡屋慶次郎／山崎屋清七／吉田屋文三郎」

明治三年（一八七〇）庚午

童蒙必携漢語図解 初編　中本一巻一冊
【著編者】山々亭有人【序年・序者】明治三・山々亭有人【画工】落合芳幾【筆耕】不詳【奥付等】「明治三午

年秋発行／官許／東京書肆　丁子屋平兵衛／丁子屋善五郎／丁子屋忠七」【備考】見返しに「東京書肆　文玉堂／文鱗堂」とある。

童解英語図会 初帙　中本一巻一冊

【著編者】山々亭有人【序年・序者】明治三・山々亭有人【画工】歌川芳幾【筆耕】不詳【奥付等】「東京書林　須原屋茂兵衛／山城屋佐兵衛／岡田屋嘉七／和泉屋市兵衛／丁子屋平兵衛／藤岡屋慶治郎／森屋治兵衛／山口屋藤兵衛／大島屋伝右ェ門」【備考】見返しに「東京書房　文永堂梓」とある。

明治四年（一八七一）辛未

童解英語図会 弐帙　中本一巻一冊

【著編者】山々亭有人【序年・序者】明治四・山々亭有人【画工】歌川芳幾【筆耕】不詳【奥付等】「東京書林　須原屋茂兵衛／山城屋佐兵衛／岡田屋嘉七／和泉屋市兵衛／丁子屋平兵衛／藤岡屋慶治郎／森屋治兵衛／山口屋藤兵衛／大島屋伝右ェ門」【備考】見返しに「東京書肆　文永堂梓」とある。

明治六年（一八七三）癸酉

朝鮮国細見全図　一舗

【著編者】不詳【奥付等】「明治六年癸十月／東京書肆出雲寺万次郎／丁子屋平兵衛／大島屋伝右衛門／丁子屋善五郎／丁子屋忠七　発兌」

漢語陽暦用文章　中本一巻一冊

【著編者】萩原乙彦【序年・序者】明治六・萩原乙彦【筆耕】不詳【奥付等】「明治六年夏四月／対梅宇萩原乙彦先生著／東京書肆　弥左衛門町　大島屋伝右衛門」「東京書林　須原屋茂兵衛／山城屋佐兵衛／小林新兵衛／和泉屋市兵衛／岡田屋嘉七／浅倉屋久兵衛／須原屋伊八／山口屋藤兵衛／森屋治兵衛／藤岡屋慶次郎／丁子屋平兵衛／椀屋喜兵衛／大島屋伝右衛門」

開智楷梯童子通　中本一巻一冊

【著編者】一貫斎【序年・序者】一貫斎【筆耕】不詳【奥付等】「紀元二千五百三十三年／明治六年／東京書肆大伝馬町二丁目　丁子屋平兵衛梓」【備考】見返しに「東京書肆　文渓堂発兌」とある。

明治八年（一八七五）乙亥

近来支那新報　半紙本一巻一冊
【著編者】藤井淑【序年・序者】藤井淑【筆耕】不詳【奥付等】「明治八亥年一月／丁子屋平兵衛／山城屋佐兵衛」【備考】見返しには「三酔舎蔵板」とある。

明治九年（一八七六）丙子

合衆国民業律　半紙本五巻五冊
【著編者】抵巴留孫（原著）藤田九二（訳述）【画工】①明治九・三島毅②明治八・藤田九二【筆耕】高木春園（序）【奥付等】「明治八年十一月十三日版権免許／明治九年五月十日出板／定価一円廿五銭／訳述人　東京第四大区壱小区神田淡路町二丁目弐番地　藤田九二／出板人　同第四大区三小区小石川大門町弐拾壱番地　青山清吉／東京書林　出雲寺万次郎／太田金右衛門／大渓平兵衛／北沢伊八／山崎勝蔵／岡村荘助／別所平七／太田勘右衛門／牧野吉兵衛／牧野善兵衛／稲田佐兵衛／青山清吉」【備考】巻一見返しに「明治九年　玉山堂／青山堂発兌」とある。

小学用文填字法　中本一巻一冊
【著編者】波多野英一【画工】明治九・波多野英一【筆耕】片桐霞峰【奥付等】「明治九年十二月廿日板権免許／編輯人　第五大区六小区下谷南稲荷町五十八番地加納敬慎方寄留　波多野英一／出版人　第一大区十四小区大伝馬町二丁目四番地　大渓平兵衛」【備考】見返しに「東京書肆　文渓堂蔵版」とある。

明治十四年（一八八一）辛巳

暁斎鈍画　初編　横本一巻一冊
【著編者】河鍋暁斎【画工】河鍋暁斎【奥付等】「明治十四年四月廿一日版権免許／同年八月出版／画工　本郷区湯島四丁目二十二番地　東京府平民　河鍋洞郁／出版人　日本橋区通弐町目二十番地　東京府平民　増山尚義／発兌　神田区紺屋町三十五番地　朝野文三郎／大渓平兵衛」

刊年不明

滑稽和合人　二編　中本二巻三冊　滑稽本
【著編者】滝亭鯉丈【序年・序者】滝亭鯉丈【画工】歌川国直【筆耕】滝野音成【奥付等】「江戸書林　馬喰町

二丁目角　西村屋与八／小伝馬町二丁目　丁子屋平兵衛」

松月露談拾遺の玉川　中本三巻三冊　人情本

【著編者】為永春水【序年・序者】清の江津賀女【画工】歌川国直【筆耕】松亭金水【奥付等】「江戸書林　馬喰町二丁目角　西村屋与八／小伝馬町三丁目　文渓堂　丁子屋平兵衛　仝梓」【備考】下巻末に「狂訓亭著編　文渓堂上梓新板目録」あり。

春色鶯日記 四編　中本三巻三冊　人情本

【著編者】為永春水【序年・序者】為永春水【画工】不詳【筆耕】不詳【奥付等】「仝志書林　江州八日市　小杉文右衛門／江戸　大島屋伝右衛門／仝　丁子屋平兵衛／大坂　河内屋茂兵衛」

出像稗史外題鑑　一舗　書目

【著編者】一楊軒玉山【序年・序者】一楊軒玉山【筆耕】千形仲道【奥付等】「東都書賈　蔦屋重三郎／丸屋文右衛門／鶴屋金助／大坂　塩屋長兵衛／江戸小伝馬町三丁目　丁子屋平兵衛」

訂正暦日註解　中本一巻一冊　暦

【著編者】松亭金水【序年・序者】松亭金水【画工】不詳【筆耕】不詳【奥付等】「東都書林　大伝馬町二丁目　丁子屋平兵衛版」【備考】見返しに「嘉永新鐫増補」「東都書房　文渓堂」とある。

増補元三大師御鬮判断鈔　中本一巻一冊　占卜

【著編者】不詳【画工】不詳【筆耕】不詳【奥付等】「東都書林　大伝馬町二丁目　丁子屋平兵衛版」

幼童必読文鴻商売往来　半紙本一巻一冊　往来物

【著編者】不詳【画工】不詳【筆耕】不詳【奥付等】「江戸書林　文渓堂／文鴻堂合梓」【備考】見返しに「安政新刻」「誤字改正　文鴻堂蔵板」とある。

正風遠州流挿花独稽古　小本一巻一冊　花道

【著編者】貞松斎米一馬【序年・序者】文化三・貞松斎米一馬【跋年・跋者】文化三・砕花山人【画工】不詳【筆耕】不詳【奥付等】「文化三丙寅歳春二月／（中略）／江戸書林　本石町二丁目　西村源六／日本橋南二丁目　小林新兵衛／小伝馬町三丁目　丁子屋平兵衛」【備考】求版本。

附　「書林文渓堂蔵販目録」「東都書林文渓堂蔵販中形絵入よみ本之部目録」

「書林文渓堂蔵販目録」および「東都書林文渓堂蔵販中形絵入よみ本之部目録」は、文渓堂丁子屋平兵衛が蔵版した書籍の巻末にたびたび附される蔵版目録である。それぞれ全五丁からなり、前者が読本や随筆類、後者が滑稽本や人情本などの中本類を中心に収録している。だが、版心下部に「目録一（〜五）」（「書林文渓堂蔵販目録」）、「目録六（〜十）」（「東都書林文渓堂蔵販中形絵入よみ本之部目録」）とある。とはいえ、二つの目録が一緒に附されることはほとんどなく、別々となっているのが大半である。

これらの目録については、鈴木圭一「資料報告『書林文渓堂蔵販目録』・『東都書林文渓堂蔵販中形絵入よみ本之部目録』――『増補外題鑑』成立の一過程」（『読本研究』第四輯下套、広島文教女子大学『読本研究』編集部、一九九〇年六月）で詳細な分析がなされている。鈴木氏によれば、目録は天保七年（一八三六）の蔵版状況を示すもので、翌八年正月にはすでに存在していたという。また「書林文渓堂蔵販目録」の内容を増補した上で、天保九年に丁子屋から刊行されたのが、『増補外題鑑』であったことも鈴木氏は指摘している。

「書林文渓堂蔵販目録」および「東都書林文渓堂蔵販中形絵入よみ本之部目録」には、書名や著編者名・画工名だけでなく、梗概が記されたものもある。そのため、丁子屋の蔵版書目だけでなく、それぞれの書籍を知る上でもこれら二つの目録は有用である。

凡例

・「書林文渓堂蔵販目録」は架蔵の為永春水作『藤枝若葉添竹』巻二、「東都書林文渓堂蔵販中形絵入よみ本之部目録」は同巻三に附されたものを底本とした。
・漢字は全て新字とし、平仮名も現行の字体に改めた。
・合字の平仮名は分割し、現行の字体に改めた。
・「ハ」「ニ」は平仮名に改めた。
・一覧性を重視し、配列を一部改変した。本来の配列については末尾の図版を参照のこと。

書林文渓堂蔵販目録　江戸小伝馬町三丁目東側　丁子屋平兵衛

女五経（をんなごきやう）　全本五冊　高井蘭山著
世（よ）に女教（ちよきやう）の書多（しよおほ）しといへども此女五経（このをんなごきやう）にすぎたるものは絶（たえ）てなしいとしき娘御（むすめご）のかたはらにおきて常（つね）によませ給ふ時（とき）

はおのづからよき師匠を頼み給ふにもまして行儀作法はいふもさらなり万わざをおぼへて忠孝全き事を覚ゆる一助也かならず求めて婦女子に教え給ふべし

大平誌　全二冊

草書法要　全二冊

四書字引　小本全一冊

除蝗録　大蔵常永著　全一冊

此書は稲に虫を生ずる事あるをしりぞけるの法をはじめとしておよそ田畑のよく実生べきをしえをくわしくしるしたれば農家にたくはへて重法とすべきものなり

綿圃要務　全二冊

これは綿をつくるの法をくはしくあらはしいまだ綿をつくりたることなき田舎にてもとの法のごとくすれば極上々の綿を生ずること疑ひなしこれまで土地に応ぜずとて綿をつくらぬ畑にもかならずつくりて其妙をしるべし

挿花衣香　初編四冊

同　二編　全四冊

同　三編　全四冊

同　四編　全四冊

同口伝抄　全一冊

右の書は生花一流の大人古今に秀られたる貞松斎米一馬翁のあらはすところにしてさし花の手本にはこれにまされるものなし

挿花独稽古　一冊

同　後編　一冊

同百瓶の図　一冊

古流生花千代の松　全四冊

古今折句　小本六通

筆力士　百々手

三ツ目ぎり　種ふくべ

心葉集　前後

此書はいと久しき世の風体なれば今の俳諧発句の種ともなりまた川柳点の句なんどをよむには人情に通じておもしろ

き句の数多あり

軍書一覧紀略考　両面一枚摺

古今和漢の軍書をのこらずはながみにはさみてまことに軍談の時代を記臆するのたのみとなる調法なり

絵入読本外題鑑　両面摺

ゑいりよみ本をこのみてよみ給ふ人はかならず求めて調法となるなり

骨董集　山東翁京伝著

○初編より五編まで追々出来

そも〳〵京伝先生は戯作者中興の元祖にして一代の著述あげてかぞへがたし其中に此書は翁が年来の随筆にて好古の風雅珍奇妙談かぎりなく古しへの質素または其時代の流行を知り誠におもしろき撰集なり

玄同放言　曲亭大人著

初編より三編まで出来

これは名におふ馬琴先生の随筆なれば自然博覧の珍説多くいまだ和漢の先哲も解ざる書籍の評注なんど丹誠有益いと多し此書を開く看官はいよ〳〵著作堂の号をさとし翁の博文強記をしるべし

擁書漫筆　高田友清著

全本四冊

松の屋大人の随筆はその風調高くして俗には遠き書ぶりなれどもよく〳〵これをあぢはふ時はまた一際おもしろく自然和学の道にもいたるの書といふべし

山東翁栢樹著

越後雪譜　大本　全六冊

この書は北越冬春の間雪中の奇観なる事をあつめ雪舟。ガンシキ。スカリ。スンヘイ。雪下駄などの図説良　賤人々の冬篭する為体大雪吹または雪吹だをれの奇談あるひは縮を織体雪中に鳥獣をとるのからくりをはじめとして霊山名所古戦場までこと〴〵く画図にあらはしたれば京大坂江戸の婦幼はいふもさらなり西南の雪すけなき国の人達は殊に見聞をおどろかす事多しまことに未曾有の珍書なり

絵入読本御伽ぼうこ　全部十巻
これは奇談怪談のはじめにてつれ〴〵をなぐさみはなしをこしらゆるの種となるものがたり多し
◯絵本漢楚軍談　全本十冊　馬琴校合
◯絵本八幡太郎一代記　全五冊
◯絵本将門一代記　同
◯絵本保元平治物語　同
◯絵本義経一代記　同
◯絵本楠二代軍記　同
◯絵本尊氏一代記　同
◯絵本武田一代記　同
◯絵本武王軍談　同
いづれも錦絵ずりの袋入にて御みやげものには第一の品なり

日蓮上人御一代記　元販三冊　増補十二冊
これは高祖大上人の御系図をはじめ諸書を改正して御行状を図絵にあらはしおよそ宗祖の御伝これにつゞくものなしこは文渓堂の元販をもつて増補せられし御寺の蔵板とせらるゝを製本して世に弘むるものなり

荘蝶翁再遊外記　曲亭馬琴著
全五巻
前に発行胡蝶物語の続編にて彼夢想兵衛の年功積りいよ〳〵博識弁明の和漢にならぶ方もなき荘蝶翁は曲亭翁の年を積たる文雅の小説古今にくらぶる類はなし誠に深理醒俗の物語なり

美少年録　曲亭馬琴著　◯絵入よみ本全五冊
同　二編　同
同　三編　同
同　四編　同
冠号を近世説となづけられ奇代の少年が出身を著はして西国諸所の将士の異伝をつゞり勧善止悪の美談巻中の新奇さらに他の読本の及ぶ所にあらず絵もまた細密に彫刻いたつて精製なり

松浦佐用姫石魂録　馬琴作
前後全本十二巻

八丈奇談　曲亭主人　◯全七冊
お駒才三の名をかりて新に説出す因果応報のものがたりは

じめに斎藤道三の伝をあらはし古今無類の奇談なり

侠客伝　曲亭大人著　初編より四編に至る二十巻

三国妖婦伝　高井蘭山輯録　全十五冊

尼子九牛伝　為永春水　松亭金水合作

初編　全五冊

出雲の国富田の城主尼子家の勇士九人の伝をくわしくつゞりし物語二編三編続て出販

曲亭馬琴先生長編美録

南総里見八犬伝　初輯五冊　柳川重信画

同　二編　全五冊
同　三編　全五冊
同　四編　全五冊
同　五編　全五冊
同　六編　全六冊
同　七編　全七冊
同　八編　上帙五冊　下帙五冊
同　九編　上帙六冊　中帙七冊　下帙十冊

右の八犬伝は都鄙遠近の諸君競ひて愛玩し給ふによつて補刻新梓此度益改正して佳紙の製本精工をゑらみ全伝すべて七十二巻ことぐく相揃申候

里見八犬伝　全輯　七十一冊

そもく里見義実と聞えし大将は下総の国結城篭城の義党の中に別て忠勇のこゝろざし勝れしかども幼臣の不運天命力に不及父御のおふせに随ひ結城を落て金沢より安房へ渡海を巻首にしるし纔に主従三人にて功をなし安房上総下総の地をしたがへ五十余城の大守となるの芳名伏姫の孝心神霊と現じ

○犬山道節　○犬塚信乃　○犬飼現八　○犬川荘助
○犬田小文吾　○犬村角太郎　○犬坂毛野　○犬江新兵衛

の八勇俊才を出して里見の家を功業するの奇談その概略をもなかくに書林の口演にはしるしがたく巻を開かせ給ふ人は海内無双のよみ本と知らせ給ふ事なるべし

箭口神霊感得奇聞新田義統功臣録

○前編五冊
○後編五冊
○拾遺五冊

この書は新田義興公の公達徳寿丸南朝の御代一統になさんと謀給ふ忠孝またこれを補佐まいらする功臣の伝あるひは貞女節婦の百切千磨軍師契中の才智敵を破るの計さく且左中将義貞朝臣の老臣篠塚伊賀守千軍万馬をうち破りて後影を隠し有けるが再顕はれて義統公を佐くるの美談万里小路藤房朝臣神仙となり給ひて紫花真人とよばれ給ふの神通すべて南朝を追慕の秋眉を開く快心の物がたりなり

仮名手本後日文章　全五冊

元祖　立川焉馬作

北斎為一画

忠孝潮来武志　全五冊

元祖　焉馬作　北斎画

いたこ節の唱哥にたよりて忠臣孝子の物がたり立川翁一代の妙作古今にならぶ絵本もなからん誠におもしろき趣向なり

綟手摺昔人偶　全五冊

柳亭種彦作
柳川重信画

このよみ本は一家の風をもつてつゞられし新趣向山東曲亭の右にいづべき珍書なり

濡燕栖傘雨談　前後五冊 後編五冊

墨川亭雪麿作
柳川重信画

不破と名古屋の故事をまた新らしくつゝりかへて趣向は山東の珍奇にもとづき文は曲亭の筆意をまなび近来稀なる著述にて馬琴翁の閲し給ひて序言をさへ加へられたるよみ本なればかならずよませ給へといふ

水滸太平記　八島定岡著

初編五冊　二編五冊

こは水滸伝のしゆかうをもつて太平記の世界にうつし影を直身のならぶごとくつゞり合せし物がたりいと〳〵おもしろきよみ本なり　三編五冊出来

飛田匠物語　全六冊

六樹園先生著編

葛飾北斎大人画

世の人口に伝はりし左甚五郎の故由にならひ番匠の巧をもて人のいのちをすくひし事または唐国の人と大工の業をくらべて其奇巧を感ぜしめ其外匠工の故実番匠といふわけに

いたるまでくわしくしるし且むさしの国竹芝の故事更科日記の雅東より上りて大内の衛士をつとめし男の姫宮を具して下りしはなし芝聖坂の由来またその衛士が飛田の匠の徳によりてすへ〴〵めでたく栄ゆるの奇談文は名におふ六樹園の筆なれはならぶ方もなきよみ本のつかさと云べし

大内興立十杉伝　為永春水案　松亭金水筆

初編より四編にいたつて二十冊

先年より売出して世に伝ふ

十杉伝第五編　全五冊

狂訓亭春水真作

十杉伝第六編　上帙四冊　下帙四冊

第五編より六編の結びにいたるの十三冊は前に発行二十巻の麁漏を恥て狂訓亭自ら稿本を丹誠したれば画工筆耕ことゞ〳〵く書林も精工をゑらみ佳紙をもて摺出し製本もつとも美をつくせり　全三十三巻

絵本東嫩錦　全五冊

小枝繁大人著

これは東の仇討にて多く実録にもとづきたれば例のよみ本とはおなじからず古風にして人情にかなふの作意なり

田家茶話　全本五冊

これは近代の実説にて神祇釈教霊応奇験孝子忠良の奇談をあつめ児女教訓の一助ともなりて亦つれ〴〵をなぐさむるの珍説なり

遠山奇談　全本八冊

東都書林文渓堂蔵販中形絵入よみ本之部目録

大山道中膝栗毛　滝亭鯉丈作　初編二冊 二編二冊 三編二冊

歌川国直画

閑談春の鶯　初へん三冊 二へん三冊 三へん三冊　雪麿作

寒の紅丑の日待　全三冊　振鷺亭作

恐可誌　東里山人校合 歌川国貞画　前編三冊 後編三冊

恋の若竹　初編三冊 二編三冊 三編三冊　二代目一九作

女実語教　前編三冊 後編三冊　金水作 春水作

滑稽和合人　滝亭鯉丈作 初編より三編まで

はらをかゝゆるおかしきよみ本

虎の尾さくら　全三冊　墨川亭作

むら咲草紙　全三冊　東里山人作

おそめ久松艶の油屋　前編三冊 後編三冊　鯉丈作 東里作

恋の花染　初編三冊二編三冊三編三冊　金水作

時雨の袖　全本九冊　五代目瀬川路考作

玉川日記　初編三冊　為永春水作

玉川日記　二編三冊　為永門人駅亭駒人校

玉川日記　三編三冊　為永門人多満人補校

玉川日記　四編三冊　松亭金水校

玉川日記　五編三冊　松亭金水校

拾遺の玉川　前編三冊　狂訓亭真作

拾遺の玉川　後編三冊　狂訓亭真作

右玉川日記全本七編二十一冊此度麁漏を改め製本念入さし

上申候

廓の桜　初編三冊　東里作

さとの桜　二編三冊　同作

さとの桜　三編三冊　同作
若むらさき　初編三冊
同二編　三冊
同三編　三冊
同四編　三冊
沖津白浪　全三冊　鶴屋南北作　歌川国貞画
明烏後正夢　初編三冊　楚満人　鯉丈作
同　二編　全三冊　楚満人作
同　三編　全三冊　楚満人作
同　四編　全三冊　門人駒人作
同　五編　全三冊　門人駒人作
明烏寝覚繰言　楚満人門人連中著
初編より四編まで十二巻
同　五編　全三冊　楚満人改狂訓亭校正
近日出来

同　発端　全三冊　松亭金水作
全本三十三巻ことゞく出来仕候
三人娘　初編三冊
南仙笑楚満人稿
門人駅亭駒人作
これは三人の娘のうきしづみをかきつゞりてむすめごたちをきやうくんするいとおもしろき中本也
二編　三編　四編　全本十二冊
永代かゞみ　中形よみ本　六冊
世にしられたる紀伊国や文左衛門の伝をくわしくつゞりあらはしたる実録にて奇談珍説かぎりなくねむりをさます物がたりなり
園の雪三勝草紙　全六冊　楚満人作
半七三勝お園の人情をいとおもしろくつゞりたり
妙智力　全九冊　東里山人
娘ぢん孝記　全九冊　桃山人作

双髪満久羅　全本三冊

春駒駅談　前編三冊 後編三冊　柳亭門人作 松亭金水作

お玉が池　初編三冊　東山山人作

同　二編　三冊

同　三編　三冊

浮世風呂　初編より四編にいたる　三馬先生作

人情を穿て教訓となるまことに奇代滑稽いにしへより今にいたるまで是につゞくものなし

恋の宇喜身　松亭金水作

初編三冊　二編三冊　三編三冊

箱根霊験の浄るりを翻案して三千助初花が名を仮ても九十九館の段の外いさゝか浄るりの趣向を借ず浮世の人情邪正を穿ちてよく勧善の一助となすべし児女達に見する時は孝貞の志しに自から移らしむべし

松竹梅三重盃　南仙笑楚満人著

前後六巻

同拾遺　楚満人改　狂訓亭作

前後六冊

笠森お仙のものがたり哀れにおかしき古今奇談なり

善悪表裏人心覗機関　増補再版初編三冊

故人本町庵三馬著

歌川国直画

人の心の裏表世事でまろめた人情を穿ちさぐりし古今の貫通一度これを読ときは万端にゆきわたり帳台にかしづきて在貴人といへども下情を知るの一助となり野暮を忽ちに好風と変ず竹田も及ばぬ早がはり胸のからくりおもしろき奇妙の細工と是をいふべし

同　二編覗機関　全三冊

こは殊さらに新しく覗て見たる人心当世女の人情をうがち貫たる仇ものがたり好風にしてよく教訓となる一流の新板なり

藤枝恋の柵　楚満人稿 駒人執筆

初編三冊

藤枝紫後咲　同断　全三冊

同　三編　同断　全三冊

傾城早衣の素性より喜之助の実意をはじめ八文舎の古風にたよりて田舎道より解いだして直に繁華の廓にいたり彦三小金の伝をまじえいとおもしろく書つなぐ藤の花ぶさながぐはなしもしばらく中絶したるを文渓堂の丹誠に亦もさかりの色をあらはし新に根わけの莟を出させ添竹の棚に満花を見せんと次に外題をあらはしたり

恋の柵第四輯

藤枝若葉添竹　全六冊

狂訓亭為永春水作

柳烟楼歌川国直画

初二三の時代とは十有五年の流行ちがひ今にいたりて書つげば花の添竹古きをばとりて捨たき條下も多くあれどさすがに其枝葉に疵をつけんもいかゞなれば彼三編のよみ切よりくたくしきを略してかたづけ今様ごのみの好風になしし趣向も目前もことぐく続編ならぬやうにもあらんかされど過にし門人等が筆になれてはなかくにはづかしければ先非を悔みわけて心を用ひたる老木の用心新葉の添竹まづやしなひに念をいれたるを見給へかしと願ふになん

吾妻婦女八景名所　全六冊　為永春水校合　為永春蝶稿本

尾張の国なる山鳥山人東都旅寝をなせしころつれぐに戯作をたのしみ狂訓亭の門人となり中の郷偶居のうちつゞりならべし女八景師匠もおよばぬ人情の極意古今稀代の新板なり

花の志満台　松亭金水作　歌川国直画

初編より四編に至る全本十二冊

艶道通鑑に基きて貧家の孝女父の為にまだ踏も見ぬ道芝の露わけ衣片敷て情を鬻く辻君と思ひ発せし心の不便さ加之百切千麿の辛苦をかさねて唄女となり名をも小春と喚かへてやうく想ひ思ふたる男と添寝の本意を遂る一伍一什の物がたり今観るやうに綴たり

歌舞伎織糸廼調　初編三冊

業亭行成作

これは浄留理芝居の俤をかりてまた当世人情の風態にうつしたれば袖乞の浪人に立派なる本名あり紅丈長の姫君化粧を新藁をかけた嶋田に直し借金乞の手詰より身売の愁歎忠義の辛苦時代を世話の物がたり例の中形本とかはりて顔見世狂言を見る如くいとおもしろきおもむきをしるしたり

伊都埜志良辺　二編　三冊
糸の志羅辺　三編　三冊
業亭行成作
狂訓亭校合
さて此二編三編は初編の野暮な風俗言葉を今様にとりなをし狂言の作意なる文段を除れんとつゞりたればいさゝか前編にうつりのわるき趣向もあれど画作製本の美なる事丹誠にしてこと〴〵く念を入れておもしろき事よみかけては眼をはなすことならざる程に佳境あり此六冊の上本となりしより上段にしるせし初編まで画を彫かへて改訂し三編花美に揃ひて全部九冊満尾出来仕候

日本国事考　ひらがな絵とき　中形本三冊
児女童蒙に日本国中の事をはやく覚へさする早教の重法すべて日用の文字その外思ひよらぬ事をもしるの珍書なり

秋色艶麗　処女七種　初編三冊
狂訓亭主人為永春水著
巻首画に秋の七草をゑがきそれに見立し風俗の乙女を七人撰みならべて実にもそれぞとうつしたる渓斎英泉が筆意の玄妙されども作はなか〳〵に紙数の定まり有て思ふまゝにはつゞり難かりそは看官の心を以て萩に桔梗に朝白と察してよみわけ給ひなば一個の乙女が種々に見立らるべき其為にとて京都の乙女までをあらはしたればなか〳〵に楽しみ深くひゐきの人のよりつどひて彼これ評判給はるべきか殊さら新板の第一といふべし

処女七種第二輯　三冊
為永春水著
これは初編に猶まさりて人情の極意を尽し京と江戸との女の意気地たがひに男を思ふ同志のおもむきを穿りてしるす

処女七種第三輯　三冊
乙女七草第四輯　三冊
全本すべて十二巻こと〴〵く著述出来いたし候へば次第の続編一年を越ず製本出来追〳〵にうりいだし不残揃ひ候へば何卒よろしく御評判下され御高覧の程四方の御ひゐき連中へひとへに願ひ上たてまつり候

初編全本三巻
風月

花情
春
告
鳥

狂訓亭　為永春水作
柳烟楼　歌川国直画

世に流行中形よみ本寛政の末年より年〳〵に出販して
奇談珍説いと多く佳紙上製なせしもの数百余部にいたりわ
けて為永作の新板前代未聞の善美を尽せり其中に此春告鳥
は四十余年以来稀なる極製の上本なり

春告鳥第二編　三冊　うり出し申候
春告鳥第三編　三冊　うり出し申候
春告鳥第四編　三冊　出来

金龍山人　為永春水作

そも〳〵この春告鳥は外題のごとく其音色もわけてやさし
き女をゑらみ殊にはいつもありそふなるすじをつゞりて似
たりしといふ場をのがれて新しく工夫をこらせし古今の
妙作海内万巻の中本あれどもこれにくらぶる人情物はたへ
てなし四方の諸君必ずも見落し給ふことなかれ実に無類の
趣向也と板元にかはりていふものは

狂訓亭門人
為永春蝶述

南総里見軍記　絵入大本　全五冊　南総隠士東陽斎輯録
この軍書は里見家代々の武功をあらはし安房上総下総に
勇猛の籏下を随へ五十余箇城の大守と仰がれ関東の豪傑
忠臣孝子を招くの美談名所古跡をくわしくさぐり求め好古
のたよりともなる実録の絵本なり

〇神書　〇倭書　〇儒書　〇仏書　〇医書　〇農業の書
〇歌書　〇俳諧の書　〇道学　〇女教　〇往来文章物等
品々
〇和漢軍書　〇通俗もの　〇絵本るい　〇貸本向軍書または仇討もの奇談
怪談の写本るい新本古本しな〳〵

古本売買　江戸小伝馬町三丁目東側中程　書物問屋　文渓
堂　丁子屋平兵衛

書林文溪堂蔵販目録　江戸小傳馬町三丁目東側　丁子屋平兵衛

女五經　全本五冊　高井蘭山著

世に女教の書多しといへども此女五経にすぐる[illegible]

太平誌　全二冊

草書法要　全二冊

四書字引　小本全一冊

除蝗録　大蔵常永著　全一冊

此書は稲に虫を生ずる[illegible]田畑の[illegible]農家にたくはへ[illegible]重法とすべきものなり

綿圃要務　全二冊

[illegible]

目録　一

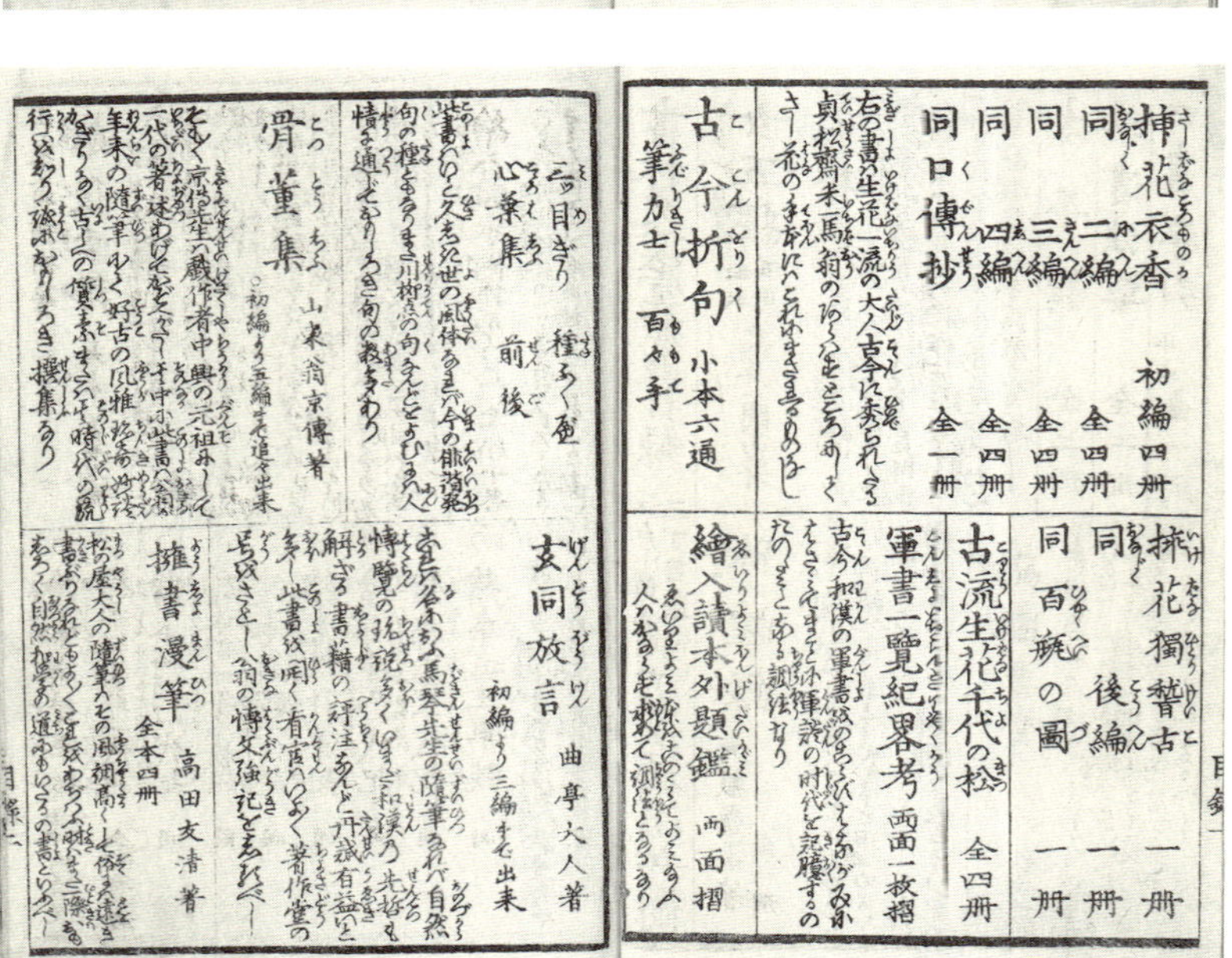

二ッ目ぎり　種ふく面　心葉集　前後

此書は[illegible]世の風体[illegible]今の俳諧[illegible]句の種と[illegible]川柳点の句[illegible]情を通じて[illegible]句の教[illegible]

骨董集　山東翁京傳著　○初編より五編まで追々出来

[illegible]

玄同放言　曲亭大人著　初編より三編まで出来

[illegible]博覧の[illegible]書籍の評注[illegible]

擁書漫筆　全本四冊　高田文清著

[illegible]

目録　二

挿花衣香　初編四冊

同　二編　全四冊

同　三編　全四冊

同　四編　全四冊

同　口傳抄　全一冊

右の書は生花一流の大人古今に[illegible]

古今折句　小本六通　筆力士　百々手

挿花獨稽古　一冊

同　後編　一冊

同　百瓶の圖　一冊

古流生花千代の松　全四冊

軍書一覧紀畧考　西面一枚摺

古今和漢の軍書[illegible]時代を記臆するの[illegible]

繪入讀本外題鑑　両面摺

[illegible]

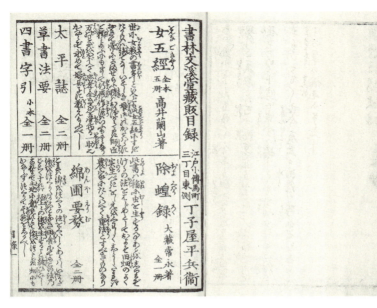

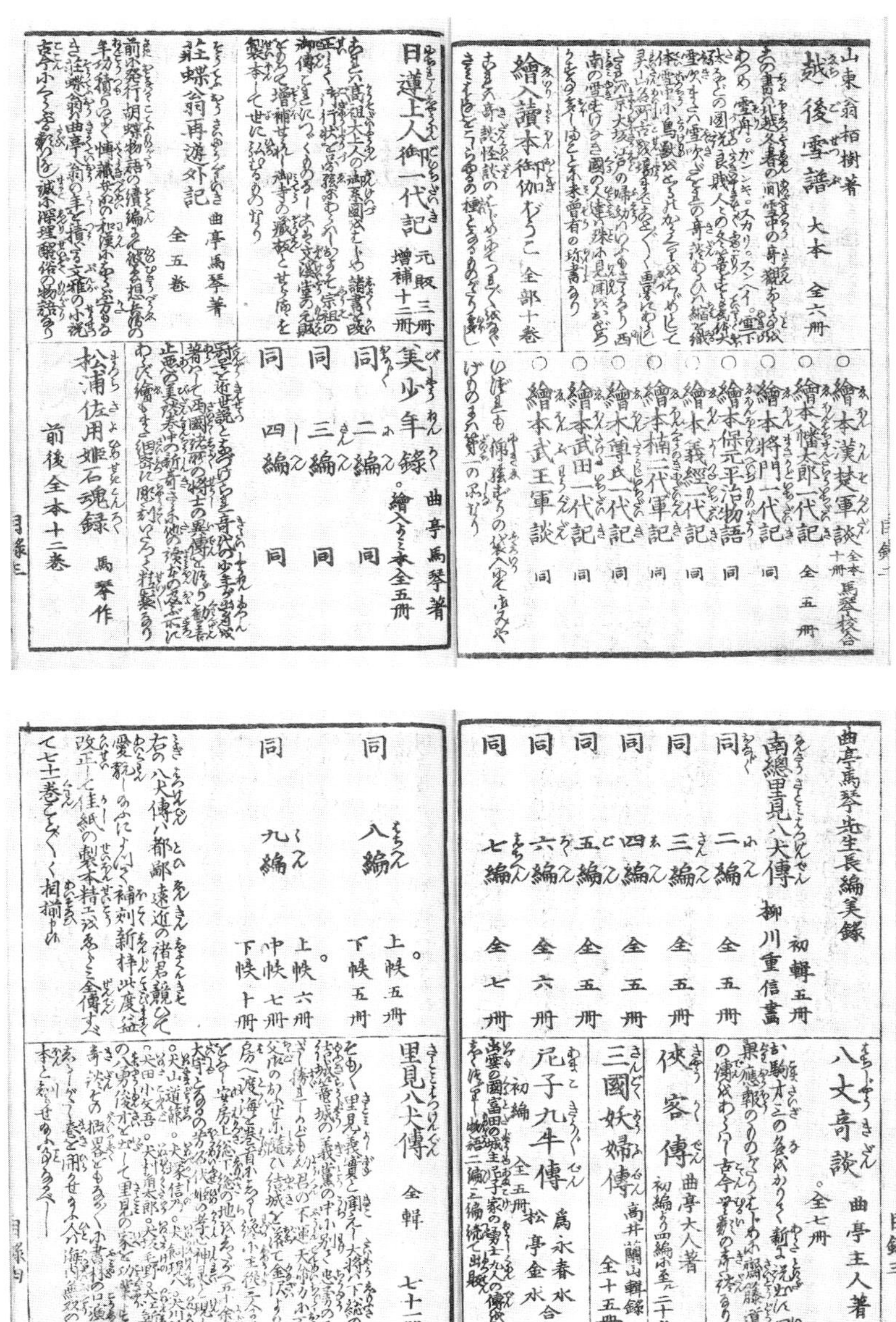

前日神霊
感得奇聞
新田義統功臣録
○前編 五冊
○後編 五冊
○拾遺 五冊
[illegible]

假名手本後日文章
元祖 立川焉馬作
北斎為一画
全五冊

忠孝潮来武志
元祖 焉馬作 北斎画
全五冊
[illegible]

綟手摺昔人偶
柳亭種彦作
柳川重信画
全五冊
[illegible]

濡燕栖傘雨談
前編五冊
後編五冊
墨川亭雪麿作
柳川重信画
[illegible]

飛田匠物語
六樹園先生著編
葛飾北斎大人画
全六冊
[illegible]

水滸太平記
八島定岡著
初編五冊 二編五冊
[illegible]
三編五冊出来

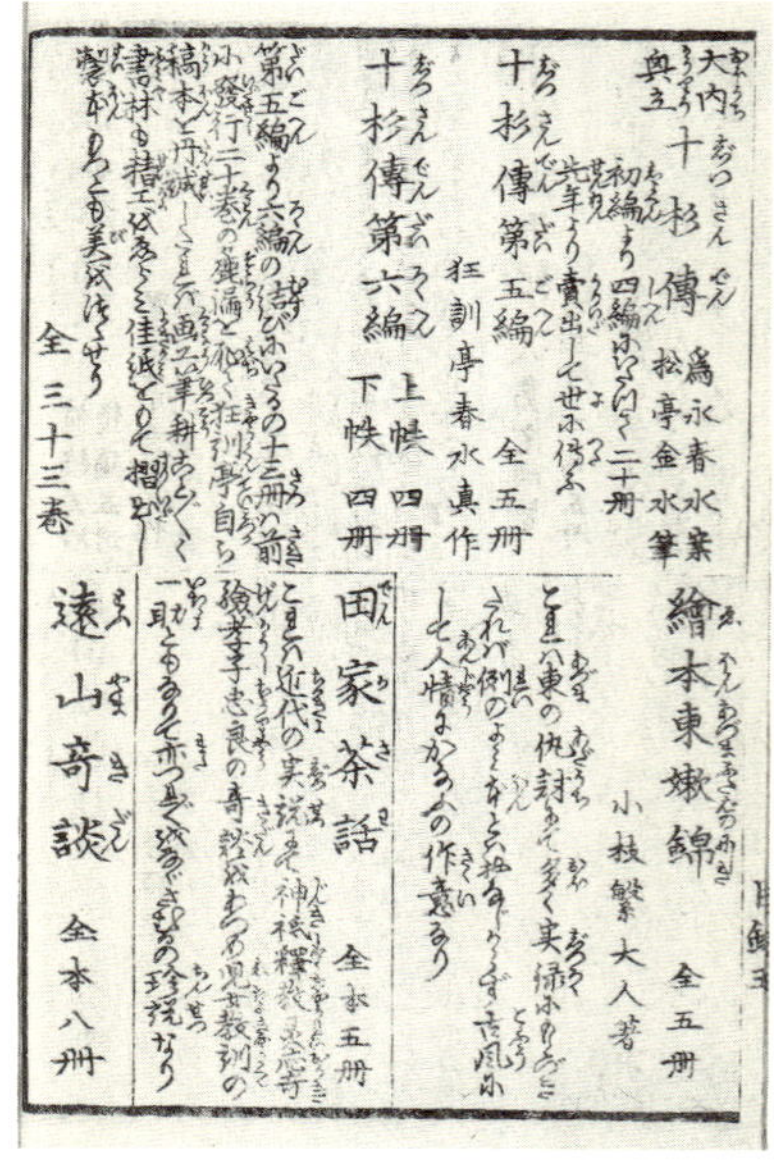

大内與五十杉傳
為永春水案
松亭金水筆
初編より四編にいたる二十冊先年より売出して世に行はる

十杉傳第五編
狂訓亭春水真作
全五冊

十杉傳第六編
上帙四冊
下帙四冊
[illegible]

全三十三巻

繪本東嫩錦
小枝繁大人著
全五冊
[illegible]

田家茶話
全本五冊
[illegible]

遠山奇談
全本八冊

狂訓亭爲永春水翁新著　文溪堂所藏

春告鳥　歌川國直画　[illegible]　中本の第一とや云べし

籬の梅　歌川國直画　[illegible]

梅乃春　歌川國直画　[illegible]

日本一美艶仙女香　[illegible]　坂本氏

東都書林文溪堂藏販中形繪入よミ本之部目録

大山道中膝栗毛　瀧亭鯉丈作　初編二冊　二編二冊　三編二冊

閑談春の鶯　歌川國直画　初へん二冊　二へん三冊　三へん三冊　雪麿作

寒の紅梅日待　全三冊　振鷺亭作

恐可誌　東里山人校合　歌川國貞画　前編三冊　後編三冊　一九作

戀の若竹　初編三冊　二編三冊　三編三冊　二代目一九作

女寶語教　前編三冊　後編三冊　金水作　春水作

滑稽和合人　瀧亭鯉丈作　初編より三編まで　[illegible]

虎の尾さくら　全三冊　墨川亭作

むら咲草紙　全三冊　東里山人作

艶の油屋　前編三冊　後編三冊　鯉丈作　東里作

戀の花染　初編三冊　二編三冊　三編三冊　金水作

時雨乃袖　全本九冊　五代目瀬川路考作

玉川日記　初編三冊　爲永春水作

玉川日記　二編三冊　爲永門人　驛亭駒人校

玉川日記　三編三冊　爲永門人　多満人補校

玉川日記　四編三冊　松亭金水校

玉川日記　五編三冊　松亭金水校

拾遺の玉川　前編三冊　狂訓亭眞作

拾遺の玉川　後編三冊　狂訓亭眞作

右玉川日記全本七編二十一冊　[illegible]

郷の櫻　初編三冊　東里作

さとの櫻　二編三冊　同作

はつれ櫻　三編三冊　同作

若むらさき　初編　三冊

同　二編　三冊

同　三編　三冊

同　四編　三冊

沖津白浪　全三冊　鶴屋南北作　歌川國直画

明烏後正夢　初編三冊　楚満人　鯉丈作

同　二編　全三冊　楚満人作

同　三編　全三冊　楚満人作

同　四編　全三冊　門人　駒人作

同　五編　全三冊　門人　駒人作

明烏の覚書　初編より四編まで十二巻　楚満人門人　連中著

同　五編全三冊　狂訓亭校正

同　發端全三冊　松亭金水作

全本三十三巻　[illegible]

三人娘　初編三冊　南仙笑楚満人編　門人　驛亭駒人作

二編　三編　四編　全本十二冊

永代かゞみ　中形よみ本　六冊

園の雪三勝草紙　全三冊　楚満人作

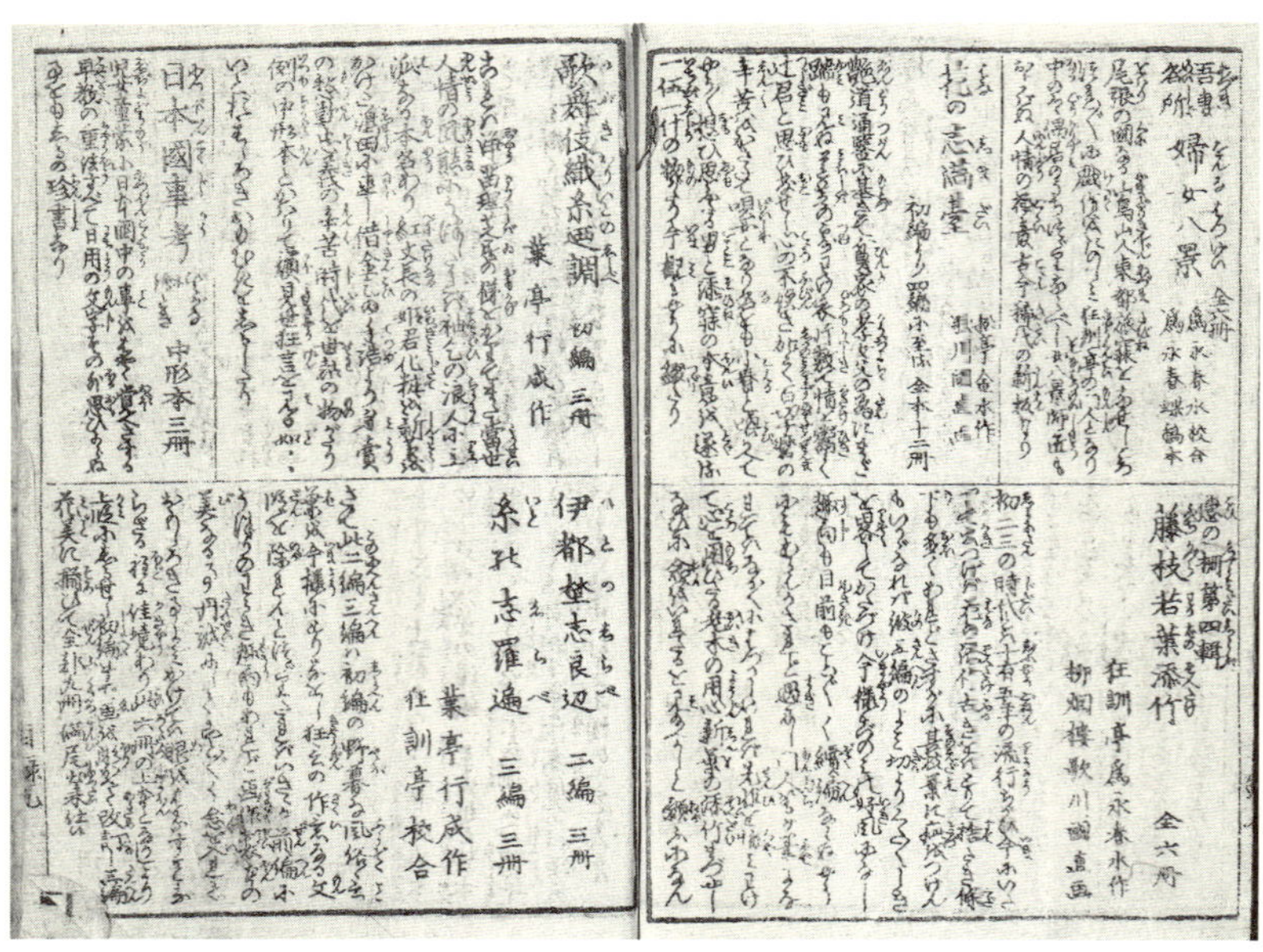

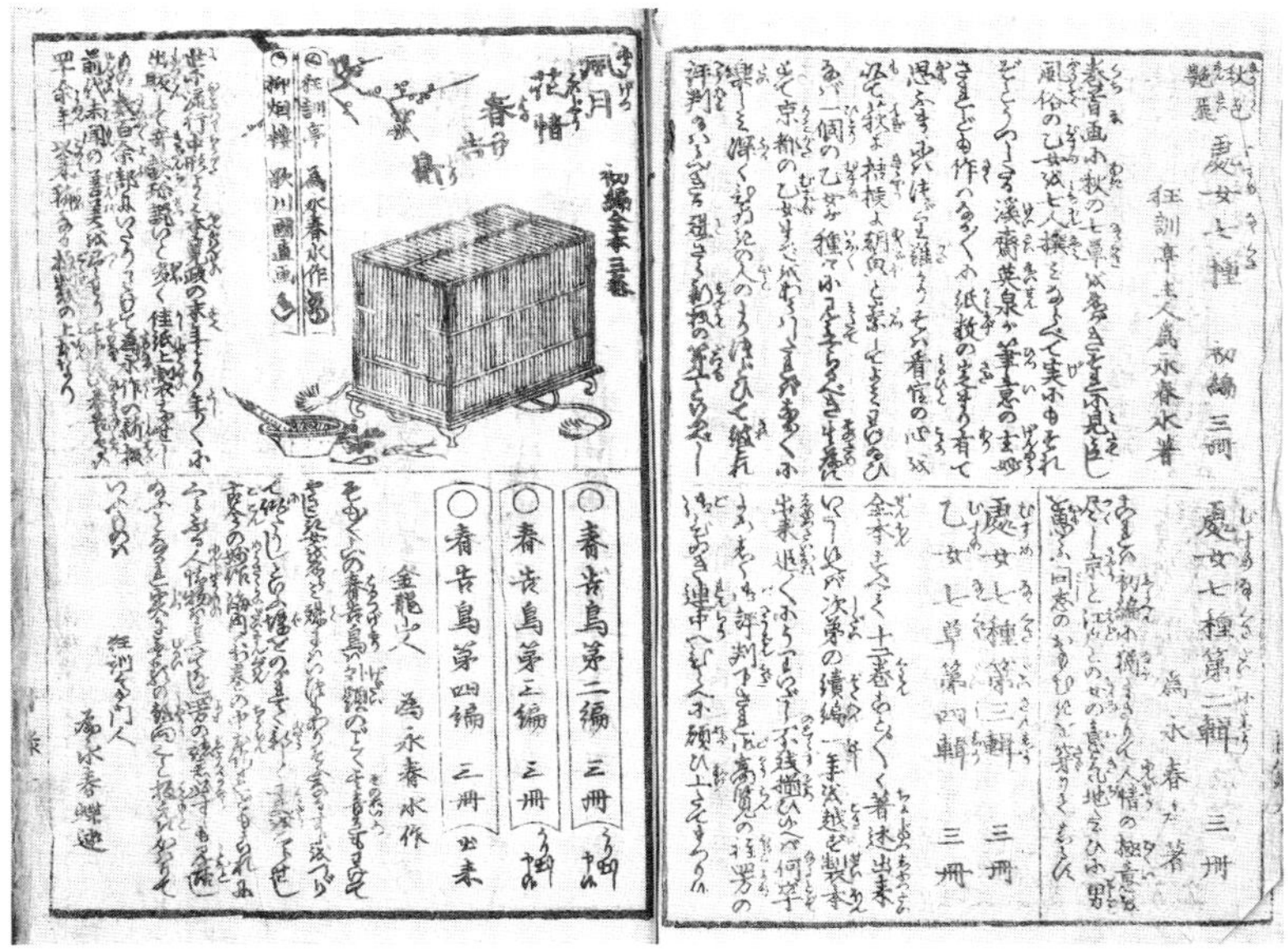

艶題 処女七種 初編 三冊
狂訓亭主人 為永春水著

処女七種第二輯 三冊
為永春水著

処女七種第三輯 三冊

乙女七草第四輯 三冊

風月花情 春告鳥 初編全本三巻
狂訓亭 為永春水作
柳烟楼 歌川国直画

春告鳥第二編 三冊

春告鳥第三編 三冊

春告鳥第四編 三冊 出来

金龍山人 為永春水作

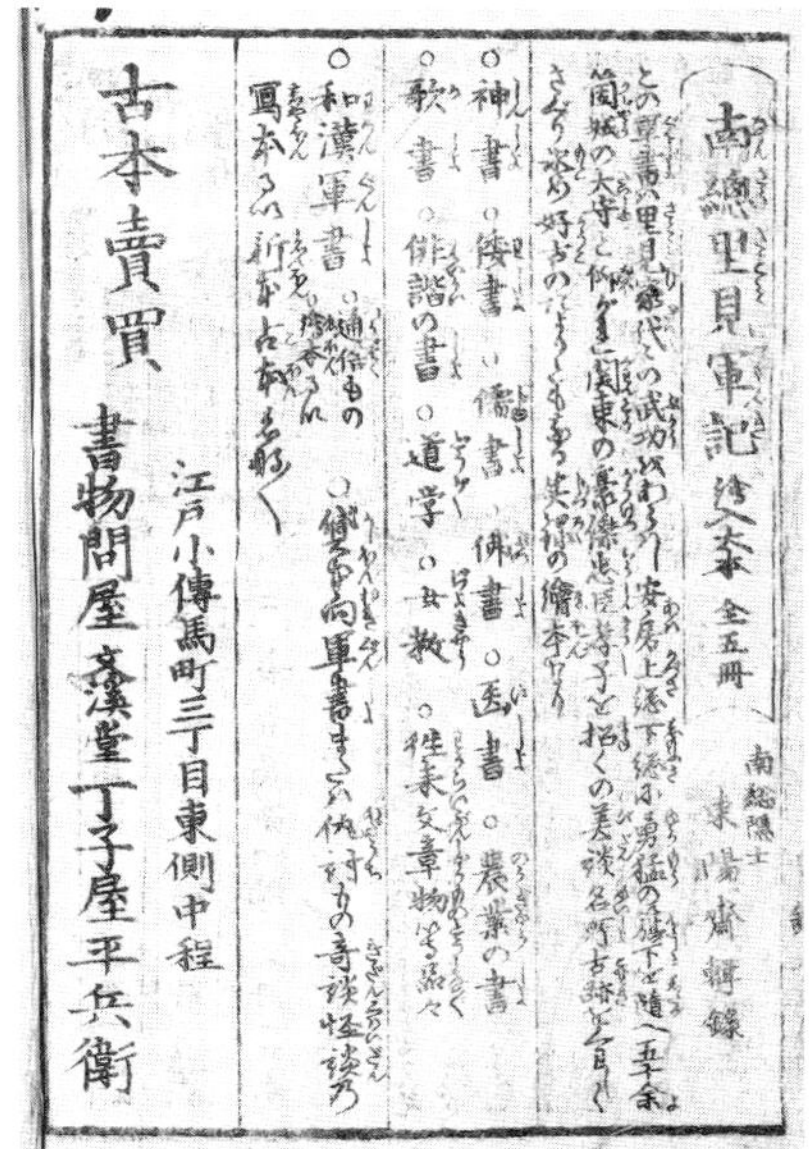

南総里見軍記 絵入本 全五冊
南総隠士 東陽斎 輯録

○神書 ○儒書 ○佛書 ○医書 ○農業の書
○歌書 ○俳諧の書 ○道学 ○女教 ○往来文章物品々
○和漢軍書 ○通俗もの
写本并に新本古本品々

古本賣買
江戸小傳馬町三丁目東側中程
書物問屋 文溪堂 丁子屋平兵衛

第二章　大島屋伝右衛門出版書目年表稿

附「書林文永堂蔵販目録」

大島屋伝右衛門は、江戸（東京）の書肆。堂号は文永堂。書物問屋・地本草紙問屋を兼ねる。姓は武田。明治以降は「武田文永堂」「文永堂書店」とも称している。

初代伝右衛門は、生年に加えて出自や経歴についてもわかっていない。しかしながら、初代丁子屋平兵衛と同様、当初は貸本業を営んでいたものと考えられる。文化十二年（一八一五）に刊行された米々斎赤須賀米作『御利生正札附千社参』初編（和泉屋市兵衛・三崎屋清吉・中村幸蔵との相版）が最初の出版物。四年のときを経て、文政二年（一八一九）に古今亭三鳥作『籠細工はなし』（丸屋文右衛門・加賀屋佐兵衛との相版）、同三年に滝亭鯉丈作『花暦八笑人』を刊行した後、文政四年から本格的に出版活動を展開していく。所在地は京橋弥左衛門町。貸本向けの書籍、とりわけ滑稽本や人情本をはじめとする中本を多数出版する。附録した「書林文永堂蔵販目録」には計四十二の書籍が掲載されている。天保の改革に際して処罰を受け、大きな損害を被りながらも、大島屋を存続させる。安政三年（一八五六）五月十八日没。

二代目伝右衛門は、初代の実子。幼名は「安次郎」。丁子屋平兵衛のもとで奉公した後、初代が亡くなった安政三年五月に二代目伝右衛門となる。明治期に代替わりし、自身の長子である政吉（正吉）を三代目伝右衛門としたようだが、彼が早世した後に再び大島屋の経営に携わることとなる。明治以降の所在地は弥左衛門町四番地あるいは十三番地。大正九年（一九二〇）七月没。次子は八代目雁金屋清吉。
三代目伝右衛門は、二代目の長子。通称は「政吉（正吉）」。初代大川屋錠吉と同時期に八代目浅倉屋久兵衛のもとで奉公した後、三代目伝右衛門となる。セドリの組合にも属するだけでなく、外神田仲町の青柳亭で古書市を主催するほど、業界内では知られた存在だったようである。明治年間中に亡くなったものと思われる。
大島屋は、二代目伝右衛門の死とともに大正九年に廃業した。

凡例

一、文永堂大島屋伝右衛門が出版に携わった書籍のうち、現段階で確認できたものを年代順に記載した。
一、大島屋が求版した書籍についても、その年代の明らかなものは記載した。
一、書名ごとに立項し、判型・員数・分類に加え、書誌事項を次の項目に従って示した

【著編者】…著者・編者・校閲者等を通行の名に改めて示した。

【序年・序者】…序文の記された年・序文を記した人物を示した。また、序文が複数ある場合は、①・②・③とそれぞれ項目を設けた。

【跋年・跋者】…跋文の記された年・跋文を記した人物を示した。

【画工】…通行の名に改めた画工名を示した。

【筆耕】…通行の名に改めた筆耕名を示した。

【奥付等】…刊記・奥付を抜粋した。刊記・奥付を確認できていない場合は「未見」とした。

【備考】…特記すべき事項を示した。

一、【序年・序者】【跋年・跋者】【画工】【筆耕】【備考】の項目は、該当する書誌事項がない場合は省略した。
一、明治以降は基本的に分類の項を省略した。

文化十二年（一八一五）乙亥

御利生正札附千社参 初編　中本二巻二冊　滑稽本
【著編者】米々斎赤須嘉米【序年・序者】①振鷺亭②文化十二・米々斎赤須嘉米【画工】歌川国芳【筆耕】不詳【奥付等】「文化十二乙亥歳正月発兌／江戸書賈　和泉屋市兵衛／三崎屋清吉／中村屋幸蔵／大島屋伝右ェ門梓」【備考】見返し・口絵には「江戸書賈　文耕堂梓」「板元文耕堂」とそれぞれある。

文政二年（一八一九）己卯

籠細工はなし　中本一巻一冊　咄本
【著編者】古今亭三鳥【序年・序者】①式亭三馬②古今亭三鳥【画工】不詳【筆耕】不詳【奥付等】「江戸書房　弁けいはし　丸屋文右衛門／としま町　加賀屋佐兵衛／やざへもん町　大島屋伝右衛門」【備考】宮尾しげを編注『東洋文庫一九六　江戸小咄集』二（平凡社、一九七一年）による。

文政三年（一八二〇）庚辰

花暦八笑人 初編　中本二巻二冊　滑稽本
【著編者】滝亭鯉丈【序年・序者】琴通舎英賀【画工】渓斎英泉【筆耕】不詳【奥付等】未見

文政四年（一八二一）辛巳

斯波遠説七長臣　半紙本五巻六冊　読本
【著編者】梅暮里谷峨【序年・序者】文政三・鳥有山人【画工】歌川国直・渓斎英泉・直繁・国雪【筆耕】田中正蔵・島田道友【奥付等】「大坂書房　心斎橋筋唐物町　河内屋太助／久太郎町北江入　河内屋平七／京都書房　寺町錦上ル　伏見屋半三郎／江戸書房　人形町通乗物町　鶴屋金助／日本橋砥店　大坂屋茂吉／橘町二町目　越前屋長次郎／弥左ェ衛門町　大島屋伝右衛門」【備考】大坂本屋仲間記録「出勤帳」文政四年十一月廿日の項に「同人（松永注　河内屋太助）ゟ、斯波遠説七長臣出本持参、添章認置」（大阪府立中之島図書館編『大坂本屋仲間記録』第三巻、清文堂出版、一九七七年）とあることから、藤沢毅氏は本書の刊年を文政五年としている（『翻刻斯波遠説七長臣』尾道市立大学芸術文化学部日本文学科近世

文学原典講読ゼミ、二〇一八年）。だが、文政五年の刊記を持つ本を確認できない以上、本書の刊年は文政四年とすべきであろう。

奇談園の梅　半紙本五巻五冊　読本

【著編者】梅園主人【序年・序者】文政四・梅園主人【画工】渓斎英泉【筆耕】不詳【奥付等】「文政四巳年季秋／江戸書房　人形町通乗物町　鶴屋金助／弥左ェ門町　大島屋伝右衛門」【備考】雲府観天歩作『邂逅物語』（寛政九年刊）の改題改修本。

花暦八笑人 二編　中本二巻二冊　滑稽本

【著編者】滝亭鯉丈【序年・序者】①文政四・大八海老人②文政四・滝亭鯉丈【画工】渓斎英泉【筆耕】不詳【奥付等】未見

生死流転玉散袖　中本三巻五冊　人情本

【著編者】東里山人（鼻山人）【序年・序者】文政四・東里山人（鼻山人）【画工】渓斎英泉【筆耕】不詳【奥付等】「文政四辛巳歳春発兌／東都書肆　鶴屋金助／大阪屋茂吉／加賀屋佐兵衛／大島屋伝右衛門梓」【備考】下巻末に「文永堂蔵版目録」を備える。

人生栄枯松の操物語　中本三巻三冊　人情本

【著編者】一筆庵主人【序年・序者】文政三・一筆庵主人【画工】渓斎英泉【筆耕】不詳【奥付等】「文政四辛巳歳孟春／江戸書賈　神田弁慶橋　丸屋文右衛門／同豊島町　加賀屋佐兵衛／京橋弥左ェ門町　大島屋伝右ェ門版」【備考】下巻末に「文永堂新鐫目録」を備える。

文政五年（一八二二）壬午

木曽義仲鼎臣録 初編　半紙本五巻五冊　読本

【著編者】瀬川如皐【序年・序者】①文政五・散木居士②文政五・瀬川如皐【画工】渓斎英泉【筆耕】藍庭晋米・田中正造・千形道友【奥付等】「文政壬午陽旦発行　同志東都書房　馬喰町　永寿堂　西村屋与八／乗物町　双鶴堂鶴屋金助／通油町　仙鶴堂鶴屋喜右衛門／日本橋　文魁堂　大坂屋茂吉／長者町　連玉堂加賀屋源助／弥左衛門町　文永堂大島屋伝右衛門／新泉町　文亀堂　伊賀屋勘右衛門／松坂町　平林堂　平林庄五郎／小伝馬町　文渓堂丁子屋平兵衛／（中略）／文政五年壬午閏正月発鬻　江戸書房　青林堂越前屋長次郎」

玉菊全伝花街鑑　中本三巻三冊　人情本

【著編者】鼻山人【序年・序者】文政五・鼻山人【画工】渓斎英泉【筆耕】不詳【奥付等】未見

文政六年（一八二三）癸未

相馬将門総猨僣語　半紙本五巻五冊　読本

【著編者】瀬川如皐【序年・序者】文政五・為一陳人【画工】渓斎英泉【筆耕】滝野音成・千形道友・田中正道【奥付等】「文政六稔癸未春正月発兌／新春喜慶六言利市／東都書肆　耕書堂　蔦屋重三郎／青林堂　越前屋長次郎／木蘭堂　榎本平吉／双鶴堂　鶴屋金助／文渓堂　丁子屋平兵衛／平川館　伊勢屋忠右衛門／文永堂　大島屋伝右衛門／永寿堂　西村屋与八郎」【備考】奥付の「文政六稔」を「文政七稔」とするものもある。

花暦八笑人　三編　中本二巻二冊　滑稽本

【著編者】滝亭鯉丈【序年・序者】駅亭駒人【画工】渓斎英泉【筆耕】不詳【奥付等】未見【備考】上巻に「文永堂開販目録」を備える。

滑稽和合人　初編　中本三巻三冊　滑稽本

【著編者】滝亭鯉丈【序年・序者】渓斎英泉【画工】渓斎英泉【筆耕】不詳【奥付等】「文政六癸未年正月吉日発行／人形町乗物町　双鶴堂　鶴屋金助／橘町二丁目　青林堂　越前屋長次郎／馬喰町二丁目　永寿堂　西村屋与八郎／小伝馬町三丁目　耕書堂　蔦屋重三郎／京橋弥左衛門町　文永堂　大島屋伝右ェ門／小伝馬町三丁目　文渓堂　丁子屋平兵衛」【備考】上巻に「諸先生著編文渓堂開版目録」を備える。

契情意味張月　前編　中本三巻三冊　人情本

【著編者】鼻山人【序年・序者】文政六・鼻山人【画工】渓斎英泉【筆耕】不詳【奥付等】未見

契情意味張月　後編　中本三巻三冊　人情本

【著編者】鼻山人【序年・序者】鼻山人【画工】渓斎英泉【筆耕】不詳【奥付等】未見

文政七年（一八二四）甲申

花暦八笑人　三編追加　中本二巻二冊　滑稽本

【著編者】滝亭鯉丈【序年・序者】琴通舎英賀【画工】渓斎英泉【筆耕】不詳【奥付等】「文政七稔甲申陽春発販冊子／江戸書賈　双鶴堂　鶴屋金助／青林堂　越前屋長次郎／文永堂　大島屋伝右ェ門」

滑稽牛島土産　中本三巻三冊　滑稽本

【著編者】滝亭鯉丈【序年・序者】①文政七・南仙笑楚満人②文政七・滝亭鯉丈【画工】渓斎英泉【筆耕】不詳【奥付等】「文政七稔甲申陽春発販冊子／江戸書賈　双鶴堂　鶴屋金助／文永堂　大島屋伝右衛ェ門／青林堂　越

前屋長次郎」

貞烈竹の節談　中本三巻三冊　人情本

【著編者】南仙笑楚満人・駅亭駒人【序年・序者】琴通舎英賀【画工】渓斎英泉【筆耕】滝野音成【奥付等】「文政七申春発兌／江戸書房　人形町乗物町　鶴屋金助／日本橋砥石店　大坂屋茂吉／橘町二丁目　越前屋長次郎／弥左ヱ門町　大島屋伝右ヱ門」

文政八年（一八二五）乙酉

風俗粋好伝　前編　中本三巻三冊　人情本

【著編者】鼻山人【序年・序者】文政八・鼻山人【画工】渓斎英泉【筆耕】不詳【奥付等】未見

風俗粋好伝　後編　中本三巻三冊　人情本

【著編者】鼻山人【序年・序者】文政八・鼻山人【画工】渓斎英泉【筆耕】不詳【奥付等】未見【備考】上巻挿絵に「大島伝」とある千社札が描かれている。

契情肝粒志　初編　中本二巻二冊　人情本

【著編者】鼻山人【序年・序者】文政八・味吐山人【画工】不詳【筆耕】不詳【奥付等】未見

文政九年（一八二六）丙戌

西国巡礼幼婦孝義録　第一輯　半紙本五巻五冊　読本

【著編者】南仙笑楚満人【序年・序者】文政九・藍水漁隠【画工】渓斎英泉【筆耕】滝野音成【奥付等】「文政九稔戌春発兌／大吉利市／東都書肆　馬喰町二丁目角　西村屋与八郎／橘町二丁目　越前屋長次郎／京橋弥左ヱ門町　大島屋伝右衛門」【備考】巻二挿絵に「大島屋」とみえる。

西国巡礼幼婦孝義録　第二輯　半紙本五巻五冊　読本

【著編者】南仙笑楚満人（閲）駅亭駒人（補正）【序年・序者】文亭綾継【画工】渓斎英泉【筆耕】滝野音成【奥付等】「于時文政九丙戌孟旦／東都　物の本販元　文永堂寿梓」【備考】奥付を「文政十稔亥春発兌／大吉利市／東武書肆　馬喰町二丁目　西村屋与八郎／橘町二丁目　越前屋長次郎／京橋弥左衛門町　大島屋伝右衛門」とするものもある。

滑稽雑談伊勢土産二見盃　中本二巻二冊　滑稽本

【著編者】滝亭鯉丈【序年・序者】①琴通舎英賀②滝亭鯉丈【画工】春川英笑【筆耕】滝野音成【奥付等】「江戸書肆　馬喰町二町目角　西村屋与八／下谷長者町一丁

目　加賀屋源助／京橋弥左ェ門　大島屋伝右衛門／通油町　越前屋長次郎」

契情肝粒志 二編　中本三巻三冊　人情本
【著編者】鼻山人【序年・序者】四方人【画工】不詳【筆耕】不詳【奥付等】未見【備考】刊年は仮の判断。

契情肝粒志 三編　中本三巻三冊　人情本
【著編者】鼻山人【序年・序者】文政九・鼻山人【画工】英斎泉寿・菱川政信【筆耕】不詳【奥付等】未見

廓鑑余興花街寿々女　中本三巻三冊　人情本
【著編者】鼻山人【序年・序者】文政九・鼻山人【画工】渓斎英泉【筆耕】不詳【奥付等】未見

永明間記廓雑談 初編　中本三巻三冊　人情本
【著編者】鼻山人【序年・序者】文政九・鼻山人【画工】渓斎英泉【筆耕】不詳【奥付等】未見

永明間記廓雑談 二編　中本三巻三冊　人情本
【著編者】鼻山人【序年・序者】文政九・鼻山人【画工】渓斎英泉【筆耕】不詳【奥付等】未見

永明間記廓雑談 三編　中本三巻三冊　人情本
【著編者】鼻山人【序年・序者】文政九・鼻山人【画工】渓斎英泉【筆耕】不詳【奥付等】未見

文政十年（一八二七）丁亥

山陽奇談千代物語 前編　半紙本五巻五冊　読本
【著編者】鼻山人【序年・序者】文政十・鼻山人【画工】渓斎英泉【筆耕】不詳【奥付等】「文政十稔亥孟春発兌／東都書肆　西村屋与八／大島屋伝右ェ門」

山陽奇談千代物語 後編　半紙本五巻五冊　読本
【著編者】鼻山人【序年・序者】文政十・鼻山人【画工】渓斎英泉【筆耕】不詳【奥付等】「文政十稔亥孟春発兌／東都書肆　西村屋与八／大島屋伝右ェ門」

契情肝粒志 四編　中本三巻三冊　人情本
【著編者】鼻山人【序年・序者】文政十・鼻山人【画工】菱川政信【筆耕】不詳【奥付等】未見

契情肝粒志 五編　中本三巻三冊　人情本
【著編者】鼻山人【序年・序者】文政十・鼻山人【画工】菱川政信【筆耕】不詳【奥付等】未見

北里通　中本三巻三冊　人情本
【著編者】鼻山人【序年・序者】文政十・鼻山人【画工】英斎泉寿【筆耕】不詳【奥付等】未見

珍説豹の巻 前編　中本三巻三冊　人情本
【著編者】鼻山人【序年・序者】文政十・鼻山人ヵ【画

工】菱川政信【筆耕】不詳【奥付等】未見

珍説豹の巻 後編　中本三巻三冊　人情本

【著編者】鼻山人【序年・序者】文政十・鼻山人【画工】菱川政信【筆耕】不詳【奥付等】未見

孝婦貞鑑実之巻 前編　中本三巻三冊　人情本

【著編者】鼻山人【序年・序者】文政十・鼻山人【画工】英斎泉寿【筆耕】不詳【奥付等】未見

孝婦貞鑑実之巻 後編　中本三巻三冊　人情本

【著編者】鼻山人【序年・序者】鼻山人【画工】英斎泉寿【筆耕】不詳【奥付等】未見

文政十一年（一八二八）戊子

名勇発功譚　半紙本五巻五冊　読本

【著編者】十返舎一九【序年・序者】文政十一・南仙笑楚満人【画工】春斎英笑【筆耕】不詳【奥付等】「文政十一戊子孟春発販／三都書房　大阪心斎橋筋博労町　河内屋茂兵衛／京三条寺町　山城屋佐兵衛／江戸馬喰町二丁目　西村屋与八／同通油町　越前屋長次郎／同京橋弥左衛門町　大島屋伝右衛門」

花暦八笑人 四編　中本二巻二冊　滑稽本

【著編者】滝亭鯉丈【序年・序者】東船笑登満人【画工】渓斎英泉【筆耕】不詳【奥付等】「文政十一季戊子孟春発販／江戸書房　馬喰町二丁目　西村屋与八／弥左ェ門町　大島屋伝右衛門」

人情奇縁言葉花　中本三巻三冊　人情本

【著編者】東里山人（鼻山人）【序年・序者】文政十・東里山人（鼻山人）【画工】渓斎英泉【筆耕】不詳【奥付等】「文政十一戊子歳春新鐫／京都　丸屋善兵衛／山城屋佐兵衛／大阪　河内屋茂兵衛／江戸　大阪屋茂吉／大島屋伝右ェ門」

雪窓閑語玉濃枝 前編　中本三巻三冊　人情本

【著編者】南仙笑楚満人【序年・序者】文政十一・南仙笑楚満人【画工】英斎泉寿【筆耕】不詳【奥付等】未見

【備考】序文に「此書（このしょ）は書林文永堂（しょりんぶんえいどう）にさる婦人（ふじん）より乞請（こひうけ）て補綴（ほてつ）を予（おのれ）にゆだねしのみ」とある。

文政十三・天保元年（一八三〇）庚寅

将門外伝総猨僣語 第三輯　半紙本五巻五冊　読本

【著編者】白頭子柳魚（駅亭駒人）【序年・序者】文政十二・岳亭定岡【跋年・跋者】文政十二・白頭子柳魚【画工】岳亭定岡【筆耕】洪斎逸士【奥付等】「文政十三年寅正月発兌／書肆　皇都　伏見屋半三郎／山城屋佐兵衛

／浪華　河内屋長兵衛／尾陽　美濃屋清七／東都　丁子屋平兵衛／大島屋伝右衛門／大坂屋茂吉」

中国外伝出雲物語　半紙本五巻五冊　読本
【著編者】池田東籬（刪補）紀美麿（原稿）【画工】森川保之【筆耕】不詳【奥付等】「文政十三年寅孟春／書房
　東武　大島屋伝右衛門／丁子屋平兵衛／摂陽　河内屋長兵衛／河内屋茂兵衛／尾陽　永楽屋東四郎／皇都　山城屋佐兵衛」

大内興隆十杉伝 初輯　半紙本五巻五冊　読本
【著編者】為永春水（稿）松亭金水（校正）【序年・序者】文政十二・為永春水【画工】歌川国安・歌川国芳・歌川国丸【筆耕】松亭金水【奥付等】「文政十三歳庚寅孟春新鐫発梓／書林　江戸弥左右ヱ門町　文永堂　大島屋伝右衛門／同横山町二丁目　千翁軒　大坂屋半蔵／同小伝馬町三丁目　文渓堂　丁子屋平兵衛／大坂心斎橋通博労町　群玉堂　河内屋茂兵衛」

仇競今様櫛 初編　中本三巻三冊　人情本
【著編者】紀山人（二世十返舎一九）【序年・序者】高敷【画工】呉鳥斎【筆耕】不詳【奥付等】未見【備考】刊年は仮の判断。

仇競今様櫛 二編　中本三巻三冊　人情本
【著編者】二世十返舎一九【序年・序者】二世十返舎一九【画工】呉鳥斎【筆耕】不詳【奥付等】未見【備考】刊年は仮の判断。

人情其侭女大学 前編　中本三巻三冊　人情本
【著編者】司馬山人【序年・序者】司馬山人【画工】司馬山人【筆耕】不詳【奥付等】未見【備考】刊年は仮の判断。

人情其侭女大学 後編　中本三巻三冊　人情本
【著編者】司馬山人【序年・序者】文政十三・司馬山人【画工】司馬山人【筆耕】不詳【奥付等】未見【備考】序文に「彫刻全成文永堂が」とある。

天保二年（一八三一）辛卯

大内興隆十杉伝 二編　半紙本五巻五冊　読本
【著編者】為永春水【序年・序者】文亭綾継【画工】渓斎英泉【筆耕】松亭金水【奥付等】「天保二陽春発版
　仝志書林　江戸　文永堂　大島屋伝右衛門／大坂　群玉堂　河内屋茂兵衛／江戸　文渓堂　丁子屋平兵衛」
【備考】見返しには「文渓堂／文永堂／仝志梓」とある。「東都狂訓亭為永春水新鐫稗史目録」あり。

小説和解枯木の花　中本二巻二冊　読本
【著編者】水鏡山人【画工】豊斎主人【奥付等】「文政十四辛卯春／京橋弥左衛門町　大島屋伝右衛門／馬喰町二丁目南角　西村屋与八」【備考】成田仏教図書館蔵本は上下巻を三冊に分冊している。

天保三年（一八三二）壬辰

大内興隆十杉伝 三輯　半紙本五巻五冊　読本
【著編者】為永春水【序年・序者】文政十三・文亭綾継【画工】歌川国直・歌川国丸【筆耕】松亭金水【奥付等】「天保三歳壬辰孟春新鐫発梓／書林　江戸弥左右ヱ門町　文永堂　大島屋伝右衛門／同横山町二丁目　千翁軒　大坂屋半蔵／同小伝馬町三丁目　文渓堂　丁子屋平兵衛／大坂心斎橋博労町　群玉堂　河内屋茂兵衛」

大内興隆十杉伝 四輯　半紙本五巻五冊　読本
【著編者】為永春水【序年・序者】①天保二・為永春水②為永春水【画工】歌川国直【筆耕】松亭金水【奥付等】「天保三壬辰稔陽旦発行／江戸小伝馬町三丁目　文渓堂　丁子屋平兵衛／大阪心斎橋筋博労町　群玉堂　河内屋茂兵衛／江戸京橋弥左衛門町　文永堂　大島屋伝右衛門」

六六士伝水滸太平記 二編　半紙本五巻五冊　読本
【著編者】岳亭定岡【序年・序者】岳亭定岡【画工】渓斎英泉【筆耕】不詳【奥付等】「天保三壬辰春発行　書房　京都　丸屋善兵衛／大坂　河内屋長兵衛／加賀屋源助／江戸　大島屋伝右エ門／中村屋幸蔵」

春色梅児誉美 初編　中本三巻三冊　人情本
【著編者】為永春水【序年・序者】天保三・為永春水【画工】柳川重信【筆耕】不詳【奥付等】未見【備考】序文に「花の兄文永堂の引立に」とある。また巻三口絵に「大島」とみえる。

春色梅児誉美 後編　中本三巻三冊　人情本
【著編者】為永春水【序年・序者】為永春水【跋年・跋者】九返舎主人【画工】柳川重信【筆耕】不詳【奥付等】「天保三壬辰年／春正月吉旦　江戸書林　永寿堂　西村与八／文永堂　大島屋伝右エ門」

新春竜宮物語　中本一巻一冊　合巻
【著編者】為永春水【序年・序者】天保三・為永春水【画工】歌川国直【筆耕】不詳【奥付等】未見【備考】管見に及んだ立命館大学アートリサーチセンター蔵本、京都大学文学部図書館蔵本、アドミュージアム東京蔵本全ての後ろ見返しに大島屋による処女香の広告がある。

天保四年（一八三三）癸巳

仇競今様櫛 三編　中本三巻三冊　人情本
【著編者】二世十返舎一九【序年・序者】天保四・二世十返舎一九【跋年・跋者】四方正木【画工】呉鳥斎【筆耕】不詳【奥付等】「維時天保四年癸巳孟陽発販／東都書肆　馬喰町二丁目　西村屋与八／京橋弥左ヱ門町　大島屋伝右衛門」

操形黄楊小櫛 初編　中本三巻三冊　人情本
【著編者】二世十返舎一九【序年・序者】二世十返舎一九【画工】花岡光宣【筆耕】不詳【奥付等】未見【備考】刊年は仮の判断。

春色梅児誉美 三編　中本三巻三冊　人情本
【著編者】為永春水【序年・序者】天保四・金鈴舎一宝【跋年・跋者】桜川善孝【画工】柳川重信【筆耕】不詳【奥付等】「天保四年癸巳孟陽発販／江戸書房　西村屋与八／大島屋伝右ヱ門」

春色梅児誉美 四編　中本三巻三冊　人情本
【著編者】為永春水【序年・序者】天保四・為永春水【画工】柳川重信・柳川重山【筆耕】不詳【奥付等】「天保四年癸巳季正月発行／江戸書林　永寿堂　西村屋与八／文永堂　大島屋伝右衛門」

梅暦余興春色辰巳園 初編　中本三巻三冊　人情本
【著編者】為永春水【序年・序者】天保四・三亭春馬【画工】歌川国直【筆耕】不詳【奥付等】未見

天保五年（一八三四）甲午

花暦八笑人 四編追加　中本二巻二冊　滑稽本
【著編者】滝亭鯉丈【序年・序者】天保五・滝亭鯉丈【画工】歌川国直【筆耕】不詳【奥付等】「天保五甲午年孟春開販／江戸書房　西村屋与八／大島屋伝右ヱ門」

梅暦余興春色辰巳園 二編　中本三巻三冊　人情本
【著編者】為永春水【序年・序者】桜川善孝【画工】歌川国直【筆耕】不詳【奥付等】未見

操形黄楊小櫛 二編　中本三巻三冊　人情本
【著編者】二世十返舎一九【序年・序者】天保五・金鈴舎一宝【画工】歌川貞秀【筆耕】不詳【奥付等】「維時天保五年甲午春王発販／江戸書肆　西村屋与八／大島屋伝右衛門」

四季眺望恩愛二葉艸 前編　中本三巻三冊　人情本
【著編者】鼻山人【序年・序者】天保五・鼻山人【画工】歌川国直【筆耕】不詳【奥付等】未見【備考】序者を

「甲午春睦月　江戸人情本作者の元祖　狂訓亭為永春水誌」とするものも。

四季眺望恩愛二葉艸 後編　中本三巻三冊　人情本
【著編者】鼻山人【序年・序者】天保五・鼻山人【画工】歌川国直【筆耕】不詳【奥付等】「天保五甲午年孟春新鐫／江戸書房　西村与八／大島屋伝右衛門」【備考】序者を「甲午春正月　江戸人情本作者の元祖　狂訓亭為永春水誌」とするものも。

四季眺望恩愛二葉艸 三編　中本三巻三冊　人情本
【著編者】鼻山人【序年・序者】鼻山人【画工】歌川国直【筆耕】不詳【奥付等】未見【備考】刊年は仮の判断。

貞操婦女八賢誌 初編　中本三巻三冊　人情本
【著編者】為永春水【序年・序者】天保五・為永春水【画工】歌川国直【筆耕】不詳【奥付等】「天保五甲午年孟陽発版／東都書房　馬喰町二丁目　西村屋与八／本所松阪町二丁目　平林庄五郎／京橋弥左ヱ門町　大島屋伝右ヱ門」

天保六年（一八三五）乙未

梅暦余興春色辰巳園 三編　中本三巻三冊　人情本
【著編者】為永春水【序年・序者】天保六・一松舎竹里【画工】歌川国直【筆耕】不詳【奥付等】未見

梅暦余興春色辰巳園 四編　中本三巻三冊　人情本
【著編者】為永春水【序年・序者】①天保六・為永春水②為永春水【画工】歌川国直【筆耕】不詳【奥付等】未見

向顔相見其小唄恋情紫 初編　中本三巻三冊　人情本
【著編者】為永春水【序年・序者】天保六・為永春水【画工】歌川国直【筆耕】不詳【奥付等】未見

須磨の月　中本三巻三冊　人情本
【著編者】風亭馬流【画工】不詳【筆耕】不詳【奥付等】「天保六歳宿乙未春正月発行／東都書肆　馬喰町二丁目　永寿堂　西村屋与八／京橋弥左衛門町　文永堂　大島屋伝右ヱ門梓」【備考】下巻のみ確認（架蔵）。

能登守教経外伝西海浪間月　半紙本五巻五冊　読本
【著編者】森川保之【画工】森川保之【筆耕】不詳【奥付等】「天保六乙未孟陽発販／東武　小伝馬町三町目　丁子屋平兵衛／同　京橋弥左衛門町　大島屋伝右衛門／浪華　心斎橋筋博労町南　河内屋茂兵衛／同　心斎橋筋博労町北　河内屋長兵衛／本町通七丁目　大野屋嘉兵衛／皇都　寺町通錦小路　伏見屋半三郎／三条通麩屋町角　山城屋佐兵衛」

天保七年（一八三六）丙申

春色恵の花 初編　中本三巻三冊　人情本
【著編者】為永春水【序年・序者】①天保七・為永春水②琴通舎英賀【画工】渓斎英泉【筆耕】不詳【奥付等】未見【備考】序文に「文永堂が寿梓の中に」とある。

春色恵の花 二編　中本三巻三冊　人情本
【著編者】為永春水【序年・序者】桜川由次郎【画工】渓斎英泉【筆耕】不詳【奥付等】未見【備考】刊年は仮の判断。序文に「梅暦を開版て文永堂が」とある。

茂兵衛花名所懐中暦 初編　中本三巻三冊　人情本
【著編者】為永春水【序年・序者】天保七・為永春水【画工】渓斎英泉【筆耕】不詳【奥付等】「天保七申年孟春発兌／版元　西村屋与八／鶴屋喜右衛門／若狭屋与市／製本所　大島屋伝右衛門」

茂兵衛花名所懐中暦 二編　中本三巻三冊　人情本
【著編者】為永春水【序年・序者】天保七・為永春水【画工】渓斎英泉【筆耕】不詳【奥付等】未見

操形黄楊小櫛 三編　中本三巻三冊　人情本
【著編者】二世十返舎一九【序年・序者】天保七・二世十返舎一九【画工】不詳【筆耕】不詳【奥付等】未見

天保八年（一八三七）丁酉

盛衰栄枯娘太平記操早引 初編　中本三巻三冊　人情本
【著編者】曲山人【序年・序者】三文舎主人【画工】歌川国直【筆耕】不詳【奥付等】未見【備考】刊年は仮の判断。

盛衰栄枯娘太平記操早引 二編　中本三巻三冊　人情本
【著編者】曲山人【序年・序者】天保八・松亭金水【画工】歌川国直【筆耕】不詳【奥付等】未見【備考】刊年は仮の判断。

天保九年（一八三八）戊戌

茂兵衛花名所懐中暦 三編　中本三巻三冊　人情本
【著編者】為永春水【序年・序者】天保九・鈴の屋杜蝶【画工】渓斎英泉【筆耕】不詳【奥付等】未見

春抄媚景春色英対暖語 初編　中本三巻三冊　人情本
【著編者】為永春水（著）為永春蝶（補）為永金賀（校）【序年・序者】天保八・桃華庵【画工】歌川国直・静斎英一【筆耕】不詳【奥付等】未見【備考】序文に「文永堂が。好に応じて」とある。

春抄媚景春色英対暖語 二編　中本三巻三冊　人情本
【著編者】為永春水（戯作）為永春蝶（補）為永柳水（校）【序年・序者】天保八・為永春水【画工】歌川国直・静斎英一【筆耕】不詳【奥付等】未見【備考】刊年は序文に「天保九戊戌年春正月発行」とあるによる。

倭漢龍愛児余模妓春色恋白波 初編　中本三巻三冊　人情本
【著編者】為永春水【序年・序者】①天保九・陽風亭柳外②為永春水③為永春水【画工】渓斎英泉【筆耕】滝野音成【奥付等】「仝志書林　江戸小伝馬町三丁目　丁子屋平兵衛／江戸京橋弥左ヱ門町　大島屋伝右衛門／大坂心斎橋博労町北江入　河内屋長兵衛／京都三条通東洞院東江入　大文字屋専蔵」【備考】神保五弥校『春色恋白波』（古典文庫、一九六七年）による。

春色雪の梅 初編　中本三巻三冊　人情本
【著編者】為永春雅（作）為永春水（閲）【序年・序者】為永春水【画工】歌川貞秀【筆耕】不詳【奥付等】未見【備考】刊年は仮の判断。

春色雪の梅 二編　中本三巻三冊　人情本
【著編者】為永春雅【序年・序者】天保九・為永春水【画工】不詳【筆耕】不詳【奥付等】未見【備考】弘化四年に再刻（奥付は「弘化四年丁未歳新刻／書房　大坂心斎橋通南久太郎町　秋田屋市兵衛／大坂　心斎橋通博労町河内屋茂兵衛／江戸　大伝馬町二町目　丁字屋平兵衛／江戸　京橋弥左ヱ門町　大島屋伝右ヱ門板」）。

天保十年（一八三九）己亥

逢た見たさは飛立ばかり其小唄恋情紫 二編　中本三巻三冊　人情本
【著編者】為永春水【序年・序者】平亭銀鶏【画工】不詳【筆耕】不詳【奥付等】未見【備考】上巻口絵に「大伝」とみえる。刊年は仮の判断。

逢た見たさは飛立ばかり其小唄恋情紫 三編　中本三巻三冊　人情本
【著編者】為永春水（著編）為永春暁（補訂）【序年・序者】天保十・為永春江【画工】静斎英一【筆耕】不詳【奥付等】未見【備考】序文に「文永堂の主人へ送りぬ」とある。

娘太平記操早引 三編　中本三巻三冊　人情本
【著編者】松亭金水【序年・序者】天保十・松亭金水【画工】歌川国直【筆耕】不詳【奥付等】未見

娘太平記操早引 四編　中本三巻三冊　人情本
【著編者】松亭金水【序年・序者】天保十・松亭金水【画工】歌川国直【筆耕】不詳【奥付等】未見

貞操婦女八賢誌 二編　中本三巻三冊　人情本
【著編者】為永春水【序年・序者】文亭綾継【画工】渓斎英泉【筆耕】不詳【奥付等】未見

貞操婦女八賢誌 三編　中本三巻三冊　人情本
【著編者】為永春水【序年・序者】天保十・最上羊斎【画工】歌川国直【筆耕】不詳【奥付等】未見

天保十一年（一八四〇）庚子

芳薫功話好文士伝　半紙本五巻五冊　読本
【著編者】為永春水（著）為永春笑（補助）為永春江（校訂）【序年・序者】①天保十一・福内鬼外②天保十・文亭綾継【画工】渓斎英泉【筆耕】滝野音成【奥付等】「三都仝志小説発行書林／京都三条通東洞院東江入　大文字屋得五郎／大坂心斎橋筋博労町　河内屋茂兵衛／大坂心斎橋筋安堂寺町　秋田屋太右衛門／江戸小伝馬町三町目　丁子屋平兵衛／江戸京橋弥左エ門町　大島屋伝右エ門販」

清談松の調 初編　中本三巻三冊　人情本
【著編者】為永春水【序年・序者】天保十一・松亭金水【画工】不詳【筆耕】不詳【奥付等】未見【備考】序文に「書林の多かる中に。文永堂の花園は」とある。

天保十二年（一八四一）辛丑

伊勢日向寄生木草紙 後編　半紙本五巻五冊　読本
【著編者】栗杖亭鬼卯【画工】不詳【筆耕】不詳【奥付等】「天保十二丑年初春発販／書林　江戸　小伝馬町三丁目　丁子屋平兵衛／同京橋弥左エ門町　大島屋伝右エ門／尾州　名古屋樽屋町巾下　玉野屋新右エ門／江戸　馬喰町四丁目　菊屋幸三郎／京都　三条通寺町西　丸屋善兵衛／大阪　心斎橋通南久太郎町　秋田屋市兵衛」

倭寵愛児漢余模妓春色恋白浪 二編　中本五巻五冊　人情本
【著編者】為永春水【序年・序者】天保十二・為永春水【画工】静斎英一【筆耕】滝野音成【奥付等】「仝志書林　江戸　丁子屋平兵衛／大坂　河内屋長兵衛／江戸　大島屋伝右衛門／京都　大文字屋専蔵」【備考】神保五弥校『春色恋白波』（古典文庫、一九六七年）による。

清談松の調 二編　中本三巻三冊　人情本
【著編者】為永春水（著）為永柳水（校合）【序年・序者】天保十二・文亭綾継【画工】不詳【筆耕】不詳【奥付等】未見

春色梅美婦祢 初編　中本三巻三冊　人情本
【著編者】為永春水（著）為永春鶯（補助）為永春笑（校

合）【序年・序者】為永春水【画工】不詳【筆耕】不詳【奥付等】未見【備考】刊年は仮の判断。

春色梅美婦祢 二編　中本三巻三冊　人情本
【著編者】為永春水（著）為永春英（校合）為永春蝶（同）為永春鶯（同）為永春江（同）【序年・序者】為永春鶯【画工】静斎英一【筆耕】不詳【奥付等】未見【備考】刊年は仮の判断。

春色梅美婦祢 三編　中本三巻三冊　人情本
【著編者】為永春水【序年・序者】真柴庵鵞雪【画工】不詳【筆耕】不詳【奥付等】未見【備考】刊年は仮の判断。

春色伝家の花 初編　中本三巻三冊　人情本
【著編者】為永春水（戯作）為永春江（校合）【序年・序者】為永春水【画工】歌川貞重【筆耕】不詳【奥付等】未見【備考】刊年は仮の判断。

春色伝家の花 二編　中本三巻三冊　人情本
【著編者】為永春水【序年・序者】為永春水【画工】歌川貞重【筆耕】不詳【奥付等】未見【備考】刊年は仮の判断。序文に「目出度盛に大島屋が手入」とある。

春色伝家の花 三編　中本三巻三冊　人情本
【著編者】為永春水【序年・序者】為永春水【画工】歌川貞重【筆耕】不詳【奥付等】未見【備考】刊年は仮の判断。

春色伝家の花 四編　中本三巻三冊　人情本
【著編者】為永春水【序年・序者】為永春水【画工】歌川貞重【筆耕】不詳【奥付等】未見【備考】刊年は仮の判断。序文に「文永堂大島屋の伝家花の一株」とある。

春色伝家の花 五編　中本三巻三冊　人情本
【著編者】為永春水【序年・序者】為永春水【画工】不詳【筆耕】不詳【奥付等】未見【備考】刊年は仮の判断。序文に「弥左衛門町の花園へ」とある。

天保十三年（一八四二）壬寅

春色梅美婦祢 四編　中本三巻三冊　人情本
【著編者】為永春水【序年・序者】天保十二・静春主人【画工】歌川国直【筆耕】不詳【奥付等】未見【備考】刊年は仮の判断。

春色梅美婦祢 五編　中本三巻三冊　人情本
【著編者】為永春水【序年・序者】為永春水【画工】不詳【筆耕】不詳【奥付等】未見【備考】刊年は仮の判断。

天保十四年（一八四三）癸卯

勧善懲悪 海川夜話仙家月　半紙本五巻五冊　読本
【著編者】岳亭定岡【序年・序者】天保十三・岳亭定岡【画工】不詳【筆耕】不詳【奥付等】「天保十四癸卯歳三月発販／書肆　江戸小伝馬町三丁目　丁子屋平兵衛／同京橋弥左ェ門町　大島屋伝右ェ門／同馬喰町四丁目　菊屋幸三郎／京都寺町通六角下ル　近江屋治助／同五条橋通堺町東へ入町　丁子屋定七／大阪心斎橋通南久太良町　秋田屋市兵衛」

勧善美談 益身鏡　中本二巻二冊　滑稽本
【著編者】為永春水【序年・序者】天保十四・為永春水【画工】渓斎英泉【筆耕】不詳【奥付等】「書林　京橋弥左ェ門町東側　大島屋伝右衛門版」

天保十五・弘化元年（一八四四）甲辰

箱根草 初編　中本三巻三冊　滑稽本
【著編者】滝亭鯉丈（竄）為永春水（補）【序年・序者】為永春水【画工】渓斎英泉【筆耕】不詳【奥付等】「天保十五年甲辰歳新刻／書房　大坂　心斎橋通博労町　群玉堂　河内屋茂兵衛／江戸　京橋弥左ェ門町　文永堂大島屋伝右ェ門板」

箱根草 二編　中本三巻三冊　滑稽本
【著編者】滝亭鯉丈【序年・序者】弘化元・為永春水【画工】不詳【筆耕】不詳【奥付等】未見【備考】序文に「文永堂が好に出来た新板」とある。

弘化二年（一八四五）乙巳

大内興隆 十杉伝 五編　半紙本五巻五冊　読本
【著編者】二世為永春水【序年・序者】①弘化二・二世為永春水②二世為永春水【画工】歌川国芳【筆耕】不詳【奥付等】未見【備考】見返しに「浪花／東都　書林　群玉堂／文永堂／文渓堂」とある。

箱根草 三編　中本三巻三冊　滑稽本
【著編者】為永春水【序年・序者】為永春水【画工】渓斎英泉【筆耕】不詳【奥付等】「弘化二年乙巳歳新刻／書房　江戸　京橋弥左ェ門町　文永堂　大島屋伝右ェ門板」

箱根草 四編　中本三巻三冊　滑稽本
【著編者】為永春水【序年・序者】弘化二・二世為永春水【画工】不詳【筆耕】不詳【奥付等】未見

貞操婦女八賢誌 四編　中本五巻五冊　人情本
【著編者】二世為永春水【序年・序者】二世為永春水
【画工】不詳【筆耕】不詳【奥付等】未見

古今名誉三十六佳撰　半紙本五巻五冊　和歌
【著編者】為永春水【序年・序者】①一陽軒主人②二世為永春水【画工】歌川国直・渓斎英泉【筆耕】不詳【奥付等】「弘化二年乙巳歳／書肆　大坂心斎橋筋博労町河内屋茂兵衛／同心斎橋筋南久太郎町　秋田屋市兵衛／江戸京橋弥左ェ門町　大島屋伝右衛門板」

古今笑句柳の翠　中本一巻一冊　川柳
【著編者】文屋廼安麻呂【序年・序者】文屋廼安麻呂
【画工】歌川国直【筆耕】不詳【奥付等】未見【備考】刊年は仮の判断。

弘化三年（一八四六）丙午

貞操婦女八賢誌 五編　中本三巻三冊　人情本
【著編者】二世為永春水【序年・序者】二世為永春水
【画工】不詳【筆耕】不詳【奥付等】未見【備考】序文に「書賈文永堂の主来つて」とある。

貞操婦女八賢誌 六編　中本三巻三冊　人情本
【著編者】二世為永春水【序年・序者】二世為永春水
【画工】不詳【筆耕】不詳【奥付等】未見

故人俳諧画譜　中本一巻一冊　俳諧
【著編者】松亭金水【序年・序者】松亭金水【画工】不詳【筆耕】不詳【奥付等】未見【備考】序文に「こゝに文永堂主人。嚮に柳の翠を輯録して」とある。

弘化四年（一八四七）丁未

貞操婦女八賢誌 七編　中本三巻三冊　人情本
【著編者】二世為永春水【序年・序者】弘化四・二世為永春水【画工】歌川貞重【筆耕】不詳【奥付等】未見

弘化五・嘉永元年（一八四八）戊申

貞操婦女八賢誌 八編　中本三巻三冊　人情本
【著編者】為永春水【序年・序者】弘化五・二世為永春水【画工】歌川貞重【筆耕】不詳【奥付等】未見

嘉永二年（一八四九）己酉

大伴金道忠孝図会 前編　半紙本五巻五冊　読本
【著編者】山田案山子【序年・序者】宮田南北【画工】柳斎重春・宮田南北【筆耕】青霞逸人（序）【奥付等】「嘉永二己酉十二月／東都書林　大島屋伝右衛門／浪華

書林　河内屋茂兵衛」

花暦八笑人　五編　中本三巻三冊　滑稽本

【著編者】一筆庵主人（上）与鳳亭枝成（中・下）【序年・序者】一筆庵主人【画工】歌川国芳・歌川芳綱【筆耕】不詳【奥付等】未見【備考】扉に「己酉歳春新版書肆　文永堂寿梓」とある。

嘉永三年（一八五〇）庚戌

大伴金道忠孝図会　後編　半紙本五巻五冊　読本

【著編者】山田案山子【序年・序者】嘉永二・松亭金水【画工】柳斎重春【筆耕】不詳【奥付等】「嘉永三庚戌十一月／東都書林　大島屋伝右衛門／浪華書林　河内屋茂兵衛」

嘉永五年（一八五二）壬子

俳林小伝　横本一巻一冊

【著編者】中村光久（輯）【序年・序者】弘化二・花本八十三翁【筆耕】不詳【奥付等】「嘉永五年壬子六月刻成／書林　大坂心斎橋筋博労町　河内屋茂兵衛／同南久太郎町　秋田屋市兵衛／同北久宝寺町　河内屋源七郎／江戸浅草福井町一丁目　山崎屋清七／同両国吉川町　北島順四郎／同数奇屋橋御門外弥左ェ門町　大島屋伝右衛門／同両国吉川町　山田佐助」

安政二年（一八五五）乙卯

浮世滑稽質屋雀　初編　中本二巻二冊　滑稽本

【著編者】葎窓貞雅【序年・序者】葎窓貞雅【画工】富士川船麿【筆耕】不詳【奥付等】未見【備考】刊年は仮の判断。

浮世滑稽質屋雀　二編　中本二巻二冊　滑稽本

【著編者】葎窓貞雅【序年・序者】葎窓貞雅【画工】富士川船麿【筆耕】不詳【奥付等】「乙卯之春　京橋弥左衛門町　大島屋伝右衛門／下谷御成道　紙屋徳八／目白坂　万屋弥吉／大伝馬町二丁目　丁子屋平兵衛」

易学諺解　半紙本二巻二冊　漢学

【著編者】佐久間順正【序年・序者】安政二・吉田為政【筆耕】不詳【奥付等】「安政二年乙卯新鐫／故人　佐久間順正著／発免書肆　東京府平民　東京市神田区仲町二丁目六番地　武田伝右衛門」【備考】求版本。

安政三年（一八五六）丙辰

鶯塚千代廼初声 初編　中本三巻三冊　人情本
【著編者】松亭金水【序年・序者】松亭金水【画工】歌川芳虎【筆耕】不詳【奥付等】未見【備考】刊年は仮の判断。

鶯塚千代廼初声 二編　中本三巻三冊　人情本
【著編者】松亭金水【序年・序者】松亭金水【画工】歌川芳虎【筆耕】不詳【奥付等】未見【備考】刊年は仮の判断。

安政六年（一八五九）己未

本朝錦繍談図会　半紙本五巻五冊　読本
【著編者】池田東籬【序年・序者】安政六・和菊久公【画工】梅川東挙【筆耕】不詳【奥付等】「安政六己未年九月刻成／三都発行書房　江戸　須原屋茂兵衛／山城屋佐兵衛／岡田屋嘉七／丁子屋平兵衛／菊屋幸三郎／大島屋伝右衛門／大和屋喜兵衛／京　山城屋佐兵衛／越後屋治兵衛／大阪　河内屋藤兵衛／河内屋茂兵衛」

万延二・文久元年（一八六一）辛酉

傍廂 前集　大本三巻三冊　随筆
【著編者】斎藤彦麿【序年・序者】嘉永六・斎藤彦麿【画工】不詳【筆耕】不詳【奥付等】「官許　斎藤氏蔵板／万延二年酉孟春　発行書肆　大坂心斎橋博労町　河内屋茂兵衛／同久宝寺町　河内屋源七郎／同心斎橋南江壱丁目　秋田屋市兵衛／江戸日本橋通壱丁目　須原屋茂兵衛／同通弐丁目　山城屋佐兵衛／同芝神明前　岡田屋嘉七／同大伝馬町弐丁目　丁子屋平兵衛／同京橋弥左衛門町　大島屋伝右ェ門」

傍廂 後集　大本三巻三冊　随筆
【著編者】斎藤彦麿【画工】不詳【筆耕】不詳【奥付等】「故人　斎藤可怜著／斎藤一郎蔵板／弥左ェ門町　書物問屋　大島屋伝右ェ門」【備考】刊年は仮の判断。

元治元年（一八六四）甲子

惣次郎（おくみ）春色江戸紫 初編　中本三巻三冊　人情本
【著編者】山々亭有人【序年・序者】山々亭有人【画工】歌川芳虎【筆耕】不詳【奥付等】未見【備考】刊年は仮の判断。

おくみ惣次郎春色江戸紫 二編　中本三巻三冊　人情本
【著編者】山々亭有人【序年・序者】元治元・仮名垣魯文【画工】歌川芳虎【筆耕】不詳【奥付等】未見

元治二・慶応元年（一八六五）乙丑

註釈用文章　中本一巻一冊　往来物
【著編者】鶴亭秀賀【序年・序者】慶応元・鶴亭秀賀【筆耕】不詳【奥付等】未見【備考】見返しに「東都書林　文永堂蔵板」とある。

慶応三年（一八六七）丁卯

花鳥山水早引漫画 初編　中本一巻一冊　絵画
【著編者】葛飾為斎【画工】葛飾為斎【筆耕】不詳【奥付等】「慶応三卯壬月刻成　弥左衛門町　大島屋伝右衛門版」

明治二年（一八六九）己巳

鶯塚千代廼初声 三編　中本三巻三冊　人情本
【著編者】山々亭有人【序年・序者】明治二・温克松円【画工】歌川芳虎【筆耕】不詳【奥付等】未見【備考】刊年は仮の判断。

鶯塚千代廼初声 四編　中本三巻三冊　人情本
【著編者】山々亭有人【序年・序者】明治二・山々亭有人【画工】歌川芳虎【筆耕】不詳【奥付等】未見【備考】袋に「文永堂寿梓」とある。

烈女銘々伝　中本一巻一冊　伝記
【著編者】山々亭有人【序年・序者】慶応五・山々亭有人【画工】歌川芳虎【筆耕】不詳【奥付等】未見【備考】表紙に「文永堂寿梓」とある。

明治三年（一八七〇）庚午

童解英語図会 初帙　中本一巻一冊
【著編者】山々亭有人【序年・序者】明治三・山々亭有人【画工】歌川芳幾【筆耕】不詳【奥付等】「東京書林　須原屋茂兵衛／山城屋佐兵衛／岡田屋嘉七／和泉屋市兵衛／丁子屋平兵衛／藤岡屋慶治郎／森屋治兵衛／山口屋藤兵衛／大島屋伝右ヱ門」【備考】見返しに「東京書房　文永堂梓」とある。

明治四年（一八七一）辛未

童解英語図会 弐帙　中本一巻一冊
【著編者】山々亭有人【序年・序者】明治四・山々亭有

人【画工】歌川芳幾【筆耕】不詳【奥付等】「東京書林須原屋茂兵衛／山城屋佐兵衛／岡田屋嘉七／和泉屋市兵衛／丁子屋平兵衛／藤岡屋慶治郎／森屋治兵衛／山口屋藤兵衛／大島屋伝右ヱ門」【備考】見返しに「東京書肆　文永堂梓」とある。

明治五年（一八七二）壬申

童解英語図会 三帙　中本一巻一冊

【著編者】山々亭有人【序年・序者】明治五・弄月亭綾彦【画工】歌川芳幾【筆耕】不詳【奥付等】「京橋弥左ヱ門町　文永堂大島屋伝ヱ門板」【備考】見返しに「東京書肆　文永堂梓」とある。

明治六年（一八七三）癸酉

復古夢物語 初編　中本二巻二冊

【著編者】松村春輔【序年・序者】明治六・松村春輔【画工】歌川国輝【筆耕】不詳【奥付等】「東京書肆製本所　京橋弥左衛門町　大島屋伝右衛門」【備考】下巻末に「明治六年嘉平月」とある。

朝鮮国細見全図　一舗

【著編者】不詳【奥付等】「明治六年癸十月／東京書肆出雲寺万次郎／丁子屋平兵衛／大島屋伝右衛門／丁子屋善五郎／丁子屋忠七　発兌」

漢語陽暦用文章　中本一巻一冊

【著編者】萩原乙彦【序年・序者】明治六・萩原乙彦【筆耕】不詳【奥付等】「明治六年夏四月／対梅宇萩原乙彦先生著／東京書肆　弥左衛門町　大島屋伝右衛門」「東京書林　須原屋茂兵衛／山城屋佐兵衛／小林新兵衛／和泉屋市兵衛／岡田屋嘉七／浅倉屋久兵衛／須原屋伊八／山口屋藤兵衛／森屋治兵衛／藤岡屋慶次郎／丁子屋平兵衛／椀屋喜兵衛／大島屋伝右衛門」

掌中大統略記　一舗

【著編者】高橋易治【奥付等】「明治六年七月　白山　高橋易治編輯　発行書肆　東京京橋弥左衛門町　武田伝右衛門」

明治七年（一八七四）甲戌

朝鮮事情　半紙本二巻二冊

【著編者】染崎延房【序年・序者】明治六・染崎延房【画工】石塚寧斎【筆耕】不詳【奥付等】「明治七甲戌三月発行／東京発兌書肆　丁子屋忠七／丁子屋善五郎／大島屋伝右衛門」

復古夢物語 二編　中本二巻二冊
【著編者】松村春輔【序年・序者】明治七・鎮西雄飛居士【画工】歌川国輝【筆耕】不詳【奥付等】「明治七年五月吉日発行／書肆　文永堂大島屋伝右衛門」【備考】下巻末に「桜雨園主人春輔著篇之表」を備える。

復古夢物語 三編　中本三巻三冊
【著編者】松村春輔【序年・序者】明治七・松村春輔【画工】歌川国輝【筆耕】不詳【奥付等】「明治七歳十二月発市／東京書房　大島屋伝右衛門／政田屋兵吉」

明治八年（一八七五）乙亥

寄笑新聞 第一号　半紙本一巻一冊
【著編者】橋爪錦造（梅亭金鵞）【画工】月岡芳年【筆耕】不詳【奥付等】「東京本石町四丁目　岩本忠蔵／同京橋弥左ヱ門町　大島屋伝右ヱ門／横浜弁天通四丁目　中屋銀次郎／上州高崎町三丁目　柴田源作／信州上田原町三丁目　田中長右ヱ門／同長野吉田村　長田忠之助／武州熊谷本町三丁目　和田貞節／東京照降町　恵比寿屋庄七／本局　寄笑社」【備考】副題は「金貸大評議」。

寄笑新聞 第二号　半紙本一巻一冊
【著編者】橋爪錦造（梅亭金鵞）【画工】月岡芳年【筆耕】不詳【奥付等】「東京本石町四丁目　岩本忠蔵／同京橋弥左ヱ門町　大島屋伝右ヱ門／横浜弁天通四丁目　中屋銀次郎／上州高崎町三丁目　柴田源作／信州上田原町三丁目　田中長右ヱ門／同長野吉田村　長田忠之助／武州熊谷本町三丁目　和田貞節／東京照降町　恵比寿屋庄七／本局　寄笑社」【備考】副題は「金借手前目算」。

寄笑新聞 第三号　半紙本一巻一冊
【著編者】橋爪錦造（梅亭金鵞）【画工】月岡芳年【筆耕】不詳【奥付等】「東京本石町四丁目　岩本忠蔵／同京橋弥左ヱ門町　大島屋伝右ヱ門／横浜弁天通四丁目　中屋銀次郎／上州高崎町三丁目　柴田源作／信州上田原町三丁目　田中長右ヱ門／同長野吉田村　長田忠之助／武州熊谷本町三丁目　和田貞節／東京照降町　恵比寿屋庄七／本局　寄笑社」【備考】副題は「貸借問答」。

寄笑新聞 第四号　半紙本一巻一冊
【著編者】橋爪錦造（梅亭金鵞）【画工】月岡芳年【筆耕】不詳【奥付等】「東京本石町四丁目　岩本忠蔵／同京橋弥左ヱ門町　大島屋伝右ヱ門／横浜弁天通四丁目　中屋銀次郎／上州高崎町三丁目　柴田源作／信州上田原町三丁目　田中長右ヱ門／同長野吉田村　長田忠之助／武州熊谷本町三丁目　和田貞節／東京照降町　恵比寿屋庄七

／本局　寄笑社」【備考】副題は「孔子郎釈迦蔵耶蘇八の閉口」。

寄笑新聞 第五号　半紙本一巻一冊

【著編者】橋爪錦造（梅亭金鵞）【画工】月岡芳年【筆耕】不詳【奥付等】「東京本石町四丁目　岩本忠蔵／同京橋弥左ヱ門町　大島屋伝右ヱ門／横浜弁天通四丁目　中屋銀次郎／上州高崎町三丁目　柴田源作／信州上田原町三丁目　田中長右ヱ門／同長野吉田村　長田忠之助／武州熊谷本町三丁目　和田貞節／東京照降町　恵比寿屋庄七／本局　寄笑社」【備考】副題は「放屁弁」。

寄笑新聞 第六号　半紙本一巻一冊

【著編者】橋爪錦造（梅亭金鵞）【画工】月岡芳年【筆耕】不詳【奥付等】「東京本石町四丁目　岩本忠蔵／同京橋弥左ヱ門町　大島屋伝右ヱ門／横浜弁天通四丁目　中屋銀次郎／上州高崎町三丁目　柴田源作／信州上田原町三丁目　田中長右ヱ門／同長野吉田村　長田忠之助／武州熊谷本町三丁目　和田貞節／東京照降町　恵比寿屋庄七／本局　寄笑社」【備考】副題は「うそ論」。

寄笑新聞 第七号　半紙本一巻一冊

【著編者】橋爪錦造（梅亭金鵞）【画工】月岡芳年【筆耕】不詳【奥付等】「東京本石町四丁目　岩本忠蔵／同京橋弥左ヱ門町　大島屋伝右ヱ門／横浜弁天通四丁目　中屋銀次郎／上州高崎町三丁目　柴田源作／信州上田原町三丁目　田中長右ヱ門／同長野吉田村　長田忠之助／武州熊谷本町三丁目　和田貞節／東京照降町　恵比寿屋庄七／本局　寄笑社」【備考】副題は「のぞき眼鏡欧行論」。

寄笑新聞 第八号　半紙本一巻一冊

【著編者】橋爪錦造（梅亭金鵞）【画工】月岡芳年【筆耕】不詳【奥付等】「東京本石町四丁目　岩本忠蔵／同京橋弥左ヱ門町　大島屋伝右ヱ門／横浜弁天通四丁目　中屋銀次郎／上州高崎町三丁目　柴田源作／信州上田原町三丁目　田中長右ヱ門／同長野吉田村　長田忠之助／武州熊谷本町三丁目　和田貞節／東京照降町　恵比寿屋庄七／本局　寄笑社」【備考】副題は「商法論の一」。

寄笑新聞 第九号　半紙本一巻一冊

【著編者】橋爪錦造（梅亭金鵞）【画工】月岡芳年【筆耕】不詳【奥付等】「東京本石町四丁目　岩本忠蔵／同京橋弥左ヱ門町　大島屋伝右ヱ門／横浜弁天通四丁目　中屋銀次郎／上州高崎町三丁目　柴田源作／信州上田原町三丁目　田中長右ヱ門／同長野吉田村　長田忠之助／武州熊谷本町三丁目　和田貞節／東京照降町　恵比寿屋庄七／本局　寄笑社」【備考】副題は「商法論の二」。

寄笑新聞 第十号　半紙本一巻一冊
【著編者】橋爪錦造（梅亭金鵞）【画工】月岡芳年・年益同京橋弥左ヱ門町　大島屋伝右ヱ門／横浜弁天通四丁目
【筆耕】不詳【奥付等】「東京本石町四丁目　岩本忠蔵／中屋銀次郎／上州高崎町三丁目　柴田源作／信州上田原町三丁目　田中長右ヱ門／同長野吉田村　長田忠之助／武州熊谷本町三丁目　和田貞節／東京照降町　恵比寿屋庄七／本局　寄笑社」【備考】副題は「学もんのすゞめ」。

寄笑新聞 第十一号　半紙本一巻一冊
【著編者】橋爪錦造（梅亭金鵞）【画工】月岡芳年【筆耕】不詳【奥付等】「東京本石町四丁目　岩本忠蔵／同京橋弥左ヱ門町　大島屋伝右ヱ門／横浜弁天通四丁目　中屋銀次郎／上州高崎町三丁目　柴田源作／信州上田原町三丁目　田中長右ヱ門／同長野吉田村　長田忠之助／武州熊谷本町三丁目　和田貞節／東京照降町　恵比寿屋庄七／本局　寄笑社」【備考】副題は「士商論」。

復古夢物語 四編　中本二巻二冊
【著編者】松村春輔【序年・序者】明治八・松村春輔【画工】歌川国輝・歌川芳虎【筆耕】不詳【奥付等】未見【備考】見返しに「閑居明治八年三月廿三日」「東京文永堂」とある。

近世桜田記聞 初編　半紙本二巻二冊
【著編者】松村春輔【序年・序者】服部誠一【画工】月岡芳年【筆耕】佐瀬得所（序）【奥付等】「明治八年五月刻成／東京書林　京橋弥左衛門町　武田伝右衛門発兌」
【備考】巻二巻末に「官許明治八年三月十九日　桜雨園社中蔵版」とある。

上野戦争実記　半紙本二巻二冊
【著編者】高畠藍泉【序年・序者】明治八・高畠藍泉【画工】鮮斎永濯【筆耕】不詳【奥付等】「官許明治八年五月廿四日／高畠藍泉蔵版／東京書林　京橋弥左衛門町　武田伝右衛門発兌」

近世桜田記聞 二編　半紙本二巻二冊
【著編者】松村春輔【序年・序者】明治八・近藤芳樹【画工】月岡芳年【筆耕】不詳【奥付等】「明治八年十月十日出版／東京浜町二丁目十一番地寄留　著人　松村春輔／東京書肆　弥左衛門町四番地　出板人　武田伝右衛門」

一新要文　半紙本一巻一冊
【著編者】高畠藍泉（著）岸田吟香（閲）【序年・序者】岸田吟香【筆耕】佐瀬得所【奥付等】「明治八年十一月

五日出版／著人　木挽町二丁目五番地　高畠藍泉／発兌書林　横浜弁天通三丁目　中屋孝吉／麴町十三丁目十八番地　中屋政太郎／同八丁目八番地　森田鉄五郎／出板人　弥左ェ門町四番地　武田伝右衛門」

復古夢物語 五編　中本二巻二冊

【著編者】松村春輔【序年・序者】明治八・仮名垣魯文【画工】鮮斎永濯【筆耕】不詳【奥付等】「明治八年十一月十三日版権免許／東京浜町二丁目十一番地寄留　著人　松村春輔／弥左衛門町四番地　出版人　武田伝右衛門」

明治九年（一八七六）丙子

復古夢物語 六編　中本二巻二冊

【著編者】松村春輔【画工】鮮斎永濯【筆耕】不詳【奥付等】「明治九年一月十日出版／東京浜町二丁目十一番地寄留　著人　松村春輔／東京書肆　弥左衛門町四番地　出板人　武田伝右衛門」

開明小説 春雨文庫 初編　中本二巻二冊

【著編者】松村春輔（著）大久保春朧（校）【序年・序者】明治九冬・大久保春朧【画工】鮮斎永濯【筆耕】鶴田容（序）【奥付等】「明治九年第四月一日出版／著述兼出版人　東京府下第壱大区拾三小区浜町弐丁目拾壱番地寄留　山口県平民　松村春輔／売弘所　京橋弥左ェ門町　大島屋伝右衛門」

復古夢物語 七編　中本二巻二冊

【著編者】松村春輔【序年・序者】明治九・松村春輔【画工】鮮斎永濯【筆耕】不詳【奥付等】「明治九年六月十日出版／東京浜町二丁目十一番地寄留　著人　松村春輔／東京書肆　弥左衛門町四番地　出板人　武田伝右衛門」

復古夢物語 八編　中本二巻二冊

【著編者】松村春輔【序年・序者】明治九・大久保春朧【画工】鮮斎永濯【筆耕】不詳【奥付等】「明治九年十二月十日出版／東京浜町二丁目十一番地寄留　著人　松村春輔／東京書肆　弥左衛門町四番地　出板人　武田伝右衛門」

近世桜田記聞 三編　半紙本三巻三冊

【著編者】松村春輔【序年・序者】①明治九・松村春輔②明治九・大久保春朧【跋年・跋者】高畠藍泉【画工】月岡芳年【筆耕】小室樵山（序①）鶴田容（序②）【奥付等】「明治九年五月十日出版／東京浜町二丁目十一番地寄留　著人　松村春輔／東京書肆　弥左衛門町四番地

出板人　武田伝右衛門」

明治十年（一八七七）丁丑

開明小説春雨文庫 二編　中本二巻二冊

【著編者】松村春輔（著）大久保春驪（校）【序年・序者】明治十・松村春輔【画工】鮮斎永濯【筆耕】不詳【奥付等】「明治十年第三月十日出版／著人　東京府第壱大区拾三小区浜町弐丁目拾壱番地寄留　山口県平民　松村春輔／出版人　東京府第壱大区八小区弥左衛門町四番地書肆　大島屋伝右衛門」

校合真字正信念仏偈御和讃　小本一巻一冊

【著編者】不詳【筆耕】不詳【奥付等】「文政十三庚寅年十月出板／安政五戊午二月再刻／明治十丁丑年五月御届三刻／東京書林　東京市京橋区弥左ヱ門町十三番地　出板人　大島屋伝右衛門」【備考】求版本。

二橋春話　半紙本二巻二冊

【著編者】筆錬閣主人（編）服部誠一（評点）【序年・序者】明治九・石井南橋【筆耕】不詳【奥付等】「版権免許明治九年九月十九日同十年四月発兌／第五大区四区錬堀町十五番地　服部誠一評点／東京書林　第一大区八小区弥左衛門町四番地　武田伝右衛門／第一区六小区下槙町十一番地　江藤喜兵衛」

参考鹿児島新誌 初編　半紙本二巻二冊

【著編者】和田定節【序年・序者】梅亭金鵞【画工】晴斎年一【筆耕】不詳【奥付等】「明治十年九月十日御届／同年十月三日出版／編集兼出版人　東京府士族　第五大区八小区浅草北田原町三丁目六番地　和田定節／発売書肆　東京弥左衛門町四番地　大島屋伝右衛門」

参考鹿児島新誌 二編　半紙本二巻二冊

【著編者】和田定節【画工】晴斎年一【筆耕】不詳【奥付等】「明治十年廿日御届／同年十一月三日出版／編集兼出版人　東京府士族　第五大区八小区浅草北田原町三丁目六番地　和田定節／発売書肆　東京弥左衛門町四番地　大島屋伝右衛門」

参考鹿児島新誌 三編　半紙本二巻二冊

【著編者】和田定節【序年・序者】高畠藍泉【画工】晴斎年一【筆耕】不詳【奥付等】「明治十年十二月五日御届／同年十二月十一日出版／編集兼出版人　東京府士族　第五大区八小区浅草北田原町三丁目六番地　和田定節／発売書肆　東京弥左衛門町四番地　大島屋伝右衛門」

明治十一年（一八七八）戊寅

開明小説春雨文庫 三編　中本二巻二冊
【著編者】松村春輔（閲）和田定節（著）【序年・序者】明治十一・祥狂【画工】晴斎年一【筆耕】不詳【奥付等】「明治十一年二月十一日御届／著者　第五大区八小区浅草北田原町三丁目六番地　東京府士族　和田定節／出版人　第一大区八小区弥左衛門町四番地　東京府平民　武田伝右衛門」

参考鹿児島新誌 四編　中本二巻二冊
【著編者】和田定節【序年・序者】和田定節【画工】晴斎年一【筆耕】不詳【奥付等】「明治十一年一月十一日御届／編集兼出版人　東京府士族　第五大区八小区浅草北田原町三丁目六番地　和田定節」【備考】見返しに「東京書肆　文永堂発兌」とある。

参考鹿児島新誌 五編　中本二巻二冊
【著編者】和田定節【序年・序者】梅塘迂叟【画工】晴斎年一【筆耕】不詳【奥付等】「明治十一年四月五日御届／著者出版人　東京府士族　第五大区八小区浅草北田原町三丁目六番地　和田定節／発兌書肆　東京弥左衛門町　武田伝右衛門」

明治十二年（一八七九）己卯

参考鹿児島新誌 六編　半紙本二巻二冊
【著編者】和田定節【序年・序者】和田定節【画工】晴斎年一【筆耕】不詳【奥付等】「明治十二年三月四日御届／編集兼出版人　東京府士族　浅草区北田原町三丁目六番地　和田定節／発売書肆　東京弥左衛門町十三番地　大島屋伝右衛門」

山中人饒舌　小本二巻二冊
【著編者】竹田生【序年・序者】①篠崎小竹②天保五・角田簡【奥付等】「嘉永七年甲寅四月　原版／明治十二年四月二十五日　翻刻御届／原板主　田能村氏蔵板／発行者　東京市京橋区弥左衛門町十三番地　武田伝右衛門」

新門辰五郎游侠譚 初編　中本二巻二冊
【著編者】萩原乙彦【序年・序者】明治十二・萩原乙彦【画工】歌川芳春【筆耕】不詳【奥付等】「明治十二年五月　浅草区三好町七番地　大川屋錠吉／京橋区弥左衛門町十三番地　大島屋伝右衛門　合梓」

新門辰五郎游侠譚 二編　中本二巻二冊
【著編者】萩原乙彦【序年・序者】明治十二・萩原乙彦

【画工】歌川芳春【筆耕】不詳【奥付等】「明治十二年五月　浅草区三好町七番地　大川屋錠吉／京橋区弥左衛門町十三番地　大島屋伝右衛門　合梓」

開明小説 春雨文庫 四編　中本二巻二冊

【著編者】和田定節【序年・序者】明治十二・井住屋のあるじ蛙生【画工】不詳【筆耕】不詳【奥付等】「明治十二年六月五日御届／著者　浅草区北田原町三丁目六番地　東京府士族　和田定節／発兌書肆　出版人　京橋区弥左衛門町十三番地　武田伝右衛門」

巷説児手柏 初編　中本二巻二冊

【著編者】高畠藍泉【序年・序者】明治十二・高畠藍泉【画工】月岡芳年・落合芳幾【筆耕】不詳【奥付等】「明治十二年九月一日御届／東京京橋区弥左衛門町十三番地　出版人　武田伝右衛門／同日本橋区南茅場町四十番地　著述人　高畠藍泉」

麓のはな　特大本一巻一冊

【著編者】高畠藍泉【序年・序者】前田夏繁【跋年・跋者】明治十二・高畠藍泉【画工】高畠藍泉【筆耕】不詳【奥付等】「明治十二年十一月八日御届／販売所／東京日本橋区通四町目七番地書肆　金華堂　中村佐助／同京橋区弥左衛門町十三番地書肆　文永堂　武田伝右衛門／同神田区雉子町三十番地骨董舗　緑竹居　目賀田汲古」

巷説児手柏 後編　中本二巻二冊

【著編者】高畠藍泉【序年・序者】明治十二・高畠藍泉【画工】月岡芳年・落合芳幾【奥付等】「明治十二年十二月五日御届／東京京橋区弥左衛門町十三番地　出版人　武田伝右衛門／同日本橋区南茅場町四十番地　著述人　高畠藍泉」

明治十三年（一八八〇）庚辰

絵入小学 子弟訓　中本一巻一冊

【著編者】鈴木勇之助【序年・序者】明治十三・栗本鋤雲【奥付等】「明治十三年一月版権免許仝三月出版／著述出版人　東京本所区永倉町七番地　鈴木勇之助／発兌書肆　仝京橋区竹川町廿番地　聚珍社／仝　仝弥左衛門町十四番地　武田伝右衛門」

開明小説 春雨文庫 五編　中本二巻二冊

【著編者】和田定節【序年・序者】旧秋園頑湖【画工】不詳【筆耕】不詳【奥付等】「明治十三年二月廿五日御届／編輯人　浅草区北田原町三丁目六番地　和田定節／東京書肆　出版人　京橋区弥左衛門町十三番地　武田伝右衛門」

琢華堂画譜　中本一巻一冊

【著編者】高畠藍泉【画工】高畠藍泉【跋年・跋者】明治十三・高畠藍泉【奥付等】「明治十三年四月十三日御届／臨写人　浅草区元吉町十七番地　静岡県士族　高畠藍泉／東京書肆　出版人　京橋区弥左衛門町十三番地　府下平民　武田伝右衛門／発売人　浅草区北清島町　同　小林米蔵」

蘭竹譜　半紙本一巻一冊

【著編者】貫輪吉五郎【序年・序者】明治十三・青木可笑【跋年・跋者】明治十三・秋香小史【画工】渡辺崋山【奥付等】「明治十三年五月十九日御届／編輯兼出版人　日本橋区亀島町一丁目四十一番地　東京府平民　貫輪吉五郎／東京書肆　京橋区弥左衛門町十三番地　武田伝右衛門／浅草区北清島町　小林米蔵」

註釈和解古文真宝後集　小本二巻二冊

【著編者】田中善明（註）【画工】不詳【筆耕】不詳【奥付等】「明治十三年六月廿五日御届／同年七月出版／註解人　神田区佐久間町三丁目廿一番地　東京府平民　田中善明／出版人　日本橋区通四丁目十番地　同　松田幸助／同京橋区弥左ェ門町十三番地　武田伝右衛門／発売人　芝区三島町　山中市兵衛／京橋区銀座二丁目　山中孝之助」

書家自在　小本三巻三冊

【著編者】道富元礼・藤原良国【画工】不詳【筆耕】不詳【奥付等】「明治十三年七月二十九日翻刻御届／同年九月出版／編輯人　道富元礼／同　藤原良国／翻刻出版人　同日本橋区本石町四丁目三十五番地　東京府平民　中山勝次郎／同　京橋区南伝馬丁壱丁目十番地　東京府平民　村上真助／同　京橋区弥左ェ門町十三番地　東京府平民　武田伝右ェ門／同　神田区佐柄町二十一番地　東京府士族　大場助一／同　京橋区南伝馬町一丁目十番地村上真助方寄留　高橋平三郎／同　日本橋区通四丁目十番地　東京府平民　松田幸助」

絵入国会早合点　中本一巻一冊

【著編者】松村春輔【奥付等】「明治十三年八月廿四日御届／著述人　東京日本橋区蛎殻町二丁目七番地寄留　山口県平民　松村春輔／出版人　同京橋区弥左衛門町十三番地　東京府平民　武田伝右ェ門」

註釈和解古文真宝前集　小本三巻三冊

【著編者】田中善明（註）【画工】不詳【筆耕】不詳【奥付等】「明治十三年十月廿六日御届／同年同月出版／註解人　神田区佐久間町三丁目廿一番地　東京府平民　田

中善明／出版人　日本橋区通四丁目十番地　同　松田幸助／同京橋区弥左ェ門町十三番地　武田伝右衛門／発売人　芝区三島町　山中市兵衛／京橋区銀座二丁目　山中孝之助」

山水花鳥早引漫画 二編　中本一巻一冊

【著編者】葛飾為斎（遺稿）安達吟光（編画）【画工】安達吟光【奥付等】未見【備考】見返しに「東京書肆文永堂」とある。刊年は『出版書目月報』および『東京絵入新聞』『読売新聞』掲載の広告による。

山水花鳥早引漫画 三編　中本一巻一冊

【著編者】葛飾為斎（遺稿）安達吟光（編画）【画工】安達吟光【奥付等】「明治十三年十一月廿五日御届／編輯人　京橋区南鍋町一丁目七番地　安達平七／東京書肆出版人　京橋区弥左衛門町十三番地　武田伝右衛門」

落華清談 春風日記 初編　中本二巻二冊

【著編者】松村春輔【序年・序者】二世為永春水【画工】安達吟光【筆耕】不詳【奥付等】「明治十三年十二月廿八日御届／著述人　府下日本橋区蛎殻町二丁目七番地寄留　松村春輔／出板人　同京橋区弥左ェ門町十三番地　武田伝右衛門／発兌人　同浅草区三好町七番地　大川屋錠吉」【備考】巻二巻末に処女香の広告あり。奥付に「発売書肆」として「同仝区新福井町五番地　高梨弥三郎」を加えたものも。

開明小説 春雨文庫 六編　中本二巻二冊

【著編者】和田定節【序年・序者】倭田散人【画工】不詳【筆工】不詳【奥付等】「明治十三年十二月廿八日御届／編輯人　府下本所区北二葉町二十番地　和田定節／出版人　同京橋区弥左ェ門町十三番地　武田伝右衛門／発兌人　同浅草区三好町七番地　大川屋錠吉」

明治十四年（一八八一）辛巳

山水花鳥早引漫画 四編　中本一巻一冊

【著編者】葛飾為斎（遺稿）安達吟光（編画）【跋年・跋者】明治十四・高畠藍泉【画工】安達吟光【奥付等】「明治十四年二月二日御届／故人　葛飾北斎筆／画工編輯人　京橋区南鍋町十七番地　安達平七／出板人　同区弥左ェ門町十三番地　武田伝右衛門」

落華清談 春風日記 二編　中本二巻二冊

【著編者】松村春輔【序年・序者】明治十四・松村春輔【画工】安達吟光【筆耕】不詳【奥付等】「明治十四年八月八日御届／著述人　府下京橋区南鍋町壱丁目壱番地山口県平民　松村春輔／出版人　府下同区弥左ェ門町十

三番地　東京府平民　武田伝右衛門／同浅草区三好町七番地　同　大川錠吉／発売人　同浅草区新福井町五番地　高梨弥三郎」

落華清談春風日記　三編　中本二巻二冊
【著編者】松村春輔【序年・序者】明治十四・松村春輔【画工】安達吟光【筆耕】不詳【奥付等】「明治十四年八月八日御届／編輯人　京橋区南鍋町一丁目壱番地寄留　松村春輔／出版人　京橋区弥左ヱ門町十三番地　武田伝右ヱ門／同　浅草区三好町七番地　大川錠吉」

明治烈婦伝　中本一巻一冊
【著編者】松村春輔【序年・序者】明治十四春・松村春輔【画工】不詳【筆耕】不詳【奥付等】「明治十四年六月二日板権免許／著述人　京橋区南鍋町壱丁目壱番地　松村春輔／出板人　同区弥左ヱ門町十三番地　武田伝右衛門／大阪　岡田茂兵衛／同　前川善兵衛／同　前川源七郎／同　大野木市兵衛／同　岡島真七／尾州名古屋　美濃屋代助／信州長野　西沢喜太郎／武州横浜　池田幸吉／甲府　西川庄右衛門／東京発売書肆　山中市兵衛／山中孝之助／山中喜太郎／覚張栄次郎／大倉孫兵衛／荒川藤兵衛／水野慶次郎／小林鉄次郎／辻岡文助」【備考】慶応五年刊『烈女銘々伝』の改題補刻本。

暁斎楽画　半紙本二巻二冊
【著編者】河鍋暁斎【序年・序者】明治十四・蒲生重章【画工】河鍋暁斎【筆耕】跡見花蹊（序）【奥付等】「明治十四年五月十六日板権免許／同年七月三日出板／画工　本郷区湯島四丁目四十二番地　河鍋洞郁／出版人　京橋弥左ヱ門町十三番地　武田伝右衛門／麹町区麹町八丁目八番地　森田鉄五郎／彫工　東京府下南葛飾郡中之郷村七十四番地　大塚鉄五郎／発兌書肆　大阪心斎橋博労町　岡田茂兵衛／同南久宝寺町　前川善兵衛／同北久宝寺町　前川源七郎／同心斎橋一丁目　大野木市兵衛／同本町四丁目　岡島真七／信州長野　西沢喜太郎／相州横浜　池田幸吉／同　師岡屋幸助／東京日本橋通一丁目北畠茂兵衛／同通二丁目　稲田佐兵衛／同仝　小林新兵衛／同通三丁目　丸屋善七／同通一丁目　大倉孫兵衛／同通四丁目　金花堂佐助／同仝　松田幸助／同南伝馬町二丁目　小林新蔵／同仝壱丁目　吉川半七／同芝宇田川町　牧野吉兵衛／同浅草茅町　北沢伊八／東京浅草広小路　吉田久兵衛／同浅草須賀町　松崎半蔵／同仝　瀬山直次郎／同浅草清島町　小林米蔵／同新大坂町　小林喜右ェ門／同湯島松住町　別所平七／同通油町　水野慶次郎／同馬喰町二丁目　石川治兵衛／同仝　荒川藤兵衛／

同通旅籠町　東生亀次郎／同麴町四丁目　磯部太郎兵衛／同飯倉五丁目　鈴木忠蔵／同横山町二丁目　内田弥兵衛／同本石町十軒店　江島喜兵衛／同本町二丁目　柳川梅次郎／同芝露月町　覚張栄次郎／同銀座四丁目　山中喜太郎／同仝二丁目　山中孝之助／同芝三島町　山中市兵衛」

赤穂義士烈婦銘々伝　中本一巻一冊
【著編者】山々亭有人（編）高畠藍泉（閲）【序年・序者】明治十三・高畠藍泉【画工】不詳【筆耕】不詳【奥付等】未見【備考】見返しに「明治十四年八月補刻／東京文永堂蔵」とある。

崋椿靄隆近世四大家画譜　小本一巻一冊
【著編者】高畠藍泉【序年・序者】明治十四・高畠藍泉【画工】高畠藍泉（縮写）【筆耕】雲渓春（序）【奥付等】「明治十四年十一月十五日御届／縮写人　静岡県士　京橋区弥左衛門町壱番地　高畠藍泉／出版人　府下平民　同区同町十三番地　武田伝右衛門／発売人　浅草区新福町五番地　高梨弥三郎」

明治十五年（一八八二）壬午

落華清談春風日記　四編　中本二巻二冊
【著編者】松村春輔【序年・序者】明治十四・松村春輔【画工】安達吟光【筆耕】不詳【奥付等】「明治十五年二月廿四日御届／編輯人　京橋区南鍋町一丁目一番地　山口県平民　松村春輔／出板人　同区弥左ヱ門町十三番地　東京府平民　武田伝右ヱ門／発売人　浅草区三好町七番地　同　大川錠吉／発売人　同区福井町五番地　同　高梨弥三郎」

落華清談春風日記　五編　中本二巻二冊
【著編者】松村春輔【画工】安達吟光【筆耕】不詳【奥付等】「明治十五年二月廿四日御届／著述人　府下京橋区南鍋町一丁目一番地　松村春輔／出板人　同区弥左ヱ門町十三番地　武田伝右衛門／同浅草区三好町七番地　大川錠吉／発売人　同区福井町五番地　高梨弥三郎」

落華清談春風日記　六編　中本二巻二冊
【著編者】松村春輔【序年・序者】明治十四・松村春輔【画工】安達吟光【筆耕】不詳【奥付等】「明治十五年二月廿四日御届／編輯人　京橋区南鍋町一丁目一番地　松村春輔／出板人　同区弥左ヱ門町十三番地　武田伝右ヱ

門／浅草区三好町七番地　大川錠吉／発売人　同区福井町五番地　高梨弥三郎」

蝶舞奇縁 初編　中本二巻二冊

【著編者】顧柳散人【序年・序者】明治十五・服部精一【画工】不詳【筆耕】不詳【奥付等】「明治十五年四月一日版権免許／同年五月日出版／訳述兼出版人　福岡県士族　東京下谷区西町三番地寄留　桑野鋭／発兌書肆　武田伝右衛門／売弘書肆　大阪　岡田茂兵衛／前川善兵衛／前川源七郎／大野市郎兵衛／岡島真七／尾州名古屋　美濃屋代助／信州長野　西沢喜太郎／武州横浜　池田孝吉／東京　北畠茂兵衛／稲田佐兵衛／小林新兵衛／小林新造／吉川半七／大倉孫兵衛／水野慶次郎／荒川藤兵衛／辻岡文助／山中喜太郎／山中孝之助／山中市兵衛／九春社／静霞堂／厳々堂／法木徳兵衛」【備考】「発兌書肆」の部分を「発兌所　竹川町十一番地　九春社」とするものも。

諸職雛形北斎図式 初編　横本二巻二冊

【著編者】葛飾北斎【序年・序者】明治十五・柳亭種彦【画工】葛飾北斎【筆耕】隅田了古（序）【跋年・跋者】明治一五・隅田了古【奥付等】「明治十四年十二月十七日版権免許／同十五年四月五日出版／画工　故人　葛飾為一老人／出版人　東京府下京橋区弥左ェ門町十三番地　武田伝右衛門／発兌書肆　大阪　岡田茂兵衛／前川善兵衛／前川源七郎／大野木市兵衛／岡島真七／尾州名古屋　美濃屋代助／信州長野　西沢喜太郎／武州横浜　池田孝吉／東京　北畠茂兵衛／稲田佐兵衛／小林新兵衛／小林新造／吉川半七／大倉孫兵衛／水野慶次郎／荒川藤兵衛／辻岡文助／山中喜太郎／山中孝之助／山中市兵衛」

清百家絶句　中本三巻三冊

【著編者】大沼枕山（閲）土屋栄（輯）【序年・序者】大沼枕山【奥付等】「明治十一年十一月廿五日板権免許／同十五年十月十八日改題御届／著作者　神田区表神保町二番地　土屋栄／東京書林／発行兼印刷者　本郷区春木町三丁目十三番地　武田伝右衛門／売捌所　浅草区三好町七番地　大川屋書店」

春色梅児誉美 初編　中本三巻一冊

【著編者】為永春水【序年・序者】為永春水【画工】柳川重信【奥付等】「明治十五年十月十一日再版御届／著者　故為永春水／出版人　東京府平民　武田政吉　京橋区弥左衛門町十三番地／府下大売捌所　神田雉子町　厳々堂／同小川町　秩山堂／人形町通リ元大坂町　法木

徳兵衛／飯田町二丁目　武田平治／外神田末広町　扇川堂／木挽町壱丁目　万字堂／両国横山町　辻岡屋文助／馬喰町弐丁目　山口屋藤兵衛／通リ油町　藤岡慶治郎／日本橋通リ三丁目　丸屋鉄治郎／府下売捌所　尾張町二丁目　津田源七／南伝馬町二丁目　伊勢屋喜三郎／本石町二丁目　武蔵屋昇平／大伝馬町二丁目　三宅半四郎／浅草瓦町　森本順三郎／浅草馬道　山田屋彦兵衛／下谷池之端仲町　伏見屋重兵衛／牛込肴町　深野弥兵衛／四ツ谷伝馬町三丁目　伊勢屋久兵衛／麹町五丁目　篠崎忠雄／各地売捌所　横浜太田町二丁目　伊勢屋梅蔵／備前岡山西大寺町　阿倍勝忠／信州南佐久郡臼田駅　依田儀三郎／陸前仙台大町四町目　木村文助／三重県津東町浅野東助／大坂備後町　此村彦輔／同本町四丁目　岡島真七／千葉県千葉町　立真舎／常州土浦田宿町　柳旦堂／兵庫仲町壱丁目　清水瀧／江州大津京町　沢一二郎／但馬豊岡宵田町　由利安助／加州金沢尾張町　雲根堂／長崎酒屋町角　安中与兵衛／信州小諸　小山九郎兵衛／三州豊橋上伝馬町　錚々堂／駿州沼津　中村九十郎／尾張名古屋本町　石版舎／江州彦根西大工町　田中伍郎／西京寺町通リ　駿々堂／信州小室　小枡屋喜太郎／尾州名古屋本町　美濃屋代助／上州高崎町　文心堂／相州小田原緑町　石寿堂喜右ェ門／尾州知多郡半田村　小栗太郎兵衛／同厚木天王町　米屋新吉／信州上田原町　堺屋武右ェ門／同松本仲町　竹内禎十郎／越後水原町　西村六平／同三條町　樋口小左ェ門／陸前石ノ巻二百一番地　三陸屋利兵衛／陸中盛岡本町　沢田正助／陸奥青森米町　池田吉助／同弘前土手町　野崎九郎兵衛／羽前鶴ヶ岡五日町　小池藤次郎／函館港内浜町　魁文社／同地蔵町　脩文堂／豆州熱海温泉場　鈴木良三／三州豊橋呉服町　高須又八／雲州松江本町　園山喜三右ェ門／土州高知種崎町　沢本駒吉／右之外各府県書林絵双紙店江差出シ候間御求可被下候」【備考】口絵・挿絵は整版。本文は活版。

春色梅児誉美二編　中本三巻一冊

【著編者】為永春水【画工】柳川重信・柳川重山【奥付等】「明治十五年十月十一日再版御届／著者　故　為永春水／出版人　東京府平民　京橋区弥左衛門町十三番地　武田政吉／発売　神田区裏神保町八番地　鶴声社／府下大売捌所　両国横山町　辻岡屋文助／馬喰町弐丁目　山口屋藤兵衛／通リ油町　藤岡慶治郎／日本橋通リ三丁目　丸屋鉄治郎／神田雉子町　厳々堂／同小川町　秩山堂／人形町通リ元大坂町　法木徳兵衛／飯田町二丁目

武田平治／外神田末広町　扇川堂／木挽町壱丁目　万字堂／両国横山町　辻岡屋文助／馬喰町弐丁目　山口屋藤兵衛／通リ油町　藤岡慶治郎／日本橋通リ三丁目　丸屋鉄治郎／府下売捌所　尾張町二丁目　津田源七／南伝馬町二丁目　伊勢屋喜三郎／本石町二丁目　武蔵屋昇平／大伝馬町二丁目　三宅半四郎／浅草瓦町　森本順三郎／浅草馬道　山田屋彦兵衛／下谷池之端仲町　伏見屋重兵衛／牛込肴町　深野弥兵衛／四ツ谷伝馬町三丁目　伊勢屋久兵衛／麴町五丁目　篠崎忠雄／各地売捌所　横浜太田町二丁目　伊勢屋梅蔵／備前岡山西大寺町　阿倍勝忠／信州南佐久郡白田駅　依田儀三郎／陸前仙台大町四町目　木村文助／三重県津東町　浅野東助／大坂備後町此村彦輔／同本町四丁目　岡島真七／千葉県千葉町　立真舎／常州土浦田宿町　柳旦堂／兵庫仲町壱丁目　清水瀧／江州大津京町　沢一二郎／但馬豊岡宵田町　由利安助／加州金沢尾張町　雲根堂／長崎酒屋町角　安中与兵衛／信州小諸　小山九郎兵衛／三州豊橋上伝馬町　錚々堂／駿州沼津　中村九十郎／尾張名古屋本町　石版舎／江州彦根西大工町　田中伍郎／西京寺町通リ　駿々堂／信州小室　小枡屋喜太郎／尾州名古屋本町　美濃屋代助／上州高崎町　文心堂／相州小田原緑町　石寿堂喜右ェ門／尾州知多郡半田村　小栗太郎兵衛／同厚木天王町米屋新吉／信州上田原町　堺屋武右ェ門／同松本仲町竹内禎十郎／越後水原町　西村六平／同三條町　樋口小左ェ門／陸前石ノ巻二百一番地　三陸屋利兵衛／陸中盛岡本町　沢田正助／陸奥青森米町　池田吉助／同弘前土手町　野崎九郎兵衛／羽前鶴ヶ岡五日町　小池藤次郎／函館港内浜町　魁文社／同地蔵町　脩文堂／豆州熱海温泉場　鈴木良三／三州豊橋呉服町　高須又八／雲州松江本町　園山喜三右ェ門／土州高知種崎町　沢本駒吉／右之外各府県書林絵双紙店江差出シ候間御求可被下候」

【備考】口絵・挿絵は整版。本文は活版。

春色梅児誉美 三編　中本三巻一冊

【著編者】為永春水【画工】柳川重信【奥付等】「明治十五年十二月日再版御届／著者　故　為永春水／出版人京橋区弥左衛門町十三番地　武田政吉／発兌　神田区裏神保町八番地　鶴声社」【備考】口絵・挿絵は整版。本文は活版。

春色梅児誉美 四編　中本三巻一冊

【著編者】為永春水【画工】柳川重信【奥付等】「明治十五年十月十一日再版御届／著者　故　為永春水／出版人東京府平民　京橋区弥左衛門町十三番地　武田政吉／

発売　神田区裏神保町八番地　鶴声社／府下大売捌所両国横山町　辻岡屋文助／馬喰町弐丁目　山口屋藤兵衛／通リ油町　藤岡慶治郎／日本橋通リ三丁目　丸屋鉄治郎／神田雉子町　厳々堂／同小川町　秩山堂／人形町通リ元大坂町　法木徳兵衛／飯田町二丁目　武田平治／外神田末広町　扇川堂／本挽町壱丁目　万字堂／両国横山町　辻岡屋文助／馬喰町弐丁目　山口屋藤兵衛／通リ油町　藤岡慶治郎／日本橋通リ三丁目　丸屋鉄治郎／府下売捌所　尾張町二丁目　津田源七／南伝馬町二丁目　伊勢屋喜三郎／本石町二丁目　武蔵屋昇平／大伝馬町二丁目　三宅半四郎／浅草瓦町　森本順三郎／浅草馬道　山田屋彦兵衛／下谷池之端仲町　伏見屋重兵衛／牛込肴町　深野弥兵衛／四ツ谷伝馬町三丁目　伊勢屋久兵衛／麹町五丁目　篠崎忠雄／各地売捌所　横浜太田町二丁目　伊勢屋梅蔵／備前岡山西大寺町　阿倍勝忠／信州南佐久郡白田駅　依田儀三郎／陸前仙台大町四町目　木村文助／三重県津東町　浅野東助／大坂備後町　此村彦輔／同本町四丁目　岡島真七／千葉県千葉町　立真舎／宮州土浦田宿町　柳旦堂／兵庫仲町壱丁目　清水瀧／江州大津京町　沢一二郎／但馬豊岡宵田町　由利安助／加州金沢尾張町　雲根堂／長崎酒屋町角　安中与兵衛／信州小諸小山九郎兵衛／三州豊橋上伝馬町　錚々堂／駿州沼津中村九十郎／尾張名古屋本町　石版舎／江州彦根西大工町　田中伍郎／西京寺町通リ　駿々堂／信州小室　小枡屋喜太郎／尾州名古屋本町　美濃屋代助／上州高崎町　文心堂／相州小田原緑町　石寿堂喜右ェ門／尾州知多郡半田村　小栗太郎兵衛／同厚木天王町　米屋新吉／信州上田原町　堺屋武右ェ門／同松本仲町　竹内禎十郎／越後水原町　西村六平／同三條町　樋口小左ェ門／陸前石ノ巻二百一番地　三陸屋利兵衛／陸中盛岡本町　沢田正助／陸奥青森米町　池田吉助／同弘前土手町　野崎九郎兵衛／羽前鶴ヶ岡五日町　小池藤次郎／函館港内浜町　魁文社／同地蔵町　脩文堂／豆州熱海温泉場　鈴木良三／三州豊橋呉服町　高須又八／雲州松江本町　園山喜三右ェ門／土州高知種崎町　沢本駒吉／右之外各府県書林絵双紙店江差出シ候間御求可被下候」【備考】口絵・挿絵は整版。本文は活版。

春色辰巳園 初編　中本三巻一冊

【著編者】為永春水【序年・序者】天保四・三亭春馬【画工】不詳【奥付等】「明治十五年十月十一日再版御届／著者　故　為永春水／出版人　東京府平民　京橋区弥左衛門町十三番地　武田政吉／発兌　神田区裏神保町八

番地　鶴声社」【備考】序文・口絵は整版。本文は活版。巻末に「鶴声社書目」あり。

春色辰巳園 二編　中本三巻一冊
【著編者】為永春水【序年・序者】桜川善孝【画工】不詳【奥付等】「明治十五年十月十一日再版御届／著者故　為永春水／出版人　東京府平民　京橋区弥左衛門町十三番地　武田政吉／発兌　神田区裏神保町八番地　鶴声社」【備考】序文・口絵は整版。本文は活版。巻末に「鶴声社書目」あり。

春色辰巳園 三編　中本三巻一冊
【著編者】為永春水【序年・序者】天保六・一松舎竹里【画工】不詳【奥付等】「明治十五年十月廿三日再版御届／著者　故　為永春水／出版人　東京府平民　東京京橋弥左衛門町十三番地　武田政吉／発兌　神田裏神保町八番地　鶴声社」【備考】序文・口絵は整版。本文は活版。

春色辰巳園 四編　中本三巻一冊
【著編者】為永春水【序年・序者】天保六・為永春水【画工】不詳【奥付等】「明治十五年十月廿三日再版御届／著者　故　為永春水／出版人　東京府平民　東京京橋弥左衛門町十三番地　武田政吉／発兌　神田裏神保町八番地　鶴声社」【備考】序文・口絵は整版。本文は活版。

開明小説春雨文庫 七編　中本二巻二冊
【著編者】和田定節【序年・序者】明治十四・二世叟斎了古【画工】不詳【筆耕】不詳【奥付等】「明治十五年十月廿五日御届／編輯人　下谷区坂木町一丁目十四番地東京府士族　和田定節／東京書肆出版人　京橋区弥左エ門町十三番地　東京府平民　武田伝右衛門／発売書肆長野県善光寺　小枡屋西沢喜太郎」

仮名文章娘節用 二編　中本三巻一冊
【著編者】曲山人【序年・序者】三文舎主人【画工】不詳【奥付等】「明治十五年十一月廿七日再版御届／著者故曲山人／出版人　東京府平民　京橋区弥左衛門町十三番地　武田政吉／発兌　神田裏神保町八番地／横山町辻岡屋文助／日本橋通二　丸屋鉄次郎／神田雉子町厳々堂／同小川町　秩山堂／飯田町　武田平治／通リ油町　藤岡屋慶治郎／人形町通リ　法木徳兵衛／馬喰町二山口屋藤兵衛／木挽町一丁目　万字堂／芝三崎町　和泉屋市兵衛」

仮名文章娘節用 三編　中本三巻一冊
【著編者】曲山人【序年・序者】天保五・三文舎主人【画工】不詳【奥付等】「明治十五年十一月廿七日再版御届／著者　故曲山人／出版人　東京府平民　京橋区弥左

衛門町十三番地　武田政吉／発兌　神田裏神保町八番地／横山町　辻岡屋文助／日本橋通二　丸屋鉄次郎／神田雉子町　巌々堂／同小川町　秩山堂／飯田町　武田平治／通リ油町　藤岡屋慶治郎／人形町通リ　法木徳兵衛／馬喰町二　山口屋藤兵衛／木挽町一丁目　万字堂／芝三崎町　和泉屋市兵衛」【備考】発兌は「鶴声社」。

明治十六年（一八八三）癸未

開明小説春雨文庫 八編　中本二巻二冊
【著編者】和田定節【画工】不詳【筆耕】不詳【奥付等】「明治十六年十月十九日御届／編輯人　下谷区坂木町一丁目十四番地　東京府士族　和田定節／東京書肆出板人　京橋区弥左ェ門町十三番地　東京府平民　武田伝右衛門／発売書肆　長野県善光寺　小枡屋西沢喜太郎」

続明治烈婦伝　中本一巻一冊
【著編者】高畠藍泉【序年・序者】明治十五・高畠藍泉【画工】安達吟光【筆耕】不詳【奥付等】「明治十六年十一月廿一日御届／編輯人　静岡県士族　東京々橋区南鍋町二丁目三番地　高畠藍泉／出版人　東京府平民　同京橋区弥左ェ門町十三番地　武田伝右衛門」

明治十七年（一八八四）甲申

茶道手引草　中本二巻二冊
【著編者】堀口精一【序年・序者】①明治十六・鞨南居士②明治十六・堀口精一【筆耕】成瀬温（序②）【奥付等】「明治十七年一月十八日御届／同三月出版／編輯人　群馬県平民　群馬県下碓氷郡下磯部村廿番地　堀口精一／出版人　東京府平民　浅草区北清島町十六番地　小林米造／発売人　同平民　浅草区北東仲町五番地　吉田久兵衛／同平民　京橋区弥左ェ門町十三番地　武田伝右衛門」

赤穂節義録　二編　半紙本五巻五冊
【著編者】高畠藍泉【画工】安達吟光【筆耕】不詳【奥付等】「明治十七年九月五日板権免許／同年十月出板／著者　静岡県士族　東京京橋区南鍋町二丁目二番地　高畠藍泉／出板人　東京府平民　同京橋区弥左ェ門町十三番地　武田伝右衛門／売捌書林　東京芝神明前　山中市兵衛／日本橋通二丁目　稲田佐兵衛／横山町三丁目　辻岡屋文助／日本橋通一丁目　大倉孫兵衛／大阪心斎橋博労町　岡田茂兵衛／同南久宝寺町　前川善兵衛／同北久宝寺町　前川源七郎／同本町四丁目　岡島真七」

明治十八年（一八八五）乙酉

三体千字文　半紙本一巻一冊

【著編者】南谷新七【筆耕】村田海石【奥付等】「明治十八年三月廿六日出版御届／同十八年四月三十日刻成／訓点兼出版人　大阪府平民　南区安堂寺橋通三丁目五十三番地　南谷新七／諸国発兌書肆　尾州名古屋　川瀬代助／越中富山　大橋甚吾／加賀金沢　益智館／筑前福岡　林斧助／薩摩鹿児島　吉田幸兵衛／東京市　京橋区弥左衛門町十三番地　武田伝右衛門」

初学必携英学独稽古　四六判ボール表紙本一巻一冊

【著編者】和田定節【序年・序者】明治十八・和田定節カ【奥付等】「明治十八年十月五日出版御届／編輯人　東京府士族　下谷区坂本二丁目三十番地　和田貞節／出版人　東京府平民　京橋区弥左エ門町十三番地　武田伝右エ門／発行書林　横山町三丁目　辻岡文助／横山町二丁目　鶴声社／馬喰町二丁目　山口藤兵衛／芝露月町　覚張栄次郎／日本橋通三丁目　小林鉠次郎／両国薬研堀町　鈴木喜右衛門」

古代錦繍集古図譜　横本一巻一冊

【著編者】加藤為直【画工】不詳【筆耕】不詳【奥付等】「明治十八年十二月廿八日御届／定価金三十銭／編輯人　赤坂区青山北町三丁目三十九番地寄留　千葉県士族　加藤為直／出版人　京橋区弥左衛門町十三番地　東京府平民　武田伝右衛門」

明治十九年（一八八六）丙戌

縁結月下菊　四六判ボール表紙本三巻一冊

【著編者】柳亭種彦【序年・序者】天保十・柳亭種彦【画工】不詳【奥付等】「明治十九年一月■日御届／同年出版／出版人　東京府平民　京橋区弥左衛門町十三番地　武田伝右衛門／発兌　日本橋区横山町二丁目　鶴声社／仝　大坂心斎橋筋南詰　鶴声社支店東京屋／仝　横浜吉田町二丁目　鶴声社支店／仝　日本橋区新和泉町一番地　今古堂／大売捌　兎屋誠／上田屋栄次郎／金桜堂内藤／春陽堂／丸屋鉄次郎／山口屋藤兵衛／鈴木喜衛門／辻岡屋文助」

卅三間堂棟材奇伝柳の糸　四六判ボール表紙本五巻一冊

【著編者】小枝繁【画工】不詳【奥付等】「明治十八年十二月廿四日御届／同十九年四月日出版／著者故人　小枝繁／出版人　京橋区弥左衛門町十三番地　武田伝右衛門／発兌　同所　鵬文社／発売人　浅草区三好町七番地

大川錠吉」

世間手代気質 巻之一　菊判並製一巻一冊
【著編者】江島其磧【序年・序者】江島其磧【画工】不詳【奥付等】「明治十九年五月五日御届／仝五月出版／著者　故人　其磧／出版人　京橋区弥左衛門町十三番地　武田伝右衛門／東京発兌書林京橋南鍋町一丁ヨ　兎屋／仝　仝弥左衛門町　大島屋／仝　仝南伝馬町一丁目　春陽堂／仝　日本橋橘町一丁目　鶴声社／仝　仝通り四丁目　金桜堂／仝　神田淡路町　厳々堂／仝　麹町四丁目　磯部屋／此他各書林絵双紙屋へ出差し置候」

世間手代気質 巻之二　菊判並製一巻一冊
【著編者】江島其磧【画工】不詳【奥付等】「明治十九年五月五日御届／仝六月出版／著者　故人　其磧／出版人　京橋区弥左衛門町十三番地　武田伝右衛門／東京発兌書林京橋南鍋町一丁目　兎屋／仝　仝弥左衛門町　大島屋／仝　仝南伝馬町一丁目　春陽堂／仝　日本橋橘町一丁目　鶴声社／仝　仝通り四丁目　金桜堂／仝　神田淡路町　厳々堂／仝　麹町四丁目　磯部屋／此他各書林絵双紙屋へ出差し置候」【備考】巻之三以降は未刊。

三日月阿専　袖珍判ボール表紙本六巻一冊
【著編者】為永春水【序年・序者】文亭綾継【画工】不詳【奥付等】「明治十九年十月二日御届／同年仝月十六日出版／故人　為永春水作／出版人　東京府平民　京橋区弥左衛門町十三番地　武田伝右衛門／大売捌　日本橋区横山町三町目　辻岡文助／京橋区南鍋町一町目　兎屋誠／日本橋区橘町一町目　鶴声社／日本橋区通四町目　春陽堂／日本橋区本石町二町目　上田屋栄三朗／日本橋区薬研堀町　鈴木喜右衛門」

園雪三勝草紙　袖珍判ボール表紙本三巻一冊
【著編者】為永春水【序年・序者】為永春水【画工】不詳【奥付等】「明治十九年十月五日御届／同年十一月日出版／故人　為永春水作／出版人　東京府平民　京橋区弥左衛門町十三番地　武田伝右衛門／大売捌　日本橋区横山町三町目　辻岡文助／京橋区南鍋町一町目　兎屋誠／日本橋区橘町一町目　鶴声社／日本橋区通四町目　春陽堂／日本橋区本石町二町目　上田屋栄三朗／日本橋区薬研堀町　鈴木喜右衛門」

明治二十年（一八八七）丁亥

明治新撰英和九体いろは　四六判並製一巻一冊
【著編者】能勢幸次郎（編輯）【序年・序者】明治二十・礫川堂主人【奥付等】「明治二十年十月三十一日出版御

届／同年十一月刻成発兌／編輯兼出版人　小石川区大門町二十五番地寄留　東京府平民　能勢幸次郎／発売人　本郷区春木町三丁目十三番地　同府平民　武田伝右衛門／浅草区三好町　同府平民　大川錠吉」【備考】見返しに「東京　礫川書屋」とある。

明治二十二年（一八八九）己丑

人情解剖詩　袖珍判並製一巻一冊
【著編者】中島嵩【序年・序者】仮名垣魯文【跋年・跋者】①仮名垣魯文②明治二十一・大槻如電【画工】不詳【奥付等】「明治二十二年一月三日印刷／同年同月十二日出版／著作者　東京牛込区市谷田町二丁目四十番地　中島嵩／発行兼印刷者　仝本郷区春木町三丁目十三番地　武田伝右衛門／発売人　仝日本区川瀬石町二番地　林平次郎」

風来先生春遊記　小本三巻三冊
【著編者】陳奮翰【序年・序者】①安永八・陳奮翰②酔多道士【跋年・跋者】安永八・板部羅甫【奥付等】「明治十四年四月新刻／同廿二年五月求版／東京市本郷区春木町三丁目十三番地寄留　武田伝右衛門／同浅草区三好町七番地　大川錠吉」【備考】整版。明治十四年刊の『風来山人春遊記』（弘令社版）を求版。改題本。

明治二十三年（一八九〇）庚寅

易学通解　半紙本二巻二冊　漢学
【著編者】井田亀学（著）栗原亀山（校）田井亀戴（校）【序年・序者】寛政八・【筆耕】不詳【奥付等】「明治廿三年七月十日三版印刷出版／発行兼印刷者　東京書舗　東京市神田区仲町二丁目六番地　武田伝右衛門」【備考】嘉永四年再印の『易学通解』（英大助版）を求版か。

明治二十四年（一八九一）辛卯

俳諧新五百題　小本二巻二冊
【著編者】鳥越等栽（校）武田正吉（編）【序年・序者】①明治二十四・鳥越等栽②明治二十三・幹朶園【奥付等】「明治廿四年十月廿五日印刷／仝年十月廿七日出版／著作者　東京府平民　京橋区弥左ヱ門町拾二番地　武田正吉／発行者印刷人　本郷区春木町三丁目拾三番地　武田伝右ヱ門／発行所　浅草区三好町七番地　大川錠吉」【備考】整版。明治二十二年刊の春秋園瀧川編・佳峰園等栽校『明治玉簾集』（稲田佐兵衛版）の改題再印本。

明治二十五年（一八九二）壬辰

美術彫刻画譜　横本一巻一冊
【著編者】不詳【序年・序者】明治四・岡本竺【奥付等】「明治廿五年二月二十日印刷／明治廿五年三月日出版／印刷兼発行者　東京市京橋区弥左エ門町拾三番地　武田伝右衛門／発売元　東京市本郷区春木町三丁目拾三番地　文永堂／特別発売書肆　辻岡屋文助／上田屋栄三郎／大川屋錠吉／山口屋藤兵衛／金桜堂／春陽堂／明道堂／辻本九兵衛／目黒支店／小林喜右衛門／大倉書店」【備考】弘文館から求版か。

明治二十九年（一八九六）丙申

明治開化用文　半紙本一巻一冊
【著編者】佐久間米三郎【筆耕】不詳【奥付等】「明治廿九年八月廿九日求版／著者　佐久間米三郎／発行兼印刷者　本郷区春木町三丁目十三番地　武田伝右衛門／売捌所　浅草区三好町七番地　大川錠吉」【備考】明治十七年刊の青琳堂高橋松之助版『明治小学用文』の改題後印本。

漢画独楽譜　一名うひ学　半紙本二巻二冊
【著編者】松岡正盛（著）吉田信孝（閲）松岡鉛吉（閲）【序年・序者】明治十五・松岡正盛【画工】松岡正盛【奥付等】「明治十五年八月廿八日板権免許／同廿九年十月二日求版／著者并画工　東京府平民　下谷区下谷西町三十三番地　松岡正盛／発行兼印刷者　本郷区春木町三丁目十三番地　武田伝右衛門／売捌所　浅草区三好町七番地　大川錠吉」【備考】整版。明治十五年刊の北沢伊八版『漢画独楽譜』二巻二冊を求版。

明治三十年（一八九七）丁酉

光琳百図　大本二巻二冊
【著編者】尾形光琳【序年・序者】亀田鵬斎【奥付等】「明治三十年八月三十日求版／明治三十年九月一日印刷／明治三十年九月五日発行／発行兼印刷者　東京市本郷区春木町三丁目十三番地　武田伝右衛門」【備考】文化十二年刊の『光琳百図』前編二巻二冊を求版。

明治三十一年（一八九八）戊戌

近世先哲叢談　正編　半紙本二巻二冊
【著編者】松村操【序年・序者】明治十三・阪谷朗廬

【奥付等】未見【備考】整版。上巻見返しに「版権所有文永堂蔵版」とある。明治十三年刊の『近世先哲叢談』正編（厳々堂岩崎好正版）を求版。

近世先哲叢談 続編　半紙本二巻二冊

【著編者】松村操【序年・序者】明治十五・蒲生重章【奥付等】「明治十三年七月十日板権所有／明治三十一年四月十日再版／著者　東京浅草東三筋町五十九番地　松村操／発行兼印刷者　同本郷春木町三丁目十三番地　武田伝右衛門」【備考】整版。明治十五年刊の『近世先哲叢談』続編（厳々堂岩崎好正版）を求版。

書画名器古今評伝　半紙本三巻三冊

【著編者】山名貫義（閲）古筆了信（閲）狩野守節（閲）西島青浦（緝）高森砕巌（緝）村田香谷（閲）【序年・序者】高森砕巌【奥付等】「明治卅一年六月二十日印刷仝年仝月廿二日発行／編輯者　東京市麴町区冨士見町壱丁目拾番地　西島青浦／編輯者　東京市浅草区松清町四拾弐番地　高森有造／発行者　東京市下谷区北稲荷町四拾八番地　岩本忠蔵／発行兼印刷者　東京市神田区仲町二丁目六番地　武田伝右衛門」

明治三十二年（一八九九）　己亥

本朝画史　半紙本五巻五冊

【著編者】狩野永納【序年・序者】①延宝六・林鵞峰②元禄六・狩野永納【跋年・跋者】元禄六・狩野永納【奥付等】「明治三十二年二月求版／発行所　東京市京橋区南紺屋町十八番地　尚栄堂　小川寅松／発行所　東京市本郷区春木町三丁目十三番地　文永堂　武田伝右衛門」【備考】整版。

仏像図彙　半紙本五巻五冊

【著編者】土佐秀信【序年・序者】天明三・土佐秀信【跋年・跋者】元禄三・指月軒義山【画工】土佐秀信【筆耕】不詳【奥付等】「明治十九年五月二十日御届／同卅三年三月廿八日求版／発行兼印刷者　京橋区弥左ヱ門町拾三番地　武田伝右衛門」【備考】明治十九年刊の『仏像図彙』（寺田熊治郎版）を求版か。

明治三十三年（一九〇〇）　庚子

増補訂正詩韻含英異同弁　小本十八巻一冊

【著編者】木村良輔（増訂）【序年・序者】①大沼枕山②木村良輔【跋年・跋者】明治十四・小野湖山【奥付等】

「明治十二年三月十九日版権免許／同三十三年四月求版／増補訂正人　東京府平民　京橋区松川町二番地　木村良輔／発行兼印刷者　東京府平民　京橋区弥左ヱ門町十三番地　武田伝右衛門／発兌　北畠茂兵衛／稲田佐兵衛／山中市兵衛／同孝之助／同喜太郎／丸屋善八／松井忠兵衛／塩島一介／清水卯三郎／西宮松之助／牧野吉兵衛／同善兵衛／北沢伊八／江島喜兵衛」

明治三十四年（一九〇一）　辛丑

篆隷十体千字文　大本一巻一冊

【著編者】孫丕顕（編）王基（校）【奥付等】「明治卅四年一月十五日購版／発行者　東京市京橋区弥左衛門町十三番地　武田伝右衛門」【備考】整版。文化十四年刊の『篆隷十体千字文』（西村屋与八版）を求版。

明治三十六年（一九〇三）　癸卯

育児衛生顧問　菊判並製一巻一冊

【著編者】東京衛生協会【序年・序者】柴田伊𦯍〔三〕【奥付等】「明治三十六年六月二十日印刷／明治三十六年六月廿五日／纂訳者　東京衛生協会／右代表者　柴田伊𦯍／発行者　東京市麴町四丁目十三番地　磯部太郎兵衛／同　東京市京橋区弥左衛門町十三番地　武田伝右衛門／印刷者　東京市京橋区京橋水谷町七番地　山村郁作／発兌元　東京市麴町区麴町四丁目十三番地　文昌堂／同　東京市神田区仲町二丁目六番地　文永堂／東京大売捌　東京堂／林六合館／岡崎屋／南江堂／関西大売捌　森本九兵衛／盛文堂／積善館」

小児歯牙衛生論　菊判並製一巻一冊

【著編者】伊沢信平（校閲）重城養二（著）【序年・序者】明治三十六・重城養二【奥付等】「明治三十六年十一月二十日印刷／明治三十六年十一月廿六日発行／校閲者　伊沢信平／著者　東京市京橋区南伝馬町一丁目一番地　重城養二／発行兼印刷者　東京市京橋区弥左衛門町十三番地　武田伝右衛門／発売所　東京市神田区仲町二丁目文永堂書店」

明治三十九年（一九〇六）　丙午

小説字林　袖珍判並製一巻一冊

【著編者】桑野鋭【序年・序者】明治十七・三木愛花【奥付等】「明治十四年四月十九日版権免許／同三十九年八月二日求版／纂輯人　福岡県士族　京橋区築地二丁目十六番地　桑野鋭／発行者　東京市京橋区弥左ヱ門町十

三番地　武田伝右衛門／発行所　東京市神田区仲町二丁目六番地　文永堂　武田伝右衛門」【備考】明治十七年刊の九春社版『小説字林』を求版。

歴史参考集古図譜　大本一巻一冊

【著編者】好古社出版部【序年・序者】明治三十九・宮崎幸麿【奥付等】「編輯兼発行者　東京市京橋区弥左衛門町十三番地　好古社出版部／代表者　青山清吉／発行兼印刷者　東京市神田区仲町二丁目六番地　武田伝右衛門／発行所　東京市京橋区弥左衛門町十三番地　青山堂書房／仝　東京市神田区仲町二丁目六番地　文永堂書房」

明治四十二年（一九〇九）己酉

世界新おとぎ　四六判上製一巻一冊

【著編者】雨谷幹一【序年・序者】明治四十二・猿蟹山人【画工】谷洗馬【奥付等】「明治四十二年四月十七日印刷／明治四十二年四月廿二日発行／編者　雨谷幹一／発行者　東京市京橋区弥左衛門町十三番地　武田伝右衛門／発行者　東京市神田区仲町二丁目六番地　中島卯三郎／印刷者　東京市芝区桜田鍛治町四番地　高宗啓蔵／発行所　東京市京橋区弥左衛門町十三番地　武田文永堂／東京市神田区仲町二丁目六番地　中島辰文館」

日本偉人伝　菊判並製一巻一冊

【著編者】獲麟野史【序年・序者】明治三十・獲麟野史【奥付等】「明治四十二年四月二十日十版印刷／明治四十二年四月廿三日十版発行／（明治三十年十月廿五日印刷／明治三十年十月廿九日発行）／著作者　東京市日本橋区本石町三丁目七番地　西村富次郎／発行者　東京市浅草区三好町七番地　大川錠吉／印刷者　東京市浅草区南元町二十六番地　川崎清三／印刷所　同所　大川屋印刷所／発行所　東京市浅草区三好町七番地　聚栄堂　大川屋書店」

明治四十三年（一九一〇）庚戌

偉人幽斎　菊判並製一巻一冊

【著編者】池辺義象【序年・序者】明治四十三・池辺義象【奥付等】「明治四十三年九月十五日印刷／明治四十三年九月二十日発行／著者　池辺義象／発行者　東京市神田区仲町二丁目六番地　中島卯三郎／印刷者　東京市神田区蠟燭町八番地　武木信賢／発行所　東京市京橋区南伝馬町一丁目　吉川弘文館／同　京都市上京区寺町二條下ル　松田庄助／同　東京市京橋区弥左衛門町　武田

文永堂／東京市神田仲町二丁目　中島辰文館」

古文後集講話　袖珍判並製二巻一冊

【著編者】森伯容（訳）【奥付等】「明治四十三年十月五日印刷／明治四十三年十一月一日発行／著者　森伯容訳／発行者　東京市京橋区南紺屋町十八番地　小川寅松／発行者　東京市京橋区弥左衛門町十三番地　武田伝右衛門／印刷者　東京市京橋区弓町廿四番地　金子久太郎／印刷所　東京市京橋区弓町廿四番地　三協印刷株式会社／発行所　京橋区南紺屋町　尚楽堂／京橋区弥左衛門町文永堂」

明治四十四年（一九一一）辛亥

芸者　四六判並製一巻一冊

【著編者】田村西男【奥付等】「明治四十三年十二月十五日印刷／明治四十四年一月三日発行／著者　田村西男／発行者　東京市神田区仲町二ノ六　中島卯三郎／印刷者　東京市京橋区新栄町五ノ二　山内鍬次郎／発行所　東京市神田区仲町　中島辰文館／発行所　東京市京橋区弥左衛門町　武田文永堂」

陽明学と偉人　四六判並製一巻一冊

【著編者】仙洞隠士【序年・序者】明治四十四・仙洞隠士【奥付等】「明治四十四年一月三十日印刷／明治四十四年二月十五日発行／著者　佐藤庄太／発行者　東京京橋区弥左衛門町十三番地　武田伝右衛門／発行者　東京神田区仲町二丁目六番地　中島卯三郎／発行所　東京京橋区弥左衛門町十三番地　武田文永堂／発行所　東京神田区仲町二丁目六番地　中島辰文館」

俳諧江戸調　袖珍判並製一巻一冊

【著編者】熊谷無漏【序年・序者】明治四十四・小泉迂外【奥付等】「明治四十四年八月二日印刷／明治四十四年八月十日発行／著者　熊谷発之介／発行者　東京市神田仲町二ノ六　中島卯三郎／印刷者　東京市京橋区新栄町五ノ二　山内鍬次郎／発行所　東京市神田区仲町　中島辰文館／発行所　東京市京橋区弥左衛門町　武田文永堂」

義太夫の心得　袖珍判並製一巻一冊

【著編者】竹本摂津大掾・熊谷無漏【序年・序者】①明治四十四・岡鬼太郎②明治四十四・竹本摂津大掾【奥付等】「明治四十四年十月五日印刷／明治四十四年十月十日発行／著者　二見金助／著者　熊谷発之介／発行者　東京市神田仲町二ノ六　中島卯三郎／印刷者　東京市京橋区新栄町五ノ二　山内鍬次郎／発行所　東京市神田区

仲町　中島辰文館／発行所　東京市京橋区弥左衛門町　武田文永堂」

大正二年（一九一三）癸丑

廓模様　四六判並製一巻一冊
【著編者】生田蝶介【序年・序者】大正二・生田蝶介【画工】武田ひさし【奥付等】「大正二年七月一日印刷／大正二年七月十日発行／著者　生田蝶介／発行者　東京市京橋弥左衛門町十三番地　武田伝右衛門／印刷者　東京市神田区松下町七、八番地　堀藤太郎／発行所　東京京橋弥左衛門町　文永堂／発売所　東京市神田区仲町　辰文館」

大正三年（一九一四）甲寅

草書日要集字　四六判並製一巻一冊
【著編者】小野鵞堂【奥付等】「大正三年壱月廿五日印刷／大正三年壱月参拾日発行／書者　東京市神田区猿楽町三丁目二番地　小野鐗之助／発行者　東京市京橋区鈴木町十二番地　斯華会出版部　右代表者　林縫之助／発行兼印刷者　東京市神田区表神保町六番地　斎藤藤次郎／印刷所　東京市京橋区木挽町弐丁目十参番地　電新堂印刷所／発行所　東京市神田区表神保町六番地　文永堂／発行所　東京市京橋区新栄町五丁目　合資会社吉川弘文館」

書家自在　小本三巻三冊
【著編者】梅辻春樵【奥付等】「大正三年一月廿五日印刷／大正三年二月五日発行／校閲者　梅辻春樵／編輯兼発行者　東京市京橋区弥左衛門町十三番地　武田伝右衛門／発行所　東京市京橋区弥左衛門町　文永堂／発売本東京市神田仲町　辰文館」

大正四年（一九一五）乙卯

改正戸籍願届一斑　袖珍判並製一巻一冊
【著編者】中島忠一【奥付等】「大正四年一月十日印刷／大正四年一月十五日発行／著作兼発行者　中島忠一／印刷者　東京市芝区南佐久町二丁目十二番地　吉田鍵吉／印刷所　東京市芝区南佐久町二丁目十二番地　吉田活版所／発行所　東京市京橋区弥左衛門町　武田文永堂／名古屋市中区横三蔵町五丁目　梶尾文光堂」

大正五年（一九一六）丙辰

漢字のくづし方　小本一巻一冊

【著編者】斎藤春村【序年・序者】大正五・斎藤春村【筆耕】不詳【奥付等】「大正五年九月十日印刷／大正五年九月廿日発行／編著者　斎藤春村／発行兼印刷者　東京市京橋区弥左衛門町十三番地　武田伝右衛門／印刷所　東京市京橋区新栄町五丁目二番地　山内鍬次郎／発行元　東京市京橋区弥左衛門町　文永堂／売捌所　東京市神田区仲町　辰文館／同　東京市浅草区三好町　大川屋」

（論画竹偶筆）竹石小言　中本一巻一冊

【著編者】土井声牙（著）伊東茂右衛門（補意）【序年・序者】大正五・伊東茂右衛門【跋年・跋者】宮内黙三【奥付等】「大正五年九月十日印刷／大正五年九月廿日発行／編輯者　伊東茂右衛門／発行兼印刷者　東京市京橋区弥左衛門町十三番地　武田伝右衛門／印刷所　東京市京橋区新栄町五丁目二番地　山内鍬次郎／発行元　東京市京橋区弥左衛門町　文永堂」

大正六年（一九一七）丁巳

（近世詩作）幼学便覧　続　横本二巻一冊

【著編者】福井淳【奥付等】「明治拾六年一月廿七日出版御届／大正六年七月二十七日第拾七版／編輯人　福井淳／発行者　京橋区弥左衛門町十三番地　武田伝右衛門／印刷者　京橋区新栄町五丁目二番地　山内鍬次郎／発行所　京橋区弥左衛門町十三番地　文永堂／売捌所　神田区仲町二丁目六番地　辰文館」【備考】花井卯助から求版か。

新案女子文のかき方　四六判並製一巻一冊

【著編者】斎藤春村【序年・序者】大正六・斎藤春村【奥付等】「大正六年九月五日印刷／大正六年九月十日発行／編書者　斎藤春村／発行兼印刷者　東京市京橋区弥左衛門町十三番地　武田伝右衛門／印刷所　東京市京橋区新栄町五丁目二番地　新栄社印刷所／発行元　東京市京橋区弥左衛門町　文永堂／売捌所　東京市神田区仲町　辰文館／東京市浅草区三好町　大川屋／神田区表神保町　精文館」

かなの書方　四六判並製一巻一冊

【著編者】斎藤春村【序年・序者】大正六・斎藤春村

【奥付等】「大正六年九月五日印刷／大正六年九月十日発行／著書者　斎藤春村／発行兼印刷者　東京市京橋区弥左衛門町十三番地　武田伝右衛門／印刷所　東京市京橋区新栄町五丁目二番地　新栄社印刷所／発行元　東京市京橋区弥左衛門町　文永堂／売捌所　東京市神田区仲町　辰文館／東京市浅草区三好町　大川屋／神田区表神保町　精文館」

大正七年（一九一八）戊午

実験奇薬自宅療法　中本一巻一冊
【著編者】本草研究会【奥付等】「大正七年四月廿五日印刷／大正七年五月一日発行／本草研究会編／東京市京橋区弥左衛門町十三番地　武田伝右衛門／印刷所　東京市京橋区新栄町五丁目二番地　新栄印刷合資会社／発行所　京橋区弥左衛門町十三　武田文永堂」

済世致富坤元術　中本一巻一冊
【著編者】岩本梓石【序年・序者】大正七・咫尺庵主人【奥付等】「大正七年九月五日印刷／大正七年九月十日発行／著者　岩本梓石／発行者　東京市京橋区弥左衛門町十三番地　武田伝右衛門／印刷人　東京市京橋区新栄町五丁目二番地　岩本菊雄／印刷所　東京市京橋区新栄町五丁目二番地　新栄印刷合資会社／発行元　東京市京橋区弥左衛門町　文永堂／売捌所　東京市神田区仲町　辰文館／東京市浅草区三好町　大川屋／神田区表神保町　精文館」

大正八年（一九一九）己未

素人早わかり民間日用まじなひ秘法　四六判並製一巻一冊
【著編者】顕神学会【序年・序者】大正七・陶々主人【奥付等】「大正八年二月十日印刷／大正八年二月十五日発行／顕神学会編纂／発行兼印刷者　東京市京橋区弥左衛門町十三番地　武田伝右ェ門／印刷所　東京市京橋区新栄町五丁目二番地　新栄印刷合資会社／発行所　武田文永堂」

大正九年（一九二〇）庚申

日本名勝詩選　小本六巻五冊
【著編者】陳克恕（述）行徳王江（校）【序年・序者】明治三二・藤沢恒【奥付等】「大正九年一月五日六版印刷／大正九年二月五日六版発行／著作者　行徳王江／発行者　東京市京橋区弥左ェ門町十三番地　武田伝右衛門／印刷所　東京市京橋区新栄町五丁目弐番地　新栄印刷合

資会社／発行所　東京市京橋区弥左衛門町十三番地　文永堂」【備考】活版。明治三十二年刊の青木嵩山堂版『日本名勝詩選』を求版。

篆刻鍼度　小本八巻二冊

【著編者】近藤南州【序年・序者】明治三十一・近藤南州【奥付等】「大正九年一月五日六版印刷／大正九年二月五日六版発行／著作者　近藤元粋／発行者　東京市京橋区弥左ヱ門町十三番地　武田伝右衛門／印刷所　東京市京橋区新栄町五丁目弐番地　新栄印刷合資会社／発行所　東京市京橋区弥左衛門町十三番地　文永堂」【備考】明治三十一年刊の青木嵩山堂版『篆刻鍼度』を求版。

杜工部詩醇　小本六巻三冊

【著編者】近藤南州【奥付等】「大正九年一月五日六版印刷／大正九年二月五日六版発行／著作者　近藤元粋／発行者　東京市京橋区弥左ヱ門町十三番地　武田伝右衛門／印刷所　東京市京橋区新栄町五丁目弐番地　新栄印刷合資会社／発行所　東京市京橋区弥左衛門町十三番地　文永堂」【備考】明治三十年刊の青木嵩山堂版『杜工部詩醇』を求版。

刊年不明

（春抄媚景）春色英対暖語　三編　三巻三冊　人情本

【著編者】為永春水【序年・序者】為永春水【画工】歌川国直【筆耕】不詳【奥付等】未見【備考】巻七口絵に「大でん」という千社札がみえる。

（春抄媚景）春色英対暖語　四編　三巻三冊　人情本

【著編者】為永春水【序年・序者】為永春水【画工】歌川国直【筆耕】不詳【奥付等】未見

（春抄媚景）春色英対暖語　五編　三巻三冊　人情本

【著編者】為永春水【序年・序者】平亭銀鶏【画工】歌川国直【筆耕】不詳【奥付等】未見【備考】巻十三に「米八婀娜吉丹次郎の物語類本目録」を備える。

（雪窓閑語）玉濃枝　二編　四巻四冊　人情本

【著編者】南仙笑楚満人【序年・序者】①琴通舎英賀②南仙笑楚満人【画工】不詳【筆耕】不詳【奥付等】未見【備考】序文②に「本文彫刻揃し日文永堂の帳場に座し」とある。

貞操婦女八賢誌　九編　三巻三冊　人情本

【著編者】二世為永春水【序年・序者】二世為永春水【画工】不詳【筆耕】不詳【奥付等】未見

花名所懐中暦 四編　三巻三冊　人情本
【著編者】為永春水【序年・序者】陽風亭柳外【画工】渓斎英泉【筆耕】不詳【奥付等】未見

春色雪の梅 三編　三巻三冊　人情本
【著編者】為永春雅【序年・序者】為永春水【画工】不詳【筆耕】不詳【奥付等】未見

春色雪の梅 四編　三巻三冊　人情本
【著編者】為永春雅【序年・序者】①為永春水②為永春笑【画工】不詳【筆耕】不詳【奥付等】未見【備考】序文①に「文永堂が題号し」とある。

清談松の調 三編　三巻三冊　人情本
【著編者】為永春水【序年・序者】松亭金水【画工】歌川芳藤【筆耕】不詳【奥付等】未見

清談松の調 四編　三巻三冊　人情本
【著編者】為永春水【序年・序者】為永春水【画工】不詳【筆耕】不詳【奥付等】未見【備考】上巻口絵に「大島屋」とみえる。

春色鶯日記 四編　三巻三冊　人情本
【著編者】為永春水【序年・序者】為永春水【画工】不詳【筆耕】不詳【奥付等】「仝志書林　江州八日市　小杉文右衛門／江戸　大島屋伝衛門／丁子屋平兵衛／大坂　河内屋茂兵衛」

娜真都翳喜 初編　三巻三冊　人情本
【著編者】為永春水【序年・序者】為永春水【画工】歌川国直【筆耕】不詳【奥付等】未見

娜真都翳喜 二編　三巻三冊　人情本
【著編者】為永春水【序年・序者】為永春水【画工】歌川国直【筆耕】不詳【奥付等】未見【備考】中巻挿絵に「大伝」とみえる。

娜真都翳喜 三編　三巻三冊　人情本
【著編者】為永春水【序年・序者】為永春笑【画工】歌川国直【筆耕】不詳【奥付等】未見

娜真都翳喜 四編　三巻三冊　人情本
【著編者】為永春水【序年・序者】為永春水【画工】歌川国直【筆耕】不詳【奥付等】未見【備考】序文に「文永堂が。例ながらの丹誠に」とある。

おくみ惣次郎春色江戸紫 三編　三巻三冊　人情本
【著編者】山々亭有人【序年・序者】山々亭有人【画工】歌川芳虎【筆耕】不詳【奥付等】「文永堂寿梓」（下巻末）

絵本実語教　一巻一冊　教訓
【著編者】為永春水【跋年・跋者】為永春水【画工】不

詳【筆耕】不詳【奥付等】「江戸書林　京橋南中通リ弥左ヱ門町中程　大島屋伝右衛門梓」

絵本大学幼稚講釈　一巻一冊　教訓

【著編者】不詳【画工】不詳【筆耕】不詳【奥付等】「江戸書林　京橋南中通リ弥左ヱ門町中程　大島屋伝右衛門梓」

附「書林文永堂蔵販目録」

「書林文永堂蔵販目録」は、文永堂大島屋伝右衛門が蔵版した書籍の巻末にたびたび附される蔵版目録である。全十丁からなり、版心下部には「〇目録一（〜十）」とある。体裁は、丁子屋平兵衛の「書林文渓堂蔵販目録」および「東都書林文渓堂蔵販中形絵入よみ本之部目録」を明らかに踏襲しており、ここからも両者の関係性あるいは影響関係のほどが窺える。だが、丁子屋のように「中形絵入よみ本之部」といった分類はなされておらず、読本や人情本などが入り乱れた構成となっている。内容で分割されてはいないものの、丁子屋同様十丁全てが一緒になっていることはなく、多くは「〇目録一（〜五）」の五丁、「〇目録六（〜十）」の五丁と、わけて附されている。天保十年（一八三九）の序を持つ作品（『其小唄恋情紫』二〜三編や『娘太平記操早引』二〜三編など）が掲載されていることから、本目録の成立時期もそのころであろう。

「書林文永堂蔵販目録」には、書名や著編者名・画工名だけでなく、梗概が記されたものもある。そのため、大島屋の蔵版書目だけでなく、それぞれの書籍を知る上でも本目録は有用である。

凡例

・東京大学附属図書館蔵（E二四：三九二）「文永堂文渓堂蔵販目録」収載の「書林文永堂蔵販目録」を底本とした。ただし、一部判読できない箇所については、架蔵の為永春雅作の『春色雪の梅』二編中に付された目録（「〇目録一（〜五）」）、鈴木圭一旧蔵の同二編下に付された目録（「〇目録六（〜十）」）をそれぞれ参照した。
・漢字は全て新字とし、平仮名も現行の字体に改めた。
・合字の平仮名は分割し、現行の字体に改めた。
・「ハ」「ニ」は平仮名に改めた。
・一覧性を重視し、配列を一部改変した。本来の配列については末尾の図版を参照のこと。

書林文永堂蔵販目録 江戸京橋南ノ方西中通弥左衛門町 大島屋伝右衛門

芳薫功語好文士伝 為永春水作 渓斎英泉画
全本十五巻
後花園帝の永享の頃南朝の遺聞に起り梅壺の好文が吉野殿の前後を論じ梅山法師諸国を廻りて梅の姓五賢士が奇功を見聞し後巨田道灌に告て是を招かしめ河越の城に集まるの奇談関東の古跡をこと〴〵くたづね菅神の霊地神徳をくわしくしるし多くはむさしの古戦場道灌の大功にて千載不朽の繁昌を基する長禄の城普請文武の徳沢天が下にかくれなく英勇貞節の男女随身して忠を尽すの物語なり

西国巡礼幼婦孝義録 教訓亭校訂 栄泉画図
全十冊
篤実の君子小人の為に妬まれて恥を得んとするを傾城高尾に因みて雅莚に風流を催ふしかえつて小人をはづかしむ其外種々の奇談ありてよろこぶべく又かなしむべく誠におもしろき実録にてをさなき娘が孝心のかたきうちなり

忠孝二面鏡 中形全本三冊
為永門人 駅亭作
これはわづかに三巻にてめでたく結ぶ物がたり也

大内興隆十杉伝 全五冊 為永春水作 画工寄合筆
同二編 全五冊
同三編 全五冊
同四編 全五冊
右の二十巻は先年より売出して世に伝ふ
十杉伝第五編 全五冊
狂訓亭主人著

柳川重信画図
此五編目は前の二十巻よりははるかに増り画作製本こと〴〵く丹誠して筆工もこまやかにいとおもしろく読ちからあり

十杉伝第六編　春水著
上帙　四冊
下帙　四冊
十方に発生したる十杉党すべて十人にこと〴〵く出会て大内家の難戦を救兵の功名また杉氏に附随ふ勇士が小伝古今奇代の物語多く此段は京軍西兵たがひに勇武をきそふ実録にて足利将軍家の業季戦国の風儀人情をしるして常の絵入読本と異なり

古今百馬鹿　全本二冊
式亭三馬戯作
歌川国直画
当世の人情を穿ち実に古今の風俗にあるべきすがたをかぞへあげてはらをかゝゆるおかしみの中に教訓風諫の実意をつくせし老婆心人のふり見ておのづから其身をたしなむ看官または高位の御方も下情に通じ給ふにはこれにまさる近道なしされはとてさし合禁句の賤しみなくこれぞ勧善懲悪の一大奇書といふべきものなり

千代物語　半紙本 前後十巻　東里山人著 渓斎英泉画
これは千代といふ娘のいとも勝れし才智にてしかもうつくしかりし一代の実録なり

素人狂言紋切形　前編二巻 後編二巻
世に流行るゝ茶番狂言いまだ素人狂言とよびたる頃の風俗よりあなぐり出せし新しゆかうにて夜の巷の往来にもそのともがらの多きをうつし通りすがひの噂にも看官の用心たしなみとなるべき事を要としさておかしみと意気なること五分もすかざる人情こつけい只目をたのしまするのみならず役者の心得下座の人にも世事がとゞかねばトン間になる事疑ひなし素人狂言の紋切形そも〳〵この道に遊び給ふ人はよまでかなはぬ冊子といふべし
本丁庵主人三馬作

閨怨須磨の月　中本全三冊
風亭馬流作　歌川国直画
田舎源氏の画がらを写して又別趣向の冊子なり

戯場粋言幕之外　三馬著全三冊

これは芝居の見物に眼をつけてより思ひ付たとへば幕が長くとも土間桟敷に心をうつしひそかに伺ひ看ときは見物おの〳〵役者のごとく狂言の仕うち自らありてなか〳〵に面白くしかも多くの娘がたはいふに言れぬ思入ありてそれから夫と穿にいたれば際限もなき大芝居すべて世の中の人情を一覧につくすそのおかしみ芝居を見るより尚まさる

こつけいの巻頭なり

一盃綺言　全一冊　式亭三馬著　歌川国直画

例の酒癖をあつめたる古今におかしきよみ本なり

玉菊全伝廓かゞ美　全三巻

これは名にしおふ北里の全盛おいらん玉菊のことを思ひよせてあらたに作られたる物語なれどもその人情こまやかにして池の端にて茶店の娘があどけなき風俗の艶色を尽し其ときより誠をはこぶ息子の始終かの玉菊が傾城のまことを尽して疑がはれ操のために命を落し今も哀れをいひ伝ふ仲の町のかざり灯篭なき玉ぎくが来る夜かな秀句も人々の耳にとゞまり玉子四角とたとへてもまことなしとはそしられぬ情の極意廓かゞみ古今奇代の妙作にて作者の手がら此うへにこしたる草紙もなしかならずよみて看給へかし　東里山人著

玉菊全伝後日　東里山人著全三冊

これは前編の大あたりよりふたゝびあとをつゞけし拾遺にていとおもしろき奇談おほし

人情其侭女大学　前編三冊　後編三冊　司馬山人画作

婦人のつゝしみ教訓ともなるものがたりにて作者ことに丹誠の著述なればいとおもしろき冊子也

今様櫛　全三冊　二代目一九作

同二編　全三冊

同三編　全三冊

人情世態の極意をつくして且又新奇の趣向を加え三編ともに評判よき古今の妙案なるもの也

風俗粋好伝　東里山人著全六冊

これはわづかに六冊にてめで度おさまる物がたり絵もうつくしき製本なり

二葉草　初編三冊
鼻山人作　歌川国直画
二葉草　二編三冊
二葉草　三編三冊
勧善松之月　駅亭作前後六冊
こはよのつねの趣向ならで一風かはりし奇談なり
小夜衣草紙　小本全八冊
琴彦戯作
生酔気質　全三冊 三馬先生著
この冊子は作者が酒のみの癖をかき著の最初にして古今なまゑひの風俗をつゞりしものゝ第一そも〳〵酒客のおもむきいづれはあれど此作にもれたるはあるべからず巻をひらくの人々よみながら自然と酒席につらなる如く呑ざる酒に酔て心おもしろくたのしむの珍書といふべし

玉の枝　南仙笑楚満人補綴
初編二編三編全本九冊
これはもろこしの奇談をわが国のはなしに説やはらげたれば常の人情ものとははるかにかはりてその始終あはれにまたおもしろし
尾上伊太八意味張月　前後六巻
東里山人著
これは契情の意味深長と情の極意をあらはし北里の穿奇々妙々実に外題の意味をつゞりし人情ものなり
松の操物語　前後六巻　一筆庵主人作 渓斎英泉画
貧福因果の道理をつくし喜怒哀楽のおもむきを眼前にしるす筆意の妙種々に入組てまた分解やすき新趣向のよみ本也
同　後編竹節奇談　全六冊
楚満人継作　英泉画
木に竹を継にたとへたれども前後全くしてめでたきものがたりなり
操形黄楊小櫛　一九作 全本九冊

孝貞婦鑑実之巻　鼻山人作
初編二編三編全九冊
当時古今の妙作なりしを這回増補再販して細工を加えいとおもしろきよみ本なり

此糸蘭蝶記　三編揃全九冊
東里山人作
英泉画
かの新内ぶしにて其名たかき此糸蘭蝶の伝を種となしあはれにおもしろくかきつゞり慈母と貞女のまことを尽す古今の妙作なり

契情肝潰志　東里山人作　初編前二冊
同二編　全三冊
同三編　全三冊
同四編　全三冊
同五編　全三冊
古今にまれなる北里のうがち寛政の昔より諸名家の秀作多しといへども是までこの肝潰志につゞくもの更になしその身もしらずに居たることを此本によつてはじめてさとりヲヤマア何様して此様なことまで作者は知つて居いすねヘトおゐらんもきもを潰すの新作なりとぞ

東里山人作
廓雑談　初輯　全三冊
同　二編　全三冊
同　三編　全三冊
この物語はむかし仲の町の茶屋の主人が聞がきせし北里の実説烟花清談といふ冊子をとり直して作り出したれば誠におもしろき怪談といふべし

人情早引廓節用　東里山人著　前後六冊
これは右に著たる廓雑談の余興にしてまた一段おもしろき冊紙なり

附会案文　用文章形中本一冊
元祖　十返舎一九戯作
おもひもよらぬ手紙の文言はらをかゝゆるおかしみは一九先生の生得ながらこれははるかに壮年の節に作られたるゆへに筆のはこびのいと軽く巻をひらくの人たちは笑ひてあごのかけがねに手をあてるの用心あるべしまた狂文などをならふにはよき手本ともなりぬらん諸国へのおみやげにも

懐中して持重りせず実におもしろき狂文の案書なり

おどり独稽古　懐中本　絵図入　一冊

このひな形をあけてみれば自然とおどりの手をおぼえ藤間へ通ふにおよばずしてきよふな人とほめらるゝことうたがひなし

貞操婦女八賢誌　初輯上帙　中本三冊

狂訓亭為永春水作　柳烟亭歌川国直画

武蔵国の旧家豊嶋氏の姫君を守立すたれし家を興さんと女丈夫数十人秩父が嶽の山寨にかくれ忠勇の烈女をかたらひ大功の名をあぐる事を目当としこの巻には八賢女の一人男子の姿にいでたち父の遺訓をまもり母に孝をつくして孤となるの愁歎そも〳〵乳のみ子の莭より其母が雪中の危難古郷大塚にさすらへて親族に憎まれ里人に愛せられ古今稀代の珍説多く男子の姿なるをもつて女子にしたはるゝの迷惑また義をむすび姉娣となる一人の賢女が秀才武勇あるひは偽男子梅太郎が錦の籏をたづぬる辛苦等美談略してこゝに述がたし

婦女八賢誌　初輯下帙全三冊

為永春水著

渓斎英泉画

今の駒込なる冨士浅間本郷にありしころ霊験あらたなりしことまた冨士とまつりし旧説そも〳〵湯が嶋本郷の村々にて冨士へ湯花の神事仙女真弓といへる者奇術をもつて軍用金をあつめ管領定正を父の仇とねらふの強勇弁才あるひは大塚梅太郎が旅行の後その義娣をあづかる才女の伝毒婦美女をかどはかし丸塚山をこゆる莭仙女真弓が是を救ふて姉娣の名のりをなすの奇遇二賢女錦の籏をあらそふの武術且大塚の里に庄屋を倒して私欲をはかる代官の非道義女乙女をたすけて其身を捕へられるのわざはひまたは石浜の舞子お亀が伝おもしろき事かぎりなし

婦女八賢誌　第二輯上帙三冊

為永春水著

歌川国直画

これは初編の六の巻に説かけたる石浜のお亀が父の過去しこと手児奈の三郎が家のなやみの一件をくわしくしるしさて梅太郎はかまくらにおもむきて笹鶴錦の御籏をとりかへさんと由井が浜の船施餓鬼に近づき船楼にたゝかひ勇を振

ふありさままたは真弓女姿をかえて定正を延命寺の森に打んとする真勇腰越村に蜑乙女二賢女を視知りて介抱しこれをかくまふ義心等そのこまやかにおもしろき事かぞへもつきず看宦本書をよみて賞し給へ

婦女八賢誌　第二輯下帙三冊

為永春水著

渓斎英泉画

氷川の原に烈女非道の代官を罵り死をいさぎよくせんとす白刃首にのぞんで衆賢女これをすくひ鶏声が久保に長者賢女を忍ばせ梅太郎氷川の社頭に千金の良薬をたづねはからずも暗夜に一賢女とたゝかひ義を結ぶの奇談賢女ふたゝびわかれて諸方にさすらへまたはお亀が艶野郎となりて母の敵なりける後家お桑を付ねらひ稲村が崎の別荘にいり込偽て才女に文をおくりて危難を救ふの智略才女はじめて賢女をしるの物がたりをくはしくす

あひた見たさは
とびたつばかり其小唄恋情紫　初編
三冊

狂訓亭為永春水作

柳烟楼歌川国直画

むさしの国牛込の古跡逢坂幽霊坂恋塚の由来小野の美佐吾藤かづらの恋情あやしくも三度うまれかはりて切なる恋の念をはらす奇縁因果のことはりによつて思ひとげ心もよく合ながら兎に角に障化多く嬉しき中に憂事の絶ぬ辛苦の愁歎がまた愛情の深くなる古今無類の人情ものがたり

恋情紫第二編　全本三冊
上下六冊

同　第三編　春水作
国直画

文章こまやかに画丁も多く中本中第一の精製なり

娘太平記操早引　三文舎主人
松亭主人　合作

初編三冊　二編三冊

三編三冊

故人の遺稿の不足をば金水が補ひつゞり第三編にいたりては全く金水が継作して妙案を加え奇説をゑらみまた人情の骨法を著はして全部となす作者両個の丹誠なれば他の中本より遥にましておもしろき事限りなし

歌舞伎模様娘雛形　全本六冊

狂詠舎　為永春暁作

山下園　静斎英一画

狂訓亭の口調とかはり耳めづらしきよみくせも春水こと〲校合して開販せり

狂訓亭主人
為永春水著
元祖
柳川重信画
春色梅ごよみ　初編全三冊
大極上本
同二編　全三冊
同三編　全三冊
同四編　全三冊
十二巻にて目出度結局

○

そも〳〵小本の新作四十余年以来山東京伝子が流行せしより諸名家数千部の著述ありといへども今この梅ごよみの如く長編となり年〳〵に評判高く三都はいふも更なり遠国までもこれを愛翫して追々の注文たゆる間もなし殊に三馬子がむかし著したる辰巳婦言の外に彼地の事は決て看官なしと言伝しを狂訓亭はじめて其地の情を穿ちいだしより世界こと〳〵くこゝに心をうつして婦多川の唄女のことを画にも加えざれば本意なきやうに思はるさてこの初編は中ノ郷といへる辺鄙の裏屋に零落したる古主をたづぬる唄女の実意より契情此糸が全盛にしてよく恋路の実を知り苦界の内に苦界の誠をさとす分知りの美談をしるせり

春色梅ごよみ　第二輯全三冊
為永春水作
柳川重信画

彼此糸の情によつて家出をしたる唐琴屋のお長は途中の災難が幸ひとなり梅のお由といふ人を姉とたのみて小梅の里にしばらく安堵のその中にもゆかり恋しき丹次郎が為に金の都合とて以前使ひし遣手を母と身をよせたりし口惜さ竹長吉と名をかえてひゞきも多き娘浄瑠璃野中の井にはあらねども深きまことをあらはして心にいどむ米八の実意にまけぬ達引は姉の小梅のお由の力俤うつす長吉の趣向をかりてあかねぞめまた米八は婦多川へ済かへてより此糸の客藤兵衛が思入ありて美人ぞろひの中裏にわけて名ざしのはやりっ子恋の義理あひ情のまことこの巻中にいたり尽せり

春色梅ごよみ　第三輯　全三冊
春色梅ごよみ　第四輯　全三冊
為永春水作
柳川重信画

かの婦多川の米八は色の意気路を達通し千葉の通客藤兵衛を柵とめても操を破らず情人丹次郎を近所へ引とり朝夕勤の楽みとなしける中に土地がらとてツイ仇吉がうわきの情合はじめは当座の花ごゝろも唄女同志の依古地からたがひにあらそふ恋の欲それがかうじて喧嘩とまですでになるべき端手な事おもしろき事かぞへもつきずまた其中には分知りの増吉なんどゝいふ女ありて恋の手くだの極意をとく古今無類の人情世態こゝにめでたく局を結ぶ

梅暦余興 春色辰巳園　極上製本
狂訓亭　為永春水著
柳烟楼　歌川国直画
再撰　初編　全三冊
同　二編　全三冊
同　三編　全三冊
同　四編　全三冊

○梅ごよみの十二冊とならべてらして興深くまたこの辰巳の園ばかりをよみ給ひてもよくわかりおもしろき事古今にたぐひなし

○

すでに梅ごよみの十二冊目にいたり一旦目出度〳〵に書納め只米八と仇吉の喧嘩を辰巳の園に残して意気地をきそふ心の駒下駄狂ひ出せし恋の路ふみ分かねしはたし状こゝが草紙の山の茶亭に出あふ唄女の花くらべ元より名さへも婀娜吉があだなる㒵にもみぢして色とは寝よげる米八とまけぬ起請のやくそくを反古になさじと梅さくら花の香ちらす雪の肌に握りこぶしも早わらびやこれぞ唄女の草履打当つて折れし鼈甲のそのさしものと心とこゝろその中にしも米八がさばけて仇の仇吉をも味方にしたる義理情こゝが肝心要めの人情海内無双の妙作なり

梅児誉美発端　御見物さまがたの御好にまかせて
狂訓亭主人著
渓斎英泉画
春色莟の花　上帙三冊
春色莟の花　下帙三冊

これぞいづれもさまの御ひゝきにまかせ梅ごよみのいまだひらかざる北里の中の雪の窓お長はさら也米八もまだやう〳〵に莟の枝これ見なんしの里ことば恋に血みちをあげや町その裏々まで穿ちたる奇妙ふしぎの里の癖他の作者は夢にだも知ることかたきやくそくは此糸がもん日の全盛さて

小梅なるお由の伝もこれをよみ得ていよ〳〵其情合の深かるべし

○梅ごよみ拾遺別伝
春色英対暖語
狂訓亭　為永春水
独酔舎　歌川国直
初編　全三冊
二編　全三冊
三編　全三冊
四編　全三冊

これは梅ごよみにておなじみの増吉といひし婀娜女が始終のことをくわしくたづねまた一双のものがたりとなすかの中裏に皃ばかり鳥渡見せたるお房の事何かわからぬ恋のゆく立よく世話もして知たるはそれ御存の米八にて拠なくこの巻へまた頼みたる作者の見番同じ時代と前後をつゞり合せて拾遺別伝梅ごよみとはいひながらかぞへてながき春の日に色香をふくむ英に対して煖気の語ぐさ永代よませ給はん事をひとへにねがひ申になんありける

春水著
英泉画
花名所懐中暦初編　全三冊
懐中ごよみ第二編　全三冊
花名所懐中暦第三編　全三冊
懐口ごよみ第四編　全三冊

おさん茂平の名はかりてもむかし暦の古きを用ひず以春といふ名の野暮親仁は元来娘の禁物とかねて承知の筆癖なれば以春は春をもつて題としゝかも中野の桃の媚お三がたづぬる茂平が実意逢て別れて恋しさに似たる姿の小三をなじみそれがその身の災ひとなつてしばらく世をしのぶ月のゆふべの玉川に露のなさけを七草の庭にむすびし縁の糸は初発から知己たる豊浪の袖をぬらせし恋衣またはでやかに着かえたる新地の世界山の手を婦多川にする作者のからくりこれにも唄女の意味深長こまかにせんさくゆきとゞきし四編ぞろひの花ごよみかならずひらかせ給へかし

古今におかしき
滑稽物の巻軸
花暦八笑人　初編全三冊
童戯人　滝亭鯉丈作

世におかしきよみ本多しといへどもむかしより今にいたるまでこの八笑人のごときは似寄たる作たえてなし且外題のこゝろも義理にかなひ八将神の遊行日から思ひおこせし八人の可笑連中八方にあそぶ古今の笑談巻中の意味は次に述たり

池の端に若隠居せし小庵の主人則ち八笑人の会主
佐次郎　安波太郎
卒八　　出目助
野呂松　頭武八
眼七　　呑七

右名にしおふ可笑連中八人飛鳥山の花見に狂言茶番を仕組仇討のこしらへ途中において武辺のお侍に出合麁相によつてくるしむおかしみやう〳〵に仇討のけいことといひわけしてその場をのがれあすか山にいたり狂言の最中再びお侍の義勇真剣の助太刀によつて連中一同のうろたへ谷へころげ落るの大変そのおかしさはらを抱へてもこらへがたし

花暦八笑人　第二編全二冊
滝亭鯉丈著

飛鳥山よりころげ落てもなほこりずまに思ひたつ再度の花見隅田川と山より川へ気をかえてもかはらぬおかしみ卒忽の連中しゆかうは何様やら以前よりまして所も隅田堤桜のさかりくんじゆの中を狂人のすがたとなりて往来の人の目にとまりはては上なるつゞきを脱て堤より川へ飛こむ合図丁度岸辺に寄船の家根に落つゝ保名の狂乱舟の中には下座の仕組もつとも奴の相手を出してうまくはづみの所作だてとは一番ヤンヤの思ひつきと思ひの外に仕そんじて冨士も筑波の山々も吹出す笑ひの第一なり

花暦八笑人　第三編　全二冊
八笑人追加　　全二冊

さてこの三編同く追加全本四冊のおもむきは二度の花見のしくじりをとり直さんと回状にてまた〳〵あつまる池のはたおひ〳〵来りて出たらめの口上茶番すゞみの相談さま〴〵おかしきもの上句に両国川の夕けしき龍宮玉とりのまねび卒八が蜑乙女になるの役まはり涼舟のしゆかう漸〳〵にとゝのひすでに追加にいたり支度におよぶ所へ卒八の母が来りし迷惑いよ〳〵当日両国橋のはしのうへ再び卒八の母が来りしより橋上の大もんちやくはては川の中までも手はづちがひて相かはらぬ仕そんじいづれもおかしき巻々の中においてこの三編は笑ひをこらへて腹をいたくするほどのおかしみあり

花暦八笑人　滝亭鯉丈作　渓斎英泉画
第四編　全二巻
同追加　全二巻
飛鳥山　四季のけいぶつ
隅田川
両国
高田
花屋敷
海安寺
吉原
浅草市
初編より如斯なれば四編目高田の段にいたりいさゝか地の理のなんぎありよつて自然としゆかうかゆる作者の苦心を察し給へ
目録の次第とはいへども高田の里は昼さへもいとも淋しき土地なるを夜のしゆかうにほたる狩茶番をしても見物なしいかゞはせんと相談にかの眼七がおもひ付狐となりて酒店を欺しそれより連中が化されし風情を見せて蛍狩の外題にかなへる一手段と催ふす所へ近所なる律儀親父が茶番のたのみ所も高田の里ちかきお下やしきの御祝ひ事と金主の出来たる大悦こびしかも外題は忠臣蔵しれたるすじとおもひの外質むづかしき質屋七兵衛与一兵衛にはあらずして夜の茶番の夜質兵衛とこぢつけられたる全本四冊かならず笑ひ給へかし

貞操深雪の松　全六冊
為永春水校合
門人　為永春雅著
歌川貞秀画
この艸紙は初心の作といへども人情の極意は師匠の風をうつしてなかく\におもしろしかならず高覧をねがふといふ

和漢の軍書　出像稗史　貸本向写本之類
古本　新本　品々
右之外年々之新作もの下直にさし上申候
絵入読本問屋　京ばし弥左衛門町　文永堂　大島屋伝右衛門

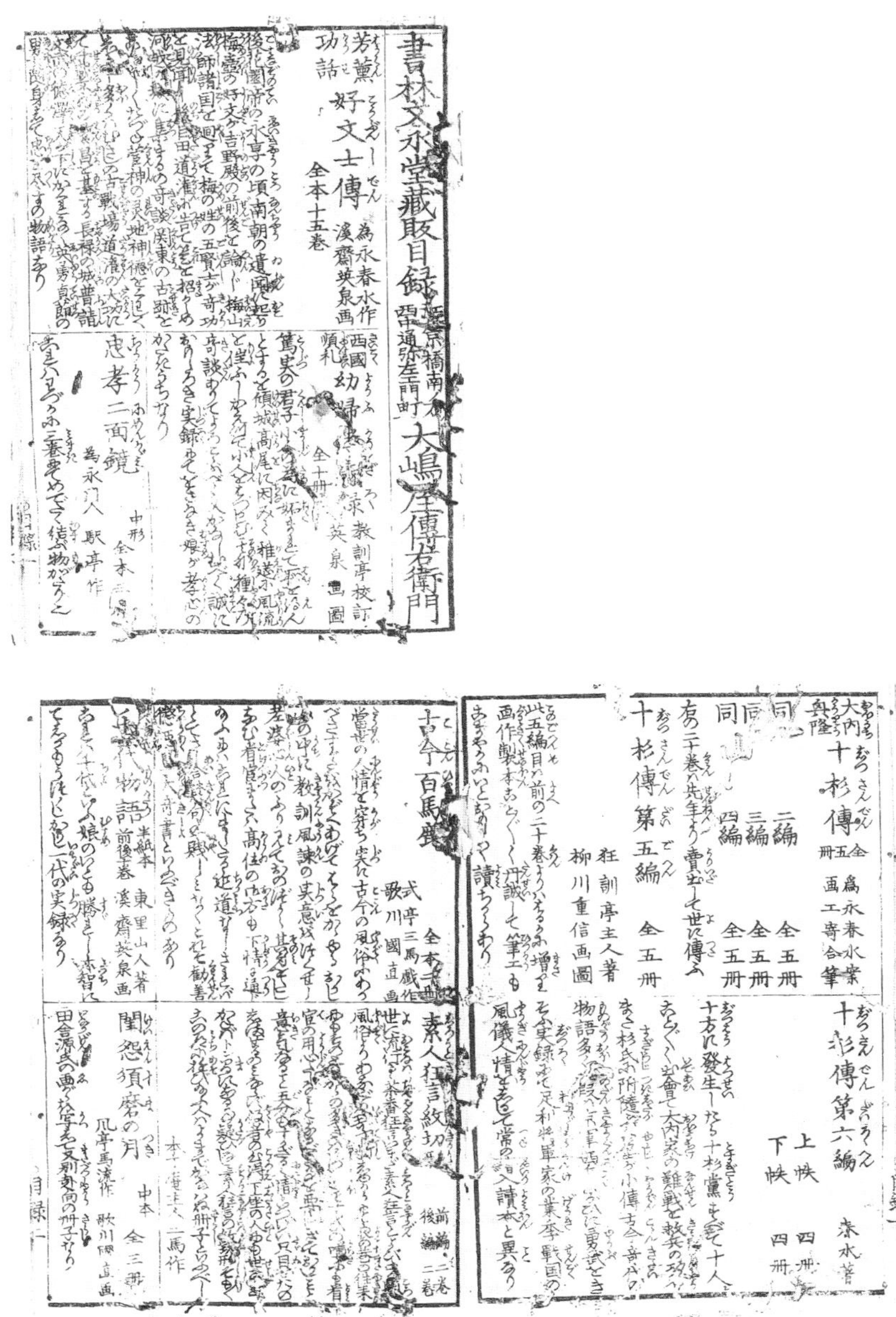
書林文永堂蔵販目録　江戸京橋南大工町 通弥左衛門町　大嶋屋傳右衛門

芳薫好文士傳　全本十五巻　為永春水作　渓斎英泉画

西國幼婦　全十冊　教訓亭校訂　英泉画図

忠孝二面鏡　中形全本　為永門人　駅亭作

大内與隆十杉傳　全五冊　為永春水案　画工寄合筆

同　二編　全五冊

同　三編　全五冊

同　四編　全五冊

右二十巻ハ先年より賣出して世に傳ふ

十杉傳第五編　全五冊　狂訓亭主人著　柳川重信画図

十杉傳第六編　上帙　四冊　下帙　四冊　春水著

古今百馬鹿　全本二冊　式亭三馬戯作　歌川國直画

素人狂言紋切形　前編 後編　二巻　本亭鬼友　二馬作

物語　半紙本　前後二巻　東里山人著　渓斎英泉画

閨怨須磨の月　中本　全三冊　凡亭馬流作　歌川國直画

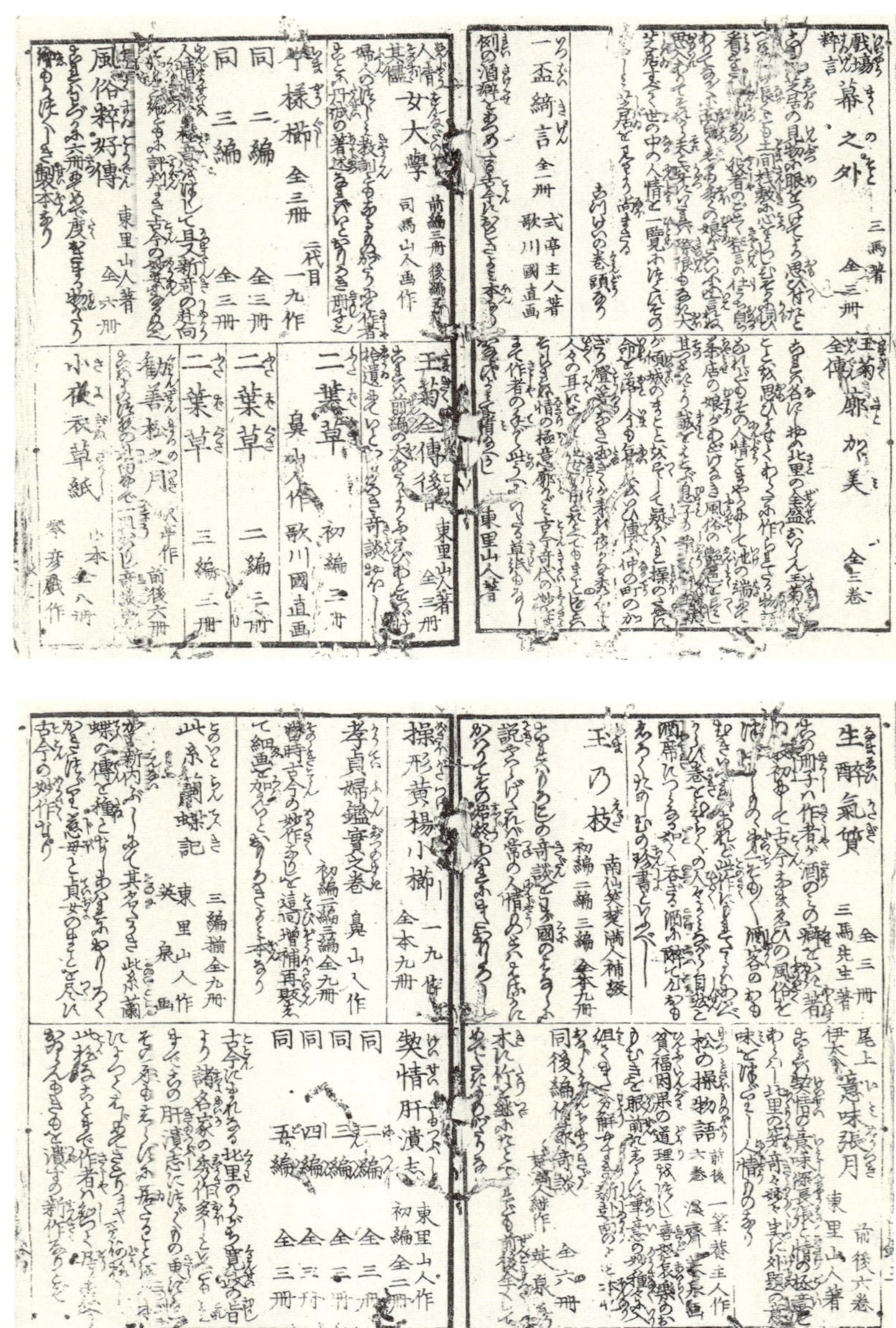

戦場幕之外　三馬著　全三冊

一盃綺言　全一冊　式亭主人著　歌川國直画

女大學　前編三冊 後編三冊　司馬山人画作

孝様櫛　全三冊　二代目一九作

同　二編　全三冊

同　三編　全三冊

風俗粋好傳　東里山人著　全六冊

玉菊全傳加賀美　全三巻

玉菊全傳後編　東里山人著　全三冊

二葉草　初編三冊　鼻山人作　歌川國直画

二葉草　二編　三冊

二葉草　三編　三冊

勧善松之月　前後六冊

小夜衣草紙　小本全八冊

生酔気質　三馬先生著　全三冊

玉乃枝　南仙笑楚満人補綴　初編 二編 三編 全本九冊

操形黄楊小櫛　一九作　全本九冊

孝貞婦鑑寶之巻　初編二編三編全九冊　鼻山人作

糸蘭蝶記　三編揃全九冊　東里山人作　英泉画

尾上伊太八意味張月　東里山人著　前後六巻

松の操物語　前後六巻　一筆菴主人作　渓斎英泉画

同後編　全六冊　英泉画

契情肝潰志　東里山人作　初編全二冊

同　二編　全三冊

同　三編　全三冊

同　四編　全三冊

同　五編　全三冊

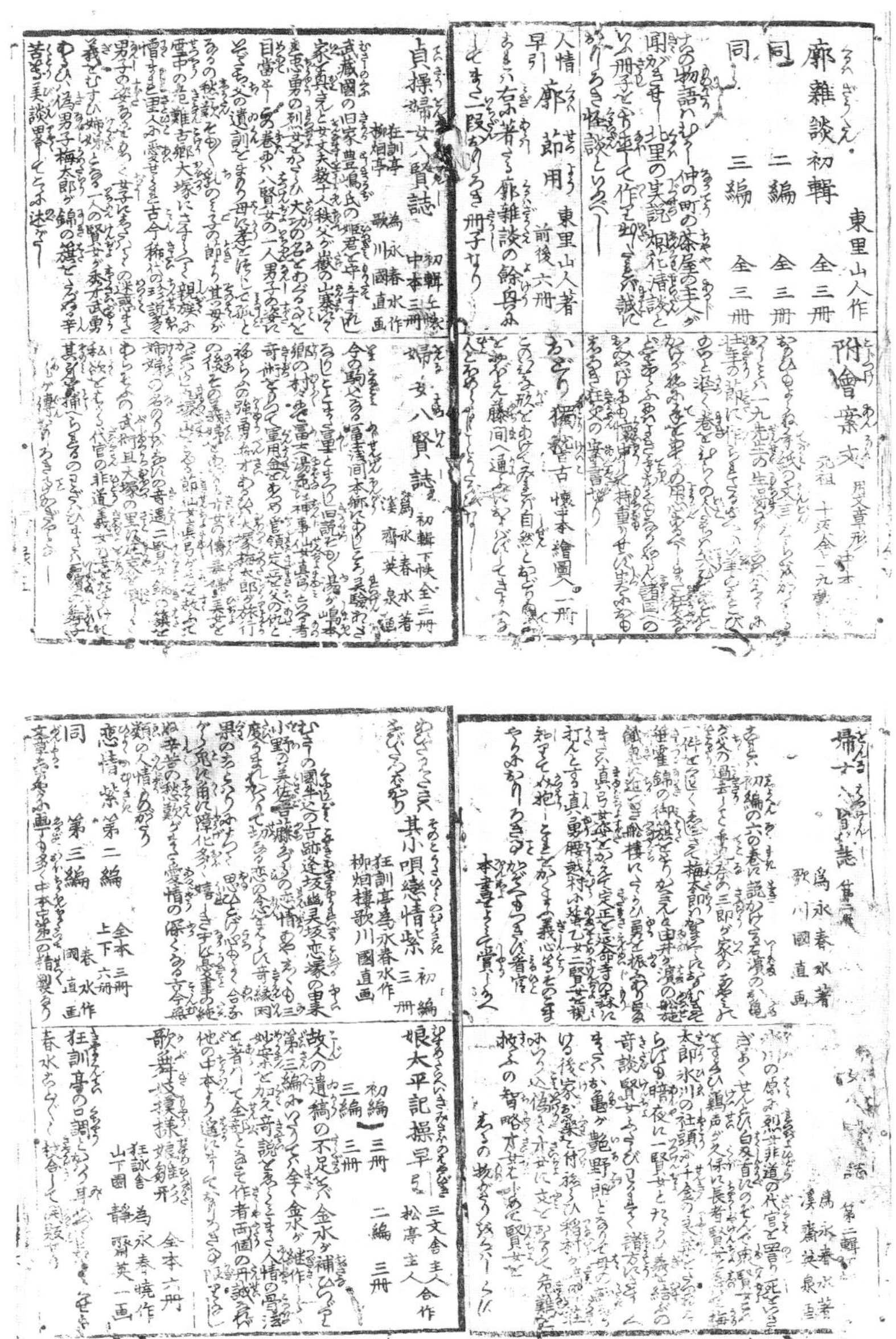

廓雑談　初輯　東里山人作　全三冊
同　二編　全三冊
同　三編　全三冊

人情 廓節用　東里山人著　前後　六冊
早引

附會案文

いどり擲稽古　懐中本　絵図入　一冊

貞操婦女八賢誌　初輯上帙　中本三冊　狂訓亭 為永春水作　柳烟亭 歌川國直画

婦女八賢誌　初輯下帙　全三冊　為永春水著　渓斎英泉画

婦女八賢誌　第二輯　為永春水著　歌川國直画

婦女八賢誌　第二輯　為永春水著　渓斎英泉画

其小唄戀情紫　初編　三冊　狂訓亭為永春水作　柳烟楼歌川國直画

戀情紫　第二編
同　第三編　全本 上下 六冊　春水作　國直画

娘太平記操早引　初編　三冊　二編　三冊　三編　三冊　三文舎主人　松亭主人　合作

歌舞妓擬操娘　全本六冊　狂訓舎 為永春暁作　山下園 静斎英一画

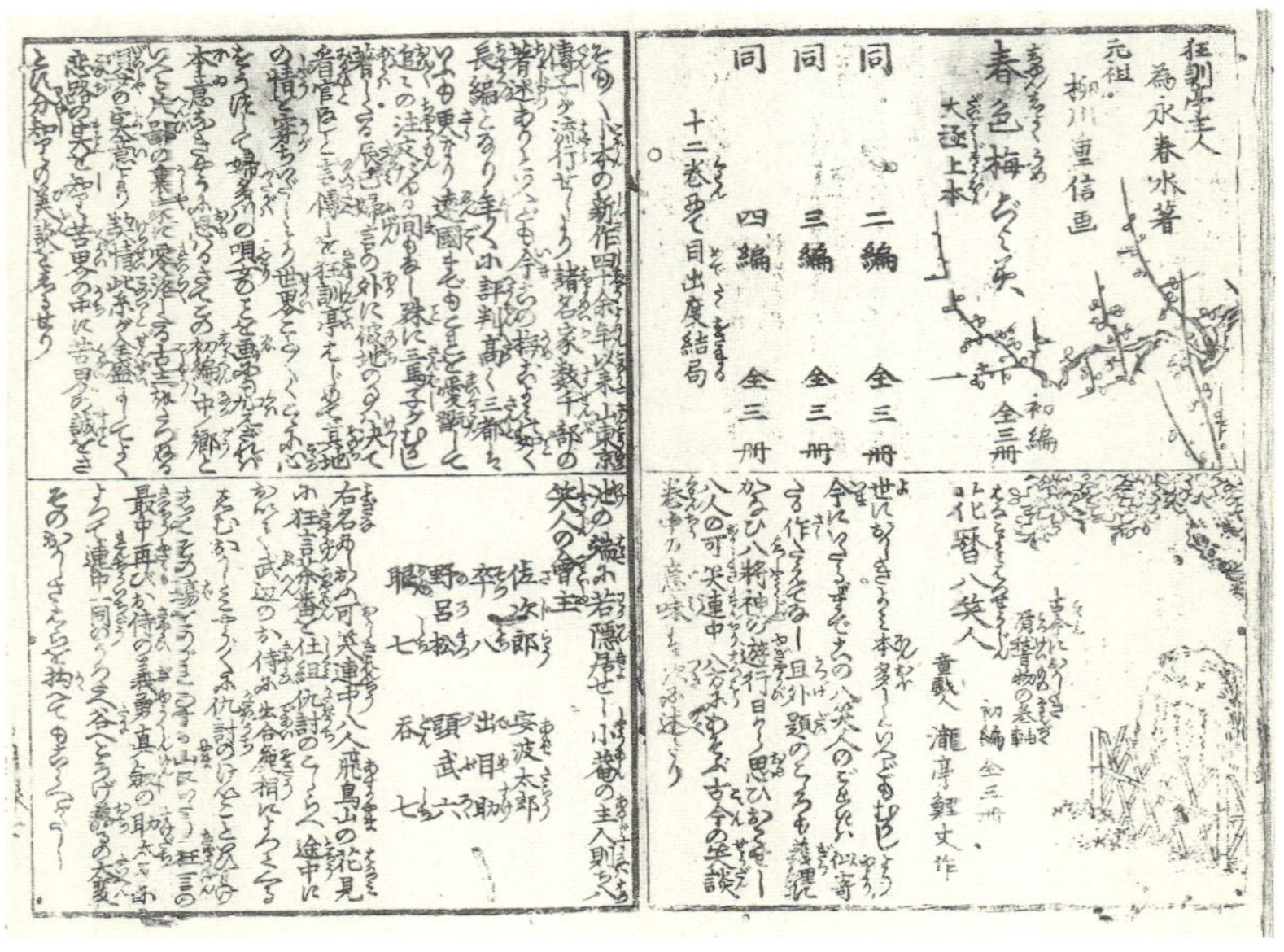

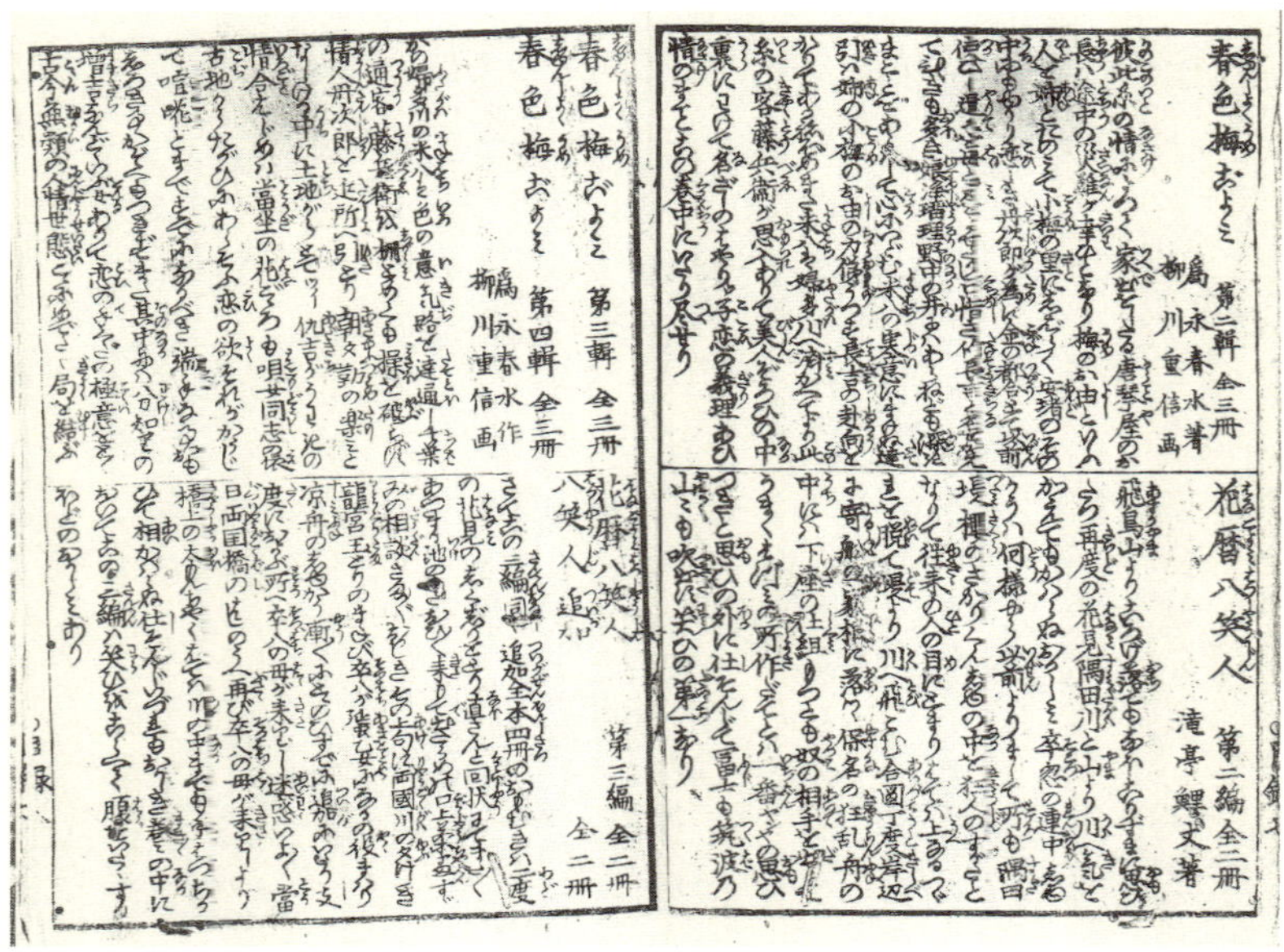

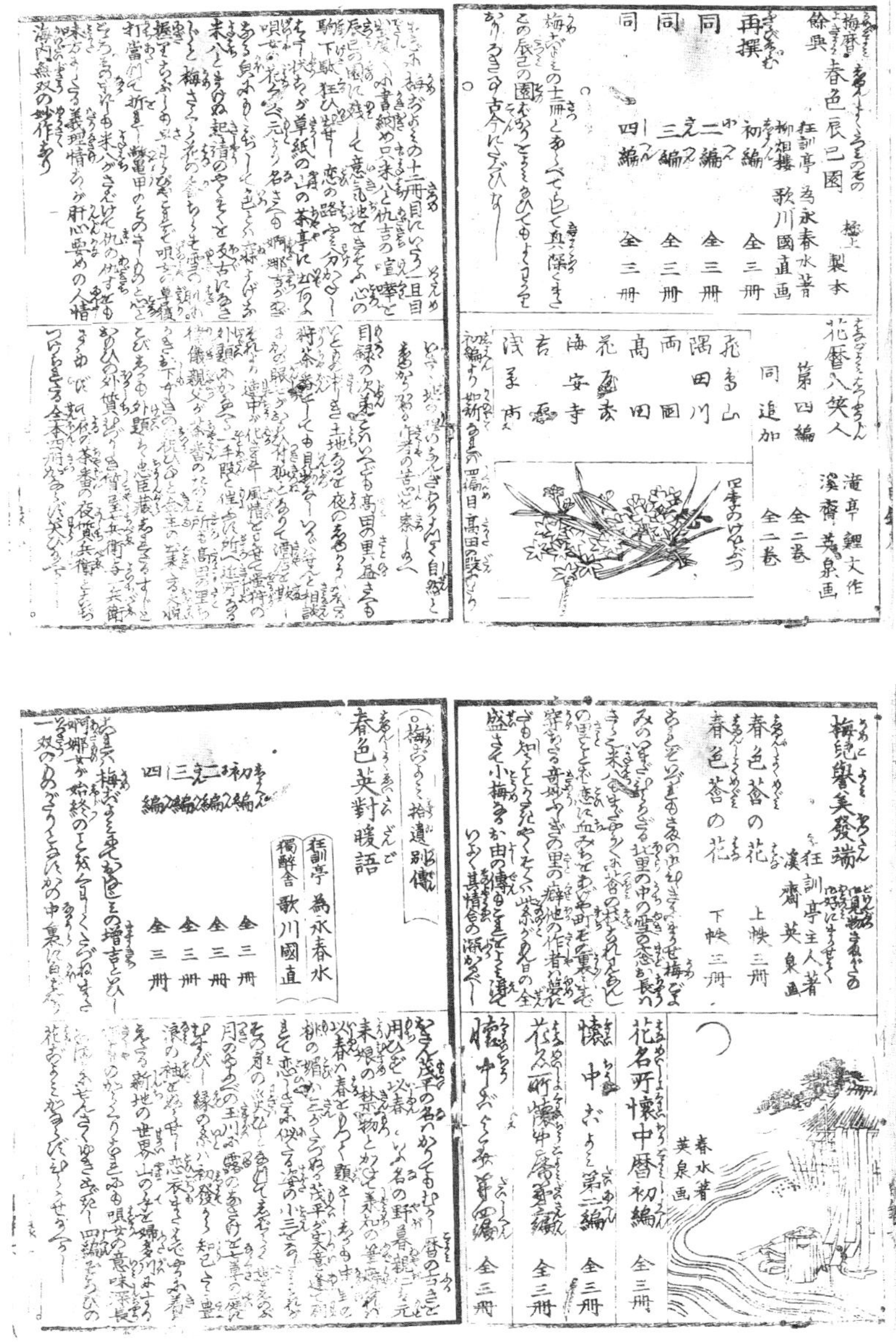

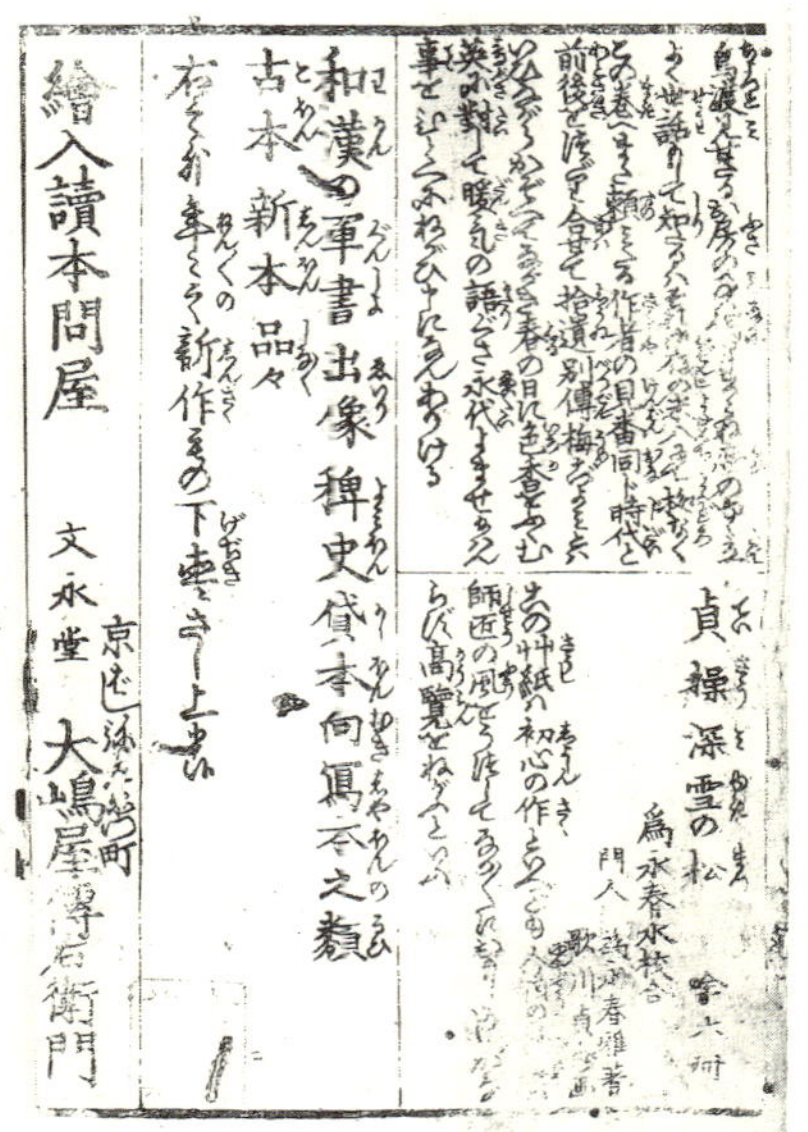

貞操深雪の松　全六冊

爲永春水校合

門人　瀧亭春雅著

歌川貞□画

和漢の軍書出像稗史貸本向寫本之類

古本新本品々

右そのほか年々新作の下本をさし上申候

繪入讀本問屋

文永堂　京都　大嶋屋傳右衛門

第三章　初代大川屋錠吉出版書目年表稿
附『第二十三回大川屋出版小説図書総目録（明治三十二年八月改正増訂）』

初代大川屋錠吉は、江戸（東京）の書肆。堂号は聚栄堂。姓は大川。後の大川屋書店。弘化三年（一八四六）六月九日、武蔵国入間郡横沼村に生まれる。三代目大島屋伝右衛門となる政吉（正吉）と同時期に、八代目浅倉屋久兵衛のもとで奉公した後、独立して深川西町に貸本屋を開業する。明治二年（一八六九）には浅草三好町へ移転。(1)

貸本業を明治二十七～八年（一八九四～一八九五）ごろまで続けながら、並行して書籍の出版・取次・販売を開始する。明治十二年（一八七九）五月、大島屋伝右衛門とともに刊行した萩原乙彦作『新門辰五郎游侠譚』初編が最初の出版物。所在地は浅草区三好町七番地。以後、精力的に出版活動を展開していくが、その大半は求版や相版で、自ら開版したものは僅かである。大正十五年（一九二六）三月六日没。妻は川島源七の次女はな子。(2)

初代亡き後、養子の米吉が二代目錠吉となり大川屋を継ぐ。(3)

注

（1）東京書籍商組合編『東京書籍商組合史及組合員概歴』（東京書籍商組合、一九一二年）一一二頁。

（2）婦女通信社編『大日本婦人録』（婦女通信社、一九〇八年）に「大川はな子　嘉永二年生●書籍商、大川錠吉氏夫人△小石川区竹早町川島源七二女△浅草区三好町七」とある。

（3）『全国出版物卸商業協同組合三十年の歩み』（全国出版物卸商業協同組合、一九八一年）三七頁。

凡例

一、聚栄堂大川屋錠吉が出版に携わった書籍のうち、現段階で確認できたものを年代順に記載した。

一、大川屋が求版した書籍についても、その年代の明らかなものは記載した。

一、書名ごとに立項し、判型・員数・分類に加え、書誌事項を次の項目に従って示した

【著編者】…著者・編者・校閲者等を通行の名に改めて示した。

【序年・序者】…序文の記された年・序文を記した人物を示した。また、序文が複数ある場合は、①・②・③とそれぞれ項目を設けた。

【跋年・跋者】…跋文の示された年・跋文を記した人物を示した。

【画工】…通行の名に改めた画工名を示した。

【筆耕】…通行の名に改めた筆耕名を示した。

【奥付等】…刊記・奥付を抜粋した。刊記・奥付を確認できていない場合は「未見」とした。

【備考】…特記すべき事項を示した。

一、【序年・序者】【跋年・跋者】【画工】【筆耕】【備考】の項目は、該当する書誌事項がない場合は省略した。

一、奥付等に記載された電話番号と振替番号は省略した。

明治九年（一八七六）丙子

七体伊呂波 名頭尽 日本国尽 習手本　半紙本一巻一冊
【著編者】横川三羊【筆耕】横川三羊【奥付等】「明治九年八月廿五日御届／同年十月廿日出版／編輯出版人　浅草区三好町七番地　大川錠吉」【備考】同年刊行の尾崎富五郎版を求版。

明治十二年（一八七九）己卯

新門辰五郎游侠譚 初編　中本二巻二冊
【著編者】萩原乙彦【序年・序者】明治十二・萩原乙彦【画工】歌川芳春【筆耕】不詳【奥付等】「明治十二年五月　浅草区三好町七番地　大川屋錠吉／京橋区弥左衛門町十三番地　大島屋伝右衛門　合梓」

新門辰五郎游侠譚 二編　中本二巻二冊
【著編者】萩原乙彦【序年・序者】明治十二・萩原乙彦【画工】歌川芳春【筆耕】不詳【奥付等】「明治十二年五月　浅草区三好町七番地　大川屋錠吉／京橋区弥左衛門町十三番地　大島屋伝右衛門　合梓」

対山画譜　中本二巻二冊
【著編者】伊沢保治【序年・序者】明治十二・伊藤桂洲【跋年・跋者】明治十二・伊沢保治【画工】不詳【筆耕】不詳【奥付等】「明治十二季九月十七日御届／同十月出板／編輯人　広島国函館山ノ上町壱丁目廿六番地前田清助仝居　青森県平民　伊沢保治／出版人　浅草区浅草三好町七番地　東京府平民　大川錠吉／発売人　同区浅草蔵前片町廿五番地　同平民　瀬山直治郎」【備考】下巻末に「鐘香園発行画譜目録」あり。

明治十三年（一八八〇）庚辰

落花清談春風日記 初編　中本二巻二冊
【著編者】松村春輔【序年・序者】二世為永春水【画工】安達吟光【筆耕】不詳【奥付等】「明治十三年十二月廿八日御届／著述人　府下日本橋区蛎殻町二丁目七番地寄留　松村春輔／出板人　同京橋区弥左ェ門町十三番地　武田伝右衛門／発兌人　同浅草区三好町七番地　大川屋錠吉」【備考】巻二巻末に処女香の広告あり。奥付に「発売書肆」として「同仝区新福井町五番地　高梨弥三郎」を加えたものもある。

開明小説春雨文庫　六編　中本二巻二冊
【著編者】和田定節【序年・序者】倭田散人【画工】不詳【筆工】不詳【奥付等】「明治十三年十二月廿八日御届／編輯人　府下本所区北二葉町二十番地　和田定節／出版人　同京橋区弥左ヱ門町十三番地　武田伝右衛門／発兌人　同浅草区三好町七番地　大川屋錠吉」

新訂漢画指南　初集　中本二巻二冊
【著編者】伊沢保治【序年・序者】①明治十二・大沼沈山②明治十二・藤堂凌雲【跋年・跋者】明治十二・伊沢梅陵【画工】不詳【筆耕】不詳【奥付等】「明治十二年十一月廿日版権免許／仝十二月刻成／仝十三年一月発兌／著者　広島国函館山ノ上町一丁目前田清助仝居　伊沢保治／出版人　浅草区三好町五番地　大川錠吉／出版兼発売人　仝区蔵前片町二十五番地　瀬山直次郎」【備考】坤巻末に「鐘香園発行画譜目録」あり。

新訂漢画指南　二集　中本二巻二冊
【著編者】伊沢保治【序年・序者】明治十三・平田虚舟【跋年・跋者】明治十三・王鄭章【画工】不詳【筆耕】不詳【奥付等】「明治十三年三月九日版権免許／仝四月刻成／仝五月発兌／著者　広島国函館山ノ上町一丁目前田清助仝居　伊沢保治／出版人　浅草区三好町七番地　大川錠吉／出版兼発売人　仝区蔵前片町二十五番地　瀬山直次郎」

靄崖画譜　中本二巻二冊
【著編者】矢野西洲【序年・序者】藤森弘庵【跋年・跋者】明治十三・矢野西洲【画工】不詳【筆耕】不詳【奥付等】「明治十三年八月一八日御届／仝十月廿五日出版／編輯人　浅草新旅籠町十七番地　矢野晋六／出版人　浅草三好町五番地　大川錠吉／仝兼発売人　浅草蔵前片町十一番地　瀬山直次郎」【備考】下巻に「鐘香園発行画譜目録」あり。

明治十四年（一八八一）辛巳

落花清談春風日記　二編　中本二巻二冊
【著編者】松村春輔【序年・序者】明治十四・松村春輔【画工】安達吟光【筆耕】不詳【奥付等】「明治十四年八月八日御届／著述人　府下京橋区南鍋町壱丁目壱番地　山口県平民　松村春輔／出版人　府下同区弥左ヱ門町十三番地　東京府平民　武田伝右衛門／同浅草区三好町七番地　同　大川錠吉／発売人　同浅草区新福井町五番地　高梨弥三郎」

落花清談春風日記 三編　中本二巻二冊

【著編者】松村春輔【序年・序者】明治十四・松村春輔【画工】安達吟光【筆耕】不詳【奥付等】「明治十四年八月八日御届／編輯人　京橋区南鍋町一丁目壱番地寄留松村春輔／出板人　京橋区弥左ヱ門町十三番地　武田伝右ヱ門／同　浅草区三好町七番地　大川錠吉」

明清名家巾箱画譜　中本四巻四冊

【著編者】矢野西洲【序年・序者】①明治十三・巌谷一六②日下部鳴鶴③明治十三・松田雪柯【画工】不詳【筆耕】不詳【奥付等】「明治十三年龍集庚辰十一月二十五／日蒙版権允可仝十四年辛巳之歳第／一月発兌著者東京府平民浅草区新／旅籠街第十七号地居西洲矢野晋六／刊行者東京府平民浅草区三好街第／五号地住大川錠吉刊行兼発鬻者東／京府平民浅草区蔵前片街第十一号／地住書肆鍾香園瀬山直次郎」「東京書画舗／田沢静雲／麴地省三／岡田英朗／鈴木松三郎／遠藤武兵衛／岡邨精吉／翠雲堂勝作／馬島杏雨／原政房／阿部柳所／栗原城山／中邨市造／朝陽堂松茂／赤松徳三／新井瓢九／岡部薇香／文醜堂／鹿間欽保／岡部銘」

孝貞節烈近世名婦伝 初輯　中本二巻二冊

【著編者】岡田霞船【序年・序者】明治十三・岡田霞船【画工】伊藤静斎【筆耕】不詳【奥付等】「明治十三年十二月廿七日御届／同十四年一月卅一日出版／編輯人　神田区神田末広町十一番地　東京府平民　岡田良策／出版人　浅草区浅草三好町七番地　東京府平民　大川錠吉／発売人　高梨弥三郎」【備考】見返しに「東京　聚栄堂梓」とある。

明治文雅都鄙人名録　横本一巻一冊

【著編者】岡田霞船【序年・序者】①明治十四・大沼沈山②明治十四・小野湖山③明治十四・亀谷省軒【跋年・跋者】明治十四・溝口桂巌【筆耕】不詳【奥付等】「明治十四年／四月七日御届／編輯人　下谷区西黒門町十八番地　東京府平民　岡田良策／出版人　浅草区三好町七番地　東京府平民　大川錠吉／定価三十五銭」「日本橋通一丁目　北畠　須原屋茂兵衛／同二丁目　稲田　山城屋佐兵衛／芝三島町　山中　和泉屋市兵衛／浅草茅町二丁目　北沢　須原屋伊八／日本橋通二丁目　小林　須原屋新兵衛／芝宇田川町　牧野　和泉屋吉兵衛／横山町一丁目　出雲寺　出雲寺万次郎／小石川町大門町　青山　雁金屋清吉／浅草北東仲町　吉田　浅倉屋久兵衛／下谷数寄屋町　岡村　岡村屋庄助／通四丁目　中村　須原屋佐助／通二丁目　丸屋　丸屋善七／銀座三丁目　稲田

山城屋政吉／芝口一丁目　牧野　和泉屋善兵衛／芝宇田川町　内野　内野屋弥平治／芝飯倉町五丁目　鈴木　万屋忠蔵／湯島松住町　別所　島屋平七／神田須田町　太田　和泉屋勘右ヱ門／下谷南稲荷町　松沢　和泉屋庄次郎／馬喰町二丁目　石川　森屋治兵衛／馬喰町二丁目　荒川　山口屋藤兵衛／通リ油町　水野　藤岡屋慶次郎／神田鍛治町　柳川　紀伊国屋梅二郎／本石町二丁目　江島　椀屋喜兵衛／大伝馬町三丁目　東生　袋屋亀次郎／南伝馬町一丁目　吉川　近江屋半七／横山町三丁目　辻岡屋文助／横山町二丁目　内田　岩本屋弥兵衛／檜物町　目黒　島屋儀三郎／蛎売町一丁目　山田　若林屋喜兵衛／南伝馬町一丁目　吉川　松本屋亀吉／池之端仲町　矢沢　越後屋亀吉／神田柳町　川越　川越屋松二郎／芝日影町　岩本　二三屋三二／木原店　岡田　河内屋文助／馬喰町四丁目　木村　吉田屋文三郎／浅草寺地内　小玉　小田原屋弥七／同森田町　瀬山　万屋直次郎／神田柳町　丸山　園原屋正助／下槇町　江藤　大和屋喜兵衛／南伝馬町一丁目　堀江　武蔵屋惣五郎／同三丁目　池多　三河屋善兵衛／麹町八丁目　森田　本屋鉄五郎／湯島一丁目　角松　尼屋久次郎／浅草寺地内　鯨井　本屋利助／浅草須賀町　松崎　本屋半蔵／両国吉川町　松木　大黒屋平吉／浪花町　小林　鶴屋喜右ヱ門／弥左ヱ門町　武田　大島屋伝右ヱ門／麹町四丁目　磯部　磯部屋太郎兵衛／銀座三丁目　和泉屋孝之助／尾張町　和泉屋喜太郎／通リ塩町　内藤伝右ヱ門／日本橋通一丁目　万屋孫兵衛／南伝馬町二丁目　小林新造／本町三丁目　河内屋文助／日本橋西河岸　須原鉄二／南伝馬町二丁目　穴山篤太郎／通リ新石町　雁金屋仙造／日本橋通四丁目　松田幸助／南伝馬町一丁目　武蔵屋惣五郎／南伝馬町三丁目　村上真助／村松町　三河屋友吉／■■■■山城屋清八／本所亀沢町　竹内屋伊兵衛／下谷御徒町一丁目　相模屋七兵衛／小伝馬町三丁目　山崎屋清七／■■■■　島屋武八／人形町通リ　法木徳兵衛／本郷元町一丁目　原田庄右ヱ門／神田末広町　横尾宇之助／御成道栄町　大橋操吉／下谷稲荷町　小林米造／浅草諏訪町　万屋佐吉／浅草元町　亀清／御成道五軒町　林安之助／湯島切通シ　沢田伝兵衛／浅草新福井町　高梨弥三郎」

新訂漢画指南　三集　中本二巻二冊

【著編者】伊沢保治【序年・序者】①明治十四・松田雪柯②明治十四・佐々木溥把【跋年・跋者】明治十三・萩原国【画工】不詳【筆耕】不詳【奥付等】「明治十四年

二月廿四日免許仝十月廿日刻成発兌／著者渡島国箱館山之上町壱街目梅陵井沢保治／刊行者東京浅草三好町大川錠吉／仝兼発鬻東京浅草蔵前片町瀬山直次郎」

大岡政談村井長庵調合机 初編　半紙本三巻三冊

【著編者】元岡維則【序年・序者】明治十四・元岡維則【画工】伊藤静斎【筆耕】大代蔦屋（序）【奥付等】「明治十四年六月十四日御届／同年七月九日出版／編輯人　浅草区浅草田原町二丁目十五番地　東京府平民　元岡徹太郎／出版人　浅草区浅草三好町七番地　同　大川錠吉／発売人　京橋区弥左ヱ門町十三番地　武田伝右衛門／浅草区浅草新福井町五番地　高梨弥三郎」【備考】見返しに「聚栄堂蔵版」とある。

大岡政談村井長庵調合机 二編　半紙本三巻三冊

【著編者】元岡維則【序年・序者】明治十四・大代蔦屋【画工】伊藤静斎【筆耕】不詳【奥付等】「明治十四年七月廿七日御届／同年九月九日出版／編輯人　浅草区浅草田原町二丁目十五番地　東京府平民　元岡徹太郎／出版人　浅草区浅草三好町七番地　同　大川錠吉／発売人　京橋区弥左ヱ門町十三番地　武田伝右衛門／浅草区浅草新福井町五番地　高梨弥三郎」【備考】見返しに「聚栄堂蔵版」とある。

大岡政談村井長庵調合机 三編　半紙本三巻三冊

【著編者】元岡維則【序年・序者】元岡維則【画工】伊藤静斎【筆耕】大代蔦屋【奥付等】「明治十四年十一月廿一日御届／同年十二月十九日出版／編輯人　浅草区浅草田原町二丁目十五番地　東京府平民　元岡徹太郎／出版人　浅草区浅草三好町七番地　同　大川錠吉／出像画工　同区浅草西三筋町三十四番地　同　伊藤静斎／浄書　下谷区下谷西町一番地　同　大代蔦屋／繡像刊字　深川区深川常盤町一丁目七番地　同　片田長次郎／発売書肆　京橋区弥左ヱ門町十三番地　武田伝右衛門／浅草区浅草新福井町五番地　高梨弥三郎」【備考】見返しに「聚栄堂蔵版」とある。

近世名婦百人撰　中本二巻二冊

【著編者】岡田霞船【序年・序者】明治十四・岡田霞船【画工】伊藤静斎【筆耕】大代蔦屋【奥付等】「明治十四年十二月十七日版権免許／同年十二月二十四日出版発兌／定価金三十五銭／編輯人　下谷区西黒門町十八番地　東京府平民　岡田良策／出版人　浅草区三好町七番地　同　大川錠吉／画工　浅草区西三筋町三十四番地　同　伊藤静斎／浄書　下谷区西町一番地　同　大代蔦屋／彫刻　深川区常盤町一丁目七番地　同　片田長次郎／東京

書肆　芝三島町　山中市兵衛／通油町　水野慶次郎／馬喰町　石川治兵衛／同　山口藤兵衛／銀座二丁目　山中孝之助／同四丁目　山中喜太郎／通リ二丁目　稲田佐兵衛／浅草新福井町　高梨屋三郎」【備考】見返しに「聚栄堂梓」とある。

明治十五年（一八八二）壬午

落花清談春風日記 四編　中本二巻二冊
【著編者】松村春輔【序年・序者】明治十四・松村春輔【画工】安達吟光【筆耕】不詳【奥付等】「明治十五年二月廿四日御届／編輯人　京橋区南鍋町一丁目一番地　山口県平民　松村春輔／出板人　同区弥左ヱ門町十三番地　東京府平民　武田伝右ヱ門／発売人　浅草区三好町七番地　同　大川錠吉／発売人　同区福井町五番地　同　高梨弥三郎」

落花清談春風日記 五編　中本二巻二冊
【著編者】松村春輔【画工】安達吟光【筆耕】不詳【奥付等】「明治十五年二月廿四日御届／著述人　府下京橋区南鍋町一丁目一番地　松村春輔／出板人　同区弥左ヱ門町十三番地　武田伝右衛門／同浅草区三好町七番地　大川錠吉／発売人　同区福井町五番地　高梨弥三郎」

落花清談春風日記 六編　中本二巻二冊
【著編者】松村春輔【序年・序者】明治十四・松村春輔【画工】安達吟光【筆耕】不詳【奥付等】「明治十五年二月廿四日御届／編輯人　京橋区南鍋町一丁目一番地　松村春輔／出板人　同区弥左ヱ門町十三番地　武田伝右ヱ門／浅草区三好町七番地　大川錠吉／発売人　同区福井町五番地　高梨弥三郎」

女用文たから箱　中本一巻一冊
【著編者】島不苦子【画工】不詳【筆耕】不詳【奥付等】「明治十五年五月御届／同年同月出版／編輯人　日本橋区西河岸町九番地　東京府平民　島不苦子／出版人　浅草区新福井町五番地　東京府平民　高梨弥三郎／発行元　東京浅草区三好町七番地　大川錠吉」

孝貞節烈近世名婦伝 二編　中本二巻二冊
【著編者】岡田霞船【画工】不詳【筆耕】不詳【奥付等】「明治十五年二月二十日御届／同年三月二十一日出版／定価二十二銭五厘／編輯人　下谷区西黒門町十八番地　東京府平民　岡田良策／出版人　浅草区三好町七番地　同　大川錠吉／発売人　京橋区弥左ヱ門町十三番地　同　武田伝右衛門／浅草区新福井町五番地　同　高梨弥三郎」

大岡政談村井長庵調合机 四編　半紙本三巻三冊
【著編者】元岡維則【序年・序者】明治十五・岡田霞船【画工】伊藤静斎【筆耕】大代蔦屋【奥付等】「明治十五年五月十五日御届／同年六月十日出版／編輯人　浅草区浅草田原町二丁目十五番地　東京府平民　元岡徹太郎／出版人　浅草区浅草三好町七番地　同　大川錠吉／出像画工　同区浅草西三筋町三十四番地　同　伊藤静斎／浄書　下谷区下谷西町一番地　同　大代蔦屋／繍像刊字深川区深川常盤町一丁目七番地　同　片田長次郎／発売書肆　京橋区弥左ェ門町十三番地　武田伝右衛門／浅草区浅草新福井町五番地　高梨弥三郎」【備考】見返しに「聚栄堂蔵版」とある。

大岡政談村井長庵調合机 五編　半紙本三巻三冊
【著編者】元岡維則【序年・序者】明治十五・子徳散史【画工】伊藤静斎【筆耕】大代蔦屋【奥付等】「明治十五年十月六日御届／同年十一月十日出版／編輯人　浅草区浅草田原町二丁目十五番地　東京府平民　元岡徹太郎／出版人　浅草区浅草三好町七番地　同　大川錠吉／出像画工　同区浅草西三筋町三十四番地　同　伊藤静斎／浄書　下谷区下谷西町一番地　同　大代蔦屋／繍像刊字深川区深川常盤町一丁目七番地　同　片田長次郎／発売書肆　京橋区弥左ェ門町十三番地　武田伝右衛門／浅草区浅草新福井町五番地　高梨弥三郎」【備考】見返しに「聚栄堂蔵版」とある。

初学詩法軌範　中本二巻二冊
【著編者】木山槐所【序年・序者】明治十五・木山槐所【奥付等】「版権免許　明治十五年六月一日／刻成出版同年七月廿八日／著述者　神田区南甲賀町八番地　東京府平民　木山鳴吉／出版人　東京市本郷区春木町三丁目十三番地　武田伝右衛門／発行所　同　文永堂／発兌人　同浅草区三好町書林　大川錠吉」【備考】明治十五年刊の奥吉五郎・東生鉄五郎版を求版。

増訂隷弁　中本四巻四冊
【著編者】顧藹吉（選）安藤龍淵（増訂）【序年・序者】顧藹吉【跋年・跋者】明治十四・鷲津毅堂【筆耕】不詳【奥付等】「明治十四年十月十三日版権免許／仝十五年七月十五日出版発兌／増訂者　下谷金杉村百三番地今泉元長同居　東京府士族　安藤龍淵／出版者　浅草三好町七番地　同府平民　大川錠吉」【備考】瀬山直次郎版を求版。

明治十六年（一八八三）癸未

大岡政談 村井長庵調合机 六編　半紙本五巻五冊

【著編者】元岡維則【序年・序者】元岡維則【画工】伊藤静斎【筆耕】大代蔦屋【奥付等】「明治十五年十一月十四日御届／同十六年一月廿五日出版／編輯人　浅草区浅草田原町二丁目十五番地　東京府平民　元岡徹太郎／出版人　浅草区浅草三好町七番地　同　大川錠吉」【備考】見返しに「聚栄堂蔵版」とある。

忠勇阿佐倉日記 初編　半紙本五巻五冊

【著編者】松亭金水【序年・序者】嘉永五・松亭金水【画工】歌川貞秀【筆耕】不詳【奥付等】「明治十六年二月九日求版御届／書肆　浅草区浅草三好町七番地　東京府平民　大川錠吉」【備考】求版本。

忠勇阿佐倉日記 二編　半紙本五巻五冊

【著編者】松亭金水【序年・序者】松亭金水【画工】歌川貞秀【筆耕】不詳【奥付等】「明治十六年二月九日求版御届／書肆　浅草区浅草三好町七番地　東京府平民　大川錠吉」【備考】求版本。

忠勇阿佐倉日記 三編　半紙本五巻五冊

【著編者】松亭金水【序年・序者】嘉永七・松亭金水【画工】歌川貞秀【筆耕】不詳【奥付等】「明治十六年二月九日求版御届／書肆　浅草区浅草三好町七番地　東京府平民　大川錠吉」【備考】求版本。

百工 美術画譜　横本一巻一冊

【著編者】小神野孫叟【序年・序者】明治十六・酔多道士【画工】葛飾北斎【奥付等】「明治十六年六月十九日出版御届／仝年六月出版／筆者　深川区東森下町八十一番地　小神野孫叟／出版人　浅草区三好町七番地　大川錠吉／各市諸県書林絵双紙店ヱ差出置候間御最寄ニテ御求メアランヿヲ願」

明治十七年（一八八四）甲申

大日本府県名所独案内　一鋪

【著編者】不詳【奥付等】「明治十七年四月卅日出版御届／編輯兼出版人　浅草区三好町七番地　東京府平民　大川錠吉」

名所絵入 東京区分全図 附四日めぐり独案内　一鋪

【著編者】不詳【奥付等】「明治十七年四月卅日御届」「編輯兼出版人　浅草区三好町七番地　東京府平民　大川錠吉」

大日本全図　一鋪
【著編者】不詳【奥付等】「明治十七年四月三十日御届
編輯兼出版人　浅草区三好町七番地　東京府平民　大川
錠吉」

大日本道中細見図　一鋪
【著編者】不詳【奥付等】「明治十七年四月三十日御届／
同六月出版／編輯兼出版人　浅草区三好町七番地　東京
府平民　大川錠吉」

掌中手挑灯　袖珍本一巻一冊
【著編者】不詳【奥付等】「明治十七年四月十七日翻刻御
届／同年七月日出版／翻刻人　浅草区三好町七番地　東
京府平民　大川錠吉／発行人　仝　聚栄堂」【備考】銅
版。

明治十八年（一八八五）乙酉

八門九星初学入門　中本一巻一冊
【著編者】杉本敬徳【序年・序者】杉本敬徳【奥付等】
「明治十八年九月五日御届／仝十一月一日出版／定価金
廿五銭／編輯人　深川区伊勢崎町三十七番地　東京府平
民　杉本伊助／出版人　浅草区三好町七番地　東京府平
民　大川錠吉」「東京書肆　北畠茂兵衛／稲田佐兵衛／
山中市兵衛／北沢伊八／小林新兵衛／牧野吉兵衛／出雲
寺万次郎／青山清吉／吉田久兵衛／岡村庄助／柳川梅二
郎／江島喜兵衛／東生亀次郎／吉川文助／近江屋半七／
内田弥兵衛／森田鉄五郎／別所平七／目黒儀三郎／法木
徳兵衛／和泉屋孝之助／和泉屋喜太郎／丸家喜七／稲田
政吉／牧野善兵衛／内野弥平治／松沢庄次郎／石川治兵
衛／荒川藤兵衛／水野慶次郎／三河屋友吉／須原鉄二／
万屋孫兵衛／瀬山直次郎／松崎半蔵／松本平吉／小林喜
右ヱ門／武田伝右ヱ門／磯部太郎兵衛／小林鉄次郎／大
阪　岡田茂平／岡島真七／東京書林　高梨弥三郎／鶴声
社／嵯峨野／春陽堂／正札屋／高崎脩介／佐々木広吉」
【備考】見返しに「聚栄堂蔵」とある。

明治十九年（一八八六）丙戌

卅三間堂棟材奇伝柳の糸　四六判ボール表紙本一巻一冊
【著編者】小枝繁【画工】不詳【奥付等】「明治十八年十
二月廿四日御届／同十九年四月日出版／著者故人　小枝
繁／出版人　京橋区弥左衛門町十三番地　武田伝右衛門
／発兌　同所　鵬文社／発売人　浅草区三好町七番地
大川錠吉」

花鳥画譜　中本一巻一冊
【著編者】大川新吉【画工】大川新吉【奥付等】「明治十九年四月二十六日御届／同年五月出版／編輯兼画工　浅草区馬道町六丁目十五番地　東京府平民　大川新吉／出版人　東京浅草区三好町七番地　大川錠吉」【備考】小島平三郎版を求版。

漢画図式　中本一巻一冊
【著編者】大川新吉【画工】大川新吉【奥付等】「明治十九年四月二十六日御届／同年五月出版／編輯兼画工　浅草区馬道町六丁目十五番地　東京府平民　大川新吉／出版人　東京浅草区三好町七番地　大川錠吉」【備考】小島平三郎版を求版。

英語入十五伊呂波　中本一巻一冊
【著編者】仁科静太郎【奥付等】「明治十九年四月廿七日御届／同年五月二十日出版／編者　神田区東松下町廿二番地　東京府士族　仁科静太郎／出版人　浅草区三好町七番地　東京府平民　大川錠吉」【備考】見返しに「東京書林　聚栄堂」とある。山崎芳太郎版を求版。

花お新七半春色娘節用　四六判ボール表紙本一巻一冊
【著編者】梅亭金鵞【序年・序者】梅亭金鵞【画工】扶桑園南斎【奥付等】「明治十九年六月一日御届／同年月日出版／定価三十五銭／編輯兼出版人　日本橋区新和泉町一番地寄留　長野県平民　中島雅司／発兌　日本橋区新和泉町一番地　今古堂／同　浅草区三好町七番地　大川屋錠吉／同　麴町区飯田町一丁目五十四番地　栄泉堂／大売捌　全国各書林」【備考】表紙に「栄泉堂梓」とある。

大岡政談越後伝吉　四六判ボール表紙本一巻一冊
【著編者】不詳【序年・序者】明治十八・永昌堂人【画工】不詳【奥付等】「明治十八年五月十三日出版御届／同十九年六月二日再版御届／同廿三日別製御届／同月出版／原版人　広岡幸助／翻刻出版人　浅草区三好町七番地　大川錠吉／発兌元　同所　大川屋／大売捌　東京書林会社中／売捌所　各地書林絵草紙店」【備考】内題は「大岡政談越後伝吉孝子之誉」。明治十八年六月一日出版の永昌堂版を求版。

唐艸紋帳雛形　中本一巻一冊
【著編者】岡田霞船【画工】岡田霞船【奥付等】「明治十九年七月八日御届／同年同月出版／編画者　浅草区西三筋町三十四番地　東京府平民　岡田良策／出版者　同区三好町七番地　同府平民　大川錠吉」【備考】見返しに「東京書肆　聚栄堂」とある。

頭書略解新選明治玉篇　袖珍本一巻一冊

【著編者】福城駒太郎（編輯）【奥付等】「明治十五年一月十四日版権免許／同十九年七月十七日改題御届／編輯人　本所区林町二丁目　東京府士族　福城駒太郎／出版人　浅草区三好町七番地　東京府平民　大川錠吉」「西京　村上勘兵衛／同　出雲寺文治郎／同　辻九右衛門／同　田中治兵衛／大阪　杉村九兵衛／同　柳原喜兵衛／同　大野木市兵衛／同　前川善兵衛／同　田中太右衛門／同　岡田茂兵衛／同　岡島真七／越後　中村政治／同　山本久兵衛／同　樋口屋小左衛門／同　上田屋治八／同　三條屋七十郎／同　高乗屋小兵衛／同　中村作平／信州　小枡屋喜太郎／上総　恵比寿屋半右ヱ門／下総　正文堂利兵衛／熊谷　近江屋平吉／甲州　内藤伝右ヱ門／椽木　山中八郎／同　河内屋甚兵衛／仙台　伊勢屋安右ヱ門／羽州　八文字屋太右ヱ門／同　荒井太四郎／東京書林　北畠茂兵衛／稲田佐兵衛／小林新兵衛／山中市兵衛／北沢伊八／牧野吉兵衛／出雲寺万次郎／高橋松之助／浅倉久兵衛／内野弥平治／吉川半七／江藤喜兵衛／丸屋善七／柳川梅二郎／金港堂亮三／水野慶次郎／石川治兵ヱ／山口藤兵ヱ／松崎半造／瀬山直次郎／島屋武八／児玉弥七／辻岡屋文助／冨田彦次郎／岡村屋庄介／博文堂庄左ヱ門／高崎修介／榊原友吉」【備考】見返しに「東京　聚栄堂蔵版」とある。明治十五年の高梨弥三郎版『頭書略解和漢読史玉篇』を求版。

明治新刻囲碁捷径　中本二巻二冊

【著編者】安井算知【序年・序者】安井算知【筆耕】不詳【奥付等】「明治十九年九月二日御届　同年十月出版／著者　故人安井算知／原版主　北沢伊八／翻刻出版人　浅草区三好町七番地　東京府平民　大川錠吉／東京発兌書肆　北畠茂兵衛／山中市兵衛／鶴声社／辻岡文助／大倉孫兵衛／うさぎや／春陽堂／自由閣／上田屋／浅倉久兵衛／東京　明治書房／浜島精二郎／鈴木喜右衛門／小林喜右衛門／大阪　松村九兵衛／柳原喜兵衛／前川善兵衛／西京　藤井孫兵衛／田中治平／名古屋　永楽屋東四郎」【備考】秋元房治郎版を求版。

絵本通俗三国志　四六判ボール表紙本一巻一冊

【著編者】覚張栄三郎【画工】不詳【奥付等】「明治十八年六月五日出版御届／明治十九年十一月四日再版御届／編輯人　日本橋区本石町二丁目十六番地　覚張栄三郎／発行者　浅草区三好町七番地　大川錠吉／印刷者　日本橋区新和泉町一番地　瀧川三代太郎／発兌　浅草三好町七番地　大川屋」

敵討高田馬場　四六判ボール表紙本一巻一冊

【著編者】不詳【序年・序者】明治十九・竹葉舎晋升【画工】不詳【奥付等】「明治十九年十一月二十二日御届／定価金五十銭／出版人　麴町区飯田町二丁目五十四番地　栄泉堂　水野幾太郎／発兌　浅草区三好町　大川屋錠吉／印刷所　日本橋区新和泉町　今古堂」

東海道五十三駅滑稽膝栗毛　袖珍本一巻一冊

【著編者】十返舎一九（遺作）【画工】不詳【奥付等】「明治十九年十一月廿九日御届同廿年出版／編輯兼出版人　浅草黒船町五番地　平民　瀬山佐吉／大売捌　同区三好町七番地　大川錠吉」【備考】見返しに「順成堂梓」とある。

絵本甲越軍記　四六判ボール表紙本一巻一冊

【著編者】不詳【序年・序者】故玉蘭斎（稿）青々舎竺万（校合）【画工】尾形月耕【奥付等】「明治十九年十一月二十七日御届／同十九年十二月日納本／（定価金八十銭）／編輯人　不詳／出版人　淺草区三好町七番地　大川錠吉／発兌元　淺草区三好町七番地　大川屋」【備考】明治十九年十二月納本の永昌堂版を求版。

新撰端唄大全　袖珍本一巻一冊

【著編者】栗原吉五郎【奥付等】「明治十九年十二月二日出版御届／同年同月出版／（定価金三十銭）／編輯人　芝区佐久間一丁目一番地　東京府平民　栗原吉五郎／出版人　淺草区三好町七番地　大川錠吉／印刷人　日本橋区新和泉町一番地　瀧川三代太郎／発兌　淺草区三好町七番地　聚栄堂」

明治二十年（一八八七）丁亥

絵本伊達騒動記　四六判和装一巻一冊

【著編者】不詳【序年・序者】明治十九・菅の家外史【画工】石斎国保【奥付等】「明治十九年十月廿三日御届／明治十九年十二月十日出板／明治二十年一月新板／編輯人　不詳／出板人　神田区南神保町四番地　日吉堂　菅谷与吉／発兌元　浅草区三好町七番地　大川錠吉／大売捌所　横山町三丁目　辻岡屋文助／本石町二丁目　上田屋栄三郎／南伝馬町一丁目　春陽堂／南鍋町二丁目　兎屋誠／馬喰町二丁目　山口藤兵衛／橋町四丁目　鶴声社」

一休諸国物語　四六判ボール表紙本一巻一冊

【著編者】森仙吉【画工】不詳【奥付等】「明治十九年十月五日翻刻御届／仝二十年一月七日再版／翻刻兼出版人　日本橋区橋町四丁目十一番地　森仙吉／印刷者　浅草

区南元町廿六番地　小宮定吉／印刷所　浅草区南元町廿六番地　小宮定吉／発行所　浅草区三好町七番地　聚栄堂　大川屋書店」【備考】明治十九年十月出版の鶴声社版を求版。明治三十七年十二月五日発行のもの（菊判並製）あり。

（大岡政談）小間物屋彦兵衛伝　四六判和装一巻一冊

【著編者】不詳【序年・序者】明治二十・菅の家主人【画工】石斎国保【奥付等】「明治十九年十二月三日御届／同二十年二月日出版／定価金四拾五銭／編輯人　不詳／出版人　神田南神保町四番地　日吉堂　菅谷与吉／発兌元　浅草区三好町七番地　大川錠吉／売捌所　横山町三丁目　辻岡文助／本石町二丁目　上田屋栄三郎／橘町四丁目　鶴声社／通四丁目　春陽堂／南鍋町　兎屋誠／馬喰町二丁目　山口藤兵衛／通四丁目　内藤加我」【備考】明治二十年二月出版の日吉堂菅谷与吉版を求版。

岩見武勇伝　四六判ボール表紙本一巻一冊

【著編者】不詳【画工】不詳【奥付等】「明治廿年二月五日印刷／仝年仝月八日翻刻出版／翻刻兼発行者　浅草区三好町七番地　大川錠吉／印刷者　小石川区掃除町卅三番地　小林由造／発行所　浅草三好町七番地　聚栄堂　大川屋書店」【備考】ほかに印刷者に小宮定吉を加えるもの、印刷所を大川屋活版印刷所とするものとがある。

赤穂精義参考内侍所　四六判ボール表紙本一巻一冊

【著編者】不詳【序年・序者】明治十八・其徳堂【画工】尾形月耕【奥付等】「明治二十年二月十三日翻刻御届／同年三月出版／定価金一円八十銭／翻刻出版人　浅草区三好町七番地　東京府平民　大川錠吉／東京大売捌所／南鍋町　兎屋誠／橘町四丁目　鶴声社／通四丁目　春陽堂／本石町　上田屋栄三郎／馬喰町　荒川藤兵衛／南伝馬町一丁目　西村富次郎／通四丁目　内藤加茂／尾張町二丁目　神先治之助／下谷北黒門町　木村巳之助」

当世番匠雛形　横本二巻二冊

【著編者】不詳【序年・序者】浄水賎生【画工】不詳【奥付等】「明治廿年二月二日翻刻御届／同年三月出版／原版人　東京府平民　山田藤助／出版人　東京府平民　浅草三好町七番地　大川錠吉／発兌　同　浅草三好町七番地　大川錠吉／大売捌全国各書林」

貞節雪廼梅　四六判和装一巻一冊

【著編者】鶯亭昌安【序年・序者】海癡老漁【画工】石斎国保【奥付等】「明治二十年三月九日翻刻御届／同二十年四月日出版／（定価七十銭）／原板人　不詳／翻刻出板人　神田南神保町四番地　日吉堂　菅谷与吉／発兌

元　浅草区三好町七番地　大川錠吉／売捌所　横山町三丁目　辻岡文助／橘町四丁目　鶴声社／南鍋町　兎屋誠／南伝馬町二丁目　自由閣／本石町二丁目　上田屋栄三郎／通四丁目　春陽堂／馬喰町二丁目　山口藤兵衛／通四丁目　内藤加我」

絵本大坂軍記　四六判ボール表紙本一巻一冊

【著編者】岡田霞船【序年・序者】不詳【画工】不詳【奥付等】「明治二十年四月一日御届／同年四月日出版／定価壱円五拾銭／編輯人　東京浅草区三筋町三十四番地　東京府平民　岡田良策／出版人　東京浅草区三好町七番地　東京府平民　大川錠吉／大売捌書林／京橋区南鍋町　兎屋誠／日本橋区橘町　鶴声社／横山町三丁目　辻文／馬喰町二丁目　荒川藤兵衛／横山町　鈴木喜右衛門／南伝馬町一丁目　春陽堂／横山町二丁目　文事堂／本石町　上田屋栄三郎／日本橋区通四丁目　内藤加我／同　自由閣／下谷北大門町　木村巳之吉／京橋区弓町　丸山幸次郎／浅草区北富坂町　村上真助／日本橋区材木町二丁目　神先次郎助／深川　斎藤彦蔵」

当世女用文章　中本一巻一冊

【著編者】岡田霞船【序年・序者】明治二十・岡田霞船【画工】伊藤静斎【奥付等】「明治二十年四月十一日御届／仝年五月日出板／定価金三十五銭／編輯人　浅草区西三筋町三十四番地　東京府平民　岡田良策／出版人　浅草区三好町七番地　東京府平民　大川錠吉／売捌　全国書肆各店」

絵本通俗武王軍談　四六判ボール表紙本一巻一冊

【著編者】不詳【画工】不詳【奥付等】「明治二十年四月十六日出版御届／仝年五月十四日印刷／翻刻兼発行者　小石川区指ヶ谷町十七番地　東京府平民　足立庚吉／印刷者　小石川区掃除町三十三番地　小林由造／発行所　浅草区三好町七番地　聚栄堂　大川屋書店」

前九年後三年日本外史衍義　四六判ボール表紙本一巻一冊

【著編者】神田民衛【序年・序者】明治十九・神田民衛【画工】不詳【奥付等】「明治十九年十二月一日版権免許／同廿年七月日刻成／定価金四十銭／著作人　神田区山本町十番地寄留　神田民衛／出版人　浅草三好町七番地　大川錠吉／発兌　右仝所　聚栄堂」

大岡政談烟草屋喜八之伝　四六判ボール表紙本一巻一冊

【著編者】不詳【序年・序者】明治十九・竹葉舎晋升【画工】尾形月耕【奥付等】「明治二十年八月廿二日翻刻御届／同年九月日出版／同年九月七日別製本御届／定価五十五銭／編輯人　不詳／翻刻出版人　浅草区三好町七

番地　東京府平民　大川錠吉／発兌元　同所　聚栄堂」

銅鐫袖珍四書　袖珍本四巻四冊

【著編者】下村孝光【奥付等】「明治十一年七月二十六日出版御届／同年八月八日刻成／同二十年八月十九日求版御届／同年九月三日製本改御届／点者　第一大区十二小区松枝町十四番地　京都府士族　下村孝光／出版人　東京浅草区三好町七番地　東京府平民　大川錠吉」

開明奇談写真廼仇討　四六判和装一巻一冊

【著編者】二世五明楼玉輔（口演）伊東橋塘（編輯）【序年・序者】明治十六・伊東橋塘【画工】月岡芳年【奥付等】「明治廿年九月三日翻刻御届／同年九月出版／定価七十銭／翻刻出版人　浅草区三好町七番地　東京府平民　大川錠吉／発兌元　同所　聚栄堂」「売捌所　南鍋町二丁目　兎屋誠／横山町三丁目　辻岡屋文助／橘町四丁目　鶴声社／本石町二丁目　上田屋／南伝馬町一丁目　春陽堂／馬喰町二丁目　山口藤兵衛／薬研堀町　鈴木喜右衛門／浅草三好町　大川屋錠吉／本材木町一丁目　自由閣」【備考】奥付を「明治廿年八月十九日翻刻御届／同年九月廿日出版／同年九月七日別製本御届／定価七十銭／編輯人　伊東専三／翻刻出版人　浅草区三好町七番地　東京府平民　大川錠吉／発兌元　同所　聚栄堂」とするボール表紙本あり。

明治新撰英和九体いろは　四六判並製一巻一冊

【著編者】能勢幸次郎（編輯）【序年・序者】明治二十・礫川堂主人【奥付等】「明治二十年十月三十一日出版御届／同年十一月刻成発兌／編輯兼出版人　小石川区大門町二十五番地寄留　東京府平民　能勢幸次郎／発売人　本郷区春木町三丁目十三番地　同府平民　武田伝右衛門／浅草区三好町　同府平民　大川錠吉」【備考】見返しに「東京　礫川書屋」とある。

北斎略画　四六判和装一巻一冊

【著編者】不詳【画工】不詳【筆耕】不詳【奥付等】「明治二十年八月廿二日翻刻御届／同年十一月日出版／編輯人　不詳／翻刻出版人　浅草三好町七番地　東京府平民　大川錠吉／各府県下書林売捌」

日本支那西洋料理独案内　四六判ボール表紙本一巻一冊

【著編者】青陽楼主人（校閲）【序年・序者】明治十・青陽楼主人【奥付等】「明治廿年十月廿二日翻刻御届／同年十一月日出版発市／原版人　吉田正太郎／翻刻出版人　浅草区三好町七番地　大川錠吉／印刷人　日本橋区新和泉町壱番地　瀧川三代太郎／発兌　浅草区三好町七番地　大川屋」

曲垣実伝愛宕山馬術勲　四六判ボール表紙本一巻一冊

【著編者】岡田霞船【序年・序者】明治二十・岡田霞船【画工】不詳【奥付等】「明治二十年二月十二日版権免許／同年十一月日出版／（定価金三十銭）／編輯人　浅草区西三筋町三十四番地　東京府士族　岡田良策／出版人　浅草区三好町七番地　東京府平民　大川錠吉／発兌元　同所　聚栄堂」

拍手喝采滑稽独演説　四六判ボール表紙本一巻一冊

【著編者】痩々亭骨皮（演説）和良井鋤太（筆記）【序年・序者】明治二十・痩々亭骨皮【画工】不詳【奥付等】「明治廿年十月十八日版権免許／同年十一月出版／発行者　浅草区三好町七番地　大川錠吉／印刷者　日本橋区新和泉町壱番地　瀧川三代太郎／発兌　浅草区三好町七番地　大川屋」【備考】明治二十年四月出版の共隆社版を求版。

貞操婦女八賢誌　四六判ボール表紙本一巻一冊

【著編者】為永春水【序年・序者】①為永春水②為永春水【画工】不詳【奥付等】「明治二十年二月十三日翻刻御届／同年三月出版発兌／同年十二月八日再版御届／同年同月日出版／定価金一円五十銭／著者　為永春水／翻刻出版人　浅草区三好町七番地　東京府平民　大川錠吉／発行所　浅草区三好町七番地　大川屋」「東京大売捌所　南鍋町　兎屋誠／橘町四丁目　鶴声社／通四丁目　春陽堂／本石町　上田屋栄三郎／馬喰町　荒川藤兵衛／通一丁目　鈴木金次郎／南伝馬町一丁目　西村富次郎／通四丁目　内藤加我／通三丁目　野村銀次郎／浅草三好町　大川錠吉／同南元町　赤塚猶次郎」

明治二十一年（一八八八）戊子

新選徳川十五代記　四六判総クロス装三巻一冊

【著編者】中野了随【序年・序者】①明治二十一・妻木頼矩②明治二十一・中野了随【奥付等】「明治廿一年三月日印刷／明治廿一年三月日出版／著述者　日本橋区本石町一丁目廿六番地　高橋幾次郎方同居　中野了随／発行者　浅草区三好町七番地　大川錠吉／印刷者　日本橋区新和泉町一番地　瀧川三代太郎／発兌　浅草区三好町七番地　大川屋」【備考】『新撰近世外史』巻一〜三を合冊。

四天王鬼賊退治実伝　四六判和装一巻一冊

【著編者】山崎又三郎【序年・序者】明治十八・聚栄堂主人【画工】石斎国保【奥付等】「明治廿一年三月十日印刷／同年三月十二日出版／定価金七十銭／著作兼印刷

者　京橋区八官町廿四番地　山崎又三郎／発行者　浅草区三好町七番地　大川錠吉」

大岡政談於半長右衛門実記　四六判和装一巻一冊

【著編者】山崎又三郎【画工】石斎国保【奥付等】「明治廿一年三月十六日印刷／同年三月十九日出版／定価五十銭／著作者兼印刷者　京橋区八官町廿四番地　山崎又三郎／発行者　浅草区三好町七番地　大川錠吉／大売捌所　同所　大川屋」

絵本慶安太平記　四六判ボール表紙本一巻一冊

【著編者】山崎又三郎【序年・序者】明治二十一・東海清楓【画工】尾形月耕【奥付等】「明治廿一年三月廿一日印刷／同年三月廿三日出版／定価金九拾銭／著作兼印刷者　京橋区八官町廿四番地　山崎又三郎／発行者　浅草区三好町七番地　大川錠吉／売捌所　同所　大川屋」

滑稽和合人　四六判ボール表紙本一巻一冊

【著編者】滝亭鯉丈【画工】不詳【奥付等】「明治二十一年四月二十日印刷／同年四月廿四日出版／定価金一円廿銭／印刷人　京橋区八官町廿四番地　山崎又三郎／発行人　浅草区三好町七番地　大川錠吉／著作者　故人　滝亭鯉丈／発兌　浅草区三好町七番地　聚栄堂」

敵討天下茶屋　四六判ボール表紙本一巻一冊

【著編者】山崎又三郎【序年・序者】明治二十一・猗々堂主人【画工】尾形月耕【奥付等】「明治廿一年五月十五日印刷／同年同月二十二日出版／定価金五十銭／印刷兼発行者　東京々橋区八官町二十四番地　山崎又三郎／発兌元　同区同町弐拾弐番地　猗々堂／同　同浅草区三好町七番地　大川屋」

月謡荻江一節　四六判ボール表紙本一巻一冊

【著編者】三遊亭円朝（口述）小相英太郎（筆記）【画工】不詳【奥付等】「明治廿一年五月二十五日印刷／仝年五月二十六日翻刻出版／翻刻発行者　浅草区三好町七番地　大川屋錠吉／印刷者　日本橋区新和泉町一番地　今古堂活版所　瀧川三代太郎」

侠骨今に馨く賊胆猶ほ腥し松之操美人廼生埋　四六判ボール表紙本一巻一冊

【著編者】三遊亭円朝（口述）小相英太郎（速記）【画工】石斎国保【奥付等】「明治廿一年五月廿五日印刷／同年同月廿六日翻刻出版／定価五拾銭／発行者　東京浅草区三好町七番地　大川錠吉／印刷者　東京京橋区新肴町十七番地　開進社　能勢新太郎／発兌元　東京浅草区三好町七番地　大川屋／東京麹町区飯田町弐丁目五十四番地　栄泉堂／売捌各地書林」【備考】扉に「東京　栄泉堂

発兌」とある。三版（明治三十年一月発行）あり。

大岡政談松田於花仇討美談　四六判和装一巻一冊

【著編者】山崎又三郎【序年・序者】明治二十一・東海晴楓【画工】石斎国保【奥付等】「明治廿一年六月十三日印刷／明治廿一年六月十六日出版／定価金五十銭／著作兼印刷者　東京々橋区八官町廿四番地　山崎又三郎／発行者　浅草区三好町七番地　大川錠吉／発売元　同所大川屋」

新板ど﹅逸　袖珍判並製一巻一冊

【著編者】中西惣次郎【奥付等】「明治廿一年七月卅日印刷／同年八月一日出版／編纂兼発行者　浅草区八幡町四番地　中西惣次郎／印刷者　京橋区銀座弐丁目拾弐番地　宮本敦／発兌元　浅草区三好町七番地　大川屋錠吉」

文句入リ新選ど﹅逸　袖珍判並製一巻一冊

【著編者】中西惣次郎【奥付等】「明治廿一年七月卅日印刷／同年八月一日出版／編纂兼発行者　浅草区八幡町四番地　中西惣次郎／印刷者　京橋区銀座弐丁目拾弐番地　宮本敦／発兌元　浅草区三好町七番地　大川屋錠吉」

新選開化大津ゑ　袖珍判並製一巻一冊

【著編者】中西惣次郎【奥付等】「明治廿一年七月卅日印刷／同年八月一日出版／編纂兼発行者　浅草区八幡町四番地　中西惣次郎／印刷者　京橋区銀座弐丁目拾弐番地　宮本敦／発兌元　浅草区三好町七番地　大川屋錠吉」

義太夫佐和理集　袖珍判並製一巻一冊

【著編者】中西惣次郎【奥付等】「明治廿一年八月三日印刷／同年八月六日出版／編纂兼発行者　浅草区八幡町四番地　中西惣次郎／印刷者　京橋区銀座弐丁目十二番地　宮本敦／発兌元　浅草区三好町七番地　大川屋錠吉」

新撰はうた大一座　袖珍判並製一巻一冊

【著編者】中西惣次郎【奥付等】「明治廿一年八月三日印刷／同年八月六日出版／編纂兼発行者　浅草区八幡町四番地　中西惣次郎／印刷者　京橋区銀座弐丁目拾弐番地　宮本敦／発兌元　浅草区三好町七番地　大川屋錠吉」

袖珍義太夫合本 第一編　袖珍判並製一巻一冊

【著編者】中西惣次郎【奥付等】「明治廿一年八月十五日印刷／同年同月十八日出版／編纂兼発行者　浅草区八幡町四番地　中西惣次郎／印刷者　神田区西今川町三番地　山本新吉／発兌元　浅草区三好町七番地　大川屋錠吉」

妙竹林話七偏人　四六判並製一巻一冊

【著編者】梅亭金鵞（編次）酔多道士（笑評）【序年・序者】松亭迂叟【奥付等】「明治二十一年九月二十日印刷

／同年十月三日出版／発行者　浅草区三好町七番地　大川錠吉／著作者　梅亭金鵞／印刷者　京橋区八官町廿四番地　山崎又三郎」

蝦夷錦古郷の家土産　菊判並製一巻一冊

【著編者】三遊亭円朝（口述）小相英太郎（速記）【序年・序者】採菊散人【奥付等】「明治廿一年十一月十一日印刷／同、年十一月二十日出版／編纂者　京橋区和泉町五番地　鈴木金輔／発行者　浅草区三好町七番地　大川錠吉／印刷者　浅草区南元町廿六番地　小宮定吉／発行所　浅草区三好町七番地　聚栄堂　大川屋書店」

文のはやし　袖珍本二巻二冊

【著編者】佐々木広吉【奥付等】「明治二十一年十二月日印刷／仝年十二月日出版／印刷兼著作者　浅草区福富町廿八番地　佐々木広吉／発行者　仝区三好町七番地　大川錠吉」

九十七時二十分間月世界旅行　四六判ボール表紙本一巻一冊

【著編者】ジュール・ヴェルヌ（原著）井上勤（訳述）【序年・序者】片岡徹【奥付等】「明治十九年八月九日版権免許／明治十九年九月出版発兌／明治廿一年十二月四日印刷発兌／訳述者　東京糀町区上六番町四十七番地　井上務／発行者　東京浅草区三好町七番地　大川錠吉／印刷者　東京日本橋区新和泉町一番地　瀧川三代太郎／発兌　東京浅草区三好町七番地　大川屋」

水戸祭礼沖田二子仇討　四六判ボール表紙本一巻一冊

【著編者】不詳【序年・序者】明治十九・補綴者【画工】不詳【奥付等】「明治廿一年十二月十八日印刷／明治廿一年十二月廿五日翻刻出版御届／原版人　日本橋区横山町三丁目二番地　辻岡文助／印刷兼発行者　京橋区八官町廿四番地　山崎又三郎／印刷所　日本橋区新和泉町一番地　今古堂活版所／発行元　浅草区三好町七番地　大川錠吉」

明治二十二年（一八八九）己丑

郵便報知用文章　四六判和装二巻二冊

【著編者】小島平三郎【序年・序者】明治二十一・二橋貫一郎【筆耕】墨斎【奥付等】「明治二十二年三月卅日印刷／同年四月十五日出版／定価金七拾五銭／印刷兼出版人　浅草区田町壱丁目十七番地　小島平三郎／発行所　仝区同番地　美盛堂／同　仝区三好町七番地　大川錠吉」【備考】見返しに「東京書肆　美盛堂蔵版」とある。

漢画独楽譜　一名うひ学　半紙本二巻二冊

【著編者】松岡正盛（著）吉田信孝（閲）松岡鉛吉（閲）

【序年・序者】明治十五・松岡正盛【画工】松岡正盛【奥付等】「明治十五年八月廿八日板権免許／同廿九年十月二日求版／著者幷画工　東京府平民　下谷区下谷西町三十三番地　松岡正盛／発行兼印刷者　本郷区春木町三丁目十三番地　武田伝右衛門／売捌所　浅草区三好町七番地　大川錠吉」【備考】整版。明治十五年刊の北沢伊八版『漢画独楽譜』二巻二冊を求版。

業平文治漂流奇談　四六判ボール表紙本一巻一冊

【著編者】三遊亭円朝（演述）若林玵蔵（筆記）酒井昇造（助筆）【序年・序者】明治十八・若林玵蔵【画工】水野年方【奥付等】「明治二十二年四月廿五日印刷／同年五月二日出版／定価金壱円／著者　南豊島郡内藤新宿北裏町四拾八番地　東京府平民　出淵次郎吉／発行者　浅草区三好町七番地　東京府平民　大川錠吉／印刷者　日本橋区新和泉町壱番地今古堂活版所　瀧川三代太郎」

袖珍唐詩選　袖珍本七巻一冊

【著編者】李攀竜（編）松篁軒（傍訓）【奥付等】「天保癸巳之春　原版　松篁軒蔵／明治廿二年八月十日印刷／同八月十二日翻刻出版／定価金弐拾銭／印刷人　神田千代田町十八番地　東京府平民　増田宗八郎／発行者　浅草区三好町七番地　東京府平民　大川錠吉／発兌人　大川屋」

操競女学校　菊判並製一巻一冊

【著編者】三遊亭円朝（口演）酒井昇造（速記）【序年・序者】小説館のあるじさむる【画工】水野年方【奥付等】「明治廿二年三月十四日印刷／仝年八月十五日出版御届／発行者　東京浅草区三好町七番地　大川錠吉／印刷者　同浅草区南元町二十六番地　小宮定吉／発行所　同浅草区南元町二十六番地　大川屋活版所／発行所　東京市浅草区三好町七番地　聚栄堂　大川屋書店」【備考】再版（明治二十八年十一月発行）あり。

時雨の笠森　四六判ボール表紙本一巻一冊

【著編者】春錦亭柳桜（口演）酒井昇造（速記）【序年・序者】明治二十二・夢廼屋さむる【画工】蘆原国直【奥付等】「明治廿二年十二月十七日印刷／明治廿二年十二月廿日出版／編輯兼発行者　京橋区和泉町五番地　鈴木金輔／印刷者　日本橋区新和泉町一番地　瀧川三代太郎／発行所　浅草区三好町七番地　大川錠吉」「大売捌所　日本橋区本石町二丁目　明三閣　上田屋栄三郎／日本橋区横山町三丁目　金松堂　辻岡屋文助／日本橋区通四丁目　金桜堂　内藤加我／日本橋区馬喰町二丁目　錦耕堂　山口屋藤兵衛／京橋区南紺屋町　薫志堂　井上勝五

郎／日本橋区上槙町　駸々堂　大渕鋳／京橋区大鋸町共和書店　花井卯助／日本橋区通四丁目　明進堂　富田直次郎」

仏蘭西小説有罪無罪　四六判ボール表紙本一巻一冊
【著編者】黒岩涙香（訳）【序年・序者】明治二十二・中江兆民【画工】右田年英【奥付等】「明治廿二年十一月一日印刷／明治廿二年同月五日出版／同年十二月廿五日再版／編輯兼発行者　浅草区三好町七番地　大川錠吉／印刷者　日本橋区新和泉町一番地　瀧川三代太郎／発行所　浅草区三好町七番地　大川屋」【備考】三版（明治二十八年四月十五日発行）あり。明治二十五年十一月発行の魁真楼版を求版。

明治二十三年（一八九〇）　庚寅

松と藤芸妓の替紋　菊判並製一巻一冊
【著編者】三遊亭円朝（口演）酒井昇造（速記）【序年・序者】椿陵亭隣柳【画工】飯沼玉亀・水野年方・尾形月耕【奥付等】「明治廿三年一月廿八日印刷／仝年仝月廿九日出版／編輯者　四ツ谷区内藤新宿北裏町四十八番地　出淵次郎吉／発行者　京橋区本材木町三丁目廿六番地　鈴木金輔／発行所　浅草区三好町七番地　大川屋錠吉」

片手美人　菊判並製一巻一冊
【著編者】黒岩涙香（訳述）【序年・序者】明治二十三・梅廼家かほる【画工】不詳【奥付等】「明治廿三年二月十二日印刷／明治廿三年二月十七日出版／編輯兼発行者　日本橋区檜物町四番地　岩本五一／印刷者　日本橋区新和泉町一番地　瀧川三代太郎／発売人　浅草三好町七番地　大川錠吉」【備考】再版（明治三十五年五月発行）・十五版（明治四十年十一月十二日発行）あり。

修身教育少年倶楽部　四六判並製一巻一冊
【著編者】原田真一【序年・序者】明治二十三・竹外居士【画工】永峰秀湖【奥付等】「明治廿三年三月三日印刷／明治廿三年三月四日出版／著作者　浅草区栄久町弐十弐番地　原田真三（ママ）／発行者　浅草区三好町七番地　大川錠吉／印刷者　日本橋区新和泉町壱番地　瀧川三代太郎／発兌　浅草区三好町七番地　大川屋」

義勇壮話山本貞婦伝　菊判並製一巻一冊
【著編者】放牛舎桃林（講述）酒井昇造（速記）【序年・序者】明治二十三・夢廼家さむる【画工】飯沼玉亀【奥付等】「明治廿三年三月廿日印刷／同年同月廿二日出版／編輯者　東京市京橋区本材木町三丁目廿六番地　鈴木

金輔／発行者　東京市浅草区三好町七番地　大川錠吉／印刷者　東京市浅草区南元町廿六番地　小宮定吉／印刷所　東京市浅草区南元町廿六番地　大川屋印刷所／発行所　浅草区三好町七番地　聚栄堂　大川屋書店」【備考】明治二十八年八月二十日発行のものも。二十五版（明治三十五年十二月発行）あり。明治二十三年三月廿四日出版の三友舎版を求版。

民家必用永代大雑書三世相　四六判和装一巻一冊

【著編者】宮本仲【画工】不詳【奥付等】「明治十八年九月十五日御届十月出板／明治二十三年四月再板／編輯人　神田区猿楽町廿三番地　宮本仲／出板人　東京浅草区三好町七番地　大川錠吉／大売捌　日本橋区浜町二丁目　いろは書房／仝区薬研堀町　経霜堂」

笹野権三名槍伝　菊判並製一巻一冊

【著編者】不詳【序年・序者】明治二十二・開文堂主人【奥付等】「明治廿三年四月廿八日印刷／仝年仝月廿五日出版／編輯兼発行者　東京市浅草区三好町七番地　大川錠吉／印刷者　仝浅草区南元町廿六番地　小宮定吉／印刷所　仝浅草区南元町廿六番地　大川屋活版所／発行所　東京市浅草区三好町七番地町　聚栄堂　大川屋書店」

翻刻六十四品漬物塩加減　四六判並製一巻一冊

【著編者】小田原屋主人【序年・序者】①琴台②好食外史③花笠文京【奥付等】「明治二十三年八月廿五日印刷／明治二十三年九月日翻刻出版／原版人　東京府平民　山中市兵衛／翻刻人　東京府平民　浅草区北富坂町四番地　米山栄吉／印刷人　東京府平民　日本橋区新和泉町一番地　瀧川三代太郎／売捌所　浅草区三好町七番地　大川錠吉」【備考】表紙に「聚栄堂発兌」とある。

妾の罪　菊判並製一巻一冊

【著編者】黒岩涙香（訳）【序年・序者】明治二十三・瘦々亭骨皮【画工】不詳【奥付等】「明治廿三年九月十六日印刷／編輯兼発行者　京橋区本材木町三丁目廿六番地　鈴木金輔／印刷者　日本橋区新右衛門町十番地　町田宗七／発行所　浅草区三好町七番地　大川屋」【備考】奥付が「明治廿三年九月十六日印刷／明治廿三年九月十九日出版／編輯兼発行者　浅草区三好町七番地　大川錠吉／印刷者　日本橋区新和泉町一番地　瀧川三代太郎／発兌　浅草区三好町七番地　大川屋」となっているものもある。八版（明治三十五年十二月）あり。明治二十三年九月十六日出版の三友舎版を求版。

吾津満加多　菊判和装一巻一冊
【著編者】広沢久蔵【序年・序者】明治二十二・夬堂幽人【画工】広沢久蔵【奥付等】「明治廿三年七月二日印刷／同年七月廿二日出版／編輯兼画工　東京市本所区中之郷元町廿二番地　広沢久蔵／発行者　同本所区石原町廿三番地　近藤清太郎／同　同浅草区三好町七番地　大川錠吉／印刷者　同本所区松倉町二丁目五拾七番地　岩崎直保」【備考】見返しに「誠信閣梓」とある。

絵本石山軍記　四六判ボール表紙本一巻一冊
【著編者】小田原屋主人【序年・序者】明治十七・梅亭鶯叟【画工】不詳【奥付等】「明治二十年四月十八日出版御届／仝廿三年十月十一日印刷／翻刻者　本郷区下駒込村百六十一番地　足立庚吉／発行者　浅草区三好町七番地　大川錠吉／印刷者　浅草区南元町廿六番地　小宮定吉／印刷所　浅草区南元町廿六番地　大川屋活版所／発行所　浅草区三好町七番地　聚栄堂　大川屋錠吉」

絵本源平盛衰記　四六判ボール表紙本一巻一冊
【著編者】小田原屋主人【序年・序者】寛政十一・東橋外史松本【画工】尾形月耕【奥付等】「明治十九年九月廿七日出版御届／廿三年十月廿六日印刷／編輯兼発行者　神田区南乗物町十五番地　鈴木源四郎／印刷者　神田区南乗物町十五番地　小宮定吉／印刷所　神田区南乗物町十五番地　九皐館活版所／発行所　浅草区三好町七番地　聚栄堂　大川屋錠吉」【備考】奥付を「明治十九年九月廿七日出版御届／廿三年十月廿六日印刷／編輯者　神田区南乗物町十五番地　鈴木源四郎／発行者　浅草区三好町七番地　大川錠吉／印刷者　浅草区南元町廿六番地　小宮定吉／印刷所　浅草区南元町廿六番地　大川屋活版所／発行所　浅草区三好町七番地　聚栄堂　大川屋書店」とするものもある。

鏡ヶ池操松影　四六判ボール表紙本一巻一冊
【著編者】三遊亭円朝（演述）若林玵蔵（速記）【序年・序者】明治二十三・東都逸民【画工】水野年方【奥付等】「明治十七年八月廿六日版権免許／明治廿三年十二月一日印刷／同年同月二日出版／編輯兼発行者　日本橋区本材木町三丁目二十六番地　東京府平民　鈴木金輔／印刷者　日本橋区新和泉町一番今古堂　東京府平民　瀧川三代太郎／発兌元　浅草区三好町七番地　大川屋」【備考】三版（明治三十年三月発行）あり。

明治二十四年（一八九一）辛卯

黒田騒動 箱崎文庫　四六判ボール表紙本一巻一冊

【著編者】鈴木源四郎【序年・序者】明治十九・柳葉亭繁彦【画工】尾形月耕【奥付等】「明治廿四年一月十一日印刷／仝年仝月十三日出版／編輯兼発行者　神田区南乗物町十五番地　鈴木源四郎／印刷者　神田区南乗物町十五番地　小宮定吉／印刷所　神田区南乗物町十五番地　九皐館活版所／発行所　浅草区三好町七番地　聚栄堂　大川屋錠吉」

徳川十五代記　菊判並製一巻一冊

【著編者】足立庚吉【序年・序者】明治十九・風洲【画工】水野年方【奥付等】「明治廿年九月一日内務省許可／仝廿四年一月十八日発行印刷／編輯者　東京市小石川区指ヶ谷町十七番地　足立庚吉／発行者　東京市浅草区三好町七番地　大川錠吉／印刷者　東京市浅草区南元町廿四番地　小宮定吉／印刷所　同所　大川屋印刷所／発行所　東京市浅草区三好町七番地　聚栄堂　大川屋書店」【備考】奥付に「MADE IN JAPAN」とあるものも。

新撰 艶曲集　袖珍判ボール表紙本一巻一冊

【著編者】菅谷与吉【序年・序者】不詳【奥付等】「明治十九年七月日御届／同年八月日出版／同二十四年二月再版／定価三十銭／編輯人　東京神田区南神保町四番地　菅谷与吉／出版人　東京浅草区三好町七番地　大川錠吉」

島田一郎梅雨日記　四六判ボール表紙本一巻一冊

【著編者】不詳【序年・序者】明治十二・芳川春濤【画工】翠雨【奥付等】「明治十九年六月十九日御届／同年七月出版／同二十四年二月再版／定価金八十銭／原版人　網島亀吉／出版人　浅草区三好町七番地　大川錠吉／発兌元　浅草区三好町七番地　大川屋／大売捌／横山町三丁目　辻岡文助／通リ四丁目　春陽堂／元石町二丁目　上田屋／馬喰町二丁目　山口屋／通リ四丁目　内藤加我／通リ四丁目　明進堂」

絵本 通俗今古史略　四六判ボール表紙本一巻一冊

【著編者】山口謙（原著）青木輔清（補訓）【奥付等】「明治二十年四月二十六日版権免許／同二十一年四月十六日出版／同二十四年一月十日印刷／同仝二月十八日増補出版／原著者　日本橋区浜町二丁目十一番地　青木輔清／増補者　浅草区左衛門町壱番地　三好守雄／発行者　浅草区三好町七番地　大川錠吉／印刷者　本郷区湯島壱丁目十三番地　松本秋斎」

日用往復新撰作文独稽古　中本一巻一冊

【著編者】桜井貢【序年・序者】明治二十三・曙家主人【奥付等】「明治二十四年二月十三日印刷／仝年仝月廿五日出版／編輯人　日本橋区浜町壱丁目三番地　東京府士族　桜井貢／発行者　浅草区三好町七番地　仝平民　大川錠吉／印刷者　本所区石原町九十二番地　仝平民　綾部乙松」

白浪五人男　四六判ボール表紙本一巻一冊

【著編者】河竹黙阿弥（披閲）伊東橋塘（編輯）【序年・序者】明治十六・伊東橋塘【画工】石斎国保【奥付等】「明治廿四年三月日印刷／明治廿四年四月日出版／編輯兼発行者　浅草区三好町七番地　大川錠吉／印刷者　日本橋区新和泉町一番地　瀧川三代太郎／発兌　浅草区三好町七番地　大川屋」

決闘の果　菊判並製一巻一冊

【著編者】黒岩涙香（訳述）【序年・序者】明治二十四・笠園主人【画工】不詳【奥付等】「明治廿四年五月十日印刷／同年同月十二日発行／編輯者　東京市日本橋区本材木町三丁目廿六番地　鈴木金輔／発行者　東京市浅草区三好町七番地　大川錠吉／印刷者　東京市浅草区南元町二十六番地　小宮定吉／印刷所　東京市浅草区南元町二十六番地　大川屋活版所／発行所　東京市浅草区三好町七番地　聚栄堂　大川屋書店」

熱海の湯煙　四六判ボール表紙本一巻一冊

【著編者】放牛舎桃林（口演）佃与次郎（速記）【序年・序者】明治二十四・孤竹小史【画工】不詳【奥付等】「明治廿四年五月廿九日印刷／明治廿四年五月三十日出版／編輯兼発行者　京橋区本材木町三丁目廿六番地　鈴木金輔／印刷者　日本橋区新和泉町一番地　瀧川三代太郎／発兌　浅草区三好町七番地　大川屋」【備考】天理図書館蔵本（H九一三・七七―九七）は、本来「京橋区本材木町三丁目廿六番地　三友舎」とあった部分を張り紙で訂正。

松前屋五郎兵衛　四六判ボール表紙本一巻一冊

【著編者】足立庚吉【序年・序者】伊東橋塘【画工】不詳【奥付等】「明治廿四年六月十八日印刷／同年同月廿五日出版／編輯者　東京市小石川区指ヶ谷町十七番地　足立庚吉／発行者　東京市浅草区三好町七番地　大川錠吉／印刷者　東京市浅草区南元町廿六番地　小宮定吉／印刷所　東京市浅草区南元町廿六番地　大川屋活版所／発行所　東京市浅草区三好町七番地　聚栄堂　大川屋書店」

俳諧新五百題　小本二巻二冊
【著編者】鳥越等栽（校）武田正吉（編）【序年・序者】①明治二十四・鳥越等栽②明治二十三・幹朶園【奥付等】「明治廿四年十月廿五日印刷／仝年十月廿七日出版／著作者　東京府平民　京橋区弥左ヱ門町拾二番地　武田正吉／発行者印刷人　本郷区春木町三丁目拾三番地　武田伝右ェ門／発行所　浅草区三好町七番地　大川錠吉」【備考】整版。明治二十二年刊の春秋園瀧川編・佳峰園等栽校『明治玉簾集』（稲田佐兵衛版）の改題再印本。なお、同じ奥付は『風来六々部集後編』にもみられる。

明治二十五年（一八九二）　壬辰

明治小僧噂の高松　四六判ボール表紙本一巻一冊
【著編者】雑賀柳香（編）【序年・序者】明治十五・伊東専三【奥付等】「明治十九年十二月二日御届／明治十九年十二月日出版／明治廿年一月新刻／明治廿五年三月十二日再版／編輯人　雑賀豊太郎／原版人　秋山清吉／翻刻兼発行者　浅草区三好町七番地　大川錠吉／印刷人　日本橋区新和泉町一番地　瀧川三代太郎／発兌　浅草区三好町七番地　大川屋」

怪談小夜嵐吉原奇譚　四六判ボール表紙本一巻一冊
【著編者】春風亭柳條（演述）春風亭柳枝（校閲）【序年・序者】明治二十三・半渓老漁【画工】福島年丸【奥付等】「明治廿三年十一月九日印刷／明治廿三年十一月十日出版／明治廿五年四月一日再版／発行者　浅草区三好町七番地　大川錠吉／印刷者　日本橋区新和泉町壱番地　瀧川三代太郎／発兌　浅草区三好町七番地　大川屋」

大津ゑぶし　袖珍判並製一巻一冊
【著編者】大川錠吉【序年・序者】不詳【奥付等】「明治廿五年九月十三日印刷／明治廿五年九月廿五日出版／編輯兼発行者　浅草区三好町七番地　大川錠吉／印刷者　日本橋区新和泉町一番地　瀧川三代太郎／発兌　浅草区三好町七番地　聚栄堂」

点画作文いろは節用　袖珍判並製一巻一冊
【著編者】山口亀吉【序年・序者】不詳【奥付等】「明治廿五年七月一日印刷　仝年仝月日出版／編輯者　東京市本所区本所松坂町二丁目四番地　山口亀吉／発行兼印刷者　東京市浅草区三好町七番地　大川錠吉」【備考】見返しに「東京書林　聚栄堂版」とある。千松堂細木藤七からの求版本か。

増補改正俳諧歳時記栞艸　四六判並製一巻一冊

【著編者】曲亭馬琴（纂輯）藍亭青藍（増補）【序年・序者】嘉永三・藍亭青藍【奥付等】「明治廿五年九月五日印刷／仝廿五年九月八日翻刻出版／編輯者　曲亭馬琴／藍亭青藍／発行者　東京市浅草区三好町七番地　大川錠吉／印刷者　仝浅草区南元町二十六番地　小宮定吉／発行所　仝仝　大川屋活版所／発行所　東京市浅草区三好町七番地　聚栄堂　大川屋書店」【備考】扉に「東京聚栄堂発行」とある。

天保六花撰　四六判ボール表紙本一巻一冊

【著編者】松林伯円（講演）今村次郎（速記）【序年・序者】夢幻居士【画工】後藤芳景【奥付等】「明治廿五年十月廿四日印刷／明治廿五年十月廿五日出版／編輯兼発行者　日本橋区本材木町三丁目廿六番地　鈴木金輔／印刷者　日本橋区新和泉町一番地　瀧川三代太郎／発行所　浅草区三好町七番地　聚栄堂　大川屋錠吉」【備考】内題は「河内山眺六花撰」。明治二十五年十月発行の金桜堂版を求版。

五人小僧噂白浪　四六判ボール表紙本一巻一冊

【著編者】柳亭左楽（口演）南窓亭花楽（補綴）一二三居士（速記）【序年・序者】明治二十五・鉄骨散史【画工】不詳【奥付等】「明治廿五年十月廿六日印刷／明治廿五年十月廿九日出版／著作者　京橋区南鍋町二丁目一番地　石川為五郎方　岩本吾三／発行者　浅草区三好町七番地　大川錠吉／印刷者　日本橋区新和泉町一番地　瀧川三代太郎／発兌　浅草区三好町七番地　大川屋」

絵本柳荒美談　四六判ボール表紙本一巻一冊

【著編者】不詳【序年・序者】明治十八・芳川春濤【画工】不詳【奥付等】「明治廿三年二月五日印刷／仝年仝月八日発行／明治廿五年十一月第五版／発行者　東京市浅草区三好町七番地　大川錠吉／印刷者　同浅草区南元町廿六番地　小宮定吉／印刷所　同浅草区南元町廿六番地　大川屋活版所／発行所　東京浅草区三好町七番地　聚栄堂　大川屋書店」

当世書生気質　四六判ボール表紙本一巻一冊

【著編者】坪内逍遥【奥付等】「明治十九年三月廿八日合本御届／明治十九年八月日別製本御届／明治二十年五月六日譲受御届／明治廿五年十一月日第九版／著述人　本郷区真砂町十八番地　東京府平民　坪内雄蔵／出版人　浅草区三好町七番地　大川錠吉／発兌元　浅草区三好町七番地　大川屋／印刷者　日本橋区新和泉町一番地　瀧川三代太郎」【備考】明治二十二年四月第七版御届の木

村荘二郎版を求版か。

絵本通俗漢楚軍談　四六判ボール表紙本一巻一冊

【著編者】鈴木源四郎【序年・序者】元禄三・夢梅軒章峰【画工】不詳【奥付等】「明治廿五年十二月廿九日印刷／明治廿五年十二月卅一日翻刻出版／編輯兼発行者　小石川区指ヶ谷町十七番地　足立庚吉／印刷者　小石川区掃除町三十三番地　小林由蔵／発行所　浅草区三好町七番地　聚栄堂　大川屋書店」

絵本鎌倉三代記　四六判ボール表紙本一巻一冊

【著編者】鈴木源四郎【序年・序者】文化六・高井蘭山【画工】不詳【奥付等】「明治廿五年十二月廿九日印刷／明治廿五年十二月卅一日翻刻出版／編輯兼発行者　神田区南乗物町十五番地　鈴木源四郎／印刷者　神田区南乗物町十五番地　小宮定吉／印刷所　神田区南乗物町十五番地　九皐館活版所／発行所　浅草区三好町七番地　聚栄堂　大川屋錠吉」

明治二十六年（一八九三）癸巳

上等佳言娯目数誌　四六判ボール表紙本一巻一冊

【著編者】妙々亭自笑（輯録）痩々亭骨皮（補助）【序年・序者】明治二十一・不詳【画工】右田年英【奥付等】「明治廿一年八月廿七日印刷／明治廿一年八月廿八日出版／明治廿六日一月再版／発行者　浅草区三好町七番地　大川錠吉／印刷人　日本橋区新和泉町一番地　瀧川三代太郎／発兌　浅草区三好町七番地　大川屋」【備考】明治二十一年八月二十八日出版の共隆社版を求版。

当世音曲集　袖珍判並製一巻一冊

【著編者】大川錠吉【序年・序者】放歌庵糸竹【奥付等】「明治廿五年十二月十九日印刷／明治廿六年一月十三日発行／編輯兼発行者　浅草区三好町七番地　大川錠吉／印刷者　日本橋区新和泉町一番地　瀧川三代太郎／発兌　浅草区三好町七番地　大川屋」

水戸尾州紀州三家三勇士伝　菊判並製一巻一冊

【著編者】放牛舎桃林（講述）加藤由太郎（速記）【序年・序者】明治二十六・蕉雨逸人【画工】尾形月耕【奥付等】「明治廿六年二月廿七日印刷／明治廿六年三月八日発行／口演者　神田区駿河台南甲賀町八番地　島左右助／発行者　東京市小石川区指ヶ谷町十七番地　足立庚吉／印刷者　全区掃除町三十三番地　小林由造／発行所　浅草区三好町七番地　聚栄堂　大川屋書店」【備考】再版（明治二十六年三月八日）・二十五版（同三十四年八月）・五十版（同四十年五月八日）あり。

大日本刑法　四六判ボール表紙本一巻一冊
【著編者】不詳【奥付等】「明治二十六年四月五日印刷／同年四月十一日出版／発行者　東京市浅草区三好町七番地　大川錠吉／印刷者　東京市浅草区南元町二十六番地　小宮定吉／印刷所　東京市浅草区南元町二十六番地　大川屋活版所／発行所　東京市浅草区三好町七番地　聚栄堂　大川屋書店」

嵯峨廼夜桜　前編　菊判並製一巻一冊
【著編者】松林伯円（講演）今村次郎（速記）【画工】中野春郊【奥付等】「明治廿六年九月三十日印刷／仝年十月五日発行／発行者　神田区佐久間町一丁目九番地　菅谷与吉／印刷者　浅草区南元町廿六番地　小宮定吉／発行所　聚栄堂　大川屋書店」

大岡名誉政談　巻ノ七廿八件合本　四六判ボール表紙本一巻一冊
【著編者】鈴木源四郎【序年・序者】梅亭鷲叟【画工】安達吟光【奥付等】「明治二拾六年十二月七日印刷／明治二拾六年十二月十日出版／編輯者　東京市神田区南乗物町十五番地　鈴木源四郎／発行者　東京市浅草区三好町七番地　大川錠吉／印刷者　東京市浅草区南元町廿六番地　小宮定吉／印刷所　東京市浅草区南元町廿六番地　大川屋印刷所／発行所　浅草区三好町七番地　聚栄堂　大川屋書店」

明治二十七年（一八九四）甲午

佐倉義民伝　菊判並製一巻一冊
【著編者】鈴木源四郎【序年・序者】鶯亭金升【画工】重光【奥付等】「明治拾九年三月廿一日御届／仝廿七年三月三十日発行／編輯者　神田区南乗物町十五番地　鈴木源四郎／発行者　浅草区三好町七番地　大川錠吉／印刷者　浅草区南元町廿六番地　小宮定吉／印刷所　浅草区南元町廿六番地　大川屋活版所／発行所　浅草区三好町七番地　聚栄堂　大川屋書店」【備考】再版（明治三十二年十月）あり。明治十九年七月出版の鶴声社版を求版。

雪おろし　菊判並製一巻一冊
【著編者】太華山人【画工】小林永興【奥付等】「明治廿七年五月十五日印刷／同年同月十八日発行／編輯兼発行者　京橋区本材木町三丁目廿六番地　鈴木金輔／印刷者　京橋区三十間堀二丁目壹番地　染谷仙三／印刷所　京橋区三十間堀二丁目壱番地　明教社印刷所／発行所　浅草区三好町七番地　大川屋」【備考】明治二十八年三月

発行とするものもあり。

草花木竹栽培秘録　四六判並製一巻一冊

【著編者】三木愛花【序年・序者】明治二十七・三木愛花【画工】不詳【奥付等】「明治廿七年六月十五日印刷／明治廿七年六月十八日出版／発行者　東京市　浅草区三好町七番地　大川錠吉／印刷者　日本橋区新和泉町一番地　瀧川三代太郎／印刷所　日本橋区新和泉町一番地　今古堂／発兌　浅草区三好町七番地　大川屋／関西一手大売捌　大阪市心斎橋筋安堂寺町角　青木嵩山堂」「府下特別大売捌　京橋区南伝馬町二丁目　青木嵩山堂／同二丁目　目黒書店／日本橋区通リ一丁目　大倉孫兵衛／同三丁目　鳳林館／同四丁目　金桜堂／同馬喰町二丁目　山口藤兵衛／同大伝馬町　長島恭次郎／元石町二丁目　上田屋書店／神田区神保町　東京堂／日本橋区横山町三丁目　辻岡文助／日本橋区本町三丁目　金港堂本店／日本橋区通リ油町　水野慶次郎／日本橋区通四丁目　春陽堂／各書肆雑誌店各勧業場等」

名所写真改正東京全図　一舗

【著編者】井口松之助【画工】不詳【奥付等】「明治廿七年七月十日印刷／同年八月一日出版／編輯兼発行者　神田区通鍋町廿二番地　井口松之助／発兌　浅草区三好町七番地　平民　大川錠吉」【備考】表紙に「魁真楼蔵版」とある。内題は「市区改正予定東京全図」。定価は「金三十銭」。

明治二十八年（一八九五）乙未

安倍晴明伝　菊判並製一巻一冊

【著編者】蓁々斎桃葉（講演）三橋図南女（速記）【序年・序者】呑鯨主人【画工】中野春邨【奥付等】「明治廿九年一月十五日印刷／仝年一月十八日発行／発行者　東京市浅草区三好町七番地　大川錠吉／印刷者　同浅草区南元町廿六番地　川崎清三／印刷所　同所　大川屋印刷所／発行所　東京市浅草区三好町七番地　聚栄堂　大川屋書店」

人耶鬼耶　菊判並製一巻一冊

【著編者】黒岩涙香（訳述）【序年・序者】黒岩涙香【画工】不詳【奥付等】「明治廿一年十二月一日印刷／同年十二月四日出版／明治廿六年四月日再版／明治廿八年二月日三版／発行者　浅草区三好町七番地　大川錠吉／印刷者　日本橋区新和泉町一番地　瀧川三代太郎／発兌　浅草区三好町七番地　大川屋／印刷所　日本橋区新和泉町一番地　今古堂活版所」【備考】十五版（明治三十八年

七月二十日発行）あり。

大岡政談音羽の瀧 上編　菊判並製一巻一冊

【著編者】清草舎英翁（講演）今村次郎（速記）【序年・序者】明治二十七・鈴木源四郎【奥付等】「明治二十六年五月卅一日内務省許可／明治二十七年三月廿二日印刷発行／仝二十八年三月再版／編輯者　神田区南乗物町十五番地　鈴木源四郎／発行者　浅草区三好町七番地　大川錠吉／印刷者　浅草区南元町廿六番地　小宮定吉／発行所　浅草区三好町七番地　聚栄堂　大川屋書店」

寛永名士馬術誉　菊判並製一巻一冊

【著編者】桃川如燕（講演）今村次郎（速記）【序年・序者】柳煙散史【画工】後藤芳景【奥付等】「明治廿六年五月卅一日内務省許可／明治廿七年七月十六日印刷発行／明治廿八年三月再版／編輯者　日本橋区長谷川町一番地　鈴木源四郎／発行者　同（ママ）三好町七番地　大川錠吉／印刷者　同南元町廿六番地　小宮定吉／印刷所　同南元町廿六番地　大川屋印刷所／発行所　浅草区三好町七番地　聚栄堂　大川屋書店」【備考】十版（明治四十四年三月廿九日発行）あり。明治二十六年七月発行の九皐館版を求版。

滑稽席上演説　菊判並製一巻一冊

【著編者】痩々亭骨皮【序年・序者】明治二十三・痩々亭骨皮【画工】小林清親【奥付等】「明治廿三年三月七日印刷／明治廿三年三月八日出版／明治廿八年三月日再版／著作者　浅草区須賀町十九番地　西森武城／発行者　浅草区三好町七番地　大川屋錠吉／印刷者　日本橋区新和泉町一番地　瀧川三代太郎／印刷所　日本橋区新和泉町一番地　今古堂活版所」【備考】明治二十三年三月八日出版の共隆社版を求版。

柳川義侠伝　菊判並製一巻一冊

【著編者】揚名舎桃玉（講演）今村次郎（速記）【序年・序者】翠煙散史【画工】安達吟光【奥付等】「明治二十六年五月卅一日内務省許可／明治二十六年六月十二日印刷発行／仝二十八年三月再版／編輯者　神田区南乗物町十五番地　鈴木源四郎／発行者　浅草区三好町七番地　大川錠吉／印刷者　浅草区南元町廿六番地　小宮定吉／発行所　浅草区三好町七番地　大川屋書店」【備考】明治二十六年九月五日発行の九皐館版を求版。

信藩小堀騒動　菊判並製一巻一冊

【著編者】伊東燕雀（講演）今村次郎（速記）【序年・序者】明治二十七・硯海釣人【奥付等】「明治二十六年五

月卅一日内務省許可／明治二十六年六月十二日印刷発行／仝二十八年三月再版／編輯者　神田区南乗物町十五番地　鈴木源四郎／発行者　浅草区三好町七番地　大川錠吉／印刷者　浅草区南元町廿六番地　小宮定吉／発行所　浅草区三好町七番地　聚栄堂　大川屋書店」

仙石家騒動記　菊判並製一巻一冊

【著編者】伊東潮漁（講演）今村次郎（速記）【序年・序者】菊葉散人【画工】光方【奥付等】「明治廿六年五月卅一日内務省許可／明治廿七年七月十二日印刷発行／明治廿八年三月再版／編輯者　日本橋区長谷川町一番地　鈴木源四郎／発行者　同三好町七番地　大川錠吉／印刷者　同南元町廿六番地　小宮定吉／印刷所　同南元町廿六番地　大川屋印刷所／発行所　浅草区三好町七番地　聚栄堂　大川屋書店」【備考】明治二十七年七月十二日印刷発行の九皐館版を求版。

明治浮世風呂　菊判並製一巻一冊

【著編者】愛柳癡史（笑閲）浮世粋史（戯著）【序年・序者】愛柳癡史【画工】尾形月耕【奥付等】「明治二十年五月十二日版権免許／仝年六月日出版／仝廿八年三月日再版／編輯者　京橋区銀座二丁目六番地　千葉茂三郎／発行者　浅草区三好町七番地　大川屋錠吉／印刷者　日本橋区新和泉町一番地　瀧川三代太郎／印刷所　日本橋区新和泉町一番地　今古堂活版所」【備考】明治二十年六月出版の共隆社版を求版。

渋川流名誉之柔術　菊判並製一巻一冊

【著編者】岡田霞船【序年・序者】明治十九・岡田霞船【画工】不詳【奥付等】「明治廿五年三月廿七日印刷／明治廿五年三月三十日出版／明治廿八年三月廿五日再版／著述者　浅草区神吉町一番地　岡田良策／発行者　浅草区三好町七番地　大川錠吉／印刷者　日本橋区新和泉町一番地　瀧川三代太郎／発兌　浅草区三好町七番地　大川屋／印刷所　日本橋区新和泉町一番地　今古堂活版所」

梅花郎　菊判並製一巻一冊

【著編者】黒岩涙香（訳述）【序年・序者】黒岩涙香【画工】不詳【奥付等】「明治廿三年一月日印刷／明治廿三年一月日出版／明治廿八年四月日再版／発行者　浅草区三好町七番地　大川錠吉／印刷者　日本橋区新和泉町一番地　瀧川三代太郎／発兌　浅草区三好町七番地　大川錠吉／印刷所　日本橋区新和泉町一番地　今古堂活版所」【備考】明治二十三年一月出版の明進堂版を求版。

玉手箱　菊判並製一巻一冊
【著編者】黒岩涙香（訳）【序年・序者】黒岩涙香【画工】不詳【奥付等】「明治廿四年五月十八日印刷／明治廿四年五月十九日出版／明治二十八年八月再版／編輯者　東京市京橋区本材木町三丁目廿六番地　鈴木金輔／発行者　東京市浅草区三好町七番地　大川錠吉／印刷者　東京市浅草区南元町廿六番地　小宮定吉／印刷所　東京市浅草区南元町廿六番地　聚栄堂活版所／発行所　東京市浅草区三好町七番地　聚栄堂　大川屋」【備考】三版（明治三十年三月発行）・五版（同四十三年五月二十八日発行）あり。明治二十四年五月出版の鈴木金輔版を求版。

二人兵士　菊判並製一巻一冊
【著編者】榎本破笠【序年・序者】榎本破笠【画工】不詳【奥付等】「明治廿八年八月九日印刷／明治廿八年八月十三日発行／著作者　東京市下谷区二長町五十二番地　榎本虎彦／発行者　東京市浅草区三好町七番地　大川錠吉／印刷者　東京市浅草区南元町廿六番地　小宮定吉／印刷所　東京市浅草区南元町廿六番地　大川屋活版所／発行所　東京市浅草区三好町七番地　聚栄堂　大川屋書店」【備考】明治二十八年八月発行の弘文館版を求版。

新刻台湾全図　一舗
【著編者】不詳【画工】不詳【奥付等】「明治廿八年八月六日印刷　同年八月十六日発行　編輯者　東京市浅草区猿屋町十七番地　鈴木茂行　印刷兼発行者　東京市浅草区三好町七番地　大川錠吉」

敵討札所之霊験　菊判並製一巻一冊
【著編者】三遊亭円朝（口述）小相英太郎（筆記）【画工】不詳【奥付等】「明治二十一年十月廿日印刷／同年十月廿四日出版／明治二十八年九月再版／編輯者　東京市京橋区本材木町三丁目廿六番地　鈴木金輔／発行者　東京市浅草区三好町七番地　大川錠吉／印刷者　東京市浅草区南元町廿六番地　小宮定吉／印刷所　東京市浅草区南元町廿六番地　聚栄堂活版所／発行所　東京市浅草区三好町七番地　聚栄堂　大川屋書店」

探偵小説黒眼鏡　菊判並製一巻一冊
【著編者】榎本破笠【序年・序者】明治二十六・榎本破笠【画工】水野年方【奥付等】「明治廿六年五月十日印刷／明治廿六年五月廿日発行／明治廿八年九月日再版／編輯兼発行者　東京市浅草区三好町七番地　大川錠吉／印刷者　東京市浅草区南元町廿四番地　本城松之輔／印刷所　東京市浅草区南元町廿四番地　浅草印刷所／発行

所　東京市浅草区三好町七番地　聚栄堂　大川屋書店」【備考】三版（明治三十五年一月発行）あり。明治二十六年五月発行の弘文館版を求版。

決闘の果　菊判並製一巻一冊

【著編者】黒岩涙香（訳述）【序年・序者】明治二十四・笠園主人【画工】不詳【奥付等】「明治廿四年五月十日印刷／同年同月十二日出版／明治二十八年九月再版／編輯者　東京市京橋区本材木町三丁目廿六番地　鈴木金輔／発行者　東京市浅草区三好町七番地　大川錠吉／印刷者　東京市浅草区南元町廿六番地　小宮定吉／印刷所　東京市浅草区南元町廿六番地　聚栄堂活版所／発行所　東京市浅草区三好町七番地　聚栄堂　大川屋書店」【備考】明治二十四年五月十二日出版の三友舎版を求版。

徳川源氏梅の薫　菊判並製一巻一冊

【著編者】松林伯円（講述）酒井昇造（速記）【序年・序者】明治二十四・南海漁人【画工】不詳【奥付等】「明治二十四年五月卅一日印刷／同年六月一日出版／明治二十八年九月再版／編輯者　京橋区本材木町三丁目廿六番地　鈴木金輔／発行者　東京市浅草区三好町七番地　大川錠吉／印刷者　東京市浅草区南元町廿六番地　小宮定吉／印刷所　東京市浅草区南元町廿六番地　聚栄堂活版所／発行所　東京市浅草区三好町七番地　聚栄堂　大川屋書店」【備考】明治二十四年六月一日出版の三友舎版を求版。

伏見桃園肥後廼駒下駄　菊判並製一巻一冊

【著編者】花廼家蘭厓（編次）【序年・序者】南柯亭夢覚【画工】不詳【奥付等】「明治二十年一月廿四日版権免許／同二月十五日出版／同廿六年五月廿日譲受印刷／明治二十八年九月再版／編輯者　浅草区田島町六十一番地寄留　林甲子郎／発行者　同三好町七番地　大川錠吉／印刷者　同南元町廿六番地　小宮定吉／印刷所　同南元町廿六番地　大川屋印刷所／発行所　浅草区三好町七番地　聚栄堂　大川屋書店」【備考】「明治二十八年十月再版」とあるものもある。二十五版（明治四十一年十月発行）あり。明治二十年二月出版の正札屋版を求版。

明治義戦征清軍記　菊判並製一巻一冊

【著編者】鉄壁城士（編）【序年・序者】明治二十七・義勇壮士【画工】光方【奥付等】「明治二十八年九月十八日印刷／仝年仝月廿一日発行／編輯者　日本橋区長谷川町一番地　鈴木源四郎／発行者　浅草区三好町七番地　大川錠吉／印刷者　浅草区森田町五番地　小宮定吉／印刷所　同　大川屋活版所／発行所　浅草区三好町七番地

聚栄堂　大川屋書店」【備考】鈴木源四郎を「編輯兼発行者」、大川屋書店を「専売所」とするものもある。

鳴門奇談船幽霊　菊判並製一巻一冊

【著編者】松林伯円（講演）今村次郎（速記）【序年・序者】明治二十四・春涛居士【画工】不詳【奥付等】「明治廿四年十一月六日印刷／同年同月七日出版／明治二十八年十一月再版／編輯者　京橋区本材木町三丁目廿六番地　鈴木金輔／発行者　東京市浅草区三好町七番地　大川錠吉／印刷者　東京市浅草区南元町廿六番地　小宮定吉／印刷所　東京市浅草区南元町廿六番地　聚栄堂活版所／発行所　東京市浅草区三好町七番地　聚栄堂　大川屋書店」【備考】十版（明治四十二年七月二十三日発行）あり。明治二十四年十一月出版の鈴木金輔版を求版。

地理風俗台湾事情　菊判並製一巻一冊

【著編者】天野馨【序年・序者】明治二十八・上原関洲【画工】不詳【奥付等】「明治廿八年十月九日印刷／同年同月十四日発行／同年同月廿五日再版／同年十一月十日三版／編輯者　東京市神田区柳原河岸第拾四号地　天野馨／発行者　東京市浅草区黒船町十五番地　瀬山佐吉／印刷者　東京市神田区柳原河岸第十四号地（旧十一号地）龍雲堂　大場沃美／発行所　東京市浅草区三好町七番地　大川屋／発行所　東京市日本橋馬喰町　山口屋」

探偵小説銀行の賊　菊判並製一巻一冊

【著編者】黒岩涙香（訳述）【序年・序者】明治二十二・読破書斎主人【画工】不詳【奥付等】「明治廿二年七月印刷／仝年仝月日出版／仝廿二年八月三十日版権譲請／仝廿六年五月廿九日外題替御届／仝廿八年十一月再版／編輯者　日本橋区通三丁目八番地　野村銀次郎／発行者　浅草区三好町七番地　大川錠吉／印刷者　浅草区南元町廿六番地　小宮定吉／印刷所　浅草区南元町廿六番地　大川屋活版所／発行所　浅草区三好町七番地　聚栄堂　大川屋書店」【備考】八版（明治三十六年十月発行）あり。明治二十六年発行の銀花堂版を求版。

明治二十九年（一八九六）丙申

絵本大岡政談大全　四六判総クロス装一巻一冊

【著編者】不詳【序年・序者】桜邨居士【画工】尾形月耕【奥付等】「明治廿八年十二月廿二日印刷／仝廿九年一月二日発行／発行者　東京市浅草区三好町七番地　大川錠吉／印刷者　仝浅草区南元町二十六番地　小宮定吉／印刷所　仝浅草区南元町二十六番地　大川屋活版所／発行所　東京市浅草区三好町七番地　聚栄堂　大川屋書

店」【備考】『天一の坊伝』ほか十編を合冊。

安倍晴明伝　菊判並製一巻一冊

【著編者】蓁々斎桃葉（講演）三橋図南（速記）【画工】中野春郊【奥付等】「明治廿九年一月十五日印刷／仝年一月十八日発行／発行者　浅草区三好町七番地　大川錠吉／印刷者　浅草区南元町廿六番地　小宮定吉／印刷所　浅草区南元町廿六番地　大川屋活版所／発行所　浅草区三好町七番地　聚栄堂　大川屋書店」【備考】明治二十九年発行の日吉堂版を求版。

電三吉　四六判ボール表紙本・菊判並製一巻一冊

【著編者】半井桃水【序年・序者】明治二十五・華胥亭夢楽【画工】右田年英【奥付等】「明治廿五年二月二十八日印刷／明治廿五年二月二十九日発行／明治二十九年一月二十日再版／発行者　浅草区三好町七番地　大川錠吉／印刷者　神田区美土代町二丁目一番地　金崎金平／発売所　浅草区三好町七番地　大川屋書店」【備考】奥付が「明治廿五年二月二十八日印刷／同年同（ママ）二十九日発行／同廿九年一月二十日再版／発行者　東京市浅草区三好町七番地　大川錠吉／印刷者　同浅草区南元町二十四日　小宮定吉／印刷所　同所　大川屋印刷所／発行所　東京市浅草区三好町七番地　聚栄堂　大川屋書店」となっているものもある。明治二十五年二月発行の金桜堂版を求版。

暁天星五郎侠賊伝　菊判並製一巻一冊

【著編者】黙々道人【序年・序者】明治二十七・硯州散人【画工】不詳【奥付等】「明治廿七年三月二十日印刷／仝廿七年三月廿三日発行／明治二十九年二月再版／編輯者　神田区南乗物町十五番地　鈴木源四郎／発行者　東京市浅草区三好町七番地　大川錠吉／印刷者　東京市浅草区南元町廿六番地　小宮定吉／印刷所　東京市浅草区南元町廿六番地　聚栄堂活版所／発行所　東京市浅草区三好町七番地　聚栄堂　大川屋書店」【備考】明治二十七年発行の九皐館版を求版。

紀伊国屋文左衛門　菊判並製一巻一冊

【著編者】邑井一（講述）加藤由太郎（速記）【序年・序者】明治二十七・夢界道人【画工】中野春郊【奥付等】「明治弐拾七年三月廿四日印刷／明治弐拾七年四月廿六日発行／明治廿九年四月再版／編纂者　東京市日本橋区元大坂町十三番地　福島棟三郎／発行者　東京市浅草区三好町七番地　大川錠吉／印刷者　東京市浅草区南元町廿六番地　小宮定吉／印刷所　東京市浅草区南元町廿六番地　大川屋印刷所／発行所　東京市浅草区三好町七

番地　聚栄堂　大川屋書店」【備考】奥付に「MADE IN JAPAN」とあるものも。明治二十七年三月発行の文珠庵版を求版。

森家三勇士伝　菊判並製一巻一冊
【著編者】揚名舎桃李（講演）今村次郎（速記）【序年・序者】竹陰居士【奥付等】「明治廿九年三月廿九日印刷／明治廿九年四月二日発行／口演者　東京市日本橋区馬喰町四丁目廿三番地　南沢半次郎／発行者　仝浅草区三好町七番地　大川錠吉／印刷者　仝本郷区湯島一丁目十三番地　松本秋斎／発売所　仝浅草区三好町七番地　聚栄堂書店」【備考】再版（明治三十四年十二月発行）あり。

真柄十郎左衛門　菊判並製一巻一冊
【著編者】桃川燕林（講演）今村次郎（速記）【序年・序者】桃川燕林【奥付等】「明治廿九年三月卅一日印刷／同年四月三日発行／口演者　浅草区公園第六区三号百四桃川燕林事　蘆野万吉／発行者　浅草区三好町七番地大川錠吉／印刷者　神田区南神保町十番地　三島謙三／売捌　浅草区三好町七番地　大川屋書店」

遠藤万五郎　菊判並製一巻一冊
【著編者】春錦亭柳桜（口演）今村次郎（速記）【序年・序者】明治二十五・今村次郎【画工】安達吟光【奥付等】「明治二拾六年十二月八日印刷／明治二拾六年十二月十一日発行／明治廿九年四月版／編輯者　東京市京橋区本材木町三丁目廿六番地　鈴木金輔／発行者　東京市浅草区三好町七番地　大川錠吉／印刷者　東京市浅草区南元町廿六番地　小宮定吉／印刷所　東京市浅草区南元町廿六番地　大川屋印刷所／発行所　浅草区三好町七番地　聚栄堂　大川屋書店」【備考】十版（明治四十年四月二十日発行）あり。明治二十六年十二月発行の三友舎版を求版。

石川五右衛門奇賊伝　菊判並製一巻一冊
【著編者】前田貞利（講演）今村次郎（速記）【序年・序者】雲煙散史【画工】光方【奥付等】「明治廿六年五月卅一日内務省許可／同廿七年四月廿八日印刷発行／同廿九年五月再版／編輯者　東京市日本橋区長谷川町一番地　鈴木源四郎／発行者　同浅草区三好町七番地　大川錠吉／印刷者　同浅草区南元町廿四番地　小宮定吉／印刷所　同浅草区南元町廿四番地　大川屋活版所／発行所　東京市浅草区三好町七番地　聚栄堂　大川屋書店」【備考】明治二十七年五月印刷発行の九皐館版を求版。

菅公御実伝　菊判並製一巻一冊
【著編者】邑井一（講演）今村次郎（速記）【序年・序者】

竹廼舎寿々女【画工】光方【奥付等】「明治廿六年五月卅一日内務省許可／明治廿七年四月廿八日印刷発行／明治廿九年五月再版／編輯者　日本橋区長谷川町一番地　鈴木源四郎／発行者　浅草区三好町七番地　大川錠吉／印刷者　同南元町廿六番地　小宮定吉／印刷所　同南元町廿六番地　大川屋印刷所／発行所　浅草区三好町七番地　聚栄堂　大川屋書店」【備考】奥付に「MADE IN JAPAN」とあるものも。二十版（大正二年十月一日発行）あり。明治二十七年四月二十八日発行の九皐館版を求版。

政談鶴の一節　菊判並製一巻一冊

【著編者】錦城斎貞朝（講演）今村次郎（速記）【序年・序者】鶴涙居士【画工】光方【奥付等】「明治廿六年五月卅一日内務省許可／明治廿七年四月廿八日印刷発行／明治廿九年五月再版／編輯者　日本橋区長谷川町一番地　鈴木源四郎／発行者　浅草区三好町七番地　大川錠吉／印刷者　同南元町廿六番地　小宮定吉／印刷所　同南元町廿六番地　大川屋印刷所／発行所　浅草区三好町七番地　聚栄堂　大川屋書店」【備考】明治二十七年六月三日発行の九皐館版を求版。

柳生旅日記　菊判並製一巻一冊

【著編者】桃川燕林（講演）中村卓三（速記）蘆野島子（速記）【序年・序者】鳴雀【画工】中野春郊【奥付等】「明治廿七年五月五日印刷発行／同廿九年一月四日再版／同年五月三版／発行者　東京市浅草区三好町七番地　大川錠吉／印刷者　同浅草区南元町二十四番地　小宮定吉／印刷所　同所　大川屋活版所／発行所　東京市浅草区三好町七番地　聚栄堂　大川屋書店」【備考】十版（明治三十六年六月発行）・二十五版（明治四十四年十月三十一日発行）あり。明治二十七年三月十八日発行の日吉堂版を求版。

天和奇談明石の斬捨　菊判並製一巻一冊

【著編者】田辺大龍（講演）今村次郎（速記）【序年・序者】竹蔭居士【画工】辰斎【奥付等】「明治廿九年五月廿二日印刷／同年五月廿五日発行／口演者　小林久次郎／発行者　浅草区三好町七番地　大川錠吉／印刷者　神田区南神保町十番地　三島謙三／発売所　浅草区三好町七番地　大川屋書店」

絵本楠公記　四六判ボール表紙本一巻一冊

【著編者】鈴木源四郎【画工】不詳【奥付等】「明治十九年二月廿六日出版御届／仝廿二年四月十四日印刷／仝廿九年七月再版／編輯者　神田区南乗物町十五番地　鈴木源四郎／発行者　浅草区三好町七番地　大川錠吉／印刷

者　浅草区南元町廿六番地　小宮定吉／印刷所　浅草区南元町廿六番地　大川屋活版所／発行所　東京市浅草区三好町七番地　聚栄堂　大川屋書店」

元和三勇士　菊判並製一巻一冊

【著編者】大原武雄【序年・序者】酔柳閑人【画工】後藤芳景・尾形月耕【奥付等】「明治廿四年三月二十九日出版／仝年十二月十二日再版印刷／明治二十九年五月三版／編輯者　小石川区指ヶ谷町百四十番地　大原武雄／発行者　浅草区三好町七番地　大川錠吉／印刷者　同南元町廿六番地　小宮定吉／印刷所　同南元町廿六番地　大川屋印刷所／発行所　浅草区三好町七番地　聚栄堂　大川屋書店」【備考】三十五版（明治三十四年九月発行）・五十三版（同三十九年九月十五日発行）・五十五版（同四十年六月三十日発行）・六十三版（同四十二年十月一日発行）・七十八版（大正元年八月十八日発行）あり。明治二十四年三月出版の大原武雄版を求版。

荻江の一節　菊判並製一巻一冊

【著編者】三遊亭円朝（口述）小相英太郎（筆記）【序年・序者】明治二十・夢廼家さむる【画工】尾形月耕【奥付等】「明治二十年八月廿四日御届／仝年十二月二日出版／仝廿九年八月再版／抜萃兼発所行（ママ）　東京市京橋区南鍋町二丁目二番地　岩本吾一／印刷者　同浅草区南元町廿六番地　小宮定吉／印刷所　同浅草区南元町廿六番地　大川屋活版所／発行所　同浅草区三好町七番地　聚栄堂　大川屋書店」【備考】内題は「月謡荻江一節」。明治二十年十二月出版の金泉堂書店版を求版。

敵討恨住吉　菊判並製一巻一冊

【著編者】放牛舎桃林（講述）酒井昇造（速記）【序年・序者】南新二【画工】筒井年峰・水野年方【奥付等】「明治廿八年八月十五日再版印刷／仝年八月廿日発行／仝廿九年八月三版／発行者　神田区佐久間町一丁目九番地　菅谷与吉／印刷者　浅草区南元町廿六番地　小宮定吉／発売所　仝所　大川屋活版所／発行所　浅草区三好町七番地　聚栄堂　大川屋書店」【備考】四版（明治三十二年十月発行）あり。明治二十二年十一月出版の三友舎版『復讐裏見の住吉』を求版。

釈迦御実伝記　菊判並製一巻一冊

【著編者】大川錠吉【序年・序者】笹の家【画工】不詳【奥付等】「明治十九年十二月廿八日御届／仝二十年二月八日出版／仝廿九年八月再版／編輯兼発行者　東京市浅草区三好町七番地　大川錠吉／印刷者　同浅草区南元町廿六番地　小宮定吉／印刷所　同浅草区南元町廿六番地

大川屋活版所／発行所　同浅草区三好町七番地　聚栄堂　大川屋書店」

水戸黄門仁徳録　菊判並製一巻一冊

【著編者】不詳【序年・序者】明治十八・柳葉亭繁彦【画工】不詳【奥付等】「明治十九年八月十五日出版御届／仝年仝月廿日出版／仝廿九年八月再版／発行者　神田区南乗物町十五番地　森仙吉／印刷者　浅草区南元町二十六番地　小宮定吉／印刷所　浅草区南元町二十六番地　大川屋活版所／発行所　浅草区三好町七番地　聚栄堂　大川屋書店」【備考】明治十九年一月十二日出版の嵯峨野増太郎版を求版。

富田屋政談　菊判並製一巻一冊

【著編者】桃川燕林（講演）今村次郎（速記）【序年・序者】竹堂居士【画工】不詳【奥付等】「明治廿九年八月十二日印刷／同年八月十五日発行／口演者　浅草区公園第六区三号百四　桃川燕林事　蘆野万吉／発行者　浅草区三好町七番地　大川錠吉／印刷者　神田区南神保町十番地　三島謙三／発売所　浅草区三好町七番地　大川屋書店」【備考】五版（明治四十二年九月十三日発行）あり。

怪談小町娘　菊判並製一巻一冊

【著編者】松林伯円（口演）石原明倫（速記）【序年・序者】横川禅魚【画工】不詳【奥付等】「明治廿五年十月廿日印刷／明治廿五年十月廿一日出版／明治廿九年九月再版／編輯者　東京市京橋区本材木町三丁目廿六番地　鈴木金輔／発行者　同浅草区三好町七番地　大川錠吉／印刷者　同浅草区南元町廿六番地　小宮定吉／印刷所　同浅草区南元町廿六番地　大川屋活版所／発行所　東京浅草区三好町七番地　大川屋書店」

本町小町五福屋政談　前編　菊判並製一巻一冊

【著編者】邑井一（講演）加藤由太郎（速記）【画工】中野春郊【奥付等】「明治廿七年三月五日印刷発行／仝廿九年九月三版／発行者　東京市浅草区三好町七番地　大川錠吉／印刷者　仝浅草区南元町二十六番地　小宮定吉／発行所　仝仝　大川屋活版所／発行所　東京市浅草区三好町七番地　聚栄堂　大川屋書店」【備考】明治二十七年五月五日発行の日吉堂版を求版。

残花恨葉桜　菊判並製一巻一冊

【著編者】採菊散人（稿）【序年・序者】採菊散人【画工】水野年方【奥付等】「明治二十一年六月九日印刷／仝年仝月十六日出版／仝二十九年九月日三版／編輯人　東京市京橋区五郎兵衛町四十一番地　岩本吾一／発行者　仝浅草区三好町七番地　大川錠吉／印刷者　仝浅草区

南元町廿六番地　小宮定吉／印刷所　仝浅草区南元町二十六番地　大川屋印刷所／発行所　仝浅草区三好町七番地　聚栄堂　大川屋書店」

（探偵実話）俠芸者　菊判並製一巻一冊
【著編者】不詳【序年・序者】明治二十九・菊酔山人【画工】不詳【奥付等】「明治廿九年九月十七日印刷／仝年仝月二十一日発行／編輯兼発行者　東京市京橋区南槇町十二番地　鈴木金輔／印刷者　東京市浅草区南元町二十六番地　小宮定吉／印刷所　東京市浅草区南元町二十六番地　大川屋活版所／発行所　東京市浅草区三好町七番地　大川屋書店／東京市日本橋区本石町二丁目十六番地　三誠堂書店」【備考】三友舎より求版か。

風来先生春遊記　小本三巻三冊
【著編者】陳奮翰【序年・序者】①安永八・陳奮翰②酔多道士【跋年・跋者】安永八・板部羅甫【奥付等】「明治十四年四月新刻／同廿二年五月求版／東京市本郷区春木町三丁目十三番地寄留　武田伝右衛門／同浅草区三好町七番地　大川錠吉」【備考】整版。明治十四年刊の『風来山人春遊記』（弘令社版）を求版。改題本。

（大岡裁判）煙草屋喜八　菊判並製一巻一冊
【著編者】桃川燕林（講演）今村次郎（速記）【序年・序者】不詳【画工】呂雲【奥付等】「明治廿九年十月三十日印刷／明治廿九年十一月五日発行／講演者　東京市浅草区公園第六区三号百四　蘆野万吉／速記者　東京市日本橋区薬研堀町四番地　今村次郎／発行者　東京市浅草区三好町七番地　大川錠吉／印刷者　東京市浅草区南元町廿六番地　小宮定吉／印刷所　仝所　大川屋活版所／発行所　東京市浅草区三好町七番地　聚栄堂　大川屋書店」【備考】再版（明治三十三年十一月発行）・二十五版（同四十三年三月十八日発行）あり。明治二十九年十一月五日発行の文事堂版を求版。

（探偵実話）大悪僧　菊判並製一巻一冊
【著編者】不詳【序年・序者】明治二十九・菊酔山人【画工】松本洗耳【奥付等】「明治廿九年十一月廿四日印刷／仝年仝月廿八日発行／編輯兼発行者　東京市京橋区南槇町十二番地　鈴木金輔／印刷者　同浅草区南元町廿六番地　小宮定吉／印刷所　同浅草区南元町廿六番地　大川屋活版所／発行所　浅草区三好町　大川屋書店／日本橋区本石町二丁目　三誠堂書店」

粟田口霑笛竹　菊判並製一巻一冊
【著編者】三遊亭円朝（口述）酒井昇造（速記）【序年・序者】明治二十九・菊酔山人【画工】不詳【奥付等】

「明治廿一年十二月十九日印刷／明治廿一年十二月廿日出版／明治廿九年十二月再版／編輯者　東京市京橋区本材木町三丁目廿六番地　鈴木金輔／発行者　同浅草区三好町七番地　大川錠吉／印刷者　同浅草区南元町廿六番地　小宮定吉／印刷所　同浅草区南元町廿六番地　大川屋活版所／発行所　東京浅草区三好町七番地　聚栄堂　大川屋書店」【備考】明治三十五年一月の再版もあり。明治二十一年十二月二十日出版の金桜堂版を求版。

大日本八雄伝 前編　菊判並製四巻一冊

【著編者】不詳【序年・序者】不詳【画工】不詳【奥付等】「明治廿五年三月廿四日印刷／明治廿五年三月廿五日出版／明治廿九年十二月再版／編輯者　東京市小石川区指谷町十七番地　足立庚吉／発行者　同日本橋区長谷川町一番地　鈴木源四郎／印刷者　同浅草区南元町廿六番地　小宮定吉／印刷所　同浅草区南元町廿六番地　大川屋活版所／発行所　東京浅草区三好町七番地　聚栄堂　大川屋書店」【備考】『絵本荒川武勇伝』『笹野権三銘鎗伝』『絵本英雄美談』『高木武勇伝』を合冊。明治二十五年三月二十五日出版の礫川出版会社版を求版。

大日本八雄伝 後編　菊判並製四巻一冊

【著編者】不詳【序年・序者】不詳【画工】不詳【奥付等】「明治廿五年三月廿四日印刷／明治廿五年三月廿五日出版／明治廿九年十二月再版／編輯者　東京市小石川区指谷町十七番地　足立庚吉／発行者　同日本橋区長谷川町一番地　鈴木源四郎／印刷者　同浅草区南元町廿六番地　小宮定吉／印刷所　同浅草区南元町廿六番地　大川屋活版所／発行所　東京浅草区三好町七番地　聚栄堂　大川屋書店」【備考】『荒木又右衛門伝記』『松井両雄美談』『岩見武勇伝』『檜山相馬大作忠勇伝』を合冊。明治二十五年三月二十五日出版の礫川出版会社版を求版。

明治三十年（一八九七）丁酉

栗山大膳誠忠録　菊判並製一巻一冊

【著編者】桃川如燕（講演）今村次郎（速記）【画工】中野春郊【奥付等】「明治廿八年四月三日印刷／仝年仝月六日発行／明治三十年二月再版／発行者　東京市浅草区三好町七番地　大川錠吉／印刷者　東京市浅草区南元町廿六番地　小宮定吉／発行所　東京市浅草区三好町七番地　聚栄堂　大川屋書店」【備考】十版（明治四十一年四月廿八日発行）あり。明治二十六年十二月発行の日吉堂版を求版。

加賀騒動大槻内蔵之助 前編　菊判並製一巻一冊

【著編者】桃川如燕（口演）【序年・序者】十千面房おふむ【画工】東洲勝月【奥付等】「明治三十年一月廿八日印刷／仝年二月一日発行／講演者　東京市本所区横網町二丁目八番地　杉浦要助／発行者　東京市浅草区三好町七番地　大川錠吉／印刷者　東京市浅草区南元町廿六番地　川崎清三／印刷所　同所　大川屋印刷所／発行所　東京市浅草区三好町七番地　聚栄堂　大川屋書店」【備考】明治三十年二月十日発行の朗月堂版を求版。

松平知恵伊豆　菊判並製一巻一冊

【著編者】獲麟居士【序年・序者】明治二十七・獲麟居士【画工】不詳【奥付等】「明治廿七年六月八日印刷／同年同月十一日出版／同三十年三月三版／編輯者　東京市京橋区本材木町三丁目廿六番地　鈴木源四郎／発行者　東京市浅草区三好町七番地　大川錠吉／印刷者　東京市浅草区南元町廿六番地　小宮定吉／印刷所　東京市浅草区南元町廿六番地　大川屋活版所／発行所　東京市浅草区三好町七番地　聚栄堂　大川屋書店」

大詐欺師千坂光子　菊判並製一巻一冊

【著編者】不詳【序年・序者】不詳【画工】不詳【奥付等】「明治三十年三月廿五日印刷／明治三十年四月一日発行／発行者　神田区裏神保町二番地　井上藤吉／発行者　浅草区南元町二十四番地　三輪逸次郎／印刷者　浅草区南元町二十四番地　本城松之助／印刷所　浅草区南元町二十四番地　浅草印刷所／発売所　大川屋書店」【備考】明治三十年四月一日発行の井上藤吉版を求版。

加賀騒動大槻内蔵之助　後編　菊判並製一巻一冊

【著編者】桃川如燕（口演）【序年・序者】顚々堂御雲【画工】東洲勝月【奥付等】「明治三十年四月廿七日印刷／同年五月一日発行／講演者　東京市本所区横網町二丁目八番地　杉浦要助／発行者　東京市浅草区三好町七番地　大川錠吉／印刷者　東京市浅草区南元町廿六番地　川崎清三／印刷所　同所　大川屋印刷所／発行所　東京市浅草区三好町七番地　聚栄堂　大川屋書店」【備考】明治三十年発行の朗月堂版を求版。

大岡裁判村井長庵　菊判並製一巻一冊

【著編者】桃川燕林（講演）今村次郎（速記）【序年・序者】大川屋主人【画工】不詳【奥付等】「明治三十年五月一日印刷／同年五月四日発行／講演者　東京市浅草区公園第六区三号百四　桃川燕林事　蘆野万吉／発行者　同浅草区三好町七番地　大川錠吉／印刷者　同浅草区南

元町廿四番地　小宮定吉／印刷所　同所　大川屋活版所／発行所　東京市浅草区三好町七番地　聚栄堂　大川屋書店」【備考】奥付に「MADE IN JAPAN」とあるものも。

伊達評定　菊判並製三巻三冊

【著編者】一龍斎貞山（講演）速記社社員（速記）【序年・序者】竹林雀遊【画工】重光【奥付等】「明治三一年八月五日印刷／明治三十年八月十日発行／発行者　東京市浅草区三好町七番地　大川錠吉／印刷者　同浅草区南元町廿四番地　本城松之助／印刷所　同浅草区南元町廿四番地　浅草印刷所」【備考】五版（明治四十一年十二月十五日発行）あり。

訂正絵本太平記　菊判並製四巻四冊

【著編者】大川錠吉【画工】不詳【奥付等】「明治廿七年六月十八日印刷／同年同月廿五日発行／同三十年九月十日再版／飛刻（ママ）発行者　東京市浅草区三好町七番地　大川錠吉／印刷者　東京市浅草区南元町廿四番地　本城松之輔／印刷所　東京市浅草区南元町廿四番地　浅草印刷所／発行所　東京市浅草区三好町七番地　聚栄堂　大川屋書店」【備考】明治二十七年六月二十五日発行の落合三雄版を求版か。口絵のみ文事堂版『絵入太平記』（絵師は長谷川竹葉）のものを流用。

宮本佐々木両勇伝　菊判並製二巻二冊

【著編者】神田伯山（講演）酒井昇造（速記）吉本次郎（速記）【序年・序者】破竹堂主人【画工】笠井鳳斎【奥付等】「明治三十年九月八日印刷／同年同月十一日発行／編輯者　東京市京橋区南槙町十二番地　鈴木金輔／発行者　東京市浅草区三好町七番地　大川錠吉／印刷者　東京市浅草区南元町二十六番地　小宮定吉／発行所　東京市浅草区三好町七番地　聚栄堂　大川屋書店」

天保怪鼠伝　前編　菊判並製一巻一冊

【著編者】松林伯円（講述）酒井昇造（速記）【序年・序者】明治三十・菟道春千代【画工】松本洗耳【奥付等】「明治三十年八月廿三日印刷／仝年九月十二日発行／講演者　東京市日本橋区久松町十五番地　若林義行／発行者　東京市浅草区三好町七番地　大川錠吉／印刷所　東京市浅草区南元町二十六番地　小宮定吉／発行所　東京市浅草区三好町七番地　聚栄堂　大川屋書店」

更科勇婦伝　菊判並製一巻一冊

【著編者】放牛舎桃湖（講演）小野田亮正（速記）【序年・序者】明治三十・紫珊情史【画工】不詳【奥付等】「明治三十年九月廿三日印刷／仝三十年九月廿八日発行／講演者　放牛舎桃湖事　鈴木紋次郎／発行者　東京市

浅草区三好町七番地　大川錠吉／印刷者　東京市浅草区南元町廿六番地　小宮定吉／印刷所　浅草区南元町廿六番地　大川屋印刷所／発行所　浅草区三好町七番地　聚栄堂　大川屋書店」

真影流名人塚原卜伝 前編　菊判並製一巻一冊

【著編者】放牛舎桃湖（講演）酒井昇造（速記）【序年・序者】不詳【画工】不詳【奥付等】「明治廿九年三月三十日出版／明治廿九年四月三日発行／明治三十年十月再版／講述者　東京市京橋区南八丁堀一丁目七番地　放牛舎桃湖事　鈴木紋次郎／発行者　東京市浅草区三好町七番地　大川錠吉／印刷者　東京市浅草区南元町廿六番地　小宮定吉／印刷所　東京市浅草区南元町廿六番地　大川屋活版所／発行所　東京市浅草区三好町七番地　聚栄堂　大川屋書店」【備考】奥付に「MADE IN JAPAN」とあるものも。二十版（明治四十三年十月十八日発行）あり。明治二十九年四月三日発行の銀花堂版を求版。

真影流名人塚原卜伝 後編　菊判並製一巻一冊

【著編者】揚名舎桃湖（講演）【序年・序者】明治三十・銀花堂主人【画工】不詳【奥付等】「明治三十年一月廿五日出版／明治三十年一月二十九日発行／明治三十年十月再版／講述者　東京市京橋区南八丁堀一丁目七番地　放牛舎桃湖事　鈴木紋次郎／発行者　東京市浅草区三好町七番地　大川錠吉／印刷者　東京市浅草区南元町廿六番地　小宮定吉／印刷所　東京市浅草区南元町廿六番地　大川屋活版所／発行所　東京市浅草区三好町七番地　聚栄堂　大川屋書店」【備考】六版（明治三十五年九月）・二十版（明治四十三年十月十八日発行）あり。明治三十年一月二十九日発行の銀花堂版を求版。

実説 白井権八　菊判並製一巻一冊

【著編者】錦城斎貞玉（講演）今村次郎（速記）【序年・序者】転々堂竹吟【画工】長谷川竹葉【奥付等】「明治三十年十二月七日印刷／明治三十年十二月廿五日発行／編輯兼発行者　東京市浅草区南元町十七番地　森仙吉／印刷者　同浅草区森田町五番地　小宮定吉／印刷所　同所　大川屋活版所／発行所　東京市浅草区三好町七番地　聚栄堂　大川屋書店」【備考】再版（明治三十四年八月）あり。

大岡政談 後藤半四郎　菊判並製一巻一冊

【著編者】桃川燕林（口演）浪上義三郎（速記）【序年・序者】主人【画工】森川湖眠【奥付等】「明治三十年十二月十二日印刷／明治三十年十二月十六日発行／講演者　東京浅草区公園第六区三号百〇四番地　桃川燕林事

蘆野万吉／発行者　東京市浅草区三好町七番地　大川錠吉／印刷者　東京市浅草区南元町二十四番地　小宮定吉／発行所　東京市浅草区三好町七番地　聚栄堂　大川屋書店」【備考】奥付に「MADE IN JAPAN」とあるものも。明治三十年十二月十六日発行の朗月堂版を求版。

明治三十一年（一八九八）戊戌

天保怪鼠伝 後編　菊判並製一巻一冊

【著編者】松林伯円（講演）酒井昇造（速記）【序年・序者】明治三十・莵道春千代【画工】笠井鳳斎【奥付等】「明治三十年十二月廿七日印刷／仝卅一年一月二日発行／講演者　東京市日本橋区久松町十五番地　若林義行／発行者　同浅草区三好町七番地　大川錠吉／印刷者　同浅草区森田町五番地　小宮定吉／印刷所　同所　大川屋活版所／発行所　東京市浅草区三好町七番地　聚栄堂　大川屋書店」

義賊木鼠長吉　菊判並製一巻一冊

【著編者】松林円玉（講演）高畠政之助（速記）【序年・序者】明治十九・管の家【画工】笠井鳳斎【奥付等】「明治三十一年二月十二日印刷／仝年二月十五日発行／編輯者　東京市京橋区本材木町三丁目廿六番地　鈴木金輔／発行者　同浅草区三好町七番地　大川錠吉／印刷者　同浅草区南元町廿六番地　川崎清三／印刷所　同所　大川屋印刷所／発行所　東京市浅草区三好町七番地　聚栄堂　大川屋書店」【備考】奥付に「MADE IN JAPAN」とあるものも。

大岡政談畔倉重四郎　菊判並製一巻一冊

【著編者】桃川燕林（講演）今村次郎（速記）【序年・序者】竹蔭居士【画工】重光【奥付等】「明治三十一年四月五日印刷／明治三十一年四月八日発行／発行者　東京市浅草区三好町七番地　大川錠吉／印刷者　東京市浅草区南元町廿四番地　小宮定吉／印刷所　同所　大川屋印刷所／発行所　東京市浅草区三好町七番地　聚栄堂　大川屋書店」【備考】奥付に「MADE IN JAPAN」とあるものも。

沖田二子の仇討　菊判並製一巻一冊

【著編者】双龍斎貞鏡（講演）今村次郎（速記）【序年・序者】明治十九・補綴者【画工】不詳【奥付等】「明治三十一年六月廿五日印刷／明治三十一年六月廿八日発行／口演者　双龍斎貞鏡／発行者　東京市浅草区三好町七番地　大川錠吉／印刷者　東京市浅草区森田町五番地　小宮定吉／発行所　東京市浅草区三好町七番地　聚栄堂

大川屋書店」【備考】十五版（明治四十一年十二月十五日発行）あり。明治十九年六月下旬刻成の金松堂版を求版。

柳生但馬守　菊判並製一巻一冊

【著編者】放牛舎桃湖（講演）石原明倫（速記）【序年・序者】明治三十一・愛小説史【画工】不詳【奥付等】「明治三十年一月廿四日印刷／仝三十年九月廿八日発行／仝三十一年十月再版／講演者　放牛（ママ）桃湖事　鈴木紋次郎／発行者　浅草区三好町七番地　大川錠吉／印刷者　浅草区南元町廿四番地　小宮定吉／印刷所　同所　大川屋活版印刷所／発行所　浅草区三好町七番地　聚栄堂　大川屋書店」【備考】奥付に「MADE IN JAPAN」とあるものも。再版（明治三十六年六月）あり。明治三十一年発行の弘文館版を求版。

塚原左伝　菊判並製一巻一冊

【著編者】放牛舎桃湖（口演）秋元浅次郎（速記）【序年・序者】明治二十九・文廼家主人【画工】後藤芳景【奥付等】「明治廿九年十一月五日印刷／明治廿九年十一月九日発行／明治三十一年十二月譲受再版／講演者　東京市京橋区南八丁堀一丁目七番地　放牛舎桃湖事　鈴木紋次郎／発行者　東京市浅草区三好町七番地　大川錠吉／印刷者　東京市浅草区森田町五番地　本城松之助／印刷所　東京市浅草区森田町五番地　大川屋活版所／発行所　東京市浅草区三好町七番地　聚栄堂　大川書店（ママ）」【備考】十版（明治四十一年三月二十八日発行）あり。明治二十九年十一月発行の弘文館版を求版。

大岡政談小間物屋彦兵衛　菊判並製一巻一冊

【著編者】一立斎文車（講演）今村次郎（速記）宮沢彦七（速記）【序年・序者】明治三十一・竹蔭居士【画工】石斎国保【奥付等】「明治三十一年十二月十四日印刷／明治三十一年十二月十八日発行／編輯者　東京市神田区佐久間町三丁目卅七番地　一龍斎文車事　春日岩吉／発行者　東京市浅草区三好町七番地　大川錠吉／印刷者　東京市浅草区南元町廿四番地　小宮定吉／印刷所　東京市浅草区森田町五番地　大川屋活版所／発行所　東京市浅草区三好町七番地　聚栄堂　大川屋書店」

明治三十二年（一八九九）己亥

訓蒙日本外史　菊判並製七巻七冊

【著編者】大槻東陽（解）長田簡斎（校）【奥付等】「明治八年十二月十三日版権免許／明治二十年三月二十三日版権譲受御届／明治二十年四月四日再版御届／明治二十年

四月七日製本替御届／明治二十五年六月五日別製本御届／明治三十二年一月二十五日五版／解釈者　東京市小石川区上富坂町二十三番地　大槻東陽／発行者　同浅草区三好町五番地　斯波二郎／印刷者　同浅草区左衛門町壹番地　三好守雄／発行者　同浅草区三好町七番地　大川錠吉／発売所　大坂市南区心斎橋北詰八十九番地　鍾美堂　中村芳松／発売所　東京市浅草区三好町七番地　聚栄堂　大川屋書店」【備考】奥付に「大川屋印刷所川崎印行」とある。大正二年十一月十五日発行の二巻二冊本あり。

探偵実話蝮のお政 後編　菊判並製一巻一冊

【著編者】鈴木金輔【序年・序者】馬脚生【画工】不詳【奥付等】「明治卅二年二月八日印刷／明治卅二年二月十二日発行／編輯者　東京市京橋区南槇町十二番地　鈴木金輔／発行者　東京市浅草区三好町七番地　大川錠吉／印刷者　浅草区南元町廿六番地　川崎清三／印刷所　浅草区南元町廿六番地　大川屋印刷所／発行所　浅草区三好町七番地　聚栄堂　大川屋書店」【備考】明治三十一年十二月発行の金槇堂版を求版。

探偵実話五寸釘寅吉 前編　菊判並製一巻一冊

【著編者】伊原青々園【序年・序者】明治三十二・鈴木金輔【画工】不詳【奥付等】「明治卅二年四月廿六日印刷／仝年四月廿九日発行／明治卅四年三月再版／編輯者　東京市京橋区南槇町十二番地　鈴木金輔／発行者　東京市浅草区三好町七番地　大川錠吉／印刷者　東京市浅草区南元町廿六番地　川崎清三／印刷所　仝　大川屋印刷所／発行所　聚栄堂　大川屋書店」【備考】明治三十二年五月六日発行の金槇堂版を求版。

俊寛島物語　菊判並製一巻一冊

【著編者】邑井一（講演）吉田欽一（速記）【序年・序者】呑鯨主人【画工】豊川秀静【奥付等】「明治卅二年四月六日印刷／明治卅二年四月十日発行／発行者　東京市浅草区三好町七番地　大川錠吉／印刷者　東京市浅草区森田町五番地　小宮定吉／印刷所　同浅草区南元町二十四番地　大川屋活版所／発行所　東京市浅草区三好町七番地　聚栄堂　大川屋書店」【備考】明治三十二年四月三十日発行の盛陽堂版を求版。

長曽我部武勇伝　菊判並製一巻一冊

【著編者】田辺大龍（講演）今村次郎（速記）【序年・序者】竹蔭居士【画工】豊川秀静【奥付等】「明治三十二年四月十三日印刷／明治三十二年四月十六日発行／発行者　東京市浅草区南元町廿四番地　三輪逸次郎／印刷者

東京市浅草区南元町廿六番地　川崎清三／印刷所　同所　大川屋印刷所／大売捌所　東京市浅草区三好町七番地　聚栄堂　大川屋書店」【備考】奥付に「MADE IN JAPAN」とあるものも。明治三十二年四月発行の三輪逸次郎版を求版。

元和三勇婦　菊判並製一巻一冊
【著編者】一立斎文車（講演）今村次郎（速記）【序年・序者】竹蔭居士【画工】豊川秀静【奥付等】「明治卅二年五月五日印刷／同年五月八日発行／口演者　一立斎文車／発行者　浅草区三好町七番地　大川錠吉／印刷者　同浅草区南元町廿四番地　小宮定吉／印刷所　同所　大川屋活版所／発行所　東京市浅草区三好町七番地　聚栄堂　大川屋書店」【備考】奥付に「MADE IN JAPAN」とあるものも。二十版（大正三年三月二十九日発行）あり。

探偵実話五寸釘寅吉 中編　菊判並製一巻一冊
【著編者】伊原青々園【序年・序者】明治三十二・鈴木金輔【画工】不詳【奥付等】「明治三十二年五月廿八日印刷／仝年六月二日発行／編輯者　東京市京橋区南槙町十三番地　鈴木金輔／発行者　仝浅草区三好町七番地　大川錠吉／印刷者　仝浅草区南元町廿六番地　小宮定吉／印刷所　仝所　太（ママ）川屋活版所／発行所　仝浅草区三好町七番地　聚栄堂　大川屋書店」

大岡政談夜鷹たばこ　菊判並製一巻一冊
【著編者】宝井馬琴（講演）今村次郎（速記）【序年・序者】竹蔭居士【画工】不詳【奥付等】「明治三十二年六月二十二日印刷／明治三十二年六月二十五日発行／編輯者　京橋区本材木町三丁目廿六番地　鈴木金輔／発行者　浅草区三好町七番地　大川錠吉／印刷者　浅（ママ）南区南元町廿六番地　小宮定吉／印刷所　浅草区南元町廿六番地　大川屋活版所／発行所　浅草区三好町七番地　聚栄堂　大川屋書店」

田宮坊太郎　菊判並製一巻一冊
【著編者】双龍斎貞鏡（講演）今村次郎（速記）【序年・序者】大川屋主人【画工】重光【奥付等】「明治三十一年十二月廿六日印刷／仝三十二年一月二日発行／仝三十二年七月再版／発行者　東京市浅草区三好町七番地　大川錠吉／印刷者　同浅草区南元町廿四番地　小宮定吉／印刷所　同浅草区南元町廿四番地　大川屋活版所／発行所　東京市浅草区三好町七番地　聚栄堂　大川屋書店」【備考】二十五版（明治四十二年六月十五日発行）あり。

本町小町五福屋政談 後編　菊判並製一巻一冊
【著編者】邑井一（講演）加藤由太郎（速記）【画工】中

野春郊【奥付等】「明治廿七年三月五日印刷発行／明治卅二年九月四版／発行者　東京市浅草区三好町七番地　大川錠吉／印刷者　同浅草区南元町廿四番地　小宮定吉／発行所　同浅草区南元町廿四番地　大川屋活版所／発行所　東京市浅草区三好町七番地　聚栄堂　大川屋書店」【備考】明治二十七年五月五日発行の日吉堂版を求版。

四声篆書広通字林玉篇大全　横本一巻一冊

【著編者】佐藤楚材【序年・序者】明治三十二・堀中徹【奥付等】「明治二十三年八月十三日印刷／同年同月十六日発行／同三十二年九月十五日再版発行／編輯者　故人　佐藤楚材／発行者　東京市浅草区黒船町拾五番地　瀬山佐吉／同　仝市仝区南元町二十四番地　三輪逸次郎／同　仝市仝区三好町七番地　大川錠吉／石版印刷者　仝市日本橋区樽正町拾番地　柴田茂平」

重修真書太閤記　菊判並製三巻三冊

【著編者】不詳【奥付等】「明治二十年八月一日翻刻御届／同年十月出版／同三十二年十月再版／発行者　東京市浅草区三好町七番地　大川錠吉／印刷者　同浅草区森田町五番地　本城松之助／印刷所　仝所　大川屋活版所／発行所　東京市浅草区三好町七番地　聚栄堂　大川屋書店」

月の輪草紙 中編　菊判並製一巻一冊

【著編者】渡辺黙禅【画工】不詳【奥付等】「明治三十二年十月廿一日印刷／明治三十二年十月廿五日発行／編輯者　東京市浅草区栄久町六番地　鈴木金輔／発行者　東京市浅草区三好町七番地　大川錠吉／印刷者　東京市浅草区森田町五番地　本城松之輔／発行所　東京市浅草区三好町七番地　聚栄堂　大川屋書店」【備考】奥付に「MADE IN JAPAN」とあるものも。

月の輪草紙 後編　菊判並製一巻一冊

【著編者】渡辺黙禅【画工】不詳【奥付等】「明治三十二年十一月十八日印刷／明治三十二年十一月廿一日発行／編輯者　東京市麹町区内幸町一丁目五番地　井上米次郎／発行者　東京市京橋区南槇町十二番地　鈴木金輔／印刷者　東京市京橋区新富町二番地　松山堂　山田与四郎／発行所　東京市京橋区南槇町十二番地　金槇堂／発行所　東京市浅草区三好町七番地　聚栄堂　大川屋書店」

明治三十三年（一九〇〇）庚子

元和三勇士後日譚　菊判並製一巻一冊

【著編者】邑井貞吉（口演）浪上義三郎（速記）【序年・

序者】明治三十三・大吉【画工】不詳【奥付等】「明治三十二年十二月廿七日印刷／同三十三年一月一日発行／講演者　原籍東京市浅草区公園第五区弐号地　邑井貞吉事　邑井徳一／発行者　東京市浅草区三好町七番地　大川錠吉／印刷者　同浅草区森田町五番地　本城松之助／印刷所　同所　大川屋活版所／発行所　東京市浅草区三好町七番地　聚栄堂　大川屋書店」【備考】六版（明治三十六年十一月発行）あり。

探偵実話後の村正　前編　菊判並製一巻一冊

【著編者】有髯無髯【序年・序者】明治三十三・鏗爾【画工】不詳【奥付等】「明治三十三年三月三十日印刷／明治三十三年四月五日発行／編輯者　東京市浅草区栄久町六番地　鈴木金輔／発行者　東京市浅草区三好町七番地　大川錠吉／印刷者　東京市浅草区森田町五番地　本城松之輔（ママ）／印刷所　東京市浅草区森田町五番地　本城活版所／発行所　東京市浅草区三好町七番地　聚栄堂　大川屋書店」

鼠小僧実記　菊判並製一巻一冊

【著編者】不詳【序年・序者】秋琴亭緒依【画工】尾形月耕【奥付等】「明治二十年十月廿五日翻刻御届／同年十一月出版／同三十三年六月再版／定価金八十銭／原編輯人　広島県平民　桑原徳勝／発行者　東京市浅草区三好町七番地　大川錠吉／印刷者　同浅草区森田町五番地　本城松之助／印刷所　同所　大川屋活版所／発行所　東京市浅草区三好町七番地　聚栄堂　大川屋書店」【備考】十五版（明治四十二年九月二十二日）あり。明治二十年二月十四日出版の金泉堂版を求版。

甲州侠客祐天仙之助　菊判並製一巻一冊

【著編者】邑井吉瓶（講演）今村次郎（速記）【序年・序者】竹堂居士【画工】不詳【奥付等】「明治廿八年五月二十日印刷／仝五月廿八日発行／同卅三年八月再版／編輯者　東京市京橋区南伝馬町一丁目拾四番地　西村富次郎／発行者　同浅草区三好町七番地　大川錠吉／印刷者　同浅草区南元町二十四番地　小宮定吉／印刷所　同所　大川屋活版所／発行所　東京市浅草区三好町七番地　聚栄堂　大川屋書店」【備考】弘文館より求版。

三遊亭円朝子伝　菊判並製一巻一冊

【著編者】朗月散史【序年・序者】獏々道人【奥付等】「明治廿二年十一月廿日印刷／明治廿二年十一月廿八日発行／明治卅三年九月二十三日再版／編輯兼発行者　東京市京橋区槙町十二番地　鈴木金輔／印刷者　東京市日本橋区新和泉町一番地　瀧川三代太郎／印刷所　東京市

日本橋区新和泉町一番地　今古堂活版所／発行所　東京市浅草区三好町七番地　大川屋」【備考】三遊亭円朝編『雪月花一題噺』（鈴木金輔、明治二十二年刊）と合冊。『雪月花一題噺』および明治二十四年九月十六日出版の鈴木金輔版『三遊亭円朝子の伝』を求版。

絵本大坂軍記　菊判並製一巻一冊

【著編者】不詳【序年・序者】不詳【画工】【奥付等】「明治廿四年二月廿五日印刷／仝年五月廿日発行／明治卅三年十一月再版／編輯者発行者　東京市浅草区三好町七番地　大川錠吉／印刷者　東京市浅草区森田町五番地　本城松之助／印刷所　同所　大川屋活版所／発行所　東京市浅草区三好町七番地　聚栄堂　大川屋書店」【備考】明治二十年四月出版の岡田霞船編『絵本大阪軍記』（大川屋版）を組み直したもの。

塚原卜伝　菊判並製一巻一冊

【著編者】神田小伯山（講演）今村次郎（速記）【序年・序者】千万夢堂主人【画工】不詳【奥付等】「明治廿九年七月五日内務省許可／明治廿九年八月三日逓信省認可／明治卅三年四月九日印刷／明治卅三年四月十日発行／明治三十三年十一月再版／編輯者　東京市神田区田代町九番地　岡田常三郎／発行者　東京市浅草区三好町七番地　大川錠吉／印刷者　東京市浅草区南元町二十四番地　小宮定吉／印刷所　同所　大川屋活版所／発行所　東京市浅草区三好町七番地　聚栄堂　大川屋書店」【備考】二十五版（明治四十四年十一月廿二日発行）あり。明治三十三年四月十日発行の日本館本店版を求版。

冋面藤三郎　菊判並製一巻一冊

【著編者】桃川燕林（講演）今村次郎（速記）【序年・序者】竹陰【画工】不詳【奥付等】「明治廿九年十二月廿八日印刷／明治卅三年十一月二十一日発行／講演者　東京市浅草区公園第六区百四号　桃川実事　蘆野万吉／発行者　東京市浅草区三好町七番地　大川錠吉／印刷者　東京市浅草区南元町廿四番地　小宮定吉／印刷所　同所　大川屋印刷所／発行所　東京市浅草区三好町七番地　聚栄堂　大川屋書店」【備考】奥付に「MADE IN JAPAN」とあるものも。

勇士仇討吉岡浅之助　菊判並製一巻一冊

【著編者】揚名舎桃玉（講演）今村次郎（速記）【序年・序者】竹蔭居士【画工】不詳【奥付等】「明治三十二年六月廿二日印刷／明治三十二年六月廿五日発行／明治三十三年十二月再版／編輯者　東京市京橋区南槙町十二番地　鈴木金輔／発行者　東京市浅草区三好町七番地　大

川錠吉／印刷者　東京市浅草区南元町廿四番地　小宮定吉／印刷所　同所　大川屋印刷所／発行所　東京市浅草区三好町七番地　聚栄堂　大川屋書店」【備考】奥付に「MADE IN JAPAN」とあるものも。明治三十二年七月十七日発行の金槙堂版を求版。

明治三十四年（一九〇一）辛丑

大久保彦左衛門一代記　菊判並製一巻一冊
【著編者】不詳【序年・序者】伊東橋塘【画工】蘆原国直【奥付等】「明治廿六年一月十八日印刷出版明治卅四年三月再版／翻刻者　東京市小石川区指ヶ谷町十七番地　足立庚吉／発行者　東京市浅草区三好町七番地　大川錠吉／印刷者　東京市浅草区森田町五番地　本城松之助／印刷所　仝　大川屋活版所／発行所　東京市浅草区三好町七番地　聚栄堂　大川屋書店」【備考】十版（明治三十五年六月）あり。

改訂増補市町村制註釈　四六判並製一巻一冊
【著編者】加藤慶夫（校閲）殿木三郎（註釈）【序年・序者】①明治二十一・丸山名政②明治二十一・久保田与四郎③【奥付等】「明治廿一年十月十五日印刷／明治廿一年十月十六日出版／明治廿八年廿八日再版／明治卅四年六月十日再版／註釈者　殿木三郎／発行者　東京市浅草区三好町七番地　大川錠吉／印刷者　同浅草区南元町廿四番地　小宮定吉／印刷所　同浅草区南元町廿四番地　大川屋活版所／発行所　東京市浅草区三好町七番地　聚栄堂　大川屋書店」

須磨浦の段　一谷嫩軍記　弐ノ中　菊判和装一巻一冊
【著編者】大川錠吉【奥付等】「明治三十四年六月五日翻刻印刷／明治三十四年六月十日発行／翻刻兼発行者　東京市浅草区三好町七番地　大川錠吉／印刷者　東京市浅草区北富坂町十一番地　北川忠次郎／東京書肆　発行所　東京市浅草区三好町七番地　大川屋書店／義太夫本は各地書籍店小間物糸紙商店にて売捌申候」【備考】表紙に「大坂五行」「三十」とある。内題は「一谷嫩軍記　弐の中」。

増補関取千両幟　猪名川内段切相撲場　菊判和装一巻一冊
【著編者】大川錠吉【奥付等】「明治三十四年六月五日翻刻印刷／明治三十四年六月十日発行／翻刻兼発行者　東京市浅草区三好町七番地　大川錠吉／印刷者　東京市浅草区北富坂町十一番地　北川忠次郎／東京書肆　発行所　東京市浅草区三好町七番地　大川屋書店／義太夫本は各地書籍店小間物糸紙商店にて売捌申候」【備考】表紙

に「大坂五行／大極／上紙」「四十三」とある。内題は「関取千両幟猪名川　内段」。

泉三郎館段 義経腰越状 三の切　菊判和装一巻一冊

【著編者】大川錠吉【奥付等】「明治三十四年六月五日翻刻印刷／明治三十四年六月十日発行／翻刻兼発行者　東京市浅草区三好町七番地　大川錠吉／印刷者　東京市浅草区北富坂町十一番地　北川忠次郎／東京書肆　発行所　東京市浅草区三好町七番地　大川屋書店／右義太夫本は各地書籍店小間物糸紙商店にて売捌申候」【備考】表紙に「大坂五行」「三十」とある。内題は「義経腰越状　三の切」。

梅野由兵衛迎駕籠 聚楽町の段　菊判和装一巻一冊

【著編者】不詳【奥付等】「明治三十四年六月五日翻刻印刷／明治三十四年六月十日／翻刻兼発行者　東京市浅草区三好町七番地　大川錠吉／印刷者　東京市浅草区北富坂町十一番地　北川忠次郎／発行所　東京市浅草区三好町七番地　大川屋書店／右義太夫本は各地書籍店小間物糸紙商店にて売捌申候」

明治発句大家万吟集　四六判並製一巻一冊

【著編者】花露園大人（編）【画工】後藤芳景【奥付等】「明治廿九年四月五日印刷／同廿九年四月十二日発行／明治三十四年七月再版／発行者　東京市浅草区三好町七番地　大川錠吉／印刷者　同浅草区南元町廿四番地　小宮定吉／印刷所　同浅草区南元町廿四番地　大川屋活版所／発行所　東京市浅草区三好町七番地　聚栄堂　大川屋書店」【備考】明治二十九年刊の文学館版『新撰明治発句大家万吟集』を求版。

艶容女舞衣 酒屋のだん　菊判和装一巻一冊

【著編者】大川錠吉【奥付等】「明治三十四年六月廿五日翻刻印刷／明治三十四年七月一日発行／翻刻兼発行者　東京市浅草区三好町七番地　大川錠吉／印刷者　東京市浅草区北富坂町十一番地　北川忠次郎／東京書肆　発行所　東京市浅草区三好町七番地　大川屋書店／右義太夫本は各地書籍店小間物糸紙商店にて売捌申候」【備考】表紙に「大坂五行」「四十二」「竹本綱大夫」とある。内題は「艶容女舞衣　下の巻の切」。

恋娘昔八丈 鈴の森の段　菊判和装一巻一冊

【著編者】大川錠吉【奥付等】「明治三十四年六月廿五日翻刻印刷／明治三十四年七月一日発行／翻刻兼発行者　東京市浅草区三好町七番地　大川錠吉／印刷者　東京市浅草区北富坂町十一番地　北川忠次郎／東京書肆　発行所　東京市浅草区三好町七番地　大川屋書店／本（ママ）は各

地書籍店小間物糸紙商店にて売捌申候」【備考】表紙に「大坂五行」「三十七」とある。内題は「恋娘昔八丈　鈴が森の段」。

正清本城段　八陣　八冊目の切　菊判和装一巻一冊
【著編者】大川錠吉【奥付等】「明治三十四年六月廿五日翻刻印刷／明治三十四年七月一日発行／翻刻兼発行者　東京市浅草区三好町七番地　大川錠吉／印刷者　東京市浅草区北富坂町十一番地　北川忠次郎／東京書肆　発行所　東京市浅草区三好町七番地　大川屋書店／右義太夫本は各地書籍店小間物糸紙商店にて売捌申候」【備考】表紙に「大坂五行」「三十九」とある。内題は「八陣守護城　八冊目の切」。

太平記忠臣講釈　七段目　書置段　菊判和装一巻一冊
【著編者】大川錠吉【奥付等】「明治三十四年七月一日翻刻印刷／明治三十四年七月十日発行／翻刻兼発行者　東京市浅草区三好町七番地　大川錠吉／印刷者　東京市浅草区北富坂町十一番地　北川忠次郎／東京書肆　発行所　東京市浅草区三好町七番地　大川屋書店／右義太夫本は各地書籍店小間物糸紙商店にて売捌申候」【備考】表紙に「大坂五行」「三十四」とある。内題は「太平記忠臣講釈　七ツ目」。

松王屋敷段　菅原伝授手習鑑　菊判和装一巻一冊
【著編者】大川錠吉【奥付等】「明治三十四年七月一日翻刻印刷／明治三十四年七月十日発行／翻刻兼発行者　東京市浅草区三好町七番地　大川錠吉／印刷者　東京市浅草区北富坂町十一番地　北川忠次郎／東京書肆　発行所　東京市浅草区三好町七番地　大川屋書店／右義太夫本は各地書籍店小間物糸紙商店にて売捌申候」【備考】表紙に「大阪唐物町四丁目／竹中清助板」「三十六」とある。内題は「菅原伝授手習鑑　松王屋敷」。

越後伝吉孝義伝　菊判並製一巻一冊
【著編者】桃川如燕（講演）今村次郎（記述）【序年・序者】竹堂居士【画工】不詳【奥付等】「明治二十八年八月廿三日印刷／明治二十八年八月廿七日発行／明治三十四年七月再版／講演者　東京市本所区横網町二丁目八番地　杉浦要助／発行者　同浅草区三好町七番地　大川錠吉／印刷者　同浅草区南元町廿六番地　川崎清三／印刷所　同浅草区南元町廿六番地　大川屋印刷所／発行所　東京市浅草区三好町七番地　聚栄堂　大川屋書店」【備考】二十版（明治三十七年五月）あり。

加々見山旧錦絵　又助住家段　菊判和装一巻一冊
【著編者】大川錠吉【奥付等】「明治三十四年七月三十日

印刷／明治三十四年八月五日発行／翻刻兼発行者　東京市浅草区三好町七番地　大川錠吉／印刷者　東京市浅草区北富坂町十一番地　北川忠次郎／東京書肆　発行所　東京市浅草区三好町七番地　大川屋書店／右義太夫本は各地書籍店小間物店糸紙商店にて売捌申候」【備考】表紙に「大坂五行／大極／上紙」「三十二」とある。内題は「加々見山旧錦絵　又助住家段」。「明治三十四年九月五日翻刻印刷／同年九月十六日発行」という奥付を有するものも。

躄仇討 箱根瀧の段 十一冊目 瀧野川　菊判和装一巻一冊
【著編者】大川錠吉【奥付等】「明治三十四年七月三十日印刷／明治三十四年八月五日発行／翻刻兼発行者　東京市浅草区三好町七番地　大川錠吉／印刷者　東京市浅草区北富坂町十一番地　北川忠次郎／東京書肆　発行所　東京市浅草区三好町七番地　大川屋書店／右義太夫本は各地書籍店小間物店糸紙商店にて売捌申候」【備考】表紙に「大坂五行／大極／上紙」「五十」とある。内題は「箱根霊験瀧の段」。

大尽の鉆刀 忠臣蔵第七かけ合　菊判和装一巻一冊
【著編者】大川錠吉【奥付等】「明治三十四年七月三十日翻刻印刷／明治三十四年八月五日発行／翻刻兼発行者　東京市浅草区三好町七番地　大川錠吉／印刷者　東京市浅草区北富坂町十一番地　北川忠次郎／発行所　東京市浅草区三好町七番地　大川屋書店／右義太夫本は各地書籍店小間物糸紙商店にて売捌申候」【備考】表紙に「大坂五行／大極／上紙」「四十七」とある。内題は「仮名手本忠臣蔵七ッ目」。

恋歌の意趣 忠臣蔵 三ツ目　菊判和装一巻一冊
【著編者】大川錠吉【奥付等】「明治三十四年八月十二日翻刻印刷／明治三十四年八月十七日発行／翻刻兼発行者　東京市浅草区三好町七番地　大川錠吉／印刷者　東京市浅草区北富坂町十一番地　北川忠次郎／東京書肆　発行所　東京市浅草区三好町七番地　大川屋書店／右義太夫本は各地書籍店小間物糸紙商店にて売捌申候」【備考】表紙に「大坂五行／大極／上紙」「四十六」とある。内題は「仮名手本忠臣蔵　三ツ目」。再版（大正七年八月二十日発行）あり。

仮名手本忠臣蔵 道行旅路の嫁入　菊判和装一巻一冊
【著編者】大川錠吉【奥付等】「明治三十四年八月十二日翻刻印刷／明治三十四年八月十七日発行／翻刻兼発行者　東京市浅草区三好町七番地　大川錠吉／印刷者　東京市浅草区北富坂町十一番地　北川忠次郎／東京書肆　発

行所　東京市浅草区三好町七番地　大川屋書店／右義太夫本は各地書籍店小間物糸紙商店にて売捌申候」【備考】表紙に「大坂五行／大極／上紙」「九」とある。内題は「第八道行旅路の嫁入」。

秘訣図解柔術撃剣独習法　菊判並製一巻一冊
【著編者】横野鎮次（著述）横野祐光（校閲）【画工】不詳【奥付等】「明治廿七年三月廿九日印刷／明治廿七年四月五日発行／明治廿八年三月一日版権譲受／明治廿八年四月廿日十一版発行／明治廿八年八月十五日十二版／明治廿八年十一月廿五日十三版／明治廿九年三月十五日十四版／明治廿九年十月十六日十五版／明治三十二年十一月廿八日廿五版発行／明治三十四年八月廿二日廿六版発行／著者　兵庫県士族　横野鎮次／発行者　東京市浅草区三好町七番地　大川錠吉／同　同浅草区左衛門町一番地　岡村庄兵衛／印刷者　同浅草区南元町廿四番地　小宮定吉／発兌元　東京市浅草区左衛門町一番地　盛花堂／同　東京市浅草区三好町七番地　大川屋書店」【備考】明治二十七年刊の矢島誠進堂版を求版か。

小夜中山孝子仇討　菊判並製一巻一冊
【著編者】揚名舎桃李（講演）加藤由太郎（速記）【序年・序者】明治三十二・蚯蚓主人【画工】富田秋香【奥付等】「明治卅二年十二月三日印刷／同卅二年十二月九日発行／明治三十四年九月再版／口演者　原籍東京市日本橋区馬喰町四丁目廿三番地下谷区竹町廿八番地住居揚名舎桃李事　南沢半次郎／発行者　東京市浅草区三好町七番地　大川錠吉／印刷者　同浅草区南元町廿四番地　小宮定吉／印刷所　同所　大川屋活版所／発行所　東京市浅草区三好町七番地　聚栄堂　大川屋書店」【備考】二十五版（明治四十四年十月三日発行）あり。明治三十三年一月二日初売の日吉堂版を求版。

講談実話佐竹騒動　菊判並製一巻一冊
【著編者】神田伯治（講演）加藤由太郎（速記）【序年・序者】明治三十二・加藤由太郎【画工】不詳【奥付等】「明治三十二年十月五日印刷／明治三十二年十月九日発行／明治三十四年九月再版／口演者　東京市浅草区馬道町八丁目一番地　神田伯治事　大沢常次郎／発行者　同浅草区三好町七番地　大川錠吉／印刷者　同浅草区南元町廿四番地　小宮定吉／印刷所　同浅草区南元町廿四番地　大川屋活版所／発行所　東京市浅草区三好町七番地　聚栄堂　大川屋書店」【備考】奥付に「MADE IN JAPAN」とあるものも。日吉堂から求版か。

中将姫　菊判並製一巻一冊

【著編者】田辺南麟（講演）加藤由太郎（速記）【序年・序者】明治三十三・蚯蚓【画工】不詳【奥付等】「明治三十二年十二月廿五日印刷／同三十三年一月四日発行／明治三十四年九月再版／発行者　東京市浅草区三好町七番地　大川錠吉／印刷者　同浅草区南元町廿六番地　川崎清三／印刷所　同所　大川屋印刷所／発行所　東京市浅草区三好町七番地　聚栄堂　大川屋書店」

名誉の花　菊判並製一巻一冊

【著編者】養老散史（閲）花の家ふゞき（著）【序年・序者】養老散史【画工】岡田梅邨【奥付等】「明治二十一年十月廿五日印刷／同年十月廿六日出版／明治三十四年九月三版／（定価金卅五銭）／発行者　東京市浅草区三好町七番地　大川錠吉／印刷者　同浅草区南元町二十四番地　小宮定吉／印刷所　同所　大川屋活版所／発行所　東京市浅草区三好町七番地　聚栄堂　大川屋書店」

壇浦兜軍記 三段目口 琴責の段　菊判和装一巻一冊

【著編者】大川錠吉【奥付等】「明治三十四年九月五日翻刻印刷／明治三十四年九月十六日発行／翻刻兼発行者　東京市浅草区三好町七番地　大川錠吉／印刷者　東京市浅草区北富坂町十一番地　北川忠次郎／東京書肆　発行所　東京市浅草区三好町七番地　大川屋書店／右義太夫本は各地書籍店小間物糸紙商店にて売捌申候」【備考】表紙に「大坂／五行／上紙」「三十三」とある。内題は「壇浦兜軍記　三ノ口琴責」。

記留物　菊判並製一巻一冊

【著編者】笠園主人（訳）【序年・序者】明治二十四・黒岩涙香【画工】歌川国峰【奥付等】「明治二十四年五月廿四日印刷／明治二十四年五月廿五日出版／明治三十四年十月再版／編輯者　東京市京橋区本材木町三丁目廿六番地　鈴木金輔／発行者　東京市浅草区三好町七番地　大川錠吉／印刷者　同浅草区南元町廿六番地　川崎清三／印刷所　同浅草区南元町廿六番地　大川屋印刷所／発行所　東京市浅草区三好町七番地　聚栄堂　大川屋書店」【備考】明治二十四年五月二十五日出版の三友舎版を求版。

手習児家段 菅原伝授 四段目の切　菊判和装一巻一冊

【著編者】大川錠吉【奥付等】「明治三十四年九月十五日翻刻印刷／明治三十四年十月五日発行／翻刻兼発行者　東京市浅草区三好町七番地　大川錠吉／印刷者　東京市浅草区北富坂町十一番地　北川忠次郎／東京書肆　発行所　東京市浅草区三好町七番地　大川屋書店／本（ママ）は各

地書籍店小間物糸紙商店にて売捌申候」【備考】表紙に「大坂五行／大極／上紙」「五十七」とある。内題は「菅原伝授手習鑑　四の切」。

九紋龍喜三郎　菊判並製一巻一冊
【著編者】揚名舎桃李（講述）加藤由太郎（速記）【序年・序者】蚯蚓【画工】富田秋香【奥付等】「明治三十二年六月三日印刷／明治三十二年六月十日発行／明治三十四年十一月再版／発行者　東京市浅草区三好町七番地　大川錠吉／印刷者　同浅草区南元町廿四番地　小宮定吉／印刷所　同浅草区南元町廿四番地　大川屋活版所／発行所　東京市浅草区三好町七番地　聚栄堂　大川屋書店」【備考】奥付に「MADE IN JAPAN」とあるものも。明治三十二年六月発行の日吉堂版を求版。

木曽義仲軍記　菊判並製一巻一冊
【著編者】邑井一（講演）加藤由太郎（速記）【序年・序者】明治三十二・加藤蚯蚓【画工】不詳【奥付等】「明治三十二年十一月一日印刷／明治三十二年十一月七日発行／明治三十四年十一月再版／発行者　東京市浅草区三好町七番地　大川錠吉／印刷者　同浅草区南元町廿四番地　小宮定吉／印刷所　同浅草区南元町廿四番地　大川屋活版所／発行所　東京市浅草区三好町七番地　聚栄堂　大川屋書店」【備考】明治三十二年十一月発行の日吉堂版を求版。

忠孝筑波之仇討　菊判並製一巻一冊
【著編者】神田伯林（講演）速記社社員（速記）【序年・序者】明治三十三・天野機節【画工】久保田金僊・藤島華仙・富田秋香【奥付等】「明治三十三年三月七日印刷／明治三十三年三月十一日発行／明治三十四年十一月再版／発行者　東京市浅草区三好町七番地　大川錠吉／印刷者　同浅草区南元町二十四番地　小宮定吉／印刷所　同所　大川屋活版所／発行所　東京市浅草区三好町七番地　聚栄堂　大川屋書店」【備考】奥付に「MADE IN JAPAN」とあるものも。明治三十三年三月十二日発行の日吉堂版を求版。

探偵実話五寸釘寅吉　後編　菊判並製一巻一冊
【著編者】伊原青々園【序年・序者】明治三十二・薇陽山人【画工】不詳【奥付等】「明治三十二年九月廿七日印刷／明治三十二年九月卅日発行／明治三十四年十一月再版／編輯者　東京市京橋区南槙町十三番地　鈴木金輔／発行者　東京市浅草区三好町七番地　大川錠吉／印刷者　同浅草区南元町二十六番地　川崎清三／印刷所　同所　大川屋印刷所／発行所　東京市浅草区三好町七番地

聚栄堂　大川屋書店」

探偵実話官員小僧　菊判並製一巻一冊

【著編者】錦城斎貞玉（講演）今村次郎（速記）【序年・序者】呑鯨主人【画工】不詳【奥付等】「明治三十四年十一月八日印刷／同年同月十一日発行／編輯者　東京市浅草区南元町廿四番地　三輪逸次郎／発行者　東京市浅草区三好町七番地　大川錠吉／印刷者　東京市浅草区南元町廿四番地　小宮定吉／印刷所　同所　大川屋印刷所／発行所　東京市浅草区三好町七番地　聚栄堂　大川屋書店」【備考】奥付に「MADE IN JAPAN」とあるものも。明治三十四年十一月発行のいろは書房版を求版。

樋口十郎左衛門　菊判並製一巻一冊

【著編者】田辺大龍（講演）今村次郎（速記）【序年・序者】呉竹庵【画工】不詳【奥付等】「明治廿九年七月十二日印刷／明治廿九年七月十六日発行／明治三十四年十二月再版／講演者　東京市日本橋区高砂町十四番地　小林久次郎／発行者　東京市浅草区三好町七番地　大川錠吉／印刷者　同浅草区南元町二十六番地　川崎清三／印刷所　同所　大川屋印刷所／発行所　東京市浅草区三好町七番地　聚栄堂　大川屋書店」【備考】十五版（明治四十二年九月廿三日）あり。明治二十九年七月発行の弘文館版『樋口義勇伝』を求版。

慶安太平記　菊判並製一巻一冊

【著編者】大川錠吉【序年・序者】明治十九・菅の家【画工】不詳【奥付等】「明治三十四年十一月廿五日印刷／明治三十四年十二月一日発行／編輯兼発行者　東京市浅草区三好町七番地　大川錠吉／印刷者　同浅草区南元町廿六番地　川崎清三／印刷所　同浅草区南元町廿六番地　大川屋印刷所／発行所　東京市浅草区三好町七番地　聚栄堂　大川屋書店」【備考】内題は「絵本慶安太平記」。十版（明治三十七年五月発行）あり。明治十九年十一月一日出版の日吉堂版を求版。

明治三十五年（一九〇二）壬寅

実説美談鈴木主水　菊判並製一巻一冊

【著編者】柴田南玉（講演）速記社社員（速記）【序年・序者】寒英子【画工】豊川秀静【奥付等】「明治三十二年三月廿一日印刷／明治三十二年三月廿五日発行／明治三十五年一月三版／口演者　東京市本郷区湯島天神町三丁目三番地　柴田南玉事　大橋源三郎／発行者　東京市浅草区三好町七番地　大川錠吉／印刷者　同浅草区南元町廿四番地　小宮定吉／印刷所　同浅草区南元町廿四番

地　大川屋活版所／発行所　聚栄堂　大川屋書店」【備考】奥付に「MADE IN JAPAN」とあるもの。明治三十二年三月廿七日発行の国華堂版を求版。

鴫立さわ貞婦仇討　菊判並製一巻一冊

【著編者】田辺南麟（講演）加藤由太郎（速記）【序年・序者】加藤由太郎【画工】富田秋香【奥付等】「明治三十三年一月五日印刷／明治三十三年一月十日発行／明治三十五年一月再版／講演者　田辺南麟／発行者　同（ママ）浅草区三好町七番地　大川錠吉／印刷者　同浅草区南元町廿四番地　小宮定吉／印刷所　同所　大川屋印刷所／発行所　東京市浅草区三好町七番地　聚栄堂　大川屋書店」【備考】奥付に「MADE IN JAPAN」とあるもの。

伊達騒動記　菊判並製一巻一冊

【著編者】不詳【序年・序者】梅亭鵞叟【画工】不詳【奥付等】「明治十九年九月廿七日出版御届／明治廿一年十月廿六日再版／明治三十五年二月四版／翻刻兼発行者　東京市浅草区三好町七番地　大川錠吉／印刷者　同浅草区南元町廿六番地　川崎清三／印刷所　同浅草区南元町廿六番地　大川屋印刷所／発行所　東京市浅草区三好町七番地　聚栄堂　大川屋書店」【備考】奥付に「MADE IN JAPAN」とあるもの。十五版（大正三年七月七日）あり。明治二十三年四月三十日出版の礫川出版会社版を求版か。

敵討三十三間堂　菊判並製一巻一冊

【著編者】錦城斎貞玉（講演）加藤由太郎（速記）【序年・序者】呑鯨主人【画工】不詳【奥付等】「明治三十二年十月廿八日印刷／明治三十二年十一月三日発行／明治三十五年三月三版／発行者　東京市浅草区三好町七番地　大川錠吉／印刷者　浅草区南元町二十六番地　小宮定吉／印刷所　同浅草区南元町廿六番地　大川屋印刷所／発行所　東京市浅草区三好町七番地　聚栄堂　大川屋書店」【備考】奥付に「MADE IN JAPAN」とあるもの。二十五版（明治四十四年十一月廿一日）あり。

夢想兵衛胡蝶物語　菊判並製一巻一冊

【著編者】曲亭馬琴【序年・序者】文化六・曲亭馬琴【画工】不詳【奥付等】「明治廿四年一月十五日印刷／仝廿四年一月十九日発行／明治三十五年三月三版／発行者　東京市浅草区三好町七番地　大川錠吉／印刷者　同浅草区南元町廿六番地　川崎清三／印刷所　同浅草区南元町廿六番地　大川屋印刷所／発行所　東京市浅草区三好町七番地　聚栄堂　大川屋書店」

探偵実話蝮のお政 中編　菊判並製一巻一冊

【著編者】鈴木金輔【序年・序者】乾坤堂贅竹【画工】不詳【奥付等】「明治三十二年二月八日印刷／仝年二月十一日発行／明治三十五年三月再版／編輯者　東京市京橋区南槇町十二番地　鈴木金輔／発行者　同浅草区三好町七番地　大川錠吉／印刷者　同浅草区南元町廿六番地　川崎清三／印刷所　同所　大川屋印刷所／発行所　東京市浅草区三好町七番地　聚栄堂　大川屋書店」【備考】金槙堂より求版か。

生花独まなび　四六判並製一巻一冊

【著編者】渡辺良雄（新著）蓮窓居士（删正）【序年・序者】伊東洋二郎【画工】不詳【奥付等】「明治三十五年三月三日版権譲受／明治三十五年三月廿三日印刷発行／（明治二十五年二月十七日印刷 仝年仝月廿五日発行）／著者　渡辺良雄／発行者　東京市浅草区三好町七番地　大川錠吉／発行者　東京市浅草区左衛門町一番地　岡村庄兵衛／発行者　東京市日本橋区松島町廿九番地　井上孝助／印刷者　東京市浅草区南元町廿四番地　小宮定吉／売捌全国各書肆」【備考】十二版（明治三十九年四月廿八日）あり。明治二十六年八月発行の共同出版者版を求版。

四代目小柳平助伝　菊判並製一巻一冊

【著編者】伊東陵潮（講演）今村次郎（速記）【序年・序者】【画工】三省【奥付等】「明治三十一年四月五日印刷／明治三十一年四月九日発行／明治三十五年四月再版／発行者　東京市浅草区三好町七番地　大川錠吉／印刷者　同浅草区南元町廿四番地　小宮定吉／印刷所　同浅草区南元町廿四番地　大川屋活版所／発行所　東京市浅草区三好町七番地　聚栄堂　大川屋書店」【備考】奥付に「MADE IN JAPAN」とあるものも。いろは書房より求版か。

敵討霞初嶋　菊判並製一巻一冊

【著編者】三遊亭円朝（作）採月庵主（抄録）【序年・序者】不詳【画工】不詳【奥付等】「明治三十五年五月五版／｛明治二十三年十二月二十四日印刷出版 同二十六年三月七日再版｝／編輯者　東京市京橋区新肴町十二番地　山口徳太郎／発行者　同浅草区三好町七番地　大川錠吉／印刷者　同浅草区南元町廿四番地　小宮定吉／印刷所　同浅草区南元町廿四番地　大川屋活版所／発行所　東京市浅草区三好町七番地　聚栄堂　大川屋書店」【備考】明治二十三年十二月二十四日印刷出版の山口徳太郎版を求版。

佐野鹿十郎後日譚　菊判並製一巻一冊

【著編者】一心斎明龍（口演）加藤由太郎（速記）【序年・序者】明治三十三・蚯蚓【画工】富田秋香・小島勝月・小林永興【奥付等】「明治三十三年三月三日印刷／仝年三月十日発行／仝三十四年十一月再版／明治卅五年五月三版／発行者　東京市浅草区三好町七番地　大川錠吉／印刷者　浅草区南元町廿四番地　小宮定吉／印刷所　同所　大川屋印刷所／発行所　東京市浅草区三好町七番地　聚栄堂　大川屋書店」【備考】奥付に「MADE IN JAPAN」とあるものも。明治三十三年三月十日発行の日吉堂版『佐野鹿十郎後日物語』を求版。

探偵実話蝮のお政 前編　菊判並製一巻一冊

【著編者】鈴木金輔【序年・序者】明治三十一・青々園【画工】不詳【奥付等】「明治卅一年十二月十八日印刷／仝卅一年十二月廿一日発行／仝卅三年五月再版／仝卅五年六月三版／編輯者　東京市京橋区南槇町十二番地　鈴木金輔／発行者　同浅草区三好町七番地　大川錠吉／印刷者　同浅草区南元町廿六番地　川崎清三／印刷所　同浅草区南元町廿六番地　大川屋印刷所／発行所　東京市浅草区三好町七番地　聚栄堂　大川屋書店」【備考】金槇堂から求版か。

軍学山鹿甚五左衛門　菊判並製一巻一冊

【著編者】飄々亭玉山（講演）秋元房次郎（速記）【序年・序者】明治三十一・飄々亭玉山【画工】後藤芳景【奥付等】「明治卅三年三月二十一日版権譲受印刷／仝年四月一日発行／明治卅五年六月四版／講演者　東京市浅草区茅町二丁目廿七番地　西村富次郎／発行者　同浅草区三好町七番地　大川錠吉／印刷者　同浅草区南元町廿四番地　小宮定吉／印刷所　同浅草区南元町廿四番地　大川屋活版所／発行所　東京市浅草区三好町七番地　聚栄堂　大川屋書店」【備考】奥付に「MADE IN JAPAN」とあるものも。そのほか四版（明治三十五年六月）・五版（同三十六年十一月）がある。

横浜実話女警部 前編　菊判並製一巻一冊

【著編者】無名氏（編）【画工】不詳【奥付等】「明治三十五年七月三十日印刷／明治三十五年八月五日発行／編輯者　東京市京橋区南槇町拾弐番地　鈴木金輔／発行者　東京市浅草区三好町七番地　大川錠吉／印刷者　東京市浅草区森田町五番地　本城松之助／印刷所　東京市浅草区森田町五番地　大川屋活版所／発行所　東京市浅草区三好町七番地　聚栄堂　大川屋書店」【備考】金槇堂より求版か。

侠賊仇討岡山市之丞　菊判並製一巻一冊
【著編者】柴田南玉（講演）高畠政之助（速記）【序年・序者】島本鳥歌【画工】不詳【奥付等】「明治卅二年十一月三十日印刷／明治卅二年十二月三日発行／明治卅五年八月再版／口演者　東京市下谷区竹町一番地　柴田南玉事　大橋源三郎／発行者　東京市浅草区三好町七番地　大川錠吉／印刷者　浅草区南元町廿四番地　小宮定吉／印刷所　同所　大川屋印刷所／発行所　東京市浅草区三好町七番地　聚栄堂　大川屋書店」【備考】奥付に「MADE IN JAPAN」とあるものも。明治三十二年十二月三日発行の金槙堂版を求版。

忠義の赤垣（少年お伽噺　第四篇）　菊判並製一巻一冊
【著編者】変哲山人（編）【画工】山本英春（秀春）【奥付等】「明治三十五年八月十四日印刷／明治三十五年八月十八日発行／明治三十八年一月三日十一版発行／明治三十八年三月一日十二版発行／明治三十八年九月十七日十三版発行／明治三十九年二月十二日十四版発行／明治三十九年七月八日十五版発行／明治三十九年十二月廿四日十六版発行／明治四十年三月七日十七版発行／明治四十年七月五日十八版発行／明治四十四年四月廿六版／編輯所　祐文館編輯部／編輯兼発行者　東京市浅草区三好町七番地　大川錠吉／印刷者　同浅草区南元町廿六番地　川崎清三／印刷所　同所　大川屋印刷所／発行所　東京市浅草区三好町七番地　聚栄堂　大川屋書店／専売所　東京市神田区表神保町二番地　福岡自祐堂書店」【備考】奥付に「MADE IN JAPAN」とあるものも。

山田長政遠征記　菊判並製一巻一冊
【著編者】桃川燕林（口演）中村卓三（速記）蘆野島子（速記）【序年・序者】鳴雀【画工】不詳【奥付等】「明治廿七年四月三十日印刷／仝年五月五日発行／仝廿九年七月再版／仝卅三年十一月三版／仝卅五年九月四版／発行者　東京市浅草区三好町七番地　大川錠吉／印刷者　同浅草区南元町廿四番地　小宮定吉／印刷所　同所　大川屋印刷所／発行所　東京市浅草区三好町七番地　聚栄堂　大川屋書店」【備考】明治二十七年五月発行の日吉堂版を求版。

孝子五郎正宗（少年お伽噺　第五篇）　一巻一冊
【著編者】変哲山人（編）【画工】山本英春【奥付等】「明治三十五年九月十四日印刷／明治三十五年九月十八日発行／明治三十八年一月三日十一版発行／明治三十八年三月一日十二版発行／明治三十八年十月十四日十三版発行／明治三十九年二月十三日十四版発行／明治三十九

年七月九日十五版発行／明治三十九年十二月二日十六版発行／明治四十年三月十日十七版発行／明治四十年七月四日十八版発行／明治四十三年三月廿五版／編輯所　祐文館編輯部／編輯兼発行者　東京市浅草区三好町七番地　大川錠吉／印刷者　同浅草区南元町廿六番地　川崎清三／印刷所　同所　大川屋印刷所／発行所　東京市浅草区三好町七番地　聚栄堂　大川屋書店／専売所　東京市神田区表神保町二番地　福岡自祐堂書店」

探偵実話 生首正太郎 後編　菊判並製一巻一冊
【著編者】あをば【序年・序者】あをば【画工】不詳【奥付等】「明治卅三年十月十日印刷／明治卅三年十月十六日発行／明治卅五年十月再版／編輯者　東京市京橋区南伝馬町十二番地　鈴木金輔／発行者　東京市浅草区三好町七番地　大川錠吉／印刷者　東京市浅草区南元町廿六番地　川崎清三／印刷所　同所　大川活印刷所／発行所　東京市浅草区三好町七番地　聚栄堂　大川屋書店」
【備考】明治三十三年十月発行の金槇堂版を求版。

自然之享福 一名二十世紀之吉凶学　菊判並製一巻一冊
【著編者】久佐賀顕州（著述）零屈学人（編述）【序年・序者】①編者之一知友②明治三十五・零屈学人【奥付等】「明治三十五年九月卅日印刷／明治三十五年十月五日発行／著作者　東京市本郷区湯島三組町三十番地　久佐賀満吉／著作兼発行者　群馬県高崎市東在上大類村四十八番屋敷　長井平之助／印刷者　群馬県高崎市田町六十六番地　篠原卯三郎／印刷所　群馬県高崎市田町六十六番地　成立舎支店／発兌元　東京市浅草区三好町七番地　聚栄堂　大川屋書店」

敵討 鬼神於六　菊判並製一巻一冊
【著編者】明龍斎馬谷（口演）加藤由太郎（速記）【序年・序者】明治三十三・蚯蚓【画工】不詳【奥付等】「明治三十三年十月一日印刷／明治三十三年十月七日発行／明治卅五年十一月再版／発行者　東京市浅草区三好町七番地　大川錠吉／印刷者　東京市浅草区南元町廿四番地　小宮定吉／印刷所　同所　大川屋印刷所／発行所　東京市浅草区三好町七番地　聚栄堂　大川屋書店」
【備考】奥付に「MADE IN JAPAN」とあるものも。明治三十三年十月七日発行の日吉堂版を求版。

探偵実話 染井一郎 後編　菊判並製一巻一冊
【著編者】無名氏【序年・序者】明治三十三・あをば【画工】松本洗耳【奥付等】「明治三十三年六月十二日印刷／明治三十三年六月十五日発行／明治卅五年十一月再版／編輯者　東京市京橋区南槇町十二番地　鈴木金輔／

発行者　東京市浅草区三好町七番地　大川錠吉／印刷者　東京市浅草区南元町廿四番地　小宮定吉／印刷所　同所　大川屋活版所／発行所　東京市浅草区三好町七番地　聚栄堂　大川屋書店」【備考】明治三十三年六月十五日発行の金槇堂版を求版。

吉田御殿番町皿屋敷　菊判並製一巻一冊

【著編者】放牛舎桃湖（講演）転々堂吟竹（速記）【序年・序者】転々堂吟竹【画工】豊川秀静【奥付等】「明治卅五年十一月六日印刷／明治卅五年十一月十日発行／明治三十六年五月再版／講演者　東京市浅草区福富町廿九番地　柴田貢事　錦城斎貞玉／発行者　東京市浅草区三好町七番地　大川錠吉／印刷者　同浅草区南元町廿六番地　川崎清三／印刷所　同所　大川屋印刷所／発行所　東京市浅草区三好町七番地　聚栄堂　大川屋書店」【備考】明治三十一年一月七日発行の博盛堂版『怪談番町皿屋敷』を求版。

明治三十六年（一九〇三）　癸卯

日本三馬術　菊判並製一巻一冊

【著編者】一龍斎文車（講演）宮沢彦七（速記）【序年・序者】明治三十一・思案坊【画工】不詳【奥付等】「明治卅一年四月廿四日印刷／明治卅一年四月廿七日発行／明治三十六年一月五版／講演者　東京市神田区佐久間町三丁目卅七番地　文車事　春日岩吉／発行者　東京市浅草区三好町七番地　大川錠吉／印刷者　東京市浅草区南元町廿四番地　小宮定吉／印刷所　同所　大川屋印刷所／発行所　東京市浅草区三好町七番地　聚栄堂　大川屋書店」【備考】奥付に「MADE IN JAPAN」とあるものも。

復讐美談荒木又右衛門　菊判並製一巻一冊

【著編者】邑井吉瓶（講演）今村次郎（速記）【序年・序者】明治二十八・江東散史【画工】不詳【奥付等】「明治二十八年六月一日印刷／明治二十八年六月五日発行／明治三十六年四月再版／講演者　邑井吉瓶事　小林徳三郎／発行者　東京市浅草区三好町七番地　大川錠吉／印刷者　同浅草区南元町廿四番地　小宮定吉／印刷所　同所　大川屋活版所／発行所　東京市浅草区三好町七番地　聚栄堂　大川屋書店」

五郎正宗　菊判並製一巻一冊

【著編者】神田伯龍（講演）山田都一郎（速記）【序年・序者】呑鯨主人【画工】不詳【奥付等】「明治三十二年五月十日印刷／明治三十二年五月十五日発行／明治三十六年四月再版／講演者　真龍斎貞水／発行者　東京市浅

草区三好町七番地　大川錠吉／印刷者　仝浅草区南元町廿四番地　小宮定吉／印刷所　同所　大川屋活版所／発行所　東京市浅草区三好町七番地　聚栄堂　大川屋書店」【備考】奥付に「MADE IN JAPAN」とあるものも。明治二十九年二月十八日発行の奥村金次郎版を求版。

仇討曽我物語　菊判並製一巻一冊

【著編者】東都鳴雀（口演）鳴海正治（速記）【序年・序者】東都鳴雀【画工】不詳【奥付等】「明治三十六年四月十五日印刷／明治三十六年四月廿一日発行／編輯者　東京市本所区番場町五十四番地　村瀬元代／発行者　同浅草区三好町七番地　大川錠吉／印刷者　同浅草区南元町廿六番地　川崎清三／印刷所　同所　大川屋印刷所／発行所　東京市浅草区三好町七番地　聚栄堂　大川屋書店」【備考】六版（明治四十年四月二十一日発行）あり。

天下豪傑後藤又兵衛　菊判並製一巻一冊

【著編者】春桜亭小三（講演）広雄次郎（速記）【序年・序者】明治三十・春桜亭小三【画工】後藤芳景【奥付等】「明治三十年七月十九日印刷／明治三十年七月廿四日発行／明治三十六年五月再版／講演者　春桜亭小三事　広雄次郎／発行者　東京市浅草区三好町七番地　大川錠吉／印刷者　同浅草区南元町廿四番地　小宮定吉／印

刷所　同所　大川屋活版所／発行所　東京市浅草区三好町七番地　聚栄堂　大川屋書店」【備考】三十版（明治四十五年二月二十四日）あり。奥付に「MADE IN JAPAN」とあるものも。三十版（明治四十五年二月二十四日発行）あり。明治三十年七月二十三日発行の上田屋書店版を求版。

成田利生記祐天之伝　菊判並製一巻一冊

【著編者】真龍斎貞水（講演）吉田欽一（速記）【序年・序者】蚯蚓【画工】後藤芳景【奥付等】「明治三十二年六月卅日印刷／明治三十二年七月五日発行／明治三十六年五月五版／講演者　真龍斎貞水／発行者　東京市浅草区三好町七番地　大川錠吉／印刷者　仝浅草区南元町廿六番地　川崎清三／印刷所　同所　大川屋印刷所／発行所　東京市浅草区三好町七番地　聚栄堂　大川屋書店」【備考】六版（明治四十年八月）あり。明治三十二年七月発行の上田屋書店版を求版。

横浜名物赤帽子三楽　菊判並製一巻一冊

【著編者】無名氏【序年・序者】不詳【画工】不詳【奥付等】「明治三十六年五月二十八日印刷／明治三十六年五月三十一日発行／編輯者　東京市浅草区栄久町六番地　鈴木金輔／発行者　東京市浅草区三好町七番地　大川

錠吉／印刷者　東京市浅草区森田町五番地　本城松之輔／印刷所　東京市浅草区森田町五番地　本城活版所／発行所　東京市浅草区三好町七番地　聚栄堂　大川屋書店」【備考】明治三十六年五月発行の金槙堂版を求版。

千変万化白狐おせん 前編　菊判並製一巻一冊

【著編者】無名氏（編）【画工】不詳【奥付等】「明治三十六年六月十日印刷／明治三十六年六月十五日発行／編輯者　東京市浅草区栄久町六番地　鈴木金輔／発行者　東京市浅草区三好町七番地　大川錠吉／印刷者　東京市浅草区南元町廿六番地　川崎清三／印刷所　同所　大川屋印刷所／発行所　東京市浅草区三好町七番地　聚栄堂　大川屋書店」【備考】奥付に「MADE IN JAPAN」とあるものも。

楠正成千早籠城　菊判並製一巻一冊

【著編者】伊東潮花（講演）今村次郎（速記）【序年・序者】鶴声居士【画工】後藤芳景【奥付等】「明治廿六年五月卅一日内務省許可／明治廿七年七月十二日印刷発行／明治三十六年七月四版／編輯者　東京市日本橋区長谷川町一番地　鈴木源四郎／発行者　同浅草区三好町七番地　大川錠吉／印刷者　同浅草区南元町廿四番地　小宮定吉／印刷所　同所　大川屋活版所／発行所　東京市浅草区三好町七番地　聚栄堂　大川屋書店」【備考】奥付に「MADE IN JAPAN」とあるものも。明治二十七年発行の九皐館版を求版。

増補校正梅花心易掌中指南　中本二巻二冊

【著編者】中根松伯【奥付等】「明治三十六年七月廿日印刷／明治三十六年七月廿七日発行／著者　中根松伯／翻刻兼発行者　東京市浅草区南元町廿六番地　川崎清三／印刷者　同浅草区南元町廿四番地　小宮定吉／印刷所　同所　大川屋活版所／専売所　東京市浅草区三好町七番地　聚栄堂　大川屋書店」

実事小説因果華族　菊判並製一巻一冊

【著編者】安岡夢郷【画工】松本洗耳【奥付等】「明治三十六年八月廿五日印刷／明治三十六年八月廿八日発行／編輯者　東京市浅草区栄久町六番地　鈴木金輔／発行者　東京市浅草区三好町七番地　大川錠吉／印刷者　東京市浅草区森田町五番地　本城松之輔／印刷所　東京市浅草区森田町五番地　本城活版所／発行所　東京市浅草区三好町七番地　聚栄堂　大川屋書店」【備考】明治三十六年八月二十八日発行の金槙堂版を求版。

車曳段 菅原伝授 三之口　菊判和装一巻一冊

【著編者】大川錠吉【奥付等】「明治三十六年九月廿五日

翻刻印刷／明治三十六年九月三十日発行／翻刻兼発行者　東京市浅草区三好町七番地　大川錠吉／印刷者　東京市浅草区北富坂町十一番地　北川忠次郎／東京書肆　発行所　東京市浅草区三好町七番地　大川屋書店／右義太夫本は各地書籍店小間物糸紙商店にて売捌申候」【備考】表紙に「大坂五行／大極／上紙」「二十一」とある。内題は「菅原伝授手習鑑　三ノ口」。

宮本左門武勇伝　菊判並製一巻一冊

【著編者】真龍斎貞水（講述）加藤由太郎（速記）【序年・序者】呑鯨主人【画工】年光【奥付等】「明治三十一年三月九日印刷／明治三十一年三月十二日発行／明治三十六年十月五版／発行者　東京市浅草区三好町七番地　大川錠吉／印刷者　東京市浅草区南元町廿四番地　小宮定吉／印刷所　同所　大川屋印刷所／発行所　東京市浅草区三好町七番地　聚栄堂　大川屋書店」【備考】奥付に「MADE IN JAPAN」とあるものも。二十五版（大正元年十月十七日）あり。明治三十一年三月十五日発行の文事堂版『天神利生記宮本左門武勇伝』を求版。

大岡政談お花友次郎　菊判並製一巻一冊

【著編者】神田伯治（講演）加藤由太郎（速記）【序年・序者】明治三十三・某【画工】後藤芳景【奥付等】「明治卅三年十二月廿五日印刷／明治卅三年十二月卅日発行／明治卅六年十一月再版／講演者　邑井貞吉（ママ）／発行者　東京市浅草区三好町七番地　大川錠吉／印刷者　東京市浅草区南元町廿四番地　小宮定吉／印刷所　同所　大川屋印刷所／発行所　東京市浅草区三好町七番地　聚栄堂　大川屋書店」【備考】明治三十三年十二月三十日発行の上田屋書店版を求版。

山田真龍軒　菊判並製一巻一冊

【著編者】真龍斎貞水（講述）加藤由太郎（速記）【序年・序者】徳堂居士【画工】後藤芳景【奥付等】「明治三十年十二月十七日印刷／明治三十年十二月二十日発行／明治三十六年十月七版／編輯者　東京市神田区南乗物町十五番地　鈴木源四郎／発行者　同浅草区三好町七番地　大川錠吉／印刷者　浅草区南元町廿四番地　小宮定吉／印刷所　同所　大川屋印刷所／発行所　東京市浅草区三好町七番地　聚栄堂　大川屋書店」【備考】奥付に「MADE IN JAPAN」とあるものも。明治三十年十二月発行の錦集堂版を求版。

明治三十七年（一九〇四）甲辰

岩見後日武勇伝　菊判並製一巻一冊
【著編者】神田伯林（口演）加藤由太郎（速記）【序年・序者】蚯蚓【画工】久保田金僊【奥付等】「明治三十三年四月十七日印刷／明治三十三年四月廿三日発行／明治三十七年一月六版／講演者　神田伯林／発行者　東京市浅草区三好町七番地　大川錠吉／印刷者　同浅草区南元町廿四番地　小宮定吉／印刷所　同所　大川屋活版所／発行所　東京市浅草区三好町七番地　聚栄堂　大川屋書店」

水戸黄門全国漫遊記　菊判並製一巻一冊
【著編者】田辺南麟（講演）大河内政之助（速記）【序年・序者】呑鯨主人【画工】後藤芳景【奥付等】「明治卅年十一月廿四日印刷／明治卅年十一月廿七日発行／明治三十七年一月再版／口演者　田辺南麟事　田上喜太郎／発行者　東京市浅草区三好町七番地　大川錠吉／印刷者　東京市浅草区南元町廿六番地　川崎清三／印刷所　同所　大川屋印刷所／発行所　東京市浅草区三好町七番地　聚栄堂　大川屋書店」【備考】明治三十年発行の上田屋書店版を求版。

明治通俗和英節用集　四六判並製一巻一冊
【著編者】畔柳都太郎（編）宝文館（編纂）【序年・序者】明治三十六・畔柳都太郎【奥付等】「明治三十六年十二月廿五日印刷／明治三十七年一月二日発行／編纂者　高潮豊三／増補兼発行者　東京市神田区佐久間町三丁目十三番地　石渡賢八郎／発行者　東京市浅草区三好町七番地　大川錠吉／印刷者　東京市本郷区湯島一丁目二、三番地　松本秋斎／発行所　東京市神田区佐久間町三丁目十三番地　宝文館／発行所　東京市浅草区三好町七番地　聚栄堂／印刷所　東京市本郷区湯島一丁目二、三番地　株式会社葆光社」

仏蘭西小説有罪無罪　菊判並製一巻一冊
【著編者】黒岩涙香（訳）【序年・序者】明治二十二・中江兆民【画工】不詳【奥付等】「明治廿二年十一月一日印刷　明治廿二年十一月五日出版／明治三十七年一月三日改刻初版／編輯兼発行者　東京市浅草区三好町七番地　大川錠吉／印刷者　東京市浅草区南元町廿六番地　川崎清三／印刷所　同所　大川屋印刷所／発行所　東京市浅草区三好町七番地　聚栄堂　大川屋書店」【備考】奥付に「MADE IN JAPAN」とあるものも。

実事小説桜木芳雄　菊判並製一巻一冊
【著編者】安岡夢郷【序年・序者】安岡夢郷【画工】不詳【奥付等】「明治三十七年一月十二日印刷／明治三十七年一月十五日発行／編輯者　東京市浅草区栄久町六番地　鈴木金輔／発行者　東京市浅草区三好町七番地　大川錠吉／印刷者　東京市浅草区森田町五番地　本城松之輔／印刷所　東京市浅草区森田町五番地　本城活版所／発行所　東京市浅草区三好町七番地　聚栄堂　大川屋書店」【備考】明治三十七年一月二十五日発行の金槙堂版を求版。

探偵実話名物芸者　菊判並製一巻一冊
【著編者】わかば【序年・序者】薫寛【画工】不詳【奥付等】「明治三十七年二月三日印刷／明治三十七年二月六日発行／編輯者　東京市浅草区栄久町六番地　鈴木金輔／発行者　東京市浅草区三好町七番地　大川錠吉／印刷者　東京市浅草区森田町五番地　本城松之輔／印刷所　東京市浅草区森田町五番地　本城活版所／発行所　東京市浅草区三好町七番地　聚栄堂　大川屋書店」【備考】明治三十七年二月発行の金槙堂版を求版。

露国征伐新流行ぶし　袖珍判並製一巻一冊
【著編者】花の家鉄斎【序年・序者】花の家【奥付等】「明治卅七年二月廿日印刷／明治卅七年二月廿二日発行／編輯兼発行者　東京市浅草区南元町十七番地　鈴木与八／印刷者　東京市神田区表神保町十番地　大島寛治／印刷所　東京市神田区表神保町十番地　大島活版所／発行所　東京市浅草区三好町　大川錠吉」

露国征伐ロシヤコイぶし　袖珍判並製一巻一冊
【著編者】金龍山人【序年・序者】金龍山人【奥付等】「明治卅七年三月十日印刷／明治卅七年三月十四日発行／編輯兼発行者　東京市浅草区南元町十七番地　鈴木与八／印刷者　東京市浅草区南元町廿六番地　川崎清三／印刷所　同所　大川屋印刷所／発行所　東京市浅草区三好町七番地　聚栄堂　大川屋錠吉」

檜山麒麟一声　菊判並製一巻一冊
【著編者】邑井吉瓶（講演）今村次郎（速記）【序年・序者】柳煙居士【画工】不詳【奥付等】「明治廿六年五月卅一日　内務省許可／同年九月廿九日　上編印刷発行／同年十一月廿九日　中編印刷発行／同年十二月廿日　下編印刷発行／同廿八年三月合巻再版／明治三十七年四月二十版／編輯者　東京市神田区乗物町十五番地　鈴木源次郎／発行者　東京市浅草区三好町七番地　大川錠吉／印刷者　東京市浅草区南元町廿四番地　小宮定吉／印刷

所　同所　大川屋活版所／発行所　東京市浅草区三好町七番地　聚栄堂　大川屋書店」【備考】明治二十六年発行の九皐館版を求版。

柳生荒木伊賀越仇討　菊判並製一巻一冊
【著編者】錦城斎貞玉（講演）加藤由太郎（速記）【序年・序者】天野機節【画工】不詳【奥付等】「明治三十年九月二十日印刷／明治三十年九月廿三日発行／明治三十七年五月三版／編輯者　東京市日本橋区薬研堀町六番地　武田音作／発行者　東京市浅草区三好町七番地　大川錠吉／印刷者　東京市浅草区南元町廿四番地　小宮定吉／印刷所　同所　大川屋活版所／発行所　東京市浅草区三好町七番地　聚栄堂　大川屋書店」【備考】奥付に「MADE IN JAPAN」とあるものも。

明治三十八年（一九〇五）乙巳

教訓仲直り（少年お伽噺　第十五篇）菊判並製一巻一冊
【著編者】不詳【画工】山本英春【奥付等】「明治三十六年十月五日印刷／明治三十六年十月十日発行／明治卅八年一月　十一版発行／編輯者　祐文館編輯部／発行者　東京市浅草区三好町七番地　大川錠吉／印刷者　同浅草区南元町廿四番地　小宮定吉／印刷所　同所　大川屋活版所／発行所　東京市浅草区三好町七番地　聚栄堂　大川屋書店」

教訓人のおかげ（少年お伽噺　第十六篇）菊判並製一巻一冊
【著編者】不詳【画工】山本英春【奥付等】「明治三十六年五月二十日印刷／明治三十六年五月廿五日発行／明治卅八年一月三日十一版発行／編輯者　祐文館編輯部／発行者　東京市浅草区三好町七番地　大川錠吉／印刷者　同浅草区南元町廿六番地　川崎清三／印刷所　同所　大川屋印刷所／発行所　東京市浅草区三好町七番地　聚栄堂　大川屋書店」

四十七士（少年お伽噺　第十九篇）菊判並製一巻一冊
【著編者】紫朗山人（編）変哲山人（編）【画工】山本英春【奥付等】「明治卅七年三月十八日印刷／明治卅七年三月廿二日発行／明治卅八年一月三日十一版発行／編輯者　祐文館編輯部／発行者　東京市浅草区三好町七番地　大川錠吉／印刷者　同浅草区南元町廿六番地　川崎清三／印刷所　同所　大川屋印刷所／発行所　東京市浅草区三好町七番地　聚栄堂　大川屋書店／専売所　東京市神田区表神保町二番地　福岡自祐堂書店」

怪談安達原　菊判並製一巻一冊
【著編者】錦城斎貞玉（講演）今村次郎（速記）【序年・

序者】竹蔭居士【画工】重光【奥付等】「明治卅八年二月十八日再版印刷／明治卅八年二月廿二日再版発行／〔明治三十一年四月十二日印刷／明治三十一年四月十五日発行〕／講演者　東京市浅草区福富町廿九番地　錦城斎貞玉事　柴田貢／発行者　東京市浅草区三好町七番地　大川錠吉／印刷者　東京市浅草区南元町廿四番地　小宮定吉／印刷所　同所　大川屋印刷所／発行所　東京市浅草区三好町七番地　聚栄堂　大川屋書店」【備考】奥付に「MADE IN JAPAN」とあるものも。明治三十一年四月発行の盛陽堂版を求版。

二宮尊徳（少年お伽噺　第二十五篇）菊判並製一巻一冊
【著編者】変哲山人（編）【画工】山本英春【奥付等】「明治三十八年三月廿五日印刷／明治三十八年四月二日発行／編輯兼発行者　祐文館編輯部／右代表者　東京市浅草区三好町七番地　大川錠吉／印刷者　東京市日本橋区薬研堀町三十三番地　仁科信治／印刷所　右同所　厚信舎／発売所　東京市浅草区三好町七番地　聚栄堂　大川屋書店／東京市神田区表神保町弐番地　自祐堂　福岡書店」

山猫退治（少年お伽噺　第一篇）菊判並製一巻一冊
【著編者】宝山人（編）【画工】山本英春【奥付等】「明治卅五年五月五日印刷／明治卅五年五月十五日発行／明治卅八年一月三日十一版／明治卅八年三月一日十二版／編輯者　祐文館編輯部／発行者　東京市浅草区三好町七番地　大川錠吉／印刷者　同浅草区南元町廿六番地　川崎清三／印刷所　同所　大川屋印刷所／発行所　東京市浅草区三好町七番地　聚栄堂　大川屋書店／専売所　東京市神田区表神保町二番地　福岡自祐堂書店」

孝行の徳（少年お伽噺　第十一篇）菊判並製一巻一冊
【著編者】変哲山人（編）【画工】山本英春【奥付等】「明治三十六年二月廿八日印刷／明治三十六年三月四日発行／明治卅八年一月三日十一版／明治卅八年三月一日十二版／編輯者　祐文館編輯部／発行者　東京市浅草区三好町七番地　大川錠吉／印刷者　同浅草区南元町廿六番地　川崎清三／印刷所　同所　大川屋印刷所／発行所　東京市浅草区三好町七番地　聚栄堂　大川屋書店／専売所　東京市神田区表神保町二番地　福岡自祐堂書店」

出世の同胞（姉の巻）（少年お伽噺　第十七篇）菊判並製一巻一冊
【著編者】変哲山人（編）【画工】山本英春【奥付等】「明治三十六年十二月二十日印刷／明治三十六年十二月廿三日発行／明治三十八年一月三日十一版／明治三十八年三月一日十二版／編輯者　祐文館編輯部／編輯兼発行

者　東京市浅草区三好町七番地　大川錠吉／印刷者　同浅草区南元町廿六番地　川崎清三／印刷所　同所　大川屋印刷所／発行所　東京市浅草区三好町七番地　聚栄堂　大川屋書店／専売所　東京市神田区表神保町二番地　福岡自祐堂書店」

決死隊（少年お伽噺　第二十二篇）菊判並製一巻一冊
【著編者】変哲山人（編）【画工】河合英忠【奥付等】「明治卅七年五月廿三日印刷／明治卅七年五月廿六日発行／明治卅八年一月三日十一版／明治卅八年三月一日十二版／編輯者　祐文館編輯部／発行者　東京市浅草区三好町七番地　大川錠吉／印刷者　同浅草区南元町廿六番地　川崎清三／印刷所　同所　大川屋印刷所／発行所　東京市浅草区三好町七番地　聚栄堂　大川屋書店／専売所　東京市神田区表神保町二番地　福岡自祐堂書店」

軍神広瀬中佐（少年お伽噺　第二十三篇）菊判並製一巻一冊
【著編者】不詳【画工】河合英忠【奥付等】「明治卅七年九月十二日印刷／明治卅七年九月十五日発行／明治卅八年一月三日十一版／明治卅八年三月一日十二版／編輯者　祐文館編輯部／発行者　東京市浅草区三好町七番地　大川錠吉／印刷者　同浅草区南元町廿六番地　川崎清三／印刷所　同所　大川屋印刷所／発行所　東京市浅草区三好町七番地　聚栄堂　大川屋書店／専売所　東京市神田区表神保町二番地　福岡自祐堂書店」

笹野権三郎の伝　菊判並製一巻一冊
【著編者】伊東凌潮（講演）加藤由太郎（速記）吉田欽一（速記）【序年・序者】蚯蚓庵雲因【画工】後藤芳景【奥付等】「明治卅八年三月七日再版印刷／明治卅八年三月十日再版発行／（明治廿九年五月十一日印刷発行）／講演者　伊東凌潮／発行者　同浅草区三好町七番地　大川錠吉／印刷者　同浅草区南元町廿六番地　川崎清三／印刷所　同所　大川屋印刷所／発行所　東京市浅草区三好町七番地　聚栄堂　大川屋書店」【備考】十版（明治四十二年二月三日発行）あり。内題次行には「伊東清潮講演」とある。

仇討油屋お染　菊判並製一巻一冊
【著編者】桃流斎燕山（口演）速記社社員（速記）【序年・序者】明治三十四・天野機節【画工】不詳【奥付等】「明治卅八年三月十日再版印刷／明治卅八年三月十五日再版発行／｛明治三十四年三月七日印刷　明治三十四年三月十三日発行｝／編輯者　東京市本所区相生町五丁目一番地　五十嵐専法／発行者　同浅草区三好町七番地　大川錠吉／印刷者　同浅草区南元町廿六番地　川崎清三／印刷所　同所　大川屋印刷所

／発行所　東京市浅草区三好町七番地　聚栄堂　大川屋書店」【備考】十版（明治四十二年三月二十一日発行）あり。

隅田川出世之駒阿部豊後守　菊判並製一巻一冊

【著編者】放牛舎桃湖（口述）酒井昇造（速記）【序年・序者】明治三十・赤心舎吐峰【画工】笠井鳳斎【奥付等】「明治卅八年三月廿八日再版印刷／明治卅八年四月一日再版発行／〔明治三十年五月二十日印刷 明治三十年五月廿五日発行〕／口演者　東京市京橋区八丁堀一丁目七番地　放牛舎桃湖事　鈴木紋次郎／発行者　東京市浅草区三好町七番地　大川錠吉／印刷者　東京市浅草区南元町廿四番地　小宮定吉／印刷所　同所　大川屋印刷所／発行所　東京市浅草区三好町七番地　聚栄堂　大川屋書店」【備考】奥付に「MADE IN JAPAN」とあるものも。明治三十年五月発行の松陽堂版を求版。

新撰東京明治玉編　袖珍判和装一巻一冊

【著編者】山口亀吉【画工】不詳【奥付等】「明治二十三年十二月一日印刷／明治二十三年十二月九日出版／明治三十八年五月十一版／編輯者　山口亀吉／印刷兼発行者　東京市浅草区三好町七番地　大川錠吉／発行所　東京市浅草区三好町七番地　聚栄堂」【備考】明治二十三年十二月九日発行の山口亀吉版を求版。

新考物博士　袖珍判並製一巻一冊

【著編者】上村才六【奥付等】「明治卅八年四月廿八日印刷／明治卅八年五月一日十版発行／〔明治三十六年八月廿五日印刷 明治三十六年八月卅日三版発行〕／編輯者　東京市麴町区三番町五十三番地　上村才六／発行者　同浅草区三好町七番地　大川錠吉／印刷者　同浅草区南元町廿六番地　川崎清三／印刷所　同所　大川屋印刷所／発行所　東京市浅草区三好町七番地　聚栄堂　大川屋書店」【備考】内題は「教育遊戯新考物」。明治三十五年発行の鳴皐書院版『教育遊戯新考物』を求版。

毛谷村六助　菊判並製一巻一冊

【著編者】邑井貞吉（講演）速記社社員（速記）【序年・序者】薫寛堂【画工】不詳【奥付等】「明治卅八年六月一日印刷／明治卅八年六月五日再版発行／〔明治三十五年九月五日印刷 明治三十五年九月十日発行〕／講演者　邑井貞吉／発行者　東京市浅草区三好町七番地　大川錠吉／印刷者　東京市浅草区南元町廿四番地　小宮定吉／印刷所　同所　大川屋印刷所／発行所　東京市浅草区三好町七番地　聚栄堂　大川屋書店」【備考】奥付に「MADE IN JAPAN」とあるものも。【備考】内題は「毛谷村武勇伝」。明治三十三年発行の朗月堂版『豊前小倉讐討』を求版。

神明の喧嘩　菊判並製一巻一冊
【著編者】錦城斎貞玉（講演）今村次郎（速記）【序年・序者】呑鯨主人【画工】豊川秀静【奥付等】「明治卅八年六月十日印刷／明治卅八年六月十五日再版発行／〔明治三十四年四月五日印刷明治三十四年四月十日発行〕／編輯者　東京市浅草区南元町十七番地　鈴木与八／発行者　東京市浅草区三好町七番地　大川錠吉／印刷者　東京市浅草区南元町廿四番地　小宮定吉／印刷所　同所　大川屋印刷所／発行所　東京市浅草区三好町七番地　聚栄堂　大川屋書店」【備考】奥付に「MADE IN JAPAN」とあるものも。

三勝半七　菊判並製一巻一冊
【著編者】錦城斎貞玉（講演）速記社社員（速記）【序年・序者】呑鯨主人【画工】不詳【奥付等】「明治卅八年七月廿日再版印刷／明治卅八年七月廿五日再版発行／〔明治三十年九月十日印刷明治三十年九月十五日発行〕／講演者　東京市浅草区福富町廿九番地　錦城斎貞玉／発行者　東京市浅草区三好町七番地　大川錠吉／印刷者　東京市浅草区南元町廿四番地　小宮定吉／印刷所　同所　大川屋印刷所／発行所　東京市浅草区三好町七番地　聚栄堂　大川屋書店」【備考】奥付に「MADE IN JAPAN」とあるものも。明治三十年九月発行の盛陽堂版を求版。

修身の巻（学校お伽噺）　菊判並製一巻一冊
【著編者】祐文館編輯部【画工】不詳【奥付等】「明治卅八年七月卅日再版印刷／明治卅八年八月三日再版発行／〔明治三十六年二月廿五日印刷明治三十六年三月三日発行〕／編輯者　祐文館編輯部／右代表者　東京市日本橋区北島町二丁目十七番地　福岡新三／発行者　東京市浅草区三好町七番地　大川錠吉／印刷者　同浅草区南元町廿六番地　川崎清三／印刷所　同所　大川屋印刷所／発行　東京市浅草区三好町七番地　聚栄堂　大川屋書店」

少年演説会（学校お伽噺）　菊判並製一巻一冊
【著編者】祐文館編輯部【画工】不詳【奥付等】「明治卅八年七月卅日再版印刷／明治卅八年八月三日再版発行／〔明治三十六年二月廿五日印刷明治三十六年三月三日発行〕／編輯者　祐文館編輯部／右代表者　東京市日本橋区北島町二丁目十七番地　福岡新三／発行者　東京市浅草区三好町七番地　大川錠吉／印刷者　同浅草区南元町廿六番地　川崎清三／印刷所　同所　大川屋印刷所／発行　東京市浅草区三好町七番地　聚栄堂　大川屋書店」

実説三荘太夫　菊判並製一巻一冊
【著編者】城北斎鳴雀（講演）速記会会員（速記）【序年・序者】呑鯨主人【画工】石斎国保【奥付等】「明治

卅八年八月五日再版印刷／明治卅八年八月十日再版発行／発行者　東京市浅草区三好町七番地　大川錠吉／印刷者　東京市浅草区南元町廿四番地　小宮定吉／印刷所　同所　大川屋印刷所／発行所　東京市浅草区三好町七番地　聚栄堂　大川屋書店」【備考】奥付に「MADE IN JAPAN」とあるものも。

堀部安兵衛義勇伝　菊判並製一巻一冊

【著編者】放牛舎桃林（講演）今村次郎（速記）【序年・序者】呑鯨主人【画工】後藤芳景【奥付等】「明治卅八年八月廿日再版印刷／明治卅八年八月廿五日再版発行／｛明治廿六年五月卅一日内務省許可　明治廿六年六月十二日印刷発行｝／編輯者　東京市日本橋区長谷川一番地　鈴木源四郎／発行者　東京市浅草区三好町七番地　大川錠吉／印刷者　同浅草区南元町廿四番地　小宮定吉／印刷所　同所　大川屋印刷所／発行所　東京市浅草区三好町七番地　聚栄堂　大川屋書店」【備考】『雪月花一題噺』と合冊。奥付に「MADE IN JAPAN」とあるものも。明治二十六年六月二十日発行の九皐館版を求版。

大岡政談豊川利生記　菊判並製一巻一冊

【著編者】末広亭辰丸（講演）速記社社員（速記）【序年・序者】明治三十二・江東の隠士【画工】池田輝方【奥付等】「明治卅八年八月廿五日再版印刷／明治卅八年九月一日再版発行／｛明治三十二年三月十三日印刷　明治三十二年三月十七日発行｝／口演者　東京市神田区神保町二番地　秦弥三松／発行者　東京市浅草区三好町七番地　大川錠吉／印刷者　東京市浅草区南元町廿四番地　小宮定吉／印刷所　同所　大川屋印刷所／発行所　東京市浅草区三好町七番地　聚栄堂　大川屋書店」【備考】明治三十三年三月出版の萩原新陽館版を求版。

むすめ節用小三金五郎　菊判並製一巻一冊

【著編者】梅廼家桃谷（口演）加藤由太郎（速記）【序年・序者】呑鯨主人【画工】落合芳幾【奥付等】「明治卅八年九月十五日再版印刷／明治卅八年九月廿二日再版発行／｛明治三十一年二月廿六日印刷　明治三十一年三月一日発行｝／編輯者　東京市神田区佐久間町三丁目卅八番地　市川路周／発行者　東京市浅草区三好町七番地　大川錠吉／印刷者　東京市浅草区南元町廿四番地　小宮定吉／印刷所　同所　大川屋印刷所／発行所　東京市浅草区三好町七番地　聚栄堂　大川屋書店」【備考】奥付に「MADE IN JAPAN」とあるものも。明治三十一年三月発行の文事堂版を求版。

千代田城二人白浪　菊判並製一巻一冊

【著編者】双龍斎貞鏡（講演）今村次郎（速記）【序年・

序者】明治三十一・一止一行庵【画工】不詳【奥付等】「明治卅八年十月十八日再版印刷／明治卅八年十月廿一日再版発行／〔明治三十一年二月廿一日印刷／明治三十一年二月廿四日発行〕／講演者　東京市日本橋区久松町三十五番地　貞鏡事　早川与吉／発行者　東京市浅草区三好町七番地　大川錠吉／印刷者　同浅草区南元町廿六番地　川崎清三／印刷所　同所　大川屋印刷所／発行所　東京市浅草区三好町七番地　聚栄堂　大川屋書店」【備考】奥付に「MADE IN JAPAN」とあるものも。十五版（明治四十三年二月二十六日発行）あり。明治三十一年二月発行の石川弘正堂版『富蔵藤十郎』を求版。

二人少年虎吉の巻（少年お伽噺　第七編）　菊判並製一巻一冊
【著編者】変哲山人（編）【画工】山本英春【奥付等】「明治三十五年十一月十四日印刷／明治三十五年十一月十八日発行／明治三十八年一月三日十一版発行／明治三十八年三月一日十二版発行／明治三十八年九月十二日十三版発行／明治三十八年十二月十一日十四版発行／編輯所　祐文館編輯部／発行者　東京市浅草区三好町七番地　大川錠吉／印刷者　同浅草区南元町廿六番地　川崎清三／印刷所　同所　大川屋印刷所／発行所　東京市浅草区三好町七番地　聚栄堂　大川屋書店／専売所　東京市神田区表神保町二番地　福岡自祐堂書店」【備考】十五版（明治三十九年二月十八日）・十六版（明治三十九年八月十三日）あり。

男女往復手紙之文　四六判並製一巻一冊
【著編者】村瀬元代【序年・序者】村瀬元代【奥付等】「明治卅八年十二月十五日印刷／明治卅八年十二月十八日発行／編輯者　東京市本所区番場町五十四番地　村瀬元代／発行者　東京市浅草区三好町七番地　大川錠吉／印刷者　東京市浅草区南元町廿四番地　小宮定吉／印刷所　同所　大川屋活版所／発行所　東京市浅草区三好町七番地　聚栄堂　大川屋書店」

烈女妙海尼（少年お伽噺　第二十八篇）　菊判並製一巻一冊
【著編者】変哲山人（編）【画工】山本英春【奥付等】「明治三十八年十二月七日印刷／明治三十八年十二月十八日発行／編輯所　祐文館編輯部／編輯兼発行者　東京市浅草区三好町七番地　大川錠吉／印刷者　東京市日本橋区薬研堀町三十三番地　仁科信治／印刷所　右同所　厚信舎／発売所　東京市浅草区三好町七番地　聚栄堂　大川屋書店／専売所　東京市神田区表神保町弐番地　自祐堂　福岡書店」

明治三十九年（一九〇六）丙午

小栗判官実録　菊判並製一巻一冊
【著編者】宝井琴凌（講述）加藤由太郎（速記）【序年・序者】呑鯨主人【画工】後藤芳景【奥付等】「明治三十年五月廿八日印刷／明治三十年六月一日発行／明治卅九年二月第六版／口演者　東京市深川区西森下町十九番地　大沢清太郎／発行者　東京市浅草区三好町七番地　大川錠吉／印刷者　東京市浅草区南元町廿四番地　小宮定吉／印刷所　同所　大川屋活版所／発行所　東京市浅草区三好町七番地　聚栄堂　大川屋書店」【備考】奥付に「MADE IN JAPAN」とあるものも。明治三十年六月発行の上田屋版を求版。

徳川天一坊　菊判並製一巻一冊
【著編者】神田伯山（講演）今村次郎（速記）【序年・序者】大川屋主人【画工】不詳【奥付等】「明治三十年七月一日印刷／明治三十年七月四日発行／明治卅九年二月六日五版発行／口演者　東京市浅草区森下町十五番地　玉川金次郎／発行者　東京市浅草区三好町七番地　大川錠吉／印刷者　東京市浅草区南元町廿四番地　小宮定吉／印刷所　同所　大川屋印刷所／発行所　東京市浅草区三好町七番地　聚栄堂　大川屋書店」

鎮西八郎為朝武勇伝　菊判並製一巻一冊
【著編者】伊東凌湖（口演）速記社社員（速記）【序年・序者】呑鯨主人【画工】豊川秀静【奥付等】「明治卅九年二月廿五日再版印刷／明治卅九年二月廿八日再版発行／〔明治卅二年四月三日印刷／明治卅二年四月十五日発行〕／口演者　伊東凌湖／発行者　東京市浅草区三好町七番地　大川錠吉／印刷者　東京市浅草区南元町廿四番地　小宮定吉／印刷所　同所　大川屋活版所／発行所　東京市浅草区三好町七番地　聚栄堂　大川屋書店」【備考】明治三十二年四月発行の盛陽堂版を求版。

出世の同胞（弟の巻）（少年お伽噺　第十八篇）　菊判並製一巻一冊
【著編者】変哲山人（編）【画工】山本英春【奥付等】「明治三十七年二月廿二日印刷／明治三十七年二月廿五日発行／明治三十八年一月三日十一版発行／明治三十八年三月一日十二版発行／明治三十八年十月四日十三版発行／明治三十九年一月十九日十四版発行／明治三十九年三月二日十五版発行／編輯者　祐文館編輯部／編輯兼発行者　東京市浅草区三好町七番地　大川錠吉／印刷者　同浅草区南元町廿六番地　川崎清三／印刷所　同所　大

川屋印刷所／発行所　東京市浅草区三好町七番地　聚栄堂　大川屋書店／専売所　東京市神田区表神保町二番地　福岡自祐堂書店」

松前屋五郎兵衛　菊判並製一巻一冊

【著編者】不詳【序年・序者】伊東橋塘【画工】国直・宝斎【奥付等】「明治卅九年三月十日六版印刷／明治卅九年三月十五日六版発行／（明治廿三年一月十五日印刷 明治廿三年一月十八日出版）／翻刻者　東京市小石川区指ヶ谷町十七番地　足立庚吉／発行者　東京市浅草区三好町七番地　大川錠吉／印刷者　同浅草区南元町廿四番地　小宮定吉／印刷所　同所　大川屋活版所／発行所　東京市浅草区三好町七番地　聚栄堂　大川屋書店」【備考】奥付に「MADE IN JAPAN」とあるものも。

福姫物語（少年お伽噺　第二十九篇）　菊判並製一巻一冊

【著編者】変哲山人（編）【画工】山本英春【奥付等】「明治三十九年三月五日印刷／明治三十九年三月廿二日発行／編輯所　祐文館編輯部／編輯兼発行者　東京市浅草区三好町七番地　大川錠吉／印刷者　東京市日本橋区薬研堀町三十三番地　仁科信治／印刷所　右同所　厚信舎／発売所　東京市浅草区三好町七番地　聚栄堂　大川屋書店／専売所　東京市神田区表神保町弐番地　自祐堂福岡書店」

秋山要助武勇伝　菊判並製一巻一冊

【著編者】伊東陵潮（講述）加藤由太郎（速記）【序年・序者】明治三十・加藤由太郎【画工】笠井鳳斎【奥付等】「明治卅九年四月十日再版印刷／明治卅九年四月十五日再版発行／（明治卅年十一月十二日印刷 明治卅年十一月十七日発行）／講演者　東京市浅草区東三筋町五十番地　伊藤凌潮事　渡辺熊次郎／発行者　東京市浅草区三好町七番地　大川錠吉／印刷者　東京市浅草区南元町廿四番地　小宮定吉／印刷所　同所　大川屋印刷所／発行所　東京市浅草区三好町七番地　聚栄堂　大川屋書店」【備考】奥付に「MADE IN JAPAN」とあるものも。明治三十年発行の薫志堂版を求版。

日本外史字典　四六判ボール表紙本一巻一冊

【著編者】高橋喜八郎【序年・序者】明治三十九・高橋喜八郎【奥付等】「明治三十九年四月十日印刷／明治三十九年四月十五日発行／著者　高橋喜八郎／翻刻発行兼印刷者　東京市浅草区三好町七番地　大川錠吉／発行所　東京市浅草区三好町七番地　大川屋書店／発行所　大阪市東区安土町四丁目心斎橋東へ入　石塚松雲堂／発行所　大阪市東区北久太郎町四丁目心斎橋東へ入　岡本偉

業堂」

天正豪傑塙団右衛門 後編　菊判並製二巻二冊

【著編者】桃川燕林（講演）速記競技会員（速記）【序年・序者】呑鯨主人【画工】不詳【奥付等】「明治卅九年五月十五日再版印刷／明治卅九年五月廿日再版発行／（明治卅一年九月二十日印刷 明治卅一年十月一日発行）／講演者　桃川燕林／発行者　東京市浅草区三好町七番地　大川錠吉／印刷者　東京市浅草区南元町廿四番地　小宮定吉／印刷所　同所　大川屋印刷所／発行所　東京市浅草区三好町七番地　聚栄堂大川屋書店」【備考】内題は「塙団右衛門下之巻」。奥付に「MADE IN JAPAN」とあるものも。明治三十一年六月二十日発行の太成堂戸田書店版を求版。

七ふしぎ狐のお楽　菊判並製一巻一冊

【著編者】仮名垣魯文【序年・序者】仮名垣魯文【画工】不詳【奥付等】「明治卅九年七月廿五日五版印刷／明治卅九年七月廿八日五版発行／（明治二十九年二月五日印刷 明治二十九年二月十日発行）／著者　東京市京橋区新富町六丁目十一番地　仮名垣魯文／発行者　東京市浅草区三好町七番地　大川錠吉／印刷者　同浅草区南元町廿四番地　小宮定吉／印刷所　同所　大川屋印刷所／発行所　東京市浅草区三好町七番地　聚栄堂　大川屋書店」

仇討鏡山実録　菊判並製一巻一冊

【著編者】桃川燕林（講演）今村次郎（速記）【序年・序者】呑鯨主人【画工】不詳【奥付等】「明治卅九年八月五日再版印刷／明治卅九年八月九日再版発行／（明治三十年六月十日印刷明治三十年六月十七日発行）／講演者　東京市浅草区公園第六区三号百四番地　蘆野万吉／発行者　東京市浅草区三好町七番地　大川錠吉／印刷者　東京市浅草区南元町廿六番地　川崎清三／印刷所　同所　大川屋印刷所／発行所　東京市浅草区三好町七番地　聚栄堂　大川屋書店」【備考】明治三十年（一八九七）六月十七日発行の三輪逸次郎版『仇討かゞ見山』を求版。

厄払ひ（少年お伽噺　第九篇）　菊判並製一巻一冊

【著編者】駿河台人（編）【画工】山本英春【奥付等】「明治三十六年一月十五日印刷／明治三十六年一月十九日発行／明治三十八年一月三日十一版発行／明治三十八年三月一日十二版発行／明治三十八年十月六日十三版発行／明治三十九年二月十五日十四版発行／明治三十九年八月十三日十五版発行／編輯所　祐文館編輯部／編輯兼発行者　東京市浅草区三好町七番地　大川錠吉／印刷者　同浅草区南元町廿六番地　川崎清三／印刷所　同所　大川屋印刷所／発行所　東京市浅草区三好町七番地　聚

栄堂　大川屋書店／専売所　東京市神田区表神保町二番地　福岡自祐堂書店」

寛永武術之誉御前試合 前編　菊判並製一巻一冊

【著編者】宝井馬琴（講演）今村次郎（速記）【序年・序者】明治三十二・蚯蚓【画工】後藤芳景【奥付等】「明治三十二年六月卅日印刷／明治三十二年七月五日発行／明治三十六年五月七日再版／明治三十七年五月十日三版／明治三十九年九月廿五日四版／講演者　宝井馬琴／発行者　東京市浅草区三好町七番地　大川錠吉／印刷者　東京市浅草区南元町廿六番地　川崎清三／印刷所　同所　大川屋印刷所／発行所　東京市浅草区三好町七番地　聚栄堂　大川屋書店」【備考】内題は「寛永勇士武術の誉」。

寛永武術之誉御前試合 後編　菊判並製一巻一冊

【著編者】宝井馬琴（講演）今村次郎（速記）【序年・序者】明治三十二・加藤みゝづ【画工】後藤芳景【奥付等】「明治三十二年六月卅日印刷／明治三十二年七月五日発行／明治三十六年五月七日再版／明治三十七年五月十日三版／明治三十九年九月廿五日四版／講演者　宝井馬琴／発行者　東京市浅草区三好町七番地　大川錠吉／印刷者　東京市浅草区南元町廿六番地　川崎清三／印刷所　同所　大川屋印刷所／発行所　東京市浅草区三好町七番地　聚栄堂　大川屋書店」【備考】内題は「寛永勇士武術の誉後編」。

鶯塚復讐美談　菊判並製一巻一冊

【著編者】錦城斎貞玉（講演）今村次郎（速記）【序年・序者】呑鯨主人【画工】不詳【奥付等】「明治卅九年八月五日再版印刷／明治卅九年八月九日再版発行／〔明治三十年十一月九日イン刷明治三十年十一月十二日発行〕／講演者　東京市浅草区福富町廿九番地　錦城斎貞玉事　柴田貢／発行者　東京市浅草区三好町七番地　大川錠吉／印刷者　同浅草区南元町廿四番地　小宮定吉／印刷所　同所　大川屋活版所／発行所　東京市浅草区三好町七番地　聚栄堂　大川屋書店」【備考】明治三十年十一月発行のいろは書房版を求版。

侠客布袋の市兵衛　菊判並製一巻一冊

【著編者】桃川燕林（口演）浪上義三郎（速記）【序年・序者】呑鯨主人【画工】不詳【奥付等】「明治卅九年十月廿八日再版印刷／明治卅九年十一月一日再版発行／〔明治卅四年三月二日印刷明治卅四年三月六日発行〕／講演者　東京市下谷区仲徒町二丁目十番地　桃川燕林／発行者　東京市浅草区三好町七番地　大川錠吉／印刷者　東京市浅草区南元町廿四番地　小宮定吉／印刷所　同所　大川屋印刷所／発行所　東京市浅草区三好町七番地　聚栄堂　大川屋書店」【備考】

奥付に「MADE IN JAPAN」とあるものも。明治三十四年三月発行の三新堂・青海堂版を求版。

敵討葛の葉　菊判並製一巻一冊

【著編者】邑井一（口演）加藤由太郎（速記）【序年・序者】呑鯨主人【画工】豊川秀静【奥付等】「明治卅九年十一月八日再版印刷／明治卅九年十一月十三日再版発行／（明治卅二年四月廿五日印刷　明治卅二年四月廿八日発行）／編輯者　東京市浅草区南元町十七番地　鈴木与八／発行者　東京市浅草区三好町七番地　大川錠吉／印刷者　同浅草区南元町廿四番地　小宮定吉／印刷所　大川屋印刷所／発行所　東京市浅草区三好町七番地　聚栄堂　大川屋書店」【備考】奥付に「MADE IN JAPAN」とあるものも。二十五版（大正二年三月三十一日発行）あり。

探偵実話横浜小僧ころし　菊判並製一巻一冊

【著編者】松林伯円（講演）加藤由太郎（速記）【序年・序者】明治三十・天野機節【画工】不詳【奥付等】「明治卅九年十一月十八日再版印刷／明治卅九年十一月廿一日再版発行／（明治卅一年十二月廿七日印刷　明治卅二年一月二日発行）／講演者　東京市京橋区木挽町九丁目六番地　若林義行／発行者　東京市浅草区三好町七番地　大川錠吉／印刷者　同浅草区南元町廿四番地　小宮定吉／印刷所　同所　大川屋印刷所／発行所　東京市浅草区三好町七番地　聚栄堂　大川屋書店」【備考】明治三十年六月発行の中村惣次郎版『横浜奇談米櫃』を求版。

塩原多助一代記　菊判並製一巻一冊

【著編者】三遊亭円朝（演述）若林玵蔵（筆記）【序年・序者】三遊亭円朝【画工】月岡芳年【奥付等】「明治十七年十二月一日版権免許／明治卅四年五月一日印刷発行／明治卅五年九月五日二十一版発行／明治卅五年十一月十五日二十二版発行／明治卅六年四月十日二十三版発行／明治卅七年十月十七日二十四版発行／明治卅八年十二月五日二十五版発行／明治卅九年十月廿八日二十六版発行／発行者　東京市浅草区三好町七番地　大川錠吉／印刷者　東京市浅草区南元町廿六番地　川崎清三／印刷所　同所　大川屋印刷所／発行所　東京市浅草区三好町七番地　聚栄堂　大川屋書店」【備考】二十九版（明治四十一年九月二十日発行）・三十五版（同四十五年一月十九日発行）・三十九版（大正四年五月十日発行）あり。

柳川庄八　菊判並製二巻二冊

【著編者】柴田薫（口演）時事新報社員（速記）【序年・序者】加藤みゝづ【画工】後藤芳景【奥付等】「明治卅九年十一月十五日再版印刷／明治卅九年十一月十八日再

版発行／〔明治卅三年七月一日印刷　明治卅三年七月五日発行〕／口演者　柴田薫／発行者　東京市浅草区三好町七番地　大川錠吉／印刷者　同浅草区南元町廿六番地　川崎清三／印刷所　同所　大川屋印刷所／発行所　東京市浅草区三好町七番地　聚栄堂　大川屋書店」

徳川四天王随一 本多平八郎忠勝　菊判並製一巻一冊

【著編者】春桜亭小三（口演）安藤粛太郎（速記）【序年・序者】安藤独陰【画工】豊川秀静【奥付等】「明治卅九年十一月廿五日再版印刷／明治卅九年十一月廿八日再版発行／〔明治三十一年四月廿五日印刷　明治三十一年四月三十日発行〕／口演者　東京市本郷区森川町一番地　広雄次郎／発行者　東京市浅草区三好町七番地　大川錠吉／印刷者　東京市浅草区南元町廿四番地　小宮定吉／印刷所　同所　大川屋印刷所／発行所　東京市浅草区三好町七番地　聚栄堂　大川屋書店」【備考】奥付に「MADE IN JAPAN」とあるものも。明治三十一年四月三十日発行の上田屋書店版を求版。

有馬猫騒動　菊判並製一巻一冊

【著編者】伊東陵潮（講演）今村次郎（速記）【序年・序者】堆雪【画工】不詳【奥付等】「明治卅九年十二月七日再版印刷／明治卅九年十二月十日再版発行／〔明治三十五年八月二日印刷　明治三十五年八月五日発行〕／講演者　伊東陵潮／発行者　東京市浅草区三好町七番地　大川錠吉／印刷者　東京市浅草区南元町廿四番地　小宮定吉／印刷所　同所　大川屋印刷所／発行所　東京市浅草区三好町七番地　聚栄堂　大川屋書店」【備考】奥付に「MADE IN JAPAN」とあるものも。

侠客橋場の長吉　菊判並製一巻一冊

【著編者】小林紫軒（講演）伊藤勝次郎（速記）【序年・序者】鶯里山人【画工】豊川秀静【奥付等】「明治卅九年十二月八日再版印刷／明治卅九年十二月十一日再版発行／〔明治三十五年八月十日印刷　明治三十五年九月十日発行〕／講演者　小林紫軒／発行者　東京市浅草区三好町七番地　大川錠吉／印刷者　東京市浅草区南元町廿四番地　小宮定吉／印刷所　同所　大川屋印刷所／発行所　東京市浅草区三好町七番地　聚栄堂　大川屋書店」【備考】内題は「江戸侠客橋場の長吉」。奥付に「MADE IN JAPAN」とあるものも。

近江聖人（少年お伽噺　第二十四篇）　菊判並製一巻一冊

【著編者】変哲山人（編）【画工】山本英春【奥付等】「明治三十八年三月七日印刷／明治三十八年三月十日発行／明治三十八年六月十六日二版発行／明治三十八年十月十二日三版発行／明治三十八年十二月九日四版発行／明治三十九年二月廿一日五版発行／明治三十九年八月二

日六版発行／明治三十九年十二月二十日七版発行／編輯所　祐文館編輯部／編輯兼発行者　東京市浅草区三好町七番地　大川錠吉／印刷者　同浅草区南元町廿六番地川崎清三／印刷所　同所　大川屋印刷所／発行所　東京市浅草区三好町七番地　聚栄堂　大川屋書店／専売所　東京市神田区表神保町二番地　福岡自祐堂書店」

教訓助けあひ（少年お伽噺　第十二篇）　菊判並製一巻一冊

【著編者】市川塩泉（編）【画工】山本英春【奥付等】「明治三十六年五月二十日印刷／明治三十六年五月廿九日発行／明治三十八年一月三日十一版発行／明治三十八年三月一日十二版発行／明治三十八年十月十五日十三版発行／明治三十九年二月十七日十四版発行／明治三十九年八月九日十五版発行／明治三十九年十二月廿四日十六版発行／編輯所　祐文館編輯部／編輯兼発行者　東京市浅草区三好町七番地　大川錠吉／印刷者　同浅草区南元町廿六番地　川崎清三／印刷所　同所　大川屋印刷所／発行所　東京市浅草区三好町七番地　聚栄堂　大川屋書店／専売所　東京市神田区表神保町二番地　福岡自祐堂書店」【備考】二十四版（明治四十二年十月二十四日発行）あり。

近藤重蔵（少年お伽噺　第二十七編）　菊判並製一巻一冊

【著編者】楽鷹真人【画工】尾形耕一【奥付等】「明治卅八年十二月一日印刷／明治三十八年十二月七日発行／明治卅九年三月五日再版発行／明治卅九年八月六日三版発行／明治卅九年十二月廿七日四版発行／編輯所　祐文舘編輯部／編輯兼発行者　東京浅草区三好町七番地　大川錠吉／印刷者　同浅草区南元町廿六番地　川崎清三／印刷所　同所　大川屋印刷所／発行所　東京浅草区三好町七番地　聚栄堂　大川屋書店／専売所　東京市神田区表神保町二番地　福岡自祐堂書店」

明治四十年（一九〇七）丁未

松平長七郎　菊判並製一巻一冊

【著編者】松林伯知（講演）今村次郎（速記）【序年・序者】近眼子【画工】後藤芳景【奥付等】「明治四十年一月二日再版印刷／明治四十年一月五日再版発行／〔明治二十九年二月二日印刷明治二十九年二月五日発行〕／講演者　東京市本所区相生町三丁目十八番地　松林伯知事　柘植正一郎／発行者　東京市浅草区三好町七番地　大川錠吉／印刷者　同浅草区南元町廿四番地　小宮定吉／発行所　東京市浅草区三好町七番地　聚栄堂　大川屋書店」【備考】呑鯨主人の序文を

備える版もあり。明治二十九年二月五日発行の三輪逸次郎版を求版。

真影流元祖 上泉伊勢守　菊判並製一巻一冊

【著編者】錦城斎貞玉（講演）今村次郎（速記）【序年・序者】武愛狂生【画工】豊川秀静【奥付等】「明治四十年一月廿五日再版印刷／明治四十年一月廿八日再版発行／｛明治三十二年八月六日印刷 明治三十二年八月十日発行｝／口演者　錦城斎貞玉／発行者　東京市浅草区三好町七番地　大川錠吉／印刷者　東京市浅草区南元町廿四番地　小宮定吉／印刷所　同所　大川屋印刷所／発行所　東京市浅草区三好町七番地　聚栄堂　大川屋書店」【備考】奥付に「MADE IN JAPAN」とあるものも。明治三十二年発行のいろは書房版を求版。

空屋の美人　菊判並製一巻一冊

【著編者】松林伯知（講演）今村次郎（速記）【序年・序者】青軒居士【画工】高橋松亭【奥付等】「明治四十年二月一日七版印刷／明治四十年二月四日七版発行／｛明治廿七年五月十五日印刷 同年五月十八日発行｝／編輯者　東京市京橋区本材木町三丁目廿六番地　鈴木金輔／発行者　東京市浅草区三好町七番地　大川錠吉／印刷者　東京市浅草区南元町廿四番地　川崎清三／印刷所　東京市浅草区南元町廿四番地　大川屋印刷所／発行所　東京市浅草区三好町七番地　聚栄堂　大川屋書店」【備考】奥付に「MADE IN JAPAN」とあるものも。明治二十七年六月四日発行の吾妻屋版を求版。

訂正増補 日本婚礼式大全　菊判並製一巻一冊

【著編者】小笠原国豊（閲）鵜飼兵太郎（著）【序年・序者】①明治二十二・伊東洋二郎②明治二十七・蕉雨逸人【画工】不詳【奥付等】「明治四十四年二月十日印刷／明治四十四年二月十九日発行／｛明治廿七年三月一日印刷 明治廿七年三月八日発行｝／著述者　鵜飼兵太郎／発行者　東京市浅草区三好町七番地　大川錠吉／印刷者　同浅草区南元町二十六番地　川崎清三／印刷所　同所　大川屋印刷所／発行所　東京市浅草区三好町七番地　聚栄堂　大川屋書店」【備考】奥付に「MADE IN JAPAN」とある。明治二十七年三月八日発行の学友館版を求版。

石川五右衛門奇賊伝　菊判並製一巻一冊

【著編者】前田貞利（講演）今村次郎（速記）【序年・序者】雲烟散史【画工】光方【奥付等】「明治四十年三月八日再版印刷／明治四十年三月十一日再版発行／｛明治二十六年五月卅一日内務省許可 明治二十七年六月十七日印刷発行｝／編輯者　神田区南乗物町十五番地　鈴木源四郎／発行者　東京市浅草区三好町七番

地　大川錠吉／印刷者　浅草区南元町廿四番地　小宮定吉／印刷所　同所　大川屋印刷所／発行所　東京市浅草区三好町七番地　聚栄堂　大川屋書店」【備考】講演者不詳『小西屋政談』と合冊。奥付に「MADE IN JAPAN」とあるものも。明治二十七年五月発行の九皐館版を求版。

普通教育日本中歴史　四六判並製一巻一冊

【著編者】谷口政徳（編述）【序年・序者】明治三十一・関根正直【画工】不詳【奥付等】「明治四十年三月廿六日印刷／明治四十年四月五日発行／編纂　谷口政徳／編輯兼発行者　東京市浅草区三好町七番地　大川錠吉／印刷者　同浅草区南元町廿六番地　川崎清三／印刷所　同所　大川屋印刷所／発行所　東京市浅草区三好町七番地　聚栄堂　大川屋書店」

安珍清姫日高川実記　菊判並製一巻一冊

【著編者】錦城斎貞玉（講演）今村次郎（速記）【序年・序者】竹蔭居士【画工】重光【奥付等】「明治四十年四月卅日再版印刷／明治四十年五月三日再版発行／〔明治三十一年十二月廿六日印刷 明治三十二年一月二日発行〕／口述者　錦城斎貞玉／発行者　東京市浅草区三好町七番地　大川錠吉／印刷者　東京市浅草区南元町廿四番地　小宮定吉／印刷所　東京市浅草区南元町廿六番地　大川屋印刷所／発行所　東京市浅草区三好町七番地　聚栄堂　大川屋書店」【備考】松林若円（講演）今村次郎（速記）『大野家奇聞義侠芸妓』と松林伯円（講演）今村次郎（速記）『寛政奇賊小雀吉五郎』を合冊。奥付に「MADE IN JAPAN」とあるものも。明治三十二年一月発行の三輪逸次郎版を求版。

弘法大師利生記　菊判並製一巻一冊

【著編者】桃川三玉（講演）今村次郎（速記）【序年・序者】呑鯨主人【画工】重光【奥付等】「明治四十年五月十一日再版印刷／明治四十年五月十五日再版発行／〔明治二十五年五月一日印刷 明治二十五年五月六日発行〕／口演者　小田切辰造／発行者　東京市浅草区三好町七番地　大川錠吉／印刷者　東京市浅草区南元町廿四番地　小宮定吉／印刷所　東京市浅草区南元町廿四番地　大川屋活版所／発行所　東京市浅草区三好町七番地　聚栄堂　大川屋書店」【備考】奥付に「MADE IN JAPAN」とあるものも。

中山大納言　菊判並製一巻一冊

【著編者】錦城斎貞玉（講演）今村次郎（速記）【序年・序者】明治三十三・千万夢堂【画工】尾形月耕【奥付等】「明治四十年五月十三日再版印刷／明治四十年五月十五日再版発行／〔明治三十三年七月九日印刷 明治三十三年七月十日発行〕／編輯者　東京市神田区田代町九番地　岡田常三郎／発行者　東京

市浅草区三好町七番地　大川錠吉／印刷者　東京市浅草区南元町廿四番地　小宮定吉／印刷所　東京市浅草区南元町廿六番地　大川屋印刷所／発行所　東京市浅草区三好町七番地　聚栄堂　大川屋書店」【備考】奥付に「MADE IN JAPAN」とあるものも。

（岡山奇聞）備前騒動　菊判並製一巻一冊

【著編者】伊東凌潮（講述）加藤由太郎（速記）【序年・序者】呑鯨主人【画工】周延【奥付等】「明治四十年五月十九日再版印刷／明治四十年五月廿二日再版発行／〔明治三十年一月三十日印刷　明治三十年二月四日発行〕／講演者　伊東凌潮／発行者　東京市浅草区三好町七番地　大川錠吉／印刷者　東京市浅草区南元町廿六番地　川崎清三／印刷所　同所　大川屋印刷所／発行所　東京市浅草区三好町七番地　聚栄堂　大川屋書店」【備考】文事堂より求版か。

朝日奈三郎　菊判並製一巻一冊

【著編者】真龍斎貞水（講演）東京日日新聞（速記）【序年・序者】不詳【画工】不詳【奥付等】「明治四十年五月廿一日再版印刷／明治四十年五月廿四日再版発行／〔明治三十年十一月二日印刷　明治三十年十一月八日発行〕／編輯者　東京市神田区新石町四番地　市川路周／発行者　東京市浅草区三好町七番地　大川錠吉／印刷者　東京市浅草区南元町廿六番地　小宮定吉／印刷所　東京市浅草区南元町廿六番地　大川屋印刷所／発行所　東京市浅草区三好町七番地　聚栄堂　大川屋書店」【備考】明治三十年十一月八日発行の文事堂版を求版。

（観音利生記）浅草寺の仇討　菊判並製一巻一冊

【著編者】桃川燕林（講演）今村次郎（速記）【序年・序者】呑鯨主人【画工】不詳【奥付等】「明治四十年五月十八日再版印刷／明治四十年五月廿一日再版発行／〔明治三十二年十二月十四日印刷　明治三十二年十二月十七日発行〕／講演者　東京市浅草公園第六区百四号　燕林事　蘆野万吉／発行者　東京市浅草区三好町七番地　大川錠吉／印刷者　浅草区南元町廿四番地　小宮定吉／印刷所　同所　大川屋印刷所／発行所　東京市浅草区三好町七番地　聚栄堂　大川屋書店」【備考】奥付に「MADE IN JAPAN」とあるものも。明治三十二年（一八九九）十二月十七日発行の文事堂版を求版。

黄薔薇　菊判並製一巻一冊

【著編者】三遊亭円朝（訳述）【序年・序者】秋琴亭【画工】不詳【奥付等】「明治四十年六月十五日再版印刷／明治四十年六月廿三日再版発行／定価金四十五銭／編輯者　東京市京橋区南槇町十三番地　鈴木金輔／発行者

東京市浅草区三好町七番地　大川錠吉／印刷者　東京市浅草区南元町廿六番地　川崎清三／印刷所　東京市浅草区南元町廿六番地　大川屋印刷所／発行所　東京市浅草区三好町七番地　聚栄堂　大川屋書店」

赤穂義士銘々伝　菊判並製五巻五冊

【著編者】邑井一（講演）加藤由太郎（速記）【序年・序者】明治三十・高橋五郎【画工】不詳【奥付等】「明治三十一年四月十五日印刷／明治三十一年五月一日発行／明治卅六年五月十五日再版発行／明治四十年七月一日三版発行／講演者　下口経助／発行者　東京市浅草区三好町七番地　大川錠吉／印刷者　東京市浅草区南元町廿四番地　小宮定吉／印刷所　同所　大川屋印刷所／発行所　東京市浅草区三好町七番地　聚栄堂　大川屋書店」【備考】奥付に「MADE IN JAPAN」とあるものも。

討敵安政四天王　菊判並製一巻一冊

【著編者】一立斎文晁（講演）高畠夢香（速記）【序年・序者】呑鯨主人【画工】不詳【奥付等】「明治四十年九月二日再版印刷／明治四十年九月五日再版発行／〔明治三十三年九月十四日印刷明治三十三年九月十八日発行〕／講演者　東京市神田区金沢町十六番地　一立斎文晁事　中山金之助／発行者　東京市浅草区三好町七番地　大川錠吉／印刷者　東京市浅草区南元町廿六番地　川崎清三／印刷所　同所　大川屋印刷所／発行所　東京市浅草区三好町七番地　聚栄堂　大川屋書店」【備考】奥付に「MADE IN JAPAN」とあるものも。

侠客稲妻権次　菊判並製一巻一冊

【著編者】桃川実（講演）酒井楽三（速記）【序年・序者】呑鯨主人【画工】不詳【奥付等】「明治四十年九月四日再版印刷／明治四十年九月七日再版発行／〔明治三十三年六月一日印刷明治三十三年六月三日発行〕／講演者　東京市浅草区公園第六区百四号　桃川実事　蘆野万吉／発行者　東京市浅草区三好町七番地　大川錠吉／印刷者　東京市浅草区南元町廿四番地　小宮定吉／印刷所　同所　大川屋印刷所／発行所　東京市浅草区三好町七番地　聚栄堂　大川屋書店」【備考】奥付に「MADE IN JAPAN」とあるものも。明治三十三年六月発行の文事堂版を求版。

彦根三勇士　菊判並製一巻一冊

【著編者】錦城斎貞玉（講演）今村次郎（速記）【序年・序者】呑鯨主人【画工】不詳【奥付等】「明治四十年九月六日再版印刷／明治四十年九月九日再版発行／〔明治三十六年十月五日印刷明治三十六年十月十日発行〕／編輯者　東京市神田区通新石町二番地　萩原幾喜／発行者　東京市浅草区三好町七番地　大川錠吉／印刷者　浅草区南元町廿四番地　小宮定吉／

印刷所　同所　大川屋印刷所／発行所　東京市浅草区三好町七番地　聚栄堂　大川屋書店」【備考】奥付に「MADE IN JAPAN」とあるものも。明治三十年一月発行の朗月堂版を求版。

復讐美談岩見重太郎伝　菊判並製一巻一冊

【著編者】双龍斎貞鏡（講演）今村次郎（速記）【序年・序者】呑鯨主人【画工】後藤芳景【奥付等】「明治四十年九月廿八日十版印刷／明治四十年十月一日十版発行／〔明治二十九年四月一日印刷 明治二十九年四月四日発行〕／講演者　双龍斎貞鏡事　早川与吉／発行者　東京市浅草区三好町七番地　大川錠吉／印刷者　東京市浅草区南元町廿四番地　小宮定吉／印刷所　東京市浅草区南元町廿六番地　大川屋印刷所／発行所　東京市浅草区三好町七番地　聚栄堂　大川屋書店」【備考】奥付に「MADE IN JAPAN」とあるものも。二十七版（大正二年十二月一日発行）あり。明治二十九年発行の上田屋版を求版。

尼子十勇士　菊判並製一巻一冊

【著編者】放牛舎桃湖（講演）石原明倫（速記）【序年・序者】明治三十一・好英散史【画工】不詳【奥付等】「明治四十年十月一日十版印刷／明治四十年十月三日十版発行／〔明治卅一年十一月十二日印刷 明治卅一年十一月十六日発行〕／講演者　東京市京橋区南八丁堀一丁目七番地　鈴木紋次郎／発行者　東京市浅草区三好町七番地　大川錠吉／印刷者　東京市浅草区南元町廿四番地　小宮定吉／印刷所　同所　大川屋印刷所／発行所　東京市浅草区三好町七番地　聚栄堂　大川屋書店」【備考】奥付に「MADE IN JAPAN」とあるものも。

探偵実話明治鼠小僧　菊判並製一巻一冊

【著編者】松林伯鶴（口演）福井順作（速記）【序年・序者】明治三十一・天野機節【画工】不詳【奥付等】「明治四十年十月六日再版印刷／明治四十年十月十日再版発行／〔明治三十六年六月二日印刷 明治三十六年六月六日発行〕／講演者　東京市本所区緑町一丁目廿五番地　増井庄三郎／発行者　東京市浅草区三好町七番地　大川錠吉／印刷者　東京市浅草区南元町廿四番地　小宮定吉／印刷所　同所　大川屋活版所／発行所　東京市浅草区三好町七番地　聚栄堂　大川屋書店」【備考】奥付に「MADE IN JAPAN」とあるものも。

檜山相馬大作忠勇伝　菊判並製一巻一冊

【著編者】竹のや鳴雀（講述）速記社社員（速記）【序年・序者】明治二十・夢香仙史【画工】不詳【奥付等】「明治四十年十一月十八日再版印刷／明治四十年十一月廿一日再版発行／〔明治廿三年二月五日印刷 明治廿三年二月八日出版〕／講演者　竹

のや鳴雀／発行者　東京市浅草区三好町七番地　大川錠吉／印刷者　東京市浅草区南元町廿四番地　小宮定吉／印刷所　東京市浅草区南元町廿六番地　大川屋印刷所／発行所　東京市浅草区三好町七番地　聚栄堂　大川屋書店」【備考】奥付に「MADE IN JAPAN」とあるものも。三十版（大正元年十月二十四日発行）あり。

忠勇美談水戸十勇士　菊判並製一巻一冊

【著編者】神田伯山（講演）今村次郎（速記）【序年・序者】呑鯨主人【画工】不詳【奥付等】「明治四十年十二月十九日再版印刷／明治四十年十二月廿二日再版発行／〔明治卅一年八月十五日印刷／明治卅一年八月二十日発行〕／講演者　玉川金治郎／発行者　東京市浅草区三好町七番地　大川錠吉／印刷者　東京市浅草区南元町廿四番地　小宮定吉／印刷所　東京市浅草区南元町廿六番地　大川屋印刷所／発行所　東京市浅草区三好町七番地　聚栄堂　大川屋書店」【備考】奥付に「MADE IN JAPAN」とあるものも。萩原新陽館から求版か。

明治四十一年（一九〇八）　戊申

独学四書講義　四六判並製一巻一冊

【著編者】永沢南陵（講述）【序年・序者】永沢南陵【奥付等】「明治廿五年九月廿八日印刷／明治廿五年十月一日出版／明治廿六年七月十二日再版／明治廿七年十一月一日三版／明治四十一年一月十二版／著者　東京市京橋区南八丁堀二丁目四番地　永沢南陵／発行者　東京市浅草区三好町七番地　大川錠吉／印刷者　東京市浅草区南元町廿四番地　小宮定吉／一手専売　東京市日本橋区松島町二十九番地　井上孝助」

夕立勘五郎　菊判並製一巻一冊

【著編者】揚名舎桃李（講演）加藤由太郎（速記）【序年・序者】蚯蚓【画工】後藤芳景【奥付等】「明治四十一年五月一日再版印刷／明治四十一年五月四日再版発行／〔明治卅六年三月一日譲受印刷／明治卅六年四月廿日発行〕／口演者　楊（ママ）名舎桃李／発行者　東京市浅草区三好町七番地　大川錠吉／印刷者　東京市浅草区南元町廿四番地　小宮定吉／印刷所　東京市浅草区南元町廿六番地　大川屋印刷所／発行所　東京市浅草区三好町七番地　聚栄堂　大川屋書店」【備考】内題は「夕立勘五郎伝」。奥付に「MADE IN JAPAN」とあるものも。明治三十三年三月発行の上田屋書店版『安政水滸伝』を求版。

二見ヶ浦日の出の仇討　菊判並製一巻一冊

【著編者】一流斎文雅（口演）高畠夢香（速記）【序年・

序者】呑鯨主人【画工】不詳【奥付等】「明治四十一年五月三日再版印刷／明治四十一年五月六日再版発行／〔明治三十年十一月二日印刷／明治三十年十一月八日発行〕／編輯者　東京市神田区新石町四番地　市川路周／発行者　東京市浅草区三好町七番地　大川錠吉／印刷者　東京市浅草区南元町廿四番地　小宮定吉／印刷所　東京市浅草区南元町十六番地　大川屋印刷所／発行所　東京市浅草区三好町七番地　大川屋書店」【備考】奥付に「MADE IN JAPAN」とあるものも。

敵討関取二代鑑　菊判並製一巻一冊

【著編者】桃川燕林（講演）今村次郎（速記）【序年・序者】発行者主人【画工】不詳【奥付等】「明治四十一年五月十一日再版印刷／明治四十一年五月十四日再版発行／〔明治三十五年八月六日印刷／明治三十五年八月十日発行〕／口演者　桃川燕林／発行者　東京市浅草区三好町七番地　大川錠吉／印刷者　東京市浅草区南元町廿四番地　小宮定吉／印刷所　東京市浅草区南元町廿六番地　大川屋印刷所／発行所　東京市浅草区三好町七番地　聚栄堂　大川屋書店」【備考】内題は「復讐奇談関取二代鑑」。奥付に「MADE IN JAPAN」とあるものも。明治二十九年七月十九日発行の文錦堂版を求版か。

べに皿かけ皿　菊判並製一巻一冊

【著編者】邑井一（講演者）吉田欽一（速記者）【序年・序者】不詳【画工】豊川秀静【奥付等】「明治四十一年五月十二日再版印刷／明治四十一年五月十五日再版発行／〔明治三十二年六月十日印刷／明治三十二年六月二十日発行〕／講演者　邑井一／発行者　東京市浅草区三好町七番地　大川錠吉／印刷者　東京市浅草区南元町廿六番地　川崎清三／印刷所　同所　大川屋印刷所／発行所　東京市浅草区三好町七番地　聚栄堂　大川屋書店」【備考】明治三十二年六月二十日発行の盛陽堂版を求版。

梅野由兵衛　菊判並製一巻一冊

【著編者】錦城斎貞玉（講演）吉田欽一（速記）【序年・序者】呑鯨主人【画工】不詳【奥付等】「明治四十一年五月十三日再版印刷／明治四十一年五月十六日再版発行／〔明治三十年四月二十一日印刷／明治三十年四月二十四日発行〕／編輯者　東京市神田区佐久間町三丁目卅八番地　市川路周／発行者　東京市浅草区三好町七番地　大川錠吉／印刷者　東京市浅草区南元町廿四番地　小宮定吉／印刷所　東京市浅草区南元町廿六番地　大川屋印刷所／発行所　東京市浅草区三好町七番地　聚栄堂　大川屋書店」【備考】奥付に「MADE IN JAPAN」とあるものも。明治三十年四月四日発行の文事堂版を求版。

大岡さばき水呑村九助　菊判並製一巻一冊

【著編者】桃川燕林（講演）酒井楽三（速記）【序年・序者】呑鯨主人【画工】不詳【奥付等】「明治四十一年五月十四日再版印刷／明治四十一年五月十七日再版発行／〔明治三十三年五月一日印刷／明治三十三年五月四日発行〕／講演者　東京市浅草区公園第六区三号百四　蘆野万吉／発行者　東京市浅草区三好町七番地　大川錠吉／印刷者　東京市浅草区南元町廿四番地　小宮定吉／印刷所　同所　大川屋印刷所／発行所　東京市浅草区三好町七番地　聚栄堂　大川屋書店」【備考】奥付に「MADE IN JAPAN」とあるものも。明治三十三年五月四日発行の文事堂版を求版。

入身術誉小太刀　菊判並製一巻一冊

【著編者】神田伯鱗（口演）浪上義三郎（速記）【序年・序者】秋月桂水【画工】不詳【奥付等】「明治四十一年五月十七日再版印刷／明治四十一年五月廿一日再版発行／〔明治三十三年二月二日印刷／明治三十三年二月六日発行〕／講演者　神田伯鱗／発行者　東京市浅草区三好町七番地　大川錠吉／印刷者　東京市浅草区南元町廿四番地　小宮定吉／印刷所　東京市浅草区南元町廿六番地　大川屋印刷所／発行所　東京市浅草区三好町七番地　聚栄堂　大川屋書店」【備考】奥付に「MADE IN JAPAN」とあるものも。明治三十三年二月六日発行の朗月堂版を求版。

梅若丸　菊判並製一巻一冊

【著編者】放牛舎桃湖（講演）速記社社員（速記）【序年・序者】呑鯨主人【画工】豊川秀静【奥付等】「明治四十一年五月十五日再版印刷／明治四十一年五月十八日再版発行／〔明治三十二年三月一日印刷／明治三十二年三月十日発行〕／口演者　東京市京橋区南八丁堀一丁目七番地　鈴木紋次郎／発行者　東京市浅草区三好町七番地　大川錠吉／印刷者　東京市浅草区南元町廿四番地　小宮定吉／印刷所　東京市浅草区南元町廿六番地　大川屋印刷所／発行所　東京市浅草区三好町七番地　聚栄堂　大川屋書店」【備考】奥付に「MADE IN JAPAN」とあるものも。明治三十二年三月十日発行の盛陽堂版を求版。

大岡さばき小西屋騒動　菊判並製一巻一冊

【著編者】一立斎文車（講演）天野機節（速記）【序年・序者】天野機節【画工】不詳【奥付等】「明治四十一年五月十六日再版印刷／明治四十一年五月十八日再版発行／〔明治卅一年十二月二十日印刷／明治卅一年十二月廿三日発行〕／口演者　東京市本郷区湯島天神町三丁目二番地　大橋源三郎／発行者　東京市浅草区三好町七番地　大川錠吉／印刷者　東京市浅草区南

元町廿四番地　小宮定吉／印刷所　東京市浅草区南元町廿六番地　大川屋印刷所／発行所　東京市浅草区三好町七番地　聚栄堂　大川屋書店」【備考】奥付に「MADE IN JAPAN」とあるものも。

谷中延命院春雨譚　菊判並製一巻一冊

【著編者】放牛舎桃林（講演）今村次郎（速記）【序年・序者】今村竹蔭【画工】重光【奥付等】「明治四十一五月二十日再版印刷／明治四十一年五月廿三日再版発行／〔明治卅一年一月十六日印刷　明治卅一年一月十九日発行〕／口演者　放牛舎桃林／発行者　東京市浅草区三好町七番地　大川錠吉／印刷者　東京市浅草区南元町廿四番地　小宮定吉／印刷所　東京市浅草区南元町廿六番地　大川屋印刷所／発行所　東京市浅草区三好町七番地　聚栄堂　大川屋書店」【備考】奥付に「MADE IN JAPAN」とあるものも。明治三十一年一月発行の三輪逸次郎版『谷中延命院春雨譚』を求版。

将軍家隠謀毒殺騒動　菊判並製一巻一冊

【著編者】錦城斎貞玉（口演）小林香渓（速記）【序年・序者】鶯里山人【画工】蝸堂【奥付等】「明治四十一年五月廿二日再版印刷／明治四十一年五月廿四日再版発行／〔明治三十二年十一月十八日印刷　明治三十二年十一月廿一日発行〕／口演者　錦城斎貞玉／発行者　東京市浅草区三好町七番地　大川錠吉／印刷者　東京市浅草区南元町廿四番地　小宮定吉／印刷所　東京市浅草区南元町廿六番地　大川屋印刷所／発行所　東京市浅草区三好町七番地　聚栄堂　大川屋書店」【備考】奥付に「MADE IN JAPAN」とあるものも。明治三十四年四月発行の盛陽堂版を求版。

敵討正木武勇伝　菊判並製一巻一冊

【著編者】松林百燕（口演）速記社社員（速記）【序年・序者】天籟散史【画工】豊川秀静【奥付等】「明治四十一年五月廿二日再版印刷／明治四十一年五月廿四日再版発行／〔明治三十一年四月廿五日印刷　明治三十一年五月一日発行〕／口演者　松林百燕／発行者　東京市浅草区三好町七番地　大川錠吉／印刷者　東京市浅草区南元町廿四番地　小宮定吉／印刷所　同所　大川屋印刷所／発行所　東京市浅草区三好町七番地　聚栄堂　大川屋書店」【備考】奥付に「MADE IN JAPAN」とあるものも。明治三十一年五月発行の武田音作・田中正平版を求版。

田沼騒動　菊判並製一巻一冊

【著編者】神田伯山（口演）今村次郎（速記）【序年・序者】呑鯨主人【画工】重光【奥付等】「明治四十一年五月廿四日再版印刷／明治四十一年五月廿六日再版発行／〔明治卅一年三月廿五日印刷　明治卅一年四月一日発行〕／口演者　神田伯山／発行者

東京市浅草区三好町七番地　大川錠吉／印刷者　浅草区南元町廿四番地　小宮定吉／印刷所　同所　大川屋印刷所／発行所　東京市浅草区三好町七番地　聚栄堂　大川屋書店」【備考】明治三十一年四月発行のいろは書房版を求版。

梅川忠兵衛　菊判並製一巻一冊
【著編者】桃川燕林（講演）今村次郎（速記）【序年・序者】不詳【画工】不詳【奥付等】「明治四十一年五月廿四日再版印刷／明治四十一年五月廿七日再版発行／〔明治三十年三月二十三日印刷 明治三十年三月二十六日発行〕／講演者　東京市浅草区公園第六区三号百四　蘆野万吉／発行者　東京市浅草区三好町七番地　大川錠吉／印刷者　東京市浅草区南元町廿四番地　小宮定吉／印刷所　同所　大川屋印刷所／発行所　東京市浅草区三好町七番地　聚栄堂　大川屋書店」
【備考】奥付に「MADE IN JAPAN」とあるものも。

お俊伝兵衛　菊判並製一巻一冊
【著編者】一立斎文晁（口演）高畠夢香（速記）【序年・序者】呑鯨主人【奥付等】「明治四十一年六月廿八日再版印刷／明治四十一年七月一日再版発行／〔明治卅三年七月十四日印刷明治卅三年七月十七日発行〕／口演者　東京市神田区金沢町十六番地　一立斎文晁事　中山金之助／発行者　東京市浅草区三好町七番地　大川錠吉／印刷者　東京市浅草区南元町廿四番地　小宮定吉／印刷所　東京市浅草区南元町廿六番地　大川屋印刷所／発行所　東京市浅草区三好町七番地　聚栄堂　大川屋書店」【備考】奥付に「MADE IN JAPAN」とあるものも。

怖物見たさ（少年お伽噺　第四十二篇）菊判並製一巻一冊
【著編者】楽鷹真人（編）【画工】山本英春【奥付等】「明治四十一年七月十一日印刷／明治四十一年七月十四日発行／編輯所　祐文館編輯部／編集兼発行者　東京市浅草区三好町七番地　大川錠吉／印刷者　同浅草区南元町廿六番地　川崎清三／印刷所　東京市浅草区南元町廿六番地　大川屋印刷所／発売所　東京市浅草区三好町七番地　聚栄堂大川屋書店／東京市神田区表神保町二番地　自祐堂福岡書店」

山本勘助　菊判並製一巻一冊
【著編者】放牛舎桃林（口演）石原明倫（速記）【序年・序者】明治二十九・温故堂知新【画工】笠井鳳斎【奥付等】「明(ママ)四十一年七月十三日再版印刷／明(ママ)四十一年七月十六日再版発行／〔明治廿九年三月廿七日印刷 明治廿九年三月卅一日発行〕／講演者　東京市神田区駿河台甲賀町八番地　島左右助／発行者　東京市浅草区三好町七番地　大川錠吉／印刷者　東京市

浅草区南元町廿四番地　小宮定吉／印刷所　東京市浅草区南元町廿六番地　大川屋印刷所／発行所　東京市浅草区三好町七番地　聚栄堂　大川屋書店」【備考】奥付に「MADE IN JAPAN」とあるものも。明治二十九年発行の金桜堂版を求版。

〔実事小話〕雪見野お辰　菊判並製一巻一冊

【著編者】安岡夢郷（編）【序年・序者】安岡夢郷【画工】松本洗耳【奥付等】「明治四十一年七月十五日再版印刷／明治四十一年七月十八日再版発行／〔明治卅六年十二月八日印刷　明治卅六年十二月十二日発行〕／編輯者　東京市浅草区栄久町六番地　鈴木金輔／発行者　大川錠吉／印刷者　東京市浅草区南元町廿六番地　川崎清三／印刷所　同所　大川屋印刷所／発行所　東京市浅草区三好町七番地　聚栄堂　大川屋書店」【備考】内題は「〔実事小説〕雪見野お辰」。奥付に「MADE IN JAPAN」とあるものも。明治三十六年十二月発行の金槙堂版を求版。

釈迦御一代記　菊判並製三巻三冊

【著編者】錦城斎貞玉（講述）加藤由太郎（速記）【序年・序者】呑鯨主人【画工】木内省古・後藤芳景【奥付等】「明治四十一年七月廿日再版印刷／明治四十一年七月廿三日再版発行／〔明治卅三年十月廿五日印刷　明治卅三年十月廿八日発行〕／編輯者　東京市神田区新石町廿四番地　市川路周／発行者　東京市浅草区三好町七番地　大川錠吉／印刷者　東京市浅草区南元町廿六番地　川崎清三／印刷所　東京市浅草区南元町廿六番地　大川屋印刷所／発行所　東京市浅草区三好町七番地　聚栄堂　大川屋書店」【備考】奥付に「MADE IN JAPAN」とあるものも。明治三十年十二月十八日発行の文事堂版を求版。

海底の重罪　菊判並製一巻一冊

【著編者】黒岩涙香（訳）【序年・序者】天趣散士【画工】不詳【奥付等】「明治四十一年七月廿五日再版印刷／明治四十一年七月廿七日再版発行／〔明治廿二年九月十五日印刷　明治廿二年九月十六日発行〕／訳述　涙香小史／発行者　東京市浅草区三好町七番地　大川錠吉／印刷者　東京市浅草区南元町廿六番地　川崎清三／印刷所　東京市浅草区南元町廿六番地　大川屋印刷所／発行所　東京市浅草区三好町七番地　聚栄堂　大川屋書店」【備考】明治二十二年九月出版の金松堂版を求版。

〔探偵小説〕惨毒　菊判並製一巻一冊

【著編者】丸亭素人（訳）【序年・序者】丸亭素人【画工】不詳【奥付等】「明治四十一年七月廿四日再版印刷／明治四十一年七月廿六日再版発行／〔明治二十四年一月七日印刷　明治二十四年

一月九日発行）／編輯者　東京市日本橋区葺屋町一番地　瀧川民治郎／発行者　東京市浅草区三好町七番地　大川錠吉／印刷者　東京市浅草区南元町廿六番地　川崎清三／印刷所　東京市浅草区南元町廿六番地　大川屋印刷所／発行所　東京市浅草区三好町七番地　聚栄堂　大川屋書店」【備考】今古堂より求版か。

小牧山合戦　菊判並製一巻一冊
【著編者】松林伯知（講演）石原明倫（速記）【序年・序者】好戦痴史【画工】安達吟光【奥付等】「明治四十一年七月三十日再版印刷／明治四十一年八月二日再版印刷／（明治廿六年十二月廿六日印刷 明治廿七年一月一日発行）／編輯者　東京市日本橋区葺屋町一番地　瀧川民治郎／発行者　東京市浅草区三好町七番地　大川錠吉／印刷者　東京市浅草区南元町廿六番地　川崎清三／印刷所　同所　大川屋印刷所／発行所　東京市浅草区三好町七番地　聚栄堂　大川屋書店」【備考】奥付に「MADE IN JAPAN」とあるものも。明治二十七年一月一日発行の金桜堂・今古堂版を求版。

（豊臣柴田）賤ヶ嶽合戦　菊判並製一巻一冊
【著編者】松林伯知（講談）石原明倫（速記）【序年・序者】明治二十八・好戦痴史【画工】不詳【奥付等】明治四十一年九月一日再版印刷／明治四十一年九月三日再版発行／（明治廿八年二月二十一日印刷 明治廿八年二月二十五日発行）／編輯者　東京市日本橋区新和泉町一番地　瀧川三代太郎／発行者　東京市浅草区三好町七番地　大川錠吉／印刷者　東京市浅草区南元町廿六番地　川崎清三／印刷所　東京市浅草区南元町廿六番地　大川屋印刷所／発行所　東京市浅草区三好町七番地　聚栄堂　大川屋書店」【備考】尾題は「（羽柴柴田）賤ヶ嶽合戦」。明治二十八年三月発行の金桜堂・今古堂版を求版。

（箱根権現）躄の仇討　菊判並製一巻一冊
【著編者】錦城斎貞玉（講演）工藤三郎（速記）【序年・序者】呑鯨主人【画工】後藤芳景【奥付等】「明治四十一年九月八日十版印刷／明治四十一年九月十一日十版発行／（明治廿九年十一月五日印刷 明治廿九年十一月十日発行）／講演者　東京市浅草区福富町廿九番地　錦城斎貞玉事　柴田貢／発行者　東京市浅草区三好町七番地　大川錠吉／印刷者　東京市浅草区南元町廿四番地　小宮定吉／印刷所　同所　大川屋印刷所／発行所　東京市浅草区三好町七番地　聚栄堂　大川屋書店」【備考】内題は「実説躄勝五郎」。奥付に「MADE IN JAPAN」とあるものも。明治二十九年十一月発行の由盛閣版を求版か。

文政曾我水戸の仇討　菊判並製一巻一冊

【著編者】邑井一（口演）加藤由太郎（速記）【序年・序者】明治三十二・加藤蚯蚓【画工】富田秋香・勝月・蕉亭【奥付等】「明治四十一年九月二十日第十版印刷／明治四十一年九月廿四日第十版発行／（明治卅二年四月十四日印刷明治卅二年四月廿一日発行）／口演者　東京市下谷仲徒士町二丁目五十六番地　邑井一事　村井徳一／発行者　東京市浅草区三好町七番地　大川錠吉／印刷者　東京市浅草区南元町廿四番地　小宮定吉／印刷所　同所　大川屋印刷所／発行所　東京市浅草区三好町七番地　聚栄堂　大川屋書店」【備考】奥付に「MADE IN JAPAN」とあるものも。明治三十二年四月二十一日発行の国華堂版を求版。

西遊記　菊判並製五巻五冊

【著編者】故桃川燕林（講演）高畠政之助（速記）【画工】尾形月耕【奥付等】「明治四十一年十月十九日十版印刷／明治四十一年十月廿三日十版発行／（明治三十一年五月十日印刷明治三十一年五月十三日発行）／講演者　東京市浅草区公園第六区三号百四桃川燕林事　蘆野万吉／発行者　東京市浅草区三好町七番地　大川錠吉／印刷者　東京市浅草区南元町廿六番地　川崎清三／印刷所　同所　大川屋印刷所／発行所　東京市浅草区三好町七番地　聚栄堂　大川屋書店」【備考】十二版（大正元年八月十八日発行）あり。明治三十一年五月十三日発行の文事堂版を求版。

豊臣明智山崎合戦　菊判並製一巻一冊

【著編者】双龍斎貞鏡（口演）今村次郎（速記）【序年・序者】烟霧道人【画工】不詳【奥付等】「明治四十一年十一月一日十版印刷／明治四十一年十一月五日十版発行／（明治廿六年五月卅一日内務省許可明治廿七年四月十四日印刷発行）／編輯者　鈴木源四郎／発行者　東京市浅草区三好町七番地　大川錠吉／印刷者　東京市浅草区南元町廿六番地　川崎清三／印刷所　同所　大川屋印刷所／発行所　東京市浅草区三好町七番地　聚栄堂　大川屋書店」【備考】奥付に「MADE IN JAPAN」とあるものも。明治二十七年四月発行の九皐館版を求版。

侠客実伝夢の市郎兵衛　菊判並製一巻一冊

【著編者】鳥有山人【序年・序者】呑鯨主人【画工】不詳【奥付等】「明治四十一年十一月十四日再版印刷／明治四十一年十一月十八日再版発行／（明治三十四年十月五日印刷明治三十四年十月八日発行）／編輯者　東京市京橋区南槇町十二番地　鈴木金輔／発行者　東京市浅草区三好町七番地　大川錠吉／印刷者　東京市浅草区南元町廿四番地　小宮定吉／印刷所　同所　大川屋印刷所／発行所　東京市浅草区三好町七

番地　聚栄堂　大川屋書店」【備考】奥付に「MADE IN JAPAN」とあるものも。三版（明治四十四年七月五日発行）あり。

英一蝶浅妻船　菊判並製一巻一冊

【著編者】錦城斎貞玉（講演）今村次郎（速記）【序年・序者】呑鯨主人【画工】不詳【奥付等】「明治四十一年十一月十八日五版印刷／明治四十一年十一月二十日五版発行／〔明治卅三年十二月九日印刷明治卅三年十二月十二日発行〕／講演者　錦城斎貞玉／発行者　東京市浅草区三好町七番地　大川錠吉／印刷者　浅草区南元町廿四番地　小宮定吉／印刷所　同所　大川屋印刷所／発行所　東京市浅草区三好町七番地　聚栄堂　大川屋書店」【備考】明治三十三年十一月十六日出版のいろは書房版を求版。

探偵実話新女房　菊判並製一巻一冊

【著編者】邑井貞吉（自講自記）【序年・序者】呑鯨主人【画工】豊川秀静【奥付等】「明治四十一年十一月廿五日再版印刷／明治四十一年十一月廿九日再版発行／〔明治三十三年九月八日印刷　明治三十三年九月十三日発行〕／編輯者　東京市浅草区南元町十七番地　鈴木与八／発行者　東京市浅草区三好町七番地　大川錠吉／印刷者　東京市浅草区南元町廿四番地　小宮定吉／印刷所　同所　大川屋印刷所／発行所　東京市浅草区三好町七番地　聚栄堂　大川屋書店」【備考】奥付に「MADE IN JAPAN」とあるものも。明治三十三年九月十三日発行の盛陽堂版を求版。

探偵文庫多湖廉平　菊判並製一巻一冊

【著編者】丸亭素人（訳）【画工】不詳【奥付等】「明治四十一年十一月廿四日十版印刷／明治四十一年十一月廿六日十版発行／〔明治廿六年四月八日内務省許可明治廿六年五月十三日印刷発行〕／編輯者　東京市日本橋区葺町一番地　瀧川民治郎／発行者　東京市浅草区三好町七番地　大川錠吉／印刷者　東京市浅草区南元町廿六番地　川崎清三／印刷所　同所　大川屋印刷所／発行所　東京市浅草区三好町七番地　聚栄堂　大川屋書店」【備考】明治二十六年七月発行の金桜堂版を求版。

傾城情話在原豊松　菊判並製一巻一冊

【著編者】三遊亭円生（講演）今村次郎（速記）【序年・序者】呑鯨主人【画工】後藤芳景【奥付等】「明治四十一年十二月一日五版印刷／明治四十一年十二月五日五版発行／〔明治三十三年五月三日印刷明治三十三年五月五日発行〕／口演者　三遊亭円生／発行者　東京市浅草区三好町七番地　大川錠吉／印刷者　同浅草区南元町廿四番地　小宮定吉／印刷所　同所　大川屋印刷所／発行所　東京市浅草区三好町七番地

聚栄堂　大川屋書店」

中山霊験九寸五分 後編　菊判並製一巻一冊

【著編者】伊東厭花（編）【画工】不詳【奥付等】「明治四十一年十二月十日再版印刷／明治四十一年十二月十三日再版発行／〔明治三十五年六月廿七日印刷 明治三十五年七月十日発行〕／編輯者　東京市浅草区栄久町六番地　鈴木金輔／発行者　東京市浅草区三好町七番地　大川錠吉／印刷者　東京市浅草区南元町廿六番地　川崎清三／印刷所　同所　大川屋印刷所／発行所　東京市浅草区三好町七番地　聚栄堂　大川屋書店」【備考】内題は「中山霊験九寸五分　下巻」。明治三十五年七月十日発行の島鮮堂版を求版か。

毛いとあみ物独案内　四六判並製一巻一冊

【著編者】浜田兼二郎（編輯）【序年・序者】明治二十・浜田兼二郎【奥付等】「明治二十年八月廿三日版権免許／同廿一年廿四日版権譲受／同廿一年二月廿四日印刷発行／同卅七年十月三版／明治四十一年十二月十五日五版発行／編輯者　東京府平民　浜田兼二郎／発行者　東京市浅草区三好町七番地　大川錠吉／印刷者　同浅草区南元町廿四番地　小宮定吉／印刷所　同所　大川屋活版所／発行所　聚栄堂　大川屋書店」【備考】明治二十二年二月出版の魁真楼版を求版。

赤穂義士十勇士伝　菊判並製一巻一冊

【著編者】大川錠吉【序年・序者】逝水【画工】笠井鳳斎【奥付等】「明治四十一年十二月廿三日印刷／明治四十一年十二月廿八日発行／編輯兼発行者　東京市浅草区三好町七番地　大川錠吉／印刷者　同浅草区南元町二十六番地　川崎清三／印刷所　同所　大川屋印刷所／発行所　東京市浅草区三好町七番地　聚栄堂　大川屋書店」

【備考】松林伯知（講演）石原明倫（速記）『大石内蔵之助』、同『堀部安兵衛』、田辺南鶴（講演）石原明倫（速記）『大高源吾』・松林伯知（講演）石原明倫（速記）『赤垣源蔵』・松林小伯知（講演）速記会員（速記）『神崎与五郎』・田辺南鶴（講演）石原明倫（速記）『武林唯七』・真龍斎貞水（講演）石原明倫（速記）『不破数右衛門』・邑井一（口演）速記会会員（速記）『岡野金右衛門』・桃川燕林（口演）速記会会員（速記）『三村治郎右衛門』・真龍斎貞水（講演）石原明倫（速記）『横川勘平』を合冊。

明治四十二年（一九〇九）己酉

青年教育実業家叢談　菊判並製一巻一冊

【著編者】天城安政【序年・序者】天城安政【奥付等】「明治四十二年一月二日印刷／明治四十二年一月十日発

行／編輯兼発行者　東京市浅草区北元町十二番地　鈴木源四郎／印刷者　同浅草区南元町二十六番地　川崎清三／印刷所　同所　大川屋印刷所／専売所　東京市浅草区三好町七番地　聚栄堂　大川屋書店」

浄瑠璃さわり　袖珍判並製一巻一冊

【著編者】竹本多門太夫（閲）田波狂骨（編）【序年・序者】田波狂骨【奥付等】「明治四十一年十二月廿八日印刷／明治四十二年一月十二日発行／編輯兼発行者　東京市浅草区北元町十二番地　鈴木源四郎／印刷者　東京市浅草区南元町廿六番地　川崎清三／印刷所　同所　大川屋印刷所／専売所　東京市浅草区三好町七番地　聚栄堂　大川屋書店」【備考】内題は「倭文範さわ理之巻」。

阿波の十郎兵衛　菊判並製一巻一冊

【著編者】顚転堂竹吟（口演）速記社社員（速記）【序年・序者】風来散人【画工】重光【奥付等】「明治四十二年一月廿三日五版印刷／明治四十二年一月廿七日五版発行／（明治三十一年三月十六日印刷　明治三十一年三月十九日発行）／発行者　東京市浅草区三好町七番地　大川錠吉／印刷者　東京市浅草区南元町廿四番地　小宮定吉／印刷所　同所　大川屋印刷所／発行所　東京市浅草区三好町七番地　聚栄堂　大川屋書店」【備考】奥付に「MADE IN JAPAN」とあるものも。明治三十一年発行の盛陽堂版を求版。

谷風梶之助　菊判並製一巻一冊

【著編者】伊東陵潮（講演）小野田翠雨（速記）【序年・序者】明治三十一・小野田翠雨【画工】不詳【奥付等】「明治四十二年一月十九日再版印刷／明治四十二年一月廿三日再版発行／（明治三十四年六月十七日印刷　明治三十四年六月廿二日発行）／編輯者　東京市京橋区南槙町十二番地　鈴木金輔／発行者　東京市浅草区三好町七番地　大川錠吉／印刷者　東京市浅草区南元町廿四番地　小宮定吉／印刷所　同所　大川屋印刷所／発行所　東京市浅草区三好町七番地　聚栄堂　大川屋書店」【備考】奥付に「MADE IN JAPAN」とあるものも。

参考義士銘々伝　菊判並製二巻二冊

【著編者】不詳【序年・序者】梅亭鶩叟【画工】尾形月耕【奥付等】「明治四十一年二月五日三十版印刷／明治四十二年二月八日三十版発行／（明治廿年八月廿六日出版　御届明治廿年十月再版）／発行者　東京市浅草区三好町七番地　大川錠吉／印刷者　東京市浅草区南元町廿四番地　小宮定吉／印刷所　同所　大川屋印刷所／発行所　東京市浅草区三好町七番地　聚栄堂　大川屋書店」【備考】奥付に「MADE IN JAPAN」とあるものも。明治二十年出版の駸々堂版を求版か。

達磨大師（少年お伽噺　第三篇）　菊判並製一巻一冊

【著編者】変哲山人（編）【画工】山本秀春【奥付等】「明治三十五年七月四日印刷／明治三十五年七月七日発行／明治三十八年一月三日十一版発行／明治三十八年九月十一日十二版発行／明治三十八年十二月三日十三版発行／明治三十九年七月七日十四版発行／明治三十九年十二月三日十五版発行／明治四十年三月九日十六版発行／明治四十年七月六日十七版発行／明治四十二年三月二十二版／編輯所　祐文館編輯部／編輯兼発行者　東京市浅草区三好町七番地　大川錠吉／印刷者　同浅草区南元町廿六番地　川崎清三／印刷所　同所　大川屋印刷所／発行所　東京市浅草区三好町七番地　聚栄堂　大川屋書店／専売所　東京市神田区表神保町二番地　福岡自祐堂書店」

織田今川桶狭間合戦　菊判並製一巻一冊

【著編者】松林伯知（講演）石原明倫（速記）【序年・序者】明治三十・木村射節【画工】不詳【奥付等】「明治四十二年三月十日再版印刷／明治四十二年三月十三日再版発行／｛明治三十年十二月廿五日印刷　明治卅一年一月二日発行｝／講演者　東京市京橋区日吉町二番地　拓植正一郎／発行者　東京市浅草区三好町七番地　大川錠吉／印刷者　東京市浅草区南元町廿六番地　川崎清三／印刷所　同所　大川屋印刷所／発行所　東京市浅草区三好町七番地　聚栄堂　大川屋書店」【備考】明治三十一年一月二日発行の金桜堂版を求版。

古市十人斬　菊判並製一巻一冊

【著編者】桃川燕林（講演）今村次郎（速記）【序年・序者】竹蔭【画工】不詳【奥付等】「明治四十二年三月廿八日十版印刷／明治四十二年四月一日十版発行／｛明治廿七年十一月二十二日印刷　明治廿七年十一月二十九日発行｝／講演者　東京市浅草区公園第六区三号百四　蘆野万吉／発行者　東京市浅草区三好町七番地　大川錠吉／印刷者　東京市浅草区南元町廿六番地　川崎清三／印刷所　同所　大川屋印刷所／発行所　東京市浅草区三好町七番地　聚栄堂　大川屋書店」

万物工業画譜　四六判並製一巻一冊

【著編者】鈴木麗仲【画工】鈴木麗仲【奥付等】「明治四十二年四月一日印刷／明治四十二年四月十日発行／画作兼発行者　東京市浅草区北元町十二番地　鈴木源四郎／印刷者　東京市浅草区西鳥越町十八番地　田中吉五郎／専売所　東京市浅草区三好町七番地　聚栄堂　大川屋書店」【備考】表紙に「東京聚栄堂蔵版」とある。明治二十五年十二月出版の東生書屋版を求版。

俳諧発句十万題　菊判並製二巻二冊

【著編者】村瀬元代【奥付等】「明治四十二年四月十七日印刷／明治四十二年五月一日発行／編輯者　東京市本所区荒井町卅三番地　村瀬元代／発行者　東京市浅草区三好町七番地　大川錠吉／印刷者　東京市浅草区南元町廿六番地　川崎清三／印刷所　同所　大川屋印刷所／発行所　東京市浅草区三好町七番地　聚栄堂　大川屋書店」

仇討玉川宇源太　菊判並製一巻一冊

【著編者】真龍斎貞水（講述）加藤由太郎（速記）【序年・序者】秋月桂水【画工】不詳【奥付等】「明治四十二年五月五日五版印刷／明治四十二年五月九日五版発行／｛明治二十九年九月十七日印刷　明治二十九年九月廿一日発行｝／講演者　東京市牛込区改代町卅八番地　春日小太郎／発行者　東京市浅草区三好町七番地　大川錠吉／印刷者　東京市浅草区南元町廿四番地　小宮定吉／印刷所　同所　大川屋印刷所／発行所　東京市浅草区三好町七番地　聚栄堂　大川屋書店」【備考】明治二十九年九月二十一日発行の朗月堂版を求版。

真景累ヶ淵　菊判並製一巻一冊

【著編者】三遊亭円朝（口述）小相英太郎（筆記）【序年・序者】明治二十一・化作【画工】不詳【奥付等】「明治四十二年五月十日十版印刷／明治四十二年五月十五日十版発行／｛明治三十年一月二日印刷　明治三十年一月五日出版｝／口述者　故三遊亭円朝／発行者　東京市浅草区三好町七番地　大川錠吉／印刷者　東京市浅草区南元町廿六番地　川崎清三／印刷所　同所　大川屋印刷所／発行所　東京市浅草区三好町七番地　聚栄堂　大川屋書店」

佐倉宗五郎　菊判並製一巻一冊

【著編者】邑井一（講述）加藤由太郎（速記）【序年・序者】明治二十九・加藤由太郎【画工】不詳【奥付等】「明治四十二年五月十三日再版印刷／明治四十二年五月十六日再版発行／｛明治二十八年十二月一日印刷　明治二十八年十二月四日発行｝／講演者　真龍斎貞水事　邑井徳一／発行者　東京市浅草区三好町七番地　大川錠吉／印刷者　東京市浅草区南元町廿四番地　小宮定吉／印刷所　同所　大川屋印刷所／発行所　東京市浅草区三好町七番地　聚栄堂　大川屋書店」【備考】奥付に「MADE IN JAPAN」とあるものも。上田屋版を求版。

訂正増補日本婚礼大全　菊判並製一巻一冊

【著編者】小笠原国豊（閲）鵜飼兵太郎（著）【序年・序者】①明治二十二・伊東洋二郎②明治二十七・蕉雨逸人

【画工】不詳【奥付等】「明治四十二年五月十九日五版印刷／明治四十二年五月廿一日五版発行／〔明治廿七年三月一日印刷明治廿七年三月八日発行〕／著述者　鵜飼兵太郎／発行者　東京市浅草区三好町七番地　大川錠吉／印刷者　同浅草区南元町二十六番地　川崎清三／印刷所　同所　大川屋印刷所／発行所　東京市浅草区三好町七番地　聚栄堂　大川屋書店」

佐野鹿十郎義勇伝　菊判並製一巻一冊

【著編者】竹のや鳴雀（口演）速記会会員（速記）【序年・序者】呑鯨主人【画工】不詳【奥付等】「明治四十二年五月廿八日印刷／明治四十二年六月一日発行／編輯者　東京市浅草区北元町十二番地　鈴木源四郎／発行者　東京市浅草区三好町七番地　大川錠吉／印刷者　東京市浅草区南元町廿四番地　小宮定吉／印刷所　同所　大川屋印刷所／発行所　東京市浅草区三好町七番地　聚栄堂　大川屋書店」【備考】奥付に「MADE IN JAPAN」とあるものも

増補訂正東海道中膝栗毛　菊判並製一巻一冊

【著編者】十返舎一九【序年・序者】享和二・十返舎一九【画工】佳年【奥付等】「明治四十二年六月一日百一版印刷／明治四十二年六月五日百一版発行／〔明治十八年一月廿六日印刷明治十八年同月同日発行〕／著者　十返舎一九／発行者　東京市浅草区三好町七番地　大川錠吉／印刷者　東京市浅草区南元町廿六番地　川崎清三／印刷所　同所　大川屋印刷所／発行所　東京市浅草区三好町七番地　東京大川書店」

碑文谷奇談片山騒動　菊判並製一巻一冊

【著編者】一立斎文車（講演）今村次郎（速記）【序年・序者】呑鯨主人【画工】重光【奥付等】「明治四十二年六月二日再版印刷／明治四十二年六月五日再版発行／編輯者　東京市浅草区南元町廿四番地　三輪逸次郎／発行者　東京市浅草区三好町七番地　大川錠吉／印刷者　東京市浅草区南元町廿四番地　小宮定吉／印刷所　同所　大川屋印刷所／発行所　東京市浅草区三好町七番地　聚栄堂　大川屋書店」

雲霧仁左衛門　菊判並製一巻一冊

【著編者】松林伯円（講演）酒井昇造（筆記）【序年・序者】明治二十三・柳煙散士【画工】不詳【奥付等】「明治四十二年六月九日再版印刷／明治四十二年六月十一日再版発行／〔明治卅一年十一月十八日印刷明治卅一年十一月廿一日発行〕／講演者　東京市京橋区木挽町四丁目七番地　若林義行／発行者　東京市浅草区三好町七番地　大川錠吉／印刷者　東京市浅草区南元町廿四番地　小宮定吉／印刷所　同所　大川屋印刷

所／発行所　東京市浅草区三好町七番地　聚栄堂　大川屋書店」【備考】内題は「享保五人白浪雲霧仁左衛門」。奥付に「MADE IN JAPAN」とあるものも。

探偵文庫 死人の掌　菊判並製一巻一冊

【著編者】丸亭素人（訳）【奥付等】「明治四十二年六月十一日再版印刷／明治四十二年六月十三日再版発行／｛明治廿六年四月八日内務省許可 明治廿六年五月十三日印刷発行｝／編輯者　東京市日本橋区葺屋町一番地　瀧川民次郎／発行者　東京市浅草区三好町七番地　大川錠吉／印刷者　東京市浅草区南元町廿六番地　川崎清三／印刷所　同所　大川屋印刷所／発行所　東京市浅草区三好町七番地　聚栄堂　大川屋書店」

【備考】明治二十六年五月十三日発行の今古堂版を求版。

大岡政談 藪原検校　菊判並製一巻一冊

【著編者】蓁々斎桃葉（講演）今村次郎（速記）【序年・序者】明治二十六・翠煙散史【画工】不詳【奥付等】「明治四十二年六月十四日五版印刷／明治四十二年六月十六日五版発行／｛明治廿六年七月二十五日印刷 明治廿六年七月二十九日発行｝／編輯者　東京市芝区烏森町一番地　榎本虎彦／発行者　東京市浅草区三好町七番地　大川錠吉／印刷者　東京市浅草区南元町廿四番地　小宮定吉／印刷所　同所　大川屋印刷所／発行所　東京市浅草区三好町七番地　聚栄堂　大川屋書店」【備考】奥付に「MADE IN JAPAN」とあるものも。明治二十六年七月二十九日発行の九皐館版『藪原検校』を求版。

開国元勲 伊井大老　四六判並製一巻一冊

【著編者】伊豆のや【序年・序者】栗本鋤雲【画工】不詳【奥付等】「明治四十二年六月廿五日印刷／明治四十二年六月廿八日発行／定価金四十五銭郵税八銭／編輯者　東京市浅草区三好町九番地　戸田為次郎／発行者　東京市浅草区三好町七番地　大川錠吉／印刷者　東京市浅草区南元町廿六番地　川崎清三／印刷所　同所　大川屋印刷所／発行所　東京市浅草区三好町七番地　聚栄堂　大川屋書店」

楠公記　菊判並製一巻一冊

【著編者】不詳【画工】不詳【奥付等】「明治四十二年六月廿八日十版印刷／明治四十二年七月一日十版発行／｛明治十九年二月廿六日御届 明治同年同月同日出版｝／編輯者　神田区南乗物町十五番地　鈴木源四郎／発行者　東京市浅草区三好町七番地　大川錠吉／印刷者　東京市浅草区南元町廿六番地　川崎清三／印刷所　同所　大川屋印刷所／発行所　東京市浅草区三好町七番地　聚栄堂　大川屋書店」

熊野霊験 仇討うづら権兵衛　菊判並製二巻二冊

【著編者】桃川燕林（講演）今村次郎（速記）【序年・序者】呑鯨主人【画工】不詳【奥付等】「明治四十二年七月一日再版印刷／明治四十二年七月五日再版発行／（明治卅三年十二月十七日印刷 明治卅三年十二月二十日発行）／編輯者　東京市神田区新石町四番地　市川路周／発行者　東京市浅草区三好町一番地　大川錠吉／印刷者　東京市浅草区南元町廿四番地　小宮定吉／印刷所　同所　大川屋印刷所／発行所　東京市浅草区三好町七番地　聚栄堂　大川屋書店」【備考】奥付に「MADE IN JAPAN」とあるものも。

講談 妹背山実記　菊判並製一巻一冊

【著編者】松林知山（講演）今村次郎（速記）【序年・序者】呑鯨主人【画工】不詳【奥付等】「明治四十二年七月七日再版印刷／明治四十二年七月十一日再版発行／（明治卅五年十二月廿一日印刷 明治卅五年十二月廿五日発行）／口演者　松林知山事　土屋勇蔵／発行者　東京市浅草区三好町七番地　大川錠吉／印刷者　東京市浅草区南元町廿四番地　小宮定吉／印刷所　同所　大川屋印刷所／発行所　東京市浅草区三好町七番地　聚栄堂　大川屋書店」【備考】奥付に「MADE IN JAPAN」とあるものも。明治三十五年十二月発行のいろは書房版を求版。

徳川十五代記　菊判並製七巻七冊

【著編者】桃川燕林（講演）今村次郎（速記）【序年・序者】不詳【画工】水野年方【奥付等】「明治四十二年七月十一日再版印刷／明治四十二年七月十五日再版発行／（明治三十一年三月十一日印刷 明治三十一年三月十四日発行）／編輯者　東京市神田区新石町廿四番地　市川路周／発行者　東京市浅草区三好町七番地　大川錠吉／印刷者　東京市浅草区南元町廿六番地　川崎清三／印刷所　同所　大川屋印刷所／発行所　東京市浅草区三好町七番地　聚栄堂　大川屋書店」【備考】明治二十九～三十年発行の文事堂版を求版。

友千鳥　菊判並製一巻一冊

【著編者】三遊亭円生（口演）酒井昇造（速記）【序年・序者】明治二十五・松永の町人【画工】不詳【奥付等】「明治四十二年七月十一日十版印刷／明治四十二年七月十五日十版発行／（明治廿五年二月九日印刷 明治廿五年四月十日発行）／編輯者　東京市京橋区本材木町三丁目廿六番地　鈴木金輔／発行者　東京市浅草区三好町七番地　大川錠吉／印刷者　東京市浅草区南元町廿四番地　小宮定吉／印刷所　同所　大川屋印刷所／発行所　東京市浅草区三好町七番地　聚栄堂　大川屋書店」【備考】明治二十五年二月出版の三友舎版を求版。

百猫伝内小野川真実録　菊判並製一巻一冊
【著編者】桃川如燕（講演）今村次郎（速記）【序年・序者】明治二十六・捿鳳居士【画工】不詳【奥付等】「明治四十二年七月十九日十版印刷／明治四十二年七月廿一日十版発行／｛明治廿六年五月卅一日内務省許可／明治廿七年八月廿八日印刷発行｝／編輯者　東京市日本橋区長谷川町一番地　鈴木源四郎／発行者　東京市浅草区三好町七番地　大川錠吉／印刷者　東京市浅草区南元町廿四番地　小宮定吉／印刷所　同所　大川屋印刷所／発行所　東京市浅草区三好町七番地　聚栄堂　大川屋書店」【備考】南新二著『栗の笑』と合冊。奥付に「MADE IN JAPAN」とあるものも。明治二十六年六月十二日印刷発行の九皐館版『小野川真実録』および明治二十二年十二月出版の三友舎版『再度花小春の陽炎　栗の笑』を求版。

侠客国定忠次　菊判並製一巻一冊
【著編者】揚名舎桃李（講演）今村次郎（速記）【序年・序者】竹烟散士【画工】清方【奥付等】「明治四十二年七月二十日十版印刷／明治四十二年七月廿二日十版発行／｛明治廿六年五月卅一日内務省許可／明治廿七年五月廿三日印刷発行｝／編輯者　東京市日本橋区長谷川町一番地　鈴木源四郎／発行者　東京市浅草区三好町七番地　大川錠吉／印刷者　東京市浅草区南元町廿四番地　小宮定吉／印刷所　同所　大川屋印刷所／発行所　東京市浅草区三好町七番地　聚栄堂　大川屋書店」【備考】奥付に「MADE IN JAPAN」とあるものも。明治三十二年三月十五版（大正二年七月五日発行）あり。明治三十二年三月発行の金槇堂版を求版。

仇討瀬川之伝　菊判並製一巻一冊
【著編者】桃川燕林（講演）今村次郎（速記）【序年・序者】呑鯨主人【画工】不詳【奥付等】「明治四十二年八月十日再版印刷／明治四十二年八月十三日再版発行／｛明治三十一年三月廿五日印刷／明治三十一年四月一日発行｝／発行者　東京市浅草区三好町七番地　大川錠吉／印刷者　東京市浅草区南元町廿四番地　小宮定吉／印刷所　同所　大川屋印刷所／発行所　東京市浅草区三好町七番地　聚栄堂　大川屋書店」【備考】奥付に「MADE IN JAPAN」とあるものも。明治三十一年一月発行の三輪逸次郎版を求版。

青砥藤綱笊屋政談　菊判並製一巻一冊
【著編者】桃川燕林（講演）今村次郎（速記）宮沢彦七（速記）【序年・序者】呑鯨主人【画工】重光【奥付等】「明治四十二年八月廿七日十版印刷／明治四十二年八月卅一日十版発行／｛明治卅一年十一月十三日印刷／明治卅一年十一月十六日発行｝／講演者　桃川燕林／発行者　東京市浅草区三好町七番地　大川錠

吉／印刷者　東京市浅草区南元町廿四番地　小宮定吉／印刷所　同所　大川屋印刷所／発行所　東京市浅草区三好町七番地　聚栄堂　大川屋書店」【備考】奥付に「MADE IN JAPAN」とあるものも。明治三十一年一月発行の三輪逸次郎版を求版。

維新元勲三條実美公　四六判並製一巻一冊

【著編者】遠藤速太【画工】不詳【奥付等】「明治四十二年九月八日印刷／明治四十二年九月十六日発行／著者　遠藤速太／発行者　東京市浅草区三好町七番地　大川錠吉／印刷所　東京市浅草区南元町廿六番地　川崎清三／印刷所　同所　大川屋印刷所／発行所　東京市浅草区三好町七番地　聚栄堂　大川屋書店／定価金　四十銭郵税六銭」

鳥追お松　菊判並製一巻一冊

【著編者】桃川燕林（講演）速記学会（速記）【序年・序者】明治三十三・桃川燕林【画工】不詳【奥付等】「明治四十二年九月十八日再版印刷／明治四十二年九月廿一日再版発行／〔明治三十三年五月十九日印刷 明治三十三年五月廿三日発行〕／講演者　桃川実／発行者　東京市浅草区三好町七番地　大川錠吉／印刷者　東京市浅草区南元町廿四番地　小宮定吉／印刷所　同所　大川屋印刷所／発行所　東京市浅草区三好町七番地　聚栄堂　大川屋書店」【備考】奥付に「MADE IN JAPAN」とあるものも。明治三十三年発行の一二三館版を求版。

日蓮大士真実伝　四六判並製一巻一冊

【著編者】小川泰堂（編述）【序年・序者】小川泰堂【奥付等】「明治四十二年九月廿五日印刷／明治四十二年拾月一日発行／（定価四十銭）／編輯兼発行者　東京市浅草区北元町十二番地　鈴木源四郎／印刷者　東京市浅草区南元町廿六番地　川崎清三／印刷所　同書　大川屋印刷所／専売所　東京市浅草区三好町七番地　聚栄堂　大川屋書店」

敵討観音丹次　菊判並製一巻一冊

【著編者】末広亭辰丸（口演）鈴木本次郎（速記）【序年・序者】鏡浦居士【画工】不詳【奥付等】「明治四十二年十一月一日十版印刷／明治四十二年十一月三日十版発行／〔明治三十二年四月八日印刷明治三十二年四月十三日発行〕／口演者　東京市神田区神保町二番地　秦弥三松／発行者　東京市浅草区三好町七番地　大川錠吉／印刷者　東京市浅草区南元町廿四番地　小宮定吉／印刷所　同所　大川屋印刷所／発行所　東京市浅草区三好町七番地　聚栄堂　大川屋書店」

【備考】明治三十二年四月発行の萩原新陽館版を求版。

菊模様千代の亀鑑　菊判並製一巻一冊

【著編者】三遊亭円朝（口演）酒井昇造（筆記）【序年・序者】明治二十四・春涛居士【画工】不詳【奥付等】「明治四十二年十一月二日十版印刷／明治四十二年十一月五日十版発行／〔明治二十四年十二月三日印刷　明治二十四年十二月六日出版〕／編輯者　東京市京橋区本材木町三丁目廿六番地　鈴木金輔／発行者　東京市浅草区三好町七番地　大川錠吉／印刷者　東京市浅草区南元町廿六番地　川崎清三／印刷所　同所　大川屋印刷所／発行所　東京市浅草区三好町七番地　聚栄堂　大川屋書店」

前九年後三年奥州軍記　菊判並製一巻一冊

【著編者】神田民衛【序年・序者】神田民衛【画工】不詳【奥付等】「明治二十四年五月廿四日印刷／明治四十二年十一月十日再版印刷／明治四十二年十一月十三日再版発行／〔明治十九年十二月一日版権免許明治二十年七月日刻成〕／著作者　東京市神田区山本町十番地寄留　神田民衛／発行者　東京市浅草区三好町七番地　大川錠吉／印刷者　東京市浅草区南元町廿六番地　川崎清三／印刷所　同所　大川屋印刷所／発行所　東京市浅草区三好町七番地　聚栄堂　大川屋書店」

滑稽五笑楽　菊判並製一巻一冊

【著編者】痩々亭骨皮【序年・序者】痩々亭骨皮【画工】小林清親【奥付等】「明治四十二年十一月廿五日十版印刷／明治四十二年十一月廿八日十版発行／〔明治三十年八月十五日印刷　明治三十年八月二十日発行〕／著作者　東京市浅草区須賀町十九番地　西森武城／発行者　東京市浅草区三好町七番地　大川錠吉／印刷者　東京市浅草区南元町廿六番地　川崎清三／印刷所　同所　大川屋印刷所／発行所　東京市浅草区三好町七番地　聚栄堂　大川屋書店」

妙竹林話七偏人　菊判並製一巻一冊

【著編者】梅亭金鵞（編次）酔多道士（笑評）【序年・序者】松亭迂叟【画工】不詳【奥付等】「明治四十二年十二月一日十版印刷／明治四十二年十二月三日十版発行／〔明治二十一年九月二十日印刷　明治二十一年十月一日発行〕／著作者　梅亭金鵞／発行者　東京市浅草区三好町七番地　大川錠吉／印刷者　東京市浅草区南元町廿六番地　川崎清三／印刷所　同所　大川屋印刷所／発行所　東京市浅草区三好町七番地　聚栄堂　大川屋書店」

霜夜の鐘十字の辻占　菊判並製一巻一冊

【著編者】松林百燕（口演）速記社社員（速記）【序年・序者】天籟散史【画工】不詳【奥付等】「明治四十二年

十二月九日再版印刷／明治四十二年十二月十二日再版発行／〔明治三十一年四月十八日印刷／明治三十一年四月廿三日発行〕／講演者　東京市麹町区内山下町一丁目一番地　福島律／発行者　東京市浅草区三好町七番地　大川錠吉／印刷者　東京市浅草区南元町廿四番地　小宮定吉／印刷所　同所　大川屋印刷所／発行所　東京市浅草区三好町七番地　聚栄堂　大川屋書店」【備考】内題は「霜夜の鐘十字辻占」。奥付に「MADE IN JAPAN」とあるものも。明治三十一年四月二十三日発行の萩原朗月堂版を求版。

三河万歳　袖珍判並製一巻一冊
【著編者】磯田定【画工】不詳【奥付等】「明治四十二年十二月廿七日印刷／明治四十二年十二月三十日発行／正価金五銭／著述者　磯田定／発行所　東京日本橋区馬喰町四丁目廿一番地　鈴木武二郎／印刷者　東京神田区松下町七、八番地　横田五十吉／発行所　東京日本橋区馬喰町四丁目廿一番地　文友堂／同　東京浅草区三好町七番地　大川屋」

明治四十三年（一九一〇）　庚戌

山中鹿之助　菊判並製一巻一冊
【著編者】伊東潮花（講演）安藤肅太郎（速記）【序年・序者】積雪庵【画工】不詳【奥付等】「明治四十三年一月一日再版印刷／明治四十三年一月四日再版発行／〔明治三十三年十月二十日印刷／明治三十三年十月廿五日発行〕／講演者　伊東潮花／発行者　東京市浅草区三好町七番地　大川錠吉／印刷者　東京市浅草区南元町廿四番地　小宮定吉／印刷所　同所　大川屋印刷所／発行所　東京市浅草区三好町七番地　聚栄堂　大川屋書店」【備考】奥付に「MADE IN JAPAN」とあるものも。明治三十三年発行の萩原新陽館版を求版。

細川家騒動　菊判並製一巻一冊
【著編者】錦城斎貞玉（講演）加藤由太郎（速記）【序年・序者】明治三十二・天野機節【画工】不詳【奥付等】「明治四十三年一月廿二日再版印刷／明治四十三年一月廿五日再版発行／〔明治三十五年八月卅一日印刷／明治三十五年九月十一日発行〕／編輯者　東京市浅草区栄久町六番地　鈴木金輔／発行者　東京市浅草区三好町七番地　大川錠吉／印刷者　東京市浅草区南元町廿四番地　小宮定吉／印刷所　同所　大川屋印刷所／発行所　東京市浅草区三好町七番地　聚栄堂　大川屋書店」【備考】奥付に「MADE IN JAPAN」とあるものも。明治三十二年十二月発行の中村惣次郎版を求版。

撃剣柔術指南　袖珍判並製一巻一冊
【著編者】宮川義令（閲）今泉八郎（閲）米岡稔（著）

【序年・序者】明治三十・米岡稔【画工】不詳【奥付等】「明治四十三年二月十日十版印刷／明治四十三年二月十四日十版発行／｛明治三十年十一月十日印刷 明治三十年十一月廿八日発行｝／著作者　米岡稔／発行者　東京市浅草区三好町七番地　大川錠吉／印刷者　同浅草区南元町廿四番地　小宮定吉／印刷所　同浅草区南元町廿四番地　大川屋活版所／発行所　東京市浅草区三好町七番地　聚栄堂　大川屋書店」【備考】明治三十年十二月発行の東京図書出版合資会社版を求版。

日本随一 高田又兵衛　菊判並製一巻一冊

【著編者】放牛舎桃湖（講演）顛々堂御雲（速記）【序年・序者】加藤由太郎【画工】不詳【奥付等】「明治四十三年二月廿日十五版印刷／明治四十三年二月廿三日十五版発行／｛明治三十五年三月五日印刷 明治三十五年三月十日発行｝／講演者　放牛舎桃湖事　鈴木紋次郎／発行者　東京市浅草区三好町七番地　大川錠吉／印刷者　東京市浅草区南元町廿四番地　小宮定吉／印刷所　同所　大川屋印刷所／発行所　東京市浅草区三好町七番地　聚栄堂　大川屋書店」【備考】奥付に「MADE IN JAPAN」とあるものも。明治三十年五月発行の菊池書店版を求版。

後藤兄弟 妹の巻（少年お伽噺）菊判並製一巻一冊

【著編者】変哲山人（編）【画工】山本英春【奥付等】「明治四十年二月一日印刷／明治四十年二月五日発行／明治四十年三月廿六日再版発行／明治四十年六月五日三版発行／明治四十三年三月十版／編輯所　祐文館編輯部／編輯兼発行者　東京市浅草区三好町七番地　大川錠吉／印刷者　同浅草区南元町廿六番地　川崎清三／印刷所　同所　大川屋印刷所／発行所　東京市浅草区三好町七番地　聚栄堂　大川屋書店／専売所　東京市神田区表神保町二番地　福岡自祐堂書店」

教訓 大木丸と木の葉姫（少年お伽噺　第十四篇）菊判並製一巻一冊

【著編者】市川塩泉（編）【画工】山本英春【奥付等】「明治三十六年十月五日印刷／明治三十六年十月十日発行／明治三十八年一月三日十一版発行／明治三十八年三月一日十二版発行／明治三十八年十月六日十三版発行／明治三十九年二月十六日十四版発行／明治四十三年三月廿五版／編輯所　祐文館編輯部／編輯兼発行者　東京市浅草区三好町七番地　大川錠吉／印刷者　同浅草区南元町廿六番地　川崎清三／印刷所　同所　大川屋印刷所／発行所　東京市浅草区三好町七番地　聚栄堂　大川屋書店／専売所　東京市神田区表神保町二番地　福岡自祐堂書店」

蕈おどり（少年お伽噺　第四十六篇）　菊判並製一巻一冊
【著編者】彩島紫水（編）【画工】山本英春【奥付等】「明治四十一年十二月廿五日印刷／明治四十二年一月一日発行／明治四十三年三月四版／編輯所　祐文館編輯部／編集兼発行者　東京市浅草区三好町七番地　大川錠吉／印刷者　同浅草区南元町廿六番地　川崎清三／印刷所　東京市浅草区南元町廿六番地　大川屋印刷所／発売所　東京市浅草区三好町七番地　聚栄堂大川屋書店／東京市神田区表神保町二番地　自祐堂福岡書店」

天下茶屋仇討　菊判並製一巻一冊
【著編者】宝井琴凌（講述）加藤由太郎（速記）【序年・序者】呑鯨主人【画工】後藤芳景【奥付等】「明治四十三年三月九日十五版印刷／明治四十三年三月十三日十五版発行／（明治廿九年五月十一日印刷 明治廿九年五月十七日発行）／講演者　宝井琴凌事　小金井三次郎／発行者　東京市浅草区三好町七番地　大川錠吉／印刷者　東京市浅草区南元町廿四番地　小宮定吉／印刷所　同所　大川屋印刷所／発行所　東京市浅草区三好町七番地　聚栄堂　大川屋書店」【備考】奥付に「MADE IN JAPAN」とあるものも。

嵯峨之夜桜　菊判並製二巻二冊
【著編者】松林伯円（講演）今村次郎（速記）【画工】不詳【奥付等】「明治四十三年三月廿八日二十版印刷／明治四十三年四月一日二十版発行／（明治廿六年九月卅日印刷 明治廿六年十月五日発行）／編輯者　東京市神田区佐久間町一丁目九番地　菅谷与吉／発行者　東京市浅草区三好町七番地　大川錠吉／印刷者　東京市浅草区南元町廿四番地　小宮定吉／印刷所　同所　大川屋印刷所／発行所　東京市浅草区三好町七番地　聚栄堂　大川屋書店」【備考】奥付に「MADE IN JAPAN」とあるものも。明治二十六年十月五日発行の日吉堂版を求版。

（探偵実話）不思議の斬殺　菊判並製一巻一冊
【著編者】無名氏【序年・序者】浮世庵【画工】豊川秀静【奥付等】「明治四十三年三月廿八日再版印刷／明治四十三年四月一日再版発行／（明治卅三年十月廿五日印刷 明治卅三年十一月一日発行）／編輯者　無名氏／発行者　東京市浅草区三好町七番地　大川錠吉／印刷者　東京市浅草区南元町廿六番地　川崎清三／印刷所　同所　大川屋印刷所／発行所　東京市浅草区三好町七番地　聚栄堂　大川屋書店」【備考】内題は「（探偵実話）不思議の斬殺」。奥付に「MADE IN JAPAN」とあるものも。明治三十三年十一月一日発行の盛陽堂版を求版。

増補訂正東海道中膝栗毛　菊判並製一巻一冊
【著編者】十返舎一九・十返舎一九【画工】佳年【奥付等】「明治四十三年四月十日印刷／明治四十三年四月十五日発行／（定価五十銭）／著作者　十返舎一九／発行者　東京市浅草区三好町七番地大川錠吉／印刷者　東京市浅草区南元町二十六番地　川崎清三／印刷所　同所　大川屋印刷所／発行所　東京市浅草区三好町七番地　東京大川書店」

大久保武蔵鐙　菊判並製三巻三冊
【著編者】桃川燕林（講演）今村次郎（速記）【序年・序者】呑鯨主人【画工】不詳【奥付等】「明治四十三年四月廿五日再版印刷／明治四十三年五月一日再版発行／（明治卅三年二月十七日印刷 明治卅三年二月二十日発行）／編輯者　東京市神田区新石町四番地　市川路周／発行者　東京市浅草区三好町七番地　大川錠吉／印刷者　東京市浅草区南元町廿四番地　小宮定吉／印刷所　同所　大川屋印刷所／発行所　東京市浅草区三好町七番地　大川屋書店」【備考】奥付に「MADE IN JAPAN」とあるものも。

改良落語お笑ひぐさ　一巻一冊
【著編者】竹外居士（戯著）【序年・序者】明治二十六・竹外居士【画工】耕一【奥付等】「明治四十三年五月一日再版印刷／明治四十三年五月三日再版発行／（明治廿六年十月十三日印刷 明治廿六年十月十八日発行）／編輯者　三好守雄／発行者　東京市浅草区三好町七番地　大川錠吉／印刷者　東京市浅草区南元町廿六番地　川崎清三／印刷所　同所　大川屋印刷所／発行所　東京市浅草区三好町七番地　聚栄堂　大川屋書店」【備考】明治二十六年発行の学友館版を求版。

阿波騒動孝女の誉　菊判並製一巻一冊
【著編者】邑井一（講演）吉田欽一（速記）【序年・序者】呑鯨主人【画工】豊川秀静【奥付等】「明治四十三年五月二十日再版印刷／明治四十三年五月廿三日再版発行／（明治卅一年十月一日印刷 明治卅一年十月五日発行）／編輯者　東京市浅草区北東仲町三番地　鈴木与八／発行者　東京市浅草区三好町七番地　大川錠吉／印刷者　東京市浅草区南元町廿四番地　小宮定吉／印刷所　同所　大川屋印刷所／発行所　東京市浅草区三好町七番地　聚栄堂　大川屋書店」【備考】奥付に「MADE IN JAPAN」とあるものも。【備考】明治三十二年三月発行の盛陽堂版を求版。

北梅路加賀騒動　菊判並製一巻一冊
【著編者】邑井一（講演）今村次郎（速記）【序年・序者】竹蔭居士【画工】不詳【奥付等】「明治四十三年五月廿五日再版印刷／明治四十三年五月廿八日再版発行／

〔明治卅一年四月十九日印刷／明治卅一年四月廿一日発行〕／講演者　邑井一／発行者　東京市浅草区三好町七番地　大川錠吉／印刷者　東京市浅草区南元町廿四番地　小宮定吉／印刷所　同所　大川屋印刷所／発行所　東京市浅草区三好町七番地　聚栄堂大川屋書店」【備考】内題は「金紋北路梅」。奥付に「MADE IN JAPAN」とあるものも。明治三十一年四月発行のいろは書房版を求版。

千変万化 白狐おせん 後編　菊判並製一巻一冊
【著編者】無名氏（編）【序年・序者】薫寛堂【画工】不詳【奥付等】「明治四十二年六月十五日再版印刷／明治四十二年六月十八日再版発行／〔明治三十六年四月八日印刷　明治三十六年五月十一日発行〕／編輯者　東京市浅草区栄久町六番地　鈴木金輔／発行者　東京市浅草区三好町七番地　大川錠吉／印刷者　東京市浅草区南元町廿六番地　川崎清三／印刷所　同所　大川屋印刷所／発行所　東京市浅草区三好町七番地　聚栄堂　大川屋書店」

元禄美談 赤穂義士実伝　菊判並製一巻一冊
【著編者】聚栄堂編輯部【序年・序者】其徳堂【画工】山本研山【奥付等】「明治四十三年六月二十日印刷／明治四十三年六月廿七日発行／編輯所　聚栄堂編輯部／編輯兼発行者　東京市浅草区三好町七番地　大川錠吉／印刷者　東京市浅草区南元町廿六番地　川崎清三／印刷所　同所　大川印刷所／発行所　東京市浅草区三好町七番地　聚栄堂　大川屋書店」【備考】奥付に「MADE IN JAPAN」とあるものも。

英雄 ナポレオン　四六判並製一巻一冊
【著編者】無名氏【画工】不詳【奥付等】「明治四十二年九月七日印刷／明治四十二年九月十五日発行／明治四十三年九月十日再版発行／著者　無名氏／発行者　東京市浅草区三好町七番地　大川錠吉／印刷者　東京市浅草区南元町廿六番地　川崎清三／印刷所　同所　大川屋印刷所／発行所　東京市浅草区三好町七番地　聚栄堂　大川屋書店／定価金五十銭　郵税六銭」【備考】奥付に「MADE IN JAPAN」とあるものも。

釈尊御実伝　四六判並製一巻一冊
【著編者】大川錠吉【画工】不詳【奥付等】「明治四十三年九月十日印刷／明治四十三年九月卅日発行／（定価四十銭）／編輯所　聚栄堂編輯部／編輯兼発行者　東京市浅草区三好町七番地　大川錠吉／印刷者　東京市浅草区南元町二十六番地　川崎清三／印刷所　同所　大川屋印刷所／発行所　東京市浅草区三好町七番地　東京大川書店」【備考】奥付に「MADE IN JAPAN」とある。

親鸞聖人御実伝記　四六判並製一巻一冊

【著編者】大川錠吉【画工】不詳【奥付等】「明治四十三年九月十日印刷／明治四十三年九月卅日発行／（定価四十銭）／編輯所　聚栄堂編輯部／編輯兼発行者　東京市浅草区三好町七番地　大川錠吉／印刷者　東京市浅草区南元町二十六番地　川崎清三／印刷所　同所　大川屋印刷所／発行所　東京市浅草区三好町七番地　東京大川書店」【備考】奥付に「MADE IN JAPAN」とある。

笹野権三郎後日譚　菊判並製一巻一冊

【著編者】一心斎明龍（口演）加藤由太郎（速記）【序年・序者】明治三十三・加藤由太郎【画工】水野年方【奥付等】「明治四十三年十一月一日十版印刷／明治四十三年十一月四日十版発行／{明治卅三年九月十四日印刷 明治卅三年九月十八日発行}／編輯者　東京市浅草区須賀町十八番地　菅谷与吉／発行者　東京市浅草区三好町七番地　大川錠吉／印刷者　東京市浅草区南元町廿四番地　小宮定吉／印刷所　同所　大川屋印刷所／発行所　東京市浅草区三好町七番地　聚栄堂　大川屋書店」【備考】奥付に「MADE IN JAPAN」とあるものも。明治三十三年九月発行の日吉堂版を求版。

探偵実話四ツ谷二人斬　菊判並製一巻一冊

【著編者】無名氏【序年・序者】埋木庵主人【画工】不詳【奥付等】「明治四十三年十一月十六日三版印刷／明治四十三年十一月廿日三版発行／{明治卅五年五月廿八日印刷 明治卅五年五月卅一日発行}／編輯者　東京市浅草区栄久町六番地　鈴木金輔／発行者　東京市浅草区三好町七番地　大川錠吉／印刷者　東京市浅草区南元町廿四番地　小宮定吉／印刷所　同所　大川屋印刷所／発行所　東京市浅草区三好町七番地　聚栄堂　大川屋書店」【備考】奥付に「MADE IN JAPAN」とあるものも。明治三十五年五月三十一日発行の島鮮堂版を求版。

伊達大騒動　菊判並製一巻一冊

【著編者】伊東凌潮（講演）速記社社員（速記）【画工】不詳【奥付等】「明治四十三年十一月廿八日再版印刷／明治四十三年十二月一日再版発行／{明治卅二年五月十三日印刷 明治卅二年五月十八日発行}／講演者　東京市浅草区東三筋町五十番地　伊東凌潮事　渡辺熊次郎／発行者　東京市浅草区三好町七番地　大川錠吉／印刷者　東京市浅草区新旅籠町一番地　本城松之助／印刷所　同所　良文堂／発行所　東京市浅草区三好町七番地　聚栄堂　大川屋書店」【備考】奥付に「MADE IN JAPAN」とあるものも。明治三十二年五月十八日発行の朗月堂版を求版。

大力戸田五郎　菊判並製一巻一冊

【著編者】錦城斎貞玉（講演）吉田欽一（速記）工藤三郎（速記）【序年・序者】明治三十・南仁賀士【画工】笠井鳳斎【奥付等】「明治四十三年十一月廿八日再版印刷／明治四十三年十二月一日再版発行／〔明治三十年四月廿三日印刷明治三十年四月廿八日発行〕／口演者　東京市浅草区福富町廿九番地　柴田貢／発行者　東京市浅草区三好町七番地　大川錠吉／印刷者　東京市浅草区南元町廿四番地　小宮定吉／印刷所　同所　大川屋印刷所／発行所　東京市浅草区三好町七番地　聚栄堂　大川屋書店」【備考】奥付に「MADE IN JAPAN」とあるものも。五版（大正三年七月七日発行）あり。明治三十年四月発行の松陽堂版を求版。

近世実話武川兵部 前編　菊判並製一巻一冊

【著編者】竹亭主人（立案）桃川実（講演）【画工】不詳【奥付等】「明治四十三年十二月三日再版印刷／明治四十三年十二月六日再版発行／〔明治卅四年九月一日印刷明治卅四年九月四日発行〕／編輯者　東京市京橋区南槙町十二番地　鈴木金輔／発行者　東京市浅草区三好町七番地　大川錠吉／印刷者　東京市浅草区南元町廿六番地　川崎清三／印刷所　同所　大川屋印刷所／発行所　東京市浅草区三好町七番地　聚栄堂　大川屋書店」【備考】奥付に「MADE IN JAPAN」とあるものも。金槙堂から求版か。

英雄ワシントン　四六判並製一巻一冊

【著編者】無名氏【序年・序者】無名氏【画工】不詳【奥付等】「明治四十三年十一月二十日印刷／明治四十三年十二月五日発行／（定価四十銭）／著者　無名氏／編輯兼発行者　東京市浅草区三好町七番地　大川錠吉／印刷者　東京市浅草区南元町二十六番地　川崎清三／印刷所　同所　大川屋印刷所／発行所　東京市浅草区三好町七番地　東京大川書店」【備考】奥付に「MADE IN JAPAN」とある。

近世実話武川兵部 後編　菊判並製一巻一冊

【著編者】竹亭主人（立案）桃川実（講演）【画工】不詳【奥付等】「明治四十三年十二月三日再版印刷／明治四十三年十二月六日再版発行／〔明治卅四年九月十八日印刷明治卅四年九月廿一日発行〕／編輯者　東京市京橋区南槙町十二番地　鈴木金輔／発行者　東京市浅草区三好町七番地　大川錠吉／印刷者　東京市浅草区南元町廿六番地　川崎清三／印刷所　同所　大川屋印刷所／発行所　東京市浅草区三好町七番地　聚栄堂　大川屋書店」【備考】奥付に「MADE IN JAPAN」とあるものも。明治三十四年九月発行の金槙堂版を求版。

侠客奈良屋茂右衛門　菊判並製一巻一冊

【著編者】松林伯知（口演）速記競技会員（速記）【序年・序者】明治三十二・みゝづ【画工】豊川秀静【奥付等】「明治四十三年十二月九日再版印刷／明治四十三年十二月十二日再版発行／（明治三十三年十月三日印刷 明治三十三年十月十日発行）／講演者　松林伯知／発行者　東京市浅草区三好町七番地　大川錠吉／印刷者　東京市浅草区南元町廿六番地　川崎清三／印刷所　同所　大川屋印刷所／発行所　東京市浅草区三好町七番地　聚栄堂　大川屋書店」【備考】奥付に「MADE IN JAPAN」とあるものも。明治三十一年三月発行の上田屋書店版を求版。

一刀斎伊東弥五郎　菊判並製一巻一冊

【著編者】放牛舎桃湖（講演）酒井昇造（速記）【序年・序者】呑鯨主人【画工】不詳【奥付等】「明治四十三年十二月九日廿五版印刷／明治四十三年十二月十三日廿五版発行／（明治三十年四月十日印刷 明治三十年四月十四日発行）／講演者　東京市京橋区八丁堀一丁目七番地　鈴木紋次郎／発行者　東京市浅草区三好町七番地　大川錠吉／印刷者　東京市浅草区南元町廿四番地　小宮定吉／印刷所　同所　大川屋印刷所／発行所　東京市浅草区三好町七番地　聚栄堂　大川屋書店」【備考】奥付に「MADE IN JAPAN」とあるものも。明治三十年四月発行の弘文館版を求版。

明治四十四年（一九一一）辛亥

洋行珍談三人赤毛布　四六判並製一巻一冊

【著編者】面独斎捨徳【序年・序者】面独斎捨徳【奥付等】「明治四十三年九月十五日印刷／明治四十三年九月廿五日発行／明治四十四年一月一日再版発行／定価三十五銭／著者　面独斎捨徳／発行者　東京市浅草区三好町七番地　大川錠吉／印刷者　東京市浅草区南元町廿六番地　川崎清三／印刷所　同所　大川屋印刷所／発行所　東京市浅草区三好町七番地　聚栄堂　大川屋書店」【備考】奥付に「MADE IN JAPAN」とある。

怪又怪　四六判並製一巻一冊

【著編者】丸亭素人（訳）【序年・序者】柳煙散士【画工】不詳【奥付等】「明治四十四年一月十八日印刷／明治四十四年一月廿一日発行／編輯者　筒井民次郎／発行者　東京市浅草区三好町七番地　大川錠吉／印刷者　東京市浅草区南元町廿六番地　川崎清三／印刷所　同所　大川屋印刷所／発行所　東京市浅草区三好町七番地　聚栄堂　大川屋書店」【備考】奥付に「MADE IN JAPAN」とあるものも。

〔探偵実話〕決死の少年 前編　菊判並製一巻一冊

【著編者】しのぶ【序年・序者】埋木庵主人【画工】松本洗耳【奥付等】「明治四十四年一月二十一日五版印刷／明治四十四年一月二十五日五版発行／〔明治三十四年二月七日印刷明治三十四年二月十日発行〕／編輯者　東京市浅草区栄久町六番地　鈴木金輔／発行者　東京市浅草区三好町七番地　大川錠吉／印刷者　東京市浅草区南元町廿六番地　川崎清三／印刷所　同所　大川屋印刷所／発行所　東京市浅草区三好町七番地　聚栄堂　大川屋書店」【備考】奥付に「MADE IN JAPAN」とあるものも。明治三十四年二月発行の金槙堂版を求版。

〔探偵実話〕決死の少年 後編　菊判並製一巻一冊

【著編者】無名氏【序年・序者】しのぶ【画工】松本洗耳【奥付等】「明治四十四年一月二十一日五版印刷／明治四十四年一月二十五日五版発行／〔明治三十四年二月十八日印刷明治三十四年二月二十三日発行〕／編輯者　東京市浅草区栄久町六番地　鈴木金輔／発行者　東京市浅草区三好町七番地　大川錠吉／印刷者　東京市浅草区南元町廿六番地　川崎清三／印刷所　同所　大川屋印刷所／発行所　東京市浅草区三好町七番地　聚栄堂　大川屋書店」【備考】奥付に「MADE IN JAPAN」とあるものも。明治三十四年二月発行の金槙堂版を求版。

狂美人　菊判並製一巻一冊

【著編者】広津柳浪【序年・序者】華胥亭夢楽【画工】安田蕉堂【奥付等】「明治四十四年二月一日再版印刷／明治四十四年二月三日再版発行／〔明治廿七年十二月廿六日印刷明治廿八年一月二日発行〕／著作者　広津柳浪／発行者　東京市浅草区三好町七番地　大川錠吉／印刷者　東京市浅草区南元町廿六番地　川崎清三／印刷所　同所　大川屋印刷所／発行所　東京市浅草区三好町七番地　聚栄堂　大川屋書店」【備考】奥付に「MADE IN JAPAN」とあるものも。明治二十八年一月三日発行の金桜堂・今古堂版を求版。

〔絵本南総〕里見八犬伝　菊判並製八巻八冊

【著編者】曲亭馬琴【画工】不詳【奥付等】「明治四十四年二月一日廿二版印刷／明治四十四年二月五日廿二版発行／〔明治十九年九月二日出版御届明治十九年十月日出版〕／著者　曲亭馬琴／発行者　東京市浅草区三好町七番地　大川錠吉／印刷者　東京市浅草区南元町廿六番地　川崎清三／印刷所　東京市浅草区南元町廿六番地　大川屋印刷所／発行所　東京市浅草区三好町七番地　聚栄堂　大川屋書店」【備考】奥付に「MADE IN JAPAN」とあるものも。

実事小説馬丁丹次　菊判並製一巻一冊

【著編者】安岡夢郷【序年・序者】安岡夢郷【画工】不詳【奥付等】「明治四十四年二月十日再版印刷／明治四十四年二月十三日再版発行／（明治卅六年十月十日印刷 明治卅六年十月十三日発行）／編輯兼発行者　東京市京橋区南槙町十二番地　鈴木金輔／発行者　東京市浅草区三好町七番地　大川錠吉／印刷者　東京市浅草区南元町廿六番地　川崎清三／印刷所　同所　大川屋印刷所／発行所　東京市浅草区三好町七番地　聚栄堂　大川屋書店」【備考】金槙堂から求版か。

柳生又十郎　菊判並製一巻一冊

【著編者】邑井一（講述）加藤由太郎（速記）【序年・序者】加藤みゝづ【画工】東洲勝月・華仙【奥付等】「明治四十四年二月十日十八版印刷／明治四十四年二月十四日十八版発行／（明治二十二年四月七日印刷 明治二十二年四月十日発行）／口演者　東京市下谷区仲徒士町二丁目五十六番地　邑井一事　邑井徳一／発行者　東京市浅草区三好町七番地　大川錠吉／印刷者　東京市浅草区南元町廿四番地　小宮定吉／印刷所　同所　大川屋印刷所／発行所　東京市浅草区三好町七番地　聚栄堂　大川屋書店」【備考】奥付に「MADE IN JAPAN」とあるものも。

少年教育修身はなし　菊判並製一巻一冊

【著編者】文廼家主人【画工】不詳【奥付等】「明治四十四年二月十日印刷／明治四十四年二月十九日発行／編輯者　東京市浅草区北元町十二番地　鈴木源四郎／発行者　東京市浅草区三好町七番地　大川錠吉／印刷者　東京市浅草区南元町廿六番地　川崎清三／印刷所　同所　大川屋印刷所／発行所　東京市浅草区三好町七番地　聚栄堂　大川屋書店」【備考】奥付に「MADE IN JAPAN」とあるものも。

少年武士道　四六判並製一巻一冊

【著編者】谷口政徳（編纂）【画工】笠井鳳斎【奥付等】「明治四十四年三月一日印刷／明治四十四年三月十日発行／編輯兼発行者　東京市浅草区三好町七番地　大川錠吉／印刷者　東京市浅草区南元町廿六番地　川崎清三／印刷所　同所　大川屋印刷所／発行所　東京市浅草区三好町七番地　聚栄堂　大川書店」【備考】「MADE IN JAPAN」とある。

少年教育修身はなし 動物の巻　菊判並製一巻一冊

【著編者】文廼家主人【画工】不詳【奥付等】「明治四十四年三月七日印刷／明治四十四年三月十三日発行／編輯者　東京市浅草区北元町十二番地　鈴木源四郎／発行者

東京市浅草区三好町七番地　大川錠吉／印刷者　東京市浅草区南元町廿六番地　川崎清三／印刷所　同所　大川屋印刷所／発行所　東京市浅草区三好町七番地　聚栄堂　大川屋書店」【備考】奥付に「MADE IN JAPAN」とあるものも。

最新実用普通作文全書　四六判並製一巻一冊

【著編者】文学同窓会（編纂）【奥付等】「明治四十四年三月十五日印刷／明治四十四年四月九日発行／編纂　文学同窓会／編輯兼発行者　東京市浅草区三好町七番地　大川錠吉／印刷者　東京市浅草区南元町廿六番地　川崎清三／印刷所　同所　大川屋印刷所／発行所　東京市浅草区三好町七番地　聚栄堂　大川屋書店」【備考】奥付に「MADE IN JAPAN」とある。

滑稽類纂　四六判和装一巻一冊

【著編者】京の藁兵衛【序年・序者】①明治三十二・尾崎紅葉②京の藁兵衛【画工】不詳【奥付等】「明治三十二年四月三日印刷発行／明治三十九年七月十日訂正増補再版発行／明治四十四年二月二十日譲受印刷／明治四十四年三月廿三日印刷／定価四十銭／編輯者　堀野与七／発行者　東京市浅草区下平右衛門町九番地　岡村庄兵衛／発行者　東京市浅草区三好町七番地　大川錠吉／印刷者　東京市神田区錦町三丁目二十三番地　今井万之助／発行元　東京市浅草区下平右衛門町九番地　岡村書店／東京市浅草区三好町七番地　大川屋書店」【備考】明治三十二年四月三日発行の文禄堂版を求版。

成田利生記桂川力蔵　菊判並製一巻一冊

【著編者】城北斎鳴雀（講述）速記社社員（速記）【序年・序者】呑鯨主人【画工】不詳【奥付等】「明治四十四年三月十九日印刷／明治四十四年三月廿八日発行／発行者　東京市浅草区三好町七番地　大川錠吉／印刷者　東京市浅草区南元町廿六番地　川崎清三／印刷所　同所　大川屋印刷所／発行所　東京市浅草区三好町七番地　聚栄堂　大川屋書店」【備考】奥付に「MADE IN JAPAN」とあるものも。

最近五十年史　四六判並製一巻一冊

【著編者】中村徳助【奥付等】「明治四十四年五月五日印刷／明治四十四年五月十五日発行／（定価金壱円）／著者　中村徳助／発行者　東京市浅草区三好町七番地　大川錠吉／印刷者　東京市浅草区南元町廿六番地　川崎清三／印刷所　同所　大川屋印刷所／発行所　東京市浅草区三好町七番地　聚栄堂　大川書店」【備考】奥付に「MADE IN JAPAN」とある。

侠客釣鐘弥左衛門　菊判並製一巻一冊

【著編者】田辺南麟（講演）高畠政之助（速記）【序年・序者】明治三十二・天野機節【画工】不詳【奥付等】「明治四十四年五月十一日再版印刷／明治四十四年五月十四日再版発行／（明治三十四年七月十日印刷 明治三十四年七月十四日発行）／編輯者　東京市浅草区栄久町六番地　鈴木金輔／発行者　東京市浅草区三好町七番地　大川錠吉／印刷者　東京市浅草区南元町廿六番地　川崎清三／印刷所　同所　大川屋印刷所／発行所　東京市浅草区三好町七番地　聚栄堂　大川屋書店」【備考】奥付に「MADE IN JAPAN」とあるものも。明治三十年十月十日発行の文事堂版を求版。

名妓吉野太夫　菊判並製一巻一冊

【著編者】錦城斎貞玉（講演）今村次郎（速記）【序年・序者】竹蔭居士【画工】豊川秀静【奥付等】「明治四十四年五月廿二日十版印刷／明治四十四年五月廿六日十版発行／（明治三十二年六月廿三日印刷 明治三十二年六月廿六日発行）／編輯者　東京市浅草区南元町廿四番地　三輪逸次郎／発行者　東京市浅草区三好町七番地　大川錠吉／印刷者　東京市浅草区南元町廿四番地　小宮定吉／印刷所　同所　大川屋印刷所／発行所　東京市浅草区三好町七番地　聚栄堂　大川屋書店」【備考】奥付に「MADE IN JAPAN」とあるものも。明治三十二年六月発行のいろは書房版を求版。

新撰実用青年演説討論五千題　四六判並製一巻一冊

【著編者】大畑重斎【序年・序者】明治三十二・大畑重斎【奥付等】「明治四十四年六月三日十九版印刷／明治四十四年六月七日十九版発行／（明治三十二年九月廿三日印刷 明治三十二年九月廿七日発行）／編纂者　大畑裕／発行者　東京市浅草区三好町七番地　大川錠吉／印刷者　東京市浅草区南元町廿四番地　小宮定吉／印刷所　同所　大川屋印刷所／発行所　東京市浅草区三好町七番地　聚栄堂　大川屋書店」【備考】奥付に「MADE IN JAPAN」とあるものも。

月の輪草紙　菊判並製一巻一冊

【著編者】渡辺黙禅【序年・序者】紅夢楼主人【画工】不詳【奥付等】「明治四十四年七月二日三版印刷／明治四十四年七月五日三版発行／（明治三十二年八月九日印刷 明治三十二年九月二日発行）／編輯者　東京市京橋区南槇町十二番地　鈴木金輔／発行者　東京市浅草区三好町七番地　大川錠吉／印刷者　東京市浅草区南元町廿四番地　小宮定吉／印刷所　同所　大川屋印刷所／発行所　東京市浅草区三好町七番地　聚栄堂　大川屋書店」【備考】奥付に「MADE IN JAPAN」とあるものも。

婦俠 板額お藤　菊判並製一巻一冊
【著編者】錦城斎貞玉（口演）今村次郎（速記）【序年・序者】呑鯨主人【画工】不詳【奥付等】「明治四十四年七月六日再版印刷／明治四十四年七月十日再版発行／〔明治三十五年一月四日印刷／明治三十五年一月七日発行〕／編輯者　東京市浅草区南元町廿四番地　三輪逸次郎／発行者　東京市浅草区三好町一番地　大川錠吉／印刷者　東京市浅草区南元町廿四番地　小宮定吉／印刷所　同所　大川屋印刷所／発行所　東京市浅草区三好町七番地　聚栄堂　大川屋書店」【備考】奥付に「MADE IN JAPAN」とあるもの。いろは書房から求版か。

塩原多助（少年お伽噺　第三十五篇）菊判並製一巻一冊
【著編者】変哲山人（編）【画工】山本英春【奥付等】「明治四十年七月十五日印刷／明治四十年七月二十一日発行／明治四十四年八月　十二版／編輯所　祐文館編輯部／編集兼発行者　東京市浅草区三好町七番地　大川錠吉／印刷者　同浅草区南元町廿六番地　川崎清三／印刷所　東京市浅草区南元町廿六番地　大川屋印刷所／発売所　東京市浅草区三好町七番地　聚栄堂大川屋書店／東京市神田区表神保町二番地　自祐堂福岡書店」【備考】奥付に「MADE IN JAPAN」とあるものも。

南総 里見八犬伝（大川文庫）袖珍判総クロス装一巻一冊
【著編者】曲亭馬琴【序年・序者】曲亭馬琴【画工】不詳【奥付等】「明治四十四年八月五日印刷／明治四十四年八月十日発行／定価金弐拾五銭／発行者　東京市浅草区三好町七番地　大川錠吉／印刷者　東京市芝区愛宕下町二丁目五番地　牛坂三郎／印刷所　東京市芝区愛宕下町二丁目五番地　邦文社／発行所　東京市浅草区三好町七番地　大川屋書店」

岩見武勇録（大川文庫）袖珍判総クロス装一巻一冊
【著編者】不詳【序年・序者】明治四十二・其徳堂雪村【画工】笠井鳳斎【奥付等】「明治四十四年八月十日印刷／明治四十四年八月廿日発行／定価金弐拾五銭／発行者　東京市浅草区三好町七番地　大川錠吉／印刷者　東京市芝区愛宕下町二丁目五番地　牛坂三郎／印刷所　東京市芝区愛宕下町二丁目五番地　邦文社／発行所　東京市浅草区三好町七番地　大川屋書店」

軍談 大阪夏御陣（大川文庫）袖珍判総クロス装一巻一冊
【著編者】故放牛舎桃林（講演）【序年・序者】明治二十九・好戦痴史【画工】不詳【奥付等】「明治四十四年九月十日再版印刷／明治四十四年九月十五日再版発行／〔明治三十年三月三十日印刷／明治三十年四月七日発行〕／講演者　東京市神田区駿河台南

甲賀町八番地　島左右助／発行者　東京市浅草区三好町七番地　大川錠吉／印刷者　東京市芝区愛宕下町二丁目五番地　牛坂三郎／印刷所　東京市芝区愛宕下町二丁目五番地　邦文社／発行所　東京市浅草区三好町七番地大川屋書店」【備考】明治三十年一月二日発行の今古堂版『豊臣徳川大阪夏御陣』を求版。

西洋珍説人肉質入裁判　四六判並製一巻一冊

【著編者】ウィリアム・シェイクスピア（原著）井上勤（訳述）【序年・序者】明治四十四・聚栄堂主人【奥付等】「明治四十四年十月二日印刷／明治四十四年十月五日発行／翻刻兼発行者　東京市浅草区三好町七番地　大川錠吉／印刷者　東京市浅草区南元町廿六番地　川崎清三／印刷所　仝所　大川屋印刷所／発行所　東京市浅草区三好町七番地　大川屋書店」

大津ゑぶし　袖珍判並製一巻一冊

【著編者】へうたん奴（編）【奥付等】「明治四十四年十月一日印刷／明治四十四年十月十日発行／編輯兼発行者　東京下谷区仲徒町一丁目六番地　関由蔵／印刷者　東京浅草区南元町二十六番地　川崎清三／印刷所　同所　大川屋印刷所／専売所　東京市浅草区三好町七番地　大川屋書店」【備考】内題は「新版大津ゑぶし」。

紀州和歌山騒動　菊判並製一巻一冊

【著編者】柴田南玉（講演）高畠政之助（速記）【序年・序者】明治三十二・飄庵主人【画工】不詳【奥付等】「明治四十四年十月廿一日再版印刷／明治四十四年十月廿三日再版発行／{明治三十二年一月五日印刷　明治三十二年一月八日発行}／編輯者　東京市京橋区南槙町十二番地　鈴木金輔／発行者　東京市浅草区三好町七番地　大川錠吉／印刷者　東京市浅草区南元町廿六番地　川崎清三／印刷所　同所　大川屋印刷所／発行所　東京市浅草区三好町七番地　聚栄堂　大川屋書店」【備考】奥付に「MADE IN JAPAN」とあるものも。明治三十二年十二月発行の金槙堂版を求版。

遠山左衛門尉　菊判並製一巻一冊

【著編者】松林伯知（講演）三橋図南女（速記）【序年・序者】明治二十六・日吉堂主人【画工】不詳【奥付等】「明治四十四年十一月廿七日十版印刷／明治四十四年十一月三十日十版発行／{明治二十九年四月五日印刷　明治二十九年四月十二日発行}／発行者　東京市浅草区三好町七番地　大川錠吉／印刷者　東京市浅草区南元町廿四番地　小宮定吉／印刷所　同所　大川屋印刷所／発行所　東京市浅草区三好町七番地　聚栄堂　大川屋書店」【備考】奥付に「MADE IN JAPAN」とあるものも。日吉堂版を求版か。

俳諧発句自在　菊判並製一巻一冊
【著編者】桃支庵指直（校閲）白日庵守朴（編纂）【序年・序者】明治二十七・白日庵守朴【奥付等】「明治四十四年十二月十日廿六版印刷／明治四十四年十二月十四日廿六発行／｛明治二十七年二月五日印刷 明治二十七年二月十日発行｝／著者　東京市本郷区元富坂町十二番地　長瀬市太郎／発行者　東京市浅草区三好町七番地　大川錠吉／印刷者　東京市浅草区南元町廿四番地　小宮定吉／印刷所　同所　大川屋印刷所／発行所　東京市浅草区三好町七番地　聚栄堂　大川屋書店」【備考】奥付に「MADE IN JAPAN」とあるものも。明治二十七年二月発行の山中孝之助・三好守雄・神戸直吉版を求版。

上州侠客大前田英五郎　菊判並製一巻一冊
【著編者】宝井琴凌（講述）加藤由太郎（速記）【序年・序者】明治二十九・秋月桂水【画工】蕉堂【奥付等】「明治四十四年十二月十日印刷／明治四十四年十二月十五日発行／｛明治四十年十月卅日六版印刷 明治四十年十一月五日六版発行｝／講演者　宝井琴陵／発行者　東京市浅草区三好町七番地　大川錠吉／印刷者　東京市浅草区南元町廿六番地　川崎清三／印刷所　同所　大川屋印刷所／発行所　東京市浅草区三好町七番地　聚栄堂　大川屋書店」【備考】奥付に「MADE IN JAPAN」とあるものも。明治二十九年七月一日発行の朗月堂版を求版。

遠藤武者盛遠文覚上人　菊判並製一巻一冊
【著編者】松林伯知（講演）今村次郎（速記）【序年・序者】呑鯨主人【画工】笠井鳳斎【奥付等】「明治四十四年十二月十一日印刷／明治四十四年十二月十五日発行／｛明治廿九年七月九日再版印刷 明治廿九年七月十二日発行｝／講談者　東京市本所区相生町三丁目十八番地　柘植正一郎／発行者　東京市浅草区三好町七番地　大川錠吉／印刷者　東京市浅草区南元町廿四番地　小宮定吉／印刷所　同所　大川屋印刷所／発行所　東京市浅草区三好町七番地　聚栄堂　大川屋書店」【備考】奥付に「MADE IN JAPAN」とあるものも。明治二十九年七月十七日発行の求光閣版『遠藤武者盛遠文覚実伝』を求版。

大内十杉勇士伝　菊判並製一巻一冊
【著編者】邑井一（講演）速記社社員（速記）【序年・序者】明治三十二・秋月桂水【画工】松本洗耳【奥付等】「明治四十四年十二月十三日再版印刷／明治四十四年十二月十七日再版発行／｛明治三十二年二月十七日印刷 明治三十二年二月廿一日発行｝／講演者　邑井一事　邑井徳一／発行者　東京市浅草区三好町七番地　大川錠吉／印刷者　東京市浅草区南元町廿六番

地　川崎清三／印刷所　同所　大川屋印刷所／発行所　東京市浅草区三好町七番地　聚栄堂　大川屋書店」【備考】奥付に「MADE IN JAPAN」とあるものも。明治三十二年二月二十一日発行の朗月堂版を求版。

田宮坊太郎（大川文庫）　袖珍判クロス装一巻一冊
【著編者】双龍斎貞玉（講演）【序年・序者】大川屋主人【画工】不詳【奥付等】「明治四十四年十一月廿五日再版印刷／明治四十四年十二月一日再版発行／明治卅一年十二月廿六日印刷／明治卅二年一月二日発行／発行者　東京市浅草区三好町七番地　大川錠吉／印刷者　東京市芝区愛宕下町二丁五（ママ）目番地　牛坂三郎／印刷所　仝所　邦文社／発行所　東京市浅草区三好町七番地　大川屋書店」

明治四十五年・大正元年（一九一二）　壬子

少年教育修身はなし　歴史の巻　菊判並製一巻一冊
【著編者】文廼家主人【画工】不詳【奥付等】「明治四十五年二月一日印刷／明治四十五年二月五日発行／編輯者　東京市浅草区北元町十二番地　鈴木源四郎／発行者　東京市浅草区三好町七番地　大川錠吉／印刷者　東京市浅草区南元町廿六番地　川崎清三／印刷所　同所　大川屋印刷所／発行所　東京市浅草区三好町七番地　聚栄堂　大川屋書店」【備考】奥付に「MADE IN JAPAN」とあるものも。

少年修養忠と孝　四六判並製一巻一冊
【著編者】谷口政徳【画工】不詳【奥付等】「明治四十五年二月十日印刷／明治四十五年二月十五日発行／編輯兼発行者　東京市浅草区三好町七番地　大川錠吉／印刷者　東京市浅草区南元町廿六番地　川崎清三／印刷所　同所　大川屋印刷所／発行所　東京市浅草区三好町七番地　聚栄堂　大川書店」【備考】奥付に「MADE IN JAPAN」とある。

船越重右衛門　菊判並製一巻一冊
【著編者】邑井一（講述）加藤由太郎（速記）【序年・序者】朗月堂主人【画工】鏑木清方【奥付等】「明治四十五年三月廿五日再版印刷／明治四十五年三月廿八日再版発行／〔明治廿九年四月三十日印刷　明治廿九年五月三日発行〕／講演者　東京市浅草区向柳原町一丁目十七番地　邑井徳一／発行者　東京市浅草区三好町七番地　大川錠吉／印刷者　東京市浅草区南元町廿六番地　川崎清三／印刷所　同所　大川屋印刷所／発行所　東京市浅草区三好町七番地　聚栄堂　大川屋書店」【備考】明治二十九年五月三日発行の朗月堂版

を求版。

探偵小説夜叉夫人　菊判並製一巻一冊

【著編者】ふたば【序年・序者】艸の舎の主人【画工】後藤芳景【奥付等】「明治四十五年四月廿一日十五版印刷／明治四十五年四月廿四日十五版発行／〔明治三十年二月十五日印刷／明治三十年二月十九日発行〕／発行者　東京市浅草区三好町七番地　大川錠吉／印刷者　東京市浅草区南元町廿四番地　小宮定吉／印刷所　同所　大川屋印刷所／発行所　東京市浅草区三好町七番地　聚栄堂　大川屋書店」【備考】奥付に「MADE IN JAPAN」とあるものも。

義太夫二百段集　四六判並製二巻二冊

【著編者】大川錠吉【序年・序者】明治三十四・万年舎亀丸【奥付等】「明治四十五年四月十八日印刷／明治四十五年四月廿五日発行／編輯兼発行者　東京市浅草区三好町七番地　大川錠吉／印刷者　東京市浅草区南元町廿四番地　小宮定吉／印刷所　同所　大川屋印刷所／発行所　東京市浅草区三好町七番地　大川屋書店」【備考】奥付に「MADE IN JAPAN」とあるものも。

伊勢松坂扇屋怪談　菊判並製一巻一冊

【著編者】岡安平九郎【序年・序者】明治二十三年・不詳【画工】尾形耕一【奥付等】「明治四十五年四月廿五日印刷／明治四十五年四月廿九日廿五版発行／〔明治二十三年二月十六日印刷／明治二十三年二月二十日発行〕／編輯者　東京市神田区栄町十番地　岡安平九郎／発行者　東京市浅草区三好町七番地　大川錠吉／印刷者　東京市浅草区南元町廿四番地　小宮定吉／印刷所　同所　大川屋印刷所／発行所　東京市浅草区三好町七羽鮏治　聚栄堂　大川屋書店」【備考】講演者不詳『赤垣源蔵』と合冊。奥付に「MADE IN JAPAN」とあるものも。明治二十三年出版の幸玉堂版『伊勢松坂扇屋怪談』を求版。

岩見武勇伝　菊判並製二巻二冊

【著編者】不詳【序年・序者】其徳堂雪村【画工】尾形月耕【奥付等】「明治四十五年六月十五日印刷／明治四十五年六月二十日発行／〔明治二十年二月五日印刷／明治二十年二月八日発行〕／発行者　東京市浅草区三好町七番地　大川錠吉／印刷者　東京市浅草区南元町廿六番地　川崎清三／印刷所　同所　大川屋印刷所／発行所　東京市浅草区三好町七番地　聚栄堂　大川屋書店」【備考】奥付に「MADE IN JAPAN」とあるものも。

豪商灰屋騒動　菊判並製一巻一冊

【著編者】錦城斎貞玉（講演）今村次郎（速記）【序年・序者】竹蔭居士【画工】豊川秀静【奥付等】「明治四十

五年七月二十日五版印刷／明治四十五年七月廿四日五版発行／〔明治三十二年八月十九日印刷 明治三十二年八月廿二日発行〕／編輯者　東京市浅草区南元町廿四番地　三輪逸次郎／発行者　東京市浅草区三好町七番地　大川錠吉／印刷者　東京市浅草区南元町廿四番地　小宮定吉／印刷所　東京市浅草区三好町七番地　聚栄堂　大川屋書店」【備考】明治三十二年八月廿二日発行のいろは書房版を求版。

皆川合戦　菊判並製一巻一冊

【著編者】栗本長質【序年・序者】栗本長質【画工】東洲勝月【奥付等】「大正元年八月二十日再版印刷／大正元年八月廿五日再版発行／〔明治三十年十二月十六日 明治卅一年一月一日発行〕／編輯者　東京市日本橋区鉄砲町十三番地　栗本長質／発行者　東京市浅草区三好町七番地　大川錠吉／印刷者　東京市浅草区南元町廿六番地　川崎清三／印刷所　同所　大川屋印刷所／発行所　東京市浅草区三好町七番地　聚栄堂　大川屋書店」【備考】奥付に「MADE IN JAPAN」とあるものも。明治三十年十二月十日発行の一二三館・白石東光堂版『皆川戦記』を求版。

絵本南総里見八犬伝　菊判並製一巻一冊

【著編者】曲亭馬琴【序年・序者】不詳【画工】不詳【奥付等】「大正元年九月廿一日二十版印刷／大正元年九月廿四日二十版発行／〔明治二十六年十月二十日印刷 明治二十六年十月廿四日発行〕／発行者　東京市浅草区三好町七番地　大川錠吉／印刷者　東京市浅草区南元町廿四番地　小宮定吉／印刷所　同所　大川屋印刷所／発行所　東京市浅草区三好町七番地　聚栄堂　大川屋書店」【備考】奥付に「MADE IN JAPAN」とあるものも。明治二十六年十月二十四日発行の九皐館版『里見八犬伝』を求版。

江戸本所五人男　菊判並製一巻一冊

【著編者】放牛舎桃林（著作）今村次郎（速記）【序年・序者】呑鯨主人【画工】水野年方【奥付等】「大正元年十一月五日再版印刷／大正元年十一月十日再版発行／〔明治卅三年九月廿八日譲受印刷 明治卅三年十月三日発行〕／編輯者　東京市京橋区本材木町三丁目廿六番地　鈴木金輔／発行者　東京市浅草区三好町七番地　大川錠吉／印刷者　同浅草区南元町廿六番地　川崎清三／印刷所　同所　大川屋印刷所／発行所　東京市浅草区三好町七番地　聚栄堂　大川屋書店」【備考】奥付に「MADE IN JAPAN」とあるものも。

自来也　菊判並製一巻一冊

【著編者】神田伯治（講演）吉田欽一（速記）【序年・序者】呑鯤【画工】後藤芳景【奥付等】「大正元年十一月十一日廿五版印刷／大正元年十一月十五日廿五版発行／

〔明治二十九年十一月五日印刷 明治二十九年十一月十日発行〕／講演者　東京市下谷区竹町十一番地　神田伯治事　大沢常次郎／発行者　東京市浅草区三好町七番地　大川錠吉／印刷者　東京市浅草区南元町廿四番地　小宮定吉／印刷所　同所　大川屋印刷所／発行所　東京市浅草区三好町七番地　聚栄堂　大川屋書店」【備考】奥付に「MADE IN JAPAN」とあるもの。明治二十九年十一月十日発行の由盛閣版を求版。

大正二年（一九一三）　癸丑

木村長門守（大川文庫）　袖珍判総クロス装一巻一冊

【著編者】晴風軒【序年・序者】明治四十四・晴風軒【画工】不詳【奥付等】「大正二年一月十五日再版印刷／大正二年一月二十日再版発行／明治四十四年八月一日印刷／仝年八月五日発行／著作者　講談文庫編輯部／発行者　東京市浅草区三好町七番地　大川錠吉／印刷者　東京市浅草区南元町廿六番地　川崎清三／印刷所　仝所　大川屋印刷所／発行所　東京市浅草区三好町七番地　大川屋書店」【備考】五版（大正八年二月二十五日発行）あり。

実説幡随院長兵衛　菊判並製一巻一冊

【著編者】不詳【序年・序者】呑鯨主人【画工】不詳【奥付等】「大正二年三月十五日印刷／大正二年三月廿二日発行／編輯兼発行者　東京市浅草区三好町七番地　大川錠吉／印刷者　東京市浅草区南元町廿六番地　川崎清三／印刷所　同所　大川屋印刷所／発行所　東京市浅草区三好町七番地　聚栄堂　大川屋書店」【備考】奥付に「MADE IN JAPAN」とあるものも。

世界お伽噺　四六判並製一巻一冊

【著編者】壺水（編）【序年・序者】巖谷小波【画工】孤山【奥付等】「大正二年三月十日印刷／大正二年三月二十日発行／（定価金四十銭）／編輯所　祐文館編輯所／編輯兼発行者　東京市浅草区三好町七番地　大川錠吉／印刷者　東京市浅草区南元町廿六番地　川崎清三／印刷所　同所　大川屋印刷所／発行所　東京市浅草区三好町七番地　聚栄堂　大川書店」【備考】奥付に「MADE IN JAPAN」とある。

木曽道中膝栗毛　菊判並製一巻一冊

【著編者】十返舎一九【画工】不詳【奥付等】「大正二年四月一日印刷／大正二年四月八日発行／（定価金五十銭）／編輯兼発行者　東京市浅草区三好町七番地　大川錠吉／印刷者　東京市浅草区南元町二十六番地　川崎清三／印刷所　同所　大川屋印刷所／発行所　東京市浅草区三

好町七番地　東京大川書店」【備考】奥付に「MADE IN JAPAN」とあるものも。

侠客清水の次郎長　菊判並製一巻一冊

【著編者】内藤加我【序年・序者】兎薄居士【画工】落合芳幾【奥付等】「大正二年五月七日再版印刷／大正二年五月十日再版発行／（明治廿七年五月十八日印刷 明治廿七年五月廿一日発行）／編輯者　東京市日本橋区通三丁目十三番地　内藤加我／発行者　東京市浅草区三好町七番地　大川錠吉／印刷者　東京市浅草区南元町廿六番地　川崎清三／印刷所　同所　大川屋印刷所／発行所　東京市浅草区三好町七番地　聚栄堂　大川屋書店」【備考】奥付に「MADE IN JAPAN」とあるものも。明治二十七年発行の金桜堂版『侠客治郎長』を求版。

柳沢騒動　菊判並製一巻一冊

【著編者】邑井一（講演）加藤由太郎（速記）【序年・序者】明治二十九・加藤蚯蚓【画工】飯沼玉亀・重光【奥付等】「大正二年五月十五日再版印刷／大正二年五月十八日再版発行／（明治二十九年八月六日印刷 明治二十九年八月十日発行）／講演者　東京市浅草区向柳原町一丁目十七番地　邑井徳一／発行者　東京市浅草区三好町七番地　大川錠吉／印刷者　東京市浅草区南元町廿四番地　小宮定吉／印刷所　同所　大川屋印刷所／発行所　東京市浅草区三好町七番地　聚栄堂　大川屋書店」【備考】奥付に「MADE IN JAPAN」とあるものも。

三国九尾伝　菊判並製一巻一冊

【著編者】双龍斎貞鏡（講演）今村次郎（速記）【序年・序者】柳煙散史【画工】不詳【奥付等】「明治三十一年七月二日印刷／明治三十一年七月七日発行／大正二年五月十五日再版印刷／大正二年五月十八日再版発行／講演者　東京市日本橋区久松町三十五番地　早川吉郎／発行者　東京市浅草区三好町七番地　大川錠吉／印刷者　東京市浅草区南元町廿六番地　川崎清三／印刷所　同所　大川屋印刷所／発行所　東京市浅草区三好町七番地　聚栄堂　大川屋書店」【備考】奥付に「MADE IN JAPAN」とあるものも。明治三十一年七月七日発行の金桜堂版を求版。

有罪無罪（大川文庫）　袖珍判総クロス装一巻一冊

【著編者】黒岩涙香（訳）【序年・序者】明治二十二・中江兆民【奥付等】「大正二年七月五日再版印刷／仝年七月十日再版発行／（明治廿二年十一月一日印刷 明治廿二年十一月五日出版）／編輯兼発行者　東京市浅草区三好町七番地　大川錠吉／印刷者　東京市芝区愛宕下町二丁目五番地　牛坂三郎／印刷所　東京

市芝区愛宕下町二丁目五番地　邦文社／発行所　東京市浅草区三好町七番地　大川屋書店」

小説 弘法大治郎 前編　四六判並製一巻一冊

【著編者】竹の島人【序年・序者】①大正二・佐藤独嘯②大正二・松田竹嶼【画工】不詳【奥付等】「大正二年七月十日印刷／大正二年七月十八日発行／著者　竹の島人／発行者　東京市浅草区三好町七番地　大川錠吉／印刷者　東京市浅草区南元町廿六番地　川崎清三／印刷所　同所　大川屋印刷所／発行所　東京市浅草区三好町　大川屋書店／鈴木金真堂」【備考】奥付に「MADE IN JAPAN」とあるものも。

御曹子牛若丸　菊判並製一巻一冊

【著編者】放牛舎桃林（講演）石原明倫（速記）【序年・序者】呑鯨主人【画工】尾形月耕【奥付等】「大正二年八月三日再版印刷／大正二年八月六日再版発行／〔明治三十五年八月五日印刷明治三十五年八月十日発行〕／講演者　東京市下谷区竹町十二番地　放牛舎桃林／発行者　東京市浅草区三好町七番地　大川錠吉／印刷者　東京市浅草区南元町廿六番地　川崎清三／印刷所　同所　大川屋印刷所／発行所　東京市浅草区三好町七番地　聚栄堂　大川屋書店」【備考】奥付に「MADE IN JAPAN」とあるものも。明治三十五年八月発行の金桜堂版『御曹子丑若丸』を求版。

小説 高遠城 前編　四六判並製一巻一冊

【著編者】竹の島人【序年・序者】大正二・松田竹嶼【画工】不詳【奥付等】「大正弐年九月十九日印刷／大正弐年九月二十日発行／著者　竹の島人／発行者　東京市浅草区三好町七番地　大川錠吉／印刷者　東京市浅草区南元町廿番地　川崎清三／印刷所　仝所　大川屋印刷所／発行所　東京市浅草区三好町七番地　大川屋書店」

南北両朝大合戦　菊判並製一巻一冊

【著編者】伊東潮花（講演）今村次郎（速記）【序年・序者】鉄壁城史【画工】不詳【奥付等】「大正二年九月廿七日二十版印刷／大正二年十月一日二十版発行／〔明治廿六年五月卅一日内務省許可明治廿六年八月廿八日印刷発行〕／編輯者　東京市日本橋区長谷川町一番地　鈴木源四郎／発行者　東京市浅草区三好町七番地　大川錠吉／印刷者　東京市浅草区南元町廿四番地　小宮定吉／印刷所　同所　大川屋印刷所／発行所　東京市浅草区三好町七番地　聚栄堂　大川屋書店」【備考】奥付に「MADE IN JAPAN」とあるものも。明治二十七年八月二十九日発行の九皐館版を求版。

最新 祝賀弔祭文集　四六判並製一巻一冊

【著編者】宮本宗太郎【序年・序者】①槙堂逸史②宮本

宗太郎【奥付等】「大正二年十月一日印刷／大正二年十月五日発行／定価金四十五銭／編者　宮木宗太郎／発行者　東京市浅草区三好町七番地　大川錠吉／印刷者　東京市芝区愛宕下町二丁目五番地　牛坂三郎／印刷所　東京市芝区愛宕下町二丁目五番地　邦文社／発行所　東京市浅草区三好町七番地　聚栄堂　大川屋書店」

〔小説〕弘法大治郎　後編　四六判並製一巻一冊
【著編者】竹の島人【序年・序者】大正二・竹の島人【画工】不詳【奥付等】「大正二年十月五日印刷／大正二年十月十日発行／著者　竹の島人／発行者　東京市浅草区三好町七番地　大川錠吉／印刷者　東京市浅草区南元町廿六番地　川崎清三／印刷所　同所　大川屋印刷所／発行所　東京市浅草区三好町七番地　大川屋書店／鈴木金真堂」

嵯峨の夜桜（大川文庫）袖珍判総クロス装一巻一冊
【著編者】松林伯円（講演）【序年・序者】図盆団福楼【画工】不詳【奥付等】「大正二年十一月十日再版印刷／大正二年十一月十五日再版発行／明治廿六年九月卅日印刷／明治廿六年十月五日発行／編輯者　東京市神田区佐久間町一丁目九番地　菅谷与吉／発行者　東京市浅草区三好町七番地　大川錠吉／印刷者　東京市芝区愛宕下町二丁目五番地　牛坂三郎／印刷所　仝所　邦文社／発行所　東京市浅草区三好町七番地　大川屋書店」

〔小説〕高遠城　後編　四六判並製一巻一冊
【著編者】竹の島人【序年・序者】大正二・竹の島人【画工】不詳【奥付等】「大正二年十二月十五日印刷／大正二年十二月十八日発行／著者　竹の島人／発行者　東京市浅草区三好町七番地　大川錠吉／印刷者　東京市浅草区南元町廿六番地　川崎清三／印刷所　仝所　大川屋印刷所／発行所　東京市浅草区三好町七番地　大川屋書店」

大正三年（一九一四）甲寅

〔少女小説〕幸なき運命　四六判並製一巻一冊
【著編者】水鳥尺草【序年・序者】大正二・水鳥尺草【画工】不詳【奥付等】「大正二年十二月廿八日印刷／大正三年一月二日発行／定価金二十五銭／著者　水鳥佐久良／発行者　東京市浅草区三好町七番地　大川錠吉／印刷者　東京市浅草区南元町廿六番地　川崎清三／印刷所　同所　大川屋印刷所／発行所　東京市浅草区三好町七番地　聚栄堂　大川屋書店」【備考】奥付に「MADE IN JAPAN」とある。

正直屑屋　四六判並製一巻一冊

【著編者】富増正蔵（作）伊原青々園（補）【画工】光厓【奥付等】「大正三年一月一日印刷／大正三年一月五日発行／著者　伊原青々園／発行者　東京市浅草区三好町七番地　大川錠吉／印刷者　東京市浅草区南元町廿六番地　川崎清三／印刷所　同所　大川屋印刷所／発行所　東京市浅草区三好町七番地　東京大川書店」

改正日本六法全書　菊判並製一巻一冊

【著編者】大日本法律研究会【奥付等】「大正三年一月十日印刷／大正三年一月十五日発行／校訂者　大日本法律研究会／編輯兼発行者　東京市浅草区三好町七番地　大川錠吉／印刷者　東京市芝区愛宕下町二丁目五番地　牛坂三郎／印刷所　同所　邦文社／発行所　東京市浅草区三好町七番地　聚栄堂　大川屋書店」

宇都宮騒動　菊判並製一巻一冊

【著編者】足立庚吉【序年・序者】伊東橋塘【画工】国直【奥付等】「大正三年二月十三日廿五版印刷／大正三年二月十七日廿五版発行／（明治二十三年一月十五日印刷 明治二十三年一月十八日発行）／飛（ママ）刻者　東京市小石川区指ヶ谷町十七番地　足立庚吉／発行者　東京市浅草区三好町七番地　大川錠吉／印刷者　東京市浅草区南元町廿四番地　小宮定吉／印刷所　同所　大川屋印刷所／発行所　東京市浅草区三好町七番地　聚栄堂　大川屋書店」【備考】奥付に「MADE IN JAPAN」とあるものも。十版（明治三十五年六月発行）あり。

小説麿八万石　前編　四六判並製一巻一冊

【著編者】渡辺黙禅【序年・序者】渡辺黙禅【画工】不詳【奥付等】「大正三年二月廿五日印刷／大正三年三月一日発行／著者　渡辺黙禅／発行者　東京市浅草区三好町七番地　大川錠吉／印刷者　東京市浅草区南元町廿六番地　川崎清三／印刷所　同所　大川屋印刷所／発行所　東京市浅草区三好町七番地　大川屋書店」

教訓美談乃木将軍　四六判半裁判並製一巻一冊

【著編者】敷島大蔵（口演）岩淵落葉（筆記）【画工】不詳【奥付等】「大正三年三月廿五日印刷／大正三年四月一日発行／定価三十五銭／編輯者　岩淵良雪／発行者　東京市浅草区三好町七番地　大川錠吉／印刷者　東京市浅草区南元町廿六番地　川崎清三／印刷所　同所　大川屋印刷所／発行所　東京市浅草区三好町七番地　聚栄堂　大川屋書店」【備考】奥付に「MADE IN JAPAN」とある。

浪花ぶし義士雪の曙　四六判並製一巻一冊
【著編者】桃中軒雲右衛門【画工】不詳【奥付等】「大正三年五月一日印刷／大正三年五月五日発行／編輯兼発行者　東京市浅草区三好町七番地　大川錠吉／印刷者　東京市浅草区南元町廿六番地　川崎清三／印刷所　同所　大川屋印刷所／発行所　東京市浅草区三好町七番地　東京大川書店」【備考】奥付に「MADE IN JAPAN」とある。

桃中軒雲右衛門一節集　四六判並製一巻一冊
【著編者】桃中軒雲右衛門【画工】不詳【奥付等】「大正三年五月一日印刷／大正三年五月五日発行／編輯兼発行者　東京市浅草区三好町七番地　大川錠吉／印刷者　東京市浅草区南元町廿六番地　川崎清三／印刷所　同所　大川屋印刷所／発行所　東京市浅草区三好町七番地　東京大川書店」【備考】奥付に「MADE IN JAPAN」とある。

吉田奈良丸一節集　四六判並製一巻一冊
【著編者】吉田奈良丸【画工】不詳【奥付等】「大正三年五月一日印刷／大正三年五月五日発行／編輯兼発行者　東京市浅草区三好町七番地　大川錠吉／印刷者　東京市浅草区南元町廿六番地　川崎清三／印刷所　同所　大川屋印刷所／発行所　東京市浅草区三好町七番地　東京大川書店」【備考】奥付に「MADE IN JAPAN」とある。

東家楽遊一節集　四六判並製一巻一冊
【著編者】東家楽遊【画工】不詳【奥付等】「大正三年五月一日印刷／大正三年五月五日発行／編輯兼発行者　東京市浅草区三好町七番地　大川錠吉／印刷者　東京市浅草区南元町廿六番地　川崎清三／印刷所　同所　大川屋印刷所／発行所　東京市浅草区三好町七番地　東京大川書店」【備考】奥付に「MADE IN JAPAN」とある。

塙団右衛門（大川文庫）　袖珍判総クロス装一巻一冊
【著編者】桃川燕林（口演）【序年・序者】大正三・好生逸人【画工】不詳【奥付等】「大正三年六月五日再版印刷／大正三年六月八日再版発行／（明治卅一年九月廿日印刷　仝年十月一日発行）／講演者　桃川燕林／発行者　東京市浅草区三好町七番地　大川錠吉／印刷者　東京市芝区愛宕下町二丁目五番地　牛坂三郎／印刷所　仝所　邦文社／発行所　東京市浅草区三好町七番地　大川屋書店」

源平盛衰記　菊判並製四巻四冊
【著編者】松林伯円（講演）今村次郎（速記）【序年・序者】呑鯨主人【画工】不詳【奥付等】「大正三年六月十三日三版印刷／大正三年六月十七日三版発行／（明治三十年六月四日印刷明治三十年六月七日発行）／講演者　東京市京橋区木挽町五丁目四番地　伯円事　若林義行／発行者　東京市浅草区三好

町七番地　大川錠吉／印刷者　東京市浅草区南元町廿六番地　川崎清三／印刷所　同所　大川屋印刷所／発行所　東京市浅草区三好町七番地　東京大川書店」【備考】奥付に「MADE IN JAPAN」とあるものも。明治三十～三十一年発行の文事堂版を求版。

小説 鬠八万石 後編　四六判並製一巻一冊
【著編者】渡辺黙禅【序年・序者】大正三・O.S【画工】不詳【奥付等】「大正三年七月八日印刷／大正三年七月十二日発行／著者　渡辺黙禅／発行者　東京市浅草区三好町七番地　大川錠吉／印刷者　東京市浅草区南元町廿六番地　川崎清三／印刷所　同所　大川屋印刷所／発行所　東京市浅草区三好町七番地　大川屋書店」

頭書季寄 発句古人五百題　四六判並製一巻一冊
【著編者】夜雪庵金羅（校訂）竹林舎狐狗狸（編述）【序年・序者】嘔旭庵亀足【奥付等】「大正三年八月三日二十版印刷／大正三年八月七日二十版発行／〔明治三十一年六月七日印刷〕〔明治三十一年六月十二日発行〕／発行者　東京市浅草区三好町七番地　大川錠吉／印刷者　東京市浅草区南元町廿四番地　小宮定吉／印刷所　同所　大川屋印刷所／発行所　東京市浅草区三好町七番地　聚栄堂　大川屋書店」【備考】奥付に「MADE IN JAPAN」とあるものも。

家庭小説 十七の春　四六判並製一巻一冊
【著編者】水鳥尺草【序年・序者】大正三・水鳥尺草【画工】不詳【奥付等】「大正三年九月十七日印刷／大正三年九月廿二日発行／著者　水島佐久良／発行者　東京市浅草区三好町七番地　大川錠吉／印刷者　東京市浅草区南元町廿六番地　川崎清三／印刷所　同所　大川屋印刷所／発行所　東京市浅草区三好町七番地　聚栄堂　大川屋書店」【備考】奥付に「MADE IN JAPAN」とある。

世界の大乱　四六判並製一巻一冊
【著編者】水鳥尺草【序年・序者】大正三・水鳥尺草【画工】不詳【奥付等】「大正三年十月廿六日印刷／大正三年十一月一日発行／著者　水島尺草／著者　鈴木郁翁／発行者　東京市浅草区三好町七番地　大川錠吉／印刷者　東京市浅草区南元町廿六番地　川崎清三／印刷所　大川屋印刷所／発行所　東京市浅草区三好町七番地　聚栄堂　大川屋書店」

大正四年（一九一五）乙卯

軍事冒険 蛮勇軍団　四六判半裁並製一巻一冊
【著編者】押川春浪・後藤矢峰【画工】不詳【奥付等】「大正四年六月一日印刷／大正四年六月七日発行／正価

金四拾銭／著者　押川春浪／著者　後藤又男／発行者　東京市浅草区三好町七番地　大川錠吉／印刷者　東京市芝区愛宕下町二丁目五番地　牛坂三郎／印刷所　東京市芝区愛宕下町二丁目五番地　邦文社／発行所　東京市浅草区三好町七番地　聚栄堂」

お伽少女会（大正お伽文庫）　袖珍判並製一巻一冊

【著編者】みどり生【画工】みひろ【奥付等】「大正四年七月一日印刷／大正四年七月五日発行／大正九年九月二十日四版発行／編輯兼発行者　東京市浅草区三好町七番地　大川錠吉／発行所　東京市浅草区三好町七番地　大川屋書店／印刷者　東京市浅草区南元町廿六番地　川崎清三／印刷所　東京市浅草区南元町廿六番地　大川屋印刷所／定価金二十五銭／郵税金四銭」

小説すみれ雛　四六判並製一巻一冊

【著編者】渡辺黙禅【画工】鈴木綾舟【奥付等】「大正四年十月二十日印刷／大正四年十月廿五日発行／著者　渡辺黙禅／発行者　東京市浅草区三好町七番地　大川錠吉／印刷者　東京市浅草区南元町廿六番地　川崎清三／印刷所　同所　大川屋印刷所／発行所　東京市浅草区三好町七番地　大川屋書店」【備考】奥付に「MADE IN JAPAN」とある。

笹舟（八千代文庫　第一編）　四六判並製一巻一冊

【著編者】倉富砂邱【画工】鈴木綾舟【奥付等】「大正四年十一月一日印刷／大正四年十一月五日発行／（定価金十五銭）／編輯所　八千代文庫編輯部／編輯兼発行者　東京市浅草区三好町七番地　大川錠吉／印刷者　東京市浅草区南元町廿六番地　川崎清三／印刷所　大川屋印刷所／発行所　東京市浅草区三好町七番地　聚栄堂　大川屋書店」【備考】再版（大正五年四月十日発行）・三版（同五年十月廿五日発行）・四版（同六年三月五日発行）あり。

侠客幡随院長兵衛（八千代文庫　第二編）　四六判並製一巻一冊

【著編者】神田伯山（講演）【画工】鈴木綾舟【奥付等】「大正四年十一月廿二日印刷／大正四年十一月廿七日発行／（定価金十五銭）／編輯所　八千代文庫編輯部／編輯兼発行者　東京市浅草区三好町七番地　大川錠吉／印刷者　東京市浅草区南元町廿六番地　川崎清三／印刷所　大川屋印刷所／発行所　東京市浅草区三好町七番地　聚栄堂　大川屋書店」

越後騒動関根弥次郎（八千代文庫　第三編）　四六判並製一巻一冊

【著編者】桃川如燕（講演）石原明倫（速記）【画工】鈴木綾舟【奥付等】「大正四年十二月十七日印刷／大正四年十二月廿一日発行／（定価金十五銭）／編輯所　八千

代文庫編輯部／編輯兼発行者　東京市浅草区三好町七番地　大川錠吉／印刷者　東京市浅草区南元町廿六番地　川崎清三／印刷所　大川屋印刷所／発行所　東京市浅草区三好町七番地　聚栄堂　大川屋書店」

大正五年（一九一六）丙辰

名匠左り甚五郎（八千代文庫　第四編）　四六判並製一巻一冊

【著編者】青龍斎貞峰（講演）速記社社員（速記）【画工】鈴木綾舟【奥付等】「大正四年十二月廿五日印刷／大正五年一月一日発行／〔定価金十五銭〕／編輯所　八千代文庫編輯部／編輯兼発行者　東京市浅草区三好町七番地　大川錠吉／印刷者　東京市浅草区南元町廿六番地　川崎清三／印刷所　大川屋印刷所／発行所　東京市浅草区三好町七番地　聚栄堂　大川屋書店」【備考】再版（大正五年三月十日発行）・三版（同五年九月五日発行）・四版（同五年十二月十日発行）あり。

小説すみれ雛 後編　四六判並製一巻一冊

【著編者】渡辺黙禅【序年・序者】大正五・翁草【画工】鈴木綾舟【奥付等】「大正四年十二月廿五日印刷／大正五年一月一日発行／著者　渡辺黙禅／発行者　東京市浅草区三好町七番地　大川錠吉／印刷者　東京市浅草区南元町廿六番地　川崎清三／印刷所　同所　大川屋印刷所／発行所　東京市浅草区三好町七番地　大川屋書店」【備考】奥付に「MADE IN JAPAN」とある。

妖術鼠小僧（八千代文庫　第五編）　四六判並製一巻一冊

【著編者】松林伯円（講演）酒井昇造（速記）【画工】鈴木綾舟【奥付等】「大正五年一月廿一日印刷／大正五年一月廿七日発行／〔定価金十五銭〕／編輯所　八千代文庫編輯部／編輯兼発行者　東京市浅草区三好町七番地　大川錠吉／印刷者　東京市浅草区南元町廿六番地　川崎清三／印刷所　大川屋印刷所／発行所　東京市浅草区三好町七番地　聚栄堂　大川屋書店」【備考】三版（大正五年九月二十日三版発行）・五版（同六年三月二十日発行）あり。

和泉屋治郎吉（八千代文庫　第六編）　四六判並製一巻一冊

【著編者】松林伯円（講演）酒井昇造（速記）【画工】鈴木綾舟【奥付等】「大正五年二月一日印刷／大正五年二月八日発行／〔定価金十五銭〕／編輯所　八千代文庫編輯部／編輯兼発行者　東京市浅草区三好町七番地　大川錠吉／印刷者　東京市浅草区南元町廿六番地　川崎清三／印刷所　大川屋印刷所／発行所　東京市浅草区三好町七番地　聚栄堂　大川屋書店」

侠客国定忠次（八千代文庫　第七編）四六判並製一巻一冊
【著編者】宝井馬琴（講演）今村次郎（速記）【画工】鈴木綾舟【奥付等】「大正五年二月廿五日印刷／大正五年三月一日発行／〔定価金十五銭〕／編輯所　八千代文庫編輯部／編輯兼発行者　東京市浅草区三好町七番地　大川錠吉／印刷者　東京市浅草区南元町廿六番地　川崎清三／印刷所　大川屋印刷所／発行所　東京市浅草区三好町七番地　聚栄堂　大川屋書店」

関東侠客大前田英五郎（八千代文庫　第九編）四六判並製一巻一冊
【著編者】宝井琴凌（講演）【画工】鈴木綾舟【奥付等】「大正五年四月一日印刷／大正五年四月五日発行／〔定価金十七銭郵税金四銭〕／編輯所　八千代文庫編輯部／編輯兼発行者　東京市浅草区三好町七番地　大川錠吉／印刷者　東京市浅草区南元町廿六番地　川崎清三／印刷所　同所　大川屋印刷所／発行所　東京市浅草区三好町七番地　聚栄堂　大川屋書店」

怪談小夜衣（八千代文庫　第十編）四六判並製一巻一冊
【著編者】春風亭柳枝（校閲）春風亭柳条（演述）【画工】鈴木綾舟【奥付等】「大正五年四月一日印刷／大正五年四月五日発行／〔定価金十七銭郵税金四銭〕／編輯所　八千代文庫編輯部／編輯兼発行者　東京市浅草区三好町七番地　大川錠吉／印刷者　東京市浅草区南元町廿六番地　川崎清三／印刷所　同所　大川屋印刷所／発行所　東京市浅草区三好町七番地　聚栄堂　大川屋書店」

侠骨一心太助（八千代文庫　第十一編）四六判並製一巻一冊
【著編者】青龍斎貞峰（講演）【画工】鈴木綾舟【奥付等】「大正五年五月五日印刷／大正五年五月十日発行／〔定価金十七銭郵税金四銭〕／編輯所　八千代文庫編輯部／編輯兼発行者　東京市浅草区三好町七番地　大川錠吉／印刷者　東京市浅草区南元町廿六番地　川崎清三／印刷所　同所　大川屋印刷所／発行所　東京市浅草区三好町七番地　聚栄堂　大川屋書店」【備考】五版（大正六年九月廿二日発行）あり。

高木武勇伝　菊判並製一巻一冊
【著編者】不詳【序年・序者】明治二十五・不詳【奥付等】「大正五年五月三日廿五版印刷／大正五年五月七日廿五版発行／〔明治二十五年三月二十四日印刷 明治二十五年三月二十五日発行〕／輯編者（マヽ）　東京市小石川区指ヶ谷町十七番地　足立庚吉／発行者　東京市浅草区三好町七番地　大川錠吉／印刷者　東京市浅草区南元町廿四番地　小宮定吉／印刷所　同所　大川屋印刷所／発行所　東京市浅草区三好町七番地　聚栄堂

大川屋書店」【備考】奥付に「MADE IN JAPAN」とあるものも。明治二十五年三月刊行の礫川出版会社版を求版。

本町小町五福屋政談（八千代文庫　第十二編）四六判並製一巻一冊

【著編者】邑井一（講演）加藤由太郎（速記）【画工】鈴木綾舟【奥付等】「大正五年五月十六日印刷／大正五年五月廿三日発行／｛定価金十七銭 郵税金四銭｝／編輯所　八千代文庫編輯部／編輯兼発行者　東京市浅草区三好町七番地　大川錠吉／印刷者　東京市浅草区南元町廿六番地　川崎清三／印刷所　同所　大川屋印刷所／発行所　東京市浅草区三好町七番地　聚栄堂　大川屋書店」【備考】九版（大正九年十月三日発行）あり。

玉菊燈籠（八千代文庫　第十三編）四六判並製一巻一冊

【著編者】邑井一（講演）加藤由太郎（速記）【画工】鈴木綾舟【奥付等】「大正五年六月一日印刷／大正五年六月一日発行／｛定価金十七銭 郵税金四銭｝／編輯所　八千代文庫編輯部／編輯兼発行者　東京市浅草区三好町七番地　大川錠吉／印刷者　東京市浅草区南元町廿六番地　川崎清三／印刷所　同所　大川屋印刷所／発行所　東京市浅草区三好町七番地　聚栄堂　大川屋書店」

条平内（八千代文庫　第十四編）四六判並製一巻一冊

【著編者】怒涛庵（述）吉住正明（速記）【画工】鈴木綾舟【奥付等】「大正五年六月廿一日印刷／大正五年七月一日発行／｛定価金十七銭 郵税金四銭｝／編輯所　八千代文庫編輯部／編輯兼発行者　東京市浅草区三好町七番地　大川錠吉／印刷者　東京市浅草区南元町廿六番地　川崎清三／印刷所　同所　大川屋印刷所／発行所　東京市浅草区三好町七番地　聚栄堂　大川屋書店」【備考】七版（大正七年七月十五日発行）あり。

落語研究会（大正喜楽文庫）袖珍判並製一巻一冊

【著編者】関由蔵【奥付等】「大正五年七月一日印刷／大正五年七月五日発行／編輯兼発行者　東京市下谷区仲徒町一丁目六番地　関由蔵／大阪売所　東京市浅草区三好町七番地　大川屋書店／印刷者　東京市浅草区南元町廿六番地　川崎清三／印刷所　東京市浅草区南元町廿六番地　大川屋印刷所／定価金二十銭／郵税金四銭」

東台侠客新蔵兄弟（八千代文庫　第十五編）四六判並製一巻一冊

【著編者】小金井盧州（講演）天沼雄吉（速記）【画工】不詳【奥付等】「大正五年七月七日印刷／大正五年七月十二日発行／｛定価金十七銭 郵税金四銭｝／編輯所　八千代文庫編輯部／編輯兼発行者　東京市浅草区三好町七番地　大川錠

吉／印刷者　東京市浅草区南元町廿六番地　川崎清三／印刷所　同所　大川屋印刷所／発行所　東京市浅草区三好町七番地　聚栄堂　大川屋書店」【備考】再版（大正五年十一月十日発行）・三版（同六年三月六日発行）・四版（同六年八月二十八日発行）・五版（同七年三月五日発行）あり。

東台侠客武蔵屋初五郎（八千代文庫　第十六編）四六判並製一巻一冊
【著編者】小金井蘆洲（講演）【画工】鈴木綾舟【奥付等】「大正五年八月一日印刷／大正五年八月五日発行／〔定価金十七銭郵税金四銭〕／編輯所　八千代文庫編輯部／編輯兼発行者　東京市浅草区三好町七番地　大川錠吉／印刷者　東京市浅草区南元町廿六番地　川崎清三／印刷所　同所　大川屋印刷所／発行所　東京市浅草区三好町七番地　聚栄堂　大川屋書店」

塚原卜伝（八千代文庫　第十七編）一巻一冊
【著編者】放牛舎桃湖（講演）酒井昇造（速記）【画工】鈴木綾舟【奥付等】「大正五年八月十五日印刷／大正五年八月二十日発行／〔定価金十七銭郵税金四銭〕／編輯所　八千代文庫編輯部／編輯兼発行者　東京市浅草区三好町七番地　大川錠吉／印刷者　東京市浅草区南元町廿六番地　川崎清三／印刷所　同所　大川屋印刷所／発行所　東京市浅草区三好町七番地　聚栄堂　大川屋書店」【備考】再版（大正五年十一月二十五日発行）・三版（同六年二月十五日発行）・四版（同六年六月一日発行）・五版（同六年十一月一日発行）・六版（同七年三月二十五日発行）・七版（同七年八月二十五日発行）・八版（同七年十二月八日発行）・九版（同八年三月十五日発行）あり。

怪談牡丹灯籠（大川文庫）袖珍判総クロス装一巻一冊
【著編者】三遊亭円朝（演述）【序年・序者】春の屋おぼろ【画工】不詳【奥付等】「大正五年八月廿七日三版印刷／大正五年九月一日三版発行／明治十七年七月廿三日印刷／明治十七年八月八日発行／速記者　若林玵蔵／発行者　東京市浅草区三好町七番地　大川錠吉／印刷者　東京市浅草区南元町廿四番地　小宮定吉／印刷所　同所　大川屋印刷所／発行所　東京市浅草区三好町七番地　大川屋書店」

宇都宮釣天井（八千代文庫　第十八編）四六判並製一巻一冊
【著編者】神田伯山（講演）加藤由太郎（速記）【画工】鈴木綾舟【奥付等】「大正五年九月一日印刷／大正五年九月五日発行／〔定価金十七銭郵税金四銭〕／編輯所　八千代文庫編輯部／編輯兼発行者　東京市浅草区三好町七番地　大川

錠吉／印刷者　東京市浅草区南元町廿六番地　川崎清三／印刷所　同所　大川屋印刷所／発行所　東京市浅草区三好町七番地　聚栄堂　大川屋書店」

剣舞術指南（大正喜楽文庫）袖珍判並製一巻一冊

【著編者】衝冠居士【画工】不詳【奥付等】「大正五年九月一日印刷／大正五年九月五日発行／編輯兼発行者　東京市浅草区三好町七番地　大川錠吉／印刷者　東京市浅草区南元町廿六番地　川崎清三／印刷所　東京市浅草区南元町廿六番地　大川屋印刷所／発行所　東京市浅草区三好町七番地　聚栄堂　大川屋書店／定価金二十銭／郵税金四銭」

二刀流名人宮本武蔵（八千代文庫　第十九編）四六判並製一巻一冊

【著編者】神田伯山（講演）酒井昇造（速記）【画工】鈴木綾舟【奥付等】「大正五年九月十五日印刷／大正五年九月二十日発行／〔定価金十七銭 郵税金四銭〕／編輯所　八千代文庫編輯部／編輯兼発行者　東京市浅草区三好町七番地　大川錠吉／印刷者　東京市浅草区南元町廿六番地　川崎清三／印刷所　同所　大川屋印刷所／発行所　東京市浅草区三好町七番地　聚栄堂　大川屋書店」

堀部安兵衛（八千代文庫　第二十編）四六判並製一巻一冊

【著編者】伊東潮花（口演）一ツ穴の狢（速記）【画工】不詳【奥付等】「大正五年十月一日印刷／大正五年十月五日発行／〔定価金十七銭 郵税金四銭〕／編輯所　八千代文庫編輯部／編輯兼発行者　東京市浅草区三好町七番地　大川錠吉／印刷者　東京市浅草区南元町廿六番地　川崎清三／印刷所　同所　大川屋印刷所／発行所　東京市浅草区三好町七番地　聚栄堂　大川屋書店」【備考】再版（大正六年一月七日発行）・三版（同六年四月廿三日発行）・四版（同六年九月十七日発行）・五版（同七年二月二十日発行）あり。

大岡政談おとわ丹七（八千代文庫　第二十一編）四六判並製一巻一冊

【著編者】清草舎英翁（講演）今村次郎（速記）【画工】鈴木綾舟【奥付等】「大正五年十月十五日印刷／大正五年十月二十日発行／〔定価金十七銭 郵税金四銭〕／編輯所　八千代文庫編輯部／編輯兼発行者　東京市浅草区三好町七番地　大川錠吉／印刷者　東京市浅草区南元町廿六番地　川崎清三／印刷所　同所　大川屋印刷所／発行所　東京市浅草区三好町七番地　聚栄堂　大川屋書店」

檜山騒動相馬大作（八千代文庫　第二十二編）四六判並製一巻一冊

【著編者】邑井吉瓶（講演）今村次郎（速記）【画工】鈴木綾舟【奥付等】「大正五年十一月一日印刷／大正五年

十一月五日発行／〔定価金十七銭 郵税金四銭〕／編輯所　八千代文庫編輯部／編輯兼発行者　東京市浅草区三好町七番地　大川錠吉／印刷者　東京市浅草区南元町廿六番地　川崎清三／印刷所　同所　大川屋印刷所／発行所　東京市浅草区三好町七番地　聚栄堂　大川屋書店」【備考】奥付に「製本　梅沢　組版　カワサキ」とある。

侠客天保水滸伝（八千代文庫　第二十三編）四六判並製一巻一冊

【著編者】秦々斎桃葉（講演）今村次郎（速記）【画工】鈴木綾舟【奥付等】「大正五年十一月十五日印刷／大正五年十一月二十日発行／〔定価金十七銭 郵税金四銭〕／編輯所　八千代文庫編輯部／編輯兼発行者　東京市浅草区三好町七番地　大川錠吉／印刷者　東京市浅草区南元町廿六番地　川崎清三／印刷所　同所　大川屋印刷所／発行所　東京市浅草区三好町七番地　聚栄堂　大川屋書店」【備考】六版（大正七年十月二十一日発行）あり。

梅川忠兵衛（八千代文庫　第二十四編）四六判並製一巻一冊

【著編者】桃川燕林（講演）今村次郎（速記）【画工】不詳【奥付等】「大正五年十二月一日印刷／大正五年十二月五日発行／〔定価金十七銭 郵税金四銭〕／編輯所　八千代文庫編輯部／編輯兼発行者　東京市浅草区三好町七番地　大川錠吉／印刷者　東京市浅草区南元町廿六番地　川崎清三／印刷所　同所　大川屋印刷所／発行所　東京市浅草区三好町七番地　聚栄堂　大川屋書店」【備考】三版（大正六年十二月五日発行）あり。

伽羅丸（八千代文庫　第二十五編）四六判並製一巻一冊

【著編者】渡辺黙禅【画工】不詳【奥付等】「大正五年十二月十日印刷／大正五年十二月二十日発行／〔定価金十七銭 郵税金四銭〕／編輯所　八千代文庫編輯部／編輯兼発行者　東京市浅草区三好町七番地　大川錠吉／印刷者　東京市浅草区南元町廿六番地　川崎清三／印刷所　同所　大川屋印刷所／発行所　東京市浅草区三好町七番地　聚栄堂　大川屋書店」

大正六年（一九一七）丁巳

寛政力士出世揃（八千代文庫　第二十六編）四六判並製一巻一冊

【著編者】伊東陵潮（講演）今村次郎（速記）【画工】鈴木綾舟【奥付等】「大正五年十二月廿五日印刷／大正六年一月一日発行／〔定価金十七銭 郵税金四銭〕／編輯所　八千代文庫編輯部／編輯兼発行者　東京市浅草区三好町七番地　大川錠吉／印刷者　東京市浅草区南元町廿六番地　川崎清

三／印刷所　同所　大川屋印刷所／発行所　東京市浅草区三好町七番地　聚栄堂　大川屋書店」

後の伽羅丸（八千代文庫　第二十七編）四六判並製一巻一冊

【著編者】渡辺黙禅【画工】鈴木綾舟【奥付等】「大正六年一月一日印刷／大正六年一月十日発行／｛定価金十七銭 郵税金四銭｝／編輯所　八千代文庫編輯部／編輯兼発行者　東京市浅草区三好町七番地　大川錠吉／印刷者　東京市浅草区南元町廿六番地　川崎清三／印刷所　同所　大川屋印刷所／発行所　東京市浅草区三好町七番地　聚栄堂　大川屋書店」

寛政力士有馬の怪猫（八千代文庫　第二十八編）四六判並製一巻一冊

【著編者】伊東陵潮（講演）今村次郎（速記）【画工】不詳【奥付等】「大正六年一月十五日印刷／大正六年一月二十日発行／｛定価金十七銭 郵税金四銭｝／編輯所　八千代文庫編輯部／編輯兼発行者　東京市浅草区三好町七番地　大川錠吉／印刷者　東京市浅草区南元町廿六番地　川崎清三／印刷所　同所　大川屋印刷所／発行所　東京市浅草区三好町七番地　聚栄堂　大川屋書店」

大岡政談豊川利生記（八千代文庫　第二十九編）四六判並製一巻一冊

【著編者】末広亭辰丸（講演）速記社社員（速記）【画工】鈴木綾舟【奥付等】「大正六年二月一日印刷／大正六年二月五日発行／｛定価金十七銭 郵税金四銭｝／編輯所　八千代文庫編輯部／編輯兼発行者　東京市浅草区三好町七番地　大川錠吉／印刷者　東京市浅草区南元町廿六番地　川崎清三／印刷所　同所　大川屋印刷所／発行所　東京市浅草区三好町七番地　聚栄堂　大川屋書店」

柳生十兵衛旅日記（八千代文庫　第三十編）四六判並製一巻一冊

【著編者】桃川燕林（講演）中村卓三（速記）【画工】鈴木綾舟【奥付等】「大正六年二月十五日印刷／大正六年二月二十日発行／｛定価金十七銭 郵税金四銭｝／編輯所　八千代文庫編輯部／編輯兼発行者　東京市浅草区三好町七番地　大川錠吉／印刷者　東京市浅草区南元町廿六番地　川崎清三／印刷所　同所　大川屋印刷所／発行所　東京市浅草区三好町七番地　聚栄堂　大川屋書店」【備考】七版（大正八年五月一日発行）あり。

柳沢騒動（八千代文庫　第三十一編）四六判並製一巻一冊

【著編者】邑井一（講演）加藤由太郎（速記）【画工】鈴

木綾舟【奥付等】「大正六年三月一日印刷／大正六年三月五日発行／〔定価金十七銭 郵税金四銭〕／編輯所　八千代文庫編輯部／編輯兼発行者　東京市浅草区三好町七番地　大川錠吉／印刷者　東京市浅草区南元町廿六番地　川崎清三／印刷所　同所　大川屋印刷所／発行所　東京市浅草区三好町七番地　聚栄堂　大川屋書店」

寛永勇士馬術誉（八千代文庫　第三十三編）四六判並製一巻一冊

【著編者】宝井馬琴（講演）今村次郎（速記）【画工】鈴木綾舟【奥付等】「大正六年三月三十日印刷／大正六年四月五日発行／〔定価金十七銭 郵税金四銭〕／編輯所　八千代文庫編輯部／編輯兼発行者　東京市浅草区三好町七番地　大川錠吉／印刷者　東京市浅草区南元町廿六番地　川崎清三／印刷所　同所　大川屋印刷所／発行所　東京市浅草区三好町七番地　聚栄堂　大川屋書店」

長編講談佐野鹿十郎（さくら文庫）袖珍判並製一巻一冊

【著編者】竹のや鳴雀（口演）速記社社員（速記）【画工】不詳【奥付等】「大正六年三月三十日印刷／大正六年四月五日発行／編輯所　桜文庫編輯部／編輯兼発行者　東京市浅草区三好町七番地　大川錠吉／印刷者　東京市浅草区南元町廿六番地　川崎清三／発行所　東京市浅草区三好町七番地　大川屋書店」【備考】内題は「復讐美談佐野鹿十郎」。

黒田騒動栗山大膳（八千代文庫　第三十四編）四六判並製一巻一冊

【著編者】桃川如燕（講演）今村次郎（速記）【画工】鈴木綾舟【奥付等】「大正六年四月十五日印刷／大正六年四月二十日発行／〔定価金十七銭 郵税金四銭〕／編輯所　八千代文庫編輯部／編輯兼発行者　東京市浅草区三好町七番地　大川錠吉／印刷者　東京市浅草区南元町廿六番地　川崎清三／印刷所　同所　大川屋印刷所／発行所　東京市浅草区三好町七番地　聚栄堂　大川屋書店」

塩原多助（八千代文庫　第三十五編）四六判並製一巻一冊

【著編者】三遊亭円朝（遺稿）【画工】不詳【奥付等】「大正六年五月一日印刷／大正六年五月五日発行／〔定価金卅五銭 郵税金四銭〕／編輯所　八千代文庫編輯部／編輯兼発行者　東京市浅草区三好町七番地　大川錠吉／印刷者　東京市浅草区南元町廿六番地　川崎清三／印刷所　同所　大川屋第一印刷部／発行所　東京市浅草区三好町七番地　聚栄堂　大川屋書店」

大槻内蔵之助（八千代文庫　第三十八編）四六判並製一巻一冊

【著編者】桃川如燕（講演）【画工】鈴木綾舟【奥付等】

「大正六年六月十五日印刷／大正六年六月二十日発行／〔定価金十七銭 郵税金四銭〕／編輯所　八千代文庫編輯部／編輯兼発行者　東京市浅草区三好町七番地　大川錠吉／印刷者　東京市浅草区南元町廿六番地　川崎清三／印刷所　同所　大川屋印刷所／発行所　東京市浅草区三好町七番地　聚栄堂　大川屋書店」

侠客野狐三次（八千代文庫　第三十九編）四六判並製一巻一冊

【著編者】真龍斎貞水（講演）【画工】不詳【奥付等】「大正六年七月一日印刷／大正六年七月七日発行／〔定価金十九銭郵税金四銭〕／編輯所　八千代文庫編輯部／編輯兼発行者　東京市浅草区三好町七番地　大川錠吉／印刷者　東京市浅草区南元町廿六番地　川崎清三／印刷所　同所　大川屋印刷所／発行所　東京市浅草区三好町七番地　聚栄堂　大川屋書店」【備考】再版（大正六年十二月二十一日発行）あり。

怪談乳房榎（八千代文庫　第四十編）四六判並製一巻一冊

【著編者】三遊亭円朝（口述）【画工】鈴木綾舟【奥付等】「大正六年七月十五日印刷／大正六年七月二十日発行／〔定価金十九銭 郵税金四銭〕／編輯所　八千代文庫編輯部／編輯兼発行者　東京市浅草区三好町七番地　大川錠吉／印刷者　東京市浅草区南元町廿六番地　川崎清三／印刷所　同所　大川屋印刷所／発行所　東京市浅草区三好町七番地　聚栄堂　大川屋書店」

〔金比羅利生記〕田宮坊太郎（八千代文庫　第四十一編）四六判並製一巻一冊

【著編者】双龍斎貞鏡（講演）今村次郎（速記）【画工】鈴木綾舟【奥付等】「大正六年八月一日印刷／大正六年八月五日発行／〔定価金十九銭 郵税金四銭〕／編輯所　八千代文庫編輯部／編輯兼発行者　東京市浅草区三好町七番地　大川錠吉／印刷者　東京市浅草区南元町廿六番地　川崎清三／印刷所　同所　大川屋印刷所／発行所　東京市浅草区三好町七番地　聚栄堂　大川屋書店」

紀伊国屋文左衛門（八千代文庫　第四十二編）四六判並製一巻一冊

【著編者】邑井一（講演）【画工】鈴木綾舟【奥付等】「大正六年八月十五日印刷／大正六年八月二十日発行／〔定価金十九銭 郵税金四銭〕／編輯所　八千代文庫編輯部／編輯兼発行者　東京市浅草区三好町七番地　大川錠吉／印刷者　東京市浅草区南元町廿六番地　川崎清三／印刷所　同所　大川屋印刷所／発行所　東京市浅草区三好町七番地　聚栄堂　大川屋書店」

元和三勇士（八千代文庫　第四十三編）　四六判並製一巻一冊
【著編者】青龍斎貞峰（講演）【画工】鈴木綾舟【奥付等】「大正六年九月一日印刷／大正六年九月五日発行／〔定価金十九銭 郵税金四銭〕／編輯所　八千代文庫編輯部／編輯兼発行者　東京市浅草区三好町七番地　大川錠吉／印刷者　東京市浅草区南元町廿六番地　川崎清三／印刷所　同所　大川屋印刷所／発行所　東京市浅草区三好町七番地　聚栄堂　大川屋書店」

後開榛名の梅が香安中草三（八千代文庫　第四十四編）　四六判並製一巻一冊
【著編者】三遊亭円朝（講演）【画工】鈴木綾舟【奥付等】「大正六年九月十五日印刷／大正六年九月二十日発行／〔定価金廿三銭 郵税金四銭〕／編輯所　八千代文庫編輯部／編輯兼発行者　東京市浅草区三好町七番地　大川錠吉／印刷者　東京市浅草区南元町廿六番地　川崎清三／印刷所　同所　大川屋印刷所／発行所　東京市浅草区三好町七番地　聚栄堂　大川屋書店」

後開榛名の梅が香恒川半三郎（八千代文庫　第四十五編）　四六判並製一巻一冊
【著編者】三遊亭円朝（講演）【画工】不詳【奥付等】「大正六年十月一日印刷／大正六年十月五日発行／〔定価金廿三銭 郵税金四銭〕／編輯所　八千代文庫編輯部／編輯兼発行者　東京市浅草区三好町七番地　大川錠吉／印刷者　東京市浅草区南元町廿六番地　川崎清三／印刷所　同所　大川屋印刷所／発行所　東京市浅草区三好町七番地　聚栄堂　大川屋書店」

河内山宗俊（八千代文庫　第四十六編）　四六判並製一巻一冊
【著編者】松林伯円（遺稿）【画工】鈴木綾舟【奥付等】「大正六年十月十五日印刷／大正六年十月二十日発行／〔定価金廿三銭 郵税金四銭〕／編輯所　八千代文庫編輯部／編輯兼発行者　東京市浅草区三好町七番地　大川錠吉／印刷者　東京市浅草区南元町廿六番地　川崎清三／印刷所　同所　大川屋印刷所／発行所　東京市浅草区三好町七番地　聚栄堂　大川屋書店」

長編講談伊賀流忍術伝（さくら文庫）　袖珍判並製一巻一冊
【著編者】高山義山【奥付等】「大正六年十一月一日印刷／大正六年十一月五日発行／編輯所　桜文庫編輯部／編輯兼発行者　東京市浅草区三好町七番地　大川錠吉／印刷者　東京市浅草区南元町廿六番地　小宮定吉／発行所　東京市浅草区三好町七番地　大川屋書店」

大岡政談 畦倉重四郎（八千代文庫　第四十七編）　四六判並製一巻一冊

【著編者】桃川如燕（講演）【画工】不詳【奥付等】「大正六年十一月一日印刷／大正六年十一月五日発行／〔定価金廿三銭郵税金四銭〕／編輯所　八千代文庫編輯部／編輯兼発行者　東京市浅草区三好町七番地　大川錠吉／印刷者　東京市浅草区南元町廿六番地　川崎清三／印刷所　同所　大川屋印刷所／発行所　東京市浅草区三好町七番地　聚栄堂　大川屋書店」

寛永日本三馬術（八千代文庫　第四十八編）　四六判並製一巻一冊

【著編者】桃川如燕（講演）今村次郎（速記）【画工】不詳【奥付等】「大正六年十一月十五日印刷／大正六年十一月二十日発行／〔定価金廿三銭郵税金四銭〕／編輯所　八千代文庫編輯部／編輯兼発行者　東京市浅草区三好町七番地　大川錠吉／印刷者　東京市浅草区南元町廿六番地　川崎清三／印刷所　同所　大川屋印刷所／発行所　東京市浅草区三好町七番地　聚栄堂　大川屋書店」

活劇講譚 因果華族（みやこ文庫　第一編）　四六判並製一巻一冊

【著編者】安岡夢郷【画工】不詳【奥付等】「大正六年十一月十七日印刷／大正六年十一月廿四日発行／〔定価金三十五銭郵税金四銭〕／編輯所　みやこ文庫編輯部／編輯兼発行者　東京市浅草区三好町七番地　大川錠吉／印刷者　東京市浅草区南元町廿六番地　川崎清三／印刷所　大川屋印刷所／発行所　東京市浅草区三好町七番地　聚栄堂　大川屋書店」

雲霧五人男（八千代文庫　第四十九編）　四六判並製一巻一冊

【著編者】松林泊円（講演）【画工】鈴木綾舟【奥付等】「大正六年十二月一日印刷／大正六年十二月五日発行／〔定価金廿三銭郵税金四銭〕／編輯所　八千代文庫編輯部／編輯兼発行者　東京市浅草区三好町七番地　大川錠吉／印刷者　東京市浅草区南元町廿六番地　川崎清三／印刷所　同所　大川屋印刷所／発行所　東京市浅草区三好町七番地　聚栄堂　大川屋書店」【備考】再版（大正七年七月十五日発行）あり。

大正七年（一九一八）戊午

侠骨 馬丁丹次（みやこ文庫　第二編）　四六判並製一巻一冊

【著編者】安岡夢郷【画工】不詳【奥付等】「大正七年一月一日印刷／大正七年一月一日発行／〔定価金三十五銭郵税金四銭〕／編輯所　みやこ文庫編輯部／編輯兼発行者　東京市浅草区三好町七番地　大川錠吉／印刷者　東京市浅草区南

元町廿六番地　川崎清三／印刷所　大川屋印刷所／発行所　東京市浅草区三好町七番地　聚栄堂　大川屋書店」

侠客十文字秀五郎（八千代文庫　第五十一編）四六判並製一巻一冊

【著編者】青龍斎貞峰（講演）【画工】鈴木綾舟【奥付等】「大正七年一月一日印刷／大正七年一月五日発行／〔定価金廿三銭郵税金四銭〕／編輯所　八千代文庫編輯部／編輯兼発行者　東京市浅草区三好町七番地　大川錠吉／印刷者　東京市浅草区南元町廿六番地　川崎清三／印刷所　同所　大川屋印刷所／発行所　東京市浅草区三好町七番地　聚栄堂　大川屋書店」

侠婦巴の小万（八千代文庫　第五十二編）四六判並製一巻一冊

【著編者】青龍斎貞峰（講演）【画工】鈴木綾舟【奥付等】「大正七年一月十五日印刷／大正七年一月廿日発行／〔定価金廿三銭郵税金四銭〕／編輯所　八千代文庫編輯部／編輯兼発行者　東京市浅草区三好町七番地　大川錠吉／印刷者　東京市浅草区南元町廿六番地　川崎清三／印刷所　同所　大川屋印刷所／発行所　東京市浅草区三好町七番地　聚栄堂　大川屋書店」

熊野霊験うづら権兵衛（八千代文庫　第五十三編）四六判並製一巻一冊

【著編者】桃川燕林（講演）【画工】鈴木綾舟【奥付等】「大正七年二月一日印刷／大正七年二月五日発行／〔定価金廿三銭郵税金四銭〕／編輯所　八千代文庫編輯部／編輯兼発行者　東京市浅草区三好町七番地　大川錠吉／印刷者　東京市浅草区南元町廿六番地　川崎清三／印刷所　同所　大川屋印刷所／発行所　東京市浅草区三好町七番地　聚栄堂　大川屋書店」

徳川天一坊（八千代文庫　第五十四編）四六判並製一巻一冊

【著編者】神田伯山（講演）【画工】鈴木綾舟【奥付等】「大正七年二月十五日印刷／大正七年二月二十日発行／〔定価金廿三銭郵税金四銭〕／編輯所　八千代文庫編輯部／編輯兼発行者　東京市浅草区三好町七番地　大川錠吉／印刷者　東京市浅草区南元町廿六番地　川崎清三／印刷所　同所　大川屋印刷所／発行所　東京市浅草区三好町七番地　聚栄堂　大川屋書店」

鏡ヶ池操松影江島屋騒動（八千代文庫　第五十五編）四六判並製一巻一冊

【著編者】三遊亭円朝（講演）若林玵蔵（筆記）【画工】鈴木綾舟【奥付等】「大正七年三月一日印刷／大正七年

三月五日発行／〔定価金廿三銭 郵税金四銭〕／編輯所　八千代文庫編輯部／編輯兼発行者　東京市浅草区三好町七番地　大川錠吉／印刷者　東京市浅草区南元町廿六番地　川崎清三／印刷所　同所　大川屋印刷所／発行所　東京市浅草区三好町七番地　聚栄堂　大川屋書店」【備考】再版（大正七年十一月三日発行）あり。

元和三勇士後日譚（八千代文庫　第五十六編）四六判並製一巻一冊

【著編者】邑井貞吉（講演）浪上義三郎（速記）【画工】鈴木綾舟【奥付等】「大正七年三月十五日印刷／大正七年三月二十日発行／〔定価金廿三銭 郵税金四銭〕／編輯所　八千代文庫編輯部／編輯兼発行者　東京市浅草区三好町七番地　大川錠吉／印刷者　東京市浅草区南元町廿六番地　川崎清三／印刷所　同所　大川屋印刷所／発行所　東京市浅草区三好町七番地　聚栄堂　大川屋書店」【備考】四版（大正八年十一月二十一日発行）あり。

侠義雪見野お辰（みやこ文庫　第三編）四六判並製一巻一冊

【著編者】安岡夢郷（編）【画工】鈴木綾舟【奥付等】「大正七年三月二十日印刷／大正七年三月廿五日発行／〔定価金三十五銭 郵税金四銭〕／編輯所　みやこ文庫編輯部／編輯兼発行者　東京市浅草区三好町七番地　大川錠吉／印刷者　東京市浅草区南元町廿六番地　川崎清三／印刷所　大川屋印刷所／発行所　東京市浅草区三好町七番地　聚栄堂　大川屋書店」

東海白浪日本左衛門（八千代文庫　第五十七編）四六判並製一巻一冊

【著編者】日辺大龍（講演）【画工】不詳【奥付等】「大正七年五月一日印刷／大正七年五月五日発行／〔定価金廿三銭 郵税金四銭〕／編輯所　八千代文庫編輯部／編輯兼発行者　東京市浅草区三好町七番地　大川錠吉／印刷者　東京市浅草区南元町廿六番地　川崎清三／印刷所　同所　大川屋印刷所／発行所　東京市浅草区三好町七番地　聚栄堂　大川屋書店」

長編講談忍術小法師（さくら文庫）袖珍判並製一巻一冊

【著編者】高山義山（述）【画工】不詳【奥付等】「大正七年五月十一日印刷　大正七年五月十五日発行／編輯所　桜文庫編輯部／編輯兼発行者　東京市浅草区三好町七番地　大川錠吉／印刷者　東京市浅草区南元町廿六番地　川崎清三／発行所　東京市浅草区三好町七番地　大川屋書店」

活劇講談五寸釘寅吉（みやこ文庫　第四編）四六判並製一巻一冊

【著編者】無名氏（編）【画工】鈴木綾舟【奥付等】「大

正七年五月十五日印刷／大正七年五月二十日発行／〔定価金三十五銭郵税金四銭〕／編輯所　みやこ文庫編輯部／編輯兼発行者　東京市浅草区三好町七番地　大川錠吉／印刷者　東京市浅草区南元町廿六番地　川崎清三／印刷所　大川屋印刷所／発行所　東京市浅草区三好町七番地　聚栄堂　大川屋書店」

宇和島騒動（八千代文庫　第五十八編）四六判並製一巻一冊
【著編者】放牛舎桃湖（講演）【画工】鈴木綾舟【奥付等】「大正七年六月一日印刷／大正七年六月五日発行／〔定価金廿三銭郵税金四銭〕／編輯所　八千代文庫編輯部／編輯兼発行者　東京市浅草区三好町七番地　大川錠吉／印刷者　東京市浅草区南元町廿六番地　川崎清三／印刷所　同所　大川屋印刷所／発行所　東京市浅草区三好町七番地　聚栄堂　大川屋書店」【備考】奥付に「製版所　深見」とある。

仇討侠客観音丹次（八千代文庫　第五十九編）四六判並製一巻一冊
【著編者】末広亭辰丸（講演）【画工】鈴木綾舟【奥付等】「大正七年七月一日印刷／大正七年七月五日発行／〔定価金廿三銭郵税金四銭〕／編輯所　八千代文庫編輯部／編輯兼発行者　東京市浅草区三好町七番地　大川錠吉／印刷者　東京市浅草区南元町廿六番地　川崎清三／印刷所　同所　大川屋印刷所／発行所　東京市浅草区三好町七番地　聚栄堂　大川屋書店」【備考】五版（大正八年十二月二十七日発行）あり。

活劇講談女警部（みやこ文庫　第六編）四六判並製一巻一冊
【著編者】みやこ文庫編輯部【画工】鈴木綾舟【奥付等】「大正七年七月十五日印刷／大正七年七月二十日発行／〔定価金三十五銭郵税金四銭〕／編輯所　みやこ文庫編輯部／編輯兼発行者　東京市浅草区三好町七番地　大川錠吉／印刷者　東京市浅草区南元町廿六番地　川崎清三／印刷所　大川屋印刷所／発行所　東京市浅草区三好町七番地　聚栄堂　大川屋書店」

おこん貢（八千代文庫　第六十編）四六判並製一巻一冊
【著編者】桃川燕林（講演）今村次郎（速記）【画工】不詳【奥付等】「大正七年八月一日印刷／大正七年八月五日発行／〔定価金廿五銭郵税金四銭〕／編輯所　八千代文庫編輯部／編輯兼発行者　東京市浅草区三好町七番地　大川錠吉／印刷者　東京市浅草区南元町廿六番地　川崎清三／印刷所　同所　大川屋印刷所／発行所　東京市浅草区三好町七番地　聚栄堂　大川屋書店」【備考】奥付に「製版牛坂」とある。四版（大正九年五月二十五日発行）あり。

活劇講譚後の女警部（みやこ文庫　第七編）　四六判並製一巻一冊
【著編者】無名氏（編）【画工】鈴木綾舟【奥付等】「大正七年八月十五日印刷／大正七年八月二十日発行／〔定価金四十銭 郵税金四銭〕／編輯所　みやこ文庫編輯部／編輯兼発行者　東京市浅草区三好町七番地　大川錠吉／印刷者　東京市浅草区南元町廿六番地　川崎清三／印刷所　大川屋印刷所／発行所　東京市浅草区三好町七番地　聚栄堂　大川屋書店」【備考】再版（大正八年五月三日発行）あり。

卅三間堂棟由来 平太郎住居の段　菊判和装一巻一冊
【著編者】豊竹巴太夫【奥付等】「明治三十四年六月五日翻刻印刷／明治三十四年六月十日発行／大正七年八月廿日再版発行／翻刻兼発行者　東京市浅草区三好町七番地　大川錠吉／印刷者　東京市浅草区寿町四十三番地　北川忠次郎／発行所　東京市浅草区三好町七番地　大川屋書店」【備考】表紙に「第弐十九号」とある。

安部晴明（八千代文庫　第六十一編）　四六判並製一巻一冊
【著編者】秦々斎桃葉（講演）【画工】不詳【奥付等】「大正七年九月一日印刷／大正七年九月五日発行／〔定価金廿五銭郵税金四銭〕／編輯所　八千代文庫編輯部／編輯兼発行者　東京市浅草区三好町七番地　大川錠吉／印刷者　東京市浅草区南元町廿六番地　川崎清三／印刷所　同所　大川屋印刷所／発行所　東京市浅草区三好町七番地　聚栄堂　大川屋書店」

活劇講譚鬼女法衣（みやこ文庫　第八編）　四六判並製一巻一冊
【著編者】無名氏（編）【画工】鈴木綾舟【奥付等】「大正七年九月十五日印刷／大正七年九月二十日発行／〔定価金四十銭 郵税金四銭〕／編輯所　みやこ文庫編輯部／編輯兼発行者　東京市浅草区三好町七番地　大川錠吉／印刷者　東京市浅草区南元町廿六番地　川崎清三／印刷所　大川屋印刷所／発行所　東京市浅草区三好町七番地　聚栄堂　大川屋書店」

講談日蓮記（八千代文庫　第六十二編）　四六判並製一巻一冊
【著編者】柴田薫（講演）【画工】不詳【奥付等】「大正七年十月一日印刷／大正七年十月五日発行／〔定価金廿五銭 郵税金四銭〕／編輯所　八千代文庫編輯部／編輯兼発行者　東京市浅草区三好町七番地　大川錠吉／印刷者　東京市浅草区南元町廿六番地　川崎清三／印刷所　同所　大川屋印刷所／発行所　東京市浅草区三好町七番地　聚栄堂　大川屋書店」

活劇講談決死の少年（みやこ文庫　第九編）　四六判並製一巻一冊
【著編者】しのぶ（編）【画工】鈴木綾舟【奥付等】「大

正七年十月十五日印刷／大正七年十月二十日発行／〔定価金四十銭 郵税金四銭〕／編輯所　みやこ文庫編輯部／編輯兼発行者　東京市浅草区三好町七番地　大川錠吉／印刷者　東京市浅草区南元町廿六番地　川崎清三／印刷所　大川屋印刷所／発行所　東京市浅草区三好町七番地　聚栄堂　大川屋書店」

塩原多助（大川文庫）袖珍判総クロス装一巻一冊
【著編者】三遊亭円朝（演述）【序年・序者】三遊亭円朝【画工】不詳【奥付等】「大正七年十月廿一日四版印刷／大正七年十月廿五日四版発行／〔明治十七年十二月一日版権免許 明治廿四年五月一日印刷発行〕／発行者　東京市浅草区三好町七番地　大川錠吉／印刷者　東京市浅草区南元町廿四番地　小宮定吉／印刷所　同所　大川屋印刷所／発行所　東京市浅草区三好町七番地　大川屋書店」【備考】奥付に「MADE IN JAPAN」とあるものも。

〔長編講談〕〔東国漫遊〕水戸黄門（さくら文庫）袖珍判並製一巻一冊
【著編者】岡柳ゆいち【画工】不詳【奥付等】「大正七年十一月七日印刷／大正七年十一月十五日発行／編輯所　桜文庫編輯部／編輯兼発行者　東京市浅草区三好町七番地　大川錠吉／印刷者　東京市浅草区南元町廿六番地　川崎清三／発行所　東京市浅草区三好町七番地　大川屋書店」

〔長編講談〕〔猿飛戸沢〕甲賀忍術伝（さくら文庫）袖珍判並製一巻一冊
【著編者】高山義山【画工】不詳【奥付等】「大正七年十一月七日印刷／大正七年十一月十五日発行／編輯所　桜文庫編輯部／編輯兼発行者　東京市浅草区三好町七番地　大川錠吉／印刷者　東京市浅草区南元町廿六番地　川崎清三／発行所　東京市浅草区三好町七番地　大川屋書店」

〔活劇講談〕侠芸者（みやこ文庫　第十編）四六判並製一巻一冊
【著編者】無名氏【画工】鈴木綾舟【奥付等】「大正七年十一月十一日印刷／大正七年十一月廿五日発行／〔定価金四十銭郵税金四銭〕／編輯所　みやこ文庫編輯部／編輯兼発行者　東京市浅草区三好町七番地　大川錠吉／印刷者　東京市浅草区南元町廿六番地　川崎清三／印刷所　大川屋印刷所／発行所　東京市浅草区三好町七番地　聚栄堂　大川屋書店」

〔赤穂〕義士銘々伝（八千代文庫　第六十四編）四六判並製一巻一冊
【著編者】邑井一（講演）【画工】鈴木綾舟【奥付等】「大正七年十二月一日印刷／大正七年十二月五日発行／〔定価金廿五銭 郵税金四銭〕／編輯所　八千代文庫編輯部／編輯兼発

行者　東京市浅草区三好町七番地　大川錠吉／印刷者　東京市浅草区南元町廿六番地　川崎清三／印刷所　同所　大川屋印刷所／発行所　東京市浅草区三好町七番地　聚栄堂　大川屋書店」【備考】五版（大正九年十一月十七日発行）あり。

活劇講談後の俠芸者（みやこ文庫　第十一編）四六判並製一巻一冊

【著編者】無名氏【画工】鈴木綾舟【奥付等】「大正七年十二月廿五日印刷／大正七年十二月三十日発行／〔定価金四十銭郵税金四銭〕／編輯所　みやこ文庫編輯部／編輯兼発行者　東京市浅草区三好町七番地　大川錠吉／印刷者　東京市浅草区南元町廿六番地　川崎清三／印刷所　大川屋印刷所／発行所　東京市浅草区三好町七番地　聚栄堂　大川屋書店」

大正八年（一九一九）己未

義士銘々伝元禄雪の曙（八千代文庫　第六十五編）四六判並製一巻一冊

【著編者】邑井一（講演）【画工】不詳【奥付等】「大正八年一月一日印刷／大正八年一月五日発行／〔定価金廿五銭郵税金四銭〕／編輯所　八千代文庫編輯部／編輯兼発行者　東京市浅草区三好町七番地　大川錠吉／印刷者　東京市浅草区南元町廿六番地　川崎清三／印刷所　同所　大川屋印刷所／発行所　東京市浅草区三好町七番地　聚栄堂　大川屋書店」

阿部河原孝子之仇討（八千代文庫　第六十七編）四六判並製一巻一冊

【著編者】春錦亭柳桜（講演）【画工】鈴木綾舟【奥付等】「大正八年三月一日印刷／大正八年三月五日発行／〔定価金廿五銭郵税金四銭〕／編輯所　八千代文庫編輯部／編輯兼発行者　東京市浅草区三好町七番地　大川錠吉／印刷者　東京市浅草区南元町廿六番地　川崎清三／印刷所　同所　大川屋印刷所／発行所　東京市浅草区三好町七番地　聚栄堂　大川屋書店」

義俠柳川庄八（八千代文庫　第六十八編）四六判並製一巻一冊

【著編者】柴田薫（講演）【画工】鈴木綾舟【奥付等】「大正八年四月一日印刷／大正八年四月五日発行／〔定価金廿五銭郵税金四銭〕／編輯所　八千代文庫編輯部／編輯兼発行者　東京市浅草区三好町七番地　大川錠吉／印刷者　東京市浅草区南元町廿六番地　川崎清三／印刷所　同所　大川屋印刷所／発行所　東京市浅草区三好町七番地　聚栄堂　大川屋書店」

活劇講譚後の強盗士官（みやこ文庫　第十三編）四六判並製一巻一冊
【著編者】伊原青々園【画工】鈴木綾舟【奥付等】「大正八年四月廿三日印刷／大正八年五月一日発行／〔定価金四十銭郵税金四銭〕／編輯所　みやこ文庫編輯所／編輯兼発行者　東京市浅草区三好町七番地　大川錠吉／印刷者　東京市浅草区南元町廿六番地　川崎清三／印刷所　大川屋印刷所／発行所　東京市浅草区三好町七番地　聚栄堂　大川屋書店」【備考】奥付に「MADE IN JAPAN」とある。

柳川庄八芸州広島大仇討（八千代文庫　第六十九編）四六判並製一巻一冊
【著編者】柴田薫（講演）【画工】鈴木綾舟【奥付等】「大正八年五月一日印刷／大正八年五月五日発行／〔定価金廿五銭郵税金四銭〕／編輯所　八千代文庫編輯部／編輯兼発行者　東京市浅草区三好町七番地　大川錠吉／印刷者　東京市浅草区南元町廿六番地　川崎清三／印刷所　同所　大川屋印刷所／発行所　東京市浅草区三好町七番地　聚栄堂　大川屋書店」

活劇講譚うこんしごき（みやこ文庫　第十四編）四六判並製一巻一冊
【著編者】伊原青々園【画工】鈴木綾舟【奥付等】「大正八年五月十五日印刷／大正八年五月廿五日発行／〔定価金四十銭郵税金四銭〕／編輯所　みやこ文庫編輯所／編輯兼発行者　東京市浅草区三好町七番地　大川錠吉／印刷者　東京市浅草区南元町廿六番地　川崎清三／印刷所　大川屋印刷所／発行所　東京市浅草区三好町七番地　聚栄堂　大川屋書店」【備考】奥付に「MADE IN JAPAN」とある。

佐原喜三郎（八千代文庫　第七十編）四六判並製一巻一冊
【著編者】青龍斎貞峰（講演）【画工】不詳【奥付等】「大正八年六月一日印刷／大正八年六月五日発行／〔定価金廿五銭郵税金四銭〕／編輯所　八千代文庫編輯部／編輯兼発行者　東京市浅草区三好町七番地　大川錠吉／印刷者　東京市浅草区南元町廿六番地　川崎清三／印刷所　同所　大川屋印刷所／発行所　東京市浅草区三好町七番地　聚栄堂　大川屋書店」

海国男児福村中佐（みやこ文庫　第十五編）四六判並製一巻一冊
【著編者】無名氏【画工】鈴木綾舟【奥付等】「大正八年六月十五日印刷／大正八年六月二十日発行／〔定価金四十銭郵税金四銭〕／編輯所　みやこ文庫編輯所／編輯兼発行者　東京市浅草区三好町七番地　大川錠吉／印刷者　東京市浅草区南元町廿六番地　川崎清三／印刷所　大川屋印刷所／発行所　東京市浅草区三好町七番地　聚栄堂　大川屋

書店」【備考】奥付に「MADE IN JAPAN」とある。

成田利生記　桂川力蔵（八千代文庫　第七十一編）四六判並製一巻一冊

【著編者】桃川如燕（講演）【画工】不詳【奥付等】「大正八年七月一日印刷／大正八年七月五日発行／〔定価金廿五銭郵税金四銭〕／編輯所　八千代文庫編輯部／編輯兼発行者　東京市浅草区三好町七番地　大川錠吉／印刷者　東京市浅草区南元町廿六番地　川崎清三／印刷所　同所　大川屋印刷所／発行所　東京市浅草区三好町七番地　聚栄堂　大川屋書店」

袖珍　桂月書翰　袖珍判並製一巻一冊

【著編者】大町桂月【奥付等】「大正八年七月十三日増訂印刷／大正八年七月十五日増訂発行／定価金六十銭／著作者　大町芳衛／発行者　東京市浅草区三好町七番地　大川錠吉／印刷者　東京市浅草区南元町廿六番地　川崎清三／印刷所　同所　大川屋印刷所／発行所　東京市浅草区三好町七番地　聚栄堂　大川屋書店」

浮名の横ぐし　お富与三郎（八千代文庫　第七十二編）四六判並製一巻一冊

【著編者】桜家遊山（講演）【画工】鈴木綾舟【奥付等】「大正八年八月一日印刷／大正八年八月五日発行／〔定価金廿五銭郵税金四銭〕／編輯所　八千代文庫編輯部／編輯兼発行者　東京市浅草区三好町七番地　大川錠吉／印刷者　東京市浅草区南元町廿六番地　川崎清三／印刷所　同所　大川屋印刷所／発行所　東京市浅草区三好町七番地　聚栄堂　大川屋書店」

活劇講譚　江戸ざくら（みやこ文庫　第十六編）四六判並製一巻一冊

【著編者】渡辺黙禅【画工】鈴木綾舟【奥付等】「大正八年九月一日印刷／大正八年九月五日発行／〔定価金五十銭郵税金四銭〕／編輯所　みやこ文庫編輯所／編輯兼発行者　東京市浅草区三好町七番地　大川錠吉／印刷者　東京市浅草区南元町廿六番地　川崎清三／印刷所　大川屋印刷所／発行所　東京市浅草区三好町七番地　聚栄堂　大川屋書店」【備考】奥付に「MADE IN JAPAN」とある。

伊賀の水月　誉の助太刀（八千代文庫　第七十三編）四六判並製一巻一冊

【著編者】青龍斎貞峰（口演）【画工】鈴木綾舟【奥付等】「大正八年九月五日印刷／大正八年九月十一日発行／〔定価金廿五銭郵税金四銭〕／編輯所　八千代文庫編輯部／編輯兼発行者　東京市浅草区三好町七番地　大川錠吉／印刷者　東京市浅草区南元町廿六番地　川崎清三／印刷所　同

所　大川屋印刷所／発行所　東京市浅草区三好町七番地　聚栄堂　大川屋書店」

新金色夜叉（柳文庫　第二編）四六判一巻一冊

【著編者】水鳥尺草【画工】不詳【奥付等】「大正八年九月廿四日印刷／大正八年九月廿七日発行／編輯所　柳文庫編輯部／編輯兼発行者　東京市浅草区三好町七番地　大川錠吉／印刷者　東京市浅草区南元町廿六番地　川崎清三／印刷所　同所　大川屋印刷所／発行所　東京市浅草区三好町七番地　大川屋書店」【備考】奥付に「MADE IN JAPAN」とあるものも。

大岡政談船越重右衛門（八千代文庫　第七十四編）四六判並製一巻一冊

【著編者】邑井一（講演）【画工】不詳【奥付等】「大正八年十一月十一日印刷／大正八年十一月十五日発行／改正〔定価金三十銭 郵税金四銭〕／編輯所　八千代文庫編輯部／編輯兼発行者　東京市浅草区三好町七番地　大川錠吉／印刷者　東京市浅草区南元町廿六番地　川崎清三／印刷所　同所　大川屋印刷所／発行所　東京市浅草区三好町七番地　聚栄堂　大川屋書店」

名刀五郎正宗（八千代文庫　第七十五編）四六判並製一巻一冊

【著編者】神田伯龍（講演）【画工】不詳【奥付等】「大正八年十一月十三日印刷／大正八年十一月十七日発行／改正〔定価金三十銭 郵税金四銭〕／編輯所　八千代文庫編輯部／編輯兼発行者　東京市浅草区三好町七番地　大川錠吉／印刷者　東京市浅草区南元町廿六番地　川崎清三／印刷所　同所　大川屋印刷所／発行所　東京市浅草区三好町七番地　聚栄堂　大川屋書店」

活劇講譚後の江戸ざくら（みやこ文庫　第十七編）四六判並製一巻一冊

【著編者】渡辺黙禅【画工】鈴木綾舟【奥付等】「大正八年十二月五日印刷／大正八年十二月十日発行／〔定価金五十銭 郵税金四銭〕／編輯所　みやこ文庫編輯所／編輯兼発行者　東京市浅草区三好町七番地　大川錠吉／印刷者　東京市浅草区南元町廿六番地　川崎清三／印刷所　大川屋印刷所／発行所　東京市浅草区三好町七番地　聚栄堂　大川屋書店」【備考】奥付に「MADE IN JAPAN」とある。

伊達大評定（八千代文庫　第七十六編）四六判並製一巻一冊

【著編者】一龍斎貞山（講演）【画工】鈴木綾舟【奥付等】「大正八年十二月十三日印刷／大正八年十二月十七日発行／改正〔定価金三十銭 郵税四銭〕／編輯所　八千代文庫編輯部／編輯兼発行者　東京市浅草区三好町七番地　大川錠吉／印刷者　東京市浅草区南元町廿六番地　川崎清三／

印刷所　同所　大川屋印刷所／発行所　東京市浅草区三好町七番地　聚栄堂　大川屋書店」

大正九年（一九二〇）庚申

西遊記孫悟空（八千代文庫　第七十七編）四六判並製一巻一冊

【著編者】桃川燕林（講演）【画工】鈴木綾舟【奥付等】「大正八年十二月廿七日印刷／大正九年一月一日発行／改正〔定価金三十銭 郵税四銭〕／編輯所　八千代文庫編輯部／編輯兼発行者　東京市浅草区三好町七番地　大川錠吉／印刷者　東京市浅草区南元町廿六番地　川崎清三／印刷所　同所　大川屋印刷所／発行所　東京市浅草区三好町七番地　聚栄堂　大川屋書店」

忍術無双獅子丸虎丸（さくら文庫）袖珍判並製一巻一冊

【著編者】高山義山【画工】不詳【奥付等】「大正八年十二月卅一日印刷／大正九年一月五日発行／編輯者　桜文庫編輯部／編輯兼発行者　東京市浅草区三好町七番地　大川錠吉／印刷者　東京市浅草区南元町廿六番地　川崎清三／発行所　東京市浅草区三好町七番地　大川屋書店」

悲劇小説恋の魔風（柳文庫　第十編）四六判一巻一冊

【著編者】水鳥尺草【画工】不詳【奥付等】「大正八年十二月三十日印刷／大正九年一月十五日発行／編輯所　柳文庫編輯部／編輯兼発行者　東京市浅草区三好町七番地　大川錠吉／印刷者　東京市浅草区南元町廿六番地　川崎清三／印刷所　同所　大川屋印刷所／発行所　東京市浅草区三好町七番地　大川屋書店」【備考】奥付に「MADE IN JAPAN」とある。

西遊記高僧三蔵法師（八千代文庫　第七十八編）四六判並製一巻一冊

【著編者】桃川燕林（講演）【画工】鈴木綾舟【奥付等】「大正九年三月十五日印刷／大正九年三月二十日発行／〔定価金卅五銭 郵税四銭〕／編輯所　八千代文庫編輯部／編輯兼発行者　東京市浅草区三好町七番地　大川錠吉／印刷者　東京市浅草区南元町廿六番地　川崎清三／印刷所　同所　大川屋印刷所／発行所　東京市浅草区三好町七番地　聚栄堂　大川屋書店」

宮城野しのぶ仇討白石噺（八千代文庫　第七十九編）四六判並製一巻一冊

【著編者】青龍斎貞峰（講演）【画工】鈴木綾舟【奥付等】「大正九年五月一日印刷／大正九年五月五日発行／

〔定価金卅五銭 郵税四銭〕／編輯所　八千代文庫編輯部／編輯兼発行者　東京市浅草区三好町七番地　大川錠吉／印刷者　東京市浅草区南元町廿六番地　川崎清三／印刷所　同所　大川屋印刷所／発行所　東京市浅草区三好町七番地　聚栄堂　大川屋書店」

揚巻助六（八千代文庫　第八十編）　四六判並製一巻一冊
【著編者】夢想兵衛（演）【画工】鈴木綾舟【奥付等】「大正九年七月一日印刷／大正九年七月五日発行／〔定価金卅五銭郵税金四銭〕／編輯所　八千代文庫編輯部／編輯兼発行者　東京市浅草区三好町七番地　大川錠吉／印刷者　東京市浅草区南元町廿六番地　川崎清三／印刷所　同所　大川屋第一印刷部／発行所　東京市浅草区三好町七番地　聚栄堂　大川屋書店」

小栗判官（八千代文庫　第八十一編）　四六判並製一巻一冊
【著編者】宝井琴凌（講演）【画工】鈴木綾舟【奥付等】「大正九年八月十日印刷／大正九年八月十五日発行／〔定価金卅五銭 郵税金四銭〕／編輯所　八千代文庫編輯部／編輯兼発行者　東京市浅草区三好町七番地　大川錠吉／印刷者　東京市浅草区南元町廿六番地　川崎清三／印刷所　同所　大川屋第一印刷部／発行所　東京市浅草区三好町七番地　聚栄堂　大川屋書店」

浪界大家競演集　四六判並製一巻一冊
【著編者】雲井北斗（編）【奥付等】「大正九年六月廿一日印刷／大正九年六月廿五日発行／編輯者　雲井北斗／発行者　東京市下谷区仲徒町一丁目六番地　関由蔵／印刷者　東京市浅草区南元町廿六番地　川崎清三／印刷所　同所　大川屋印刷所／専売所　東京市浅草区三好町七番地　聚栄堂　大川屋書店／定価金四十五銭」

活劇講譚海賊房次郎（みやこ文庫　第十八編）　四六判並製一巻一冊
【著編者】みやこ文庫編輯所【画工】鈴木綾舟【奥付等】「大正九年七月十日印刷／大正九年七月十五日発行／〔定価金五十五銭 郵税金四銭〕／編輯所　みやこ文庫編輯所／編輯兼発行者　東京市浅草区三好町七番地　大川錠吉／印刷者　東京市浅草区南元町廿六番地　川崎清三／印刷所　大川屋印刷所／発行所　東京市浅草区三好町七番地　聚栄堂　大川屋書店」【備考】奥付に「MADE IN JAPAN」とある。

熊沢蕃山（大川文庫）　袖珍判総クロス装一巻一冊
【著編者】六華園主人（著）【序年・序者】明治四十五・六華園主人【画工】不詳【奥付等】「大正九年八月廿七日三版印刷／大正九年九月一日三版発行／明治四十五年

二月二十日印刷／明治四十五年二月廿五日発行／著作者　講談文庫編輯部／発行者　東京市浅草区三好町七番地　大川錠吉／印刷者　東京市浅草区南元町廿四番地　小宮定吉／印刷所　同所　大川屋印刷所／発行所　東京市浅草区三好町七番地　大川屋書店」【備考】奥付に「MADE IN JAPAN」とあるものも。

天正豪傑塙団右衛門（八千代文庫　第八十二編）　四六判並製一巻一冊

【著編者】桃川燕林（講演）【画工】鈴木綾舟【奥付等】「大正九年八月十五日印刷／大正九年八月廿一日発行／{定価金卅五銭 郵税金四銭}／編輯所　八千代文庫編輯部／編輯兼発行者　東京市浅草区三好町七番地　大川錠吉／印刷者　東京市浅草区南元町廿六番地　川崎清三／印刷所　同所　大川屋第一印刷部／発行所　東京市浅草区三好町七番地　聚栄堂　大川屋書店」【備考】再版（大正十年二月五日発行）あり。

活劇講譚 蝮のお政（みやこ文庫　第十九編）　四六判並製一巻一冊

【著編者】みやこ文庫編輯所【画工】鈴木綾舟【奥付等】「大正九年九月一日印刷／大正九年九月七日発行／{定価金五十五銭郵税金四銭}／編輯所　みやこ文庫編輯所／編輯兼発行者　東京市浅草区三好町七番地　大川錠吉／印刷者　東京市浅草区南元町廿六番地　川崎清三／印刷所　大川屋印刷所／発行所　東京市浅草区三好町七番地　聚栄堂　大川屋書店」【備考】奥付に「MADE IN JAPAN」とある。

侠客 布袋の市兵衛（八千代文庫　第八十三編）　四六判並製一巻一冊

【著編者】桃川燕林（講演）【画工】鈴木綾舟【奥付等】「大正九年十月十五日印刷／大正九年十月廿一日発行／{定価金卅五銭 郵税金四銭}／編輯所　八千代文庫編輯部／編輯兼発行者　東京市浅草区三好町七番地　大川錠吉／印刷者　東京市浅草区南元町廿六番地　川崎清三／印刷所　同所　大川屋第一印刷部／発行所　東京市浅草区三好町七番地　聚栄堂　大川屋書店」

合邦ケ辻仇討 俊徳丸（八千代文庫　第八十四編）　四六判並製一巻一冊

【著編者】桜井三世（講演）【画工】鈴木綾舟【奥付等】「大正九年十一月十三日印刷／大正九年十一月十七日発行／{定価金卅五銭 郵税金四銭}／編輯所　八千代文庫編輯部／編輯兼発行者　東京市浅草区三好町七番地　大川錠吉／印刷者　東京市浅草区南元町廿六番地　川崎清三／印刷所　同所　大川屋第一印刷部／発行所　東京市浅草区三好町七番地　聚栄堂　大川屋書店」

加賀騒動 石川虎次郎（八千代文庫　第三十七編）四六判並製一巻一冊

【著編者】桃川如燕（講演）【画工】鈴木綾舟【奥付等】「大正六年十月一日印刷／大正六年十月五日発行／大正九年十二月七日五版発行／〔定価金卅五銭 郵税金四銭〕／編輯所　八千代文庫編輯部／編輯兼発行者　東京市浅草区三好町七番地　大川錠吉／印刷者　東京市浅草区南元町廿四番地　小宮定吉／印刷所　同所　大川屋印刷所／発行所　東京市浅草区三好町七番地　聚栄堂　大川屋書店」

大正十年（一九二一）壬戌

矢代政談 大久保彦左衛門（八千代文庫　第八十六編）四六判並製一巻一冊

【著編者】桃川燕林（講演）【画工】鈴木綾舟【奥付等】「大正十年一月廿五日印刷／大正十年二月一日発行／〔定価金卅五銭 郵税金四銭〕／編輯所　八千代文庫編輯部／編輯兼発行者　東京市浅草区三好町七番地　大川錠吉／印刷者　東京市浅草区南元町廿六番地　川崎清三／印刷所　同所　大川屋第一印刷部／発行所　東京市浅草区三好町七番地　聚栄堂　大川屋書店」

侠客 大名五郎蔵（八千代文庫　第八十七編）四六判並製一巻一冊

【著編者】青龍斎貞峰（講演）【画工】鈴木綾舟【奥付等】「大正十年三月十五日印刷／大正十年三月廿五日発行／〔定価金卅五銭 郵税金四銭〕／編輯所　八千代文庫編輯部／編輯兼発行者　東京市浅草区三好町七番地　大川錠吉／印刷者　東京市浅草区南元町廿六番地　川崎清三／印刷所　同所　大川屋第一印刷部／発行所　東京市浅草区三好町七番地　聚栄堂　大川屋書店」

長編講談 真田間者 忍術名人揃（さくら文庫）袖珍判並製一巻一冊

【著編者】高山義山【画工】不詳【奥付等】「大正十年七月五日印刷／大正十年七月十一日発行／（定価金二十銭）／編輯所　さくら文庫編輯部／編輯兼発行者　東京市浅草区三好町七番地　大川錠吉／印刷者　東京市浅草区南元町廿六番地　小宮定吉／印刷所　大川屋第一印刷部／発行所　東京市浅草区三好町七番地　聚栄堂　大川屋書店」

由井正雪 慶安太平記（八千代文庫　第八十八編）四六判並製一巻一冊

【著編者】青龍斎貞峰（講演）【画工】鈴木綾舟【奥付等】「大正十年六月十五日印刷／大正十年六月廿六日発

行／〔定価金卅五銭 郵税金四銭〕／編輯所　八千代文庫編輯部／編輯兼発行者　東京市浅草区三好町七番地　大川錠吉／印刷者　東京市浅草区南元町廿六番地　川崎清三／印刷所　同所　大川屋第一印刷部／発行所　東京市浅草区三好町七番地　聚栄堂　大川屋書店」

近世畸人伝（日本名著文庫　第五編）四六判並製一巻一冊
【著編者】伴蒿蹊（著）西村玖（選評）【奥付等】「大正十年七月三日印刷／大正十年七月七日発行／定価金二十五銭／編輯所　日本名著文庫編輯部／編輯兼発行者　東京市浅草区三好町七番地　大川錠吉／印刷者　東京市浅草区南元町廿六番地　川崎清三／印刷所　同書　聚栄堂第一印刷部／発行所　東京市浅草区三好町七番地　聚栄堂」【備考】奥付に「MADE IN JAPAN」とある。

武将感状記（日本名著文庫　第九編）四六判並製一巻一冊
【著編者】淡庵子【奥付等】「大正十年七月三日印刷／大正十年七月七日発行／定価金二十五銭／編輯所　日本名著文庫編輯部／編輯兼発行者　東京市浅草区三好町七番地　大川錠吉／印刷者　東京市浅草区南元町廿六番地　川崎清三／印刷所　同書　聚栄堂第一印刷部／発行所　東京市浅草区三好町七番地　聚栄堂」【備考】奥付に「MADE IN JAPAN」とある。

評釈江戸繁昌記（日本名著文庫　第十編）四六判並製一巻一冊
【著編者】寺門静軒【奥付等】「大正十年七月三日印刷／大正十年七月七日発行／定価金二十五銭／編輯所　日本名著文庫編輯部／編輯兼発行者　東京市浅草区三好町七番地　大川錠吉／印刷者　東京市浅草区南元町廿六番地　川崎清三／印刷所　同書　聚栄堂第一印刷部／発行所　東京市浅草区三好町七番地　聚栄堂」【備考】奥付に「MADE IN JAPAN」とある。

旬殿実々記（日本名著文庫　第十一編）四六判並製一巻一冊
【著編者】曲亭馬琴【奥付等】「大正十年七月三日印刷／大正十年七月七日発行／定価金二十五銭／編輯所　日本名著文庫編輯部／編輯兼発行者　東京市浅草区三好町七番地　大川錠吉／印刷者　東京市浅草区南元町廿六番地　川崎清三／印刷所　同書　聚栄堂第一印刷部／発行所　東京市浅草区三好町七番地　聚栄堂」【備考】奥付に「MADE IN JAPAN」とある。

一休諸国物語（日本名著文庫　第十二編）四六判並製一巻一冊
【著編者】平田止水【奥付等】「大正十年七月三日印刷／大正十年七月七日発行／定価金二十五銭／編輯所　日本

名著文庫編輯部／編輯兼発行者　東京市浅草区三好町七番地　大川錠吉／印刷者　東京市浅草区南元町廿六番地　川崎清三／印刷所　同書　聚栄堂第一印刷部／発行所　東京市浅草区三好町七番地　聚栄堂」【備考】奥付に「MADE IN JAPAN」とある。

質屋の庫（日本名著文庫　第十三編）四六判並製一巻一冊
【著編者】曲亭馬琴【奥付等】「大正十年七月三日印刷／大正十年七月七日発行／定価金二十五銭／編輯所　日本名著文庫編輯部／編輯兼発行者　東京市浅草区三好町七番地　大川錠吉／印刷者　東京市浅草区南元町廿六番地　川崎清三／印刷所　同書　聚栄堂第一印刷部／発行所　東京市浅草区三好町七番地　聚栄堂」【備考】奥付に「MADE IN JAPAN」とある。

平家物語（日本名著文庫　第十四編）四六判並製一巻一冊
【著編者】葉室大納言【奥付等】「大正十年七月五日印刷／大正十年七月十一日発行／定価金二十五銭／編輯所　日本名著文庫編輯部／編輯兼発行者　東京市浅草区三好町七番地　大川錠吉／印刷者　東京市浅草区南元町廿四番地　小宮定吉／印刷所　同書　聚栄堂第二印刷部／発行所　東京市浅草区三好町七番地　聚栄堂」【備考】奥付に「MADE IN JAPAN」とある。

常山紀談 前編（日本名著文庫　第六編）四六判並製一巻一冊
【著編者】湯浅元禎【奥付等】「大正十年七月五日印刷／大正十年七月十一日発行／定価金二十五銭／編輯所　日本名著文庫編輯部／編輯兼発行者　東京市浅草区三好町七番地　大川錠吉／印刷者　東京市浅草区南元町廿四番地　小宮定吉／印刷所　同書　聚栄堂第二印刷部／発行所　東京市浅草区三好町七番地　聚栄堂」【備考】奥付に「MADE IN JAPAN」とある。

常山紀談 後編（日本名著文庫　第七編）四六判並製一巻一冊
【著編者】湯浅元禎【奥付等】「大正十年七月五日印刷／大正十年七月十一日発行／定価金二十五銭／編輯所　日本名著文庫編輯部／編輯兼発行者　東京市浅草区三好町七番地　大川錠吉／印刷者　東京市浅草区南元町廿四番地　小宮定吉／印刷所　同書　聚栄堂第二印刷部／発行所　東京市浅草区三好町七番地　聚栄堂」【備考】奥付に「MADE IN JAPAN」とある。

赤穂義士潮田主水（錦文庫）袖珍判並製一巻一冊
【著編者】青龍斎貞峰（講演）【画工】不詳【奥付等】「大正十年九月十日印刷／大正十年九月十七日発行／定価金三十銭／編輯所　錦文庫編輯部／編輯兼発行者　東京市浅草区三好町七番地　大川錠吉／印刷者　東京市浅草区

南元町廿六番地　川崎清三／印刷所　同所　大川屋第一印刷部／発行所　東京市浅草区三好町七番地　大川屋書店」

祝祭文鑑　四六判総クロス装一巻一冊

【著編者】角春三・岩佐重一【序年・序者】幣原坦【奥付等】「大正十年十月一日再版印刷／大正十年十月七日再版発行／著者　角春三／著者　岩佐重一／発行者　東京市日本橋区蛎殻町二丁目一番地　中島万吉／印刷者　東京市浅草区南元町廿四番地　小宮定吉／一手専売所　東京市浅草区三好町七番地　大川屋書店／印刷所　大川屋第二印刷所」【備考】明治四十三年刊の自省堂版を求版。

（小説）血に啼く不如帰（柳文庫）袖珍判並製一巻一冊

【著編者】有本天浪【画工】不詳【奥付等】「大正十年十一月廿一日十二版印刷／大正十年十一月廿五日十二版発行／編輯所　柳文庫編輯部／編輯兼発行者　東京市浅草区三好町七番地　大川錠吉／印刷者　東京市浅草区南元町廿六番地　川崎清三／印刷所　同所　大川屋第一印刷部／発行所　東京市浅草区三好町七番地　大川屋書店」

大正十一年（一九二二）壬戌

福村中佐（みやこ文庫　第十五編）袖珍判並製一巻一冊

【著編者】安岡夢郷【画工】不詳【奥付等】「大正八年六月十五日印刷／大正八年六月二十日発行／大正十一年六月十五ヨ三版発行／〔定価金五十五銭 郵税金四銭〕／編輯所　みやこ文庫編輯部／編輯兼発行者　東京市浅草区三好町七番地　大川錠吉／印刷者　東京市浅草区南元町廿六番地　川崎清三／発行所　東京市浅草区三好町七番地　聚栄堂大川屋書店／印刷所　大川屋第一印刷部」【備考】奥付に「MADE IN JAPAN」とあるものも。

（尊き犠牲）嗚呼小野さつき子（柳文庫　第二十五編）袖珍判並製一巻一冊

【著編者】流月【序年・序者】大正十一・流月【画工】不詳【奥付等】「大正十一年八月七日印刷／大正十一年八月十三日発行／編輯所　柳文庫編輯部／編輯兼発行者　東京市浅草区三好町七番地　大川錠吉／印刷者　東京市浅草区南元町廿六番地　川崎清三／印刷所　同所　大川屋第一印刷部／発行所　東京市浅草区三好町七番地　大川屋書店」【備考】奥付に「MADE IN JAPAN」とあるものも。

佐賀夜桜鍋島猫騒動（八千代文庫　第九十四編）四六判並製一巻一冊
【著編者】松林伯円（講演）【画工】鈴木綾舟【奥付等】「大正十一年九月十五日印刷／大正十一年九月廿六日発行／〔定価金卅五銭 郵税金四銭〕／編輯所　八千代文庫編輯部／編輯兼発行者　東京市浅草区三好町七番地　大川錠吉／印刷者　東京市浅草区南元町廿六番地　川崎清三／印刷所　同所　大川屋第一印刷部／発行所　東京市浅草区三好町七番地　聚栄堂　大川屋書店」

大正十二年（一九二三）癸亥

長編講談寛永御前試合　袖珍判並製一巻一冊
【著編者】宝井馬琴（講演）今村次郎（速記）【画工】不詳【奥付等】「大正十二年一月一日印刷／大正十二年一月五日発行／編者　大川屋編輯部／編輯兼発行者　東京市浅草区三好町七番地　大川錠吉／印刷者　東京市浅草区南元町廿四番地　小宮定吉／印刷所　同所　大川屋第二印刷部／発行所　東京市浅草区三好町七番地　大川屋書店／定価金六十銭」

柳生又十郎諸国漫遊（さくら文庫）袖珍判並製一巻一冊
【著編者】邑井一（講演）【画工】不詳【奥付等】「大正十二年六月十七日印刷／大正十二年六月廿一日発行／定価二十銭／編輯所　さくら文庫編輯部／編輯兼発行者　東京市浅草区三好町七番地　大川錠吉／印刷者　東京市浅草区南元町廿六番地　川崎清三／印刷所　同所　大川屋第一印刷部／発行所　東京市浅草区三好町七番地　聚栄堂　大川屋書店」【備考】内題は「誉の武術柳生又十郎」。

大正十三年（一九二四）甲子

長編講談苅萱石童丸（さくら文庫）袖珍判並製一巻一冊
【著編者】高山義山（述）【画工】鈴木綾舟【奥付等】「大正十二年五月五日発行／大正十三年九月五日再版発行／編輯所　桜文庫編輯部／編輯兼発行者　東京市浅草区三好町七番地　大川錠吉／印刷者　東京市浅草区南元町廿六番地　川崎清三／発行所　東京市浅草区三好町七番地　大川屋書店」【備考】内題は「石童丸」。

長編講談竹丸忍術破り（さくら文庫）袖珍判並製一巻一冊
【著編者】高山義山（口演）【画工】不詳【奥付等】「大正十年一月十五日印刷／大正十年一月廿一日発行／大正十三年九月十日十五版発行／（定価金二十銭）／編輯所　さくら文庫編輯部／編輯兼発行者　東京市浅草区三好町七番地　大川錠吉／印刷者　東京市浅草区南元町廿六

番地　小宮定吉／印刷所　大川屋印刷部／発行所　東京市浅草区三好町七番地　聚栄堂　大川屋書店」

伊賀流忍術開祖 百々地三太夫（さくら文庫）　文庫判並製一巻一冊

【著編者】高山義山【画工】不詳【奥付等】「大正十年二月十五日印刷／大正十年二月廿一日発行／大正十三年十月九日十五版発行／（定価金二十銭）／編輯所　さくら文庫編輯部／編輯兼発行者　東京市浅草区三好町七番地　大川錠吉／印刷者　東京市浅草区南元町廿六番地　小宮定吉／印刷所　大川屋印刷部／発行所　東京市浅草区三好町七番地　聚栄堂　大川屋書店」

大正十四年（一九二五）乙丑

佐倉宗五郎（八千代文庫　第三十六編）四六判並製一巻一冊

【著編者】邑井一（講演）【画工】鈴木綾舟【奥付等】「大正十四年五月廿八日印刷／大正十四年六月二日発行／〔定価金卅五銭 郵税金四銭〕／編輯所　八千代文庫編輯部／編輯兼発行者　東京市浅草区三好町七番地　大川錠吉／印刷者　東京市浅草区南元町廿六番地　小宮定吉／印刷所　同所　大川屋印刷部／発行所　東京市浅草区三好町七番地　聚栄堂　大川屋書店」

長編講談 忍術大活動 猿飛佐助（さくら文庫）　袖珍判並製一巻一冊

【著編者】高山義山【画工】不詳【奥付等】「大正十四年六月七日印刷／大正十四年六月十四日発行／（定価金二十銭）／編輯所　さくら文庫編輯部／編輯兼発行者　東京市浅草区三好町七番地　大川錠吉／印刷者　東京市浅草区南元町廿六番地　小宮定吉／印刷所　大川屋印刷部／発行所　東京市浅草区三好町七番地　聚栄堂　大川屋書店」

毒婦 妲己のお百（さくら文庫）　袖珍判並製一巻一冊

【著編者】不詳【画工】不詳【奥付等】「大正十四年六月七日印刷／大正十四年六月十四日発行／（定価金二十銭）／編輯所　さくら文庫編輯部／編輯兼発行者　東京市浅草区三好町七番地　大川錠吉／印刷者　東京市浅草区南元町廿六番地　小宮定吉／印刷所　大川屋印刷部／発行所　東京市浅草区三好町七番地　聚栄堂　大川屋書店」

大正十五年・昭和元年（一九二六）丙寅

長編講談 侠客 観音丹次（さくら文庫）　袖珍判並製一巻一冊

【著編者】不詳【画工】不詳【奥付等】「大正十五年一月十三日印刷／大正十五年一月二十日発行／（定価金二十銭）／編輯所　さくら文庫編輯部／編輯兼発行者　東京

市浅草区三好町一（ママ）番地　大川錠吉／印刷者　東京市浅草区南元町廿六番地　小宮定吉／印刷所　同所　大川屋印刷部／発行所　東京市浅草区三好町一（ママ）番地　聚栄堂大川屋書店」

長編講談名術名人猿飛と海野六郎（さくら文庫）　袖珍判並製一巻一冊
【著編者】不詳【画工】不詳【奥付等】「大正十五年一月十三日印刷／大正十五年一月二十日発行／（定価金二十銭）／編輯所　さくら文庫編輯部／編輯兼発行者　東京市浅草区三好町一（ママ）番地　大川錠吉／印刷者　東京市浅草区南元町廿六番地　小宮定吉／印刷所　同所　大川屋印刷部／発行所　東京市浅草区三好町一（ママ）番地　聚栄堂大川屋書店」

長編講談侠客三日月次郎吉（さくら文庫）　袖珍判並製一巻一冊
【著編者】不詳【画工】不詳【奥付等】「大正十五年十月一日印刷／大正十五年十月六日発行／編輯所　さくら文庫編輯部／編輯兼発行者　東京市浅草区三好町一（ママ）番地　大川錠吉／印刷者　東京市浅草区南元町廿六番地　小宮定吉／印刷所　同所　大川屋印刷部／発行所　東京市浅草区三好町一（ママ）番地　大川屋書店」

附『第二十三回大川屋出版小説図書総目録（明治三十二年八月改正増訂）』

『第二十三回大川屋出版小説図書総目録（明治三十二年八月改正増訂）』は、明治三十二年（一八九九）に改正・増訂され発行された大川屋錠吉の蔵版目録である。後ろ表紙に「毎年一回改正ヲ行ヒ時々之ヲ増補スベシ」とあることから、改正・増補版を含めて年に複数冊発行されたようである。

内容は「菊判小説ノ部」「講談百種」「金字入洋綴之部」「洋綴稗史小説之部」に分類された書籍の書名・著編者・価格を記したものである。なお、後ろ表紙に「大川屋出版目録ノ実価ハ郵税共ニ有之候」とあるように、記載されているのは送料込みの価格となっている。

第二十三回

明治三十二年八月改正增訂

大川屋出版小説圖書總目錄

東京市淺草區三好町

聚榮堂　大川屋錠吉

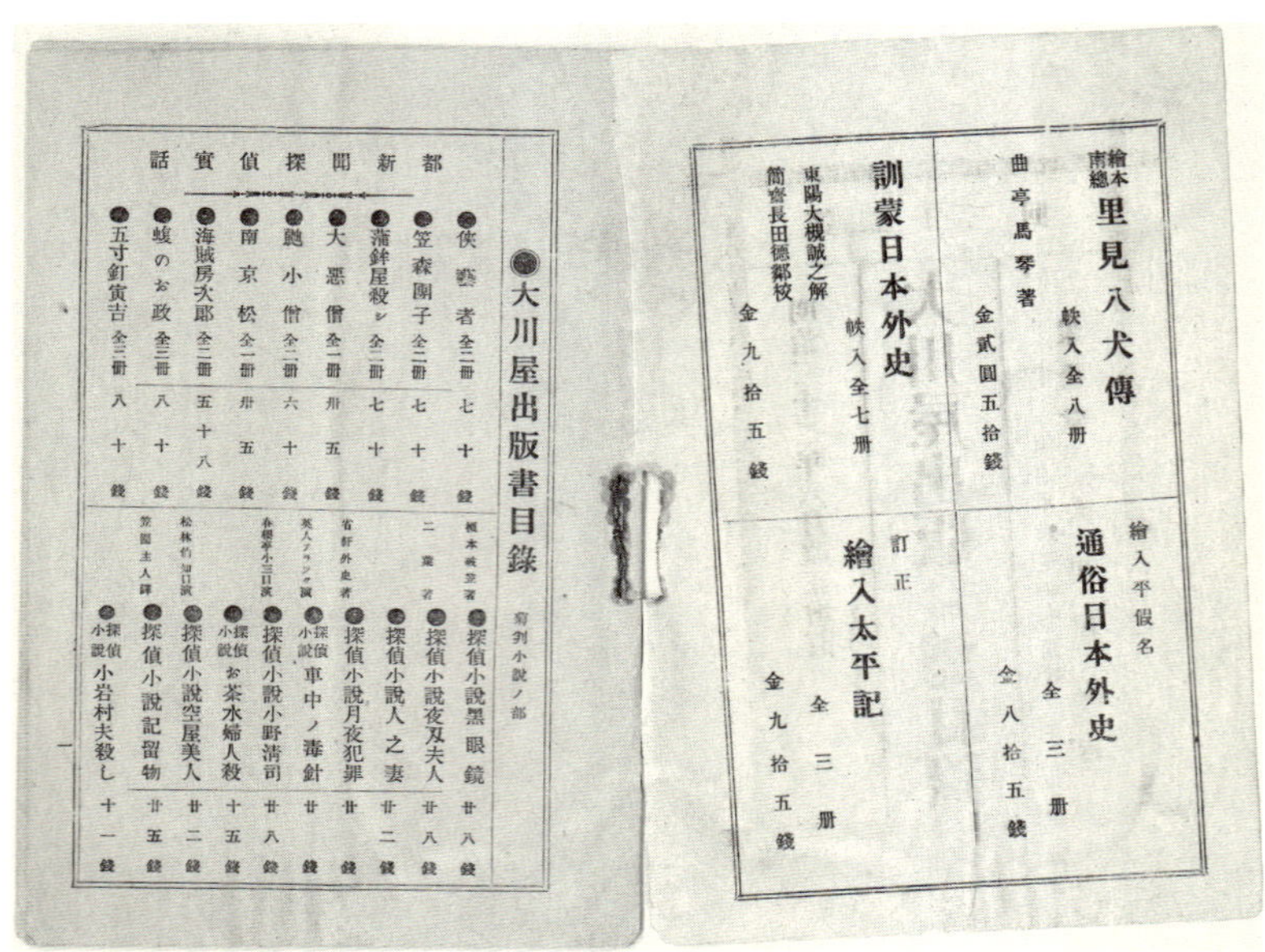

繪本南總里見八犬傳　曲亭馬琴著　繪入全八冊　金貳圓五拾錢

訓蒙日本外史　東陽大槻誠之解　簡齋長田德鄉校　繪入全七冊　金九拾五錢

繪入平假名　通俗日本外史　全三冊　金八拾五錢

訂正　繪入太平記　全三冊　金九拾五錢

大川屋出版書目錄　裁判小説ノ部

都新聞探偵實話

侠藝者	全二冊	七十錢
笠森團子	全二冊	七十錢
蒲鉾屋殺シ	全二冊	七十錢
大悪僧	全一冊	卅五錢
艶小僧	全二冊	六十錢
南京松	全一冊	卅五錢
海賊房次郎	全二冊	五十八錢
蝮のお政	全三冊	八十錢
五寸釘寅吉	全二冊	八十錢

榎本破笠著	探偵小説黑眼鏡	廿八錢
二葉著	探偵小説夜叉夫人	廿八錢
	探偵小説人之妻	廿二錢
省軒外史著	探偵小説月夜犯罪	廿錢
英人ブラツク演	探偵小説車中ノ毒針	廿錢
春錦亭小三口演	探偵小説小野清司	廿八錢
	探偵小説お茶水婦人殺	十五錢
松林伯知口演	探偵小説空屋美人	廿二錢
笠園主人譯	探偵小説記留物	廿五錢
	探偵小説小岩村夫殺し	十一錢

●（大詐欺師）千坂光子　卅八錢
涙香小史著　●有罪無罪　廿八錢
同著　●玉手箱　廿八錢
同著　●妾之罪　廿八錢
同著　●決闘ノ果　廿五錢
同著　●銀行ノ賊　廿一錢
同著　●片手美人　廿七錢
同著　●梅花郎　廿一錢
同著　●人耶鬼耶　廿五錢
三遊亭圓朝口演　●操鏡女學校　廿二錢

三遊亭圓朝口演　●業平文治漂流奇談　卅五錢
同　●栗田口霑笛竹　廿八錢
同　●鏡ヶ池操松影　卅三錢
同　●菊模様千代龜鑑　卅三錢
同　●敵討霞初しま　廿三錢
同　●松之操美人生埋　十八錢
同　●荻江一節　十八錢
同　●松と藤藝者替紋　十九錢
同　●雨夜之引窓　十八錢
同　●蝦夷錦　廿一錢

二

三遊亭圓朝口演　●鶴殺疾刃庖刀　十八錢
同　●熱海土産温泉利書　廿二錢
同　●敵討札所靈驗　廿二錢
同　●歐洲小説黄薔薇　十五錢
同　●雪月花一題噺　廿二錢
同　●圓朝子ノ傳　廿錢
桃川燕林口演　●（大岡裁判）煙草屋喜八　廿五錢
同　●（大岡裁判）富田屋政談　廿五錢
同　●（大岡裁判）村井長庵　全二冊　四十五錢
同　●（大岡裁判）畔倉重四郎　三十二錢

桃川燕林口演　●柳生旅日記　廿二錢
同　●両面藤三郎　廿二錢
同　●毛剃九右衛門　全二冊　四十五錢
同　●眞柄十郎左衛門　十八錢
同　●（大岡裁判）後藤半四郎　廿錢
桃川如燕口演　●栗山大膳忠誠録　廿五錢
同　●怪談小はた小平次　十六錢
同　●徳川外傳流ノ遺涙　廿二錢
同　●（加賀騒動）大槻内藏之助　全二冊　卅五錢
同　●（大岡裁判）越後傳吉　廿五錢

三

松林伯圓口演　●嵯峨之夜櫻　全二冊　卅五錢
同　●鳴門奇談舟幽靈　廿八錢
同　●徳川源氏梅ノ香　廿五錢
同　●浮沈梅柳新話　廿五錢
同　●怪談小町娘　廿五錢
同　●河内山　廿五錢
同　●天保怪鼠傳　全二冊　四十五錢
松林伯知口演　●眞土村燒討騷動　廿五錢
松林伯知口演　●遠山左衛門尉　廿五錢
同　●山田長政遠征記　廿五錢

邑井吉瓶口演　●檜山麒麟一聲　卅錢
邑井一口演　●（本町小町）五福屋政談　全二冊　四十錢
同　●玉菊燈籠　廿五錢
同　●紀伊國屋文左衛門　廿五錢
放牛舎桃林口演　●（眞影流名人）塚原卜傳　全二冊　四十五錢
同　●塚原左傳　廿七錢
同　●一刀齋伊東彌五郎　廿五錢
同　●柳生但馬守　廿六錢
眞龍齋貞水口演　●山田眞龍軒　廿五錢
同　●野狐三次　廿六錢

四

放牛舎桃林　●（水戸紀州尾州）三家三勇士　廿錢
同　●復讐裏見佳吉　廿錢
同　●山本貞婦傳　廿五錢
一立齋文車口演　●日本三馬術　廿六錢
同　●元和三勇婦　廿五錢
同　●小間物屋彦兵衛　廿二錢
春風亭柳枝口演　●江戸美人　廿二錢
同　●遠藤万五郎　廿五錢
三遊亭圓生口演　●友千鳥　廿二錢
揚名舎桃李口演　●森家三勇士　廿二錢

[illegible]口演　●安倍晴明　廿五錢
同　●（大岡裁判）藪原撿校　廿二錢
同　●天保水滸傳　卅五錢
柴田薫口演　●日蓮記　卅五錢
柴田南玉口演　●暮鐘森之騒動　廿五錢
神田伯山口演　●（大岡政談）天一坊　四十二錢
同　●（宮本佐々木）両雄傳　三十五錢
清草舎英[illegible]口演　●明石の斬捨　二十五錢
同　●（大岡裁判）おとわ丹七　二十五錢
寳井馬琴口演　●侠客國定忠次　二十六錢

五

双龍斎貞鏡講演	田宮坊太郎	廿五錢
松林圓玉口演	木鼠吉五郎	廿三錢
伊東潮花口演	楠千早籠城	十七錢
錦城斎貞玉口演	平井權八一代記	十七錢
双龍斎貞鏡口演	沖田二子仇討	十七錢
南華二著	釣葱	二十錢
幸堂得知著	剛膽義婦	二十錢
太華山人著	雪おろし	十八錢
春の屋おぼろ著	當世書生氣質	四十五錢
古川新水著	實録泉島吉	廿二錢
採菊山人著	残花恨ノ葉櫻	四十錢
同	三人令孃	廿二錢
同	都佳人	廿二錢
春風亭柳枝口演	小夜嵐吉原奇談	廿三錢
曲亭馬琴著	夢惣兵衛胡蝶物語	廿六錢
同	南總里見八犬傳 一冊物	卅六錢
同	皿々郷談	十九錢
同	伊勢松坂扇屋怪談	十七錢
花笠家園主著	肥後駒下駄	廿錢
伊東橋塘編輯	女天一花園れ蝶	二十錢

六

講談百種

伊東潮花口演	南北両朝大合戦	十五錢
桃川如燕口演	小野川眞實傳	同
放牛舎桃林口演	堀部安兵衛傳	同
蓁々斎桃葉口演	大久保川勝政談	同
桃川如燕口演	寛永名士馬術譽	同
邑井吉瓶口演	忠孝常世物語	同
揚名舎桃玉口演	柳川庄八義侠傳	同
邑井吉瓶口演	檜山麒麟一聲 全三冊	同
桃川燕林口演	浪花五人切	同
伊東潮鶴口演	仙石家騒動記	十五錢
松林伯圓口演	烈女お照ノ傳	同
伊東燕晋口演	信藩小堀騒動	同
双龍斎貞鏡口演	菅公御實傳記	同
邑井一口演	豊臣明智山崎合戦	同
清緑舎英昌講演	藤堂評定録	同
前田貞利口演	石川五右門奇賊傳	同
錦城斎貞朝口演	政談鶴ノ一節	同
揚名舎桃李口演	侠客國定忠次傳	同

此外新版續々出版仕り候

七

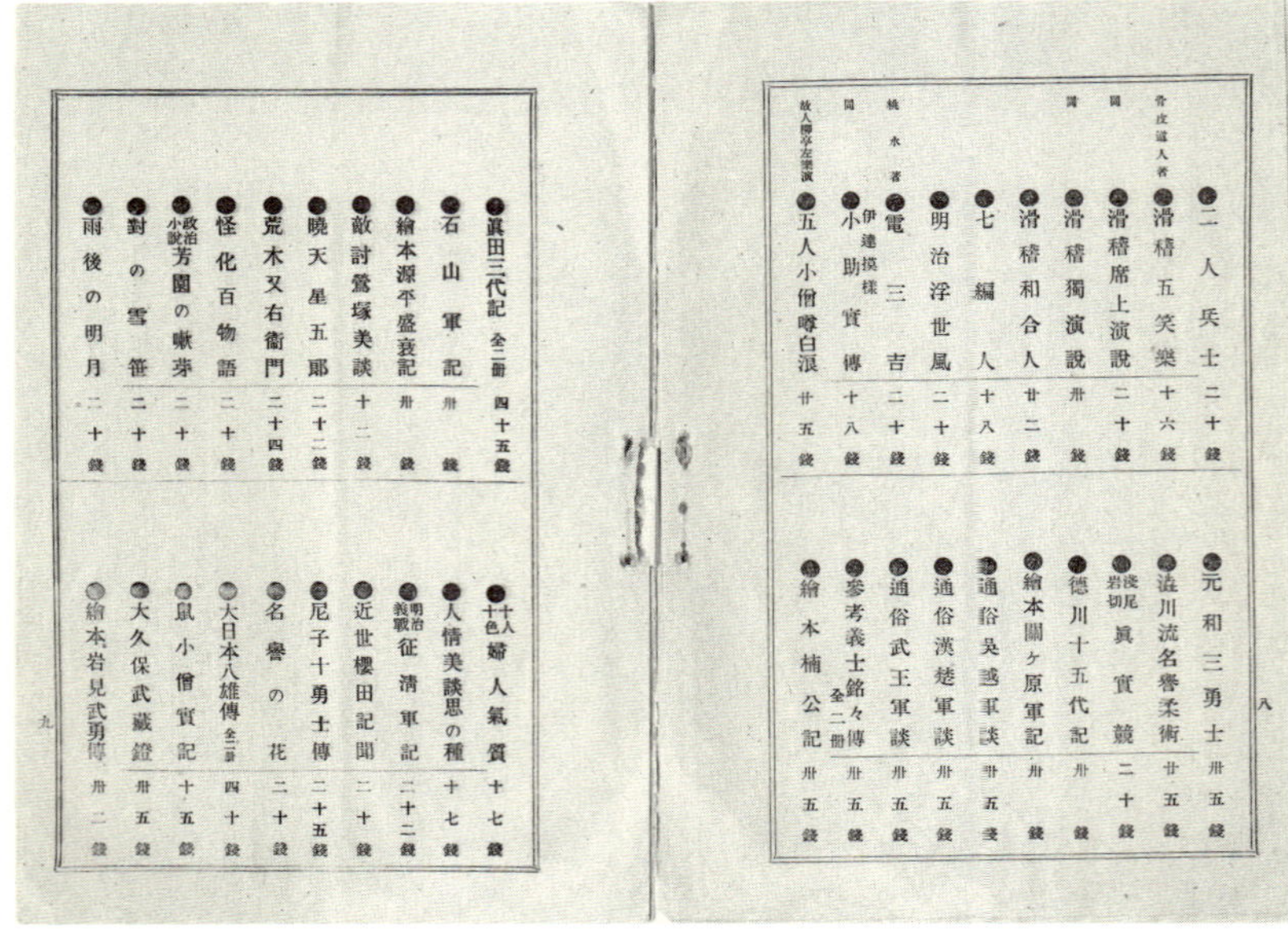

	二人兵士	二十錢
骨皮道人著	滑稽五笑樂	十六錢
同	滑稽席上演説	二十錢
同	滑稽獨演説	卅錢
	滑稽和合人	廿二錢
	七編人	十八錢
	明治浮世風	二十錢
桃水著	電三吉	二十錢
同	伊達摸様 小助實傳	十八錢
故人柳亭左楽演	五人小僧噂白浪	廿五錢
	元和三勇士	卅五錢
	澁川流名譽柔術	廿五錢
	浅尾岩切 眞實競	二十錢
	德川十五代記	卅錢
	繪本關ヶ原軍記	卅錢
	通俗呉越軍談	卅五錢
	通俗漢楚軍談	卅五錢
	通俗武王軍談	卅五錢
	參考義士銘々傳 全二冊	卅五錢
	繪本楠公記	卅五錢

八

眞田三代記 全二冊	四十五錢
石山軍記	卅錢
繪本源平盛衰記	卅錢
敵討鶯塚美談	十二錢
曉天星五郎	二十二錢
荒木又右衛門	二十四錢
政治小説 芳園の嗽芽	二十錢
怪化百物語	二十錢
對の雪笹	二十錢
雨後の明月	二十錢
十人十色 婦人氣質	十七錢
人情美談思の種	十七錢
明治義戰 征清軍記	二十二錢
近世櫻田記聞	二十錢
尼子十勇士傳	二十五錢
名譽の花	二十錢
大日本八雄傳 全二冊	四十錢
鼠小僧實記	十五錢
大久保武藏鐙	卅五錢
繪本岩見武勇傳	卅二錢

九

●一休諸國物語　二十五錢
●水戸黄門仁德錄　二十二錢
●佐倉義民傳　二十二錢
●繪本大阪軍記　三十錢
●繪本大岡政談 全四册　九十錢
●人情虎ノ巻　二十五錢
●繪本徳川十五代記　二十五錢
●七ふしぎ狐ノれ樂　二十五錢
●釋迦御實傳記　三十三錢
●岡山奇聞　十二錢
●松本智惠伊豆　二十錢
●伊達騒動記　二十二錢

●金字入洋綴之部

●南總里見八犬傳 全四册　壹圓廿錢
●同　二册揃　九十錢
●増補大岡政談　六十錢
●重修眞書太閤記　壹圓也
●繪本眞田三代記　四十錢
●新選近世外史　卅五錢

十

●訓蒙日本外史　九十錢
●訂正繪本太平記　九十錢
●通俗日本外史　八十錢
●赤穗義士銘々傳　二十五錢

●洋綴稗史小説之部

●元和三勇士　廿五錢
●水戸紀州尾州三家三勇士傳　十八錢
●石川五右衛門　十五錢
●近世櫻田奇聞　十五錢
●繪本柳荒美談　十八錢
●鎌倉星月夜顯晦錄　廿七錢
●繪本石山軍記　廿三錢
●繪本楠公記　廿三錢
●水戸黄門仁德錄　十五錢
●釋迦御實傳記　十五錢
●繪本源平盛衰記　廿三錢
●黒田騒動箱崎文庫　十八錢
●伊達顯秘錄　二十錢
●繪本増補大坂軍記　廿五錢

十一

●曉天星五郎賊俠傳　五十錢
金字入上 ●參考義士銘々傳　廿五錢
同中 ●參考義士銘々傳　二十錢
●貞操婦女八賢誌　二十錢
松林伯圓口演 ●天保六歌撰　廿五錢
●五人小僧噂の白浪　廿五錢
●大岡二十八件合本　十八錢
●大岡五件合本　十五錢
●大岡政談天一坊之件　十五錢
●仝越後傳吉　十二錢
●仝畔倉重四郎之傳　十五錢
●仝小間物屋彦兵衛之傳　十二錢
●仝村井長庵の件　十五錢
●仝煙草屋喜八　十四錢
●仝安間小金次　十三錢
●宗泉寺馬場仇討　十二錢
●佐野常世物語　十三錢
●常夏双紙　十三錢
●稲妻双紙　十三錢
●櫻姫曙雙紙　十三錢

十二

●敵討高田馬場　十五錢
●小夜千鳥波之音信　十五錢
●貞婦之鑑神日本　十五錢
●新編天保水滸傳　十三錢
●島田一郎梅雨日記　十五錢
●鼠小僧實記　十五錢
●岡山奇聞　十二錢
●繪本中山實記　九錢
●明治小僧噂の高松　十三錢
●敵討鶯墳美談　十五錢
●愛宕山馬術勳　十三錢
●繪本甲越軍記　十三錢
●滑稽和合人　廿二錢
●同七編人　十三錢
●國定忠治實傳　十五錢
●月謠荻江の一節　十二錢
●繪本通俗漢楚軍談　卅六錢
●繪本通俗武王軍談　卅三錢
●造化懷妊論　十錢
●谷中騒動延命院實記　十錢

十三

●曾我物語　十三錢
●笹野權三名鎗傳　十三錢
●辨天小僧　十三錢
●兒雷也豪傑物語　十五錢
●沖田二子仇討　九錢
●平井權八一代記　七錢五厘
●淺尾岩切眞實競　十錢
●佐倉義民傳　十二錢
●大久保彥左衛門　十二錢
●宇都宮騷動記　十二錢

●松前屋五郎衛門　九錢
●大久保彥左衛門　三十錢
●筑波水滸傳　十三錢
●殺生石後日怪談　十六錢
●赤穗精義參考内待所　廿四錢
●繪本川中島軍記　十三錢
●繪本鎌倉三代記　廿八錢
●繪本德川十五代記　十八錢
●同灘波戰記　十一錢
●實説名譽血達摩　十五錢

十四

●武藏坊辨慶物語　十五錢
●忠孝美談朝顏日記　十五錢
●敵討白石噺　十三錢
●檜山相馬大作忠勇傳　十三錢
●忠孝美談名刀正宗傳　十三錢
●田村三代記　十三錢
●尼子十勇士傳　十五錢
●一休諸國物語　二十錢
●繪本岩見武勇傳　二十錢
●繪本高木武勇傳　十二錢

●繪本荒川武勇傳　拾二錢
春の家先生　●當世書生氣質　三十錢
●通俗經國美談　二十錢
渓香小史譯　●片手美人　三十錢
同　●梅花郎　三十五錢
緑水痴史　●電三吉　廿五錢
●童謠妙々車　卅九錢
骨皮道人著　●上等佳言娯目歎誌　十六錢
春風亭柳枝口演　●小夜嵐吉原奇談　廿二錢
●滑稽自慢演説　十一錢

十五

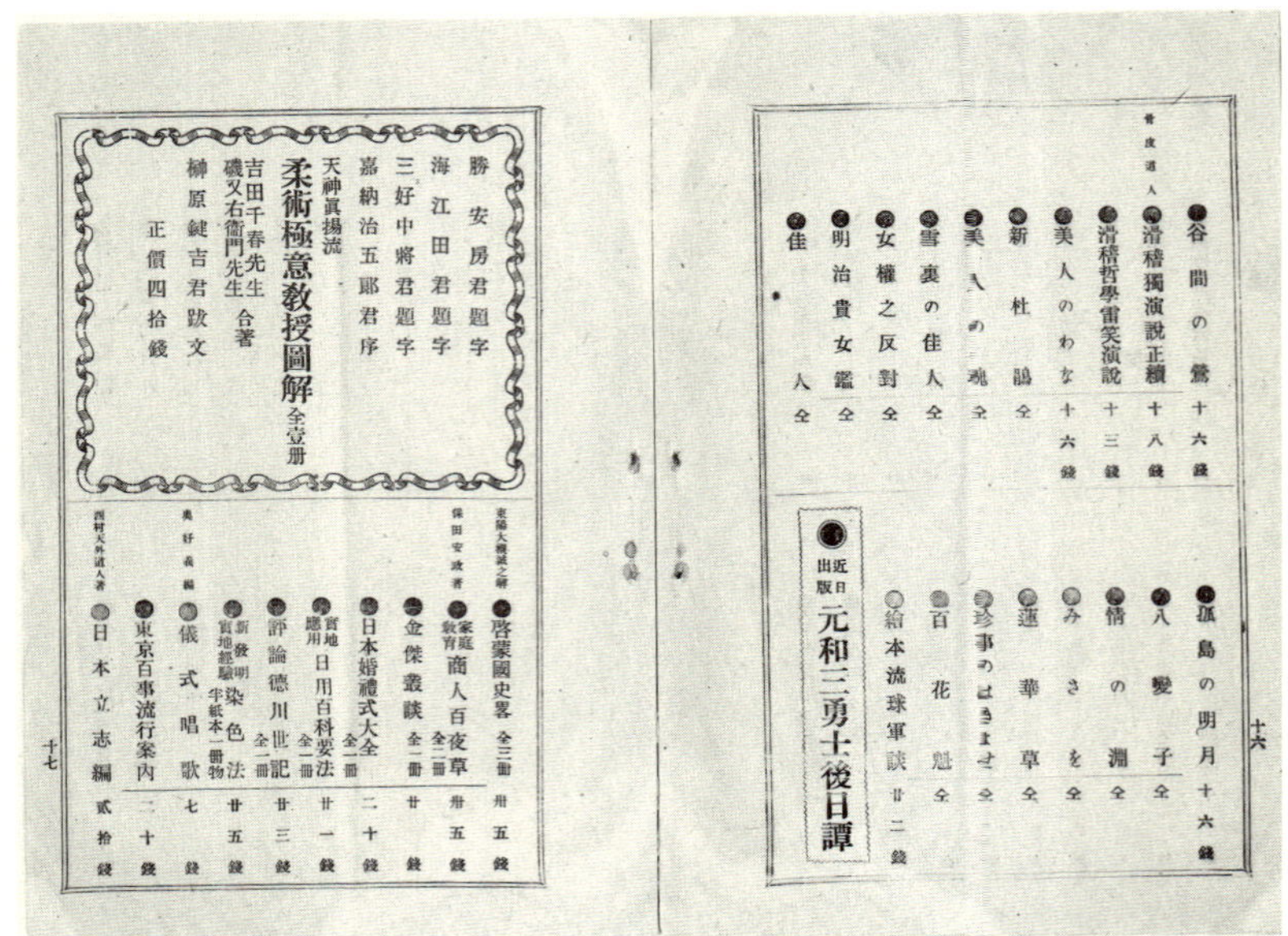
●谷間の鶯　十六錢
骨皮道人　●滑稽獨演説正續　十八錢
●滑稽哲學雷笑演説　十三錢
●美人のわな　十六錢
●新杜鵑　全
●美人の魂　全
●雪裏の佳人　全
●女權之反對　全
●明治貴女鑑　全
●佳人　全

●孤島の明月　十六錢
●八變子　全
●情の淵　全
●みさを　全
●蓮華草　全
●珍事のはきだめ　全
●百花魁　全
●繪本流球軍談　廿二錢

●近日出版　元和三勇士後日譚

十六

勝安房君題字
海江田君題字
三好中將君題字
嘉納治五郎君序
天神眞揚流
柔術極意教授圖解　全壹册
吉田千春先生
磯又右衛門先生　合著
榊原鍵吉君跋文
正價四拾錢

東陽大槻誠之解　●啓蒙國史畧　全三册　卅五錢
保田安政著　●家庭教育商人百夜草　全二册　卅五錢
●金傑叢談　全一册　廿錢
●日本婚禮式大全　全一册　二十錢
●實地應用日用百科要法　全一册　廿一錢
●評論德川世記　全一册　廿三錢
●新發明實地經驗染色法　半紙本一册物　廿五錢
奥好義編　●儀式唱歌　七錢
●東京百事流行案内　二十錢
西村天外道人著　●日本立志編　貳拾錢

十七

曲亭馬琴翁纂輯 俳諧歳時記 卅六錢
俳諧發句自在 廿錢
明治發句 大家萬吟集 廿錢
繪入俳諧 寄季手引草 全二冊 廿二錢
芭蕉發句集 全二冊 拾五錢
俳諧季寄 掌中ノ手提燈 拾貳錢
和歌八重垣 廿二錢

新撰裁縫教科書 全三冊 四拾錢
高等女學校長野恰君校閲
高等女學校裁縫科敎師長谷川辯子編述

改正日本民法 附戸籍法 廿錢
民事訴訟法正文 十二錢
刑法刑事 訴訟法正文 十二錢
大日刑法正文 六錢
大日本六法全書
刑法刑事 訴訟法注釋 廿五錢
民事訴訟法注釋 廿五錢
民刑訴訟必携
市町村制注解 廿二錢
圍碁精要 全二冊 十九錢

十八

圍碁捷徑 全二冊 廿錢
圍碁秘傳集 十五錢
天野大人傳授 新版定石 高等將棊秘訣 十五錢
濱島流水大人著 三十日間 將棊獨習新法 十五錢
活花字飛學 全三冊 廿錢
活花手引草 全二冊 十五錢
久永先生書 楷書千字文 卅五錢
全 行書千字文 三錢
全 隷書千字文 卅五錢
佐瀬得所先生 眞草千字文 廿錢

基澤巷先生書 頭書講釋 消息往來 廿五錢
久永先生書 習字いろは帖 十二錢
文明商賣往來 八錢
文明消息往來 八錢
音訓兩点 兩假名千字文 廿七錢
七体以呂波 名頭盡 日本國盡 習字本 七錢
農家寶典 文証大成 全二冊 七十五錢
英語入十五伊呂波 十錢
大工番匠往來 八錢
假名附 實語教童子敎 八錢

十九

假名附 當流小うたい 八錢
兩點商賣往來 八錢
兩點消息往來 八錢
改正増字 消息往來 十錢
小田切東洋書 開化用文大成 十五錢
男女同体 改良用文 廿錢
西森武城著 新撰用文獨稽古 十二錢
日用書讀 作文獨學 十二錢
活益實用 新選大成 十二錢
實地活用 作文指南 十二錢

日用往復新選 作文獨稽古 十二錢
祝辭論說 作文大全 十八錢
西森武城著 作文いろは字引 十七錢
當世女用文章 十二錢
小學女用文 十三錢
女用文玉手箱 二十錢
明治新撰 算法新書 （一册合本四十錢 五册全五十錢 三册全卅五錢 二册全廿五錢）
開化塵劫記早割 （上二十錢 中十五錢 並拾錢）
算盤早傳授 廿錢
和洋 算法通便 拾錢

二十

洋算獨稽古 十二錢
鐵生實編 廣益字林玉編 八十錢
開化新增 大全早引節用 九十錢
明治新刻 眞草早引節用 廿二錢
伊呂波早引節用集 十二錢
明治新刻 萬通節用集 十三錢
兩点 作文いろは節用 十五錢
東京明治玉編 十五錢
新撰東京玉編 十五錢
新撰東京字林玉編 十五錢

春山畫譜 全三冊 廿錢
狂歌富士百景畫譜 十五錢
浮世漫畫 十五錢
曉齋百鬼畫譜 廿五錢
萬物雛形畫譜 全二冊 廿五錢
花鳥畫譜 十五錢
漢畫圖式 十二錢
萬物工業畫譜 十五錢
新刻萬物画譜 十五錢
日本歴史畫譜 十五錢

二十一

●新選萬職雛形　全二冊　十五錢
●百工美術画譜　十錢
●古今模樣鑑　十錢
●集古圖譜　十錢
●吾妻がた　廿錢
●明治詩語粹金　全四冊　五十錢
●詳解文山陽詠史選　十錢
●袖珍唐詩選　八錢
●當世初心雛形　十二錢
●當世番匠雛形　十錢

●番匠秘事雛形　十三錢
●明治新選大工土蔵雛形　十三錢
●八門九星初學入門　十二錢
●八門遁甲或問鈔　十錢
●方角即考　十二錢
●家相方位早わかり　十二錢
●南北秘傳人相早引　十五錢
明治改刻
●阿彌陀經和訓圖會　全二冊　卅錢
明治改刻
●般若心經和訓圖會　廿錢
後藤生先孝正
●五經片假名付全六冊　四十錢

二十二

●四書片假名付全二冊　十七錢
●四書片假名付全四冊　十五錢
●四書片假名付切付　十錢
●小倉百人一首　十錢
●壽玉百人一首　大本　廿錢
●永代大雜書三世相　上 廿五錢　中 十五錢　並 十錢

●新撰早割二一天作　八錢
●尺八八雲琴曲譜獨稽古　十三錢
●帝國劍舞　十錢
●勇壯劍舞　十錢
●人相指南　全二冊　十三錢
●獨占判斷易學指南　十五錢

岡本半溪翁先生著
草花木竹盆栽培養法　全一冊　正價三十錢

同後編
草花木竹栽培秘錄　全一冊　正價卅五錢

世に接木花卉の栽培書少なからずと雖ともは皆な學者の空論にあらざれば舊式の古書なり西洋に拘泥するものは翻譯書にして日本皆無の草花の栽培を述べ舊式のものは迂遠の法を說く能く兩者を斟酌して實用に供するものは本書を措て他にあらざらむ幸に一本を座右に備へて四季の友とせられよ

二十三

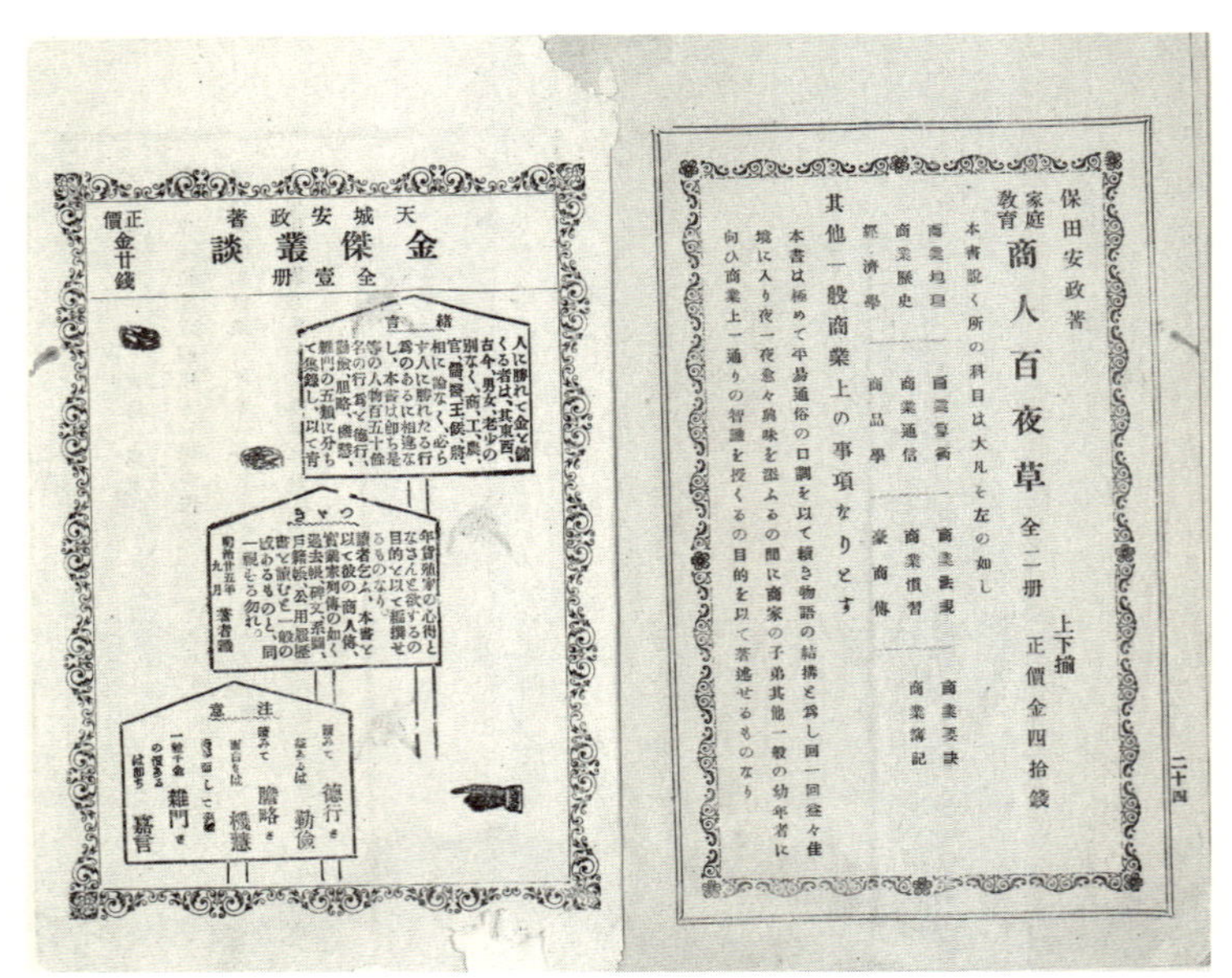

天城安政著
金傑叢談　全壹冊
正價金廿錢

緒言
人に勝れて金を儲くる者は、其東西、古今、男女、老少の別なく、商、工、農、官、僧、醫、王侯、爵、相に論なく、必らず人に勝れたる行爲のあるに相違なし、本書は即ち是等の人物百五十餘名の行爲を德行、勤儉、胆略、機慧、雜門の五類に分ちて集錄し、以て青年貨殖家の心得となさんと欲するの目的を以て編撰せるものなり、讀者乞ふ、本書を以て彼の商人傳、實業家列傳の如く過去帳、碑文、系圖、戸籍帳、公用履歴書と讀むものと、同一視する勿れ。
明治廿五年九月　著者識

注意
德行　勤儉
膽略　機慧
雜門　嘉言

保田安政著
家庭教育 商人百夜草　全二冊　上下揃　正價金四拾錢

本書說く所の科目は大凡そ左の如し
商業地理　商業簿記　商業要訣
商業歴史　商業通信　商業慣習　商業簿記
經濟學　商品學　豪商傳
其他一般商業上の事項なりとす
本書は極めて平易通俗の口調を以て續き物語の結構と爲し回一回益々佳境に入り夜一夜愈々興味を添ふるの間に商家の子弟其他一般の幼年者に向ひ商業上一通りの智識を授くるの目的を以て著述せるものなり

二十四

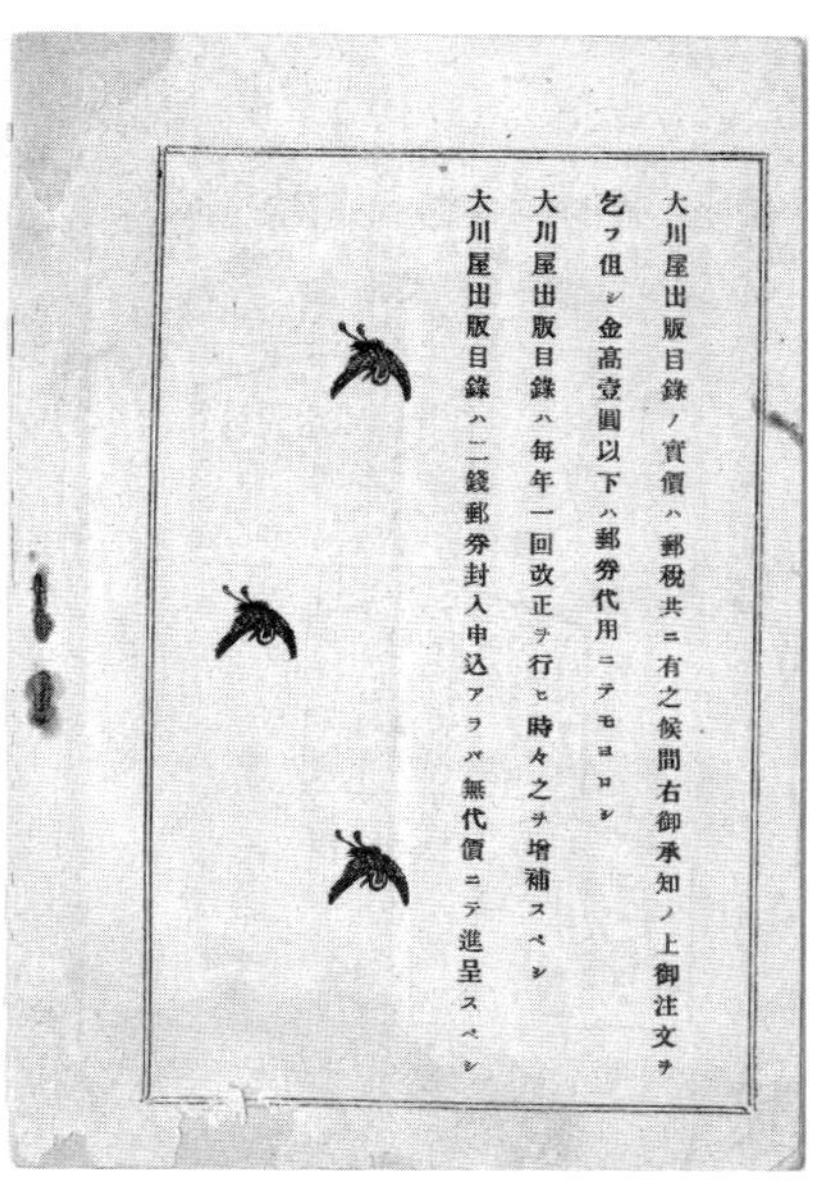

大川屋出版目録ノ實價ハ郵税共ニ有之候間右御承知ノ上御注文ヲ
乞フ但シ金高壹圓以下ハ郵券代用ニテモヨロシ
大川屋出版目録ハ毎年一回改正ヲ行ヒ時々之ヲ増補スベシ
大川屋出版目録ハ二錢郵券封入申込アラバ無代價ニテ進呈スベシ

第三部　貸本文化の変容とその諸相

第一章　貸本屋の諸相

はじめに

近世前期の誕生から、貸本屋は教養と娯楽のための書籍を人々に提供し続けた。明治・大正と時代が変わっても、見料と引き替えに書籍を貸し出す従来の方法は踏襲されたが、その営業形態や蔵書内容は時代とともに、緩やかながらも確実に変容していった。

近世期の貸本屋については、長友千代治氏によって明らかにされた部分が大きい。(1)長友氏のおこなった貸本屋の歴史やその実態、また蔵書や出版活動に着目した研究は、次第にほかの事例も報告されるようになっており、近世貸本文化研究は着実に前進しているといえる。(2)だが、長友氏以降それほど前進せず、停滞している分野もある。それは個々の貸本屋の具体的な営業に関する研究である。

そもそも貸本屋の日々の営業を明らかにするのは、史料の残存状況からして困難を極める。後述するように貸本屋によって作成された蔵書目録は、いくつか現存しているものの、書籍を貸し出す際に日付・書名・利用者の氏名等を記入した当座帳などは、ほとんど残されていない。それは大半の貸本屋に、長期的に記録類を保存する意識そのものがなかったからであろう。実際に当座帳をはじめとする記録類は、日々の営業・生活のなかで気軽に廃棄されたようで、貸本に供された本を補強・補修する際の反古としてたびたび用いられている。

反古にされた記録類は、その多くが裁断されバラバラになっているため、非常に扱い難い。しかしながら、断片的であっても貸本屋の営業の実態を写し出す貴重な史料であることに変わりはない。近年、鈴木俊幸氏によって、反古として残された記録類の報告がなされ、具体的な貸本屋の営業が明らかになりつつある。(3)今後もこうした記録類をもとに、一つでも多くの事例を積み重ねていく必要があろう。

本章では、反古として残された記録類をとおして、幕末に営業していた二軒の貸本屋の蔵書内容や営業の実態をみていく。

一、小林某

架蔵の吾妻雄兎子作『真情春雨衣』(4)初編下巻は、貸本屋の当座帳の紙片で全丁裏打ちされている。本書には「小林」という楕円形の墨印以外に旧蔵者の痕跡がみられない。したがって裏打ちされた当座帳は、この小林某のものとみてまず間違いなかろう。

貸本屋小林某がどこで営業していたかは不明だが、当座帳は万延二年（一八六一）前後に作成されたものである。裏打ちされた紙片は全部で十八葉。それぞれ少し余白のある部分に二つの綴じ穴がみられる。紙片はいずれも『真情春雨衣』にあわせて裁断された後に貼付されている。

記載された日付をもとに紙片を並び替え、翻字したものを次に示す。なお、翻字に際しては判読できない部分を「□」とし、そのうち文字を推定し得る場合はルビで示した。また、記載された書名や員数から書籍を特定できた場合は、括弧内に国文学研究資料館の国書データベースに準拠した分類とその書名を追記している。

図55上

万延二正月二日
・奇賊撰 一五（実録『中興奇賊撰』カ）
・名残広記 一八（実録『名残広記』カ）
・房綸 一五
・英□ 一五六十五
・崇禅寺 一ノ五
・仙石 一六
・安明 一五
・見聞志 一五
・箱崎 一五
・金花 一ノ十（読本『絵本金花夕映』）

図55下

□□□ □
・天保三編 一ノ十五
・三国志 一ノ十廿
・小田原 二ノ十
・太公■■（削除） 一ノ十五
・逃水記 一ノ十五
二日
・小悦 一五
・天真 六□ 一五
・野薮 一五
・小半 □五
・箱崎 六ノ十五
七日

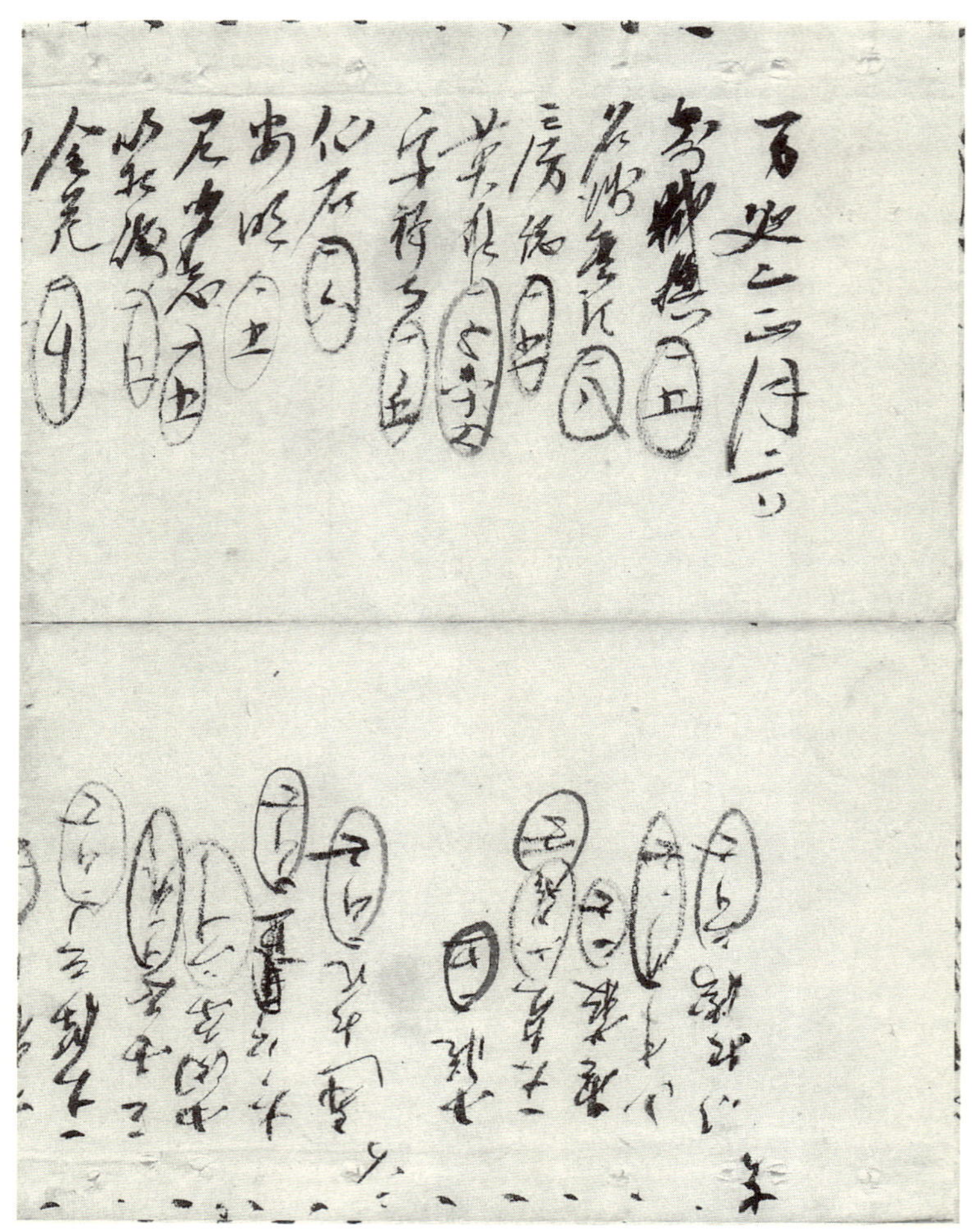

図55

図56上

・鎌倉三編　一ノ十
・奇賊撰　一五（実録『中興奇賊撰』カ）
・天下茶屋　十三ノ廿（実録『天下茶屋敵討』カ）
・佐賀三編　一ノ十
・鎌倉　三ノ十二　三四五
八日
・続々史記三編　一ノ十五
天明　一ノ十
栄枯録　十一ノ廿（実録『鈴木主水栄枯録』カ）
九日　安明　十一ノ廿
・越後記　六ノ十五
・仙石　七ノ十六
十日

図56下

十三日
・関ヶ原　一ノ十
・浮世情談　一五
・太二編　一ノ十
・栄枯録　一五（実録『鈴木主水栄枯録』カ）
・天艸　一ノ十
・野薮　一ノ五
・崇禅寺　一五
十四日
・太五編　十二ノ廿四　一ノ三十
・同六編　一ノ十
・赤穂記　十□廿□三十三
・栄枯録　一ノ廿（実録『鈴木主水栄枯録』カ）

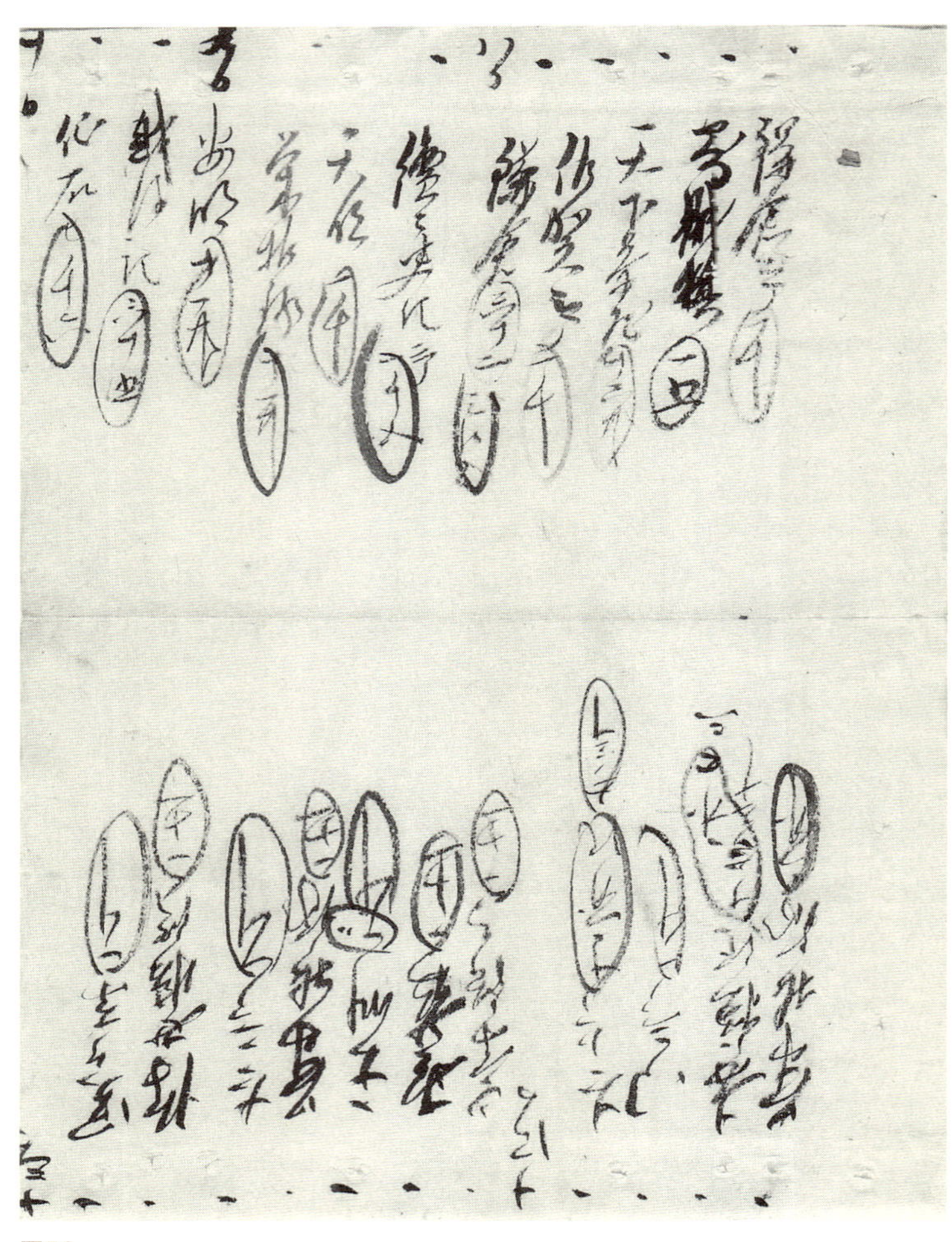

図56

図57上

・小悦　三ノ十　一ノ七
・真田四編　十五ノ三十
・太初　一ノ三十
十七日
・天保三編　二ノ五 廿 六ノ十五
・浮世情談　三ノ十五
・水滸伝　十六ノ二十
・同三編　一ノ十五　十二ノ廿三　廿四ノ三十
・嶋津　十三ノ廿
・奇賊撰　一五　六ノ十　廿（実録『中興奇賊撰』カ）
・難波戦記　三ノ十

図57下

野薮　三ノ十□□
・頼朝　一ノ十
廿二日
・真田三編　十二ノ三十
・太三ノ編　十一ノ廿
・鎌倉三編　一ノ十　七八九
・佐賀　一ノ五
・女太平記　一ノ五（実録『護国女太平記』カ）
・慶安　一ノ五
・太二編　十一ノ廿
・赤穂記　十一廿 一ノ三十 三十一ノ四十
廿三日
・英□三編　一五　六十

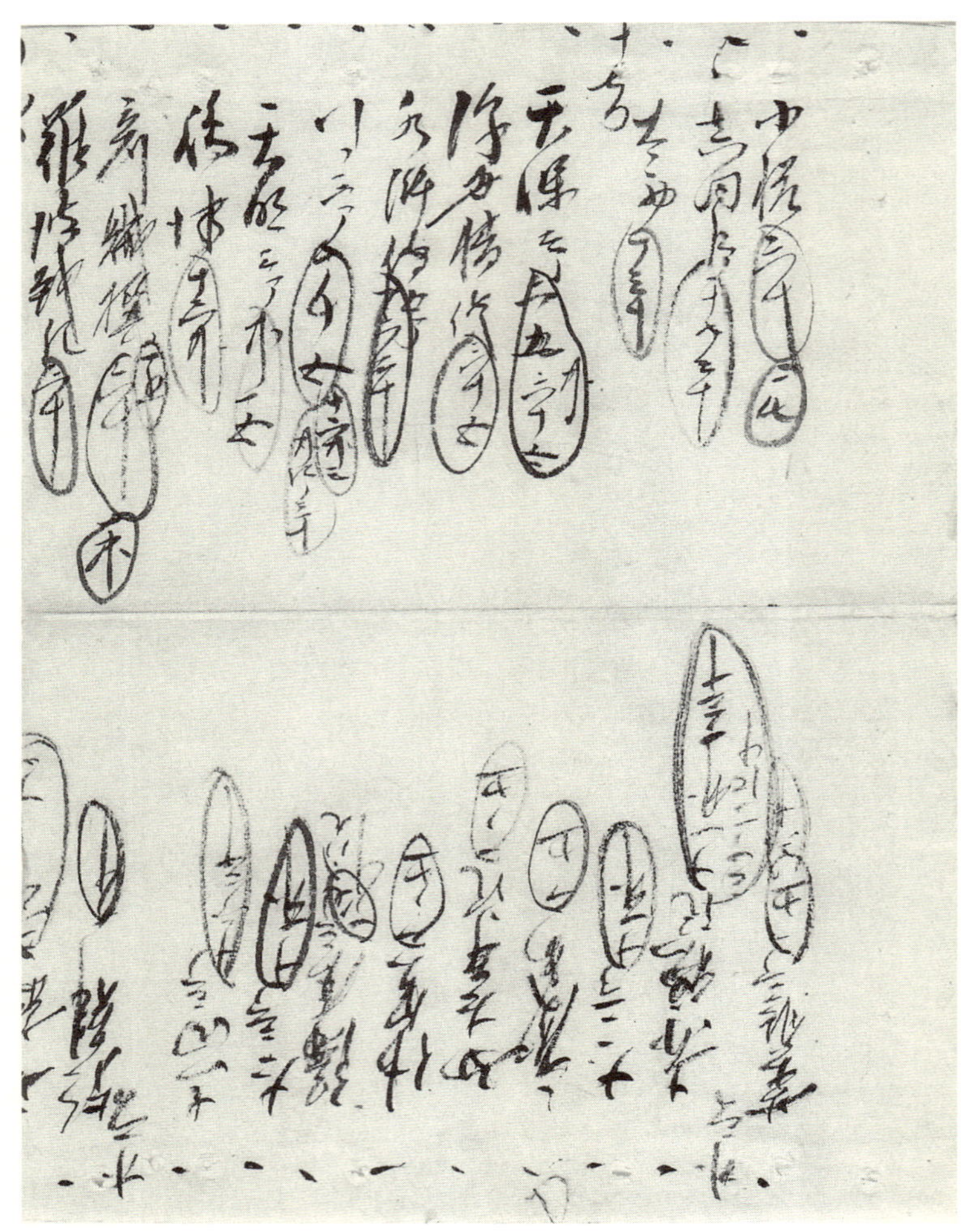

図57

図58上

・真田 一ノ四
・柳荒 十一ノ廿五（実録『柳荒美談』カ）
・嶋津 廿一ノ三十
・武道白石十ノ五
・武持 十□五
・奇賊撰 廿五（実録『中興奇賊撰』カ）
廿四日
・水滸伝四編 一ノ十五 廿六□ 十三ノ三十
・秋田夜 一五
・赤穂記 四十一ノ五十
・関ヶ原 十一ノ廿
・神ヶ津 一ノ十
・箱崎 □□

図58下

・真田三編 廿九ノ三十
・越後伝吉 十一ノ廿
・天艸 廿一ノ三十
・同 十一ノ廿 六□□
・続々史記 十三ノ三十
・奇賊撰 廿一ノ五（実録『中興奇賊撰』カ）
廿九日
・野藪 十ノ十六 五三
・太 一ノ廿 一ノ三十
・崇禅寺 二十
・慶安 六ノ十五
・鎌倉 一五
・天下茶屋 一五（実録『天下茶屋敵討』カ）

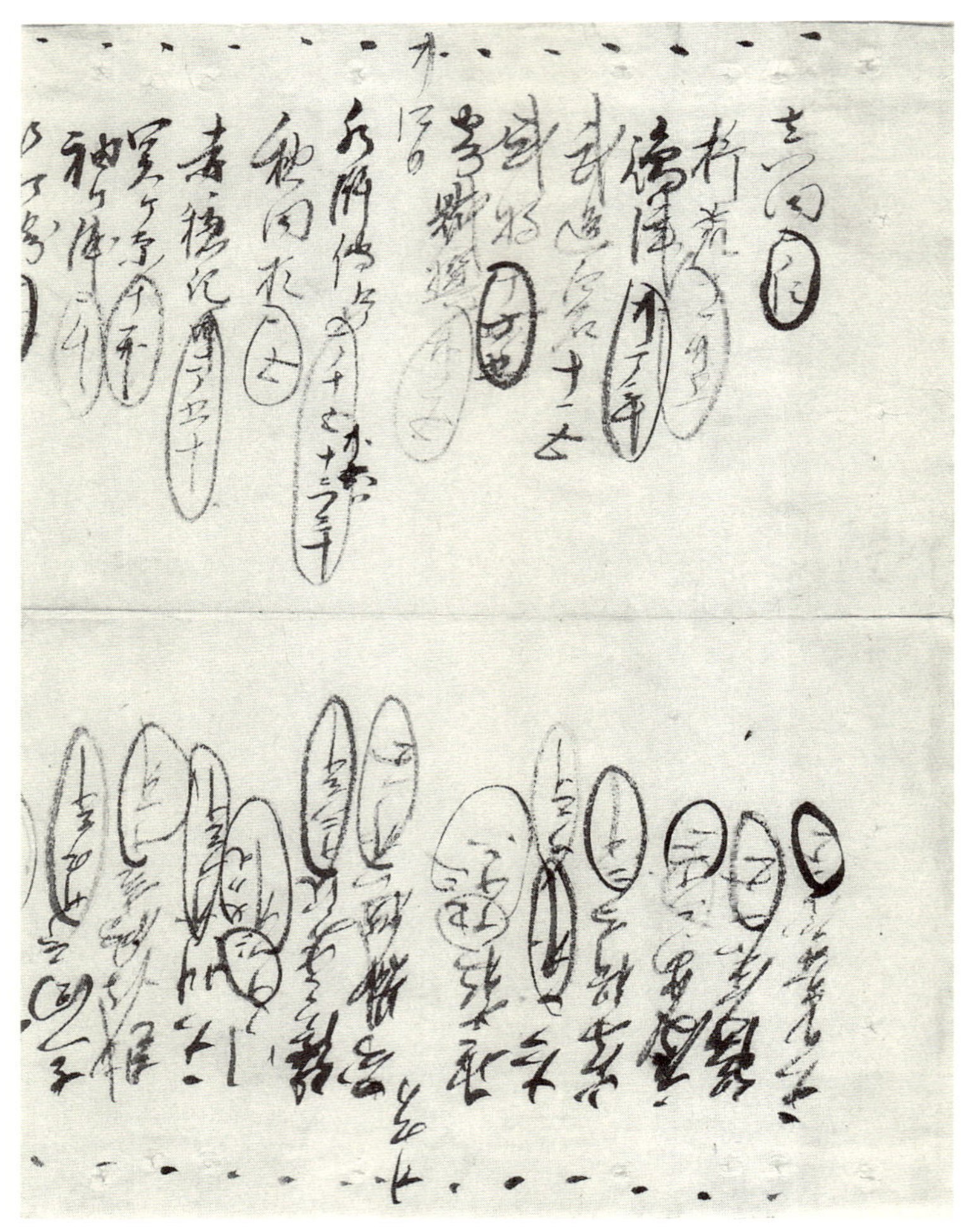

図58

図59上

・柳荒二編 一ノ十二（実録『柳荒美談』カ）
・栄枯録 三ノ十 十一 六ノ廿（実録『鈴木主水栄枯録』カ）
・松井 三ノ十五
・大岡仁 一ノ五
・佐賀 六ノ十
・天保 一五
・逃水記 一五
二月朔日
・真田 一ノ四
・同四編 一ノ十
・太七編 廿 十七ノ三十
・同十編 一ノ十

図59下

□□ 十一ノ廿五
・赤穂記 三ノ五 廿五
・箱崎 一五
・逃水記 三ノ十五
・太二編 十二 一ノ廿
七日
・松井 十六ノ廿
・栄枯録二編 一ノ十（実録『鈴木主水栄枯録』カ）
・天舺 廿一ノ三十
・佐賀 十一五
・三国志三編 一ノ十 五
・奥州 十一ノ廿
・柳荒二編 十三ノ廿五（実録『柳荒美談』カ）
・赤穂記 四十一ノ五十

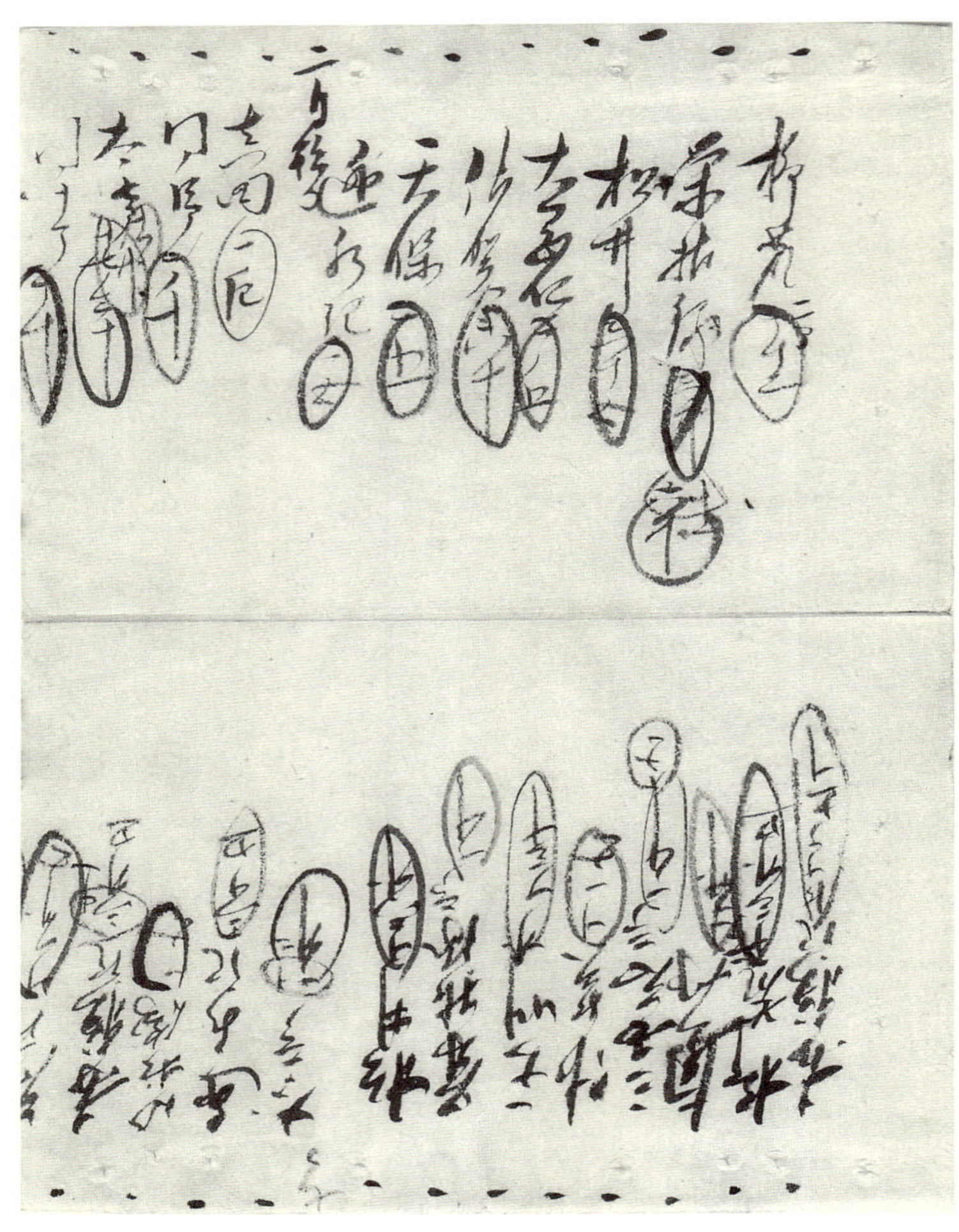

図59

図60上

・続々史記二編 [十六ノ三十]
・太弐編 廿一ノ三十
・同三編 [一ノ十五]
・関ヶ原 [廿一ノ三十二]
八日
・天下茶屋 [十一八]（実録『天下茶屋敵討』カ）
・逃水記 [一五]
・真田四編 [十一八]
・太初 [十一廿一ノ] [一ノ三十]
・大岡 [十一ノ廿五]
・和田 [一ノ十] [一ノ廿五]
・太十編 [十一ノ廿] [一ノ三十]
箱崎 [三ノ廿]

図60下

□□ [六ノ三十]
・箱崎 [廿六ノ三十]
十七日 小田原 [一ノ十]
・大岡 [一ノ三十]
・黄門記 [七ノ廿]
・太二編 十一ノ廿
・同 廿一ノ三十
・同五編 [一ノ廿] [六]
・越後 [一ノ十] [十一ノ廿]
・真田四編 [十五ノ二十]
十五日
・赤穂記 四十一ノ五十
・大岡仁 [一五] [二]
・天下茶屋 [十一ノ廿]（実録『天下茶屋敵討』カ）

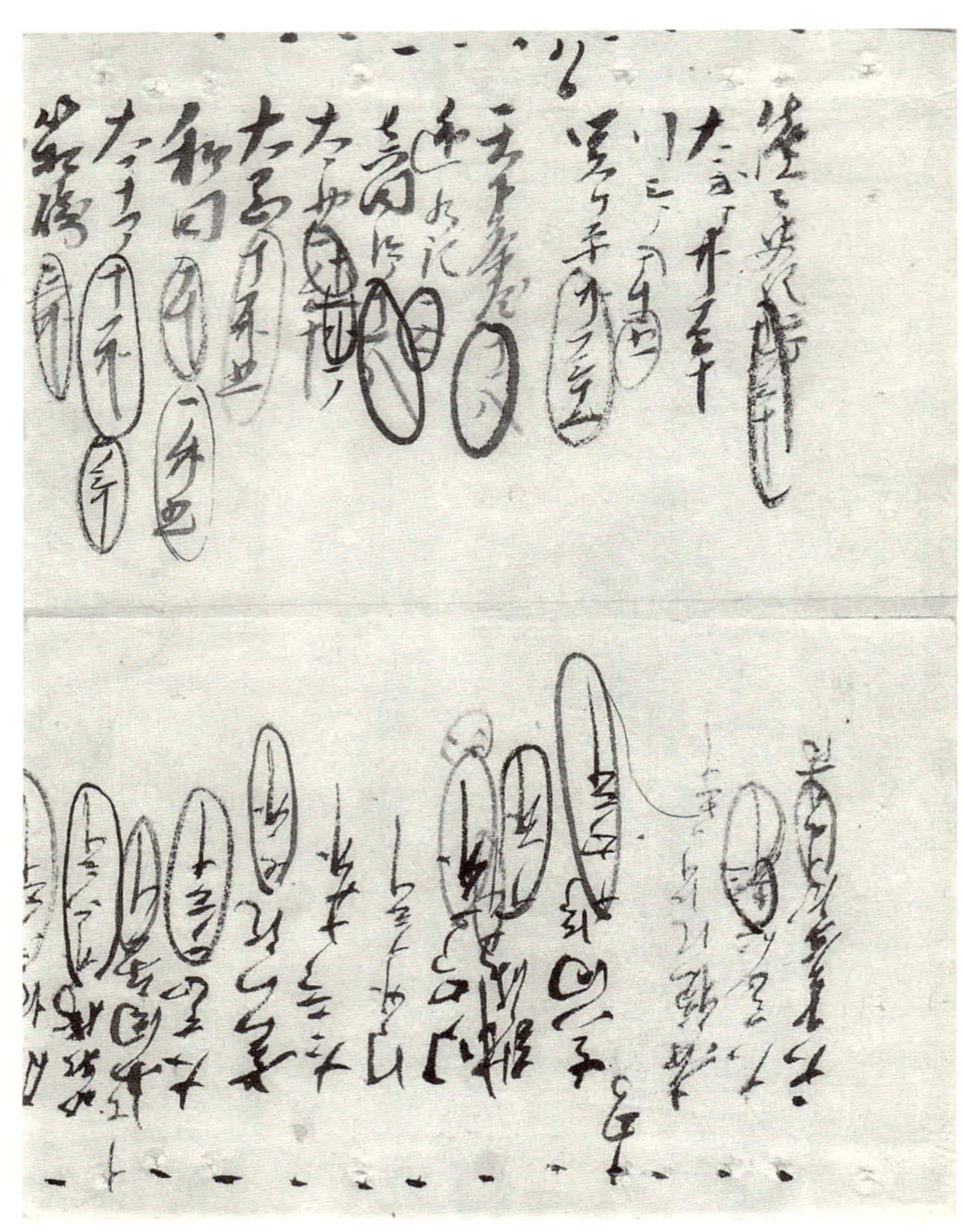

図60

図61上

・小悦 一五
・赤穂記 三ノ十
・天保 一五 十一五
・福井 六ノ十五
・越後 一ノ十
十二日
・朝鮮 六ノ十五 六 四十三
・征□ 十一ノ廿 一ノ三十
・大岡 一ノ廿五
・天保四編 一ノ七
・真田四編 六ノ十
・同 廿一ノ三十
・関ヶ原二編 □□

図61下

・椀久 一ノ五（読本『柳巷話説』）
十九日
椀久一代 一五（読本『柳巷話説』）
弓張月 四五編（読本『椿説弓張月』）
□月七日
・古今録 一ノ五
・浅草 一ノ五（読本『絵本浅草霊験記』）
・双忠録 一ノ五（読本『絵本双忠録』）
・妖婦伝 一ノ五（読本『絵本三国妖婦伝』）
・八犬伝 二編（読本『南総里見八犬伝』）
・糸桜 六ノ十（読本『糸桜春蝶奇縁』）
・自来也 一ノ五 六 一十□（読本『自来也説話』）
・八犬伝八編 一ノ五（読本『南総里見八犬伝』）
・俊寛 一ノ五（読本『俊寛僧都島物語』）
・石童丸 一ノ五（読本『石堂丸苅萱物語』）
□月八日

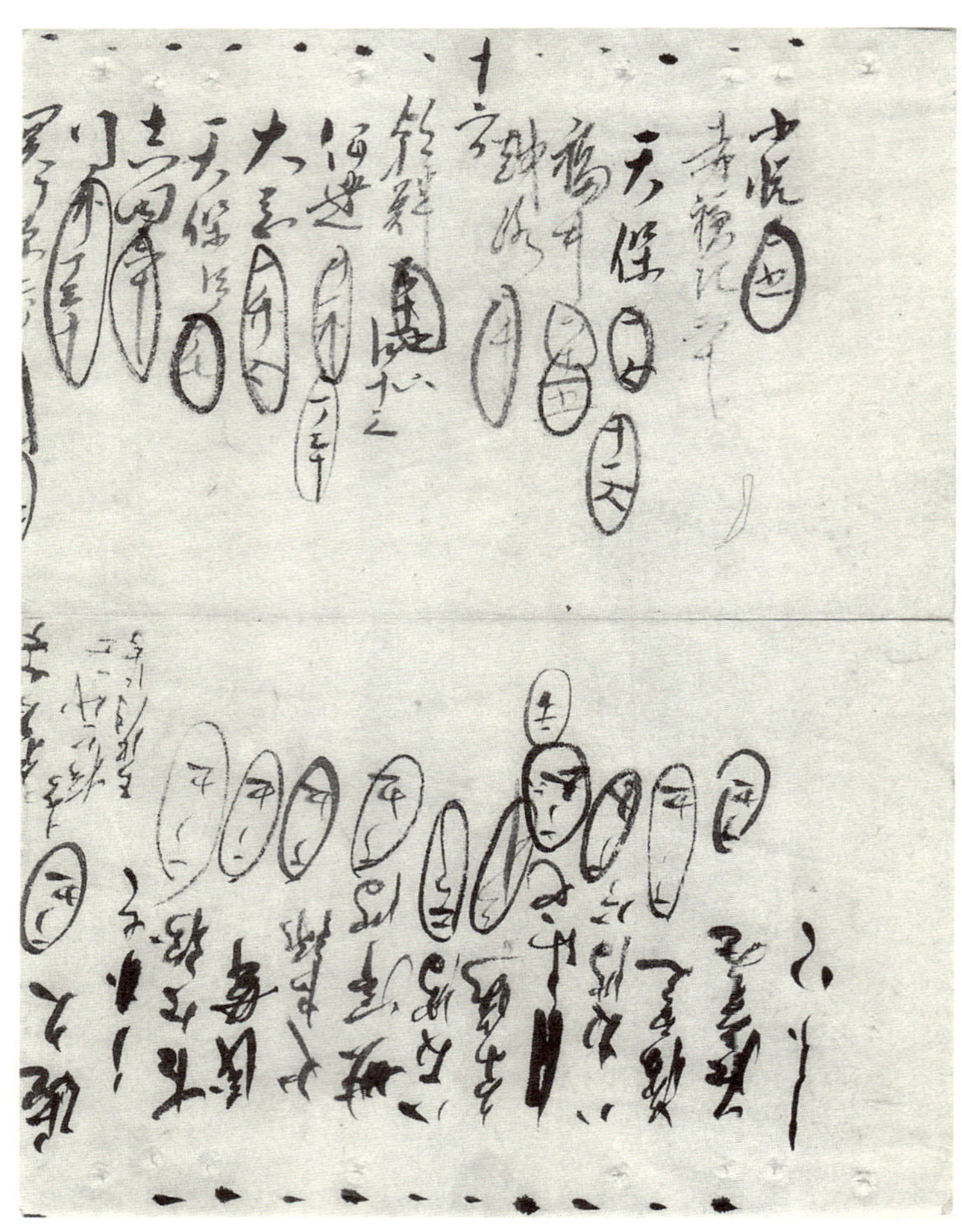

図61

図62上

八犬伝 初（読本『南総里見八犬伝』）
神稲 七ノ八（読本『俊傑神稲水滸伝』）
妖婦伝 初 二編（読本『絵本三国妖婦伝』）
西遊記 一ノ十（読本『絵本西遊全伝』）
菊水□ 三編
星月夜 二編（読本『星月夜顕晦録』）
青砥 初 二編（読本『青砥藤綱摸稜案』）
□□□□
妖婦伝 十□（読本『絵本三国妖婦伝』）
阿佐倉 ノ初（読本『忠勇阿佐倉日記』）
八月朔日
（以下、下部に記載されている分）
・□□ 初 五 三編
七月廿一日
八犬伝 八編 六ノ十（読本『南総里見八犬伝』）
廿□
雪鏡譚 一ノ六（読本『絵本雪鏡譚』）
廿四日
和田 二十
廿九日
青砥 初（読本『青砥藤綱摸稜案』）
糸桜 一五（読本『糸桜春蝶奇縁』）
八犬伝 □□□□（読本『南総里見八犬伝』）
□□□

図62下

・西遊記 六ノ十（読本『絵本西遊全伝』）
・松浦 五ノ八
・里見 三編（読本『南総里見八犬伝』）
・西遊記三編 一ノ五 六ノ十（読本『絵本西遊全伝』）
九日
・妖婦伝 初編（読本『絵本三国妖婦伝』）
・いろは艸紙 一五（読本『以呂波草紙』）
・更科 初 二三編（読本『絵本更科草紙』）
・八丈奇談 四五六（読本『美濃旧衣八丈綺談』）
・双忠録 三ノ十（読本『絵本双忠録』）
・青砥石文 五ノ八（読本『刀筆青砥石文』）
・双玉伝 □□ □□（読本『雲晴間双玉伝』）

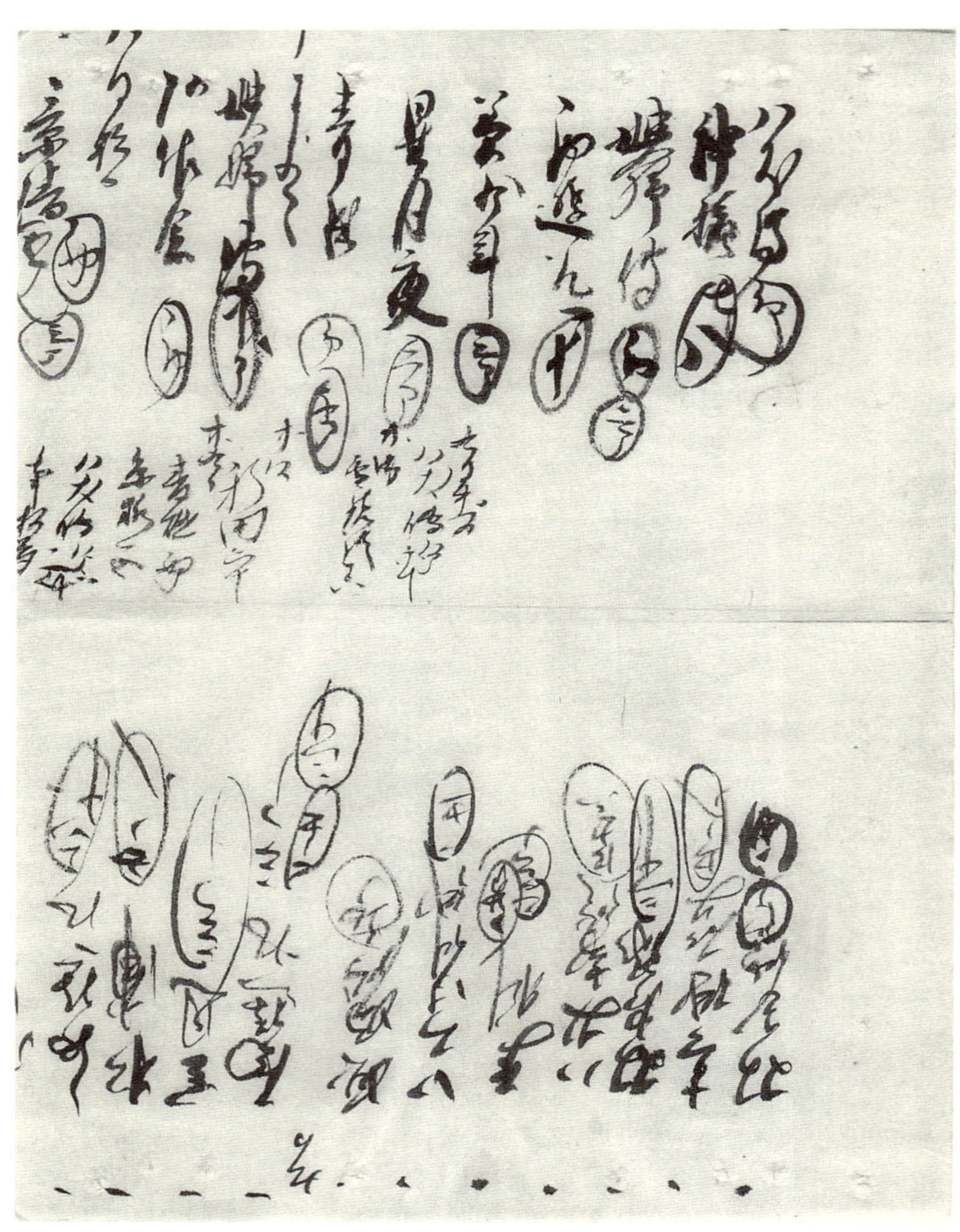

図62

図63上

・星月夜 初 （読本『星月夜顕晦録』）
・浅艸 一ノ十 （読本『絵本浅草霊験記』）
・西遊記四編 一ノ十 （読本『絵本西遊全伝』）
・八犬伝四編 一ノ四 （読本『南総里見八犬伝』）
十一日
・同 （読本『南総里見八犬伝』）
・同五編 一ノ六 （読本『南総里見八犬伝』）
・松浦二編 十一六七
・伊賀越 一ノ七 （読本『絵本伊賀越孝勇伝』）
・更科 一ノ五 （読本『絵本更科草紙』）
・松王 一ノ六 （読本『松王物語』）
・南□□□ □

図63下

□□□ 一ノ五
・八犬伝三編 一五 （読本『南総里見八犬伝』）
・神稲 十四編 一五 十一編一ノ四 十二編一 五 （読本『俊傑神稲水滸伝』）
・本朝外史二編 一五 （歴史『本朝外史』）
・八犬伝九編 七ノ十二下 （読本『南総里見八犬伝』）
・藤□□□ 一ノ五
十四日
・道成寺 一ノ六 （読本『道成寺鐘魔記』）
・新田 一ノ五 六ノ十 （読本『新田功臣録』）
・小栗 一二 三四 五ノ七 （読本『小栗外伝』）
・八犬伝四編 六ノ十 （読本『南総里見八犬伝』）
十五日
・□□□□録 一ノ五
・更科 初 （読本『絵本更科草紙』）

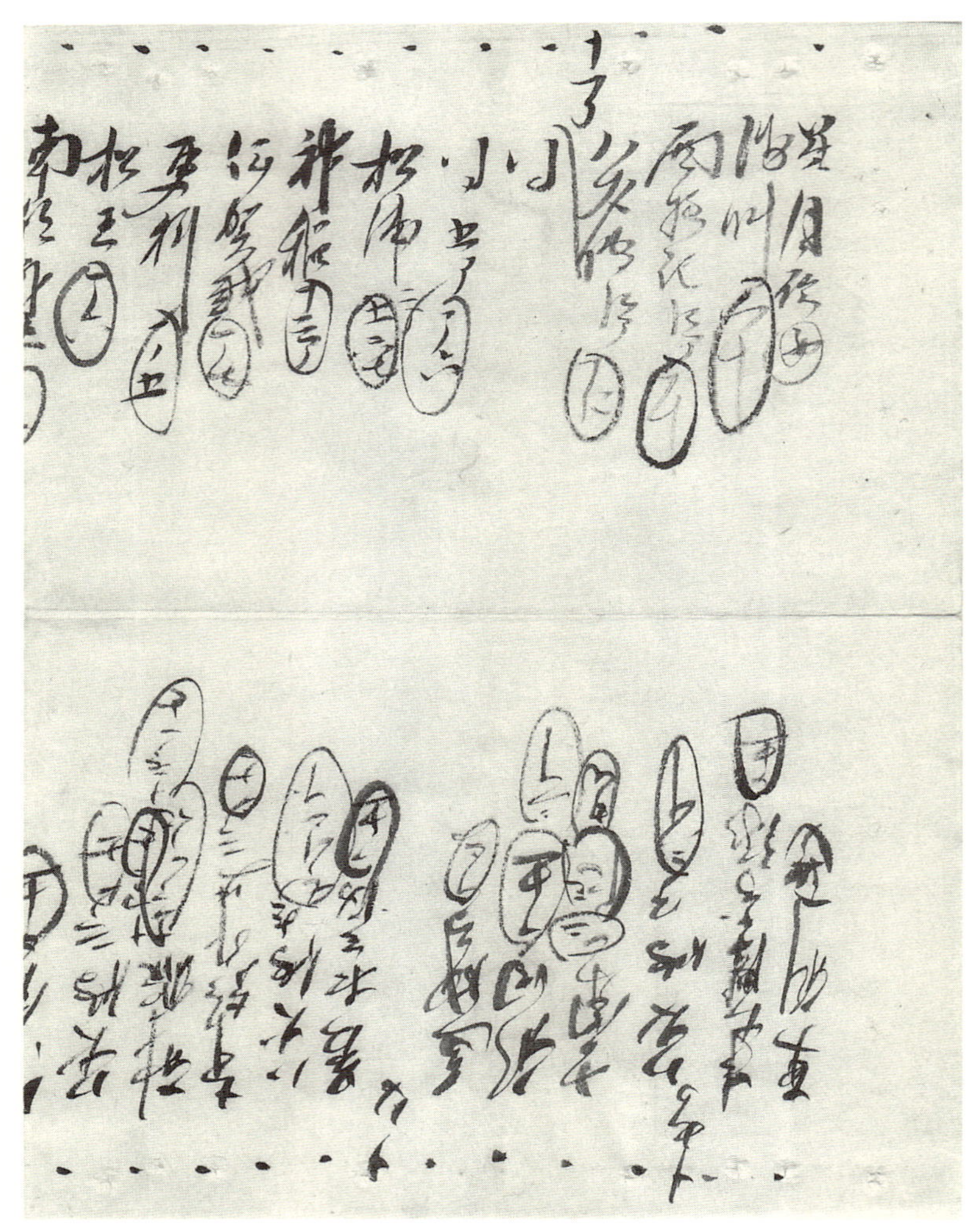

図63

図64上

・金石譚 三ノ十（読本『絵本金石譚』）

廿一日

・金毘羅 三ノ十

・八犬伝六編 一ノ六（読本『南総里見八犬伝』）

・同七編 一ノ五（読本『南総里見八犬伝』）

廿二日

・沈香亭 二ノ十（読本『絵本沈香亭』）

・奴小万 五ノ八（読本『奴の小万』）

・神稲 十三ノ一ノ上（読本『俊傑神稲水滸伝』）

・小栗三編 一ノ六（読本『小栗外伝』）

・西遊記二編 一ノ十（読本『絵本西遊全伝』）

・星月夜五編 一ノ九（読本『星月夜顕晦録』）

・宮本五編 三四

図64下

七

・佐倉初編 一ノ五（読本『忠勇阿佐倉日記』）

・西遊記四編 一ノ十（読本『絵本西遊全伝』）

・いろは艸紙 一五（読本『以呂波草紙』）

廿八日

・八犬伝 五六（読本『南総里見八犬伝』）

・松風 後編（読本『松風村雨物語』）

・双玉伝 初（読本『雲晴間双玉伝』）

・俊寛 一ノ五（読本『俊寛僧都島物語』）

廿九日

・弓張月 一ノ五（読本『椿説弓張月』）

・童子訓 一ノ五（読本『新局玉石童子訓』）

・犬の子 一ノ六

・童子訓 □ノ□（読本『新局玉石童子訓』）

（以下、下部に記載されている分）

○南朝外史 一ノ五（読本『南朝外史武勇伝』）

○高尾

○□□□ 一ノ六

○椀久一代（読本『柳巷話説』）

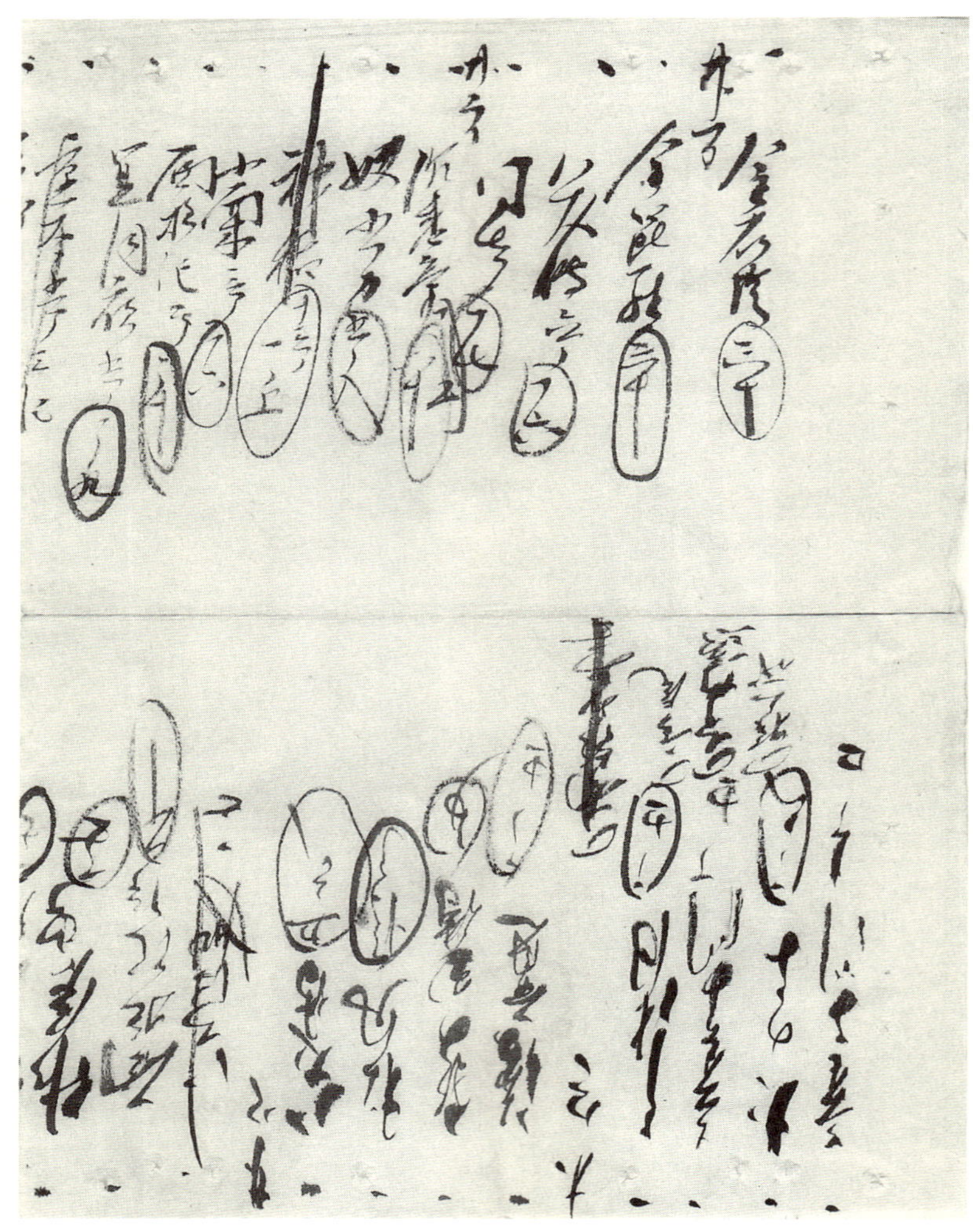

図64

図65上

・小□銘録 [一ノ五]
廿四日
・阿佐倉 [初]（読本『忠勇阿佐倉日記』）
・小栗 [一ノ四]
・奴小万 [五ノ八]（読本『奴の小万』）
・石文 [一ノ五] [五ノ八]（読本『刀筆青砥石文』）
・しまばら染 [一ノ五]
・糸桜 [一ノ五]（読本『糸桜春蝶奇縁』）
・朝かほ [一ノ五]
・武蔵鐙 [一ノ五]（読本『復仇武蔵鐙』）
廿五日

図65下

□□□ [後編]
・阿佐倉 [後編]（読本『忠勇阿佐倉日記』）
・神とふ [八編]（読本『俊傑神稲水滸伝』）
三日
・神とう [二三]（読本『俊傑神稲水滸伝』）
・〃 [五] [六編]（読本『俊傑神稲水滸伝』）
・里見 五□ノ三下□（読本『南総里見八犬伝』）
四日
・亀山 [一ノ五]（読本『絵本亀山話』）
・南公記二編 [一ノ五]（読本『絵本楠公記』）
・双蝶記 [後編]
・里見 [十九ノ廿三]（読本『南総里見八犬伝』）

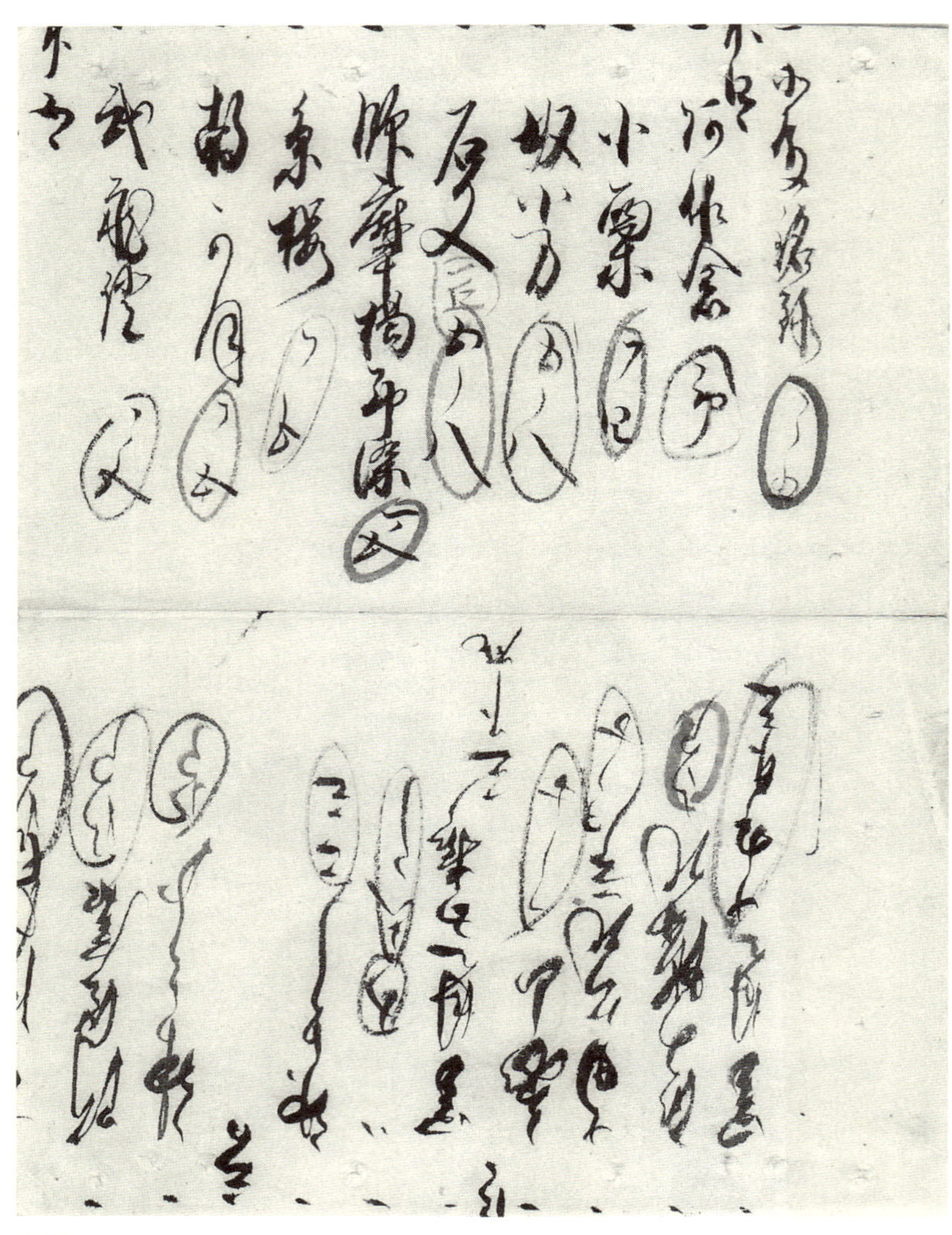

図65

図66上

・江戸紫 一ノ六（人情本『江戸紫』）
・南朝 後編
五日
・得面 後編
・神とう 十五編（読本『俊傑神稲水滸伝』）
六日
旬殿 二編（読本『旬殿実々記』）
糸桜 六ノ十（読本『糸桜春蝶奇縁』）
七□二郎 四五
弓張月 三編（読本『椿説弓張月』）
□日
八犬伝 廿四ノ八（読本『南総里見八犬伝』）

図66下

・自来也 一ノ五（読本『自来也説話』）
・浅間嶽 一ノ三（読本『浅間嶽面影草紙』）
・神稲 十六編（読本『俊傑神稲水滸伝』）
・椀久 一ノ五（読本『柳巷話説』）
・西遊記 六ノ十（読本『絵本西遊全伝』）
・誠忠伝 六ノ十（読本『絵本誠忠伝』）
・浅草 六ノ十（読本『絵本浅草霊験記』）
十五日
・松浦二編 一ノ四
・双忠録 二ノ四（読本『絵本双忠録』）
・双忠録 一ノ五（読本『絵本双忠録』）
・神とう 十編 十一編（読本『俊傑神稲水滸伝』）
・楠公記二編 六ノ十（読本『絵本楠公記』）
・〃三編 一ノ十（読本『絵本楠公記』）

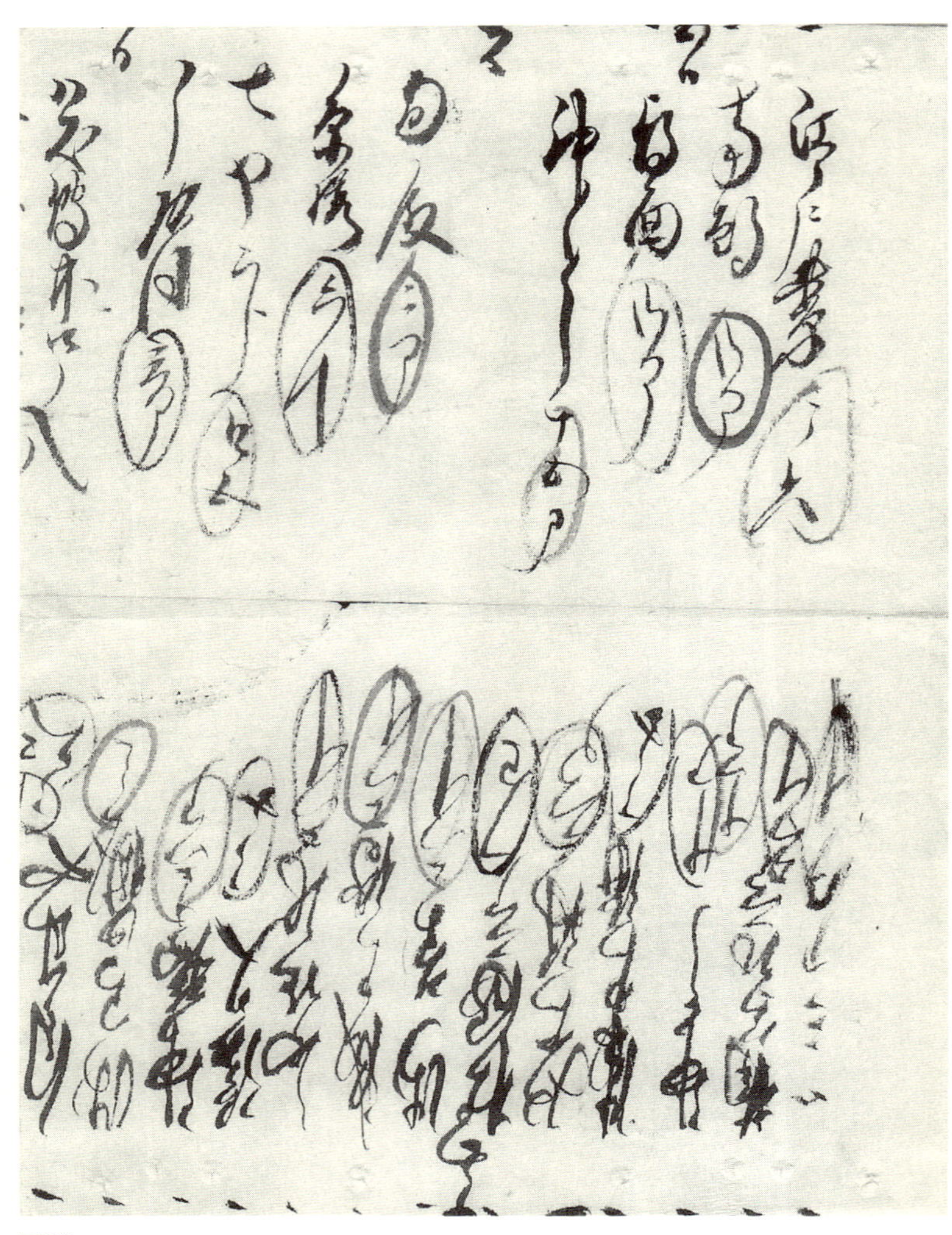

図66

図67上

奴小方 [一ノ四]（読本『奴の小万』）
十六日
・□銘録 [三ノ六]
・楠公記二編 [一ノ五]（読本『絵本楠公記』）
・阿佐くら [六ノ十]（読本『忠勇阿佐倉日記』）
十七日
神とう [八編]（読本『俊傑神稲水滸伝』）
金花夕 [一ノ五]（読本『絵本金花夕映』）
俊寛 [一ノ五]（読本『俊寛僧都島物語』）
十九日
八犬伝 [三十三ノ五下]（読本『南総里見八犬伝』）
廿日
潮来 [一ノ五]（読本『忠孝潮来府志』）

図67下

・□□ [□] [四編]
・皿山 [一ノ五]（読本『盆石皿山記』）
・双蝶記 [初]
廿六日
・雪砂寺 [一ノ五]
・浅間嶽 [一ノ三]（読本『浅間嶽面影草紙』）
・しまばら [一ノ五]
・双てふ記 [六ノ十]
廿七日
・楠公記三編 [五ノ十]（読本『絵本楠公記』）
・俊寛 [一ノ五]（読本『俊寛僧都島物語』）
廿八日
・神とう [十編]（読本『俊傑神稲水滸伝』）

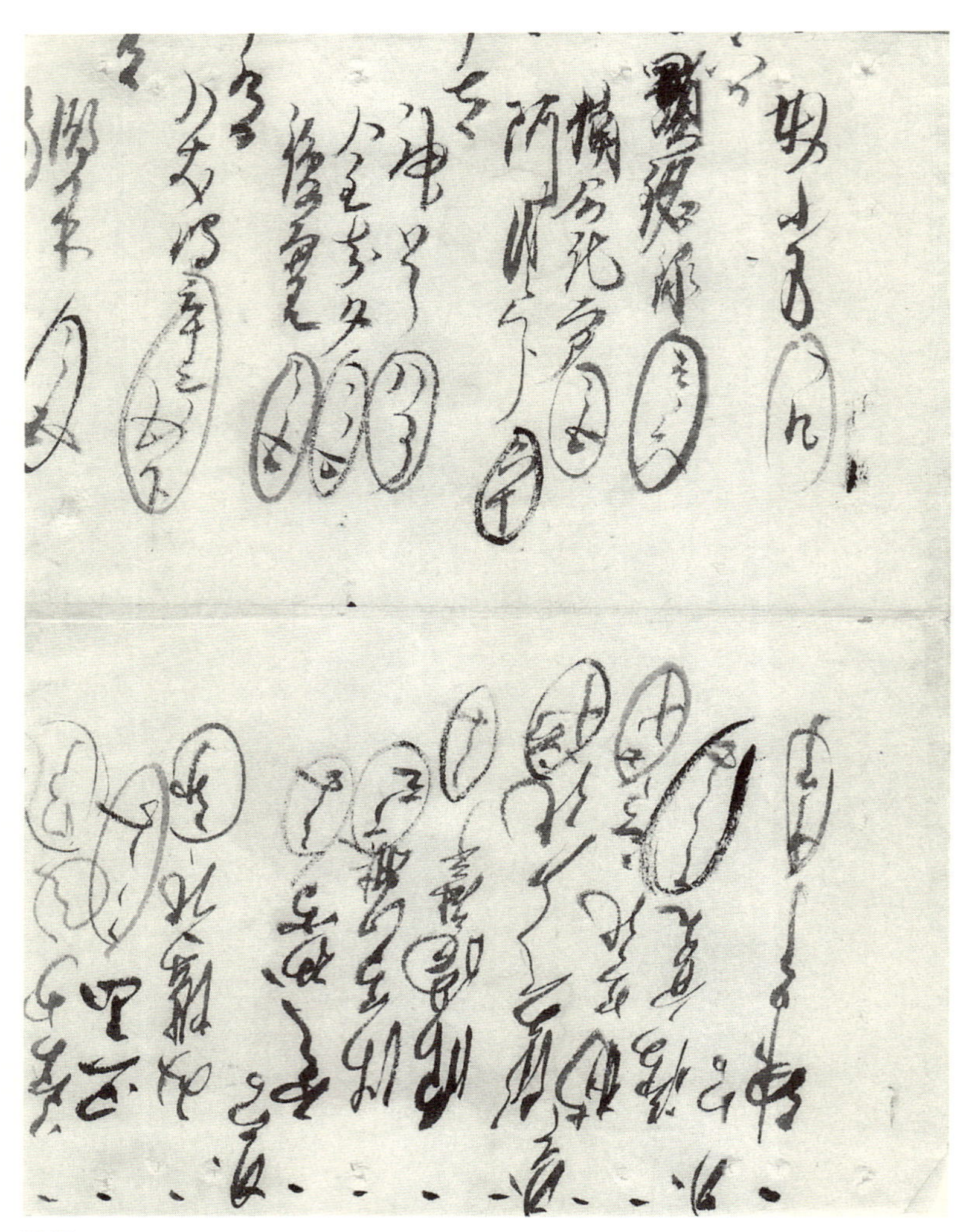

図67

図68上

□日
・狂蝶新語（艶本『狂蝶新語』）
・潮来節 一五（読本『忠孝潮来府志』）
十日
・八犬伝 五六編（読本『南総里見八犬伝』）
・金花夕映 一五（読本『絵本金花夕映』）
・浅艸 一五（読本『絵本浅草霊験記』）
十一日
・青砥石文 上八（読本『刀筆青砥石文』）
・八丈奇談 一ノ六（読本『美濃旧衣八丈綺談』）
・旬殿 七ノ十二（読本『旬殿実々記』）
・雪鏡譚 一ノ五（読本『絵本雪鏡譚』）
□□□ □

図68下

・新田 一五（読本『新田功臣録』）
・双蝶記 一ノ五
・星月夜 二三編（読本『星月夜顕晦録』）
廿一日
・西遊記三編 六ノ十（読本『絵本西遊全伝』）
・誠忠伝 一ノ五（読本『絵本誠忠伝』）
廿二日
・椀久 一ノ五（読本『柳巷話説』）
・浅艸 一ノ五（読本『絵本浅草霊験記』）
廿三日 俊寛 一ノ五（読本『俊寛僧都島物語』）
・犬猫 一ノ六（読本『竹篦太郎』）
・根笹雪 一ノ六（実録『白川根笹雪』カ）
・武蔵鐙 一五（読本『復仇武蔵鐙』）

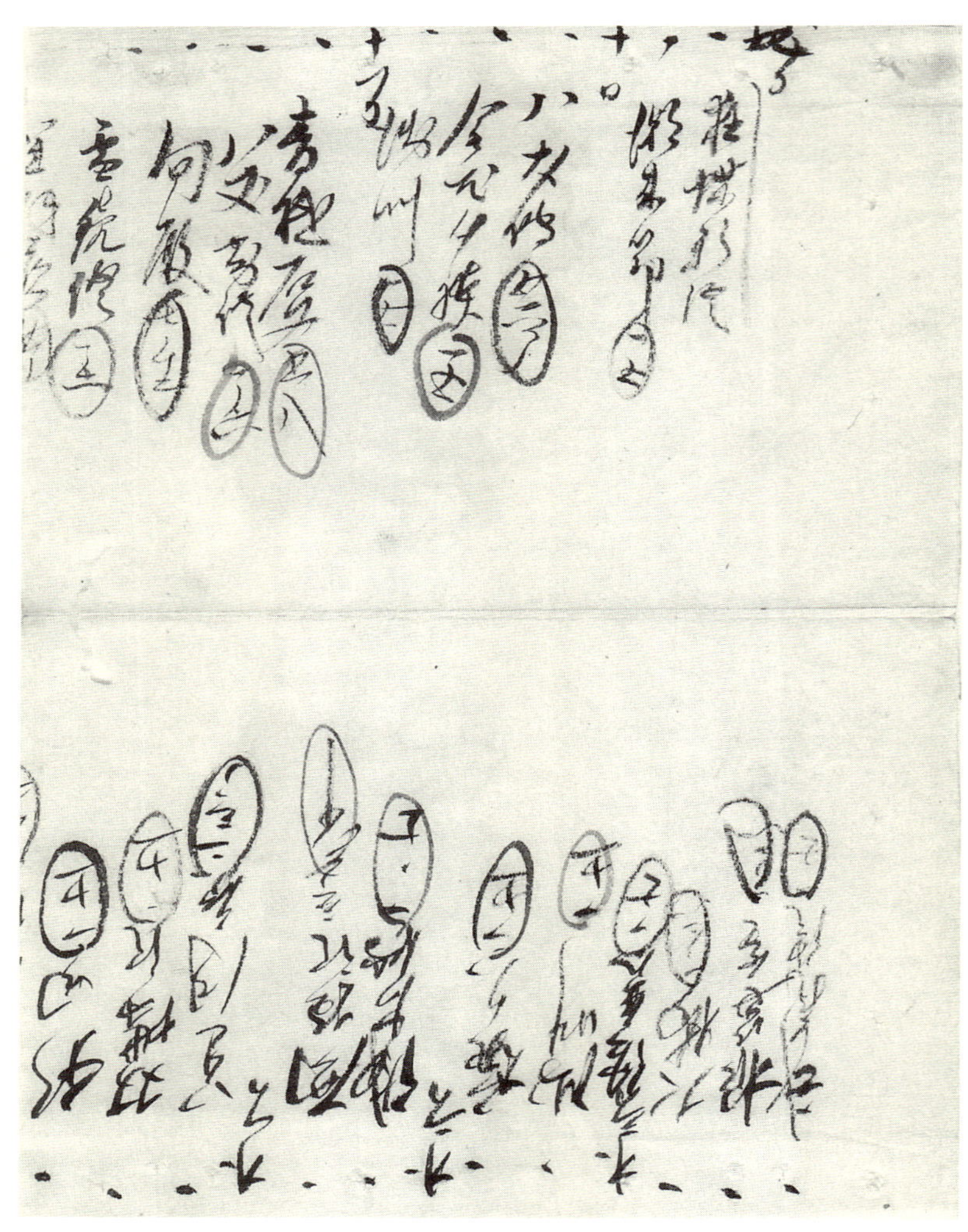

図68

図69上

・神稲 十一編 十二編（読本『俊傑神稲水滸伝』）
・誠忠伝 □（読本『絵本誠忠伝』）
・楠公二編 一五（読本『絵本楠公記』）
廿四日
・双忠録 一五（読本『絵本双忠録』）
・小栗 一四
・童子訓 廿六ノ三十（読本『新局玉石童子訓』）
・江戸砂子 一二（地誌『江戸砂子』）
・稲妻 一四
・八犬伝 廿四ノ八（読本『南総里見八犬伝』）
廿六日
・妖婦伝 三編（読本『絵本三国妖婦伝』）
・□□ □

図69下

・頼朝 三ノ十
・星月夜 初（読本『星月夜顕晦録』）
・浅艸 六ノ十（読本『絵本浅草霊験記』）
二月三日
・妖婦伝 初編（読本『絵本三国妖婦伝』）
四日
・八犬伝 十七ノ廿廿三（読本『南総里見八犬伝』）
・松浦 一ノ四
・西遊記四編 一ノ五（読本『絵本西遊全伝』）
・小栗 五ノ七
・花月 六ノ十（読本『嵐峡花月奇譚』）
・双忠録 六ノ十（読本『絵本双忠録』）
六日

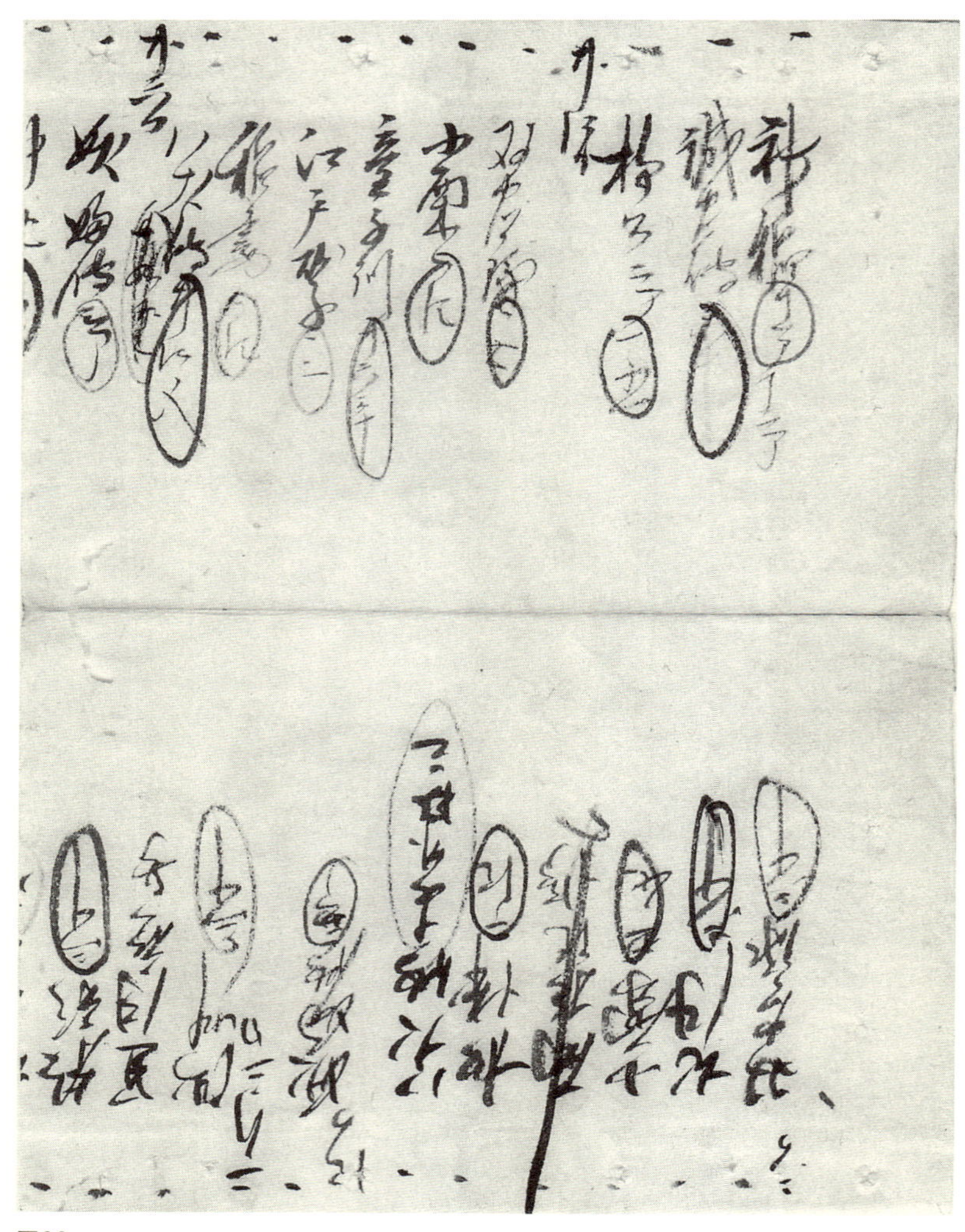

図69

図70上（白紙）

図70下

・南朝記二編　一五　六ノ十

・稲妻　一ノ四　五ノ七

・金石譚　三ノ十（読本『絵本金石譚』）

・□□　二編

・高木　初編（読本『高木廼実伝』）

・八丈奇談（読本『美濃旧衣八丈綺談』）

六日

後日文章　一四　五（読本『仮名手本後日の文章』）

・□□　一ノ四

・妖婦伝　初編（読本『絵本三国妖婦伝』）

七日

弓張月（読本『椿説弓張月』）

・古郷錦　一ノ五（読本『嵐山故郷錦』）

・皿山　一ノ五（読本『盆石皿山記』）

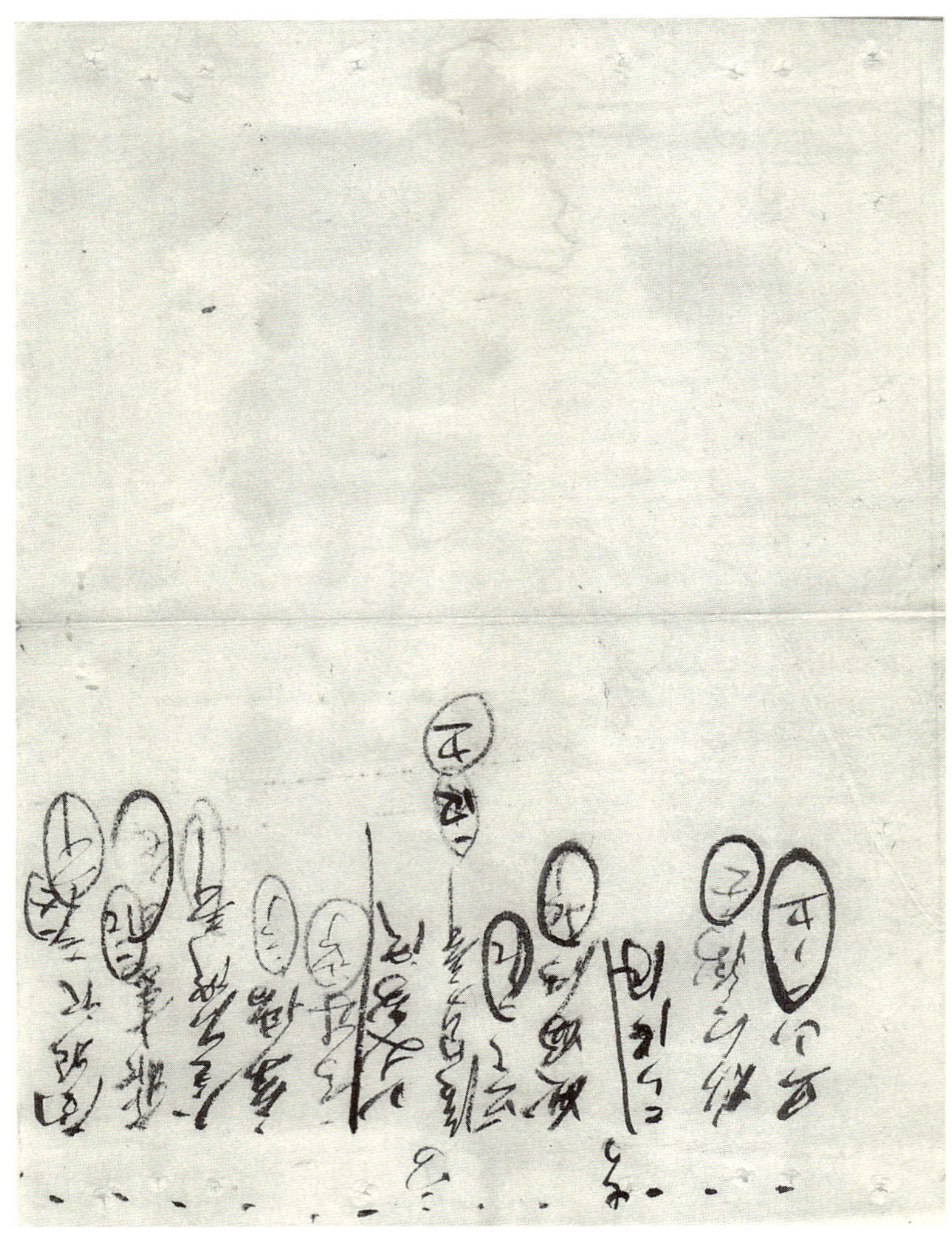

図70

図71上

月□ 四五
廿九日
・旬殿 四編（読本『旬殿実々記』）
・小栗 三編（読本『小栗外伝』）
・朝かほ 四編
・浅草 一ノ五（読本『絵本浅草霊験記』）
三月朔日
・犬の子 一ノ五
・俊寛 六ノ十（読本『俊寛僧都島物語』）
□□□
・犬猫 一ノ五（読本『竹篦太郎』）
・自来也 一ノ六（読本『自来也説話』）
・□□□

図71下

・金石譚 初（読本『絵本金石譚』）
廿二日
・自来也 一ノ四 二編
・双忠録 一ノ五（読本『絵本双忠録』）
廿三日
・□□□ 七編十二
・狂蝶 一ノ五（艶本『狂蝶新語』）
・後日文章 一ノ五（読本『仮名手本後日の文章』）
・奴小万 一ノ四（読本『奴の小万』）

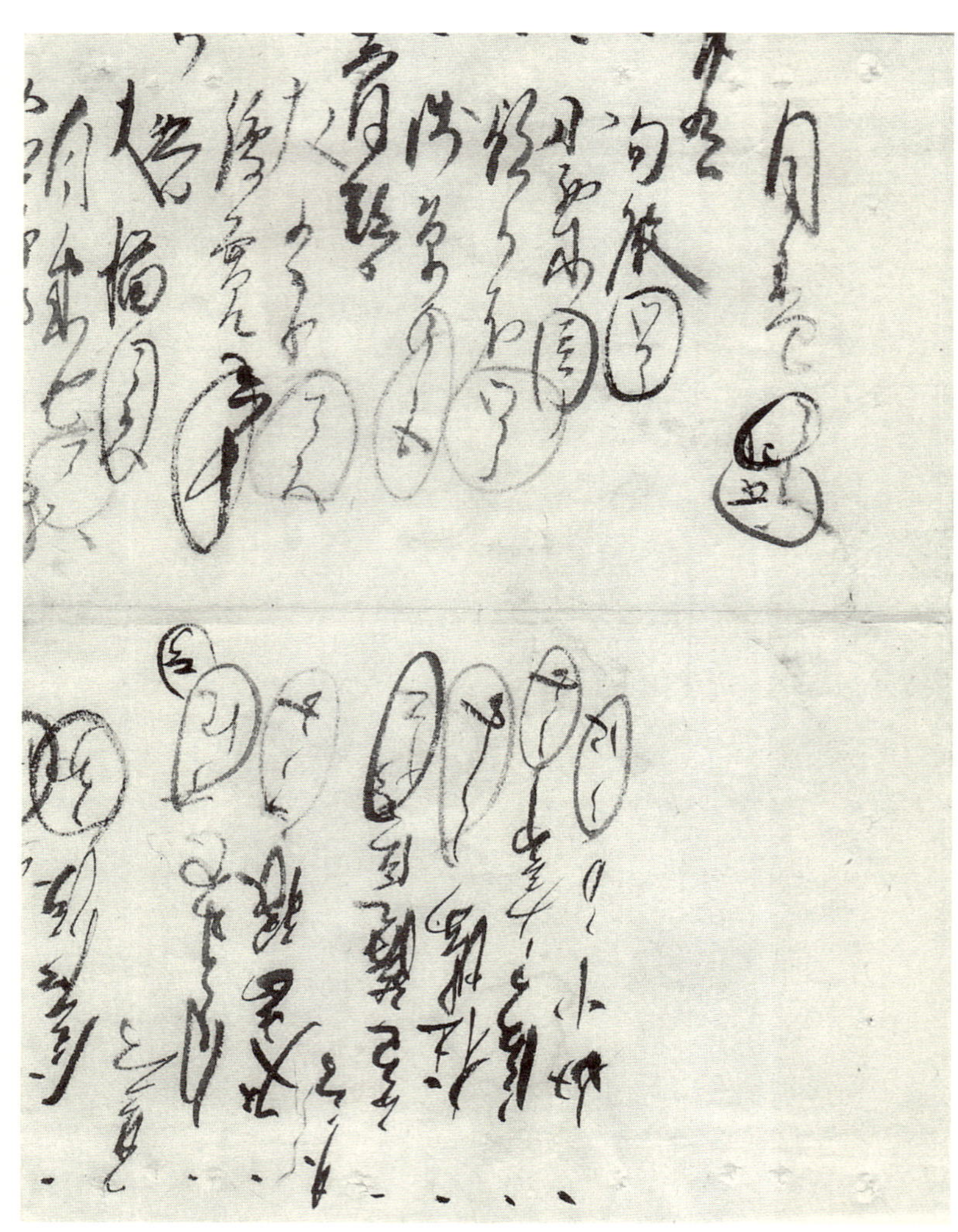

図71

図72上

・楠公記三編 [六ノ十]（読本『絵本楠公記』）
・弓張月 [四編][五編]（読本『椿説弓張月』）
・旬殿 [七ノ十二]（読本『旬殿実々記』）
七日
・稲妻二編 [四五][ノ七]
・同三編 [一ノ五]
八日 □□□
・弓張月 [□三編]（読本『椿説弓張月』）
・南朝記 [一ノ十][十一ノ六]
・同四 一ノ十
・楠公記 [六ノ十]（読本『絵本楠公記』）
・星月夜五編 [一五]（読本『星月夜顕晦録』）
・神稲 [十四]（読本『俊傑神稲水滸伝』）
九日

図72下

□□□ 十一ノ廿
・同廿一ノ三十
・同五編 一ノ廿
・戦跡 十一廿
・真田廿編 十六ノ二十
・西遊記二編 [一ノ十]（読本『絵本西遊全伝』）
十五日
・武蔵鐙 [一五]（読本『復仇武蔵鐙』）
・椀久 [一五]（読本『柳巷話説』）
・星月夜五編 十九（読本『星月夜顕晦録』）
・八犬伝 [廿五ノ三十五][四十一ノ五十三]
（読本『南総里見八犬伝』）
・皿々 [五ノ八]（読本『皿皿郷談』）
・妖婦伝 [二編]（読本『絵本三国妖婦伝』）
十六日

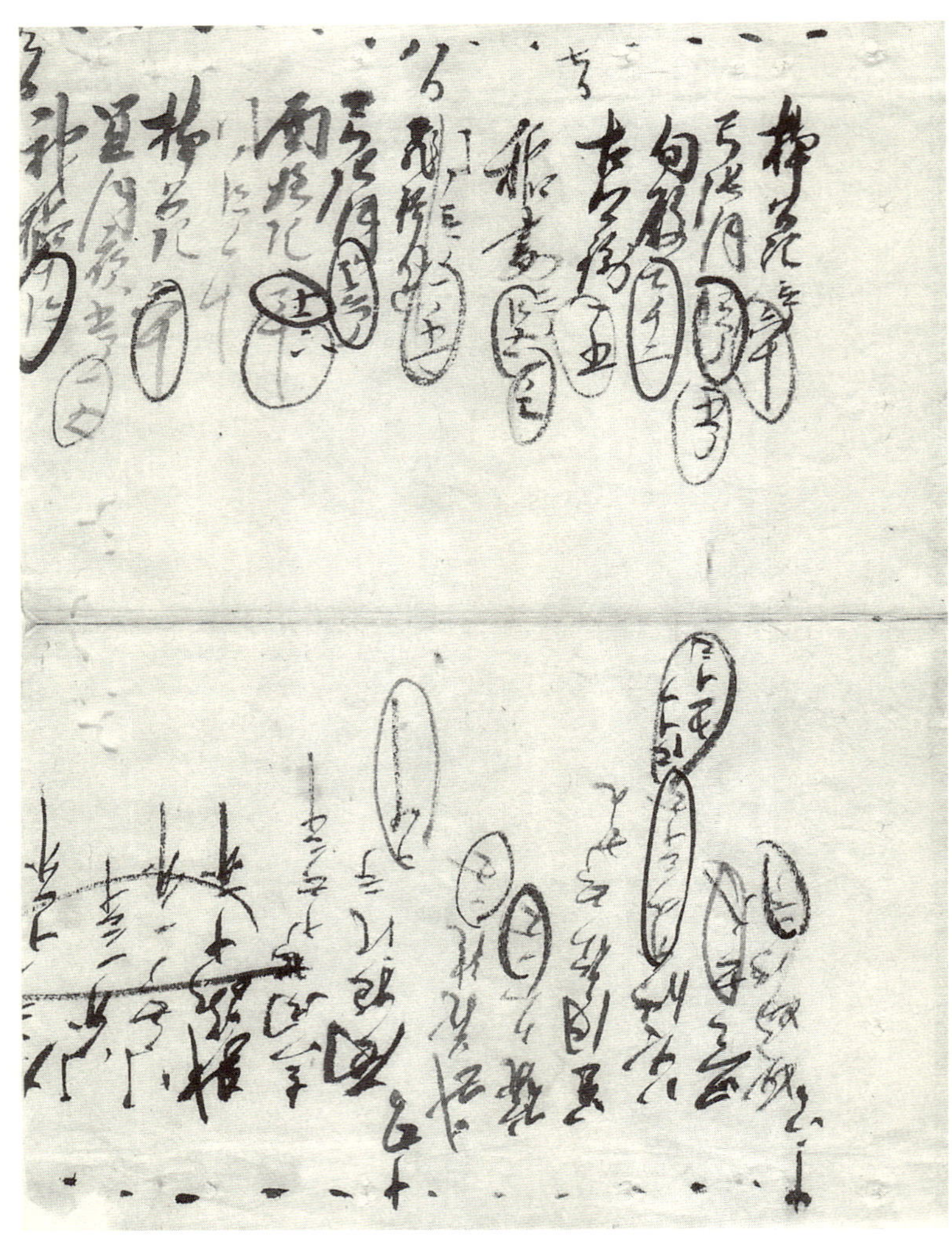

図72

記載事項は日付・書名の略称・編数・員数のみで、利用者の居住地や姓名、見料などの情報はない。編数や員数を囲む線は、書籍の返却時になされた確認作業の痕跡だと考えられる。書籍を貸し出す際に書名・編数・員数を書き込み、返却時に冊数や状態を確認した上で線が書き足されたのであろう。線のないものは、書き込み忘れたのではなかろうか。日付の間隔と一日に貸し出されている書籍の数から、この当座帳が特定の利用者ごとに作成されたものではなく、複数の家々を廻った際の記録であることがわかる。

書籍を特定できていないものも少なくないが、蔵書の大半は実録と読本である。実録には「箱崎」(黒田騒動)や「天下茶屋」(天下茶屋の仇討ち)、「天艸」(島原の乱)、「延命院」(延命院事件)など題材を類推できても特定の難しいものや、「三国志」「水滸伝」、太閤記あるいは太平記の略称と思しい「太」など、特定の書籍に絞ることのできないものが多数みられる。仮にいくつか書名をあげたが、それらが正しいかどうかは残念ながら確証がない。一方で、読本類は書名と員数から大部分を特定することができた。改めて特定できた読本を拾い上げ、刊年順に並び替えると次のようになる。

山田案山子作『絵本楠公記』(享和元年〜文化六年〈一八〇一〜一八〇九〉刊)
速水春暁斎作『絵本伊賀越孝勇伝』(享和二年〈一八〇二〉刊)
速水春暁斎作『絵本亀山話』(享和三年〈一八〇三〉刊)
高井蘭山作『絵本三国妖婦伝』(文化元年〈一八〇四〉刊)
速水春暁斎作『絵本雪鏡譚』(文化二年〈一八〇五〉刊)
感和亭鬼武作『自来也説話』(文化三年〈一八〇六〉刊)
曲亭馬琴作『石堂丸苅萱物語』(同年刊)
速水春暁斎作『絵本浅草霊験記』(同年刊)

曲亭馬琴作『盆石皿山記』（文化三～四年〈一八〇六～一八〇七〉刊）
小枝繁作『新田功臣録』（同年刊）
口木山人ほか訳『絵本西遊全伝』（文化三年～天保六年〈一八〇六～一八三五〉刊）
速水春暁斎作『絵本誠忠伝』（文化四年〈一八〇七〉刊）
柳亭種彦作『奴の小万』（同年刊）
曲亭馬琴作『椿説弓張月』（文化四～九年〈一八〇七～一八一二〉刊）
曲亭馬琴作『柳巷話説』（文化五年〈一八〇八〉刊）
曲亭馬琴作『旬殿実々記』（同年刊）
曲亭馬琴作『俊寛僧都島物語』（文化五～六年〈一八〇八～一八〇九〉刊）
梅暮里谷峨作『絵本金花夕映』（文化六年〈一八〇九〉刊）
談洲楼焉馬作『仮名手本後日の文章』（同年刊）
談洲楼焉馬作『忠孝潮来府志』（同年刊）
栗杖亭鬼卵作『竹篦太郎』（同年刊）
柳亭種彦作『浅間嶽面影草紙』（同年刊）
高井蘭山作『星月夜顕晦録』（文化六～九年〈一八〇九～一八一二〉刊）
栗杖亭鬼卵作『絵本更科草紙』（文化八年～文政四年〈一八一一～一八二一〉刊）
曲亭馬琴作『青砥藤綱摸稜案』（文化九年〈一八一二〉刊）
曲亭馬琴作『糸桜春蝶奇縁』（同年刊）
小枝繁作『松王物語』（同年刊）

曲亭馬琴作『皿皿郷談』（文化十年〈一八一三〉刊）
小枝繁作『小栗外伝』（文化十～十二年〈一八一三～一八一五〉刊）
曲亭馬琴作『美濃旧衣八丈綺談』（文化十一年〈一八一四〉刊）
曲亭馬琴作『南総里見八犬伝』（文化十一年～天保十三年〈一八一四～一八四二〉刊）
文東陳人作『松風村雨物語』（文化十二年～文政八年〈一八一五～一八二五〉刊）
櫟亭琴魚作『刀筆青砥石文』（文政三年〈一八二〇〉刊）
小枝繁作『道成寺鐘魔記』（文政四年〈一八二一〉刊）
暁鐘成作『以呂波草紙』（文政六年〈一八二三〉刊）
畠山照月作『嵐山故郷錦』（同年刊）
池田東籬作『絵本双忠録』（文政七年〈一八二四〉刊）
宮田南北作『雲晴間双玉伝』（文政八年〈一八二五〉刊）
山田案山子作『絵本金石譚』（文政十一年〈一八二八〉刊）
岳亭定岡ほか作『俊傑神稲水滸伝』（文政十一年～元治元年〈一八二八～一八六四〉刊）
瀬川恒成作『嵐峡花月奇譚』（天保五年〈一八三四〉刊）
石倉堂作『復仇武蔵鐙』（天保八年〈一八三七〉刊）
曲亭馬琴作『新局玉石童子訓』（弘化二～四年〈一八四五～一八四七〉刊）
松亭金水作『忠勇阿佐倉日記』（嘉永五年～安政二年〈一八五二～一八五五〉刊）
松亭金水作『高木廼実伝』（嘉永六年～安政四年〈一八五三～一八五七〉刊）
楳亭主人編『南朝外史武勇伝』（安政三年〈一八五六〉序～文久二年〈一八六二〉序）

十二作品もある馬琴の著作の存在が際立つが、享和以降の読本が幅広く蔵書されているとともに、『忠勇阿佐倉日記』『高木廼実伝』『南朝外史武勇伝』など、万延二年にほど近い時期に刊行されたものも仕入れられている。もちろん、今回明らかになったのは蔵書のごく一部であり、少なくともこの数倍の量があったことは想像に難くない。現に人文情報学研究所の蔵書印データベース検索システムによって、同じ「小林」印が捺された大阪大学図書館忍頂寺文庫蔵の葎窓貞雅作『浮世滑稽質屋雀』初・二編（B二四―一・二）の存在を確認できる。そのため、滑稽本や人情本の蔵書もそれなりにあったと思われるが、小林某の蔵書、そして貸本営業の柱は実録と読本であったとみてよいだろう。こうした傾向は小林某特有ではなく、近世期貸本屋の一般的なものである。

近世期貸本屋の蔵書内容については、自らの手控え、あるいは利用者のためのカタログと思しき目録が最も参考になる。こうした目録は、これまで駿河国府中の鳴鳫堂[5]、播磨国姫路の樊圃堂灰屋輔二[6]、信濃国諏訪の升屋文五郎[7]などの事例が知られている[8]。これらの目録をみてみると、戯作をはじめとする娯楽的書籍と随筆類が蔵書のほとんどであることがわかるが、そのなかでも読本・実録はかなりの割合を占めている。

目録以外では、貸本屋で人気のある作品を取り上げた見立番付が三種ある。明治四年（一八七一）の高田庵梅輝輯書『和漢軍書小説貸本競』（図73）、同十二年（一八七九）一月の『和漢西洋之群籍　貸本競』（図74）、および『和漢西洋之群籍　貸本競』と同内容で刊年不詳の『和漢西洋之群籍』（図75）である。「貸本番付」と俗称されるこれらは、貸本屋の蔵書内容と利用者に人気のあった作品を知る上で貴重である[9]。番付は全て向かって右側に軍書や実録、左側に通俗物・読本・滑稽本などが並ぶ。行司・頭取・世話役・勧進元・差添には、些か性質を異にする、あるいは特に人気のあった書籍がそれぞれ置かれている。これら三種の番付は、いずれも明治期に発行されたものだが、掲載された書籍のほとんどが読本と実録である。

したがって、近世から近代初頭にかけて、貸本屋の蔵書の大部分を占めていたのは、読本と実録であったと

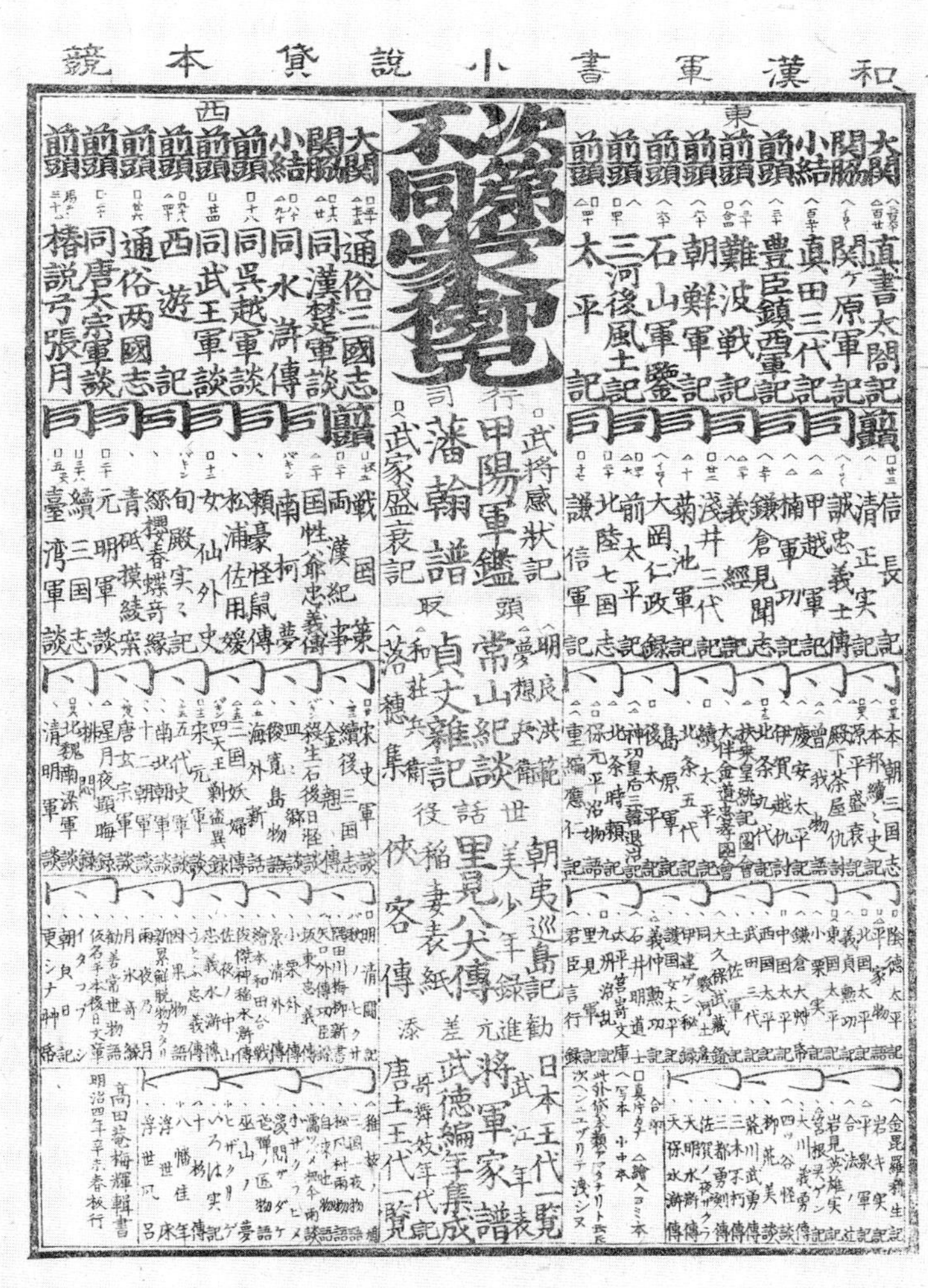

図73 『和漢軍書小説貸本競』(架蔵)

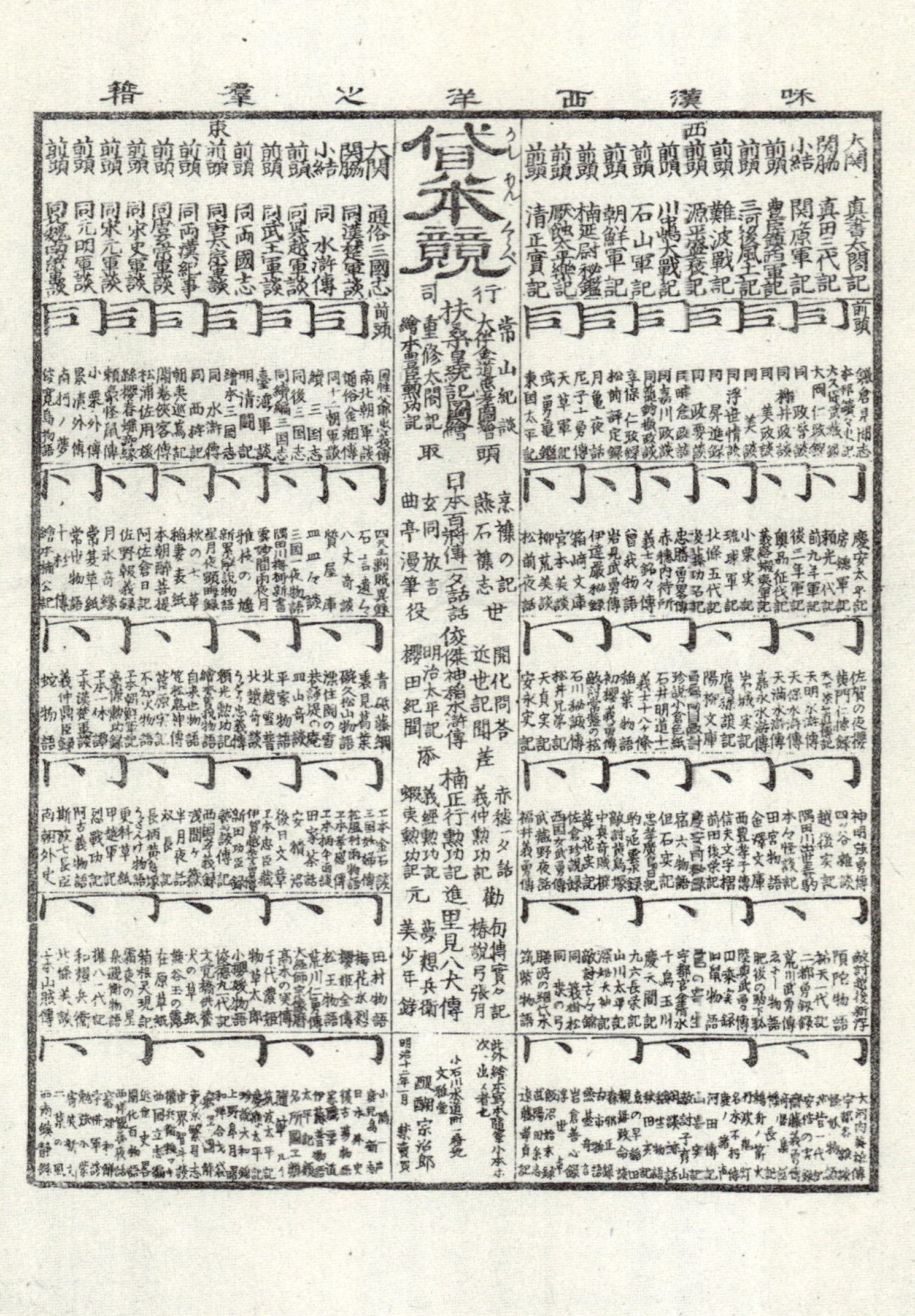

図74　『和漢西洋之群籍　貸本競』(架蔵)

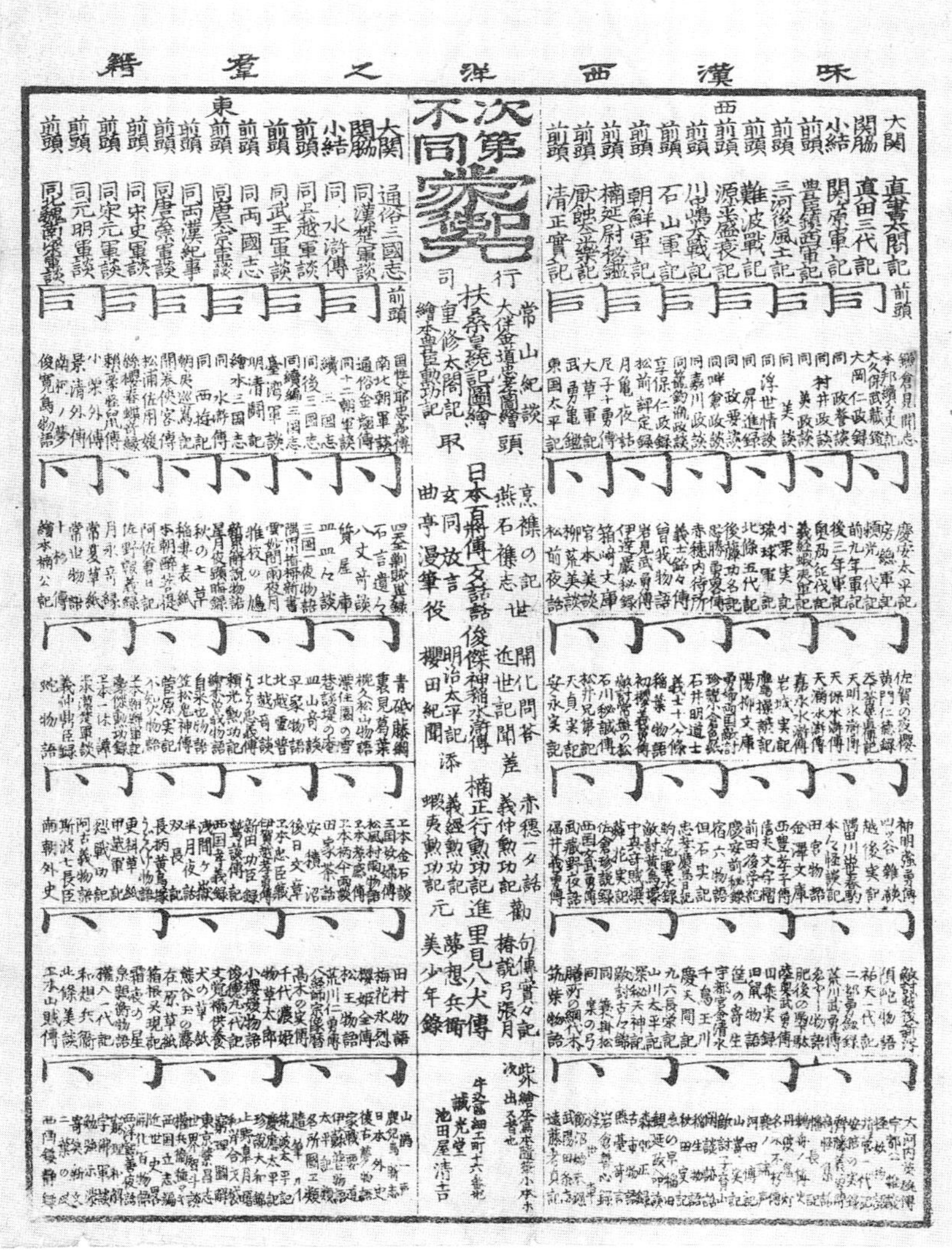

和漢西洋之群籍

西

大関 真書太閤記
関脇 真田三代記
小結 関原軍記
前頭 豊臣鎮西軍記
前頭 三河後風土記
前頭 難波戦記
前頭 源平盛衰記
前頭 川中嶋大戦記
前頭 石山軍記
前頭 朝鮮軍記
前頭 楠廷尉秘鑑
前頭 厭蝕太平楽記
前頭 清正実記

次第不同

行司 常山紀談　大経金道忠孝図絵　扶桑皇統記図絵　皇修太閤記　絵本豊臣勲功記

頭取 烹襍の記　燕石襍志　日本百将伝

取 曲亭漫筆

東

大関 通俗三国志
関脇 同漢楚軍談
小結 同水滸伝
前頭 同呉越軍談
前頭 同武王軍談
前頭 同両国志
前頭 同両漢紀事
前頭 同宋史軍談
前頭 同宋元軍談
前頭 同元明軍談

発兌 誠光堂 池田屋清吉

図75　『和漢西洋之群籍』（架蔵）

いってよい。そこに滑稽本や人情本のほか、随筆などのジャンルの書籍を加えて、蔵書を形成していたのである。なお、『和漢西洋之群籍』（図75）の発行者となっている誠光堂池田屋清吉については、次章「誠光堂池田屋清吉の片影」で取り上げる。

二、春日堂播磨屋伊三郎

本書第一部第一章「江戸・大坂における貸本屋組合の成立」でも触れた、架蔵の『吾妻みやげ』は市川三升作『爰佃天網島』後編（文政十一年〈一八二八〉刊）と笠亭仙果作『枕琴夢通路』上巻（天保六年〈一八三五〉刊）が合冊された改装本である。柿渋色地の表紙には、子持ち枠に「吾妻みやげ　□□上下」と墨書された題簽が貼付されている。なお、押捺された「天満津国町春日堂」という貸本印（図76）から、改装はこの春日堂の手によるものと思われる。

吉田瑛二著『浮世絵事典』下巻（画文堂、一九七一年）「版元」の項には、「主なる上方版元」として「春日堂井三（天満津国町）」があげられている。この春日堂井三こそが先の貸本印の主だと思われるが、次にみていくように春日堂はまた播磨屋伊三郎とも名乗ったようである。

文久三年（一八六三）十一月二十一日夜、大坂西横堀新町橋東詰五幸町より出た火は西風にあおられ、二十三日まで町々を焼いた(10)。この火事を取材した出版物について、大坂本屋仲間の『出勤帳』六十五番には次のようにある。

（松永注　文久三年十二月）十九日
一同はり長より、大火焼之事不残書記、板行ニして大半紙二つ切三十弐枚斗横閉本、仲間ニ売出し候ヲ見当り、早東役中へ談示候

図76　春日堂播磨屋伊三郎の貸本印（架蔵『吾妻みやげ』）

処何分不宜評定ニ付、明廿日寄合候故、其節呼寄聞調度相成候也、藤野
（中略）
廿日、定日
一播弥三郎差紙ニ而呼遣し、代人罷出ニ付、大火焼之事板行ニ而、横本仲間へ売出しニ付聞調候処、天満ニ別家共在之、其方ゟすゝめによつて致候与申居ニ付、役前御申ハ、例年仲間申合掟書板木之義申聞せ置、印形も取り候事也、御利解被申ニ付相詫、無調法相断早束罷帰り、板木与製本ト持参可致ト申、引取候也、役中初更過迄見合候所参り不申、無拠皆ゝ引取候事
（中略）
（中略）
廿二日
一播弥三郎ゟ、定日廿日ニ代人罷出候故、作法通申諭ニ付承知致、其夜無程板木ト製本共持参候様ニ申帰り候故、初更過迄相待候得共不参故、翌日又ゝ催促申遣シニ、其節後家歟申ハ、今日者何レ持参候様申答候処、漸ゝ今朝天満ノ春日堂ト申者、右之事柄相尋旁ゝ会所へ参り候由、段ゝ被申諭候義納得故、左候ハ、手元之分製本取揃、板木共無程差出候様申帰り候処、夕方ニ板木拾七枚ニ製本六部歟持参ニ付請取候也、尚取集申度、製本与右書付ニ調印之義、跡より持参可仕与申、引取也
一世話懸り御用ニ付罷出、幸便故右之焼製本壱部持参、入御覧ニ一覧被成候所、何分自侭ニ板行不相成、其旨願出候様被仰聞、引取候事、此時ニ名前書、左之通書上候、藤野子・伊兵衛
道修町壱丁目小西吉右衛門代判茂兵衛借家
播磨屋弥三郎

代判　忠兵衛

播磨屋伊三郎(11)

天満津之国町中嶋屋与兵衛かし家

「はり長」こと播磨屋弥三郎は、天満の別家の勧めにより、「大火焼之事不残書記」した「大半紙二つ切三十弐枚斗横閉本」を仲間向けに売り出していたが、ほどなくして本屋仲間の知るところとなり問題となった。評議の末、件の書は版木とすでに製本された分とが仲間に受け渡され、播磨屋弥三郎ならびに播磨屋伊三郎は名前書をしたためることとなったのである。

天満の別家と二十二日に会所を訪れた「天満ノ春日堂ト申者」と「天満津之国町」の所書きがある播磨屋伊三郎は、いずれも同一人物であろう。そして、この所在地と堂号の一致から、春日堂井三と播磨屋伊三郎も同一人物なのだと考えられる。「伊三郎」ゆえに「井三」と称したのである。なお、播磨屋は明治初年の大坂草紙屋仲間に加入している(12)。

さて、『吾妻みやげ』は全丁にわたって記録類の紙片で裏打ちされている。紙片は全部で二十七葉。先の小林某の例と同様、いずれも裁断した後に貼付されている。貸本印以外に旧蔵者の痕跡を見出せないため、記録類はこの播磨屋のものであると考えられる。

紙片には日付がみられるものの、裁断されていて判読できない部分も多い。そのために個々の前後関係が不明なことから、貼付された順のまま翻字した。なお翻字に際しては判読できない部分を「□」とし、そのうち文字を推定し得る場合はルビで示した。また先の小林某同様、書名から書籍を特定できた場合は、国文学研究資料館の国書データベースに準拠した分類と書名を追記している。

図77上

(廿一日)弐百文　ふで六本
(□八日)弐百五十文　同五本
弐百五十文　すみ二丁
〆九百文
九月まて
初
(九日)二百五十文　すみ二丁
百文　ふで二本
(□二日)百文　すみ一丁
百文　ふで三本
(十一日)百五十文　すみ二丁
(廿九日)百文　ふで一本
(卅日)百文　同三本
〆壱貫文

図77下

百文　ふで四本
(□十五日)三十八文　すりはな火代ならす
(□十七日)百五十文　ふで五本
(□十九日)五百五十文　のし百
(□二日)三百五十文　小刀壱
五十文　やたてふでなをし一本
百五十文　長書本
かし五
(□十七日)弐百文　はけ壱
(□廿日)百五十文　たじま
かし五
〆壱貫七百三十八文
十二月まて
初
(□三日)三百五十文　双六壱
三百文　すみ二丁

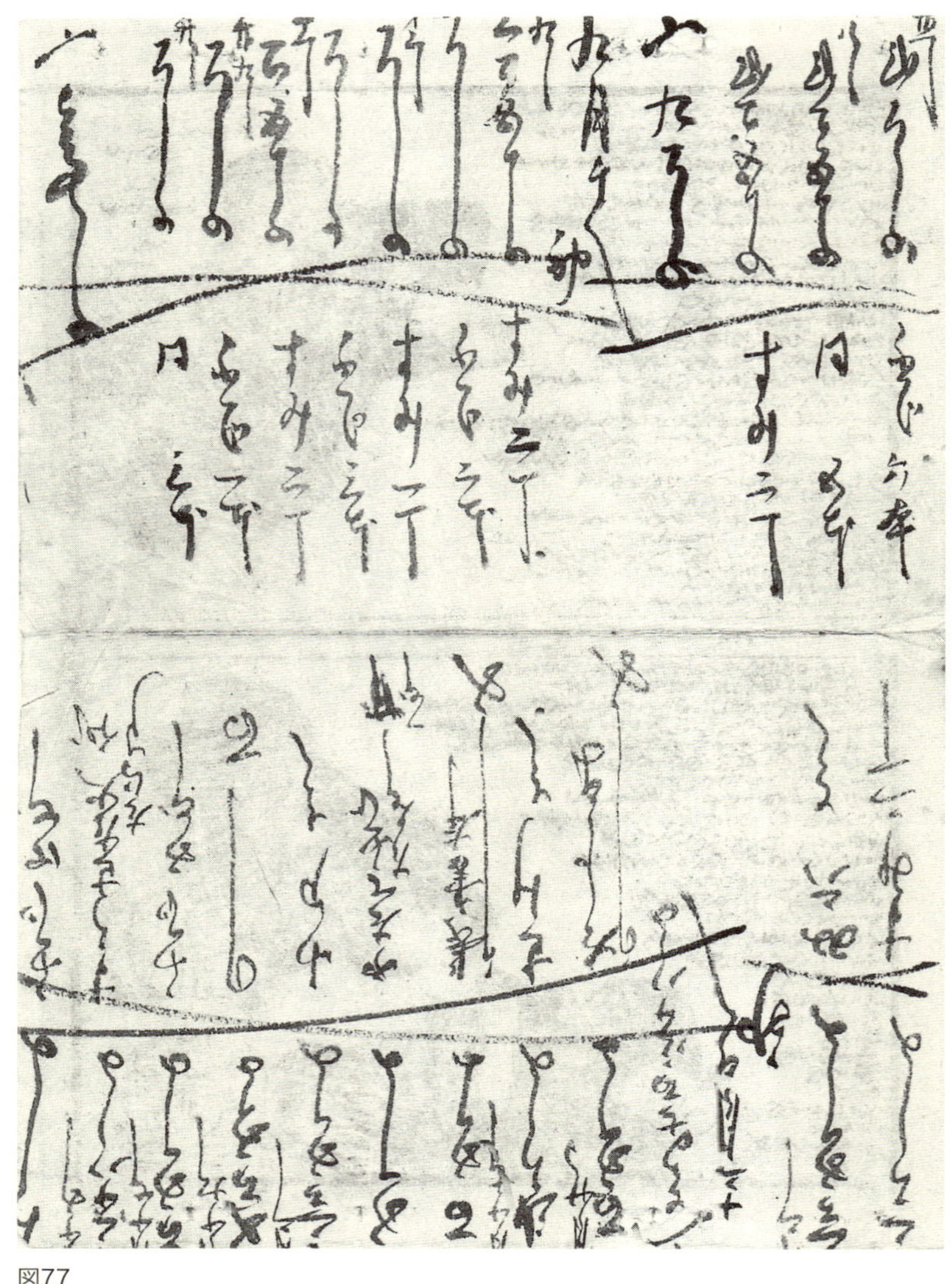

図77

図78上

弐百文　ならいふで八本
弐百文　御てん四本
廿五日 弐百五十文　しわい壱
三百文　てほん一冊
十九日 五百文　すみ二丁
弐百六十四文　ふで八本
金壱朱ト弐百文　小 はし一ぜん
弐百五十文　水入壱
六百文　硯一めん
弐百卅二文　のし三十七
廿一日 金壱朱　小刀壱
金弐朱　硯一めん
廿六日 金三歩三朱　永代せつ用一冊

図78下

初
□九日 金壱歩　すみ一丁
八百文　ふで八本
□十三日 弐百文　水戸
かし卅
□一日 金弐朱　一朱ト百文　をうぎ二本
〆金壱歩弐朱ト
壱貫文
五月まて
内金壱歩入
〆金弐朱ト
壱貫文
□七日 三百文　すみ二丁
□十日 金三朱　をうぎ一本
□五日 百文　ふで四本

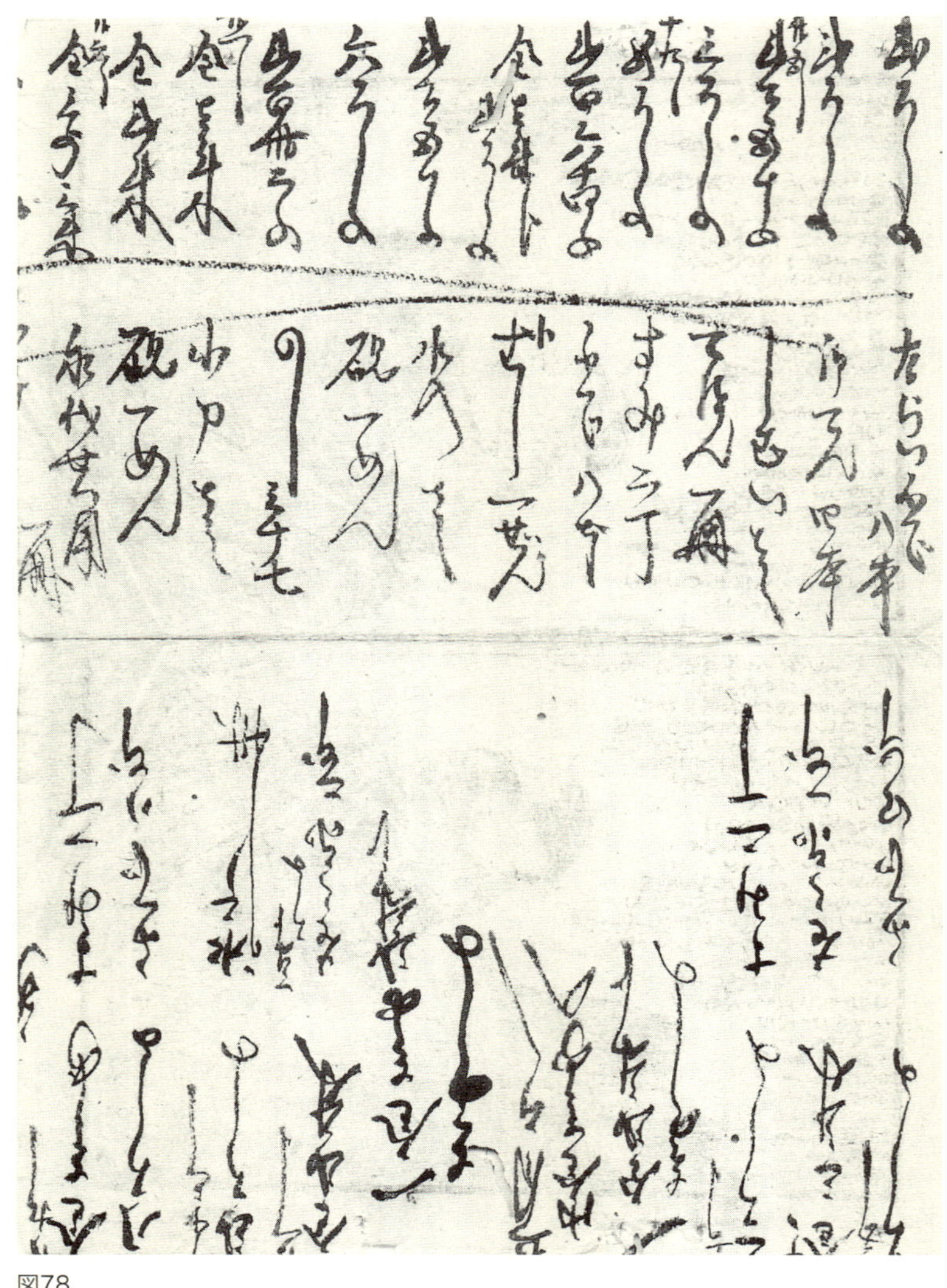

図78

図79上

なるせ御しん家様
（廿一日）一匁五分　川中しまこうたん
かし卅
（廿八日）三□□　すみ二丁

図79下

〆弐貫四百七十文
五月まて
□□□壱歩弐朱入
〆七十文まけ

図79

図80上

又金弐朱
金弐朱七十九文入
七月まで
〆六匁五分
五百三十四文

図80下

□
□六日
五百文
□七日
金弐朱ト百廿四文
〆五百三十四文
六匁五分

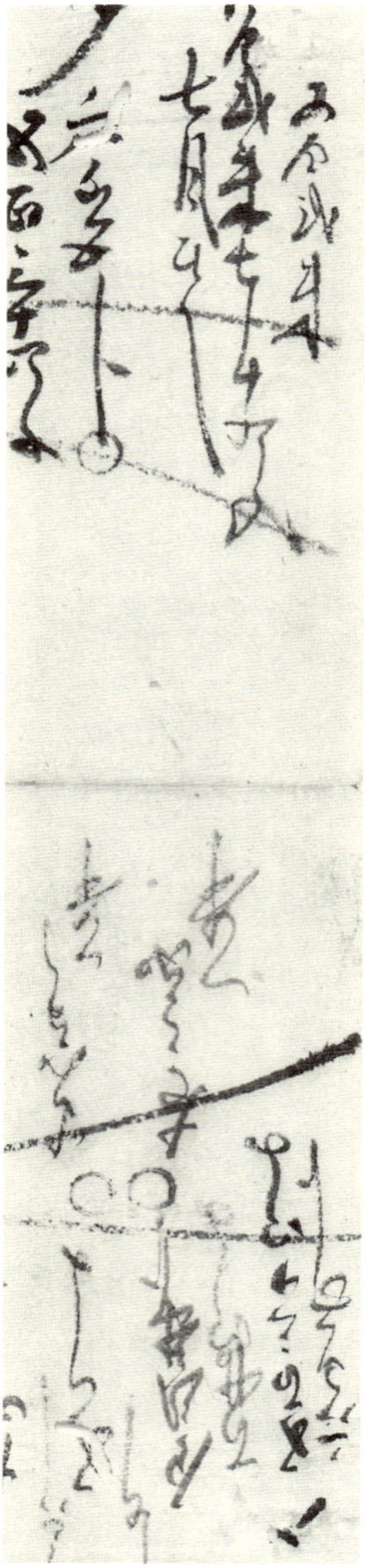

はんなう一本
をうぎ一本

図80

図81上

成瀬中若様　廿四

三日
三百文　ふで九本

弐百文　すみ弐丁

図81下

□廿二日
百文　□□□壱

□八日
三百文　はけ壱

〆四百文

中様

内三百五十文入

図81

図82上
一匁　□□□□
かし三
[二月六日]一匁　同
かし三

図82下
[□九日]百十六文　ふで三本
三十二文

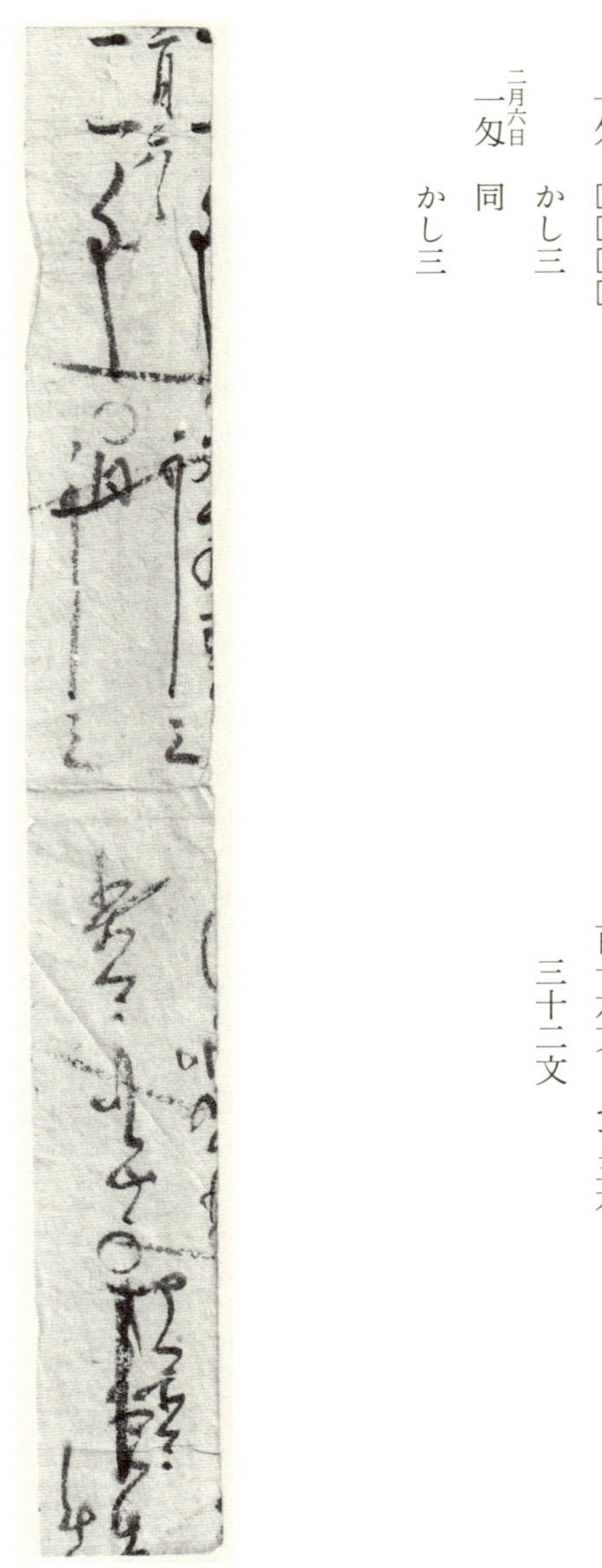
図82

図83上

〆金三朱ト　代廿五匁一分
弐貫六百六十四文　代四十二匁三分
十二月まて
右ハ正月十一日ろうむ
金百三十三匁八分五厘
四十五匁六分五厘
右江三十五匁てかた入
三十弐匁四分
代弐貫百文
廿八日 四百文　ふで六本
金一朱　くわい中べんらん一冊
百文　御しんそう ふで弐本
四百文　同 玉川はんこ六まい
金一歩　三〇すみ十丁
廿七日 弐貫八百五十文　御しんそう こつけいはんこ三十八まい

図83下

三十二文　ふで一本
□四日 弐百文　すみ二丁
三十二文　ふで一本
□十二日 五十文　同二本
□十四日 五十文　同一本
□十六日 六十四文　同二本
百文　ふえ壱
□十九日 弐百五十文　□□いし壱
六十四文　ふで二本
□廿日 百文　すみ一丁
五十文　かふら五本
□廿四日 百文　ふえ壱
七十二文　ふで三本
□廿九日 八十文　ふで三本
□七日 七十二文　同三本

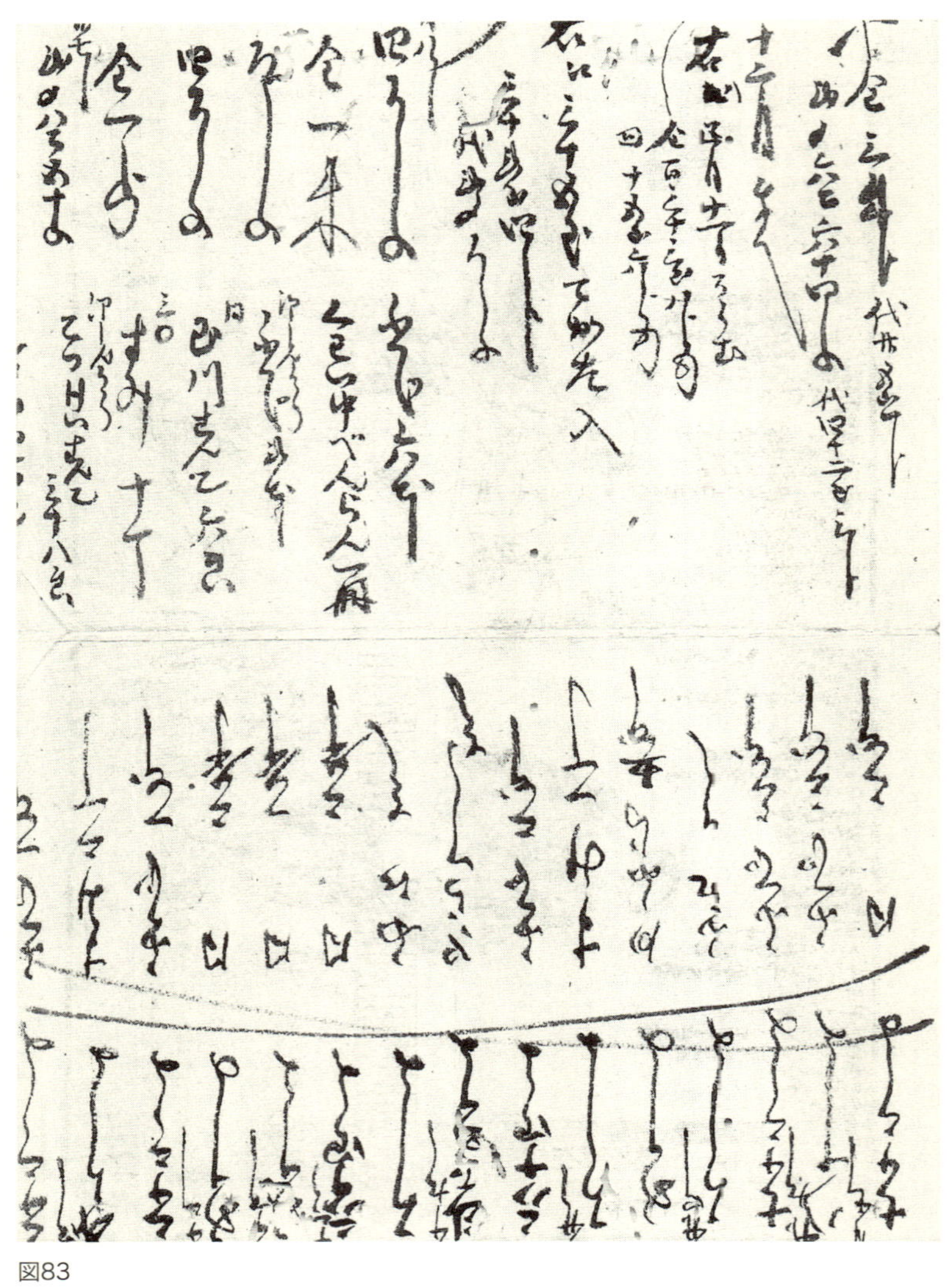

図83

図84上

□八日 百文　ふで一本
□七日 四百五十文　すみ三丁
□六日 金弐朱ト百文　若をうぎ一本
金壱朱ト六十四文　若同一本
金弐朱　若同女もの一本
廿七日 金弐朱　同一本
〆金三歩ト
弐貫百十六文
七月まて
内金一歩一朱八月九日入
又金一歩八月十六日入
〆金三朱ト
弐貫百十六文
十九日 五百五十文　はけ壱
□日 □□□　かめ壱

図84下

弐本
三日 百五十文　はんこ三
九日 百五十文　同一まい
百五十文　同一まい
〆金三朱ト
三貫五百十六文
九月まて
内一貫五百文入
〆金三朱ト
弐貫十六文
□八日 百五十文　はんこ一まい
□四日 百文　ふで二本
弐百五十文　てほん一冊
□十三日 百五十文　ふで二本

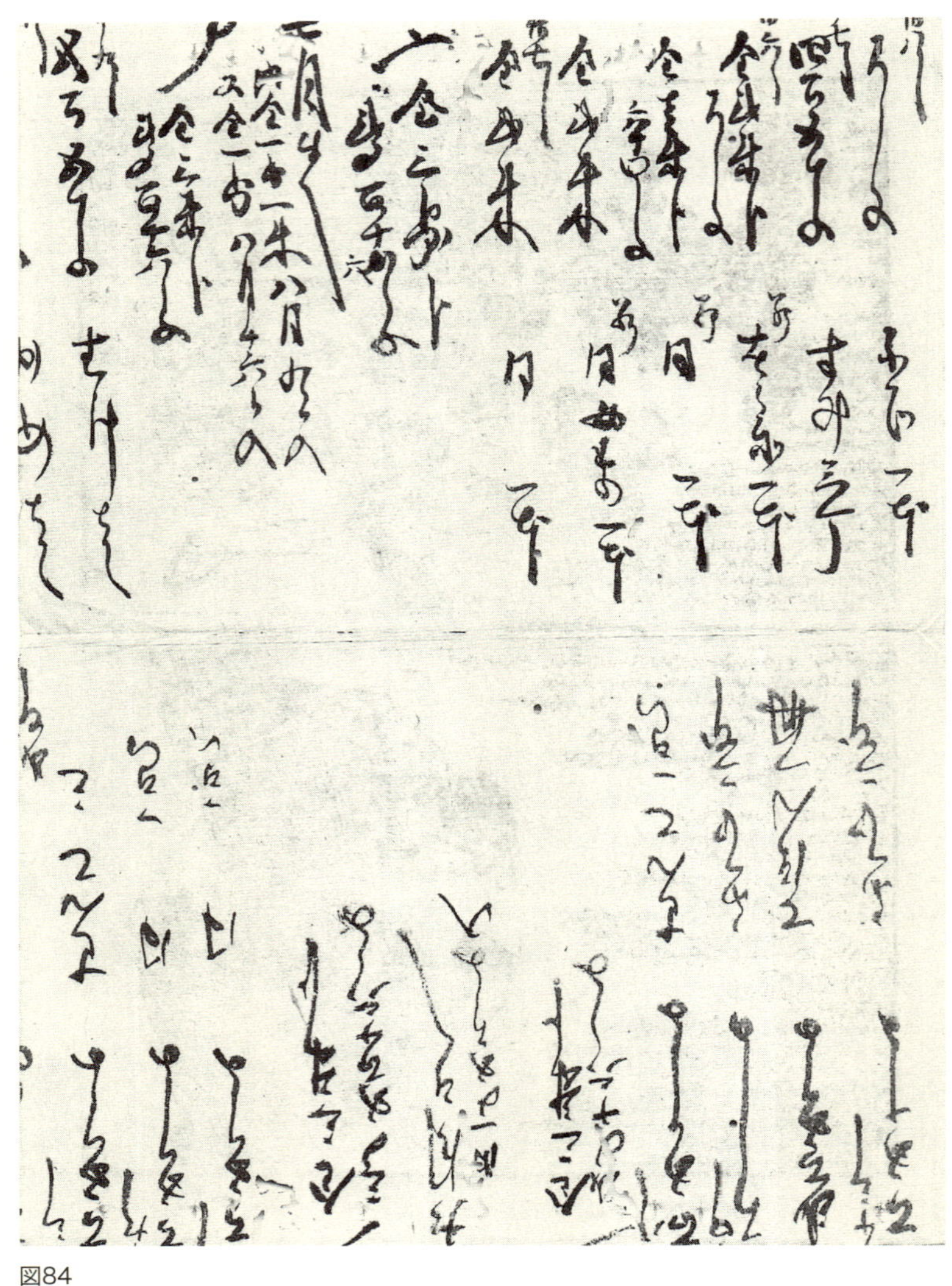

図84

図85上

十二文　はけ壱
月八日　廿四文　同弐
五十文　ふで一本
月十日　五十文　同一本
月十一日　弐百文　すみ一丁
三十二文　ふで一本
月十三日　廿四文　同一本
〆壱貫七百廿八文
十二月まて
大森様
□二日　三百八十文　町かゝみ一冊
〆
九月まて
山本様
廿四日　□□文　はんこ弐まい

図85下

弐百五十文　すみ一丁
百廿四文　ふで五本
三日　金弐朱ト三百五十文　硯一めん
九日　三百文　ふで四本
〆金弐朱ト
壱貫廿四文
五月まて
内金壱歩入
〆七十二文まけ
初
□九日　五百五十文　はけ壱
□十三日　金一歩弐朱ト三百文　□人書一冊
十四日　金壱朱　女をうぎ一本
十八日　金一歩一朱ト弐百文　用□二冊

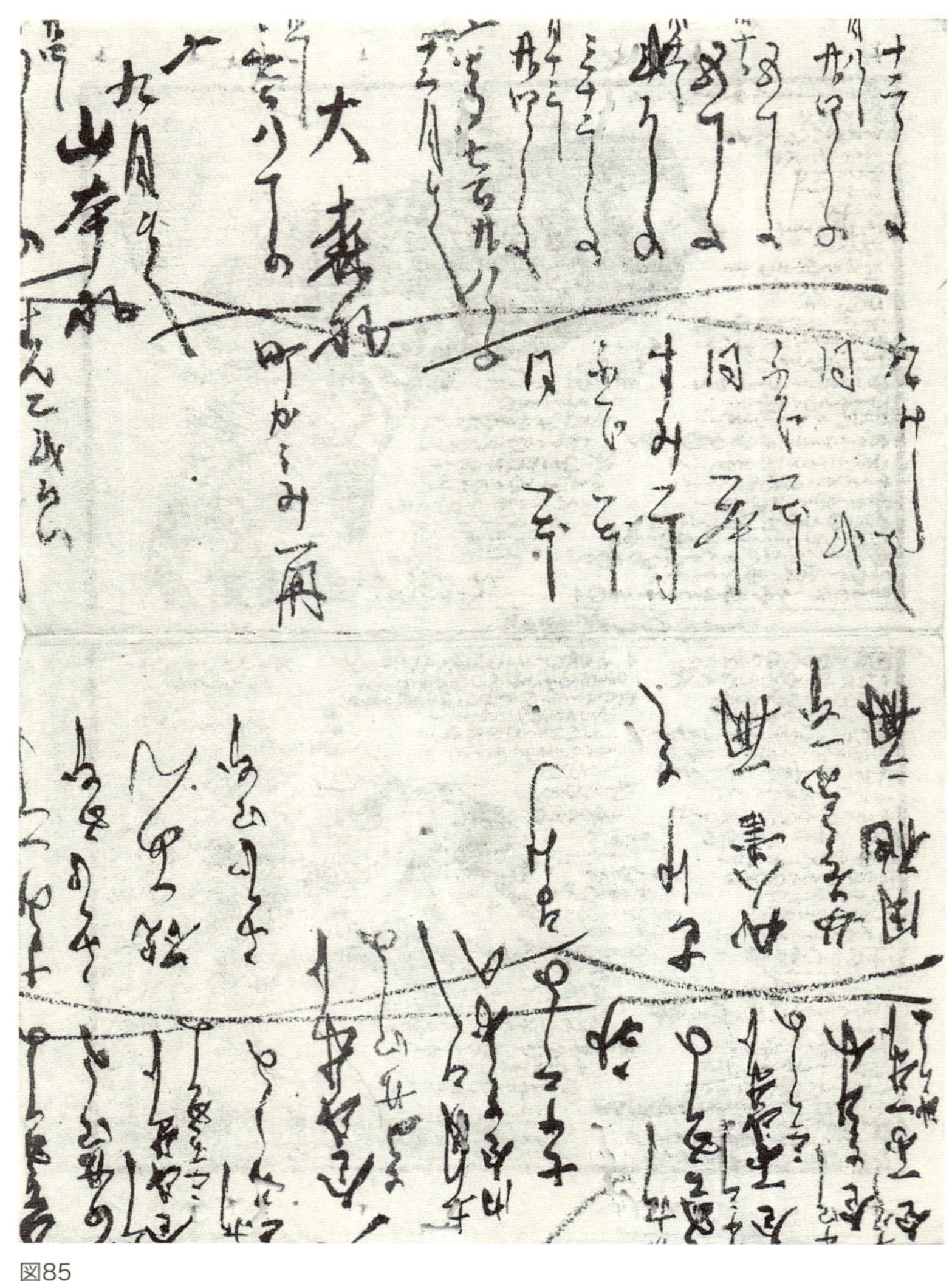

図85

図86上

（□三日）金一両弐歩　本八冊
（□十九日）八十四文　ふで五本
六十文　かふら五本
百文　すみ一丁
〆金弐両一歩ト
壱貫三百文
七月まて
内金一両一歩入
一貫三百文
〆金一両ト
内金壱朱　女をうぎ代入
〆金三歩三朱ト
一貫三百文
内金一両一朱七月廿七日入
〆弐百文
（三日）四百文　はけ壱

図86下

三百六十四文　をうぎ一本
（□五日）弐百文　五しき壱
（廿日）弐百文　二ツつき硯壱
〆一貫八百弐十文
九月まて
初
（十八日）金一朱　くわい中べんらん一冊
（五日）金一両弐朱　てほん四冊
金一歩一朱　同一冊
（□一日）金弐歩弐朱　同二冊
三百文　中□一本
（□七日）弐百文　二ツつき硯壱
百五十文　硯三
弐百文　五しき壱

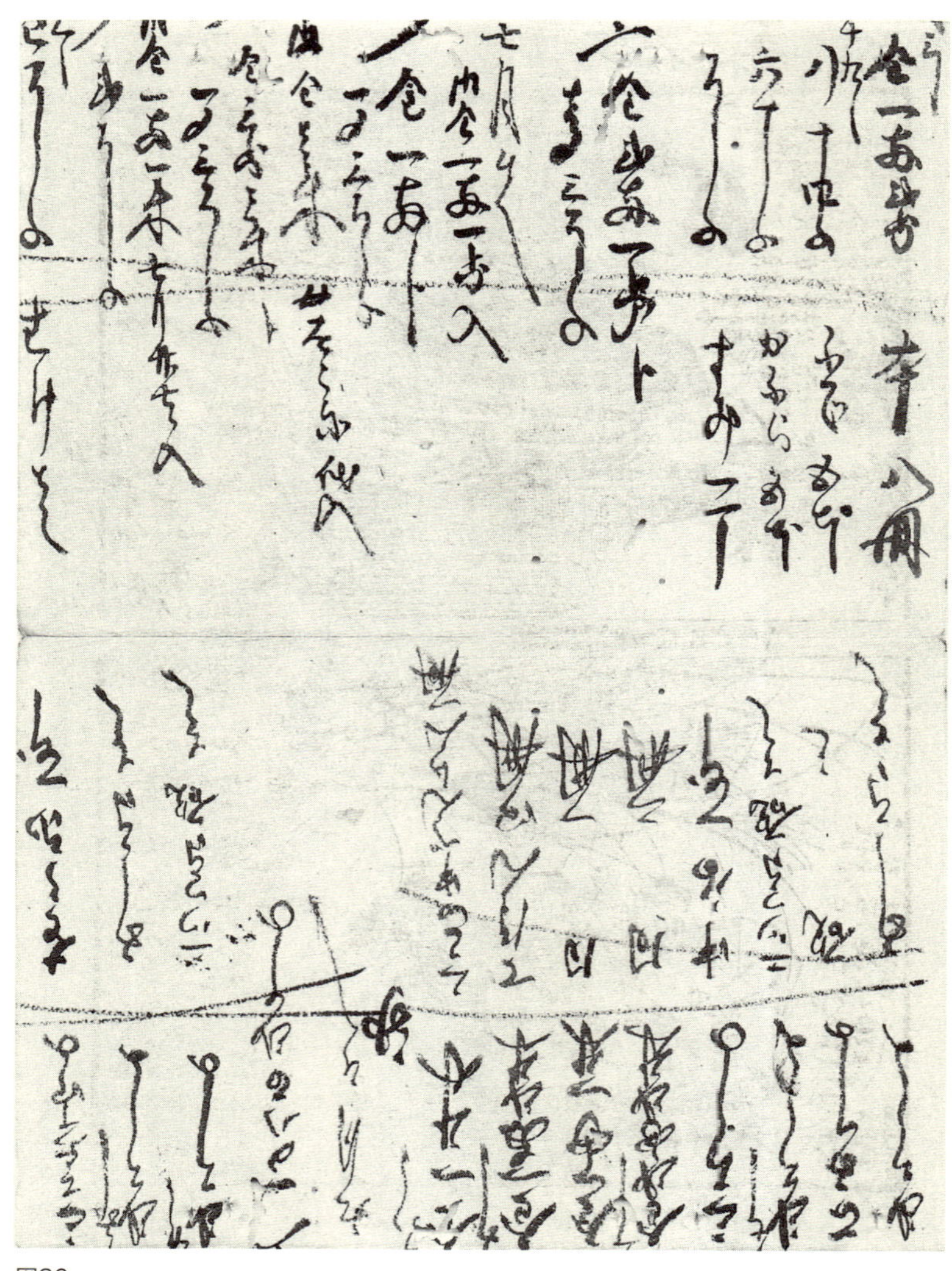

図86

図87上

〆金弐両弐朱ト
八百五十文
三月まて
内金一両弐朱ト
八百五十文入
〆金一両かし
内金弐歩四月十二日入
〆金弐歩かし
五月まて
初
□一日金一朱　ふですみ共
□四日金一朱　岩印をうぎ一本
〆金弐朱
七月まて

図87下

百文　□□□
五日六十四文　取つき壱本
〆金一朱ト
百六十四文
九月まて
エト様
金三歩弐朱　をうぎ一本
内金弐朱ひく
金三歩
五日七十二文　矢たてふでなをし一本
〆
七月まて
□日よし田様
□八日三十三文　かふら二本
〆
七月まて
中寺西様
月廿日四百六十四文　状ふくろ七十
〆

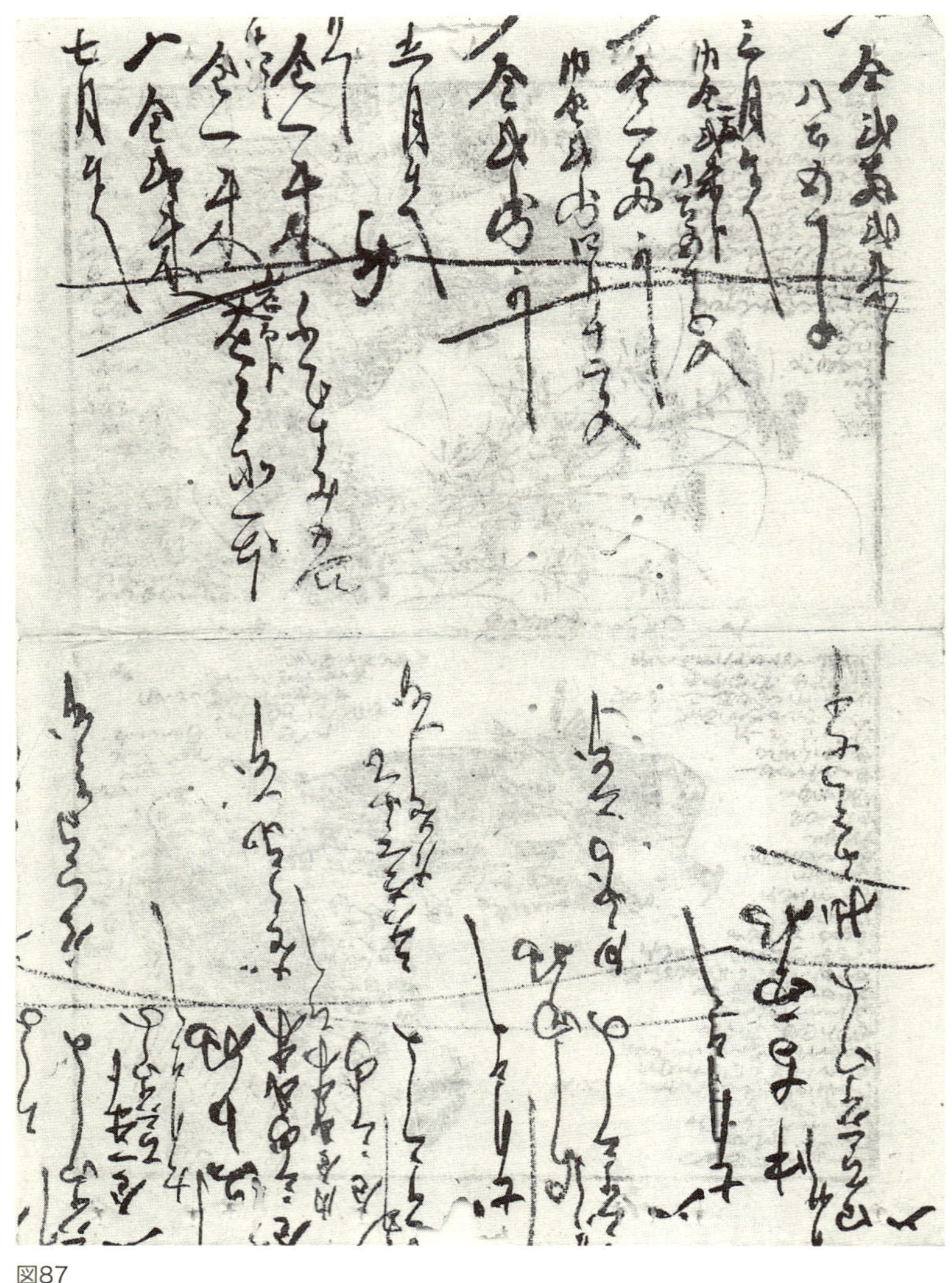

図87

図88上

七月まて
松井様
□六日 三百文　すみ一丁
〆
七月まて
□松井小若様
□五日 金一朱　天べに五十
〆
七月まて
かつべ様
□三日 金一朱　へんらん一冊

図88下

金一朱　女をうぎ一本
一貫文　ゆうせんくつ
（合巻『遊仙沓春雨草紙』）
初ゟ廿へんまで
かし四十合本十冊
□十三日 金一朱ト六十四文　てほん一冊
〆金弐朱ト
一貫弐百六十四文
七月まて
初
□廿日 弐百五十文　ふで十本
〆
七月まて
初
□九日 金一朱ト弐百文　てほん一冊
〆
中様

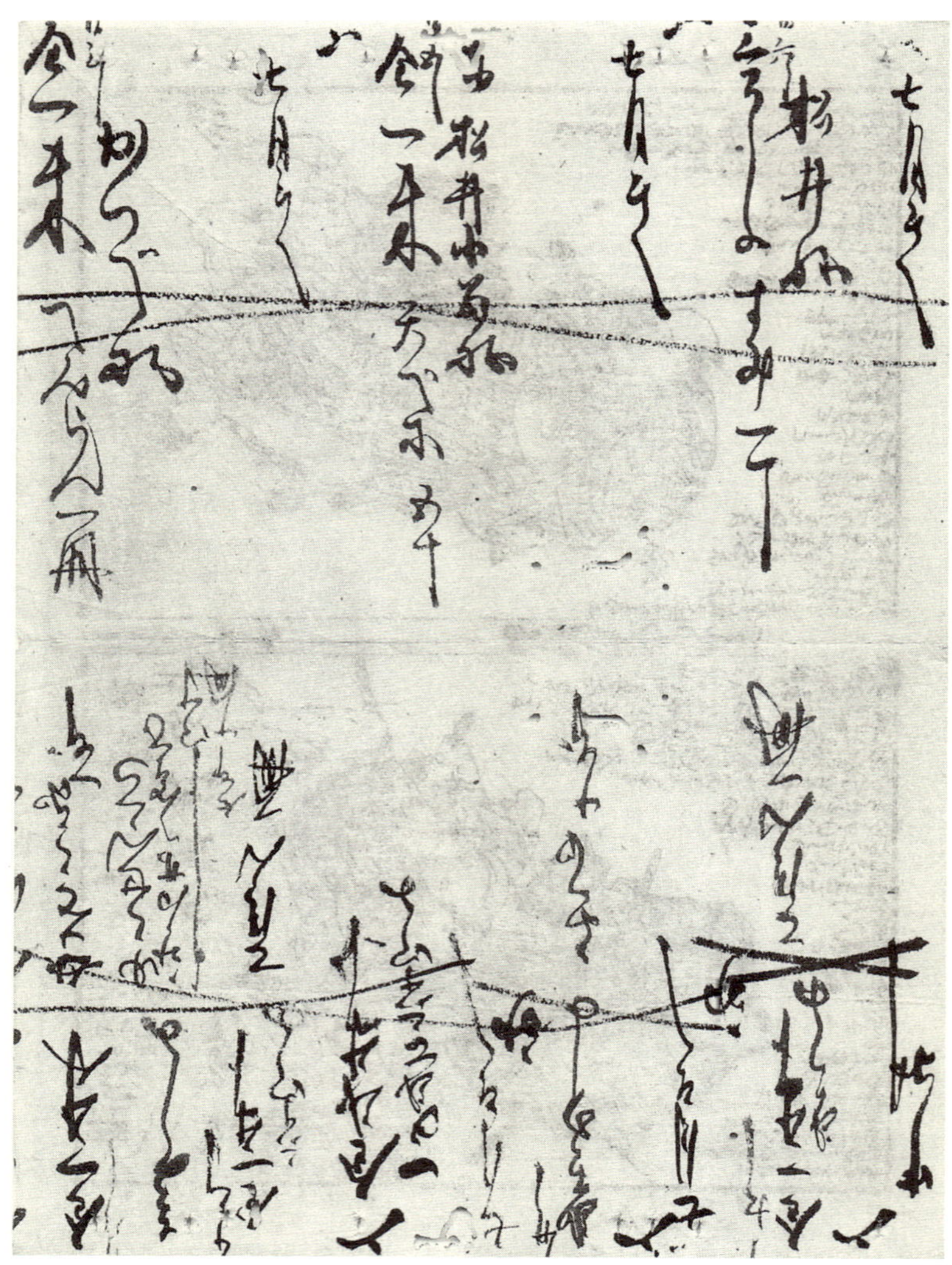

図88

図89上

（□□）田坂様
（九日）百五十文　中□一本
三百五十文　同一本
〆五百文
七月まて
初
（□廿五日）百五十文　すみ一丁
〆内百文入
五十文
十二月まて
（□□）西田様
（□三日）金一朱　へんらん一冊
〆
□□まて

図89下

□□文　□□
七十二文　すみ一丁
五十二文　ふで二本
（□日）金弐朱　ぶんちん取かへ
八十文　あふらはけ壱
（□二日）金壱朱　矢たてふで一本
金壱朱　同印代
七十二文　すみ一丁
〆金一歩ト
五百八十四文
七月まて
初
（三日）五百文　水筆十本
〆
九月まて

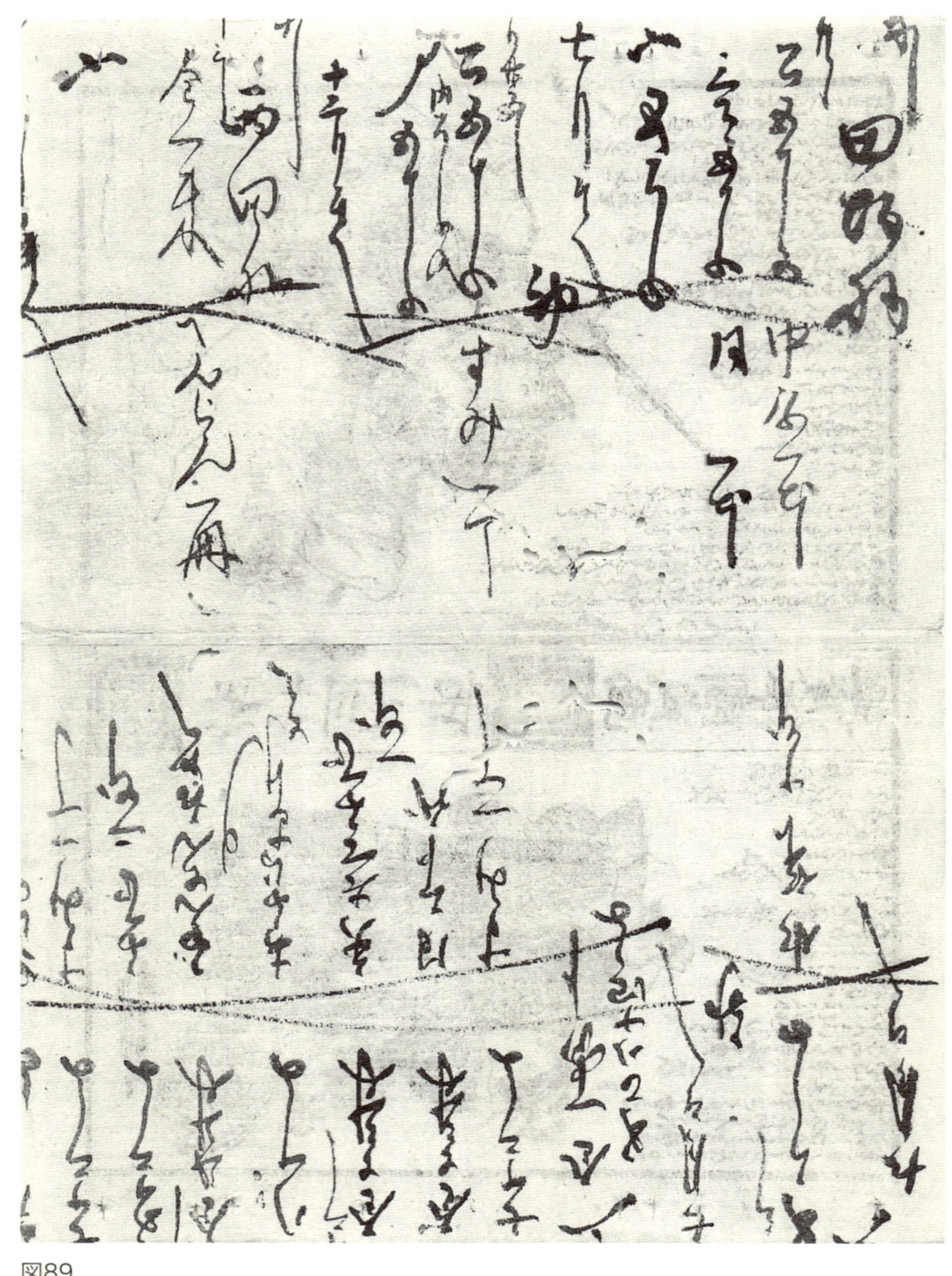

図89

図90上

□油三升
□薪拾束
□付木拾把
□渋紙三枚
□栗下駄五足
十四日
□弐□□掛五十挺
□□□履十足
□竹の皮七枚
□油紙壱枚

図90下

□渋紙二枚
□細引三房
□細引弐房
□さくら壱本
□ふたもの拾式
　内三寸口七勺
　内五寸口五勺
□土瓶六勺
□渋紙弐枚
三日
□付木三把
□墨拾俵

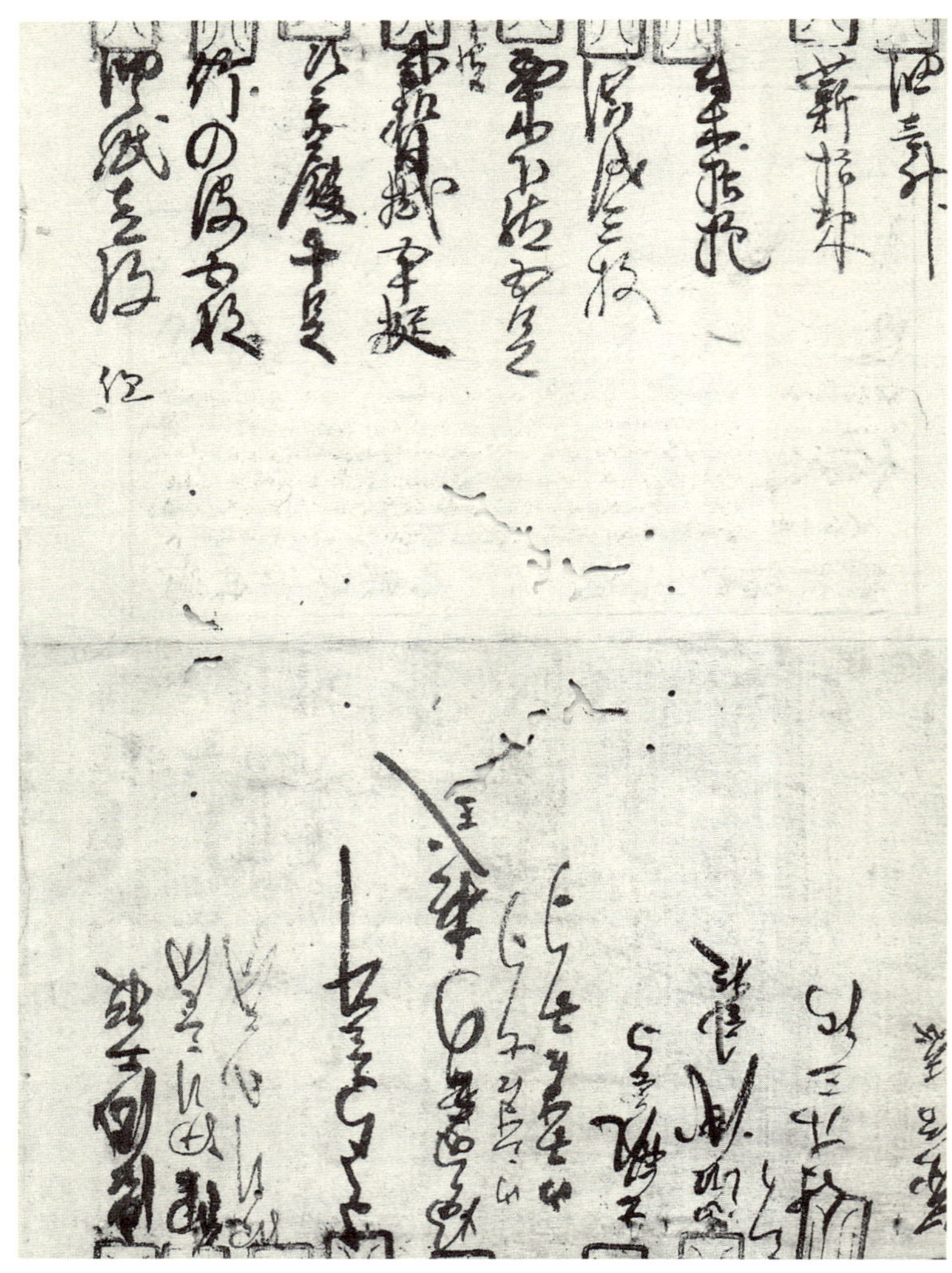

図90

図91上

〆
□四日ヨリ
九百文　たいこうき八九十（実録『太閤真顕記』）
かし九十
一ヶ月百八十四匁(ママ)
をちもつ利きん
正二三
□四日
九百文　たいこうき八九十（実録『太閤真顕記』）
かし九十
□四日
九百文　同
かし九十
二保様
□十九日
金一朱　すみ三丁
〆
五日
井上様

図91下

□四日ヨリ
九百文　たいこうき八九十（実録『太閤真顕記』）
かし九十
金三歩　香川たのもし七八九取かへ
かし
内金一歩十月廿三日入
金弐歩かし
□四日ヨリ
九百文　たいこう記八九十（実録『太閤真顕記』）
かし九十
□四日ヨリ
九百文　同
かし九十
金弐朱　十一月ぐんたのもし金
ふそく
金一歩　十二月ぶんかし
〆金一両一歩三朱ト
十四貫百十文
十二月まで
卯十二月卅日
内　はをり一まいしたて代右へ

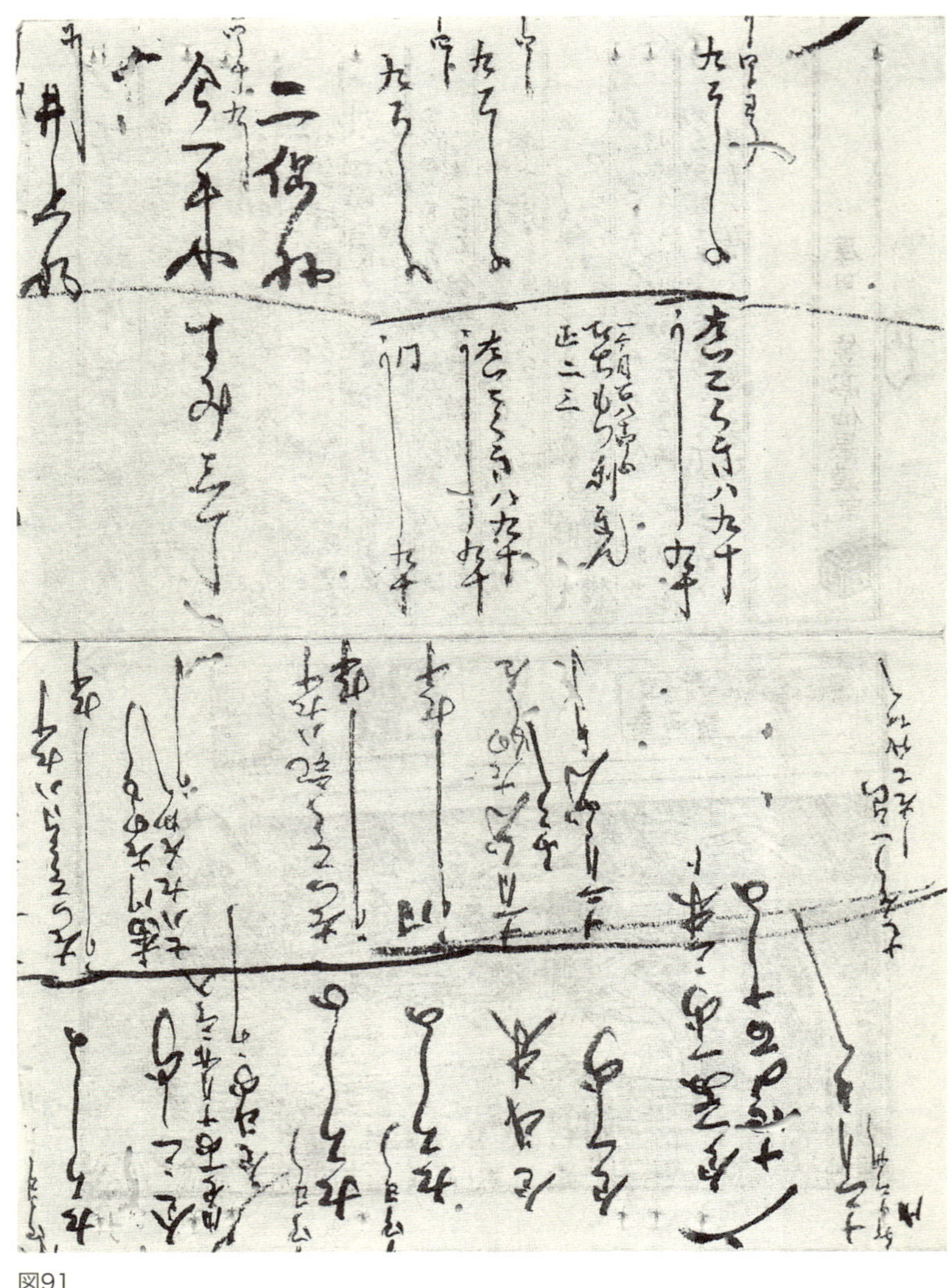

図91

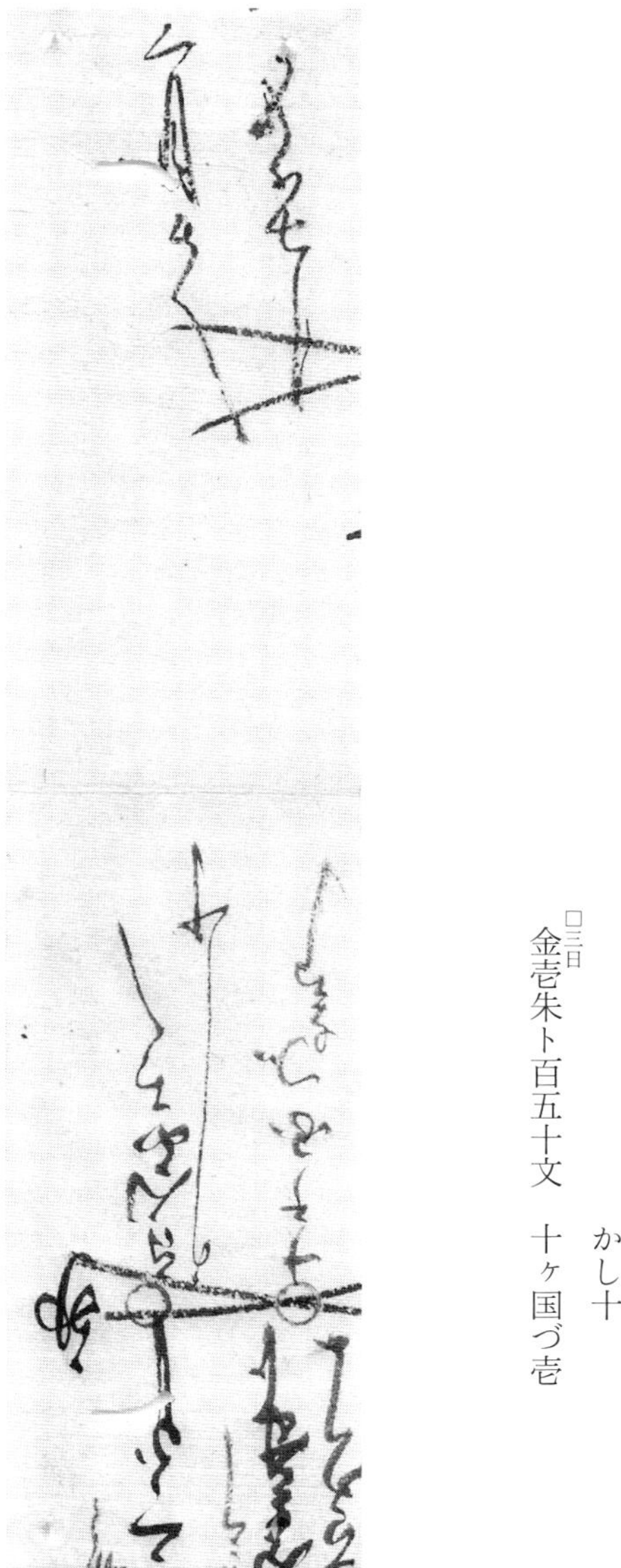

図92

図92上
五匁七分
三月まて

図92下
初
（卅日）三匁　きんふろく
かし十
（□三日）金壱朱ト百五十文　十ヶ国づ壱

図93上

弐百文
〆三百文
三月まて
内弐百文入
〆百文

図93下

初
弐百文（□八日）　ふで七本
〆
五月まて
初

図93

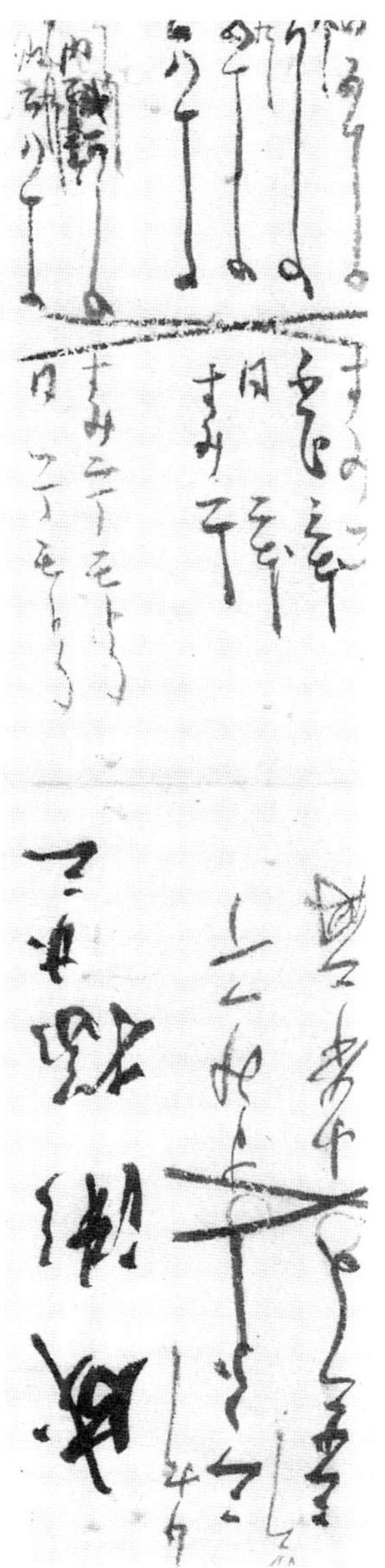

図94

図94上

□五十文　すみ□

（□日□日）百文　ふで三本

（九日）五十文　同二本

六十文　すみ一丁

（□五日）内弐百文　すみ二丁モトリ

（十日）内百八十文　同一丁モトリ

図94下

成瀬様　廿三

（□十九日）三匁　すみ一丁

（□二日）三十二文　小本二冊

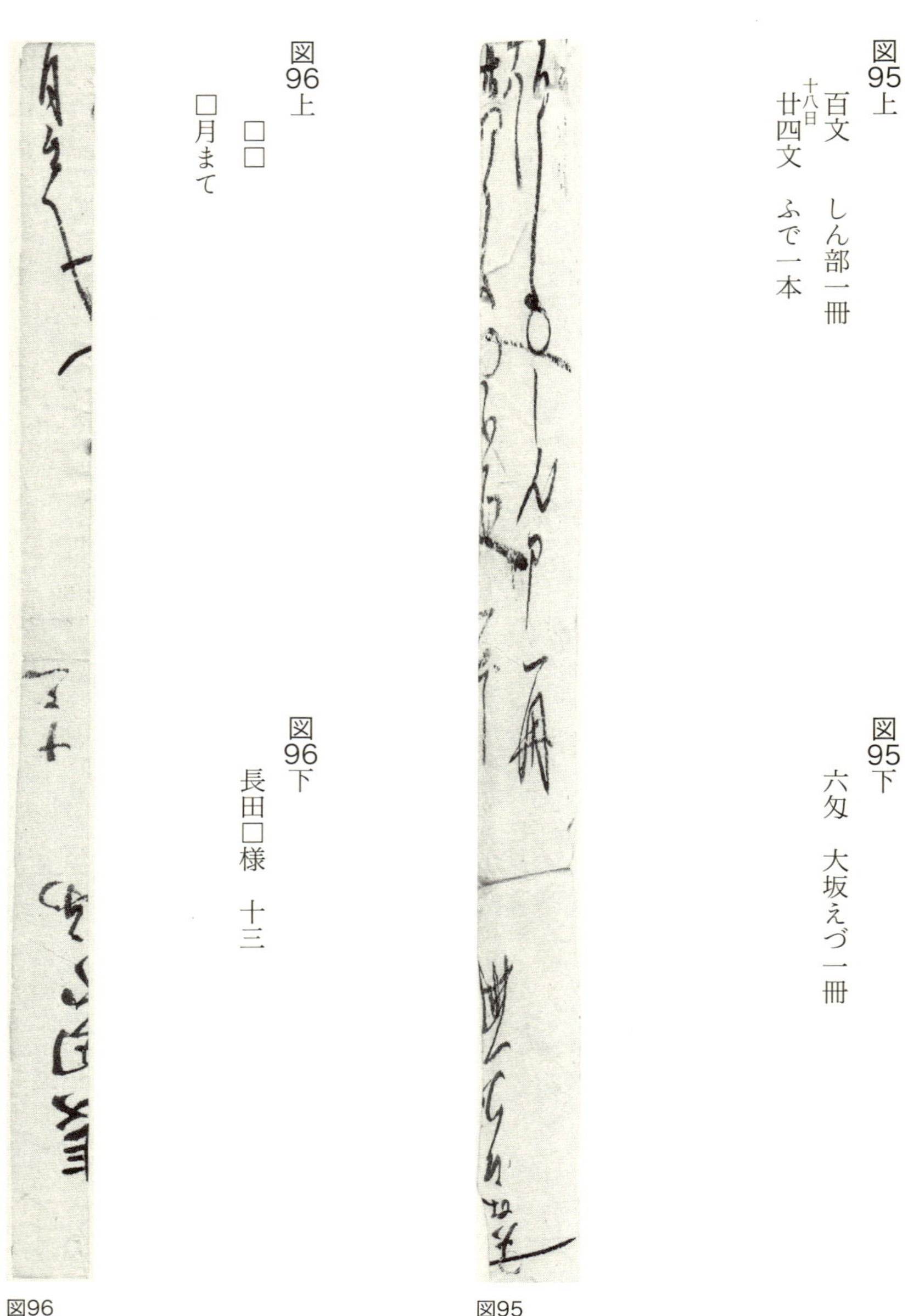

図95上
百文　しん部一冊
十八日
廿四文　ふで一本

図95下
六匁　大坂えづ一冊

図96上
□□
□月まで

図96下
長田□様　十三

図95

図96

図97上

小川様
□十九日七十二文　矢たてふでなをし一本
□廿日金弐朱　梅のしをり五冊（歌謡『梅之栞』）
廿三日金三朱　三朱ト弐百文入百人一首弐冊
□日五十文　金入十
百五十文　すみ二丁
五十文　かふら五本
五十文　ふで二本
〆金一歩一朱ト
三百七十二文

図97下

七月まで
初
□六日百文　はみかき壱
〆
九月まで
九日弐百五十文　すみ一丁
十三日五十文　しろすみ一丁
廿四文　取けし壱
〆四百廿四文
中様
初
八日五十文　しろすみ一丁
〆
十二月まで

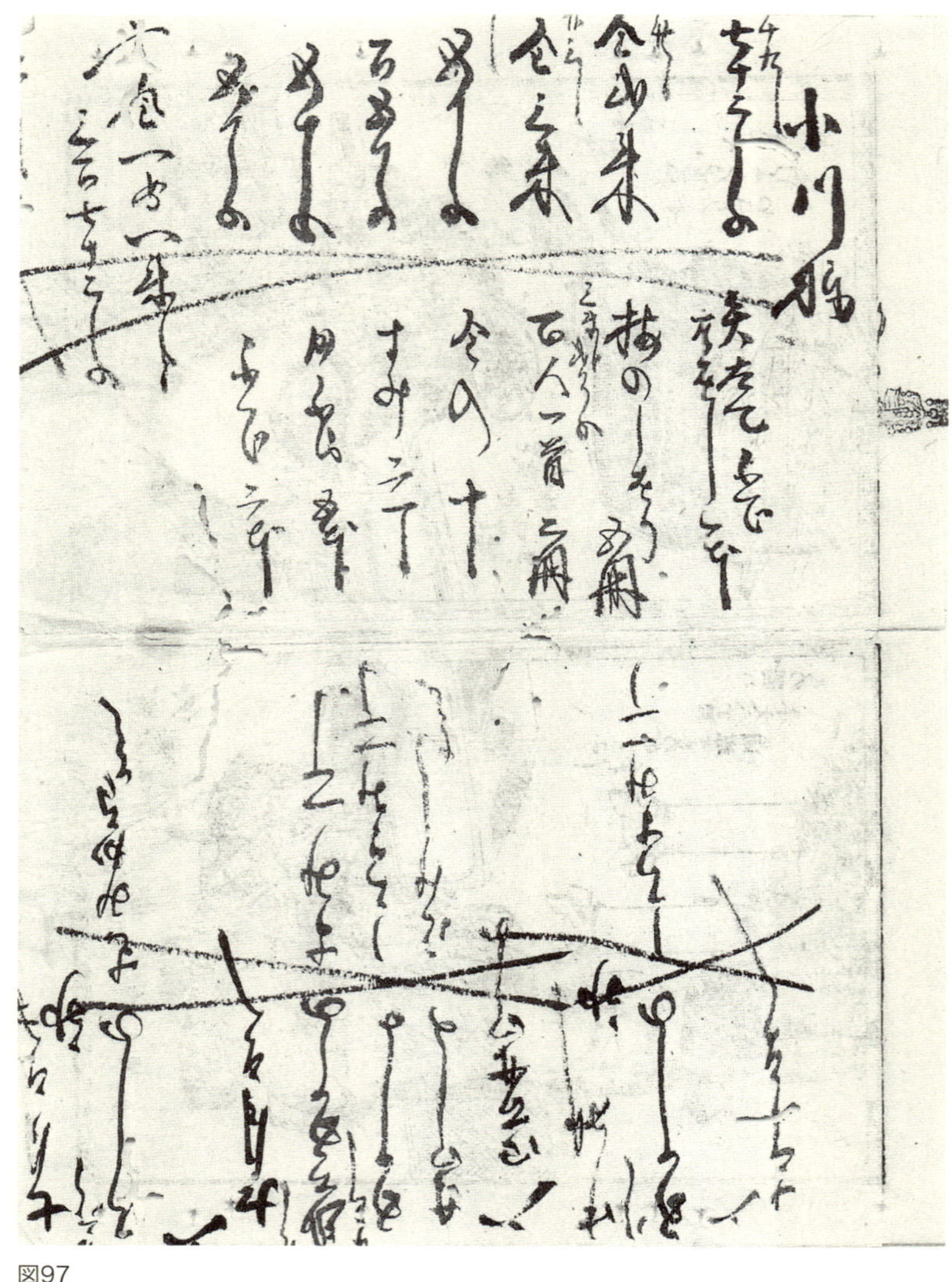

図97

図98上

初
（四日）三百文　大くわいちう壱
百三十二文　同はい壱
（六日）百三十二文　同壱
〆五百六十四文
三月まて
初
（□三日）百文　いんえつでん
かし弐
〆
五月まて
初
（□十二日）金一朱ト百文　をうぎ一本
〆
七月まて
初

図98下

金一両一歩弐朱　てほん五冊
右江本ハくみ□
代百五十□
□三十目金にて代一歩弐朱ト弐百五十文
〆金三朱ト
~~弐百八十文~~
三百廿四文かし
〆
中様
初
（月十日）金三朱　天文指南内三冊（天文『初学天文指南』）
〆
十二月まて
□田坂様
（□二日）百三十二文　すみ一丁
百文　かふら六本
〆弐百三十二文

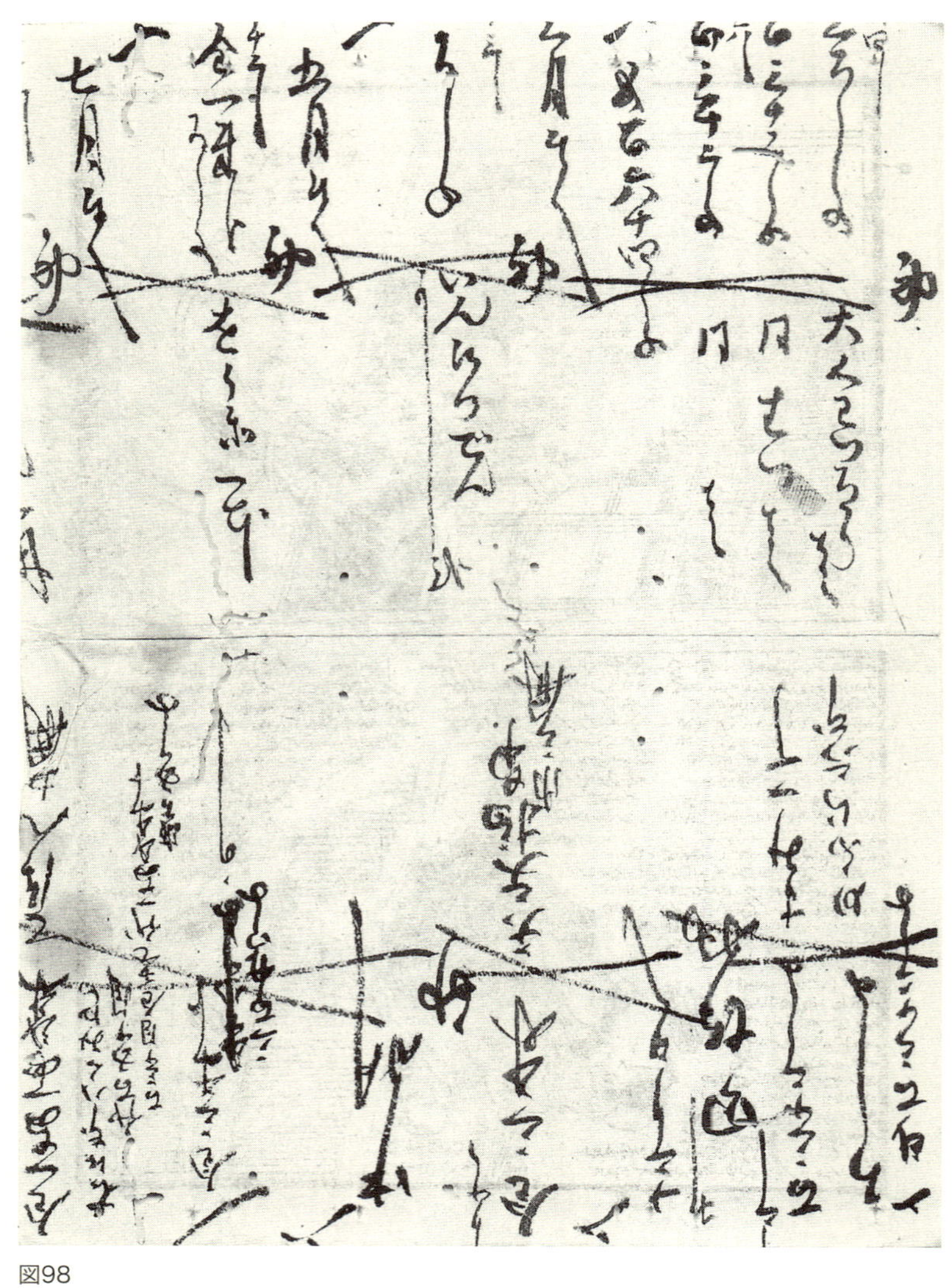

図98

図99上

内モ様
金三歩ト一貫六百八十文　丑中済ぶんのこり
□十六日弐百文　はし一ぜん
百五十文　石筆一本
金壱朱　くわい中ひはし一ぜん
五十文　ぶんまわし壱
金壱歩　二千年三冊（『日本唐土二千年袖鑑』）
金壱両壱歩　日本のづはこ入にて二冊
月十九日三十二文　やたてふでなをし一本
三百五十文　やたてふで一本
百文　ふで二本

図99下

大すか様
御家らい様
□二日弐百五十文　岩見初（実録『岩見武勇伝』カ）
かし廿五
□廿二日弐百五十文　同二へん（実録『岩見武勇伝』カ）
かし廿五

□三日三百文　せいすいき五へん
かし卅
□十八日三百文　同初
かし卅
□廿七日三百文　同二へん
かし卅
□四日三百文　同三へん
かし卅
〆一貫七百文
内一貫文七月九日入
七月まて
〆七百文　又四百文九月十日入
〆三百文かし
ユリ様
□十日金一朱　べんらん一冊
〆
七月まて

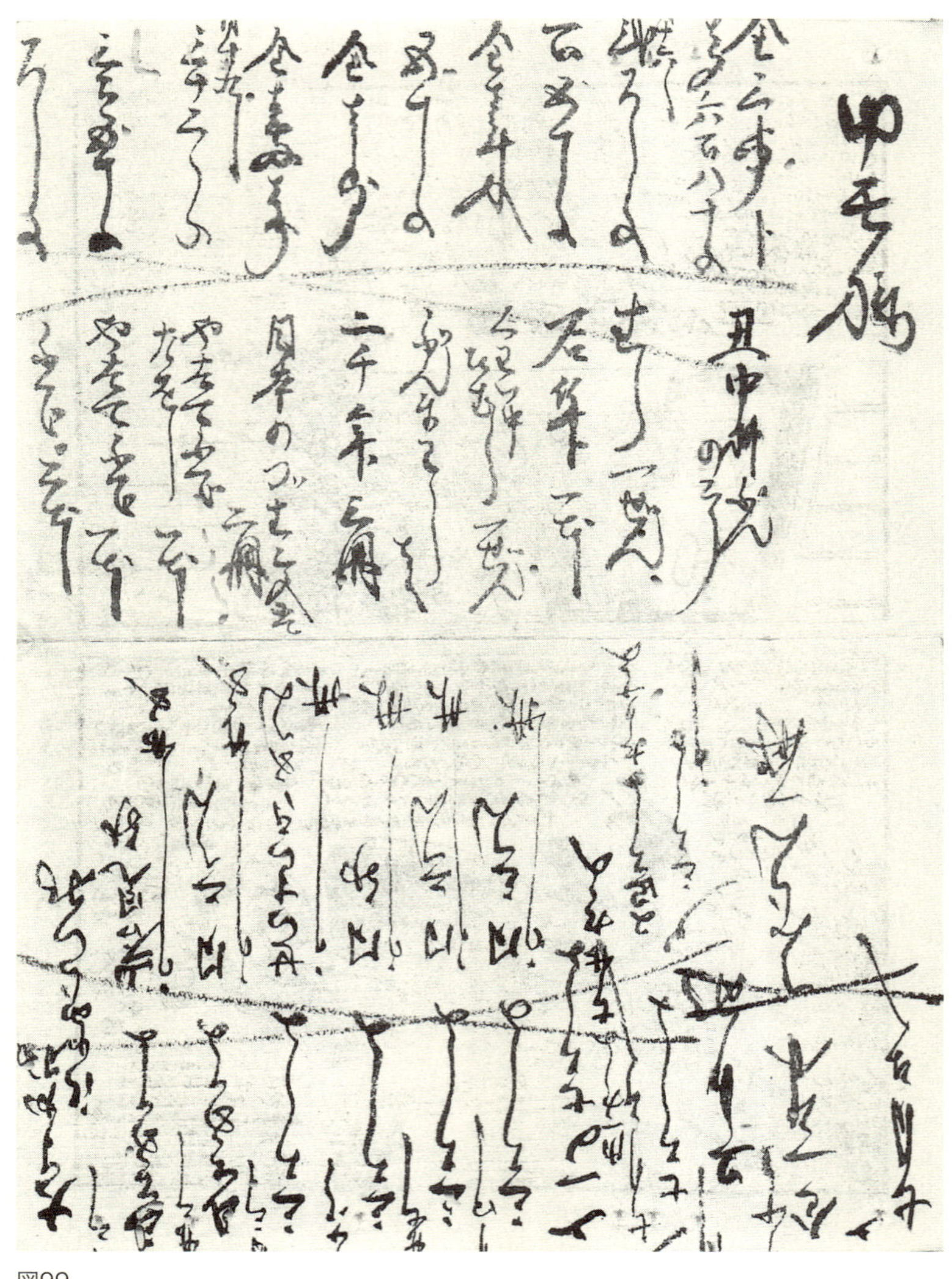

図99

図100上

□十八日 五十文　矢たてふでなをし代
金弐朱　矢たてふで二本
□廿四日 金壱朱　硯一めん
金弐朱ト百五十文　同一めん
金三朱　なさけのふたみち一冊
三百文　朱一丁
弐百五十文　水入壱
四百文　すいのふところ二冊
（歌謡『粋のふところ』）
金三朱　すみ一丁
□廿五日 五百文　ふで十本
五百文　同十本
□廿八日 金壱朱ト弐百文　小刀壱

図100下

□廿九日 三百文　あんせい
かし十
三百文　せいすいき初
かし卅
三百文　同二へん
かし卅
百八十文　はなのありか（艶本『男女狂訓花のあり香』）
かし六
〆金三両壱朱ト
六貫五百文
三月まて
内金壱両弐歩三月十五日入
〆金壱両弐歩壱朱
六貫五百文
□九日 三百文　あんせい
かし十
三百文　せいすい記初
かし卅

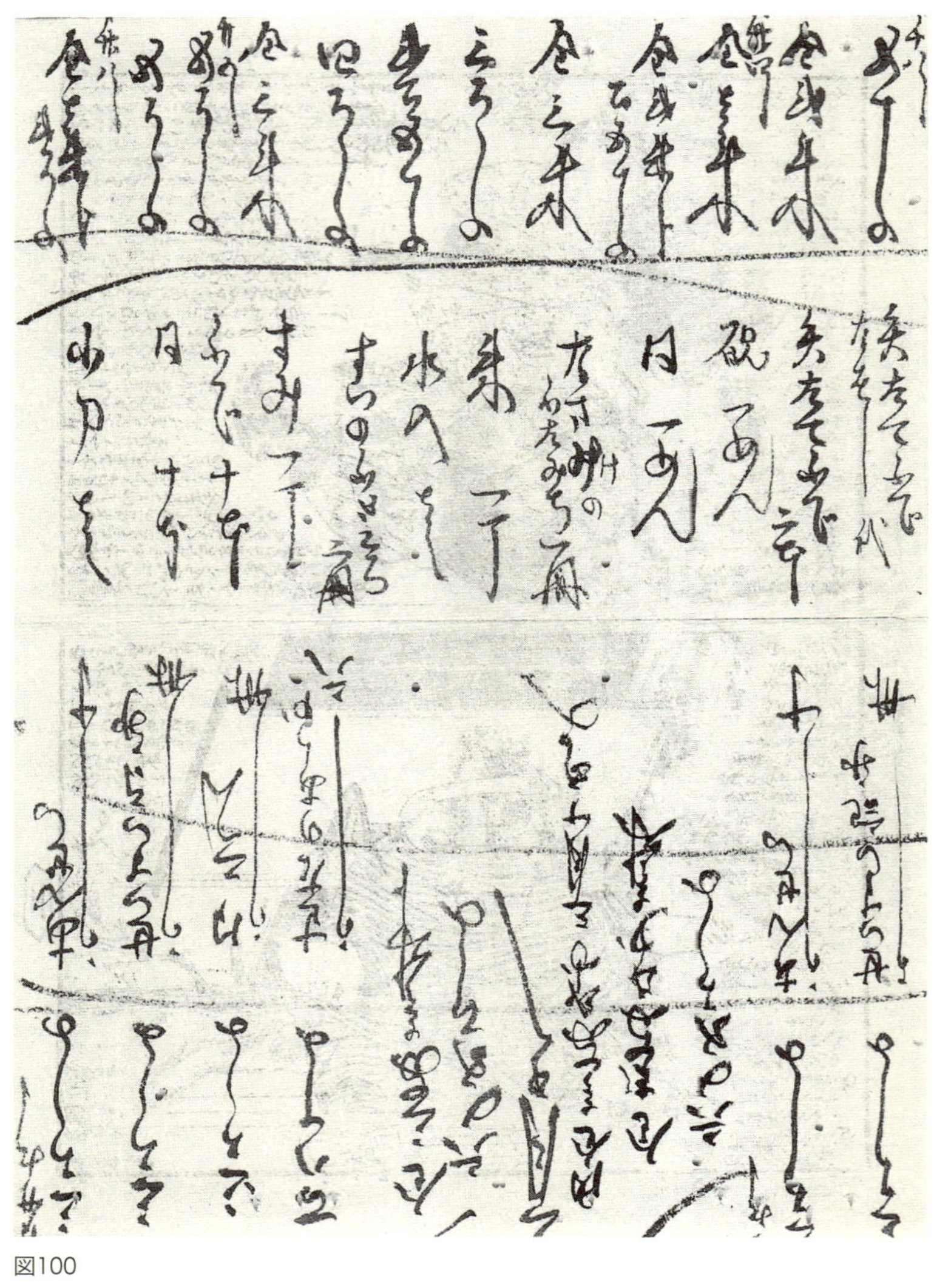

図100

図101上

百五十文　すりはな火壱
　三百文　ふで三本
□日
七百文　えはんぎり一まい
〆金壱両弐歩壱朱ト
九貫八百十六文
五月まで
内弐貫文五月廿九日入
〆金一両弐歩壱朱ト
　七貫~~三百八十六~~八百十六文
□九日
百五十文　あんせい
　　　　　かし十
百八十　はなのありか（艶本『男女狂訓花のあり香』）
　　　　かし六
〆金一両弐歩壱朱
八貫百五十文
七月まで

図101下

九月まで
　□□□ふんたのもし金にて
内金壱両十二月卅日入
〆金弐歩壱朱ト
八貫百五十文
三月まで　ほし月よ（読本『星月夜顕晦録』）
七月まで　かし三
〆内八貫百五十文八月九日入
　金弐歩壱朱
九月まで
〆内金一歩九月廿五日入
金一両一朱
中様
〆内金一歩十一月廿五日入
金一朱かし
□□□をくえつけ出し

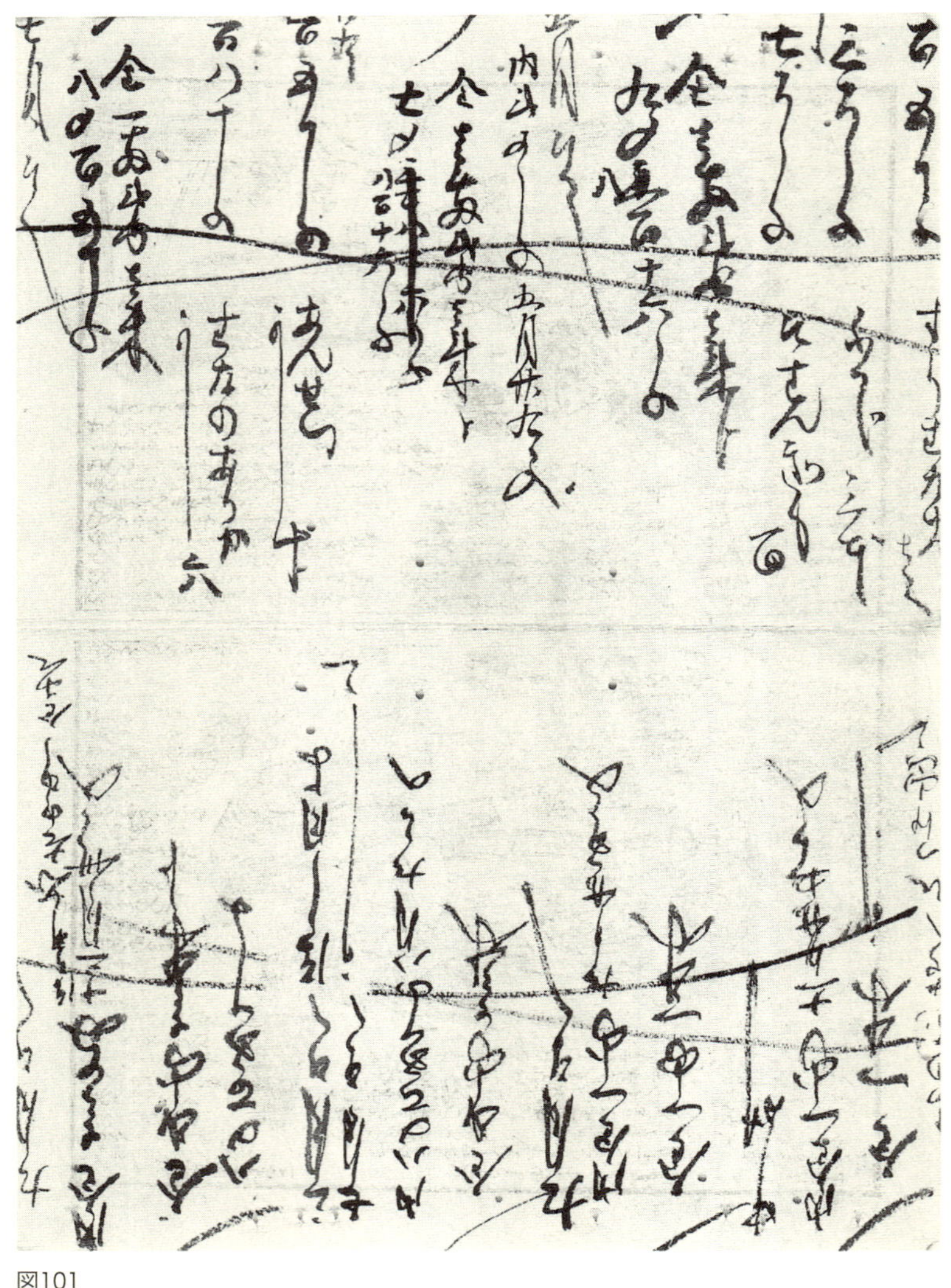

図101

図102上

吉田様

□九日 金三歩弐朱　日本えづ一冊

□十三日 百五十文　すりはな火壱

三十二文　ふで一本

廿五日 金壱朱　矢たてふで一本

〆金三□三□□壱朱ト

百八十文

九月まで

初

廿六日 金一朱　くわい中べんらん一冊

〆

三月まで

図102下

□□□　行在三　〆三冊（『御親征行幸中行在所日誌』）

廿四文　取けし壱

三百文　こかわきく

かし十二

弐百廿四文　ゆかりの梅（人情本『由佳里の梅』）

かし九

弐百五十文　風ぶんろく

かし五

四月十日 弐百廿四文　えかほの梅（人情本『笑顔の梅』）

かし九

四百七十二文　二くま伝初二三（読本『新説二熊伝』）

かし十九

□廿九日 六百文　行在五六七四へん（『御親征行幸中行在所日誌』）

大政官十十一　〆三冊（『太政官日誌』）

四月十日 六百文　行在五六七　〆三冊（『御親征行幸中行在所日誌』）

四月十二日 金一朱　をうぎ一本

□日 百八十文　大政官十二　一冊（『太政官日誌』）

三百文　内外初　一冊（『内外新聞』）

□日 三百文　同二へん　一冊（『内外新聞』）

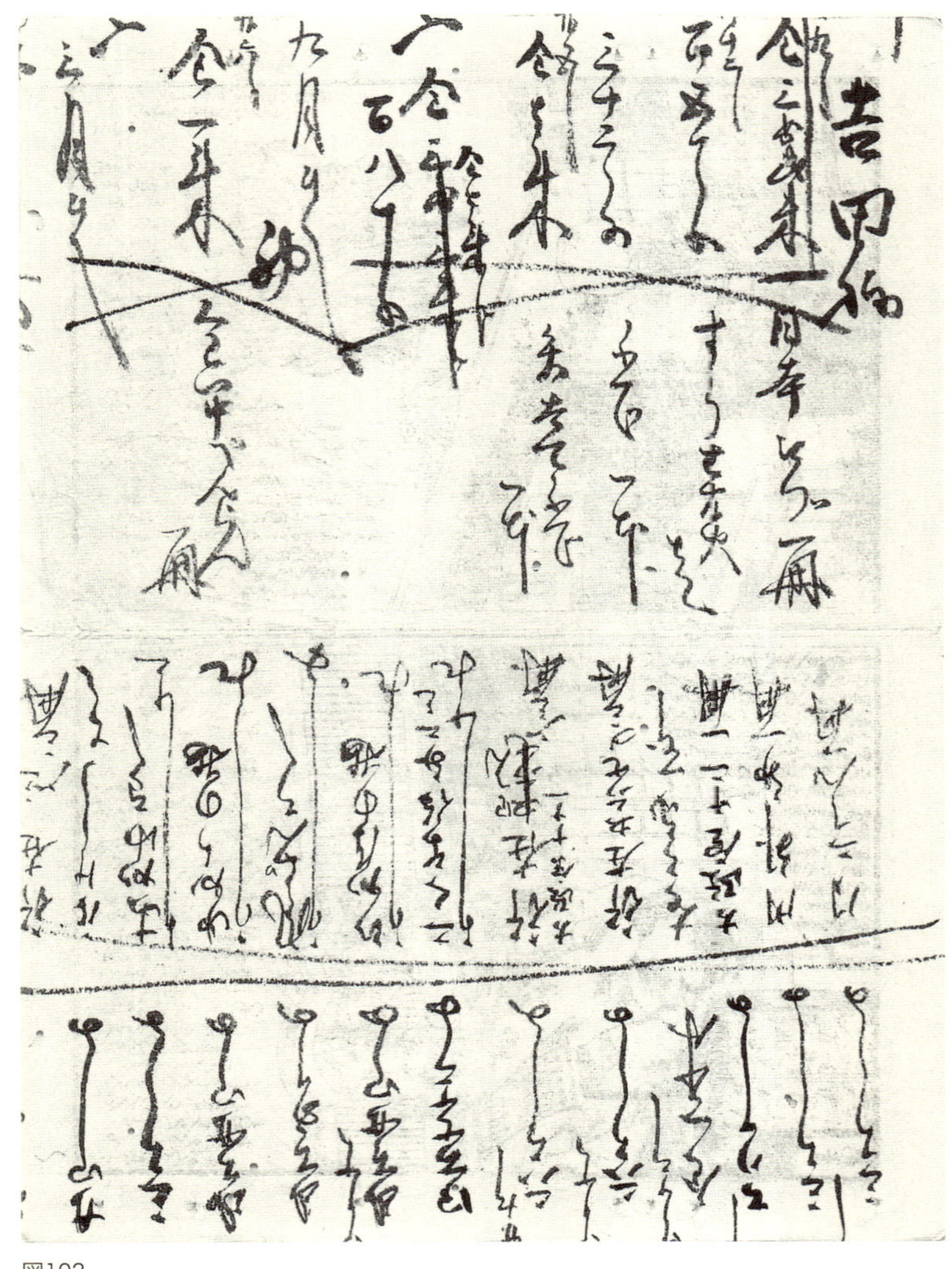

図102

図103上

八田様
月二日 弐百文　ふで四本
月三日 三百文　すみ一丁
□七日 弐百廿四文　にく入壱
廿九日 金一朱　をうぎ一本
□十七日 百文　ふで二本
〆金一朱ト
八百廿四文
七月まて
松田様
□九日 五百八十文　ま□はけ壱
□八日 三百文　かまくら
かし十二
〆八百八十文

図103下

〆
七月まて
松田様

□日 弐百文　すみ一丁
百文　ふで三本
〆三百文
七月まて
もり山様
□四日 六十四文　状ふくろ一わ
百五十文　ふで二本
百七十二文　松のゆき（読本『会稽松の雪』）
かし七
□七日 金弐朱　をうぎ一本
弐百五十文　ひも弐六
□十四日 七十二文　ふで一本
□十日 百五十文　かまくらひじ
かし十五
〆内金弐朱入
八百六十四文

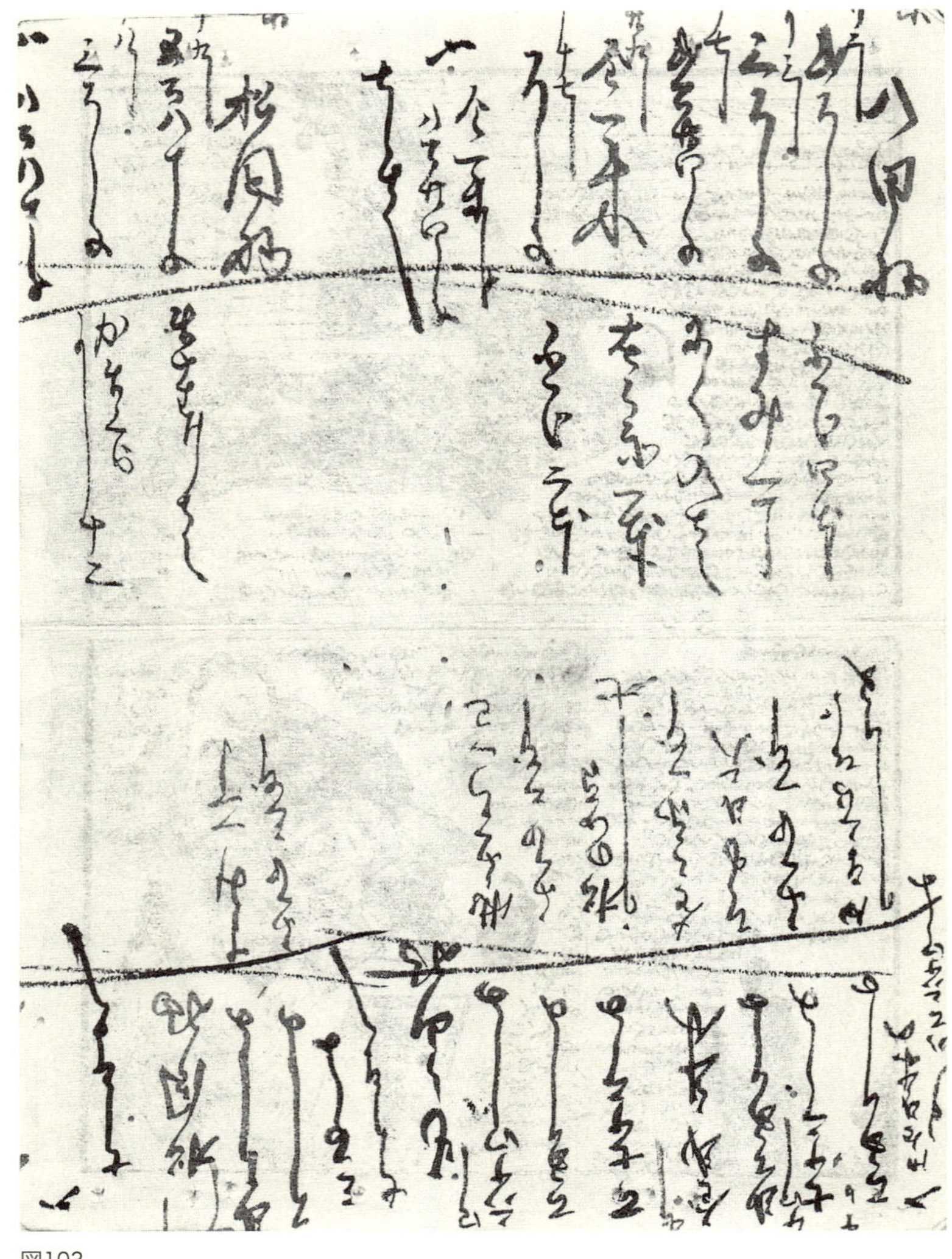

図103

図104上

内モ様
□十六日
金一朱　くわい中べんらん一冊
三百五十文　な□くへ弐冊
四百文　アメりかのかみ弐枚
弐百五十文　火はし壱
□二日
百廿四文　あごのかきかね（咄本『腮の懸鎖』）
かし五
百廿四文　さくら三へん
（読本『忠勇阿佐倉日記』）
かし五
弐百文　ほし月よ（読本『星月夜顕晦録』）
かし三
〆金一朱ト
壱貫四百五十文
三月まで
内金三朱ト三百廿六文入

図104下

〆
七月まで
せき様
□五日
九百文　内外一弐三　三冊（『内外新聞』）
□二日
五百文　□□□下ふで五本
三百七十二文　水筆五本
□日
三百文　内外四　一冊（『内外新聞』）
十八日
六百文　同五六　〆二冊（『内外新聞』）
廿五日
三百文　同七　一冊（『内外新聞』）
〆弐貫九百七十二文
七月まで

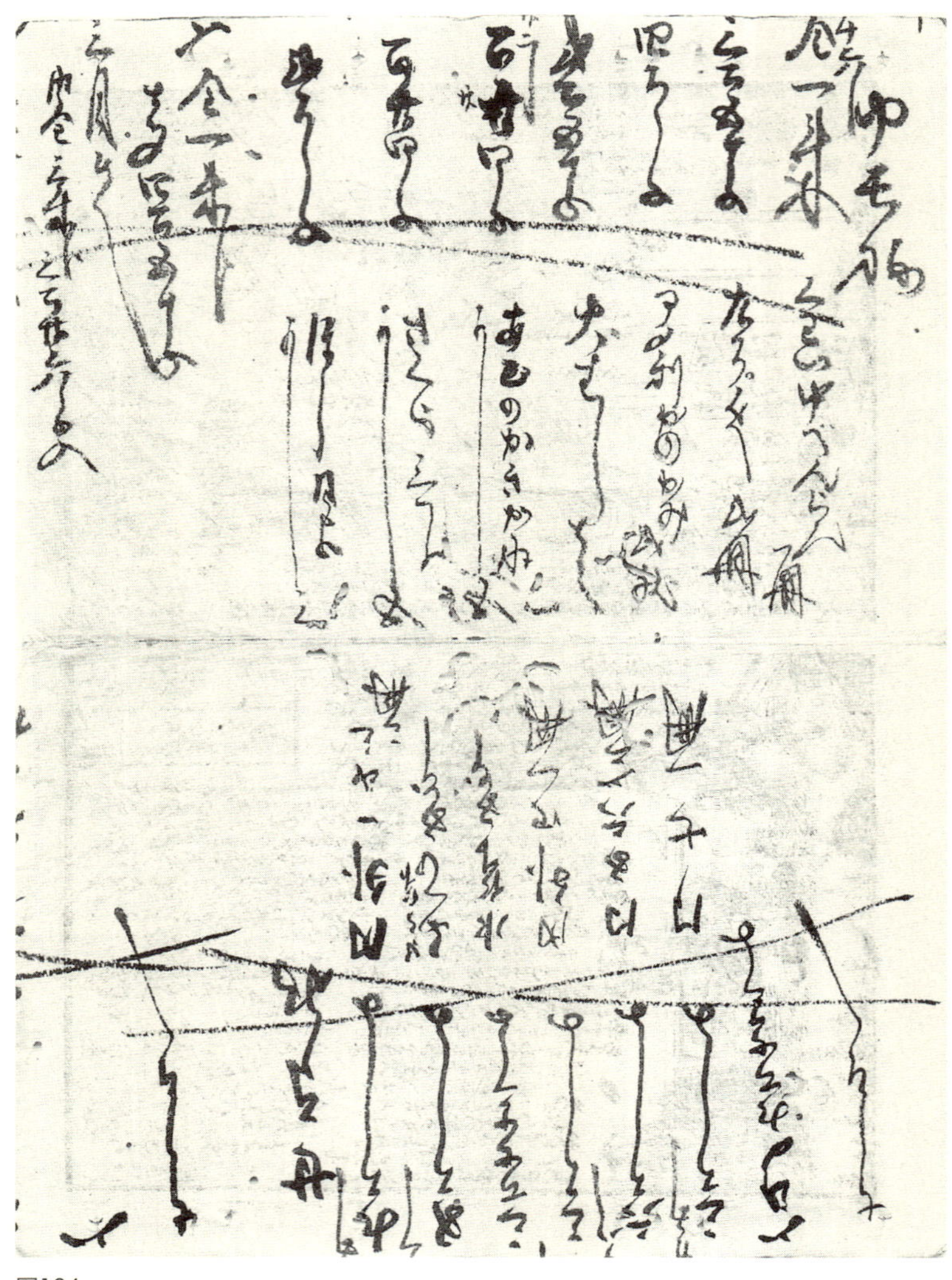

図104

図102下の「行在三」「行在~~五六七~~四へん」「行在五六七」は、『御親征行幸中行在所日誌』第三～七、同じく図102下の「太政官十十二」「太政官十二」は『太政官日誌』第十～十二、「内外初」「同二へん」は『内外新聞』初～二編で、いずれも慶応四年（一八六八）閏四月の刊行である。これらの記録が記されたのも「四月」であるため、おそらく全て刊行後すぐに販売されたものだと思われる。したがって、文書が作成されたのも慶応四年前後ということになろう。

文書のほとんどは当座帳だが、図90だけは出入帳のようである。「さくら」が何を指すか不明だが、渋紙・細引・蓋つきの容器・土瓶・付け木・墨・油・薪・栗下駄・竹の皮・油紙などの消耗品が購入されている。

さて、当座帳には断片的ながらも三月・五月・七月・九月・十二月の節季の支払いの様子が記されている。各顧客との取引内容をみると、播磨屋は貸本業のみならず、文房具・小間物類・浮世絵・書籍・地図・新聞・官報の販売をもおこなっていることがわかる。以下、それぞれの営業ごとに取り上げてみていく。

貸本業

省略された書名・編数とともに、「かし五」のように貸し出された冊数を記しているのが貸本の記録である。「長書本」（図77下）は五冊本のようだが、どのような書籍なのかは不明。見料は一五〇文。「たじま」（図77下）は仙石騒動を題材とした五冊本の実録だろうか。こちらも見料は一五〇文。「水戸」（図78下）も実録だと思われるが不明。見料は二〇〇文。「川中しまこうたん」（図79上）も特定できなかった。見料は一匁五分。三冊本の「□□□」「同」（図82上）も不明。見料は一匁。

「ゆうせんくつ」（図88下）は合巻の緑亭川柳作『遊仙沓春雨草紙（ゆうせんくつはるさめそうし）』全二十編（弘化四～文久三年〈一八四七～一八六三〉）である。「かし四十」は各編上下の二巻を合計した冊数と等しい。「合本十冊」とあることから、二編分の計四冊を合冊し十冊としていたのであろう。全編を一度に貸し出しているため見料は高く一貫文となっている。図91上下にある「たいこうき（記）八九十」は実録『太閤真顕記』八～十編。三編で九十冊と大部なため見料は九〇〇文。一編あたり三〇〇文の計算である。

「いんえつでん」（図98上）は「隠逸伝」かと思われるが不明。見料は二冊で一〇〇文。「岩見初」「同二へん」（図99下）は実録『岩見武勇伝』初～二編であろうか。それぞれ見料は二五〇文。「せいすいき」初～三および五編（図99下および図100下）と「あんせい」（図100下および図101上）も特定できなかったが、いずれも一編あたりの見料は先の『太閤真顕記』と同じ三〇〇文。「はなのありか」（図100下および図101上）は艶本の飯尾東川作・恋々山人校『男女狂訓花のあり香』で見料は一八〇文。

「こかわきく」（図102下）は不明。見料は三〇〇文。「ゆかりの梅」（図102下）は人情本の鼻山人作『由佳里の梅』初～三編、「えかほの梅」（同）も人情本の為永春水作『貞操芽生笑顔の梅』初～三編[13]でいずれも見料は二二四文。五冊本の「風ぶんろく」（同）は不明。見料は二五六文。「二くま伝初二三」（同）は読本の松園主人作『新説二熊伝』初～三編（文久二年〈一八六二〉刊）で見料は四七二文。

「かまくら」（図103上）と「かまくらひじ」（図103下）はいずれも不明。見料はそれぞれ三〇〇文と一五〇文。「松のゆき」（図103下）は読本の峨洋堂主人作『会稽松の雪』（文化五年〈一八〇八〉刊）で見料は一七二文。「あごのかきかね」（図104上）は咄本の和来山人作『腮の懸鎖』（文政九年〈一八二六〉）で見料は一二四文。「さくら三へん」（同）は読本の『忠勇阿佐倉日記』三編（安政二年〈一八五五〉刊）で見料はこちらも一二四文。「ほし月よ」（同）は読本の高井蘭山作『星月夜顕晦録』だろうが、何編かは不明。見料は二〇〇文。

以上のように、播磨屋の蔵書には判明する限りでは実録・読本・人情本・咄本・艶本などの書籍がみられる。『吾妻みやげ』の後ろ見返しには、本書第一部第一章「江戸・大坂における貸本屋組合の成立」で取り上げた摺物（図1）が貼付されており、各書籍の一冊あたりの見料などがわかり興味深い。

貸本値段書之定

壱冊ニ付

一半し形古軍談書本類　十六文がへ
一半し形画本類幷芝居本　卅二文同
一草そふし幷江戸本類　同断
一諸国名所図画之類　八十文同
一大半し形絵本類　六十四文
一真片カナノ類　四十八文同
一笑極ざいしき画入物之類　八十文同
一丸本幷ニ根本類　六十四文同
一新板物軍談絵本　応ル時ニ
一新古随筆物之類　応ル時ニ

右かし本いづれも壱ヶ月後御止メニ相成候
かし賃銭相まし可申候事
□(ムシ)新本類之儀は別段之日限ニ御座候

浪花□貸本屋仲間

幕末の大坂では貸本屋組合によって見料が設定されていたのである。しかしながら、播磨屋はこの摺物記載の見料をそのまま用いてはいなかったようである。記録類をみる限り、人情本の三編九冊ものは二二四文、合巻は一編あたり一〇〇文。そのほかは分類と冊数に応じて見料を設定している。摺物記載の見料はあくまで目安でしかなく、実際には個々の貸本屋の裁量でそれぞれ設定されていたのだと考えられる。

文房具

文房具の販売に関する記録は随所にみられ、筆類（「ふで」「矢たてふで」「かふら」「御しんそうふで」「五しき」「水筆」など）・墨（「すみ」「しろすみ」）・硯類（「硯」「二ツつき硯」）・文鎮・水入・刷毛・石筆・ぶんまわし（コンパス）・肉入などがみられる。また紙類も扱っており、絵半切・天紅のほか「アメりかのかみ」（図104上）なるものまで商っている。これら以外にも小刀・熨斗・状袋を確認できる。そのほか、販売だけでなく「やたてふでなをし」（図77下など）のように筆の修繕もおこなっている。

小間物類

小間物類の販売に関する記録も随所にみられ、品目は扇類・箸・歯磨き・火箸など。とりわけ扇類は総じて売価が高く、利幅の大きい商品だったようである。

浮世絵

「はんこ」は浮世絵を指す。「玉川はんこ」（図83上）や「こつけいはんこ」（同）など少なくない枚数が一度に購入されているものは、これらが組み物だからであろうか。売価は一枚あるいは三枚で一五〇文、「玉川はんこ」は四〇〇文、「こつけいはんこ」は二貫八五〇文となっている。

実際に播磨屋が浮世絵を販売していた様子は、初代長谷川貞信画「浪花風俗浮礼歌美人合の内　高らいばし屋ぐらやしき」「浪花風俗浮連歌美人合之内　道とん堀の春景」「なには風俗浮連歌美人合之内　東御堂の暁雪」「なにはぶり浮連歌美人合之内　中之島蛸の松」からも窺い知ることができる。これらには版元印の代わりに、図76の印と河内屋輔七の印（「河輔」）が捺されている（図105）。播磨屋と河内屋輔七が版元であったかは判断できないものの、少なくとも浮世絵の売捌には関与していたとみてよいだろう。(14)

書籍・地図・新聞・官報

まず書籍をみていく。

「永代せつ用」（図78上）は、おそらく嘉永三年（一八五〇）再刻の山崎美成著『早引永代節用集』（丁子屋平兵衛版）であろう。売価は三歩三朱。「くわい中べんらん」（図86下・図102上・図104上）「へんらん」（図88上・図89上）「べんらん」（図99下）はいずれも売価が一朱であることから、全て同じ書籍だと思われるが特定することはできなかった。三八〇文の「町かゝみ」（図85上）は『増補大坂町鑑』（天保十三年〈一八四二〉刊）であろうか。手習の手本と思しい「てほん」はたびたび購入されている（図78上・図84下・図86下・図88下・図98下）。一冊二五〇文から一歩一朱まで売価が様々あるのは書型や紙数によって変わってくるためであろう。

図85下にある売価が一歩二朱三百文の「□人書」と一歩一朱二百文の「用□」、図86上にある一両二歩の

図105　「なにはぶり浮連歌美人合之内　中之島蛸の松」（架蔵）

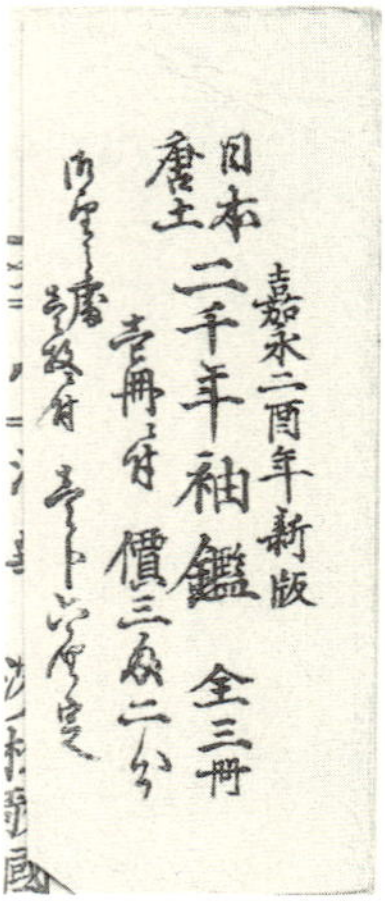

図106　『日本唐土二千年袖鑑』（架蔵）に貼付された紙片

「本八冊」、図94下にある三十二文の「小本二冊」はいずれも不明。「梅のしをり」（図97上）は一荷堂半水編『梅之栞』五巻五冊（塩屋彦三郎・河内屋佐助版、慶応二年〈一八六六〉刊）で売価は二朱。売価が三朱の「百人一首」は不明。三朱の「天文指南」（図98下）は馬場信武著『初学天文指南』五巻五冊（宝永三年〈一七〇六〉刊）であろうか。「内三冊」とあることから、五冊の内三冊が購入されているようだが新本ではなく古本なのかもしれない。

一歩の「二千年」（図99上）は『日本唐土二千年袖鑑』三巻三冊（嘉永二年〈一八四九〉刊）で売価は一朱。架蔵の『日本唐土二千年袖鑑』に貼付された紙片（図106）には、刊行時における一冊の値段とバラ売りした際の値段とが記されているが、それと比べるとはるかに安価で購入されている。刊行からそれほど時を経ていないことを踏まえるならば、新本ではなく古本で購入されたものであった可能性が高い。三朱の「なさけのふたみち」（図100上）は不明。

地図には一朱百五十文の「十ヶ国づ」（図92下）、六匁の「大坂えづ」（図95下）、一両一歩の「日本のづはこ入」（図99上）、三歩二朱の「日本えづ」（図102上）がある。

新聞には「しん部」（図95上）と特定できないものもあるが、「内外初」「同二へん」（図102下）は『内外新聞』初～二編である。一冊あたりの売価は三〇〇文。なお、大坂の知新館が発行したこの『内外新聞』は、同地における新聞の最初とされるものである。

官報には前述のとおり『御親征行幸中行在所日誌』第三～七、『太政官日誌』十～十二号がある。『御親征行幸中行在所日誌』は一冊あたり二〇〇文、『太政官日誌』は一八〇文で購入されている。

おわりに

以上、断片的な記録類から二軒の貸本屋の蔵書内容と営業の実態を垣間見た。小林某や播磨屋伊三郎の蔵書に含まれる書籍は、必ずしも現在の文学史を彩る作品ではない。幕末の貸本屋が実際にどのような書籍を貸し出していたのか、あるいは幕末の人々が実際にどのような書籍を受容していたかは、こうした記録類から浮かび上がってくるのである。

また、鈴木俊幸氏は幕末・明治ごろの大坂で営業していた綿屋喜兵衛・本屋安兵衛・石川屋和助・塩屋喜兵衛・富士屋政七・本屋為助らの引札や広告を紹介しているが[15]、そこに記される品目は播磨屋伊三郎が商う品々とほとんど全てが重なっている。前述のとおり、播磨屋は明治初年の大坂草紙屋仲間に加入している。記録類からも明らかなように、播磨屋の主たる生業は絵草紙屋であり、貸本業はいわば副業の一つであったといえる。

貸本文化は専業でおこなう者たちだけでなく、絵草紙屋をはじめとするほかの業種の者たちによっても支えられていたのであり、その背景には本書第一部第六章「赤本屋としての初代大川屋錠吉」で指摘したとおり、地本あるいは明治期における赤本の流通があったのである。

注

（1）長友千代治著『近世貸本屋の研究』（東京堂出版、一九八二年）、同『近世の読書』（青裳堂書店、一九八七年）に収められた諸研究で、その業態や仕組みが明らかにされた。

（2）貸本屋の蔵書については後述する。出版については髙木元「江戸読本の板元――貸本屋の出板をめぐって」（『江戸読本の研究　十九世紀小説様式攷』ぺりかん社、一九九五年所収。初出は一九八八年）、二又淳「貸本屋伊勢屋忠右衛門の出板活動」(『読本研究新集』第三集、翰林書房、二〇〇一年十月)などがある。
(3) 鈴木俊幸「貸本屋の営業文書」(『書籍流通史料論序説』勉誠出版、二〇一二年所収。初出は二〇〇四年)、同「幕末期娯楽的読書の一相――貸本屋沼田屋徳兵衛の営業文書」(『書籍流通史料論序説』勉誠出版、二〇一二年所収。初出は二〇〇六年)、同「普通の人々の普通の読書――貸本屋の営業文書片々」(『書籍文化史料論』勉誠出版、二〇一九年所収。初出は二〇一六年)など。
(4) 人文情報学研究所の蔵書印データベース検索システムで画像が公開されている(https://seal.dhii.jp/sealdb/detail/74681)。
(5) 繁原央「翻刻「鳴鴈堂蔵書目録」(静岡県立中央図書館蔵)」(『常葉国文』第十八号、常葉学園短期大学国文学会、一九九二年六月)。
(6) 山本卓「幕末期姫路の貸本屋目録――樊圃堂灰屋輔二『貸本目録』」(『国文学』第七十三号、関西大学国文学会、一九九五年十二月)。
(7) 鈴木俊幸「信州諏訪升屋文五郎の貸本書目」(『書籍流通史料論序説』勉誠出版、二〇一二年所収。初出は二〇〇八年)。
(8) 名古屋の大惣こと大野屋惣八は、その規模からして一般的な貸本屋と比較すべきではないため除外した。
(9) 長友千代治著『江戸時代の図書流通』(思文閣出版、二〇〇二年)などですでに紹介されている。
(10) 『新修大阪市史』第四巻(大阪市、一九九〇年)三七〇頁。
(11) 『大坂本屋仲間記録』第六巻(清文堂出版、一九八四年)一五四～一五六頁。
(12) 多治比郁夫「明治初年の草紙屋仲間資料」(『京阪文芸史料』第五巻、青裳堂書店、二〇〇七年所収。初出は一九八七年)。
(13) 本書は南仙笑楚満人作『萩の枝折』を改変解題したもの。鈴木圭一「『萩の枝折』と『眉美の花』」(『中本研究　滑稽本と人情本を捉える』笠間書院、二〇一七年所収。初出は二〇〇三年)に詳しい。
(14) 北川博子「ボストン美術館所蔵上方絵目録」(『なにわ・大阪文化遺産学研究センター二〇〇六』関西大学なにわ・大阪文化遺産学研究センター、二〇〇七年三月)によれば、安政ごろの成立という。
(15) 鈴木俊幸著『絵草紙屋　江戸の浮世絵ショップ』(平凡社、二〇一〇年)一七八～二〇一頁。

第二章　誠光堂池田屋清吉の片影

はじめに

明治・大正の貸本屋を通史的にまとめたものに、沓掛伊左吉氏の「貸本屋の歴史」[1]、『東京古書組合五十年史』所収の「貸本屋の変遷」[2]などがある。しかしながら、いずれも近世からの過渡期にあたる明治初年から十年代については、それほど詳しく触れられていない。本章では、東京で営業していた誠光堂池田屋清吉を例として、この時期の貸本屋の蔵書内容や営業の様子を垣間見ていく。

一、池田屋清吉について

架蔵する元岡維則編『大岡政談村井長庵調合机』初〜六編（明治十四〜十六年〈一八八一〜一八八三〉刊）の見返し裏には、貸本屋の記録類と思われる紙片群が貼り込まれている。本書には「池清」をはじめとする五顆の印と蔵書票を確認でき、貸本屋池田屋清吉の旧蔵であることがわかる。ほかの旧蔵者の痕跡を見出せないことから、貼り込まれていた記録類もこの池田屋清吉のものであろう。

池田屋清吉、通称「池清」は堂号を誠光堂と称し、幕末から大正時代にかけて営業した貸本屋である。在りし日の池清を偲ぶ坪内逍遙、岡野知十らの言を引いてみる。

池清は、代々池田屋清吉と名宣つて、慶応三年までは、牛込の横寺町で営業をしてゐたのださうな。（中略）其頃、父と伜と小僧と都合三人で、今も稀に見る如く、例の山伏の笈のやうな長方形の風呂敷を背負つて、毎日各区を経巡つて、貸出しに力めてゐた。池清の営業区域は、神田は連雀町界隈まで、本郷は赤門附近まで、次は麹町や四谷といふところであつた。（中略）余儀なく牛込細工町へ転宅して、傍ら近所の捨売の空地を買つて、それへ野菜を作つたりなんかして、辛うじて細い営業を続けてゐたのは其頃であつた。三條公の邸内へ出入りしたり、薩州藩の士族連へ貸出しをしたりしたのは其頃であつた。これが江戸から東京への過渡時代の営業模様で、他の同業の景況も似たり寄つたりのものであつたさうな。

明治七八年頃からは、また段々持直して来た。それはどうしたわけかといふに、維新の事業が漸く緒に就いたからであつた。（中略）池清の如きも、顧客の激増したので、迚も在来の部数だけでは間に合はず、最も需要の多かつた写本物―其頃は所謂実録物の写本が最も広く歓ばれた―の複製を作るために、写字生を五人ぐらゐも傭つておいて、同じ書を七八部通りも謄写させて、貸出したさうな。（中略）複製写本の用紙は、すべて所謂石州の茶半紙で、其頃は一しめ壱円五十銭、一帖は壱銭五厘であつたから、謄写本十冊の貸料を二もんめといふ割合で貸すと、其利潤は中々のものであつた。絵の入つた刊行本は、其時分、五冊で二もんめであつた。(3)

わたしがまだ本所にゐた頃だから左様、明治七八年頃だつたらう、本所の上総屋、浅草の大川屋、牛込の池田屋これなんかが先づ貸本屋として大きくやつてゐた店だらう。この他にもまだ沢山あつたらうがハツキリ覚えない。池田屋は池清（池田屋清吉）といつてその頃牛込の納戸町にゐた。紅葉（尾崎）が同じく横寺町にゐた頃だつたので、その門下生などは大概ここの御厄介になつてゐた。死んだ夏目（漱石）、鳩山、それに何時だつた、文部大臣をした高田早苗や坪内逍遙達も、こゝの貸本で盛んに勉強したものらしい。とにかく牛込界隈でこの店を知らないものは余りなかつた。

（中略）

こゝのおやぢはケチン坊な男だつたが、地面や家作なども有り一寸した小銭をもつてゐたので他の貸本屋がつぶれてからも、大してあくせくせずに一番永続きしたのだつた。何でもおやぢが死んでやめたときは、蔵書を全部二束三文でタヽキ売つたとかだつた。(4)

このように、維新の動乱後も池清は江戸時代から変わらない姿で営業を続けていた。利用者のなかには逍遥のほか、江見水蔭もいた(5)。池清の蔵書が彼らの文学的素養の基盤になったであろうことが容易に想像できる。それはこうした回想以外にも、『早稲田文学』第一次第一号で、「共同文庫」の一つとして、東京図書館や帝国大学図書館、教育図書館等と肩を並べ、池清が紹介されている点からも窺える(6)。しかし、「おやぢが死んでやめたときは、蔵書を全部二束三文でタヽキ売つたとかだつた」とあるように、現在その蔵書は散在してしまっており、残念ながら我々はその恩恵に与ることはできない。

回想類以外では、池清自身が発行した摺物が当時の様子を知る手掛かりとなる。たとえば、架蔵の松村春輔作『三府膝栗毛』初〜三編（明治十四年〈一八八一〉刊）には、次のような池清による口上が備わる（図107）。

老実伏稟（まじめなかうじやう）

御花主（おとくい）様方ます〳〵御きけん能恐悦至極にぞんじ奉候随（したか）ツて私店（みせ）年来かし本渡世仕候処御かけを以て日にま

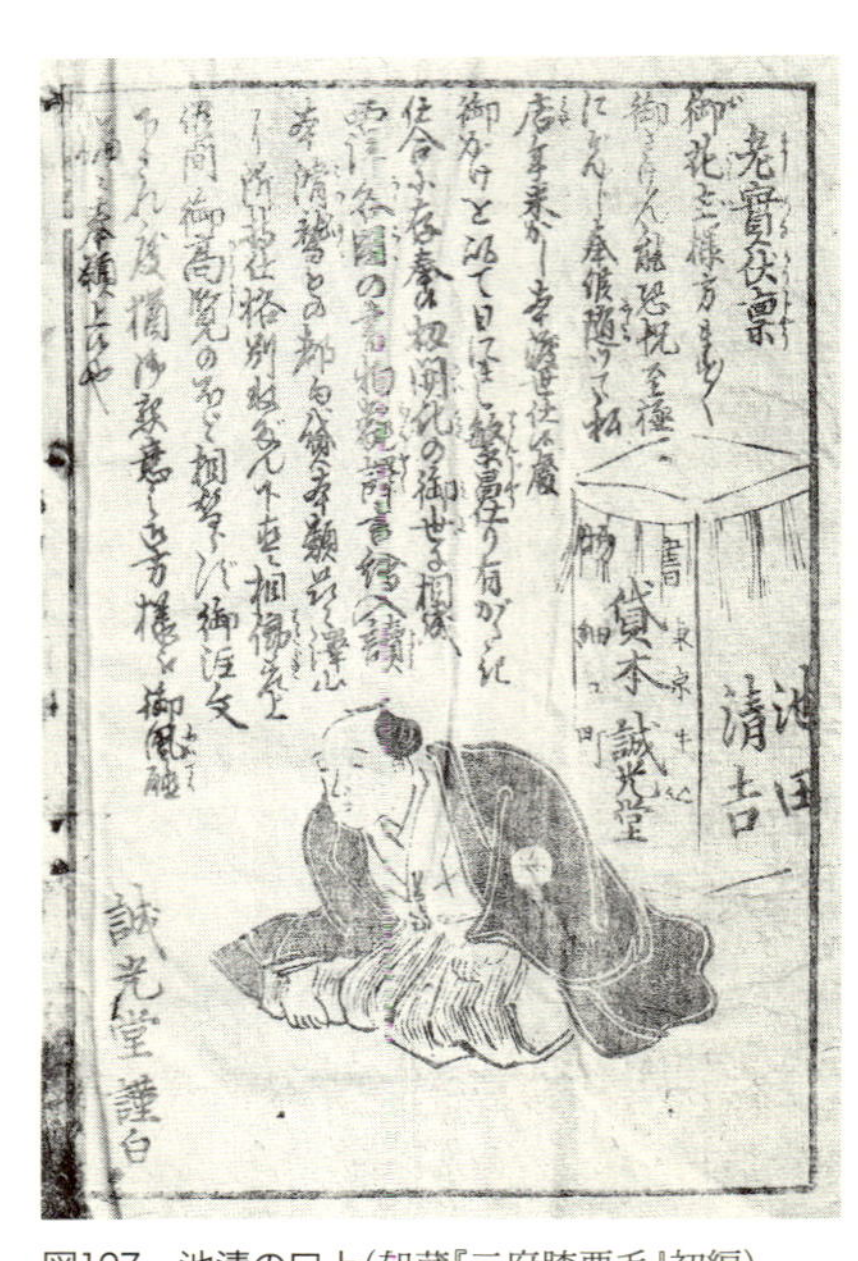

図107　池清の口上（架蔵『三府膝栗毛』初編）

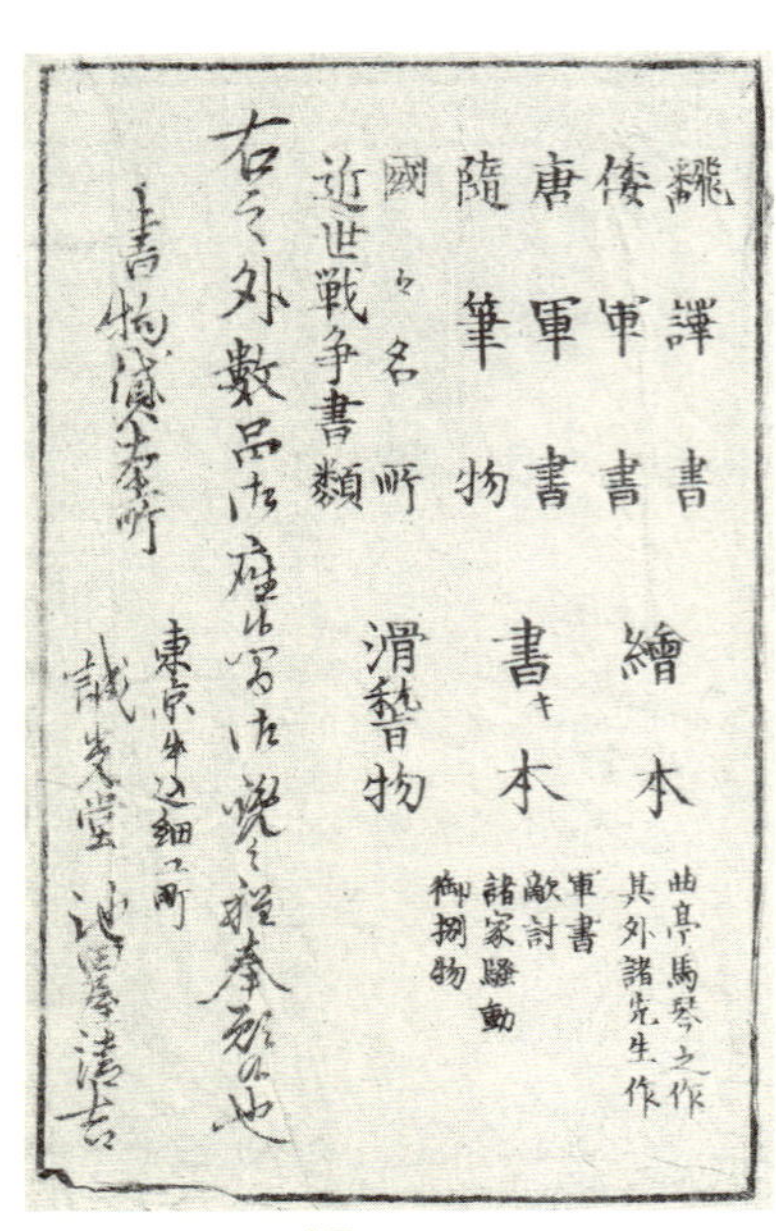

図108　架蔵の『大岡政談村井長庵調合机』巻四にある摺物

し繁昌仕り有がたき仕合に存奉候扨開化の御世に相成西洋各国の書物翻訳書絵入読本滑稽もの都而貸本類品々沢山に所持仕格別ねだん下直ニ相　働　差上候間御高覧のほど相替らず御注文下され度偖御懇意之御方様江御風聴偏ニ奉願上候也　誠光堂謹白

描かれた出し箱には「池田／清吉」「書物東京牛込／貸本誠光堂／細工町」とある。「開化の御世」すなわち明治期に発行されたもののようだが、描かれている池清は江戸時代を思わせる昔ながらの姿である。

また、架蔵の『大岡政談村井長庵調合机』巻四の後ろ見返しには、池清の蔵書内容を示す摺物が貼付されている(7)（図108）。一見すると近世日本における貸本屋の一般的な蔵書内容だが、「翻訳書」と「近世戦争書類」が含まれている点に明治期貸本屋の蔵書としての特色が出ている。同じような摺物は、架蔵の為永春江作『春色初若那』五編巻三にも確認できる（図109）。先ほどの

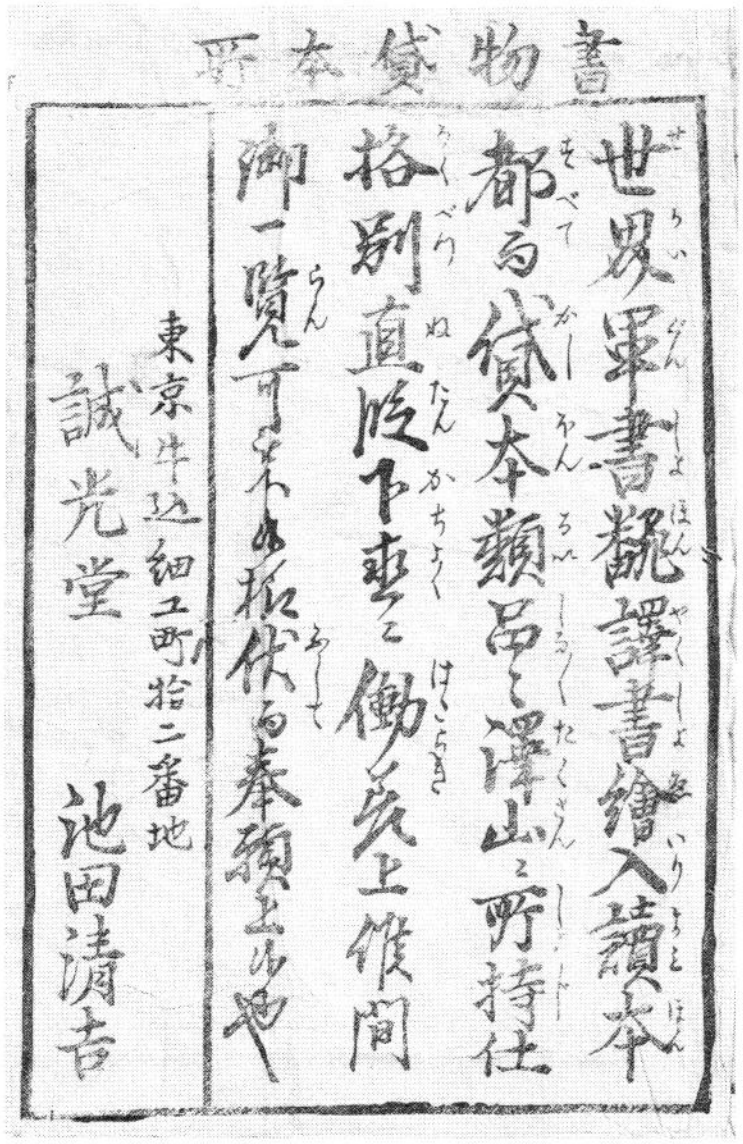

図109　架蔵の『春色初若那』五編巻三にある摺物

摺物を簡略にした内容であるが、こちらでは「東京牛込細工町拾二番地」という細工町時代の番地を確認できる。本書第一部第四章「大島屋伝右衛門と池田屋一統――売薬「処女香」を端緒として」でみた番地とは異なるが、おそらく何度か転居しているのだろう。

従来、池清を知るためには、こうした種々の回想や摺物に頼らざるを得なかったが、今回取り上げる記録類によって、いくらかその実態を把握することができよう。

二、当座帳と出入帳

記録類には当座帳と出入帳の二種類があった。当座帳は六葉（図110〜図116）。そのうち図115・図116のみ横帳の表裏が現存する。出入帳は十七葉（図118〜図134）。こちらには表裏が現存するものはないが、かなりの部分を復元できる。翻字に際しては判読できない部分を「□」とし、そのうち文字を推定し得る場合はルビで示した。また、書名から書籍を特定できた場合は、国文学研究資料館の国書データベースに準拠した分類と書名を追記している。

当座帳

まずは当座帳の六葉である。

図110

・鎌倉□樹五　㊎同（読本『鎌倉大樹家譜』）
・明治太平楽府二　㊎同（『明治太平楽府』）
・七編人三篇五迄　㊎赤城佐川（滑稽本『七偏人』）
・初かすみ和印三　㊎佐□様（艶本『波都賀寿美』）
・神明角力五　㊎同（実録『神明角力』）
・絵本佐野三篇一五　㊎赤城下三好様（読本『絵本佐野報義録』）
・同四編一五　㊎同（読本『絵本佐野報義録』）
・大伴金道初篇一五　㊎同（読本『大伴金道忠孝図会』）
・後風土記十　㊎小泉屋様（雑史『三河後風土記』）
・淀殿実記書十五　㊎玉子屋様
・伊達騒動記十　㊎同（実録『伊達騒動記』）
・家職要道七ら十　㊎板倉様（経済『家職要道』）
・田舎源氏□□□□　㊎津久戸松本様（合巻『偐紫田舎源氏』）

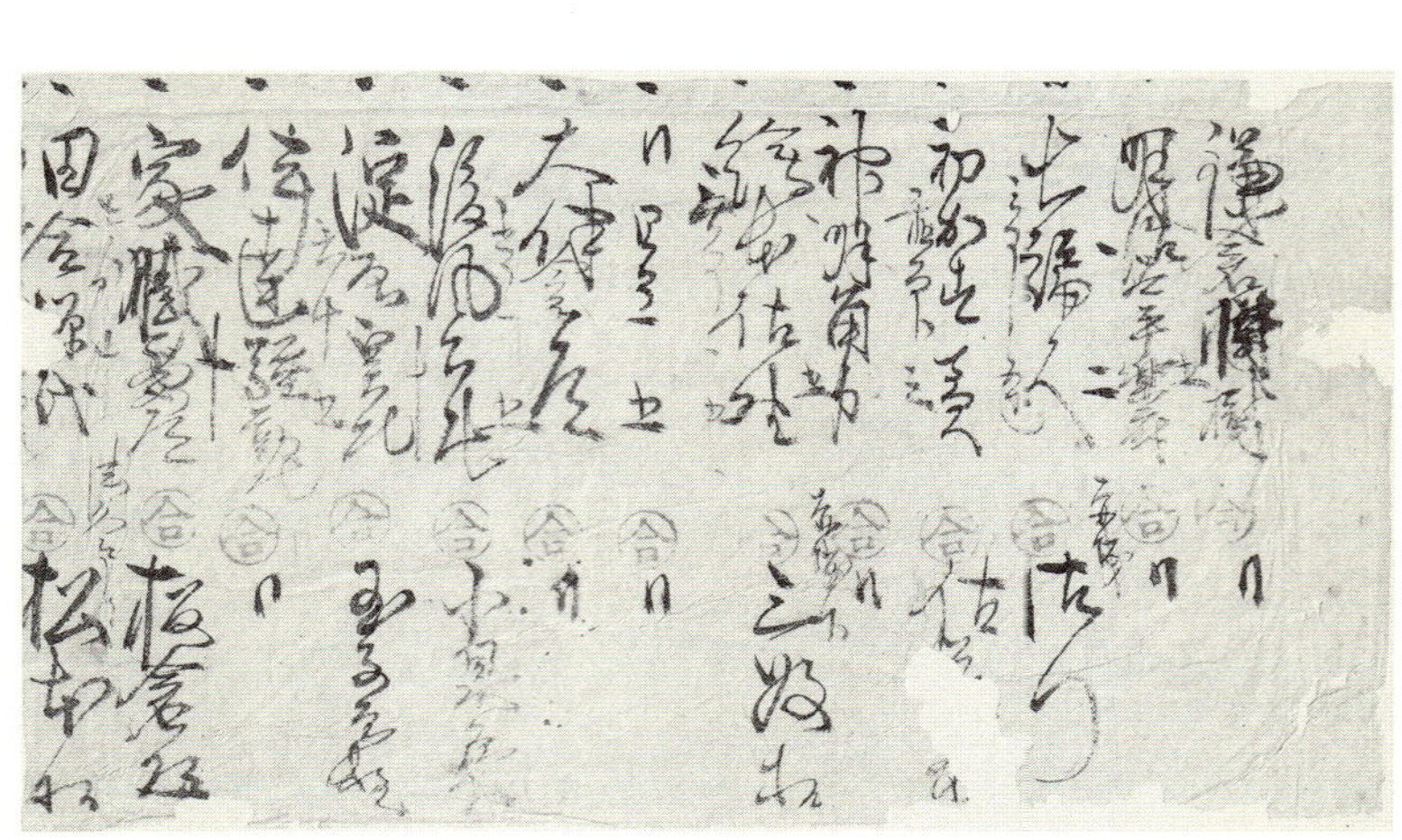

図110

図111

・□□□□ 初一 四迄　(合)越□〔後〕屋様
・玉の盃 和印二　(合)同（艶本『玉の盃』）
・□〔新〕編水滸伝 初篇一 十　(合)同（読本『新編水滸画伝』）
・□〔同〕二篇一 十　(合)同（読本『新編水滸画伝』）
・□□袋 □篇ゟ五迄　(合)酒屋様
・絵本かんそ軍談 初篇一 十　(合)三十人丁若田様（読本『絵本漢楚軍談』）
・三国一夜物語 五　(合)中野様（読本『三国一夜物語』）
・八犬伝 三篇一 五　(合)伊下多様（読本『南総里見八犬伝』）
・延命院 書十六　(合)伊勢六様（実録『延命院実記』カ）
・源平盛衰記 四篇十一ノ三十　(合)五軒丁村山様
・後太平記 十　(合)四ツ谷鈴木様
□〔〆〕六拾四匁弐分
十六日

図110と図111には書名の略称・編数・員数・地域・顧客の名が記載される。「淀殿実記」（図110）や「延命院」（図111）に「書」とあるのは、それぞれ書本（写本）という意であろう。図111には見料

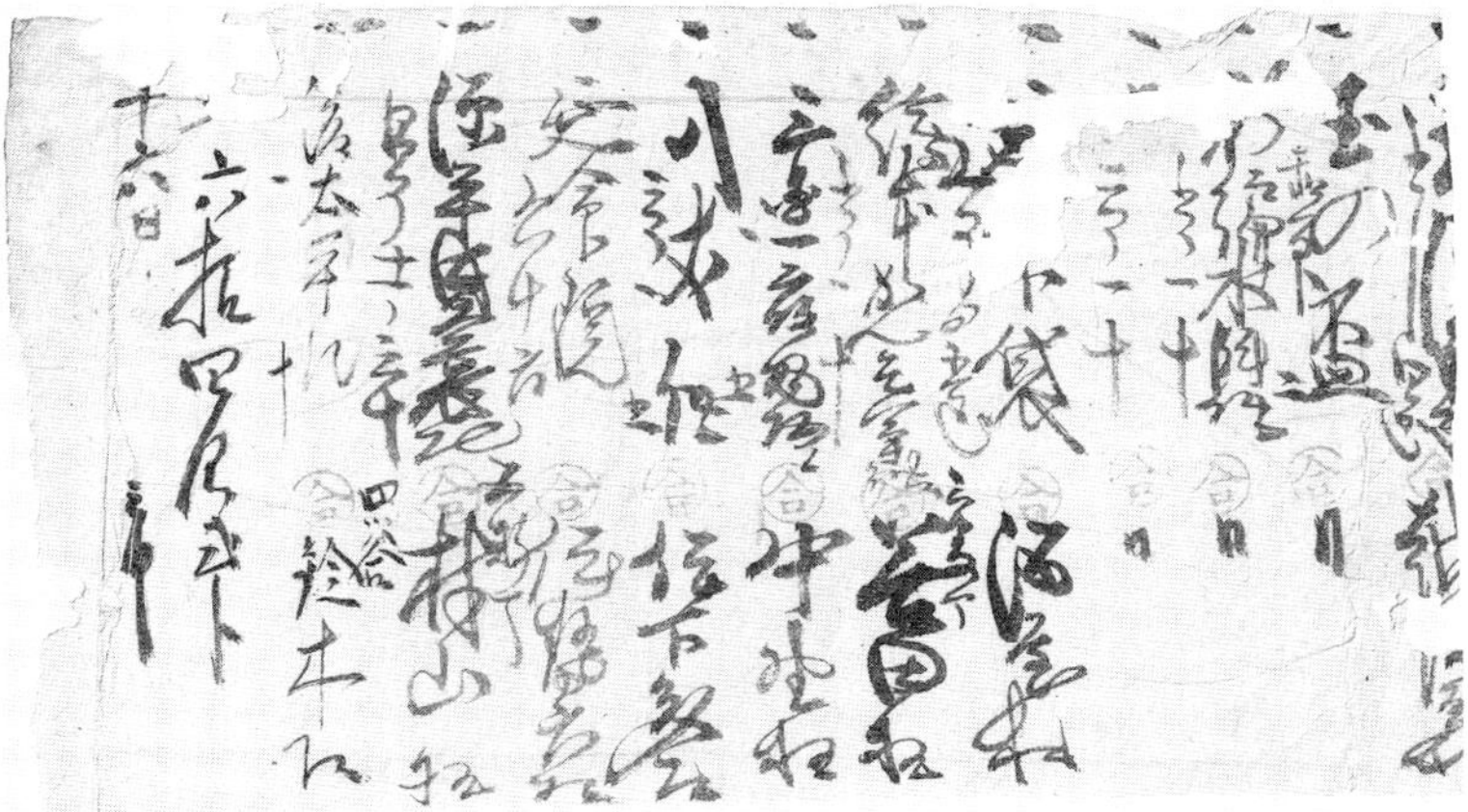

図111

の総計も確認できる。

図112

・□□□(椿説弓)張月 □□五 (合)黒崎様（読本『椿説弓張月』）

・平家物語 二篇 一 六 (合)仲丁 五匁□分高橋様（読本『平家物語図会』）

・糸桜春 一 五 (合)弐匁弐分羽田様（読本『糸桜春蝶奇縁』）

・□□利生□ 四 (合)壱匁八分同

・八丈奇談 □ 六 (合)三匁粕川様（読本『美濃旧衣八丈綺談』）

・青□石力 □ 五 (合)弐匁弐分同

・し□□□ひめ□ 七 (合)三匁□分同

・嶋田一郎 三篇 五迄(合)弐匁七分万長□様（合巻『嶋田一郎梅雨日記』）

・金□□ 五 (合)六分丁子屋□様

・鹿児嶋□□ 六篇 二 (合)弐匁五分伊川□様（実録『参考鹿児島新誌』）

・孫子□□□ 八□□ (合)弐匁弐分完戸様

・さか□□□ □ (合)壱匁八分金物屋様

・□□一代記 (合)弐匁五分□□□

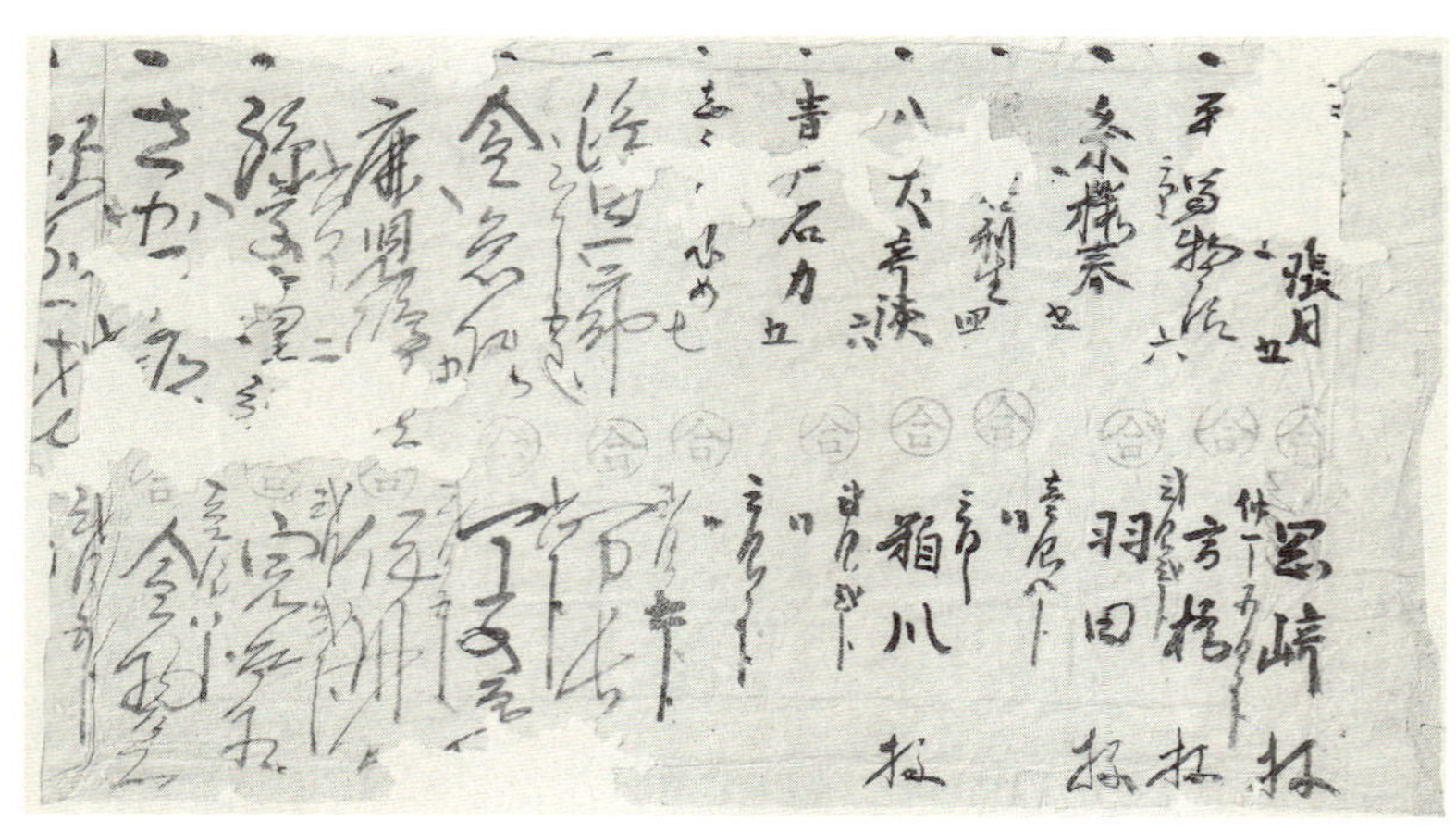

図112

図113

・秋七種 六　(合)壱匁八分同（合巻『染模様秋廼七種』）

・婦女八賢志 四篇 一 六　(合)手遊屋 壱匁八分三河屋様

（人情本『貞操婦女八賢誌』）

・皿皿郷談 五　(合)壱匁弐分同（読本『皿皿郷談』）

・慶安太平記 十九　(合)三匁内野様

・金瓶梅 四篇十一 廿　(合)壱匁五分田澤様（合巻『新編金瓶梅』）

・於三茂平 六　(合)壱匁八分太田様（人情本『花名所懐中暦』）

・岩城実記 書十五　(合)壱匁八分奥住様（実録『岩城実記』）

・老婆茶話 書十五　(合)弐匁五分浅井様（雑記『老媼茶話』）

・世事百談 四　(合)弐匁弐分同（随筆『世事百談』）

・大当り 三　(合)壱匁同（滑稽本『楊弓一面大当利』）

・今□□□□□　□匁弐分同

図114

・□□□□□篇一□　(合)武蔵屋様

・田□（舎）源氏 □五篇 廿八篇　(合)弐匁□分松本様

（合巻『偐紫田舎源氏』）

・後□□談 □□ 五　(合)壱匁弐分永田様

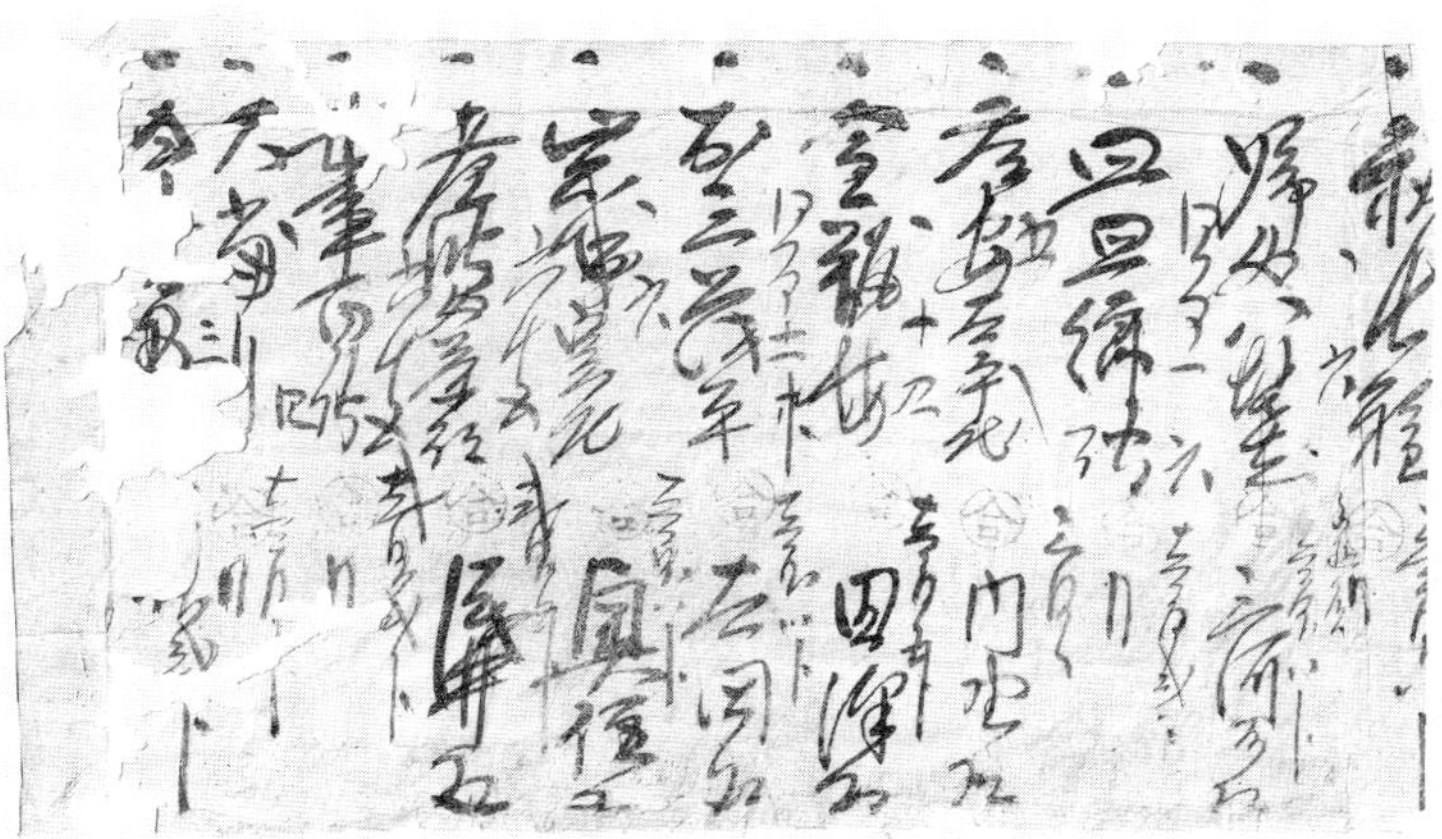

図113

・後風土記 十一 二十 (合) 壱匁□分小泉屋様（雑史『三河後風土記』）
・重修太閤記 七篇六 十 (合) 三匁岩本様（実録『重修太閤記』）
・太閤記 二篇廿一 三十 (合) 弐匁山中様
・絵本佐野 五篇 一 六 (合) 三匁三好様（読本『絵本佐野報義録』）
・南朝外史武 二篇 五 (合) 弐匁弐分斎藤様（読本『南朝外史武勇伝』）
・同 三篇 五 (合) 弐匁弐分同（読本『南朝外史武勇伝』）
・菊の井紙 初篇二篇 六 (合) 壱匁五分伊勢若様（人情本『菊廼井草紙』）
・絵本朝せん 十六 二十 (合) 弐匁□分山城屋様（読本『絵本朝鮮征伐記』）
・□□実記 □□ (合) 末寺丁 弐匁□分東儀様
・梅花後栄記 五 (合) 若宮丁 壱匁高野様（実録『梅花後栄記』）
〆五拾□□匁四分
□匁弐分
十八日

図112から図114も記載された項目は図110・図111とほとんど同様だが、こちらはさらに貸本ごとの見料が示される。また、図114では図110で確認した「松本」「小泉屋」「三好」らが同じ作品の続編を

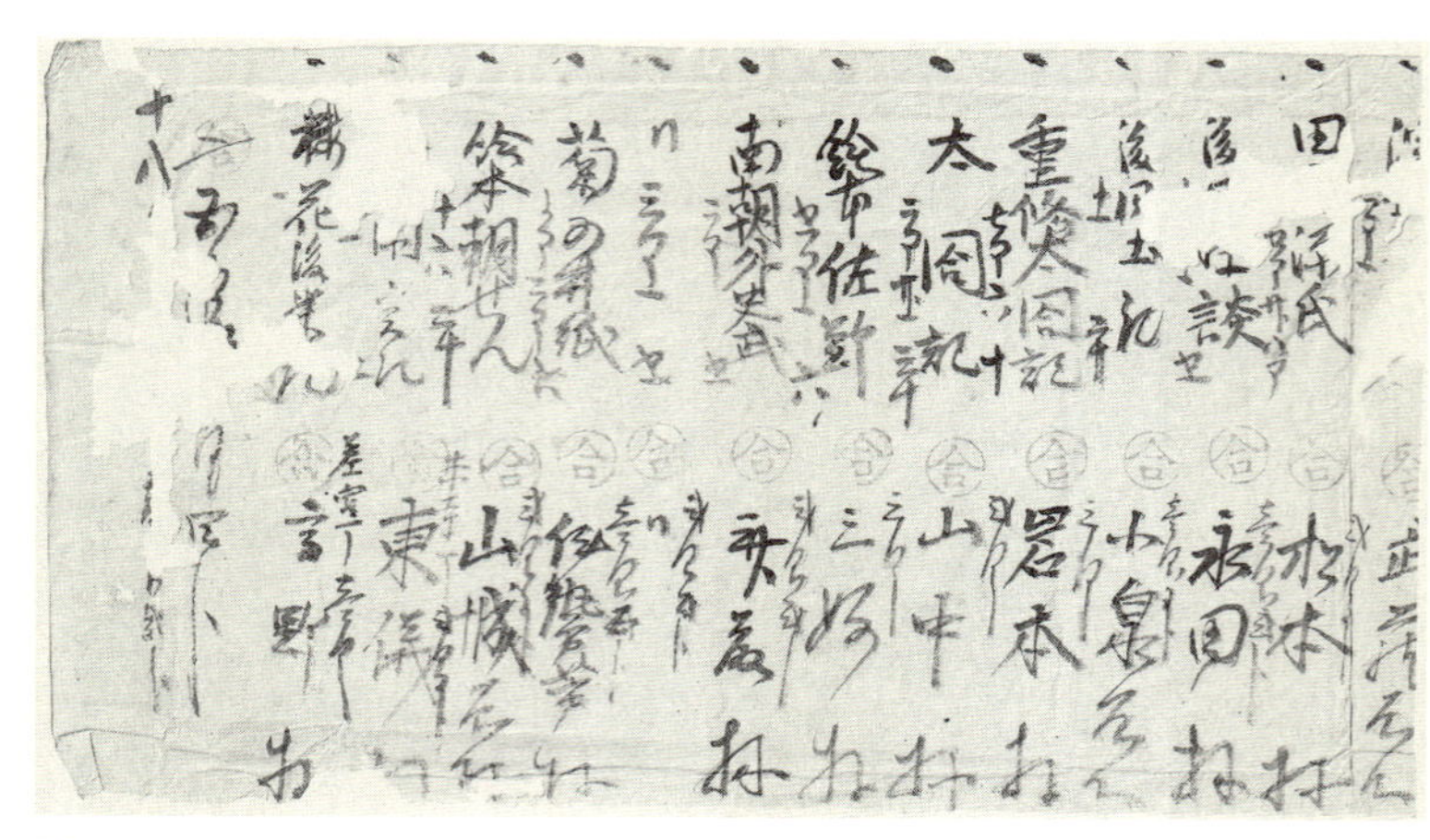

図114

借りており、二つの前後関係が窺える。

図115上

□日
秋雨夜話 初篇 大谷 （人情本『秋雨夜話』）

□日
北魏南梁 廿一ノ三 同人 （読本『通俗北魏南梁軍談』）

□日
鎌倉見聞志 二ノ廿一―卅 中元

□日
朝鮮 初篇ノ十 同人 （読本『絵本朝鮮征伐記』）

□日
国性爺 二ノ□十 大定

□日
□太平記 弐ノ三ノ 橋本

図115下

□日
楠公記 二ノ五 吉川 （読本『絵本楠公記』）

□日
室の八島 書七 菊地 （読本『画本室之八島』）

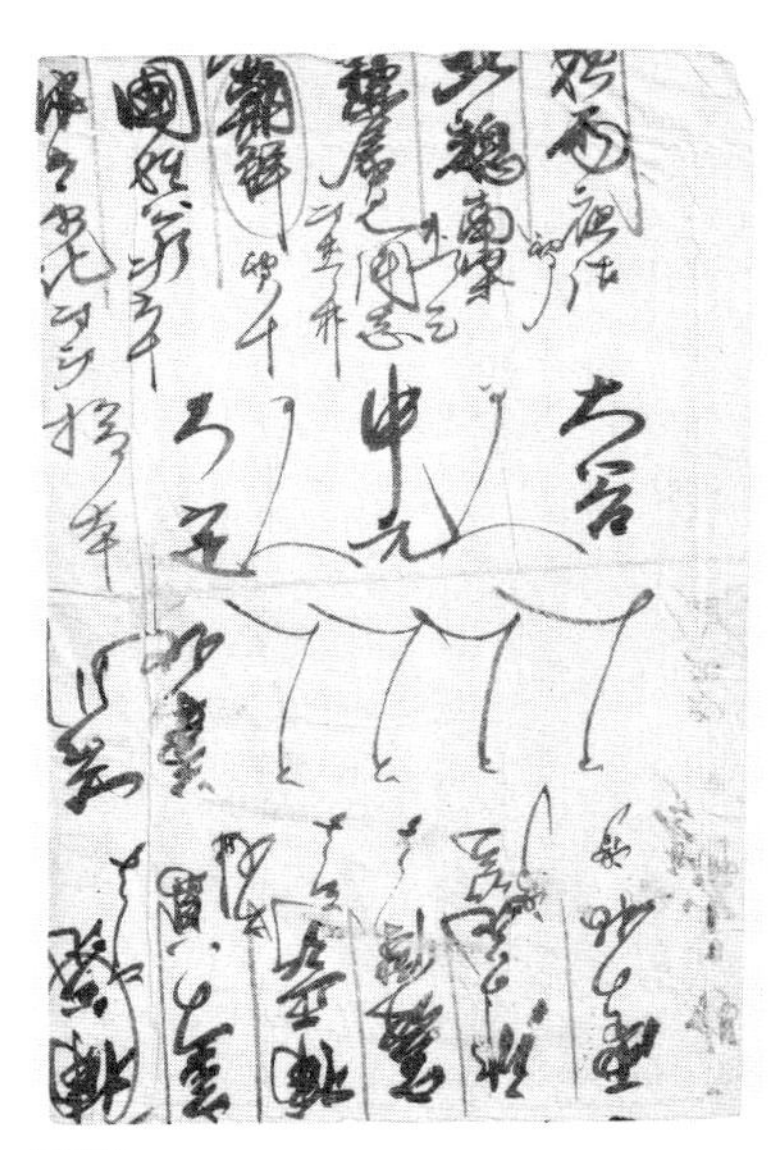

図115

図116

□日
楠正行 三ノ五 同人
□日
豪傑 五 同人
□日
廓の花笠 初篇 同人 （人情本『両個女児郭花笠』）
□日
雪の梅 初篇　同人 （人情本『春色雪の梅』）

図116上
・楊の小櫛 初編　本きん屋 （人情本『操形黄楊小櫛』）

図115・図116は前述したように横帳の表裏が現存しているが、様式がこれまでのものと若干異なる。記載された項目は図110・図111と同様である。

当座帳を通観してみると、読本・滑稽本・人情本・艶本・実録・随筆といった近世期の貸本屋の一般的な蔵書を確認できる。また、これらは先ほどの摺物の内容とも概ね合致する。

当座帳の作成時期は不明だが、明治十三年（一八八〇）刊の榊原英吉編『明治太平楽府』があるため、少なくとも図110はそれ以降に作成されたものと考えられる。様式の異なる図115・図116を除いたほかの当座帳も、おそらく同時期のものであろう。明治十年代までは、まだ普通に近世期の書籍が貸本屋をとおして読まれていたのである。これは池清、あるいは東京に限った事例ではない。たとえば、上諏訪の貸本屋である升屋庄助も、明治十年代にはまだ近世期の書籍を貸し出している(8)。

さて、特定できた作品のうち、『神明角力』『梅花後栄記』は、朝倉無声著『日本小説年表』（金尾文淵堂、明治三十九年〈一九〇六〉刊）および同書を改訂増補した諸書に収められた「写本軍記実録目録」でしかその存在を確認できない。この目録は、池清を含む東京市中の二つの貸本屋が所持していた本をもとに作成されたもので、不完全ながらも貸本屋の蔵書目録としての機能を有している(9)。

地域には「赤城」「赤城下」「津久戸」「三十人丁」「五軒丁」「仲丁」「四ツ谷」「末寺丁」「若宮丁」といった池清の居住していた細工町の周辺が多く、おおよそながらもその営業範囲を確認できる。

見料は冊数や貸し出された期間で変わるのであろうが、ある程度の基準を推測することはできそうである。逍遥は「絵の入つた刊行本は、其時分、五冊で二もんめであつた」と述べていたが、絵入り本のなかでも、人情本や合巻の見料は「壱匁五分」（『菊廼井草紙』『新編金瓶梅』）、「壱匁八分」（『貞操婦女八賢誌』『花名所懐中暦』）、読本は「壱匁弐分」（『皿皿郷談』）、「弐匁弐分」（『糸桜春蝶奇縁』『南朝外史武勇伝』）、「三匁」（『絵本佐野報義録』）となっている。ほかの読本に比べて安い『皿皿郷談』という例外こそあるものの、人情本や合巻と読本とでは異なる見料が設定されていたようである。

合巻は見料の示されたものが少ないため判断しかねるが、人情本は六冊で一匁八分前後、読本は五冊で二匁二分前後となろう。対して実録類は作品によって見料が大きく異なっており、一概に括ることはできない。「壱匁」（『梅花後栄記』）や「壱匁八分」（『岩城実記』）のように人情本等と同程度か、それ以下の見料で借りられるものから、「三匁」（『慶安太平記』）のように倍近くするものまである。一編あたりの冊数がある程度定まっていた戯作類に比べ、実録は作品によってばらつきがある。そのため、画一的な見料を設定できなかったのであろう。いずれも貸

図117　池清の蔵書票（架蔵『春風日記』五編上巻）

し出された期間は不明だが、池清の蔵書票には「七日限」とあることから、期間は一律で七日間であったかもしれない（図117）。

最後に筆跡に注目して全体を眺めてみると、複数の人物によって記入されていることがわかる。具体的に示せば、A（図110・図111・図112の「嶋日一郎」以降・図113）、B（図112の「し□□□ひめ」まで・図114）、C（図115・図116）の三人である。この三人が逍遥のいう「父と伜と小僧」である可能性は高いが、現段階では推測の域を出ない。いずれにしても、同一の当座帳を用いながら、同じ営業区域を一人ではなく複数人で廻っていたことは確かである。

出入帳

次は出入帳である。

図118

・四銭　おかし
・三銭　小遣い
〆弐拾壱銭
〆七百弐拾四銭九厘
　此金七円ト弐拾四銭九厘
中八月一日

・五銭　謙次郎病気ニ付薬買入
・五厘　子供あめ取
・五銭　丸薬代

図119
・七銭酒
・三銭五厘参詣
・三銭　子供小遣い
・壱銭　わさび
・弐銭　とふなす
〆弐拾弐銭
二日
・弐銭　さかな
・壱銭五厘きんさんじ
・四銭　はせ
・四銭五厘髪結代

図120
・三銭　酒壱合

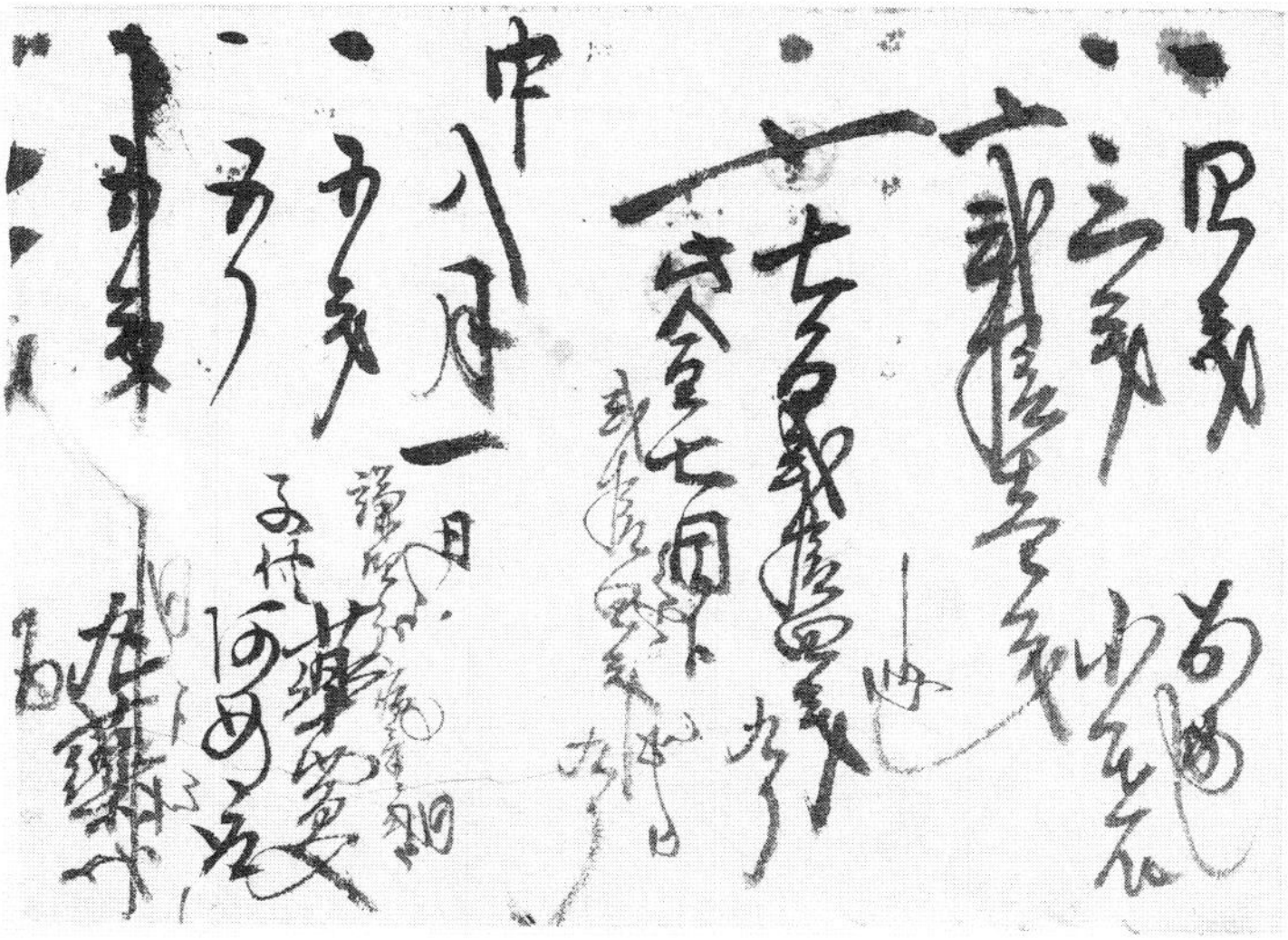

図118

・弐銭七厘 はなを
・三銭　小遣い
〆拾銭　七厘
三日
・壱銭三厘 花代
・四銭五厘 小遣い
・三銭　おかし
・三銭　に豆
・三銭　小遣い

図121
・四銭五厘 なす
　　　　とふなす
〆拾九銭三厘
四日
・壱銭　西之内
・壱銭三厘 ゆせん
・壱銭　瓜五
　　　ねき

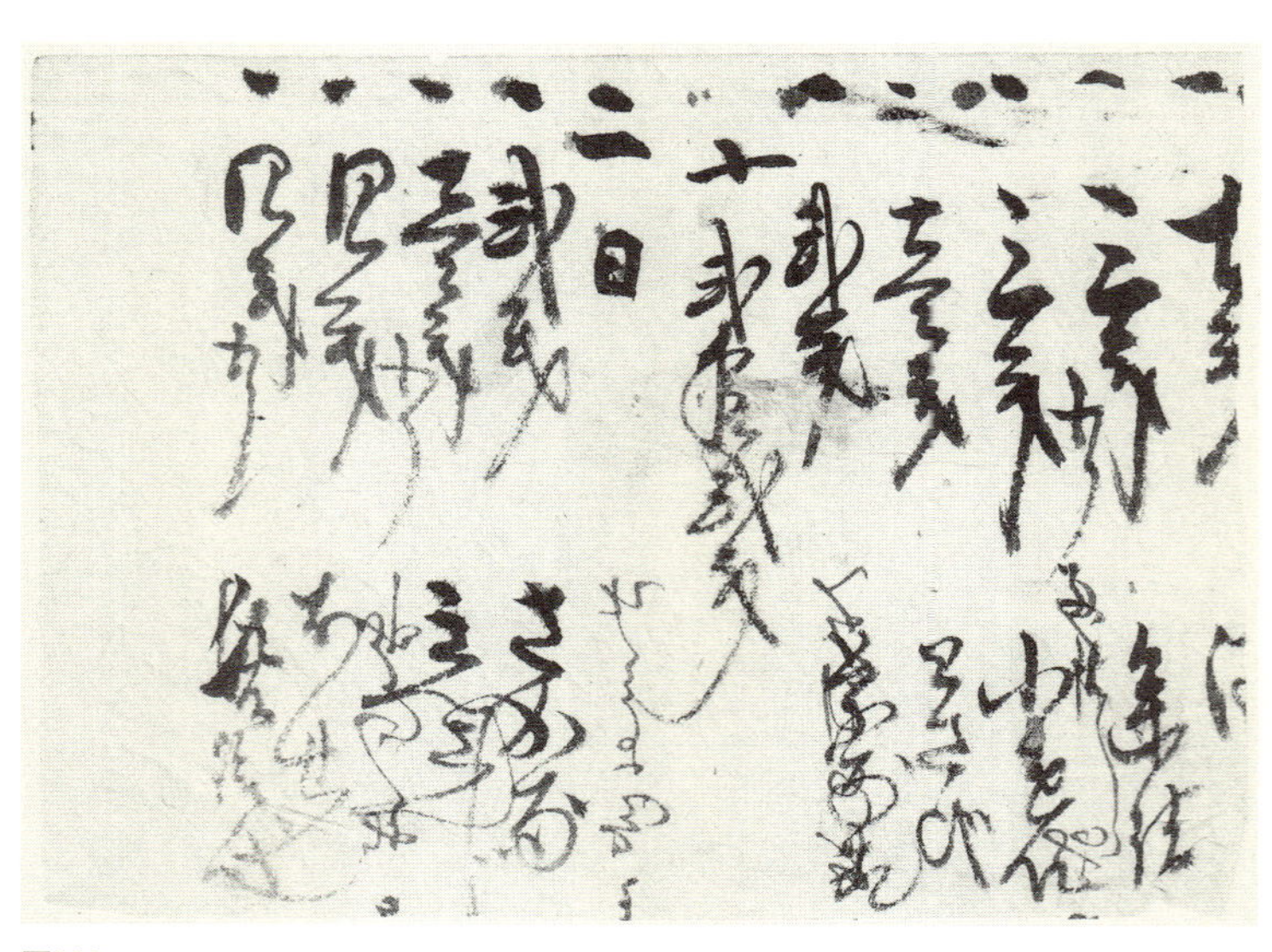

図119

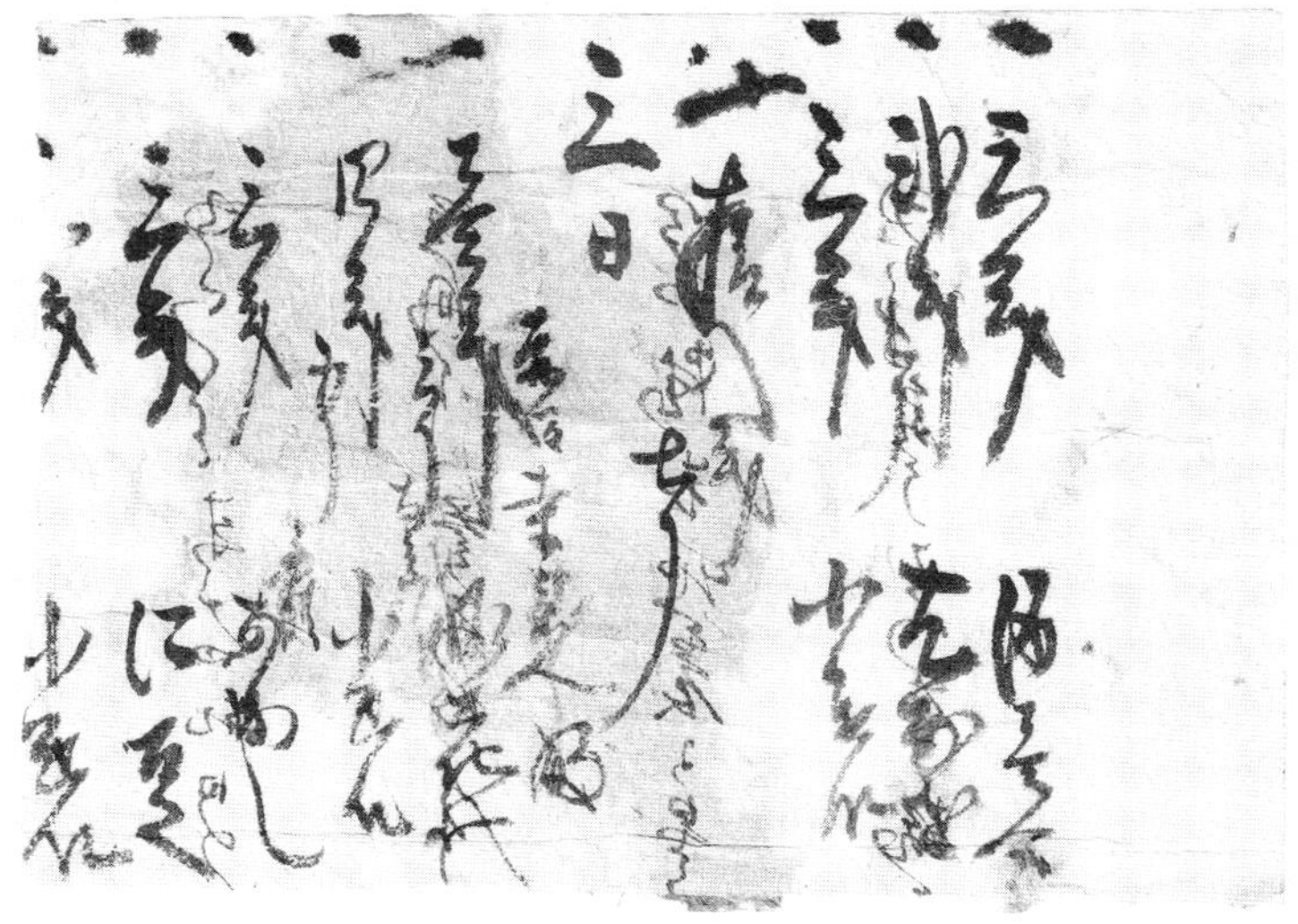

図120

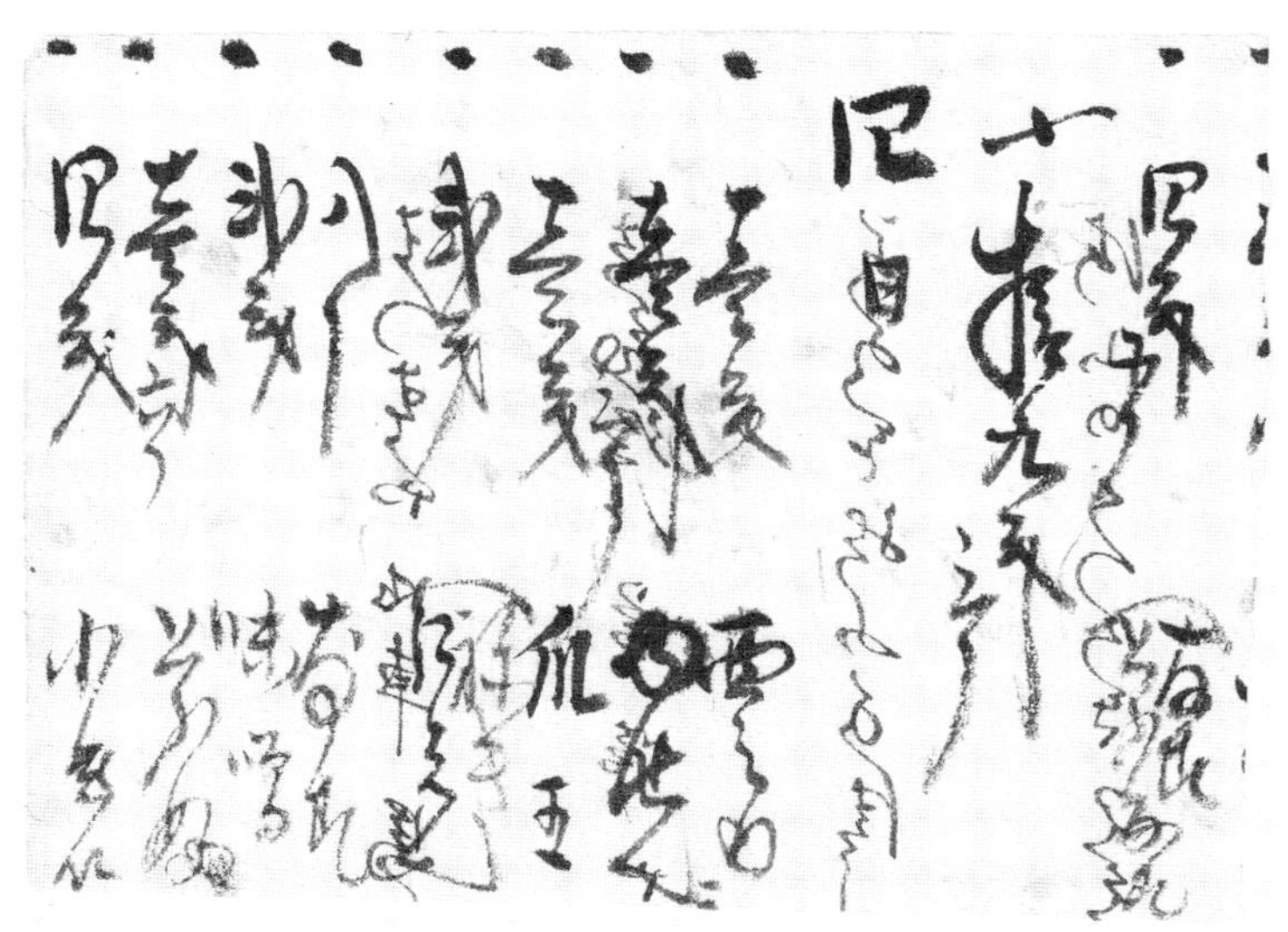

図121

・弐銭　に豆
・八厘　なす
・弐銭　味噌
・壱銭六厘　とふふ
・四銭　小遣い

図122

八日
・四銭五厘　髪結代
・弐銭六厘　湯せん
・壱銭三厘　同
・三銭　に豆
・五銭　桶屋払
・五銭　人力車
・弐拾銭　小遣い
〆拾壱銭

図123

四厘

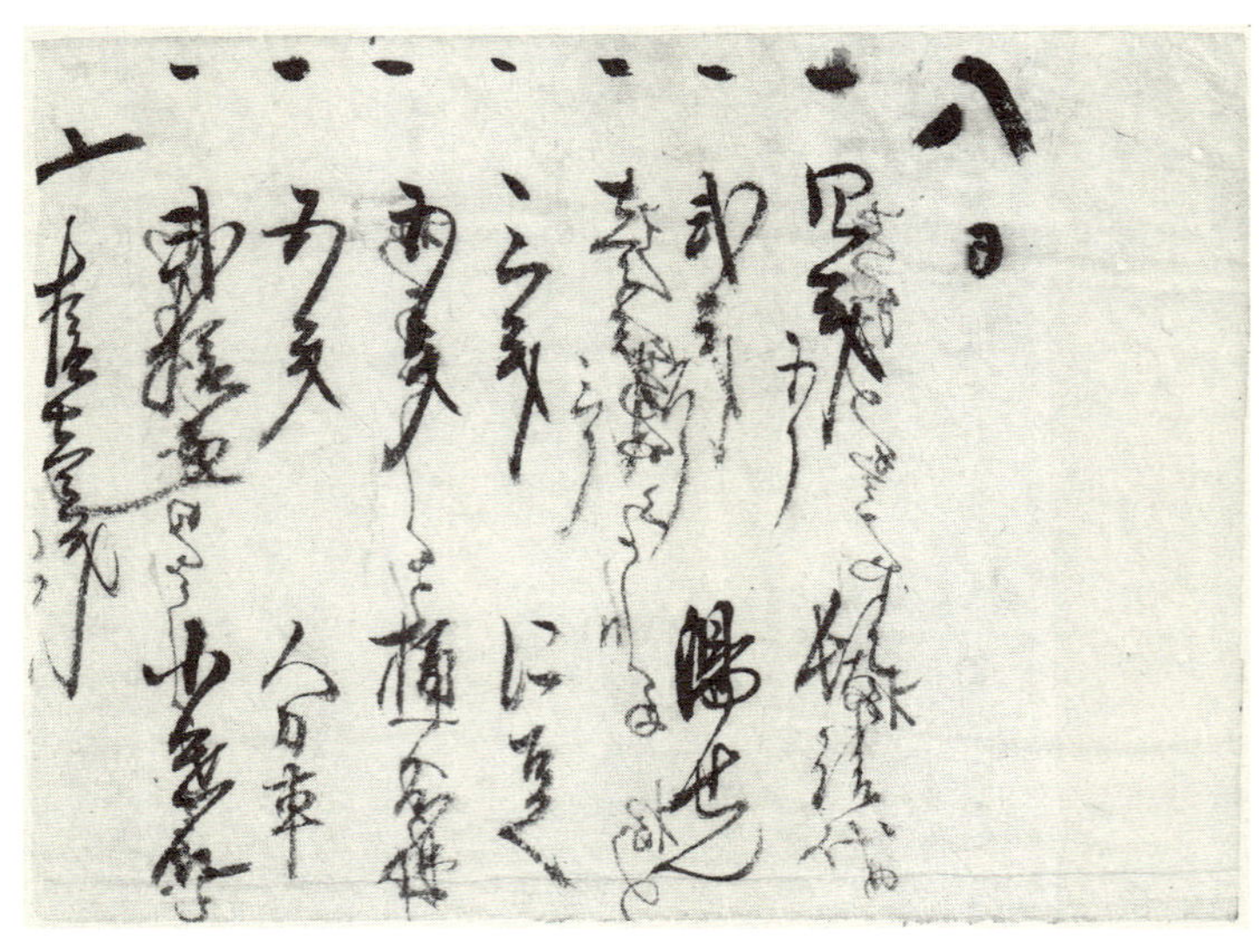

図122

九日
・弐銭五厘 髪結代
・壱銭五厘 たくわん
・弐銭　つまみな
・弐銭五厘 小遣い
・六銭五厘 小豆
・拾四銭　いけん豆
・三銭　さかな
・三銭　小遣い
〆三拾四銭
十日
・弐銭五厘 下駄は入（図124）
・弐銭　しお
・三銭　に豆
・三銭　小遣い
〆拾六銭三厘
十三日

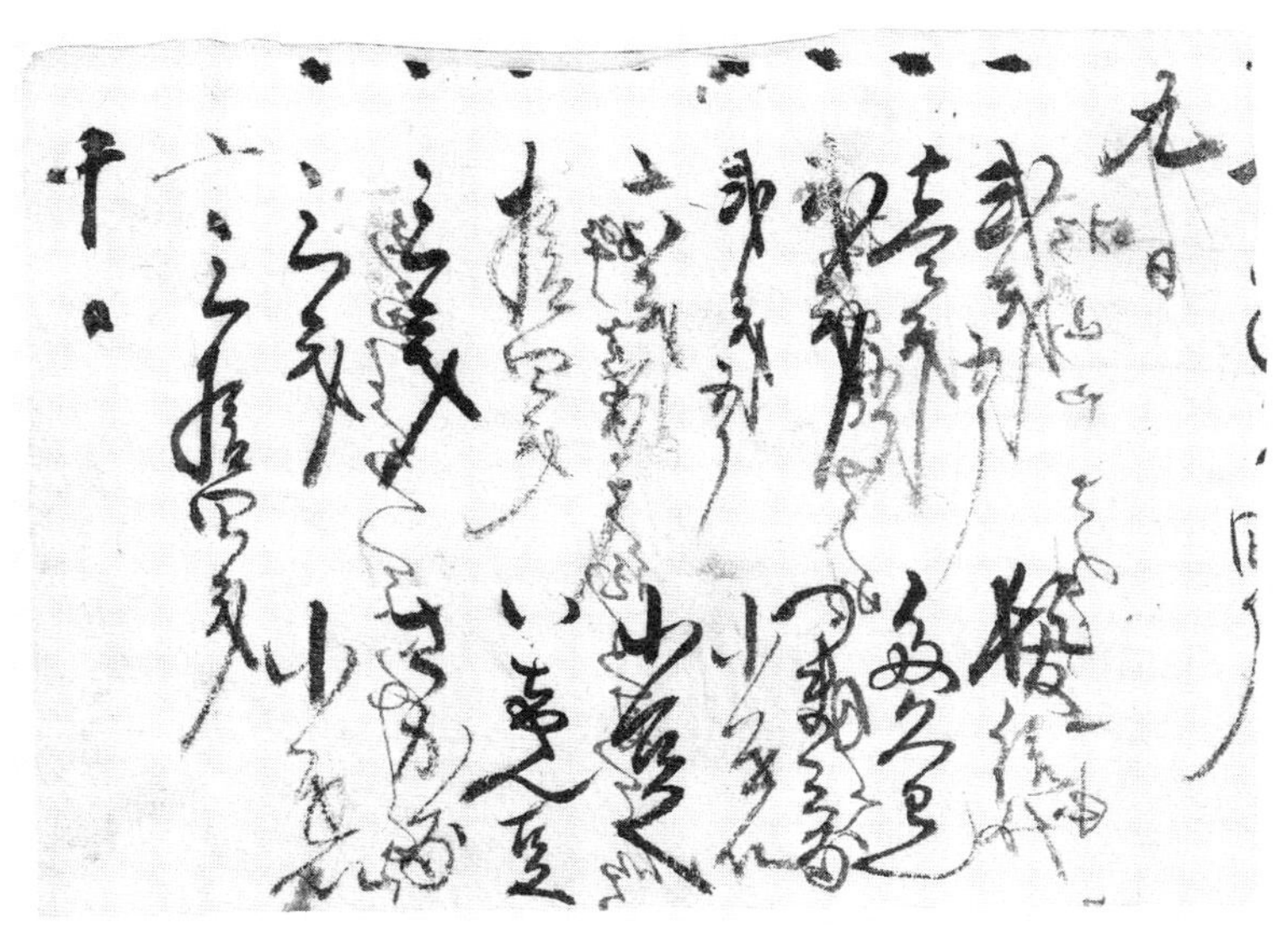

図123

・壱銭二厘　とふからし
・三銭　酒壱合
・三銭　きんさんじ

図125

・壱銭　て□味噌
・三銭　小遣い
〆拾壱銭弐厘
十四日
・三銭　酒壱合
・壱銭　わらび粉
・弐銭　買もの
・五銭　さかな
・四銭　小遣い
・弐銭　に豆
〆拾七銭

図126

十五日

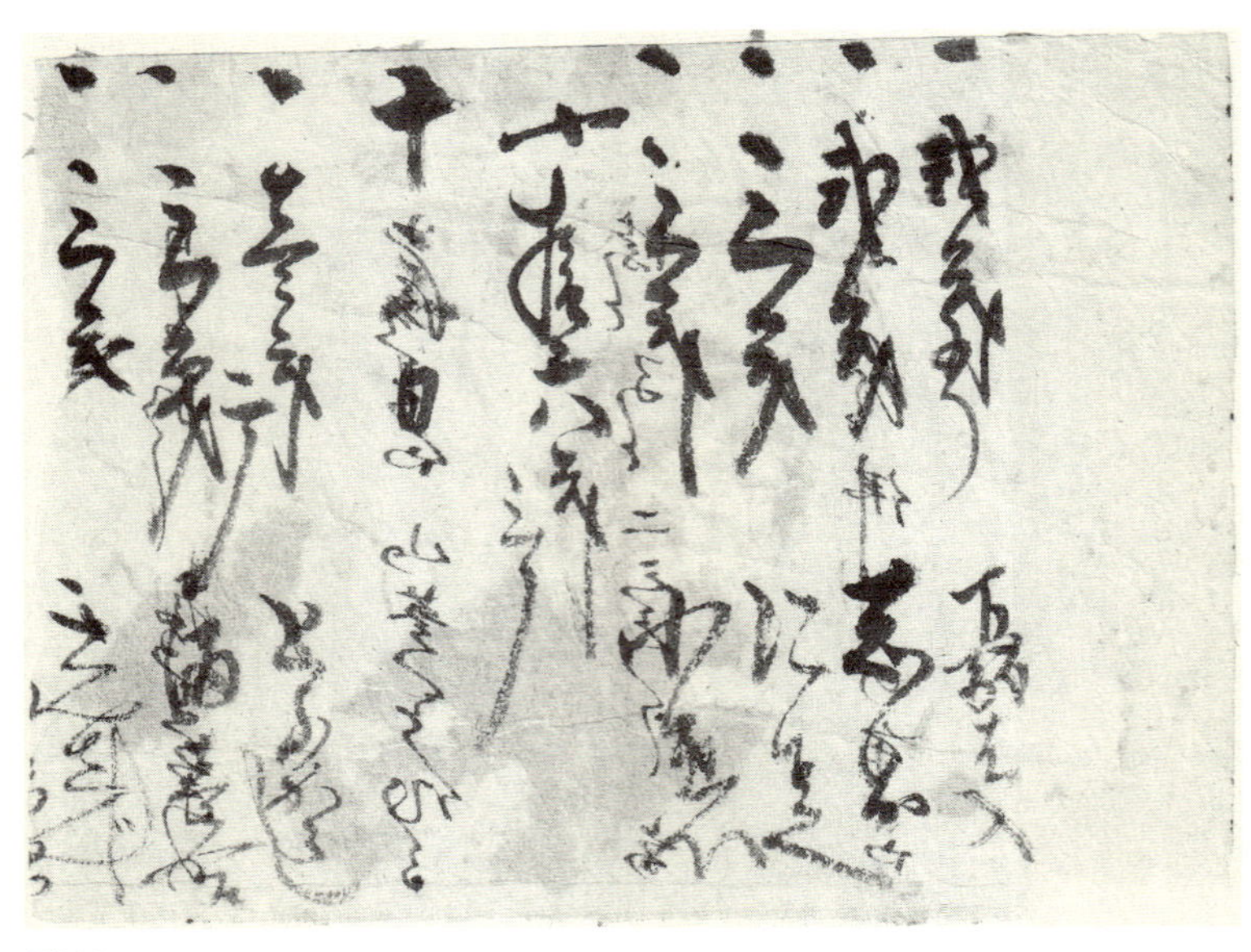

図124

・八厘　御花
・五厘　榊
・壱銭弐厘 御供二組
・三銭八厘 子供おもちや
・六銭　酒弐合
・壱銭六厘 へき
・壱銭五厘 せんまへ
・弐銭五厘 なす
・三銭　そば
・四銭五厘 髪結代
・弐銭　同子共
・三銭　小遣い

図127
廿日
・三銭　ねいも
・壱銭　なす
・弐銭　同
・六銭　とふなす

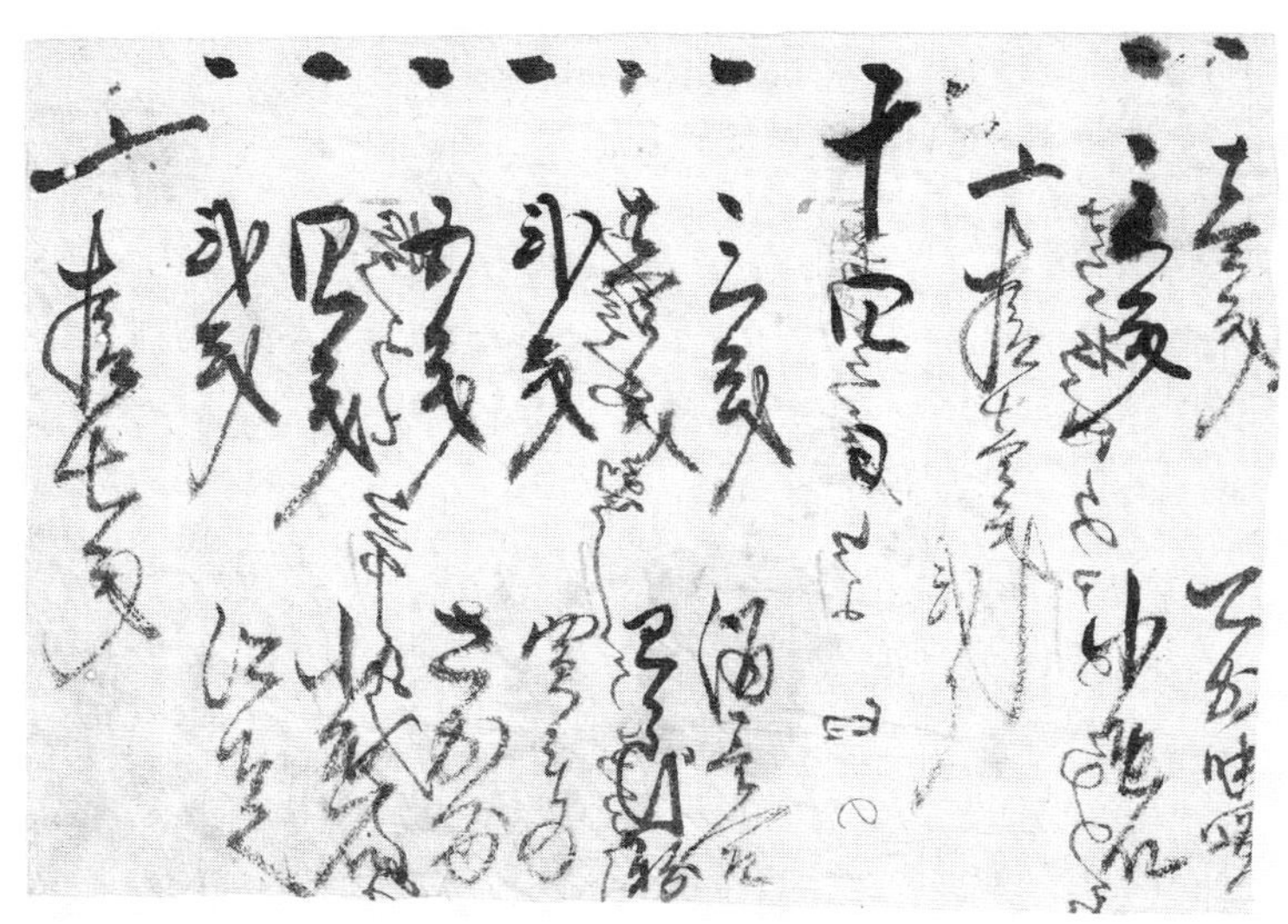
図125

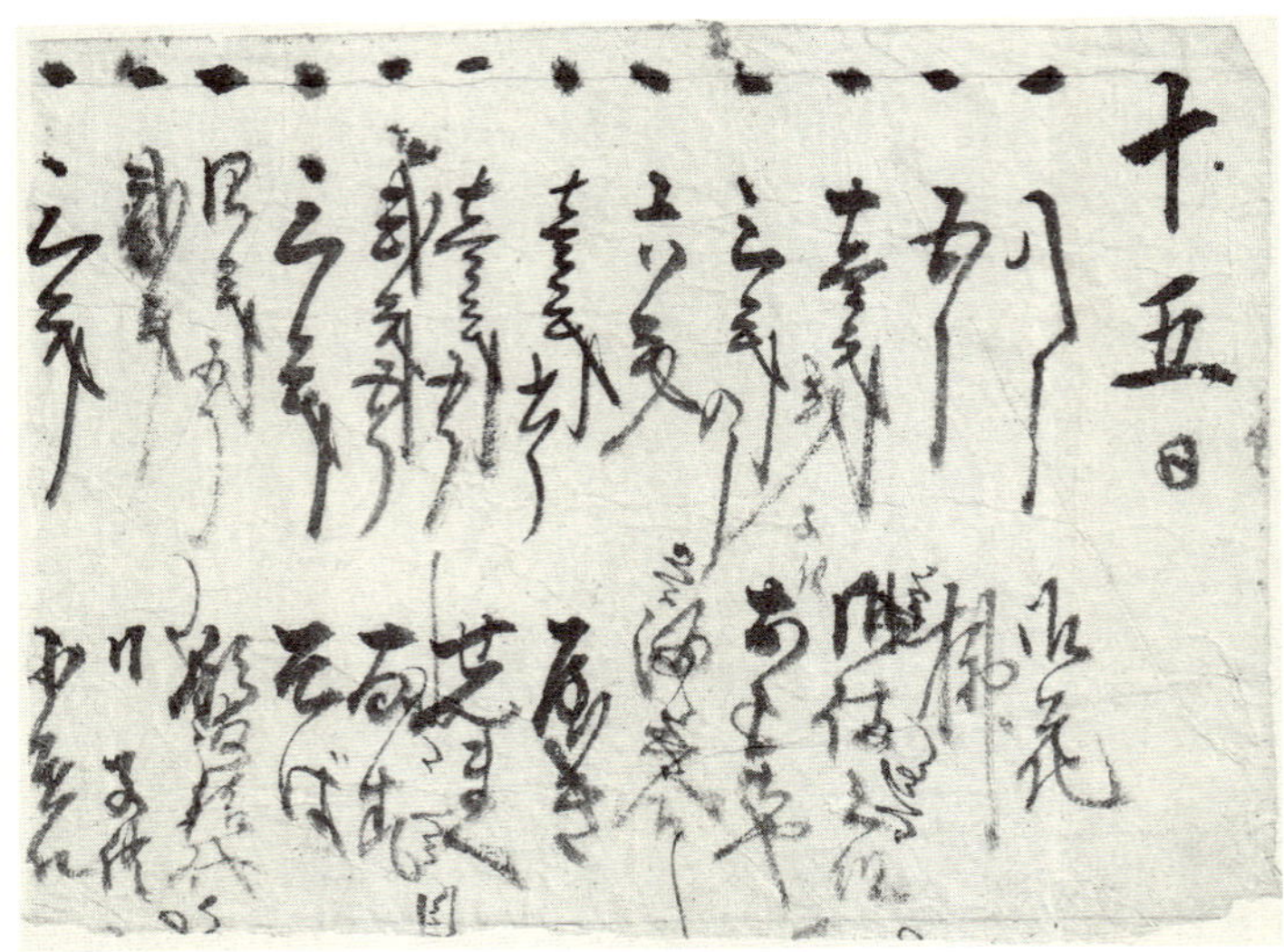

図126

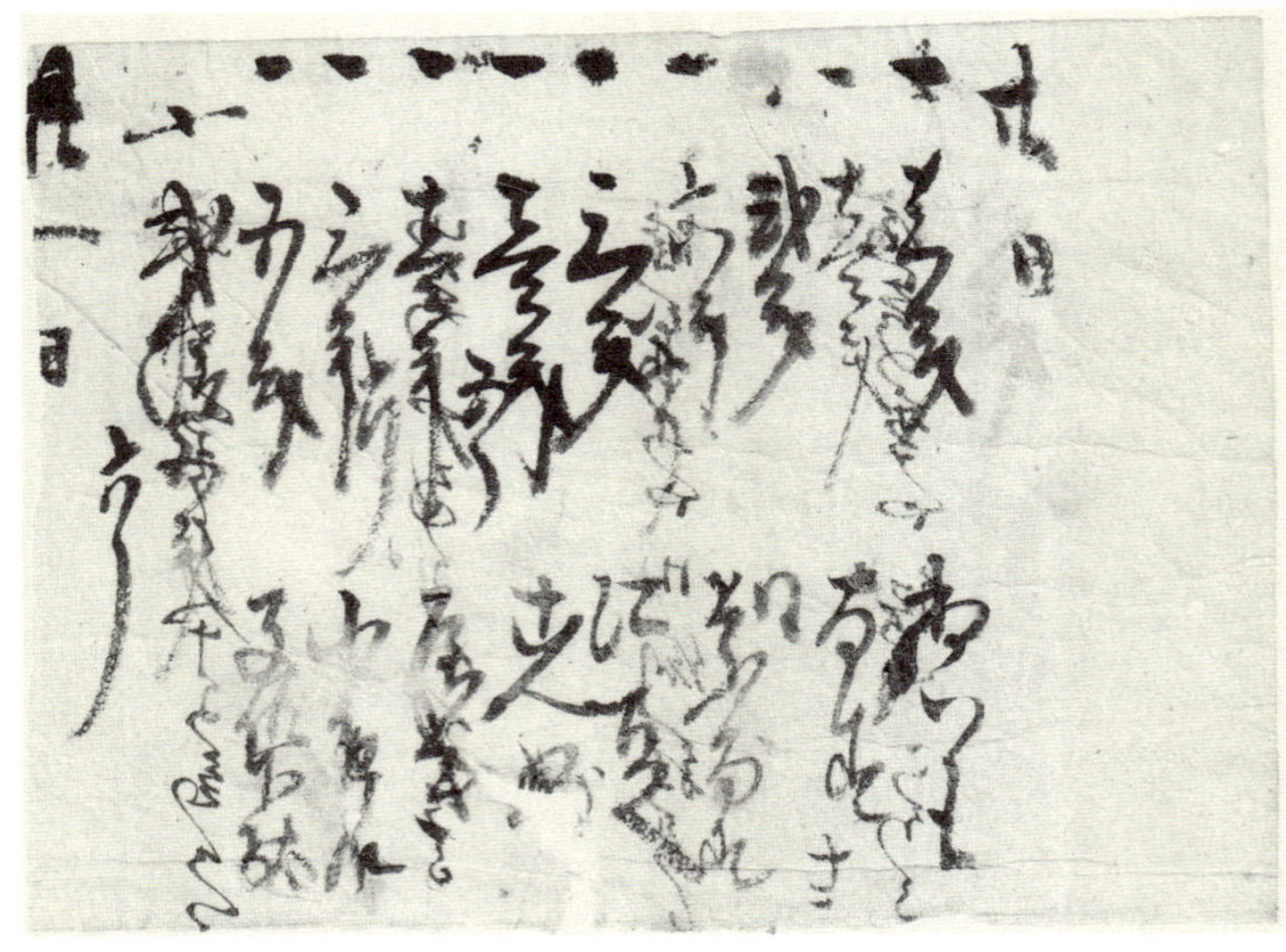

図127

・三銭　　に豆
・壱銭五厘 こんぶ
・壱銭六厘 へき
・三銭　　小遣い
・五銭　　子供下駄
〆弐拾五銭六厘
廿一日

図128
・弐銭五厘 に豆
・三銭　　小遣い
〆弐拾壱銭
廿三日
・三銭　　麻裏直シ代
・三銭　　茶かし
・弐銭五厘 成田山参詣
・弐銭六厘 そば
・三銭　　小遣い
・壱銭　　なす

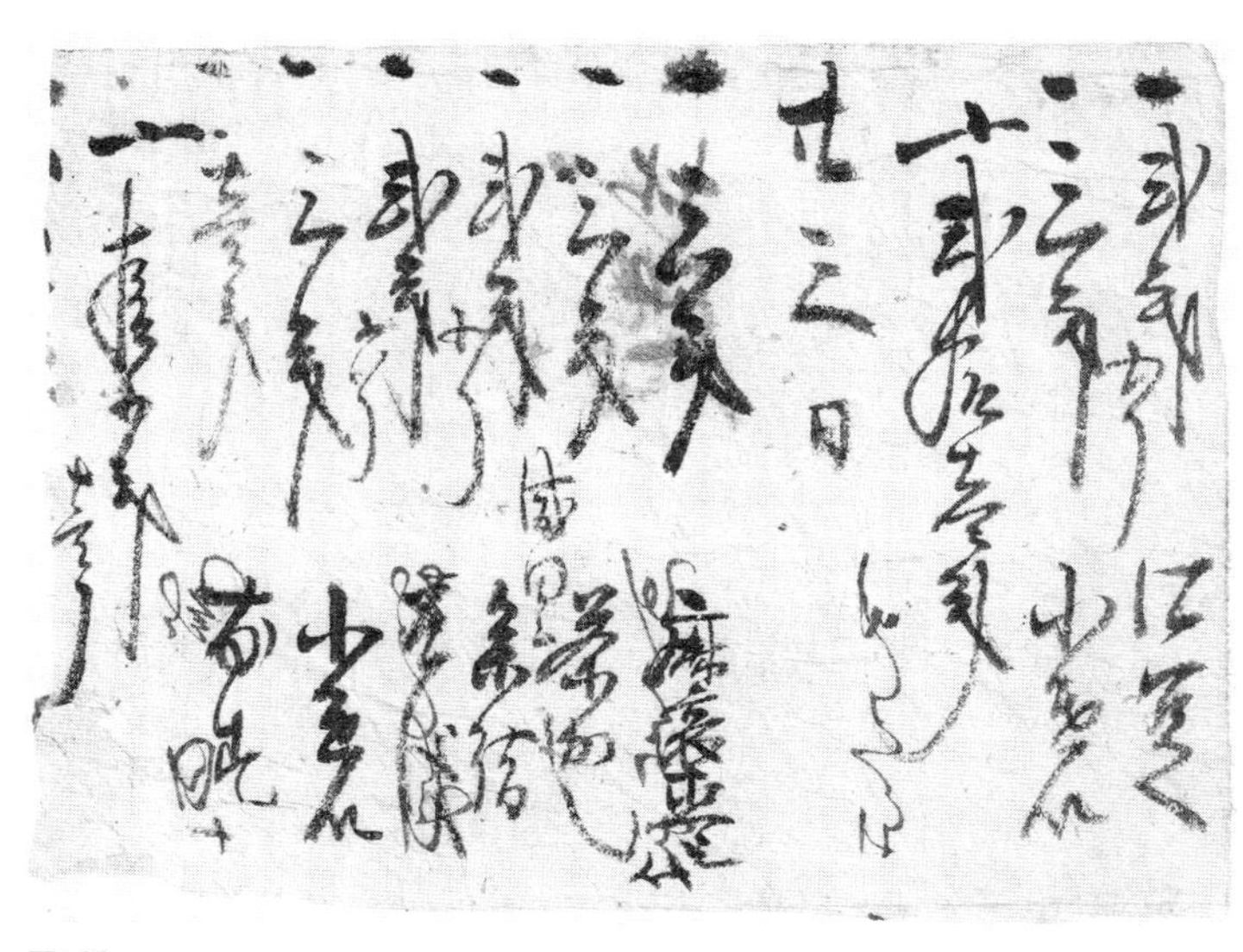

図128

〆拾五銭壱厘

図129

廿四日
・壱銭　なす
・壱銭五厘 しお
・弐銭　に豆
・五銭　茶かし
・弐銭壱厘 湯せん
・三銭　小遣い
〆拾五銭壱厘
廿五日

図130

・壱銭六厘 とふふ
・五銭　そば
・弐銭　髪結代
・五厘　御花
・三銭五厘 に豆

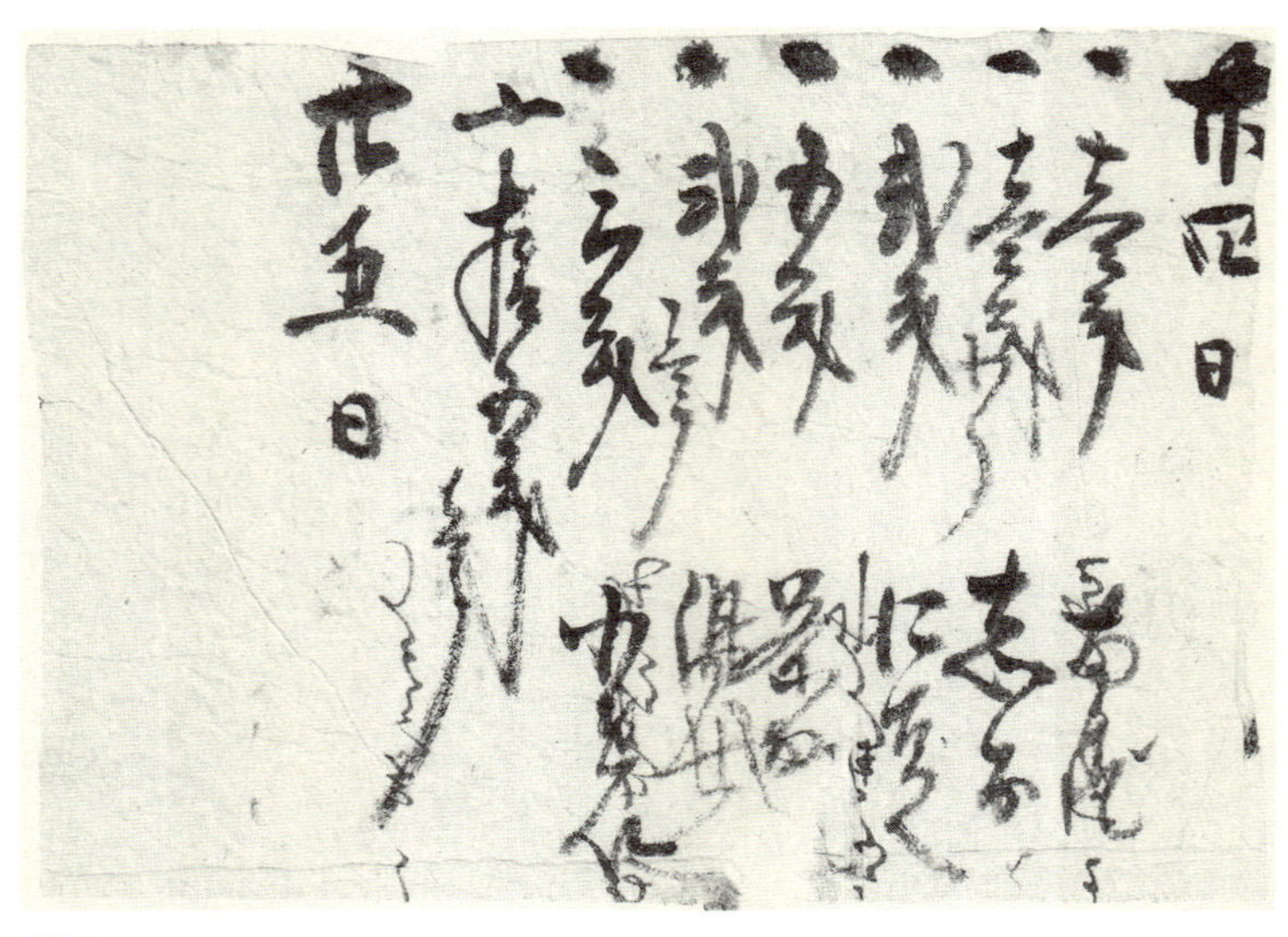

図129

・壱銭五厘　たくわん
・弐銭　なす
・三銭　小遣い
・八銭　小遣い
〆廿八銭

図131

〆三拾三銭三厘
廿七日
・拾弐銭　さかな
・三銭　堀之内参詣
・拾銭　小遣い
〆弐拾五銭
廿八日
・弐銭　おかし
・壱銭　もち
・壱銭三厘　火打石
・弐銭　味噌

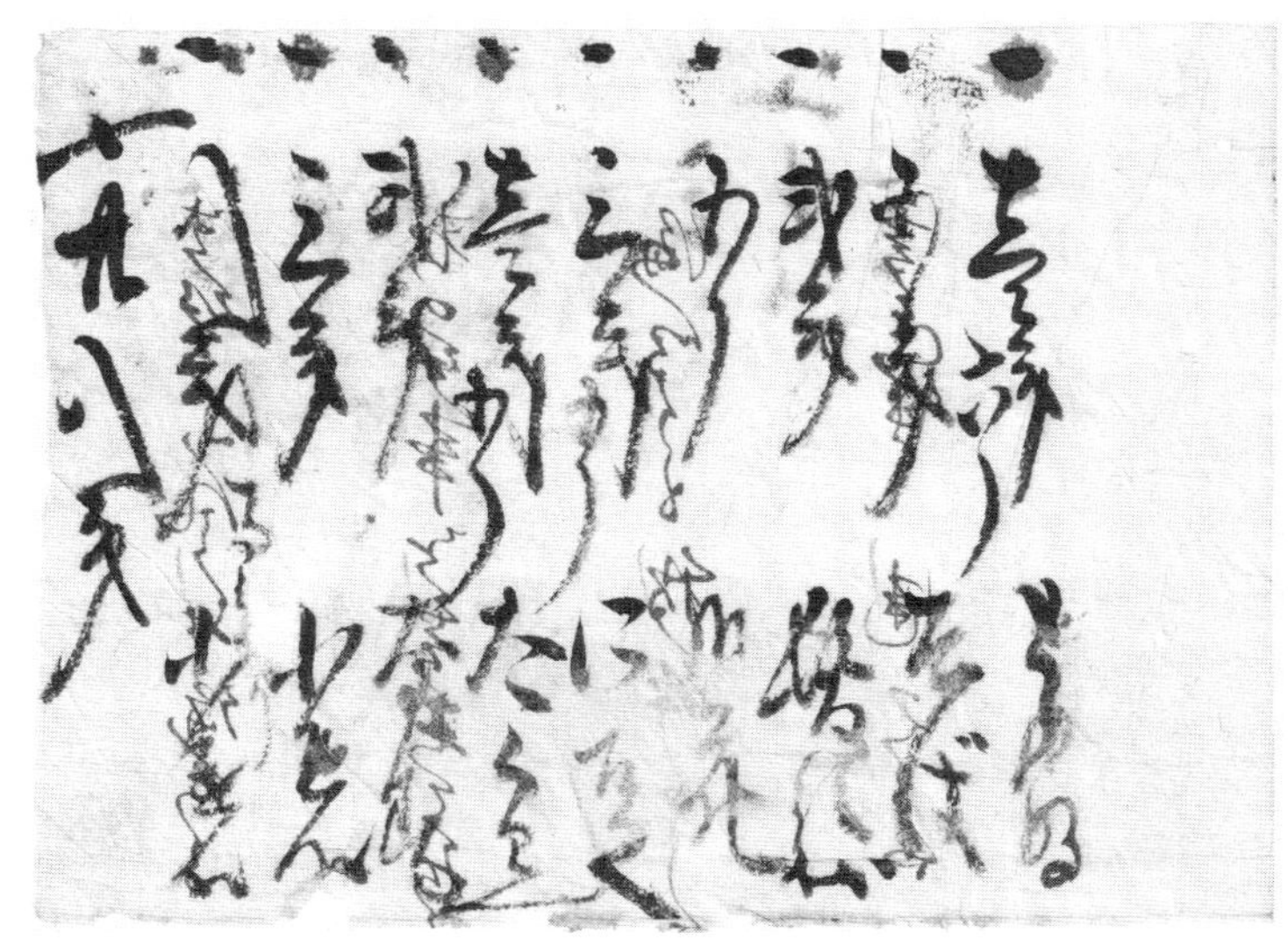

図130

図132
・三銭　酒壱合
・弐銭　に豆
・弐銭　大口野参詣
・拾銭　下駄なほし
・三銭　小遣い
廿六銭三厘
廿九日
・弐銭　なす
・弐銭七厘　いわし
・壱銭　す

図133
・弐銭四厘　とふふ
・壱銭三厘　湯せん
・三銭　小遣い
〆拾弐銭四厘
三十日
・八銭六厘　そば

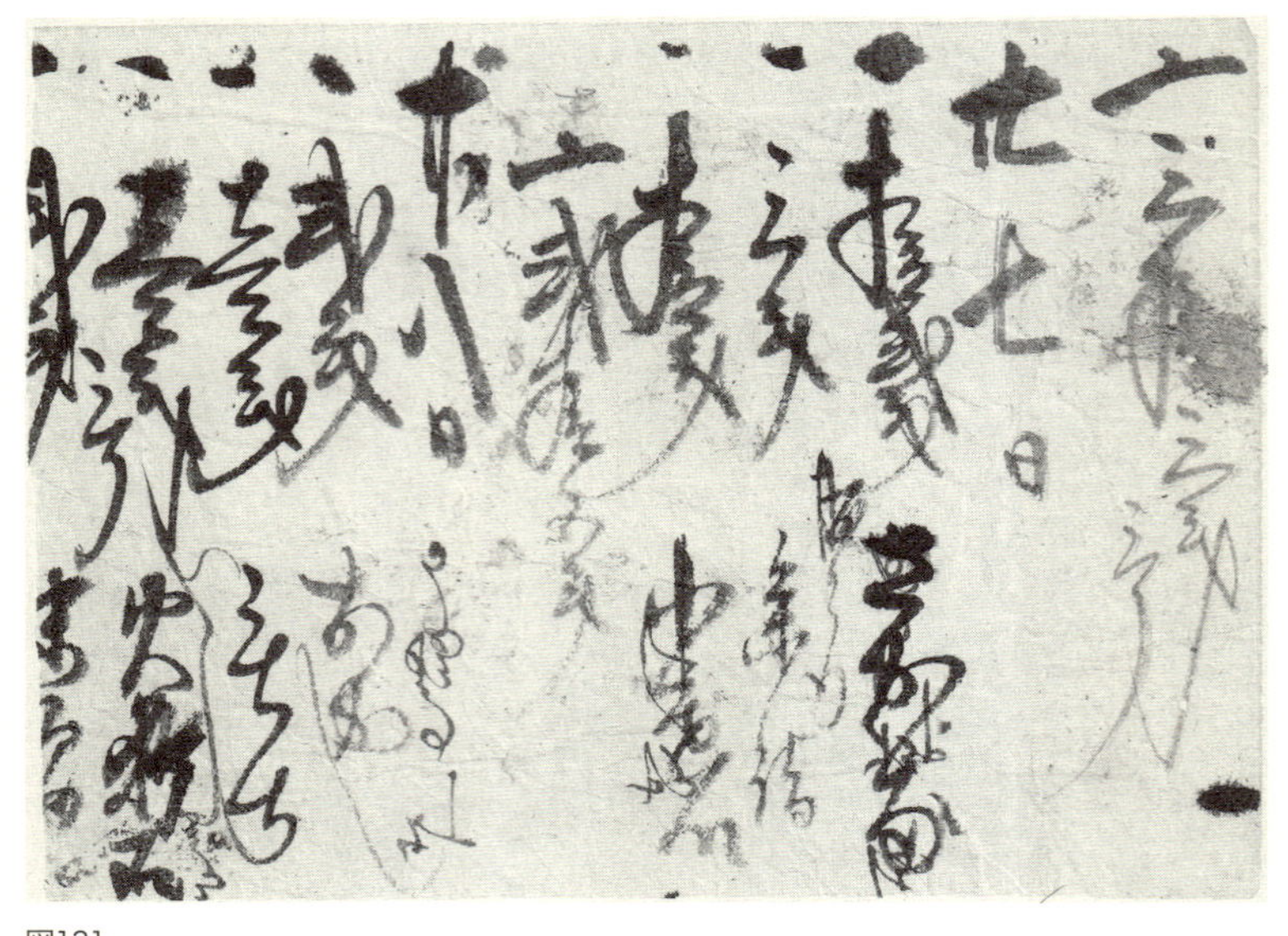

図131

・壱銭五厘 なす
・四銭　小遣い
・壱銭　なす
・四銭　さかな
・弐銭　味噌

図134

・壱銭　白瓜
・壱銭五厘 に豆
〆廿三銭壱厘
三十一日
・壱銭　しろ瓜
・五厘　□□
・三銭　酒壱合
・壱銭　いんけん
・三銭　に豆
・弐銭五厘 髪結代
・三銭　仕度代

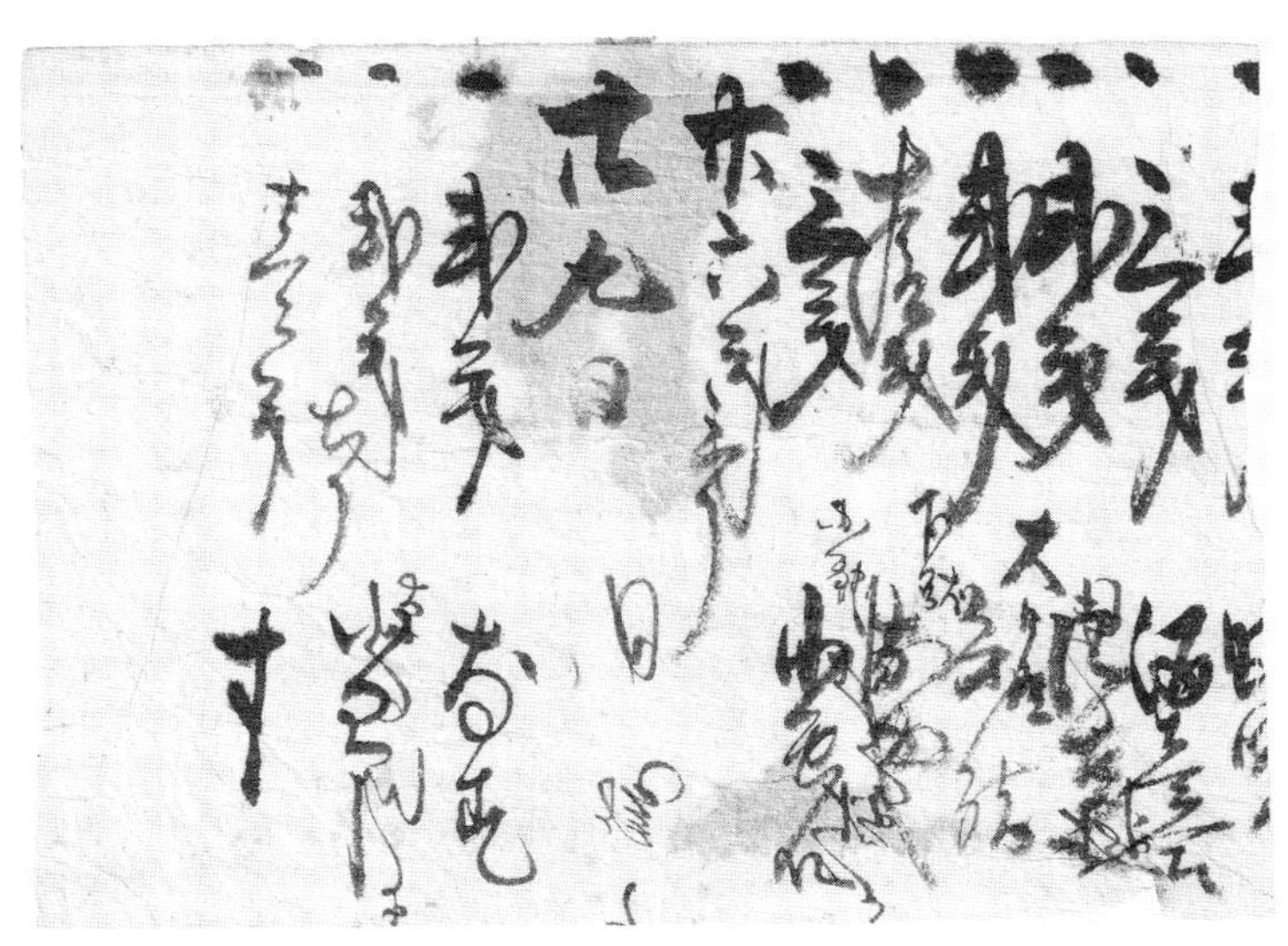

図132

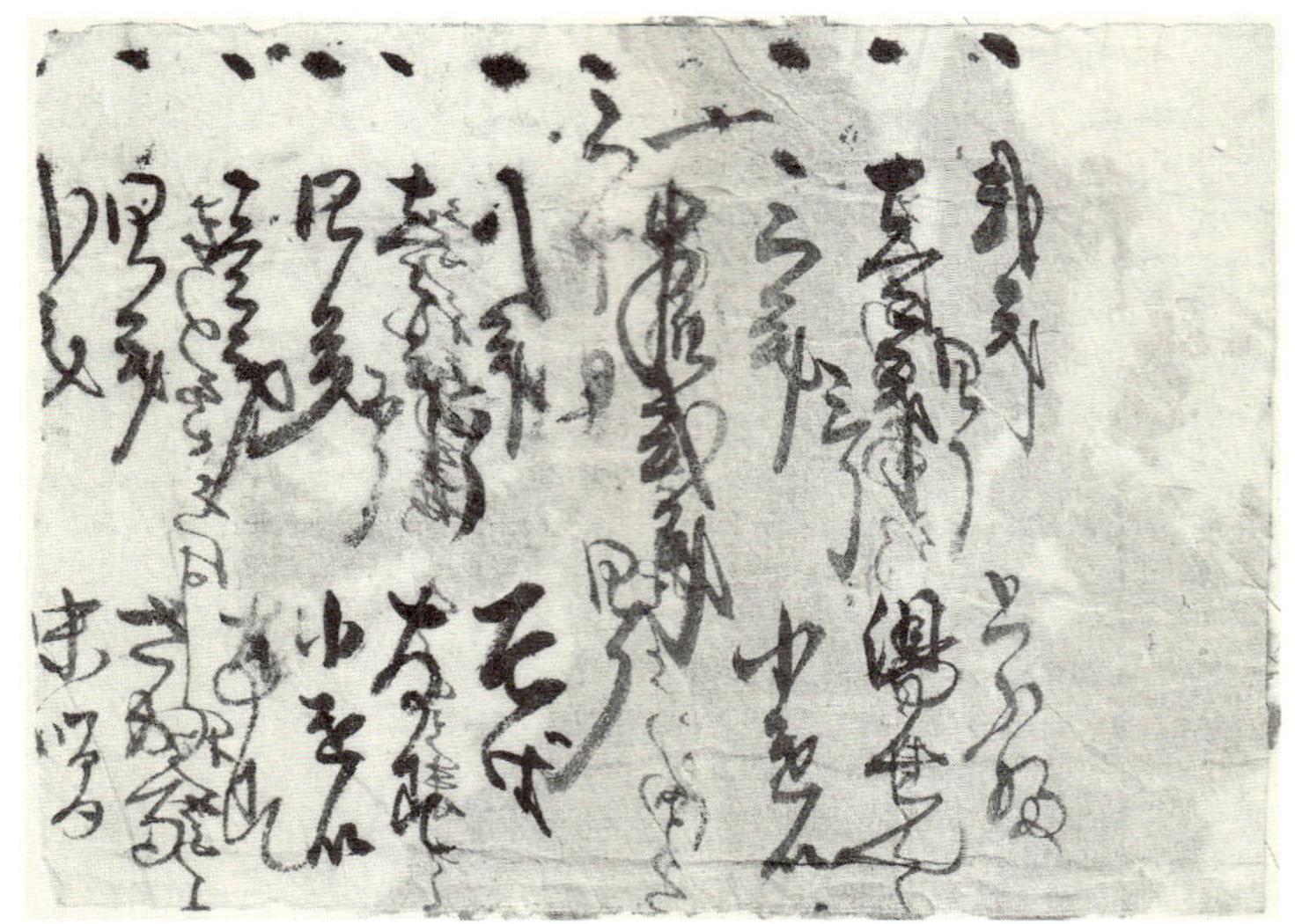

図133

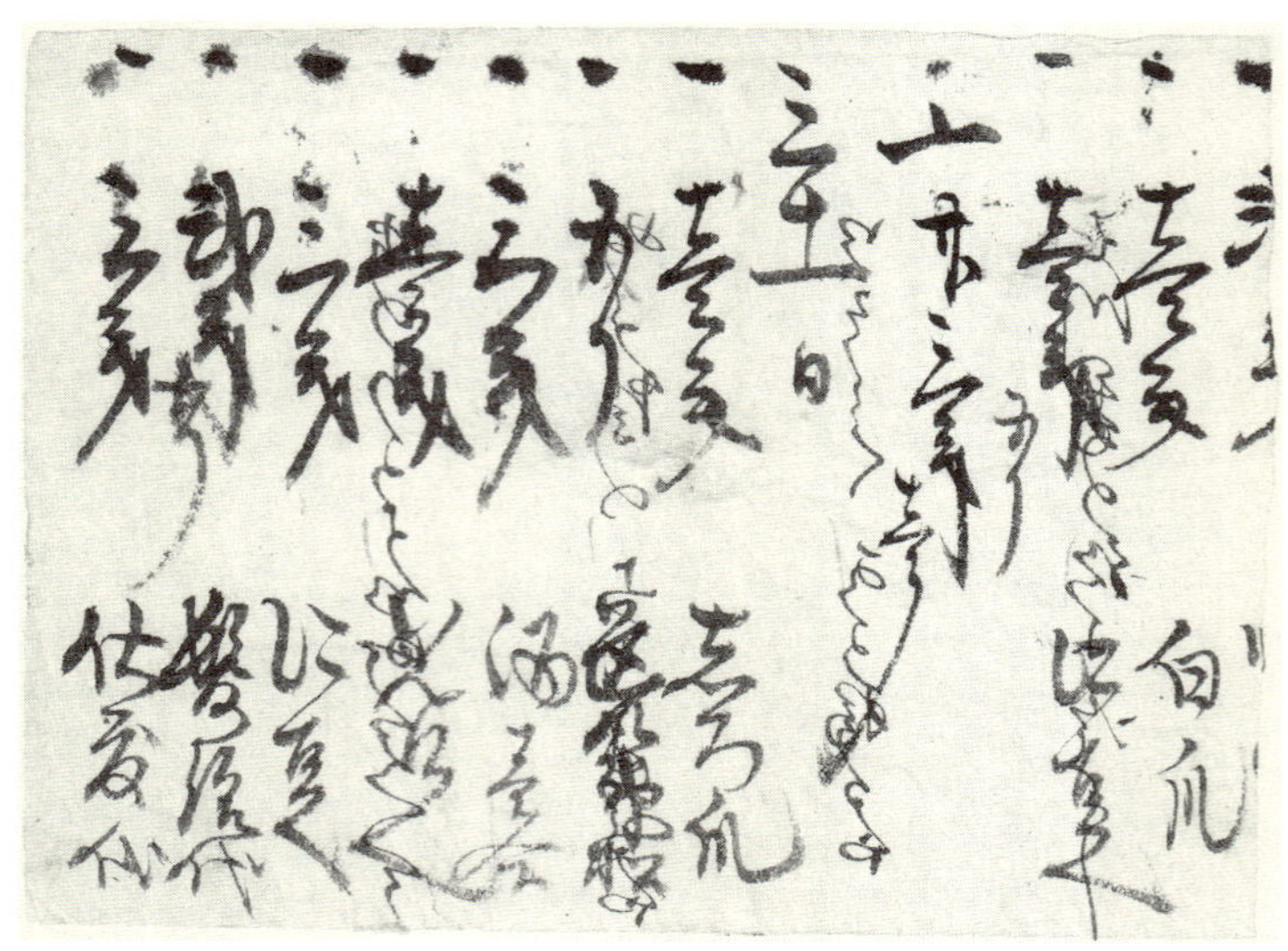

図134

十七葉のうち、図118から図121、図122と図123、図124から図126、図128から図130、図131から図134はそれぞれ一続きのものである。日付をもとに整理すれば、出入帳には八月五日から七日、十日から十二日、十六日から十九日、二十一日、二十二日、二十六日を除いた八月一日から三十一日までの記録を確認できる。料紙の裏には点印と発句らしきものを確認できることから、句帳として使用されていた紙を再利用したものと思われる。

ところどころ合計の合わない日もあるが、一日の支出は平均すればおおよそ二十銭。品目は蕎麦・煮豆・豆腐・魚・茄子・白瓜・金山寺味噌といった食品が多数を占め、酒等の嗜好品は僅かである。そのほかには髪結や銭湯の利用、鼻緒や火打ち石等の日用品の購入、寺社への参詣による支出がある。

出入帳をみる限り、決して裕福とはいえないものの、生活に困窮している様子は見受けられない。

おわりに

当座帳から池清の蔵書や顧客、牛込区界隈の営業範囲をいくらか確認できた。また、出入帳からは当時の生活の様子を曲がりなりにも窺い知ることができた。時代の変化に伴い、旧来の貸本屋が廃業や転業を余儀なくされた明治期においても、池清が長らく昔ながらの営業を続けられた背景には、変わることなく近世期の作品を愛読する人々の存在があったのである。

大正八年（一九一九）二月六日の『読売新聞』第一五〇三二号には「貸本屋の婦人客　『女の生命（いのち）』が全盛を極む」と題された記事がある。昨今増加した女性読者の読書傾向を探るべく、東京市内の貸本屋に聞き取りがなされているのだが、池清もその対象となっている。池清（所在地は牛込簞笥町となっている）は「此家（ここ）は又主として女生徒上りの若い奥さんをお得意とするだけに、月刊雑誌が割合に多く、文学的の単行本や翻訳物も相当に出る」

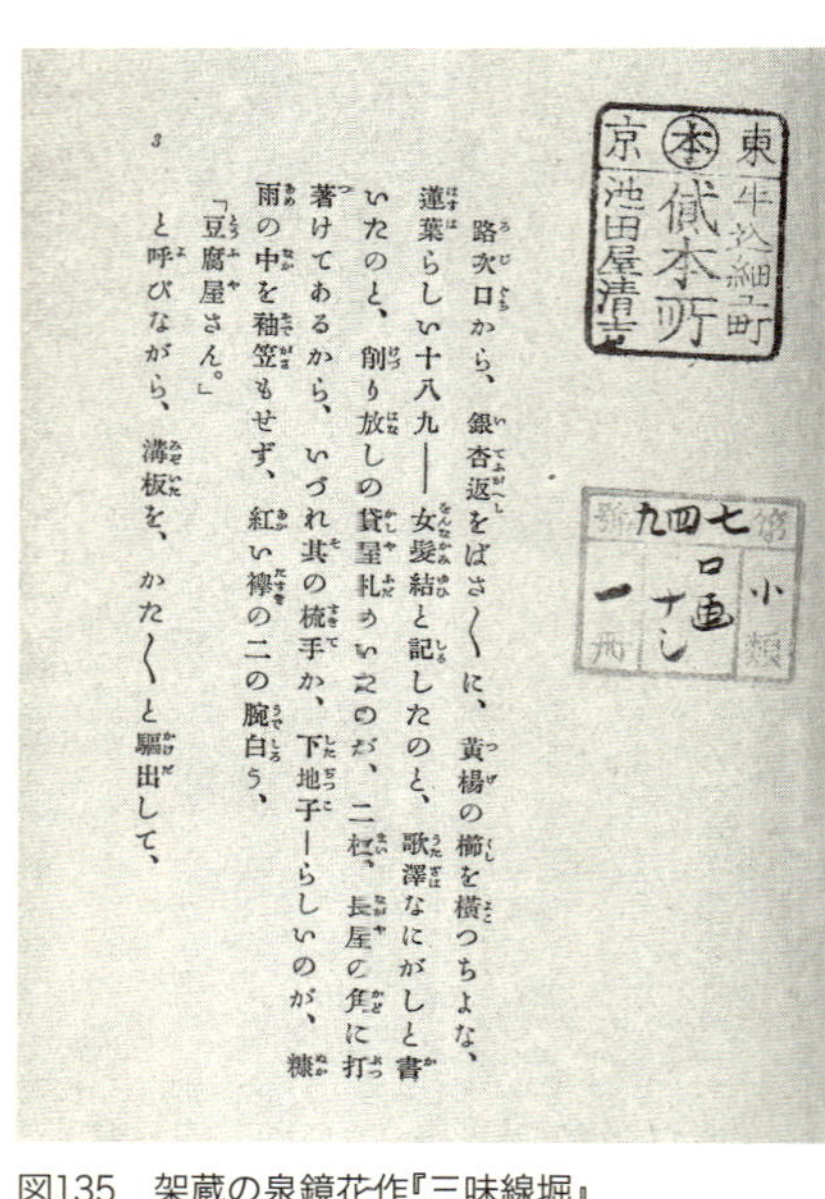
路次口から、銀杏返をばさ〳〵に、黄楊の櫛を横つちよな、蓮葉らしい十八九――女髮結と記したのと、歌澤なにがしと書いたのと、削り放しの貸屋札めいたのが、二枚、長屋の角に打著けてあるから、いづれ其の梳手か、下地子―らしいのが、糠雨の中を袖笠もせず、紅い襷の二の腕白う、

「豆腐屋さん。」

と呼びながら、溝板を、かた〳〵と驅出して、

3

図135　架蔵の泉鏡花作『三味線堀』

と述べている。実際に池清旧蔵の泉鏡花作『三味線堀』（籾山書店、明治四十四年〈一九一一〉一月一日発行）が手元にある（図135）。

　また、国立劇場図書閲覧室蔵（H一一四／九三〇）の桃川燕林講演、今村次郎速記『大岡政談畔倉重四郎』（大川屋書店、明治三十一年〈一八九八〉四月八日発行）のように、講談本も池清は所蔵していた。

　いつまでも旧来の営業を続けていたのではなく、時代にあわせて蔵書内容を変えていくことで、池清は明治・大正期も貸本屋であり続けたのである。

注

（1）『沓掛伊左吉著作集　書物文化史考』（八潮書店、一九八二年所収。初出は一九七一年）。

（2）『東京古書組合五十年史』（東京都古書籍商業協同組合、一九七四年）六一四～六三一頁。

（3）坪内逍遙「維新後の東京の貸本屋」（『少年時に観た歌舞伎の追憶』日本演芸合資会社出版部、一九二〇年所収）一〇七～一一〇頁。

（4）岡野知十翁談「紙魚の跡 貸本屋の巻（一）」（『読売新聞』第一八四九〇号、一九二八年八月二十一日）。

（5）『自己中心的明治文壇史』（博文館、一九二七年）一七四頁に「宅へは牛込簞笥（ママ）町の貸本屋池田屋清吉といふのが能く来た。これから大分古い本を借りて見た。（これが江戸時代の貸本屋の最後まで遺つてゐたものであつた。)」とある。

(6)『早稲田文学』第一次第一号(東京専門学校、一八九一年十月)所収の「時事評論」で「時文に多少因縁深きもの」として紹介されている。池清以外にも、貸本屋としては共益館、大川屋、本鉄、加藤、よしのや、長門屋、丸惣、本惣、桜井吉兵衛、いろはや、伊勢新等があげられる。

(7)国文学研究資料館に「[貸本所誠光堂池田屋清吉広告]」(ユ九:九五:一―二)として同一の摺物が収蔵されている。

(8)山本卓「湖月堂升屋庄助貸本目録――信州上諏訪升屋庄助『惣目録』(明治十二年改め)」(『国文学』第一〇七号、関西大学国文学会、二〇二三年三月)。

(9)「これ等の軍記、実録類は徳川時代の末葉、所謂貸本屋物とて、我等の祖先に愛読せられしものにして、悉く写本なり、維新以来活版本出でゝてより、これ等の写本は世に顧みられず、現今これを有する貸本屋は東京市中僅に二軒をとゞむるのみ、しかも日々紙魚をこやし漸次湮滅に帰しつゝあり、この目録は右二店の維新の際調査せし貸本目録により後日の参考にもとて写し置けるを、こゝに附録とせるなり」(『日本小説年表』)、「貧弱な蔵書と、池清貸本店から貸借した読本や人情本を基礎として、更に図書館で閲覧した仮名草子や浮世草子を初め、『好色本目録』や『青本年表』、さては『合巻外題集』などの書目を写して、それを分類の上年代順に排列したのが、即ち旧版『日本小説年表』の稿本である」(『新修日本小説年表』)という記述による。

第三章　近代金沢における書籍受容と春田書店

はじめに

石井研堂著『独立自営営業開始案内』第二編（博文館、一九一三年）は、「新古書籍業」「新聞雑誌取次業」「絵葉書絵双紙業」「貸本業」の開業手引き書である。本書で貸本業は甲乙丙の三種にわけられている。「甲種持込貸本法」は店を持たずに家々や病院、温泉宿などを貸し歩いて営業するもの、「乙種通俗貸本法」は専用の店を持つ専業に加え、書籍商・煙草商・文房具商・小間物商などが兼業するものである。これら甲乙は講談本や小説類を主に貸し出すとされ、その割合は甲が講談本八割・小説類二割、乙は講談本七〜八割・小説類二〜三割程としている。「丙種高等貸本法」は専業で営業しながら、講談本や小説類ではなく、学術書や雑誌を貸し出すという。これら三種のうち「丙種高等貸本法」は、今日「新式貸本屋」の名称で知られている。

明治以降の貸本文化にとって、一つの画期となったのがこの新式貸本屋の出現である。浅岡邦雄氏によれば、新式貸本屋とは「①貸本書目として、従来の稗史小説や軍記ものなどに代わって学術書・翻訳書などの高度な内容の書物を中心としたこと」「②従来の得意先廻り（御用聞き方式）とは異なり、顧客からの注文に応じて配達（出前方式）する貸出方式をとる店が多くあったこと」「③多くの店が利用顧客にたいして貸本目録を作成・配布したこと」「④利用読者の対象を学生層に設定し、実際学生層の利用が多かったこと」「従来の「顔のみえる」顧客から「顔のみえない」顧客が増加したこと」などの特徴を有する、文字どおり新しい貸本屋であったという。さらに、浅岡氏は利用客である学生層がたびたび転居したため、貸し出した書籍を確実に回収するためにも「保証金前払いの方法を講じ、配達により顧客の居住を確認」したことも指摘している。(1)

以上のように新式貸本屋は、下宿生の多い東京に特化した営業形態であるため、同様の貸本屋が全国各地に存在したわけではない。しかし、書籍の定価相当の保証金をとって貸し出す方式は、新式貸本屋に限らず、ほかの形態の貸本屋でもおこなわれるようになっていく。それが直截的に新式貸本屋の影響であるかは定かでないものの、少なからずその影響があったように思われる。

この新式貸本屋については、浅岡邦雄・鈴木貞美両氏による編著『明治期「新式貸本屋」目録の研究』（作品社、二〇一〇年）で詳述されているほか、図書館的な側面を持ちあわせていたことから、図書館史においても注目されている。(2)一方で、新式貸本屋の影響を受けながらも、娯楽的書籍を提供し続けた甲乙にあたる貸本屋についての研究はそう多くない。しかしながら、そうした貸本屋の蔵書内容や実態の解明なくして、近代における娯楽的書籍の受容を明らかにするのは難しいであろう。

そこで本章では、実際に貸本に供されていた書籍が数多く現存する金沢の春田書店を取り上げる。金沢における出版の研究は、近世期を中心にすでに蓄積がなされているものの、近代は未だ発展途上の感がある。(3)春田書店を取り上げることで、近代金沢における貸本文化のみならず、同地における出版ひいては書籍受容の一端をも浮かび上がらせることができよう。

一、春田篤次・徳太郎から春田書店へ

現段階で「春田書店」の名を史料や書籍に見出せてはいない。この名は後述する石川県立図書館辻家貸本文庫の書籍や架蔵本に貼付された票によるものである。春田書店の淵源を辿っていくと、近代金沢における教育にも影響を与えた、卯辰山集学所とも関係の深い春田篤次へと行き着く。

加賀藩には藩校明倫堂のほか、庶民をも対象とした教育機関である集義堂・小松修道館などの郷校があった。卯辰山集学所はこの郷校の流れを汲む庶民教育機関として、慶応三年（一八六七）卯辰山に設立された。漢学のほか習字（筆学）と算術が教えられており、増減はみられたものの常に一五〇名程度の生徒がいたという。束修や謝儀は徴収しておらず、有志者からの出資金をもとに経営されていたが、明治三年（一八七〇）には改組され、卯辰山小学所となった。(4) この卯辰山集学所の設立に尽力したのが、当時町年寄であった成瀬長太郎と米沢喜六、そして春田篤次であった。

金沢で営業していた書肆を一覧にした柳川昇爾「江戸中頃以降／金沢に於ける書林展開表　稿」には、「春田徳太郎　篤次　明治12―昭和17」と記されている。(5) 後述するように、確かに書籍から窺える活動開始時期は徳太郎の方が早い。だが、卯辰山集学所の設立に関与している点や徳太郎よりも短い活動期間などから、先んじるのは篤次であったと考えられる。

春田篤次が出版に携わる最初は、明治十二年（一八七九）十月出版御届『大日本地図明治道中記』(6) の編輯并出版人としてである。本書はほかに金沢の書肆鍵崎半蔵と池田源太郎の二人を出版人とする。この時点では「石川県金沢区観音町壱丁目八番屋舗」に居住しているが、明治十四年（一八八一）刊の春田徳太郎版『百人一首大和錦女教訓草』(7) を著述した際には、所書きが「加賀国金沢区御歩町三番丁九番地」となっている。翌明治十五年（一八八

二）八月には、単独で琢誉梵阿訓点『三部妙典』を出しているが、こちらは京都の丁子屋北川宇兵衛版『改正三部妙典』（明治十四年〈一八八一〉八月刊）の求版本であり、自身で開版したものではない。出版物をみる限りでは、春田篤次は明治十二年以降から出版業に携わっている。しかし、出版物の少なさから本業はほかにあったと思われる。

和田文次郎著『郷史談叢』（観文堂書店、一九二一年）には「江戸三度京三度の両者を合併して更に荷物運送業を始めたのが春田篤次等が十間町の中程に設置した店であつて其建物全部は後年に至つて内国通運会社の金沢支店となつた」とある。(8) 内国通運会社金沢支店は、北陸地方における貨物輸送を目的として設立された北陸道陸運元会社を、明治七年（一八七二）に後の内国通運会社である東京陸運元会社が合併して生まれた支店である。この合併の際、北陸道陸運元会社の株主四十七人に対して、東京陸運元会社の株式が割り当てられた。総株数一三〇株のうち、二番目に多い九株を有するのが春田篤次である。(9) 詳細は不明ながらも、おそらく春田篤次の本業は運送関係であり、その片手間として出版業へと参入していったのであろう。

春田篤次は、ほかにも「臥龍房」あるいは「臥龍書房」名義で出版された書籍へも関与しているようである。臥龍房としては関口開著述『点竄問題集』初編（明治五年〈一八七二〉三月刊）、臥龍書房としては大橋若水著『本朝三字経』（嘉永六年〈一八五三〉序）、梅岳山人輯『漢語便覧』（明治三年〈一八七〇〉序）、山崎闇斎・後藤芝山・佐藤一斎訓点『新撰校訂四書字引大成』（同年刊）、大屋愷敆著『万国名数記』（同四年〈一八七一〉序）、三国準輯・児玉徳校『詩礎階梯』（刊年不詳）などの書籍がある。これらは全て奥付を有しておらず、見返しに「臥龍房蔵」（『点竄問題集』初編）、「臥龍書房」（『本朝三字経』）、「臥龍書房梓」（『漢語便覧』）、「臥龍書房蔵梓」（『新撰校訂四書字引大成』）、「臥龍書房蔵板」（『万国名数記』）、「臥龍書房蔵」（『詩礎階梯』）とそれぞれあるだけである（図136～138）。『本朝三字経』は求版本であるため、ほかも同じく求版本であった可能性が考えられる。

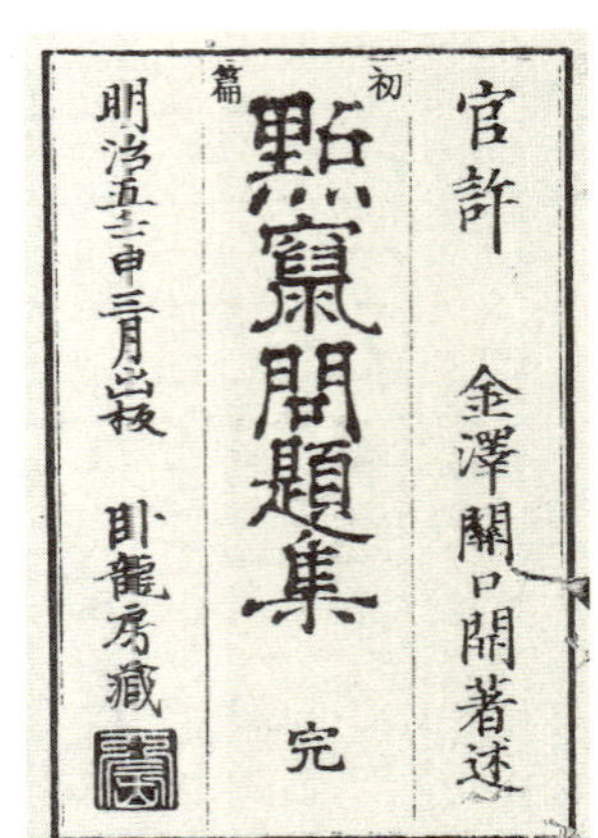

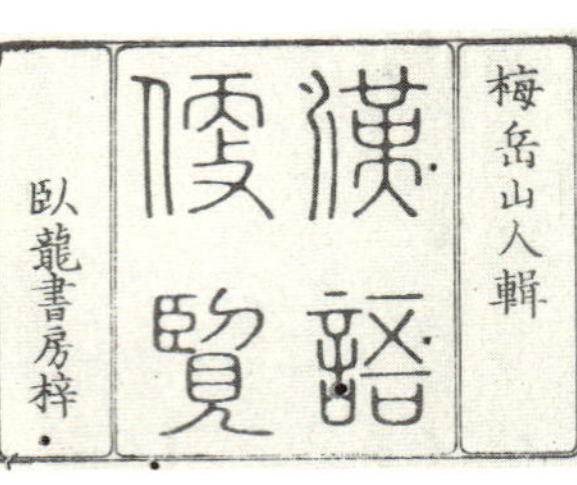

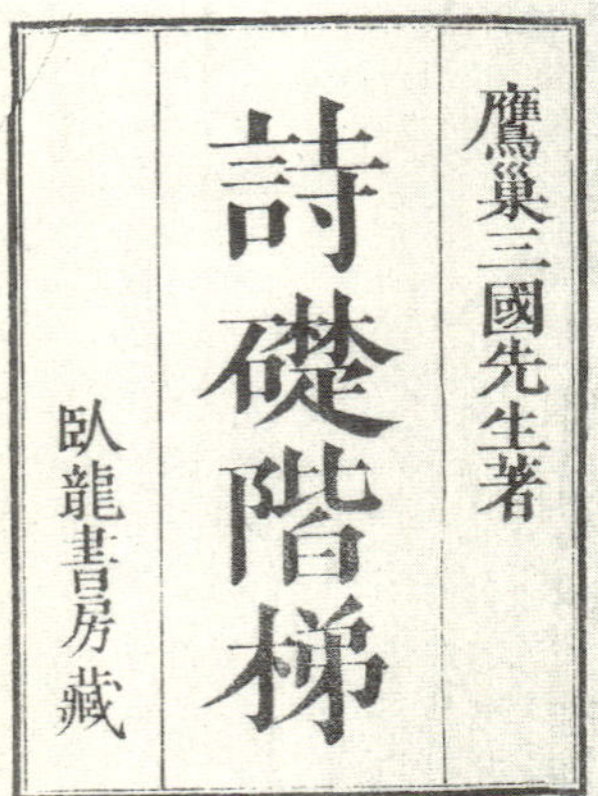

図136（右）『点竄問題集』初編の見返し（架蔵）
図137（左上）『漢語便覧』の見返し（架蔵）
図138（左下）『詩礎階梯』の見返し（架蔵）

園部昌良氏は、卯辰山の別称「臥龍山」に因む「臥龍房」「臥龍書房」が、卯辰山集学所あるいは同地にあった錦絵所であった可能性を指摘しているが(10)、当時すでに卯辰山集学所は改組されていて存在しない。また、氏の引用している「卯辰山開拓図新版の錦絵歌かるた書籍類を造出す」という『卯辰山開拓録』（明治二年〈一八六九〉刊）の記述から、錦絵所で書籍が取り扱われていたのは確かだが、「造出」という言葉からは出版業を些か連想し難い。そこで、ここでは『点竄問題集』初編の改正版にあたる『改正点竄問題集』初編（明治十年〈一八七七〉一月再刻）に注目してみたい。

『改正点竄問題集』初編の見返しにも「臥龍房蔵版」と記されているが、奥付には「明治五壬申年三月新刻／同十丁丑一月再刻／著述　石川県第十大区小七区金沢竪町　関口開／出板主　同県同区小区観音町　春田徳太郎／同　同県小二区森下町　米沢喜六」(11)とある。春田徳太郎は篤次の後継と目される人物、米沢喜六は卯辰山集学所の設立に尽力した人物の一人である。この奥付からわかるように、『改正点竄問題集』初編は卯辰山集学所に関係した人物とその関係者によって出版

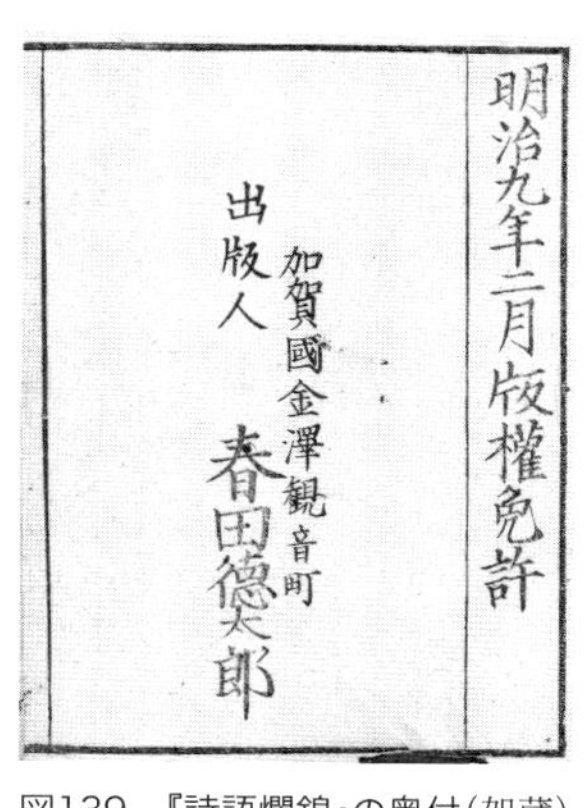
明治九年二月版權免許
加賀國金澤観音町
出版人　春田德太郎

図139　『詩語爛錦』の奥付（架蔵）

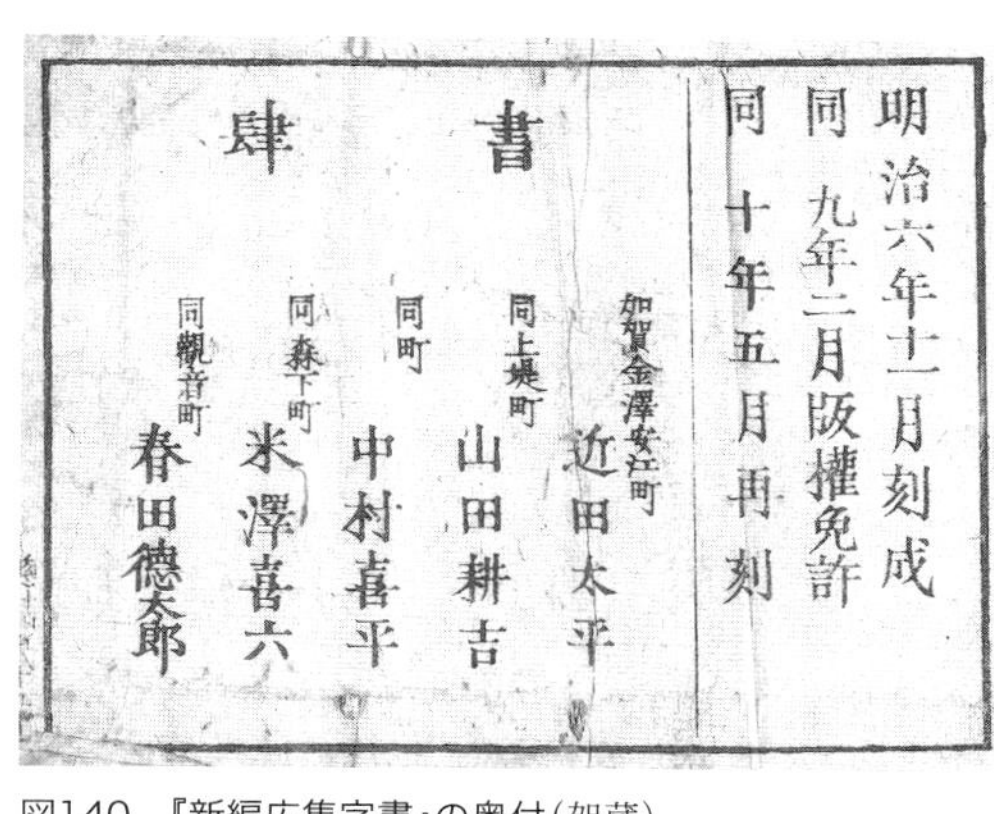
明治六年十一月刻成
同　九年二月版權免許
同　十年五月再刻
加賀金澤安江町　近田太平
同上堤町　山田耕吉
同町　中村喜平
同森下町　米澤喜六
同観音町　春田德太郎
書肆

図140　『新編広集字書』の奥付（架蔵）

されている。ここから「臥龍房」「臥龍書房」は、春田篤次と米沢喜六に春田徳太郎を加えた三者による共有名義であったと考えたい。同名義で蔵版されている書籍が、いずれも卯辰山集学所で教えられていた漢学や算術に関する内容であるのはその証左である。彼らは卯辰山集学所なき後も、関連する書籍を蔵版・発行しながら教育と関わり続けたのである。

篤次の後継と目される春田徳太郎の最初の出版物は、金沢の静遠堂から求版した菊渓道人輯『詩語爛錦』である。本書の奥付に「明治九年十二月版権免許／出版人　加賀国金沢観音町　春田徳太郎」（図139）とあることから、春田篤次と同時期に同じ観音町で営業していたようである。その後、前述の『百人一首大和錦女教訓草』や『改正点竄問題集』初編のほか、『新編広集字書』（明治十年〈一八七七〉五月再刻）、『新撰評註正文章軌範』正続編（同十九～二十年〈一八八六～一八八七〉刊）、『新選評註続文章軌範』（同二十年刊）などにも徳太郎は携わっている。

架蔵する『新編広集字書』の奥付には「明治六年十一月刻成／同九年二月版権免許／同十年五月再刻／書肆／加賀金沢安江町　近田太平／同上堤町　山田耕吉／同町　中村喜平／同森下町　米沢喜六／同観音町　春田徳太郎」（図140）とある。末尾で米沢喜六と春田徳太郎が名を連ねている点は、両者の「臥龍房」「臥龍書房」としての結びつき

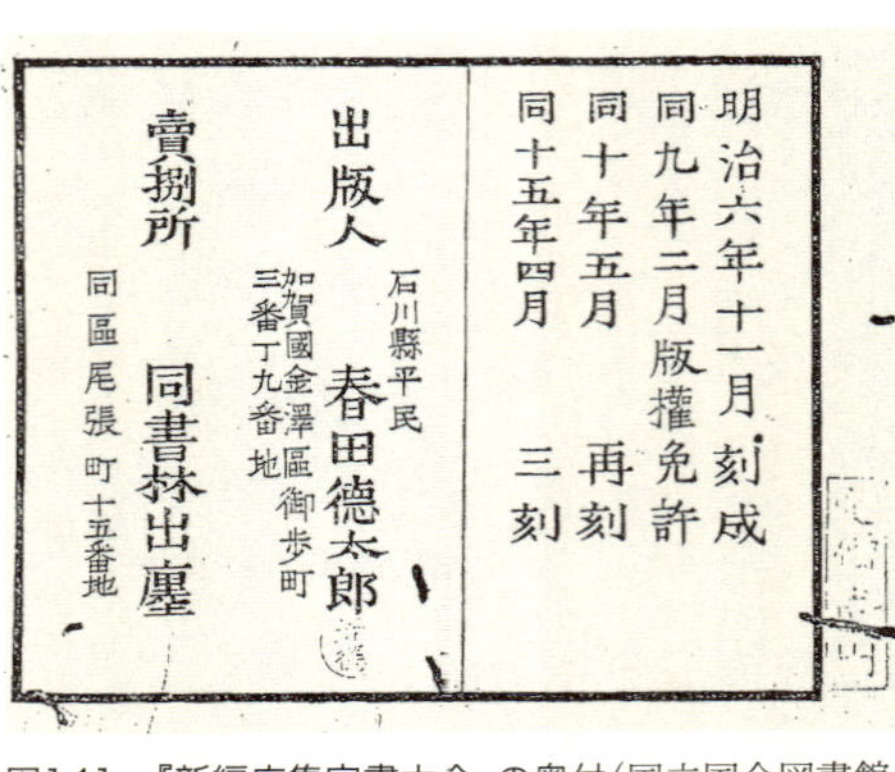

明治六年十一月刻成
同九年二月版權免許
同十年五月　再刻
同十五年四月　三刻

出版人　加賀國金澤區御歩町三番丁九番地
石川縣平民　春田徳太郎

賣捌所　同區尾張町十五番地
同書林出廛

図141　『新編広集字書大全』の奥付（国立国会図書館蔵（特57-65））

を連想させる。

携わっている出版物の点数は篤次より多いものの、自ら開版したと思しいのは『百人一首大和錦女教訓草』だけである。おそらく、春田徳太郎は出版業が主たる業務だったのではなく、書籍の取次・販売や貸本業、そして古本業などを経営の柱としていたのであろう。実際に花之本芹舎校正、芳水舎梅敬編輯『明治新撰誹諧季寄鑑』（隅永真助、明治十三年（一八八〇）七月刊）などの売捌にその名前がみえる。

さて、『新編広集字書』には三刻にあたる『新編広集字書大全』がある。その奥付に「明治六年十一月刻成／同九年二月版権免許／同十年五月再刻／同十五年四月三刻／出版人　加賀国金沢区御歩町三番丁九番地／石川県平民　春田徳太郎／売捌所　同区尾張町十五番地　同書林出廛」(12)（図141）とあるように、春田徳太郎は明治十五年（一八八二）四月には尾張町に出店を持っていた。次節で取り上げる石川県立図書館辻家貸本文庫の書籍にみられる票と印から、この出店がやがて春田書店と改称して存続したのだと考えられる。架蔵する大正十二年（一九二三）一月現在『全国書籍商組合員名簿』には、「同（松永注　金沢市）尾張町　無尽堂　春田徳太郎」とあるが、大正十五年（一九二六）四月現在『全国書籍商組合員名簿』(13)には、石川県書籍雑誌商組合員として「同（松永注、金沢市）尾張町八七（振沢三一五三）　無尽堂　春田治正△」とある。大正十五年までの間に尾張町の店は、春田治正なる人物が店主となっていたようである。

図142　春田書店の印が捺された口絵（架蔵・村上浪六著『三日月』）

図143　春田書店の票（架蔵・黒岩涙香著『片手美人』）

二、貸本屋としての春田書店

石川県立図書館の特殊文庫には、辻家貸本文庫と名付けられたコレクションがある。『石川県立図書館報いしかわ』二九六号（石川県立図書館、二〇〇九年）によれば、明治から大正にかけて出版された講談本や小説を中心とする文庫で、その整理は二〇〇九年ごろに完了したとある。同文庫の書籍には「春徳」（円形朱印、一・一糎×一・一糎）のほか、「春田」（楕円形朱印、一・一糎×〇・九糎）、「春」（枠なし朱印、〇・六糎×〇・六糎）などの印（図142）が押捺され、巻末には「春田書店／金沢市尾張町／第　号／売価￥」と印字された票（図143）が貼付されている。票の余白には「消毒省略承認／証／玉川警察署」印が押捺され、承認を受けたと思しい日付とその際の整理番号が墨書されている。貼付された票や「春徳」印によって明らかなように、辻家貸本文庫は春田徳太郎の出店であった春田書店の旧蔵書である。しかも、書籍のほとんどは貸本に供されており、その痕跡を多く残している。近代における娯楽的書籍中心の貸本屋を知る上で、本文庫の存在は大きいといえよう。

さて、石川県立図書館辻家貸本文庫の調査をもとに、「春田書店旧蔵書一覧（表2）」を作成し本章に附録した。請求記号順に配列し、書誌事項に加えて書籍に残された痕跡をもとに保証金・見料などをまとめてある。なお、春田書店旧蔵書の一部は市場に流出しており、筆者もいくつか架蔵している。そうした架蔵本については、一覧の末尾に五十音順で加えている。

表2によれば、その総数は合冊されたものを含めて四六一点に及ぶ。次節で取り上げるとおり、貸本業だけでなく古本業も兼ねていた春田書店は、『独立自営営業開始案内』第二編の分類に従えば「乙種通俗貸本法」となる。貼付された票の番号が一二九九まであることから、現存している旧蔵書に少なくとも実際の三分の一程度でしかない。だが一覧をみる限り、蔵書は講談本と小説類とを中心に構成されている。割合はともかくとして、その内容は本章の冒頭で確認した乙種の特徴どおりである。

それぞれの書籍には、次にみるような貸本に供されていた痕跡が残されている。

まず表紙と装訂である。なかには原装のものもあるが、厚手の紙を用いた改装表紙を拵え、四つ目綴じに綴じ直している場合がよくみられる。これは度重なる利用に耐え得るよう、書籍を保護・補強する目的で貸本屋がよくおこなう方法である。静岡大学附属図書館の貸本屋旧蔵コレクションにも、同様の装訂に改装されているものが多くある。ただし上製本はこの限りでない。

次は摺物と墨書である。表紙には保証金と見料、利用上の注意に関する四項目が印刷された摺物が貼付されている（図144）。矩形の子持枠に「記／一保証金／一日見料　銭　厘／一已上　日ヲ増ス毎ニ金　銭　厘宛ヲ申受ケ候事／一落書毀損等ハ其多少ニ依リ損料申受ケ候事」とあり、「一保証金」の下にはそれぞれ定められた金額が記載されている。延滞料金にあたる三つ目の項目は、実際には適用されていなかったらしく、日数には「五」とあるものの、料金部分には「〇」が記されている。摺物が貼付されていない場合は、同内容の文言が表紙や見返し、あるいは扉などに墨書されている。

最後は貸本印である。押捺されている印の種類は前述のとおり。これらの印は本文部分のみならず、口絵・挿絵にも押捺されている。これは所蔵者を示すだけでなく、貸本利用者による口絵・挿絵部分の切り取りを防止するためでもある。同一箇所にいくつもの異なる印が押捺してあるが、それは何回かにわけて蔵書の点検がなされていたためであろう。なお、摺物や墨書がなく、票と蔵書印しかみられない書籍が半数近くある。これらも貸本に供されていたと思われるが、なぜ票と印しかないのかは不明である。

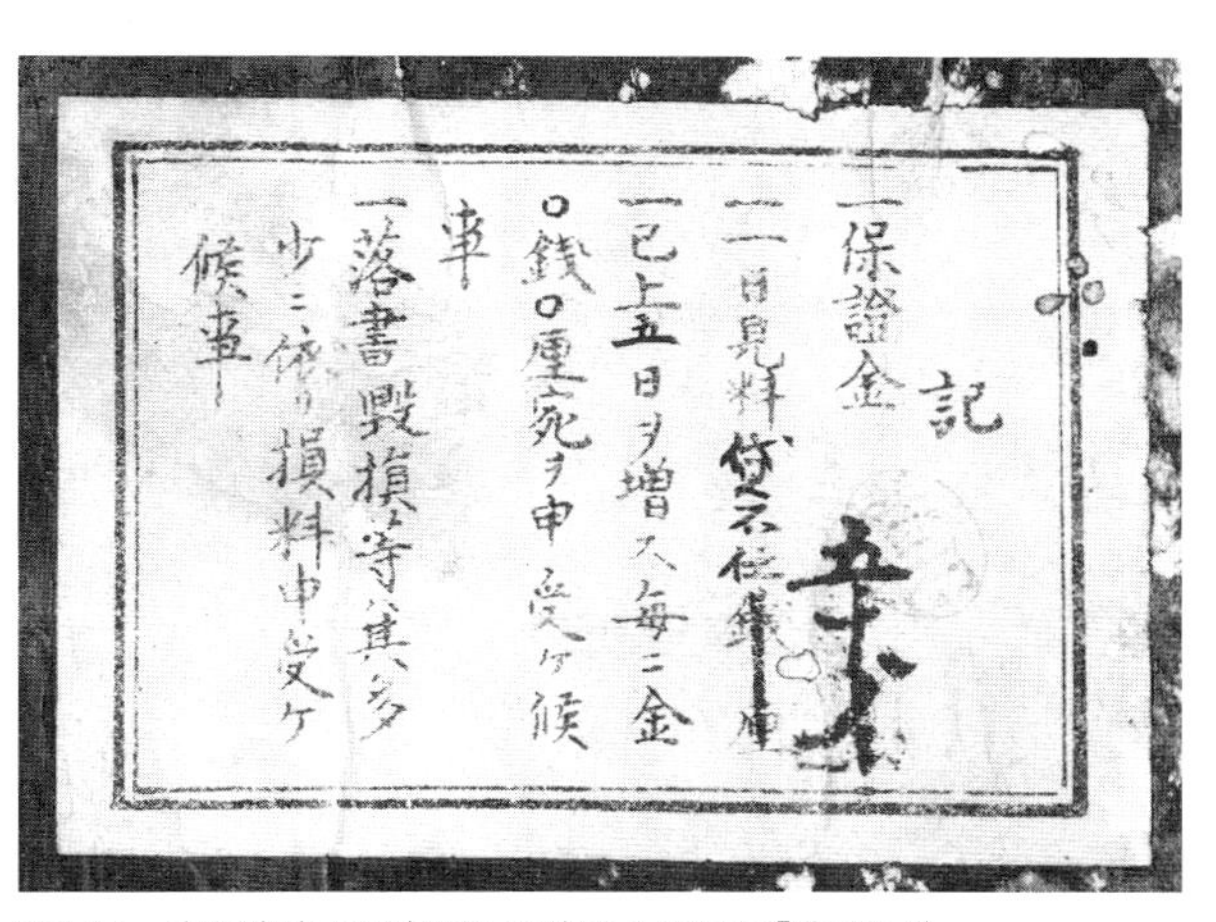
記
一保證金
一日見料
一已上五日ヲ増ス毎ニ金
〇銭〇厘宛ヲ申受ケ候
事
一落書毀損等其多
少ニ依リ損料申受ケ
候事

図144　春田書店の票（架蔵・翁家さん馬口演『迷子札』）

摺物や墨書の内容によれば、春田書店の貸し出し期間は一律五日間で、書籍によって異なる保証金と見料を設けている。たとえば、保証金五十銭、見料七銭で貸し出されている14は、奥付に「定価金卅五銭」とあり、同じ料金設定の32は奥付に「定価金四拾銭」とある。奥付に記載された定価にいくらか上乗せした金額が保証金とされているようである。だが、ここで注意をしておかなければならないのは、春田書店の保証金・見料の多くが一度改正されている点である。摺物や墨書の料金部分は、その多くが紙を貼り付けたり、もしくは線を引いたりするなどした後、新たな料金を書き加えて割印（「春田」印を使用）が施されている。改正前の保証金と書籍の定価がわかるもののうち、37・74・146・147・148は二つの金額が合致する。本来は定価にあわせて保証金を設定していたのであろう。なお、なかには価格の訂正がおこなわれていないものもある。それらは大抵定価そのままの金額を保証金としている。

保証金に対し、見料は何を基準に設定されているのか判然としない。同じ見料でも異なる保証金となっている場合が間々みられるのである。ある程度の基準はあったのだろうが、ことによると人気の多少によっていくらか色がつけられているのかもしれない。

さて、改めて蔵書内容に注目してみると、その全てが活版本であり、整版本と思しき書籍は一つとしてみられないことに気付く。この点は、前章で取り上げた池田屋清吉の事例とは対照的である。春田書店が営業していたと思われる明治末年から大正において、整版本は貸本屋の蔵書から姿を消してしまっているのである。

蔵書の柱である講談本は、玉田玉秀斎・神田伯龍・石川一口・錦城斎貞玉・旭堂小南陵・揚名舎桃李などの名が目立つ。対して小説類は黒岩涙香・村上浪六・田口掬汀・小杉天外・江見水蔭・丸亭素人・徳田秋声・菊池幽芳・半井桃水らの著作が多い。金沢という地域性は特に感じられず、当時人気のあった書籍が多く所蔵されている印象を受ける。明治三十年代に栃木県烏山町で貸本業を営んでいた越雲商店では、『文芸倶楽部』や『新小説』なども貸し出されていたが(14)、現存する旧蔵書をみる限り、春田書店は雑誌を取り扱っていないようである。

三、春田書店の仕入れと古本業

さて、春田書店は貸本に供する書籍をいつ、どこから仕入れていたのだろうか。それを知るための痕跡が書籍には残されている。

まず仕入れた時期は、奥付に墨書あるいは鉛筆書きで書き記された符牒が参考になる。仕入れた年と書籍に附された通し番号と思われる数が符牒で記されているのである。その多くは解読できていないものの、なかには

「〆〜」「大〜」などわかりやすく年号が記されている場合がある。

明治年間の仕入れを示す符牒には、「〆卅二、二十五号」(96)・「〆三十三、廿二号ワカ又」(454)・「〆三十五、十七号」(190)・「〆三十六、三十号」(47)・「二冊〆三十六三十一号」(77)・「〆三十七、十三号」(190)・「二冊〆三十八、三十号」(9)・「〆三十九、三冊六十九号」(420)・「〆四十、ヿモ号」(458)・「〆四十一、三十号」(444)・「〆四十二、十四号」(247)・「〆四十二、十二号」(284)・「〆四二、五十六号」(95)・「〆四十四、八号」(434)・「〆四十五へ二十二号二冊」(251)、大正年間の符牒には「大壱ヿモ上下」(220)・「大正二年へ十三号」(234)・「大正二年二冊へ二十六号」(387)・「大正二へ三十号二冊」(431)・「大正三、十一号」(110・158)・「大三、五十号」(433)・「大正四年十月六号」(154)・「上下大五、二十四号」(357)・「大五、ヿモ号」(458)・「大七、五号」(97)・「大七、十号二冊」(121)・「大七、十一号」(34)・「上下大八、十五号」(161)・「大八、十五号二冊」(162)・「三冊ニテ大八、三十七号」(204)・「二冊大九、三十号」(75)・「二冊大九、九十号」(56)・「大十、二十五号」(403)がある。「〆卅二、二十五号」は明治三十二年（一八九九）に二十五番目に、「大壱ヿモ上下」は大正元年（一九一二）に上下巻を仕入れたという意であろう。これらの符牒により、明治三十二年から大正十年までの仕入れを確認できる。

仕入れ先については、書籍に押捺された仕入印が参考になる。仕入印には「もり井堂」(27)、「金沢　池善」(94)、「近八書房」(128・435)、「雲根堂」(365)などがある。それぞれ「もり井堂」は金沢尾張町の紀陽館森井愛之助、「金沢　池善」は南町の観文堂池善平、「近八書房」は横安江町の近八郎右衛門、「雲根堂」は尾張町の雲根堂書店の仕入印である。また、貸本屋からの仕入れもあったようである。たとえば、73には「書籍　加賀国金沢／□□与兵衛／横堤町」、52には「金沢市／田中書店／中町」、165・427には「石川県金沢市／橋場町十三番地／書林湊文堂」といった貸本印が押捺されている。おそらく、廃業に伴い書籍を手放すこととなった貸本屋から手に入れたのであろう。

以上のように、春田書店は貸本屋を含めた同じく金沢の書肆から書籍を仕入れている。しかし、当時においては遠方であっても、版元と直接取引をする貸本屋は珍しくなかった。

版元、とりわけ明治期の貸本問屋は、貸本屋を含めた書籍業者向けの蔵版目録を作成し配付していた。大川屋の場合、本書第二部第三章に附録した『大川屋出版小説図書総目録』（以下『総目録』）だけでなく、貸本屋をはじめとする書籍業者向けと思しい『書籍実価標』（以下『実価標』）を発行している（図145）。これら二つは、掲載されている書籍の価格が異なっている。たとえば、架蔵する『実価標』（明治二十九年一月一日発行）では十二銭の『人の妻』が、『総目録』（明治三十二年八月改正）では廿二銭となっている。それぞれ発行された時期が異なるとはいえ、『総目録』よりも『実価標』の方が数段安く価格が設定されていたとみてよいだろう。

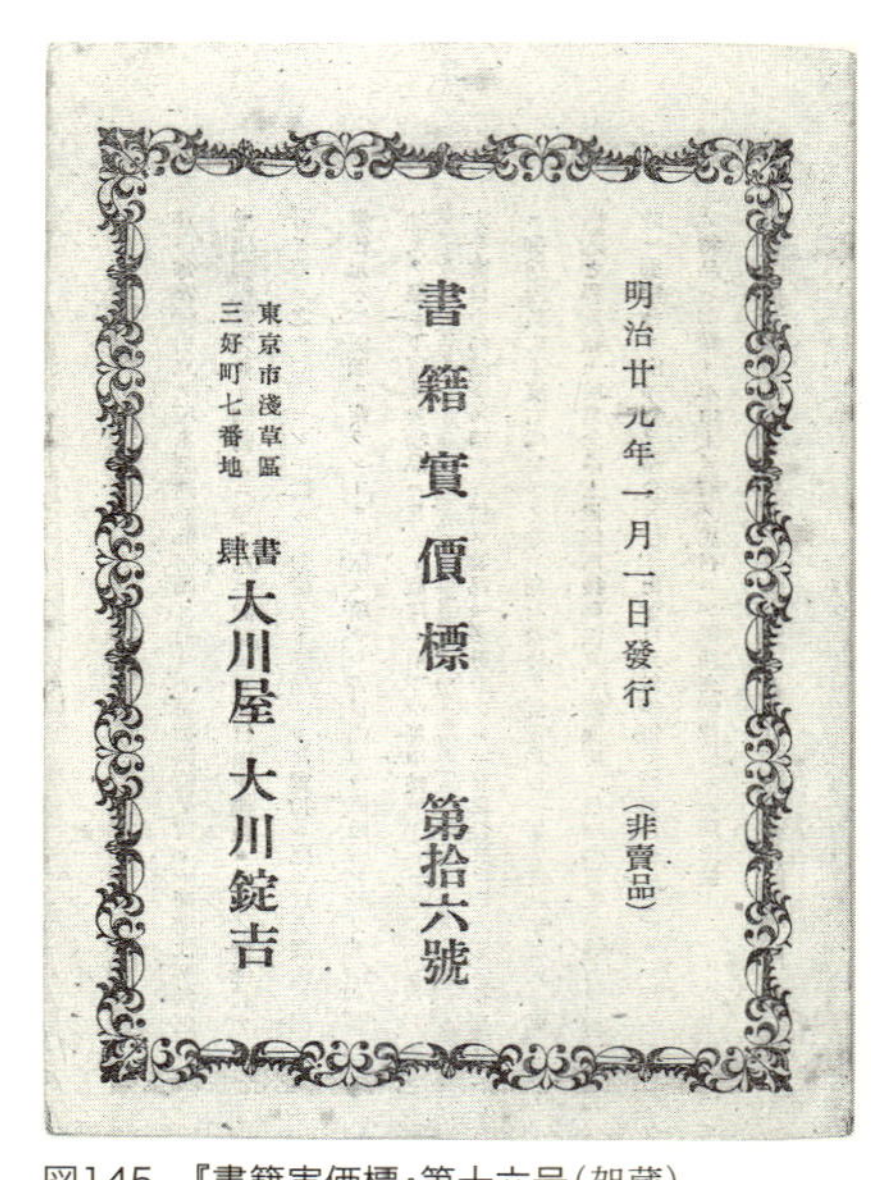

図145　『書籍実価標』第十六号（架蔵）

表2には、大川屋書店あるいは大川錠吉が発行元となっているものがいくつか含まれている。そのうち、明治三十三年に仕入れられた454『片手美人』は、保証金が六十銭、見料が十五銭（改訂前は十銭）となっている。架蔵の『実価標』で確認してみると、『片手美人』の価格は十八銭である。『実価標』の価格は四年前のものだが、それほど変わらない価格で仕入れられたとみてよいだろう。いずれにせよ、保証金は仕入れ値の三倍程度、見料は二回ほど貸し出せば利益が生まれる金額が設定されていたということになる。通常よりも安価に仕入れられることから、こうした書籍業者向けの目録などにより、貸本屋は版元（貸本問屋）から書籍を直接仕入れることも

あったのである。

最後に春田書店の古本業についてみていきたい。

辻家貸本文庫には、貸本に供されていくうちに破損した部分を書袋や帳簿の紙片で補強している書籍がある（図146）。この帳簿は、無造作に裁断されているため、判読の難しいところが間々あるものの、「年号月日」「品目　代価」「冊数」「買受譲受人住所氏名」「年号月日」「売渡代価」「売譲事故」（図147）が印字された用紙を用いている。

辻家貸本文庫の書籍にみられる帳簿は、いつ、何を、いくらで、誰から手に入れ、いつ、いくらで売ったかが、一枚でわかるよう「物品買受譲受明細帳」と「物品売渡譲渡明細帳」をあわせた書式となっている。おそらくこの帳簿も地元の紙屋で出来合を入手することができたのであろう。こうした帳簿の存在により、春田書店が古本業を兼業していたことが判明する。

『独立自営営業開始案内』第二編の「古本商開業案内」には、「古本商営業の許可を得ますと、先づ三種の帳簿を調製し、それに、警察官の検印を受けなければなりません。東京市内ならば三種とも紙屋に行けば出来合があります」として「物品買受譲受明細帳」「物品売渡譲渡明細帳」「物品預り帳」の図が示されている（図148）。

では、「品目　代価」と「買受譲受人住所氏名」が記されていると思しい帳簿の紙片に注目し、具体的に春田書店が取り扱っていた書目と利用者を浮かび上がらせてみよう。

まず、記された書名を拾ってみると、「伊豆屋騒動」「英語会話ヘン」「幾何教科書」「訓蒙代数学」「皇国史要」「高等小学歴史」「高等読本字解」「古今和歌集」「国家生理学」「三角法」「算法早学」「斯氏農書」「四声字林」「斯丹礼伝」「実業用文」「十体千字文」「習文軌範」「小動物学」「少年文集」「初等英文典」「初等代数学」「字林玉篇」「真景累ヶ淵」「新撰日本地理」「新約聖書」「スイントンリーダ　元板」「スイントンリーダ四」「朝鮮革新策」「兵要地誌」「代数教科書」「帝国新地図」「中等国文」「東京府分図」「動物通解」「内閣字府」「ナショナル

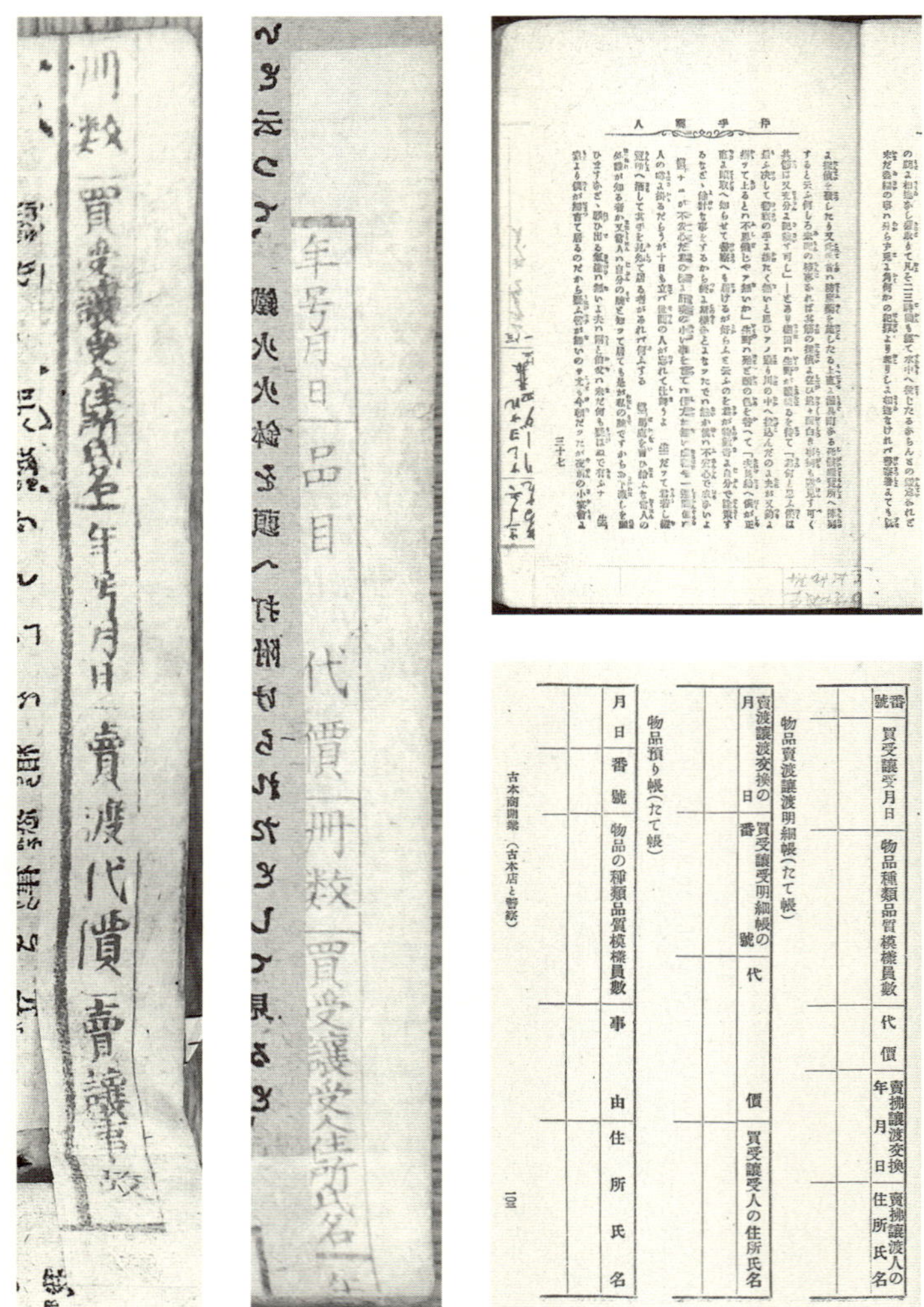

図146（右上）　帳簿が貼付されている例（架蔵・黒岩涙香著『片手美人』）
図147（左）　帳簿の紙片（右は石川県立図書館辻家貸本文庫蔵『侠客金子春太郎後日譚』、左は同『豪傑蟹江才蔵』より）
図148（右下）「物品買受譲受明細帳」「物品売渡譲渡明細帳」「物品預り帳」の図（『独立自営営業開始案内』第二編より）

リーダ四直訳コギ」「七人の惨殺」「涙のふち」「日新用文」「日本外史」「日本略史」「万国地理」「文章キハン講義」「文章軌範輯釈」「文章梯航」「平面幾何」「明治いろは字典」「明治太平記」「立体キカ学」「聯珠詩格」「和算階梯」（以上、五十音順）などがある。また、雑誌と思われるものには、「太陽」（二ノ十三）「二巻ノ十五」）「筆戦場」「早稲田文学」がある。博文館の『太陽』は第二巻十三号と同巻十五号であろう。いずれも明治二十九年（一八九六）の刊行である。また、先の書籍のうちで最も後年に刊行されているのは明治三十五年（一九〇二）刊の有馬驍・陶山織家著『言文一致少年文集』（修文館）である。これら『太陽』と『言文一致少年文集』の存在から、帳簿は明治末年ごろに用いられていたものであると考えられる。

さて、取り扱われているのは「真景累ヶ淵」「七人の惨殺」（孤舟漁隠編『七人の惨殺』か）、「涙のふち」（欠伸居士著『涙の淵』か）などの娯楽的書籍もあるが、学習に供される書籍の方が圧倒的に多い。教科書類もみられることから、その多くは学校用書籍だと思われる。どの書籍かはわからないものの、帳簿の紙片には「売渡代価」に記されたと思しい代価も記されている。こうした学校用書籍を古本で買い求める者もいたのである。なお、帳簿にみられた書籍のうち、『商家要用算法早学』（池善平、明治十九年〈一八八六〉刊）、越田善七著『和算階梯』（中村喜平ほか、明治十一年〈一八七八〉刊）は金沢の書肆による刊行である。金沢で生まれた書籍が、同地域内で循環している様子を看取できよう。

次に「買受譲受人住所氏名」へ記載されたと思しい住所から地名を拾ってみる。最も多いのは「本市」つまり金沢市の町々で、西町・南町・母衣町・材木町・七宝町・英町・常磐町・中堀川町・裏伝馬町・上胡桃町・彦三町・池田町がみられる。そのほか、石川郡松任町・同御手洗村、越中礪波郡・能州珠洲郡飯田町・同見付村などがあり、金沢だけでなく近隣の地域からの「買受譲受」も受け付けていたようである。

同じく「買受譲受人住所氏名」へ記載されたと思しい名前には、石井文太郎・石川敬義・池善平・市井祐治・

稲坂秀松・関金太郎・高島一郎・多田国蔵・田中貞吉・南一栄・松本弥一郎・元谷六松・森井愛之助・八田栄吉・横川勇太郎・吉田嘉助・吉野与太郎がある。このうち、石川敬義・池善平・森井愛之助は金沢の書肆である。ほかの者は何者かわからないものの、不要となった書籍を春田書店へと「買受譲受」した普通の人々であろう。取扱書目に学校用書籍が多かったことから、あるいは学校を卒業した者たちであったかもしれない。いずれにせよ、春田書店は同業者のみならず広く一般に向けた営業もしていたのである。

帳簿によって明治六年ごろにおける春田書店の古本業のみならず、当時実際に金沢で受容されていた書籍を窺い知れた。貸本で娯楽的書籍を人々に提供する一方で、学校用書籍を古本として売買していた春田書店は、金沢における娯楽と教育を根底で支えていたといっても過言ではあるまい。

おわりに

春田徳太郎の本店が、その後どうなったかはわかっていない。だが、その出店であった春田書店は、少なくとも大正ごろまで営業しながら、貸本・古本をとおして人々に書籍を供給していた。今や名前すら伝わっていない小さな存在だが、少なくとも近代金沢においては、人々に必要とされていた書肆だったのである。

春田書店のように、流通の末端に位置しながらも、地域の書籍受容を支えていた書肆は確かに存在した。彼らをとおして書籍を受容していた者がいる以上、その存在を無視することはできまい。しかしながら、彼らの軌跡を辿るのは容易でない。辻家貸本文庫という手掛かりがなければ、春田書店の名前すら知ることができなかったに違いない。書籍のみならず、あらゆる史資料を駆使して歴史に埋もれた書肆を掬い上げていく必要があろう。彼らの存在に光をあて、その果たした役割を明らかにしたとき、はじめて地域における書籍受容の様相が明らかになるのである。

注

（1）浅岡邦雄「明治期「新式貸本屋」と読者たち――共益貸本社を中心に」（浅岡邦雄・鈴木貞美編『明治期「新式貸本屋」目録の研究』作品社、二〇一〇年所収。初出は二〇〇一年）。

（2）たとえば、小林昌樹「図書館ではどんな本が読めて、そして読めなかったのか」（『公共図書館の冒険』みすず書房、二〇一八年所収）では、「今日から見ても、公共図書館の代わりを果たしていたといってもよいだろう」と新式貸本屋を評価している。

（3）近代金沢における出版に関する研究には、体系的にまとめられた『石川県印刷史』（石川県印刷工業組合、一九六八年）のほか、活字や新聞・雑誌を対象とした諸論考がみられる。こと書肆に限れば、『石川県印刷史』以外では宮川成一「郷土の書肆と主な刊行物」（『石川郷土史学会々誌』創刊号、石川郷土史学会、一九六八年十月）や高橋明彦「古書肆南陽堂主人柳川昇爾の近代金沢書肆研究」（『金沢美術工芸大学紀要』第五十八号、二〇一四年）などがあるばかりで、特定の書肆を個別に論じたものはほとんどみられない。

（4）以上の卯辰山集学所に関する記述は、石川県教育会金沢支会編『金沢市教育史稿』（石川県教育会金沢支会、一九一九年）および石川県教育史編さん委員会編『石川県教育史』第一巻（石川県教育委員会、一九七四年）による。

（5）高橋明彦「古書肆南陽堂主人柳川昇爾の近代金沢書肆研究」（『金沢美術工芸大学紀要』第五十八号、二〇一四年三月）所収。

（6）本書には刊記に「同年十五年八月刻成」とだけ補筆した明治十五年版がある（国立国会図書館蔵『大日本道中細見図』（YG九一三―三七六）など）。

（7）本書には出版人の部分を「同国同区上堤町五十番地／知新堂」と改めた金沢市立玉川図書館近世史料館蔵本

（〇九〇―三―一一四〇）のほか、奥付そのものを「加賀　探花居士編輯／東京　英泉堂画図／明治十四年八月出版御届仝年十月発兌／編輯人　加賀国金沢区御歩町三番町九番地　春田篤次／出版人　同国同区上堤町五十番地　知新堂／発行元　同国同区横安江町百九番地　近八書房」と改め、書名を『日用至宝婦女一代鑑　探花百人一首小倉文匣』とした跡見学園女子大学図書館本（九一一・一四七／H三四／A四―一八八一―四五三三七）などがある。

(8) 和田文次郎著『郷史談叢』（観文堂書店、一九二一年）三七頁。

(9) 北陸道陸運元会社および内国通運会社金沢支店、東京陸運元会社に関する記述は、土屋喬雄監修『社史日本通運株式会社』（日本通運株式会社、一九六二年）による。

(10) 園部昌良「明治初期・金沢の活字印刷4　鋳造活字本（続）」（『印刷界』第一八一号、日本印刷新聞社、一九六八年十二月）。

(11) 管見に入った中央大学中央図書館蔵本（M四一九・一／S二七）、石川県立図書館関口文庫蔵本（K〇九四・一／八―二／関口文庫）、金沢市立玉川図書館近世史料館松村文庫蔵本（特二一・四―七（一）〜（二））は全て同様の奥付を持つ。

(12) 国立国会図書館蔵本（特五七―六五）による。

(13) 戸家誠編『出版流通メディア資料集成（四）　内地外地書店名鑑―明治大正昭和戦時期の本屋ダイレクトリー』第二巻（金沢文圃閣、二〇一五年）所収。なお、△印は図書販売専業を主な業態とする者を表す。

(14) 浅岡邦雄「明治期貸本貸出台帳のなかの読者たち――烏山町越雲巳之次『貸本人名帳』をめぐって」（『日本出版史料』四、日本エディタースクール出版部、一九九九年三月）。

刊年	保証金	見料	符牒	消毒承認日	番号	売価	備考
897.10.29				15.9.30			
894.10 894.12				15.10.9			合冊
895.2 895.5				15.10.9			合冊
898.11.27	50銭	10銭		13.8.30	923		
900.10.1（再版）			カ十一五号	13.8.30	934		
899.10.2			カラ	13.8.30	925		
899.11.27			カラ	13.8.30	928		帳簿紙片あり
900.7.18			カ二十五号				
	70銭	15銭	二冊メ三十八、三十号	13.9.3	1116		合冊
896.10.23	55銭	10（7）銭	タ十五号	15.9.20			
	80銭	15銭	タ三十八号	13.9.3	1157		合冊
902.12.1	50銭	10銭	二冊レ三十二号	13.8.30	893		
902.12.1	50銭	10銭		13.8.30	891		
901.10.15	50銭	7銭	タ十九号	13.9.3	1197		
896.6.6	50銭	8銭	ヨ廿号	13.9.1	1018		
	80（70）銭	13銭		15.8.20		17銭	
911.6.28	80銭	20銭	ホ五十六号	15.10.31			
901.6.27	50銭	8銭	ヨ十四号	13.8.31	946		
907.2.10（改訂10版）	70銭	13銭	ラ二十五号	14.11.11	298		
906.5.21	75銭	15銭	ネ五十号	14.11.11	307		
907.1.1	2円	25銭	三冊ラ、八十号	14.11.11	297		
901.8.28 899.10.15（4版）	70銭	15銭	ヨ十八号	13.9.3	1143		合冊
	70銭	15銭	メソ二十号 メヨ十六号	13.9.3	1172		合冊
900.10.15（14版）	55銭	15銭	ソ廿五号	15.10.31			
900.6.5		5銭	カ二十五号	14.10.3	234		
899.8.25（10版）	40銭	4銭	ソ十号	13.9.1	1016		
1896.8.19	70銭	15銭	ネ〿モ	15.10.31			帳簿紙片あり 合冊
1903.7.15	50銭	7銭	ネ五号	13.9.1	1020		
1899.7.5（再版）				15.9.1		10銭	帳簿紙片あり
1908.9.1	70銭	10銭	四三、二十号	13.9.3	1186		
1909.3.20			ニノ廿号				
1899.10.15（5版）	50銭	7銭		14.10.3	246		
1907.11.12	65銭	10銭	ナ五十五号				
	60銭	13銭	大七、十一号	15.9.19			

表2　春田書店旧蔵書一覧

	請求記号	書名	著編者	発行元
1	W210.52/ｱｺ/辻家貸本	赤穂義士談	信夫恕軒	談叢社
2	W913.5/ｼﾕ-10/辻家貸本	俊傑神稲水滸伝　第10巻 俊傑神稲水滸伝　第11巻	岳亭定岡	扶桑堂
3	W913.5/ｼﾕ-12/辻家貸本	俊傑神稲水滸伝　第12巻 俊傑神稲水滸伝　第13巻	岳亭定岡	扶桑堂
4	W913.56/ｲﾜ/辻家貸本	探偵実話／岩井松三郎	埋木庵	今古堂分店
5	W913.56/ｵﾉ/辻家貸本	探偵実話／おのぶ源次郎		文錦堂
6	W913.56/ﾑﾗ-1/辻家貸本	探偵実話／村正勘次　前編	有髯無髯	金槙堂
7	W913.56/ﾑﾗ-2/辻家貸本	探偵実話／村正勘次　後編	有髯無髯	金槙堂
8	W913.6/ｱｵ/辻家貸本	青鬼赤鬼	山下雨花	駸々堂
9	W913.6/ｱｵ/辻家貸本	教育小説／青葉若葉　上之巻 教育小説／青葉若葉　下之巻	繁野天来	春陽堂
10	W913.6/ｱｵ/辻家貸本	青葡萄	尾崎紅葉	春陽堂
11	W913.6/ｱｻ/辻家貸本	朝日桜　上の巻 朝日桜　下の巻	村井弦斎	春陽堂
12	W913.6/ｱﾀﾞ-1/辻家貸本	探偵実話／あだ夢　上編	しのぶ	島鮮堂・金槙堂
13	W913.6/ｱﾀﾞ-2/辻家貸本	探偵実話／あだ夢　下編	しのぶ	島鮮堂・金槙堂
14	W913.6/ｱﾗ/辻家貸本	小説／洗ひ髪	渡辺霞亭	正英堂書店
15	W913.6/ｱﾜ/辻家貸本	小説／あはせ鏡	ふたば	大倉書店
16	W913.6/ｲｲ/辻家貸本	伊井蓉峰脚本集	伊井蓉峰	金港堂書籍株式会社
17	W913.6/ｲｴ/辻家貸本	家の柱	田口掬汀	日高有倫堂
18	W913.6/ｲｶﾞ/辻家貸本	探偵実話／意外の犯罪	多田省軒	名倉昭文館
19	W913.6/ｲﾁ/辻家貸本	無花果	中村春雨	金尾文淵堂
20	W913.6/ｲﾓ/辻家貸本	慰問袋	半井桃水	日高有倫堂
21	W913.6/ｳｽﾞ/辻家貸本	鶉籠	夏目漱石	春陽堂
22	W913.6/ｳﾃﾞ/辻家貸本	腕の疵 小説／木津の篝火	欠伸居士 江見水蔭	駸々堂 青木嵩山堂
23	W913.6/ｵｷ/辻家貸本	沖の小嶋 小説／星月夜	村井弦斎 中山白峰(作)・尾崎紅葉(閲)	春陽堂 駸々堂
24	W913.6/ｵｼ/辻家貸本	小説／唖之旅行	末広鉄腸	青木嵩山堂
25	W913.6/ｵﾁ/辻家貸本	小説／雄蝶雌蝶	稲岡奴之助	駸々堂
26	W913.6/ｵﾆ/辻家貸本	鬼あざみ	村上浪六	青木嵩山堂
27	W913.6/ｵﾆ/辻家貸本	鬼百合 寿王冠者	欠伸居士 松居松葉	 春陽堂
28	W913.6/ｵﾓ/辻家貸本	おもかげ	武田仰天子	青木嵩山堂
29	W913.6/ｵﾔ/辻家貸本	親不知子不知／命不知	江見水蔭	駸々堂
30	W913.6/ｵﾝ/辻家貸本	女	小栗風葉・小川黙水	日高有倫堂
31	W913.6/ｵﾝ/辻家貸本	女ざむらひ	渡辺黙禅	福岡書店
32	W913.6/ｵﾝ/辻家貸本	新作小説／女の顔切	江見水蔭・関戸浩園	青木嵩山堂
33	W913.6/ｵﾝ/辻家貸本	女の秘密	徳田秋声	今古堂書店
34	W913.6/ｵﾝ/辻家貸本	女浪人	福地桜痴	春陽堂

刊年	保証金	見料	符牒	消毒承認日	番号	売価	備考
1908.6.18	80銭	15銭	イ六十八号	14.10.3	243		
1903.4.1（再版）	50銭	8銭	ソ十四号	13.8.30	903		
1905.10.25	80（75）銭	15（10）銭	ラ六十五号	15.5.5	517		
1900.3.10（6版）				13.9.3	1164		
1908.6.15	85銭	15銭	上下一〇三号	15.9.5	519		
1908.9.15	85銭	15銭		15.9.5	516		
1905.4.10（再版）	70（60）銭	15銭	ツ二十号	13.12.15	33		
1901.9.5			ヨ十九号	13.9.2	1053		
1911.10.5	80銭	15銭	二ノ四十二号	15.6.1			
1901.4.7（再版）	50銭	8銭	ヨ十八号	13.9.3	1171		
1905.7.15	50銭	5銭	ハノ十八号				
	50銭	7銭		13.8.26	637		
	1円	20銭	メ三十六、三十号	13.8.1	1019		
1906.4.5	80銭	15銭	ネ六十号	14.10.3	231		
1892.1.14（再版）	50銭		サ十二号	15.6.1			
1899.7.7			タ十一号	13.8.30	904		帳簿紙片あり
1904.12.5 1906.2.20			上下五十五号	13.9.2	1048		合冊
1902.2.8 1902.3.25	80銭	15銭	ツ十八号 ツ十号	13.9.3	1182		合冊
1897.4.25（6版） 1897.3.31（3版）	50銭	7銭	ワモカ一、二冊	15.6.1			合冊
1899.10.20（4版）	50銭	7銭		15.9.30			
1913.12.28	1円20銭	20銭		15.9.20			
1914.5.10	1円20銭	20銭	二冊大九、九十号				
1903.9.17	50銭	8銭	ソ十五号	13.9.3	1129		
1909.6.25	65銭	15銭	ハノ五十二号	14.11.13	320		
1903.2.2	50銭	8銭	ツ六号	13.9.1	1024		
1897.11.22（再版）				13.9.3	1151		帳簿紙片あり
1898.9.19	60銭	15銭	タ十五号	13.9.2	1059		合冊
1905.10.13（3版）	50銭	8銭	ネ十五号	15.9.30			
1901.4.25 1901.9.28	70銭	15銭	ヨ二十号タ五号	13.9.3	1120		合冊
1901.6.20	50銭	9銭	ヨ十号	14.10.28	273		
1902.7.13			ナ十三号	13.9.3	1142		
1902.2.23	50（40）銭	8銭		13.9.3	1170		
1894.5.1			ソ五号	14.11.5			
1895.10.7	30銭	6銭	ル八号	13.8.30	850		
1908.4.5	70銭	15銭	ロ五十二号	14.10.3	224		
1906.10.30	1円	20銭		14.10.28	276		
1907.5.15	1円	20銭		14.10.28	277		

	請求記号	書名	著編者	発行元
35	W913.6/ｵﾝ-2/辻家貸本	婦系図　後編	泉鏡花	春陽堂
36	W913.6/ｶｲ/辻家貸本	探偵実話／会社の犯罪	瀬山佐吉	日吉堂
37	W913.6/ｶｲ/辻家貸本	海賊の子	江見水蔭	隆文館
38	W913.6/ｶｲ/辻家貸本	小説／海底の錨	江見水蔭	青木嵩山堂
39	W913.6/ｶｲ-1/辻家貸本	怪光　前編	田口掬汀	不振会
40	W913.6/ｶｲ-2/辻家貸本	怪光　後編	田口掬汀	不振会
41	W913.6/ｶｺ/辻家貸本	小説／かこひもの	徳田秋声	隆文館
42	W913.6/ｶｽ/辻家貸本	春日局	村上浪六	駸々堂
43	W913.6/ｶﾁ/辻家貸本	火中の女	江見水蔭	日高有倫堂
44	W913.6/ｶﾐ/辻家貸本	小説／紙子蒲団	渡辺霞亭	矢島誠進堂書店
45	W913.6/ｶﾗ/辻家貸本	烏丸光広卿	福地桜痴	春陽堂
46	W913.6/ｶﾝ/辻家貸本	関東侠客伝	古川新水(稿)・乾坤亭(補綴)	
47	W913.6/ｶﾝ/辻家貸本	寒牡丹	長田秋濤・尾崎紅葉	
48	W913.6/ｶﾝ-1/辻家貸本	観音岩　前編	川上眉山	日高有倫堂
49	W913.6/ｷﾔ/辻家貸本	伽羅枕	尾崎紅葉	春陽堂
50	W913.6/ｷﾖ/辻家貸本	探偵実話／侠客馬頭又五郎	無名氏	文明林
51	W913.6/ｷﾖ/辻家貸本	虚無党 続虚無党	塚原渋柿園	国民書院
52	W913.6/ｸｳ/辻家貸本	空中飛行器 空中飛行器　後編	江見水蔭	青木嵩山堂
53	W913.6/ｸｻ/辻家貸本	草枕 草枕　後編	村上浪六（執筆）・ 島田澄三（遺稿）	青木嵩山堂
54	W913.6/ｸﾓ/辻家貸本	小説／雲の袖	幸田露伴	青木嵩山堂
55	W913.6/ｸﾘ-1/辻家貸本	栗山大膳　上編	碧瑠璃園	隆文館
56	W913.6/ｸﾘ-2/辻家貸本	栗山大膳　下編	碧瑠璃園	隆文館
57	W913.6/ｸﾙ/辻家貸本	狂ひ咲	半井桃水	春陽堂
58	W913.6/ｸﾛ/辻家貸本	黒牡丹	上田君子	杉本梁江堂
59	W913.6/ｸﾛ/辻家貸本	黒牡丹	根本吐芳	青木嵩山堂
60	W913.6/ｸﾛ-2/辻家貸本	黒田健次　続篇	村上浪六	青木嵩山堂
61	W913.6/ｸﾜ/辻家貸本	桑の弓 両美人	村井弦斎 村井弦斎	春陽堂 春陽堂
62	W913.6/ｹﾂ/辻家貸本	結婚難	徳田秋声	今古堂書店
63	W913.6/ｹﾞﾝ/辻家貸本	現世相 現世相　後編	水谷不倒	駸々堂
64	W913.6/ｺｲ/辻家貸本	恋と恋	小杉天外	春陽堂
65	W913.6/ｺｲ/辻家貸本	恋女房	小栗風葉・谷活東	青木嵩山堂
66	W913.6/ｺｲ-1/辻家貸本	恋無常　前編	小栗風葉	青木嵩山堂
67	W913.6/ｺｺ/辻家貸本	心の闇	尾崎紅葉	春陽堂
68	W913.6/ｺﾞｼﾞ/辻家貸本	探偵小説／五十万両の大賊	一菜庵主人	中村鍾美堂
69	W913.6/ｺﾀﾞ/辻家貸本	子宝	半井桃水	日高有倫堂
70	W913.6/ｺﾌﾞ-1/辻家貸本	コブシ　前編	小杉天外	章光閣
71	W913.6/ｺﾌﾞ-2/辻家貸本	コブシ　中編	小杉天外	章光閣

刊年	保証金	見料	符牒	消毒承認日	番号	売価	備考
1908.7.15	1円	20銭		14.10.28	275		
1892.4.15	70銭	15銭	レ十号	13.9.1	1025		
1909.10.18	80（75）銭	15銭	ハノ三十号	13.12.15	29	15銭	
1902.12.18	60銭	13銭	二冊大九、三十号	13.8.30	900		
1903.1.1	60銭	13銭		13.8.30	802		
			二冊メ三十六三十一号	15.9.20			合冊
1895.12.18	50銭	7銭		13.9.3	1165		
1899.5.15	50銭	8銭	ヨ十四号	13.8.30	905		
1903.12.9（校訂4版）			ソ四十三号	14.11.13			
1902.3.10			タ廿号				
1902.7.15 1902.9.10	75銭	15銭	タ十九号	13.9.2	1046		合冊
1907.6.15	40銭	7銭	ナ十号	15.10.31			
	70銭	15銭	タ十号	13.9.2	1028		合冊
1907.5.20（再版）	70銭	13銭	ラ四十五号	15.10.31			
1906.3.7（再版）	70銭	13銭	ラ四十五号	15.10.31			
1896.2.16	50銭	7銭	ヲ十五号	15.10.3			
1905.4.10（3版）	70銭	15銭	ネ二十五号				
	50銭	10銭	第一イ十号	13.9.3	1110		
1908.4.1	60（85）銭	13（15）銭	ロ五十号	15.10.31			
	50銭	7銭		15.9.20			
1904.6.26	70銭	15銭	ソ五十一号				
1900.9.12 1901.1.20（再版）	70銭	15銭	カ二十五号 ヨ二十号	14.10.3	226		合冊
1907.7.25	50銭	10銭	ハノ十八号	14.10.28	271		
	1円	20銭	メ四二、五十六号	15.9.27			
		15銭	メ卅二、二十五号	14.10.3	248		
			大七、五号				
1896.10.7	50銭	8銭		13.8.31	997		
1909.3.25（14版）	50銭	10銭	ハノ廿八号	15.6.1			帳簿紙片あり
1903.10.10（再版）	50銭	8銭	ニノ九号	13.8.30	931		
1900.5.10（5版）							
1897.4.1			モタカ	15.9.25			
1899.6.1（3版）	30銭	6銭	カ十七号	13.8.27	711		
1899.6.18（3版）	50銭	8銭		13.9.3	1122		
1909.5.1	85銭	15銭	ロ七十三号	15.3.5	510		
1902.4.15 1902.5.20	80銭	15銭	タ三十八号	14.11.13	318		合冊
1902.3.5 1902.4.17	80銭	15銭	タ十九号 タ十九号	13.9.3	1166		合冊

	請求記号	書名	著編者	発行元
72	W913.6/ｺﾌﾞ-3/辻家貸本	コブシ　後編	小杉天外	章光閣
73	W913.6/ｺﾞﾏ/辻家貸本	五枚姿絵	広津柳浪	春陽堂
74	W913.6/ｺﾝ/辻家貸本	金色蛇	渡辺霞亭	春陽堂
75	W913.6/ｺﾝ-1/辻家貸本	探偵実話／紺帷子　前編	小林蹴月	金槙堂
76	W913.6/ｺﾝ-2/辻家貸本	探偵実話／紺帷子　後編	小林蹴月	金槙堂
77	W913.6/ｻｸ/辻家貸本	桜の御所　上之巻 桜の御所　下之巻	村井弦斎	春陽堂
78	W913.6/ｻｻ/辻家貸本	さゝ舟	幸田露伴	青木嵩山堂
79	W913.6/ｻﾗ/辻家貸本	探偵文庫／晒し首	島田柳川	駸々堂
80	W913.6/ｻﾝ/辻家貸本	校訂／三人妻	尾崎紅葉	春陽堂
81	W913.6/ｼｸﾞ/辻家貸本	小説／時雨月	堀江松華庵	駸々堂
82	W913.6/ｼﾞｭ/辻家貸本	自由結婚 自由結婚　後編	徳田秋声・三島霜川	駸々堂
83	W913.6/ｼｮ/辻家貸本	小英雄	稲岡奴之助	青木嵩山堂
84	W913.6/ｼｮ/辻家貸本	小説家　上の巻 小説家　下の巻	村井弦斎	春陽堂
85	W913.6/ｼｮ-1/辻家貸本	少華族　上編	徳田秋声	春陽堂
86	W913.6/ｼｮ-2/辻家貸本	少華族　下編	徳田秋声	春陽堂
87	W913.6/ｼﾛ/辻家貸本	白酒売	黒田天外	田中宋栄堂
88	W913.6/ｼﾝ/辻家貸本	新学士	小杉天外	春陽堂
89	W913.6/ｼﾝ/辻家貸本	新華族	巖谷小波	
90	W913.6/ｼﾝ/辻家貸本	新生涯	田口掬汀	美也古書房
91	W913.6/ｼﾝ/辻家貸本	新羽衣物語	幸田露伴	
92	W913.6/ｼﾝ/辻家貸本	新夫人	小杉天外	春陽堂
93	W913.6/ｼﾝ/辻家貸本	新聞売子　前編 新聞売子　後編	菊池幽芳	駸々堂
94	W913.6/ｽﾐ/辻家貸本	隅田川五人わかしゆ	広津柳浪・蒼々園	求光閣書店
95	W913.6/ｾｲ/辻家貸本	生	田山花袋	
96	W913.6/ｾｲ/辻家貸本	青春怨	川上眉山	春陽堂
97	W913.6/ｾｹ-1/辻家貸本	世間　前編	広津柳浪	祐文社
98	W913.6/ｾﾞﾂ/辻家貸本	絶世の美人	柳圃小史	求光閣
99	W913.6/ｿｳ/辻家貸本	想夫憐	黒法師	今古堂書店
100	W913.6/ﾀﾞｲ/辻家貸本	秘密探偵／大悪魔	曲水漁郎	日吉堂
101	W913.6/ﾀﾞｲ/辻家貸本	軍事小説／大軍艦	江見水蔭	青木嵩山堂
102	W913.6/ﾀﾞｲ/辻家貸本	大詐欺師千坂光子		井上藤吉
103	W913.6/ﾀﾞｲ/辻家貸本	大探検	亜蘭（手記）・菊池幽芳（記述）	駸々堂
104	W913.6/ﾀｺﾞ/辻家貸本	小説／田毎源氏	江見水蔭	青木嵩山堂
105	W913.6/ﾀｿ/辻家貸本	黄昏	白柳秀湖	如山堂書店
106	W913.6/ﾀﾞﾃ/辻家貸本	小説／伊達振子　前編 小説／伊達振子　後編	村上浪六	駸々堂
107	W913.6/ﾀﾒ/辻家貸本	為朝重太郎　前編 為朝重太郎　後編	井原青々園	駸々堂

刊年	保証金	見料	符牒	消毒承認日	番号	売価	備考
1904.1.1	70銭	15銭	ナ三十三号	13.9.1	1010		帳簿紙片あり
1904.5.25（再版）	70銭	15銭	ソ五十二号	13.9.1	1009		帳簿紙片あり
1912.1.5（再版）			大正三、十一号	13.8.31	969		
1903.1.1 1905.4.17	80銭	15銭	ハノ十八号 ハノ十八号				
1905.4.12	80銭	15銭	ツ四十号	15.3.5	502		
1902.4.5	50銭	8銭	タ十九号	13.9.3	1156		
1895.9.23			レ四号	13.9.3	1162		合冊
1902.5.17	50銭	10銭	レ二十八号	13.9.2	1054		
1902.6.4	50銭	10銭	レ二十八号	13.9.2	1057		
1908.1.15	60銭	10銭		14.10 3	250		
1911.7.25	55銭	8銭	ニノ十五号	13.9.3	1099		
1899.5.5（再版）	50銭	7銭	カタラ	13.8.31	948		
1907.5.15	80銭	15銭	ロ二十五号	14.11.11	299		
1908.8.24（4版）	40銭	4銭	大七、十号二冊	15.6.1			
1902.6.3（再版）	50銭	8銭	ㇶモホ号	15.9.20			
1902.7.7	50銭	8銭		15.9.20			
1902.11.14	50銭	8銭		15.9.20			
1902.1.4							
1895.10.10	50銭	7銭	ロ十二号	13.9.3	1100		
1897.10.4	50銭	7銭	サ十九五号	13.8.31	947		
1907.3.12（訂正3版）	75銭	15銭		14.10.3	230		
1902.1.5（3版）	50銭	8銭	タ廿三号	15.9.30			
1901.6.16（再版）	50銭	8銭	タ廿三号	15.9.30			
1902.2.13	50銭	8銭		15.10.3			
1896.2.3	70銭	15銭		13.9.3	1159		合冊
1902.4.6	50銭	7銭	タ五号	13.9.3	1140		
1912.4.19			ホ二十号	14.11.10	289	30銭	
1900.10.25	50銭	7銭	ヨ十一号	13.8.31	950		
1903.10.25	50銭	8銭	レ十九号	13.9.1	1025		
1908.9.18	60銭	10銭	ロ二十四号	15.9.1		15銭	
1900.9.20	50銭	8銭	カ二十五号				
1900.10.20 1902.7.9		15銭	ヨタト ソ五号	13.9.3	1175		合冊
1906.11.20	65銭	13銭		14.11.11	301		

	請求記号	書名	著編者	発行元
108	W913.6/ﾁｷ-1/辻家貸本	家庭小説／乳姉妹　前編	菊池幽芳	春陽堂
109	W913.6/ﾁｷ-2/辻家貸本	家庭小説／乳姉妹　後編	菊池幽芳	春陽堂
110	W913.6/ﾁｺ/辻家貸本	剛賊紳士／智光坊	わかば	大川屋書店
111	W913.6/ﾁﾔ/辻家貸本	茶碗酒 いさゝ川	前田曙山 柳川春葉	春陽堂 春陽堂
112	W913.6/ﾁﾖ/辻家貸本	長恨	大江素天	駸々堂
113	W913.6/ﾂｼﾞ/辻家貸本	辻占売	前田曙山	駸々堂
114	W913.6/ﾂﾕ/辻家貸本	露子姫 吃の小太郎	石橋忍月 巖谷小波	 駸々堂
115	W913.6/ﾂﾘ-1/辻家貸本	釣道楽　前編	村井弦斎	春陽堂
116	W913.6/ﾂﾘ-2/辻家貸本	釣道楽　後編	村井弦斎	春陽堂
117	W913.6/ﾃﾞｼ/辻家貸本	出潮	伊藤銀月	日高有倫堂
118	W913.6/ﾃﾝ/辻家貸本	小説／天狗武士	渡辺黙禅	矢島誠進堂書店
119	W913.6/ﾃﾞﾝ/辻家貸本	高等探偵／電話の詐偽	仙橋散史	駸々堂
120	W913.6/ﾄｳ/辻家貸本	濤声	国木田独歩	彩雲閣
121	W913.6/ﾄｳ/辻家貸本	当世五人 男のうち／吉田雄蔵	村上浪六	青木嵩山堂
122	W913.6/ﾄｳ-1/辻家貸本	当世五人 男のうち／倉橋幸蔵	村上浪六	青木嵩山堂
123	W913.6/ﾄｳ-2/辻家貸本	当世五人 男のうち／倉橋幸蔵　後編	村上浪六	青木嵩山堂
124	W913.6/ﾄｳ-3/辻家貸本	当世五人 男のうち／倉橋幸蔵　続編	村上浪六	青木嵩山堂
125	W913.6/ﾄﾞｸ-1/辻家貸本	毒婦	村上浪六	青木嵩山堂
126	W913.6/ﾄﾞｸ-2/辻家貸本	毒婦　後篇	村上浪六	青木嵩山堂
127	W913.6/ﾄｼ/辻家貸本	豊嶋嵐	福地桜痴	春陽堂
128	W913.6/ﾄﾘ/辻家貸本	探偵小説／鳥尾進	無名氏	一二三館
129	W913.6/ﾄﾜ/辻家貸本	不問語	饗庭篁村	日高有倫堂
130	W913.6/ﾅﾆ-1/辻家貸本	浪華名物男	村上浪六	青木嵩山堂
131	W913.6/ﾅﾆ-2/辻家貸本	浪華名物男　中編	村上浪六	青木嵩山堂
132	W913.6/ﾅﾆ-3/辻家貸本	浪華名物男　下編	村上浪六	青木嵩山堂
133	W913.6/ﾆｵ/辻家貸本	鳰の浮巣 金売吉次	三昧道人 松居松葉	春陽堂 青木嵩山堂
134	W913.6/ﾆｶﾞ/辻家貸本	苦笑	水谷不倒	駸々堂
135	W913.6/ﾆｸ/辻家貸本	肉山血海／最後之決戦	吉沢晴男(著)・村田天籟(閲)	武田博盛堂
136	W913.6/ﾆｾ/辻家貸本	探偵実話／偽惣兵衛		三輪逸次郎
137	W913.6/ﾆﾎ/辻家貸本	小説／日本刀	井原青々園	駸々堂
138	W913.6/ﾇﾚ/辻家貸本	濡衣	半井桃水	日高有倫堂
139	W913.6/ﾈｱ/辻家貸本	小説／根あがり松	半井桃水	駸々堂
140	W913.6/ﾈｺ/辻家貸本	猫の巻 霜くづれ	山下雨花 内田魯庵	駸々堂 春陽堂
141	W913.6/ﾉｺ/辻家貸本	残る光	斎藤弔花	今古堂書店

刊年	保証金	見料	符牒	消毒承認日	番号	売価	備考
1903.1.1	50銭	7銭	レ十八号	14.10.3	236		
1908.12.10	80銭	15銭	ロ四十号	15.9.20			
1908.10.5			ロ二十五号	14.10.3	225		
1902.4.4			レ十五号	13.9.3	1141		
1905.11.10（再版）	1円（80銭）	15銭		15.6.1			
1905.11.10（再版）	1円（80銭）	15銭	ネ七十号	15.9.20			
1906.1.15	1円（80銭）	15銭	ネ七十号	15.10.31			
1910.8.10（再版）	1円	25銭	ハノ六十七号	15.10.31			
1907.6.4	1円	20銭	ニノロ七十号二冊				
1908.3.15	1円	20銭	ニノロ七十号二冊	13.12.15	31		
1900.9.22	50銭			13.9.3	1177		
1905.4.7（8版）	70銭	13銭	ツ二十五号	14.10.3	239		
	70（60）銭	15（9）銭	大正四年十月六号	13.9.3	1163		
1900.3.10（5版）			四二、三十号	15.9.23			
1900.1.15（3版）				14.11.13	308		
1911.2.1（3版）				15.9.30			
1911.7.20（再版）			大三、十一号	13.8.31	977		
1902.4.6	50銭	8銭	タ十九号	14.11.13	323		
1893.7.4	50銭	10銭	レ十号	13.8.27	717		
1907.11.17	75銭	13銭	上下大八、十五号	14.11.10	287		
	75銭	13銭	大八、十五号二冊				
1904.12.15	80銭	15銭	ツ三十五号	14.10.3	235		
1901.4.15（再版）	50銭	7銭	ハノ三五号	13.9.3	1131		
1895.9.4	50銭	7銭	ロ十二号	13.9.2	1026		
1905.11.20（5版）	70銭	13銭	二冊ネタ〇二				
	50銭	10銭		13.8.31	959		
1896.12.28	50銭	10銭		13.8.31	951		
1902.1.4	50銭	7銭		13.9.3	1126		
1907.9.17	80銭	13銭		15.9.19			
	50銭	7銭		13.9.3	1138		
1901.2.25			タ十三号	13.8.30	932		
1902.1.2 1902.5.20	60銭	15銭	タ十九号	13.9.1	1013		
1901.4.10	50銭	8銭	ヨサ号	13.9.3	1117		
1903.11.15	60銭	13銭		14.10.28	274		
1906.7.18	60銭	10銭	ラ廿五号	14.10.3	237		
1905.3.3（3版）	65銭	13（10）銭	ナ二十号	15.9.20			
1900.6.16 1903.7.7			タ五号 ソ十五号	13.9.3	1108		合冊
1901.4.1（再版）	50銭	7銭	ヨ十八号	13.9.3	1139		
1902.5.6（再版）	50銭	8銭		14.10.3	223		

	請求記号	書名	著編者	発行元
142	W913.6/ﾉﾁ/辻家貸本	後の恋	徳田秋声	春陽堂
143	W913.6/ﾉﾁ/辻家貸本	後の後藤又兵衛	渡辺霞亭	隆文館
144	W913.6/ﾊｷﾞ/辻家貸本	萩の下露	半井桃水	日高有倫堂
145	W913.6/ﾊｸ/辻家貸本	薄命の花	福地桜痴	春陽堂
146	W913.6/ﾊｸ-1/辻家貸本	伯爵夫人　前編	田口掬汀	東京堂・上田屋
147	W913.6/ﾊｸ-1/辻家貸本	伯爵夫人　前編	田口掬汀	東京堂・上田屋
148	W913.6/ﾊｸ-2/辻家貸本	伯爵夫人　後編	田口掬汀	東京堂・上田屋
149	W913.6/ﾊｸ-3/辻家貸本	伯爵夫人　終編	田口掬汀	日高有倫堂
150	W913.6/ﾊﾁ-1/辻家貸本	八軒長屋	村上浪六	民友社
151	W913.6/ﾊﾁ-2/辻家貸本	八軒長屋　後編	村上浪六	民友社
152	W913.6/ﾊﾂ/辻家貸本	初すがた	小杉天外	春陽堂
153	W913.6/ﾊﾏ/辻家貸本	浜子	草村北星	金港堂書籍株式会社
154	W913.6/ﾊﾔ/辻家貸本	はやり唄	小杉天外	
155	W913.6/ﾊﾗ-1/辻家貸本	原田甲斐	村上浪六	青木嵩山堂
156	W913.6/ﾊﾗ-2/辻家貸本	原田甲斐　後編	村上浪六	青木嵩山堂
157	W913.6/ﾋﾞｵ/辻家貸本	微温	水野葉舟	易風社
158	W913.6/ﾋﾟｽ/辻家貸本	探偵実話／ピストルお袖	わかば	大川屋書店
159	W913.6/ﾋﾄ/辻家貸本	小説／人殺し	渡辺霞亭	駸々堂
160	W913.6/ﾋﾐ/辻家貸本	秘密党	水田南陽	扶桑堂
161	W913.6/ﾋﾒ-1/辻家貸本	姫様阿辰　前編	広津柳浪	春陽堂
162	W913.6/ﾋﾒ-2/辻家貸本	姫様阿辰　後編	広津柳浪	春陽堂
163	W913.6/ﾌｳ/辻家貸本	風流線	泉鏡花	春陽堂
164	W913.6/ﾌﾞｷ/辻家貸本	小説／武兄弟	小栗風葉	青木嵩山堂
165	W913.6/ﾌｸ/辻家貸本	伏魔殿	福地桜痴	春陽堂
166	W913.6/ﾌﾀ-1/辻家貸本	二筋道	広津柳浪	今古堂書店
167	W913.6/ﾌﾀ-1/辻家貸本	二人妻　上	酔多道士	求光閣
168	W913.6/ﾌﾀ-2/辻家貸本	二人妻　下	酔多道士	求光閣
169	W913.6/ﾌﾄﾞ/辻家貸本	小説／不動剣	稲岡奴之助	青木嵩山堂
170	W913.6/ﾌﾋ/辻家貸本	不必要	矢野龍渓	春陽堂
171	W913.6/ﾌﾕ/辻家貸本	冬牡丹	三品蘭渓	
172	W913.6/ﾌﾙ/辻家貸本	探偵文庫／古茶箱	喜美六	駸々堂
173	W913.6/ﾌﾞﾝ/辻家貸本	小説／文金島田 小説／文金島田　後編	小栗風葉	駸々堂
174	W913.6/ﾎﾀ/辻家貸本	蛍火	河野巳之助	駸々堂
175	W913.6/ﾏｶ-1/辻家貸本	魔風恋風　前篇	小杉天外	春陽堂
176	W913.6/ﾏﾁ/辻家貸本	町女房	山岸荷葉	春陽堂
177	W913.6/ﾏﾁ/辻家貸本	町の仙女	伊藤銀月	金色社
178	W913.6/ﾏﾂ/辻家貸本	松が浦島 うつし絵	村井弦斎 半井桃水	春陽堂 春陽堂
179	W913.6/ﾐｵ/辻家貸本	澪標	菊池幽芳	駸々堂
180	W913.6/ﾑｺﾞ/辻家貸本	小説／無言の誓	菊池幽芳	駸々堂

刊年	保証金	見料	符牒	消毒承認日	番号	売価	備考
1897.12.12（再版） 1899.3.20（7版）	80銭	15銭		15.6.1			合冊
1907.10.5	50銭	8銭	ラ廿三号	13.9.3	1124		
1903.3.20 1903.6.5	80銭	15銭		13.9.2	1058		合冊
1901.1.26	50銭	7銭		15.9.27			帳簿紙片あり
1900.10.13	(50銭)	15銭		13.9.3	1114		
1904.12.1（6版）	70銭	13銭		15.3.5	514		
1904.10.28（4版）	70銭	13銭	二冊ネ六十五号	15.3.5	513		
1902.5.15	50銭	9銭	ソ廿三号	13.9.3	1173		
1909.6.10	1円20銭	20銭	ハノ七十二号	15.6.1			
1902.8.11 1900.9.19	80銭	15銭	メ三十七、十三号 メ三十五、十七号	13.9.3	1134		合冊
1895.7.13	50銭	7銭	モタカマ	14.10.3	251		
1900.4.25			カ十三号	13.8.31	999		
1894.1.2	50銭	3銭5厘	タ十号	13.9.3	1167		
1902.3.1	50銭	8銭		13.8.31	945		
1902.8.15	50銭	8銭		13.8.30	740		
	50銭	7銭	タ十号	14.10.3	233		
1901.1.17	80銭	15銭	ヨ四十号	14.11.11	304		
1900.1.1	50銭	8銭		14.11.11	306		
1901.9.30	50銭	7銭	タ十九号	13.9.3	1123		
1911.3.10				13.8.27	687		
1906.6.5（改版）							
1898.11.18（再版）			カ十四号	15.9.25			
1896.5.25			ワモタラ	13.8.30	843		
			三冊ニテ大八、 三十七号				
1915.11.13			大八三十五号	15.9.25			
1897.3.8			ヨ十四号				
1899.4.23			カタヤ	13.8.30	817		
1910.10.20							
1906.11.3			ネ十六号	13.8.31	993		
1897.5.10			タ十四号	15.8.20			
1912.5.10（2版）			ホ十五号	15.5.5			帳簿紙片あり
1903.10.10（4版）				13.8.25	471		
1901.1.4			ヨタカマ	15.9.25			
1906.10.5				13.9.4	1291	10銭	
1901.11.10	50銭	7銭	タ十二号	13.9.4	1221		
			ネ三五号	13.9.4	1210		
1912.5.15				15.9.19			
1898.12.23			カタラ	13.8.26	566		

	請求記号	書名	著編者	発行元
181	W913.6/ﾑｼ/辻家貸本	小説／武者気質 小説／大坂城	村上浪六	青木嵩山堂
182	W913.6/ﾑﾗ/辻家貸本	紫帽子	佐野天声	矢島誠進堂書店
183	W913.6/ﾑﾗ/辻家貸本	むら時雨 続むら時雨	村上浪六	駸々堂
184	W913.6/ﾑﾗ-1/辻家貸本	探偵小説／紫美人	松居松葉	金槇堂
185	W913.6/ﾒｵ/辻家貸本	女夫星	小杉天外	春陽堂
186	W913.6/ﾒｵ-1/辻家貸本	女夫波　前編	田口掬汀	金色社
187	W913.6/ﾒｵ-2/辻家貸本	女夫波　後編	田口掬汀	金色社
188	W913.6/ﾒｸﾞ/辻家貸本	めぐる泡	後藤宙外	春陽堂
189	W913.6/ﾓｳ/辻家貸本	猛火	田口掬汀	日高有倫堂
190	W913.6/ﾓﾓ/辻家貸本	政治小説／桃色絹 探偵叢話	山田美妙 あきしく	青木嵩山堂 駸々堂
191	W913.6/ﾔｹ/辻家貸本	焼火箸	巖谷小波	春陽堂
192	W913.6/ﾔｼ/辻家貸本	探偵文庫／夜叉娘	多田省軒	駸々堂
193	W913.6/ﾔﾏ/辻家貸本	山中源左衛門	塚原渋柿園	春陽堂
194	W913.6/ﾔﾐ-1/辻家貸本	探偵奇談／暗夜の血漿　前編	多田省軒	岡本偉業館
195	W913.6/ﾔﾐ-2/辻家貸本	探偵奇談／暗夜の血漿　後編	多田省軒	岡本偉業館
196	W913.6/ﾕｷ/辻家貸本	小説／雪の花園	末広鉄腸(閲)・村松柳江(作)	
197	W913.6/ﾕｷ/辻家貸本	雪粉々	幸田露伴・堀内新泉	春陽堂
198	W913.6/ﾕﾐ/辻家貸本	小説／弓矢八幡	武田仰天子	青木嵩山堂
199	W913.6/ﾕﾒ/辻家貸本	夢現	黒田天外	正英堂書店
200	W913.7/ｱｵ/辻家貸本	青藤峠大仇討／鷲津武勇伝	玉田玉秀斎（講演）	岡本偉業館
201	W913.7/ｱｶ/辻家貸本	赤坂両父仇討	吾妻竹造（講演）	井上一書堂
202	W913.7/ｱｶ/辻家貸本	明石志賀之助	増田南北（講演）	大阪島之内同盟館
203	W913.7/ｱｶ/辻家貸本	天和奇語／明石の斬捨	田辺大龍（講演）	大川屋書店
204	W913.7/ｱｺ-1/辻家貸本	赤穂義士／四十七士伝　上編	一心亭辰雄（講演）	三芳屋書店
205	W913.7/ｱｺ-3/辻家貸本	赤穂義士／四十七士伝　下編	一心亭辰雄（講演）	三芳屋書店
206	W913.7/ｱｻ/辻家貸本	朝顔日記	神田伯山（講演）	中村惣次郎
207	W913.7/ｱｻ/辻家貸本	浅山一伝斎／武術の誉	揚名舎桃李（講述）	中村惣次郎
208	W913.7/ｱﾀﾞ/辻家貸本	仇討／青柳お梅	神田伯龍（講演）	此村欽英堂
209	W913.7/ｱﾀﾞ/辻家貸本	仇討／苅萱石童丸	石川一口（講演）	駸々堂
210	W913.7/ｱﾏ/辻家貸本	天草騒動	双龍斎貞鏡（講演）	求光閣
211	W913.7/ｱﾗ/辻家貸本	安宅の関大仇討／荒尾義勇伝	玉田玉秀斎（講演）	矢島誠進堂書店
212	W913.7/ｲｲ/辻家貸本	飯田武勇伝	旭堂小南陵（講演）	大阪島之内同盟館
213	W913.7/ｲｶ/辻家貸本	鋳掛屋松五郎	錦城斎貞玉（口演）	中村惣次郎
214	W913.7/ｲﾂ/辻家貸本	一刀流武勇誉	西尾麟慶（口演）	此村欽英堂
215	W913.7/ｲﾊﾞ/辻家貸本	伊庭流元祖／伊庭如水軒	西尾麟慶（口演）	求光閣書店
216	W913.7/ｲﾜ/辻家貸本	岩見後の武勇伝	神田伯林（口演）	日吉堂
217	W913.7/ｳｴ/辻家貸本	上杉豪傑／夏目舎人	松月堂魯山（口演）	矢島誠進堂書店
218	W913.7/ｳｼ/辻家貸本	牛若長次	三遊亭花遊（口演）	博多成象堂

刊年	保証金	見料	符牒	消毒承認日	番号	売価	備考
1907.6.10				13.8.25	463		
1906.1.10	50銭	8銭	大壱フモ上下	13.8.27	697		
1900.12.20（再版）	50銭	10銭	ヨ十二号	15.9.27			
1898.10.16	50銭	7銭		13.9.4	1285	10銭	
1888.11.20	50銭	7銭	ヲ十号	13.9.3	1194		
1902.9.1			モタ				
1889.12.20	25銭	3銭5厘	ヲ十二号	15.9.26			
1907.5.1			ナ十二号	13.8.30	841		
1906.6.5（改版）			ナ十一号	13.8.26	642		
1897.1.3	60銭	8銭	ワ十四号	15.9.25			
1900.8.25			ヨタ	15.7.1		10銭	
1897.3.6			レ十二号	15.9.21			
1902.4.8				15.8.20			
1901.1.8（10版）			ヨ十一号	13.8.31	965		
1902.1.25（3版）			ハノ三五号	13.8.30	828		
1910.3.5			大正二年ヘ十三号	15.5.5			
1908.7.20（再版）				13.9.4	1209		
1909.9.20				13.9.4	1223		
1908.1.1			ニノ十四号	13.8.27	727		
1899.11.3			ヨタカ	13.8.25	599		
1899.6.15			カ十二号	13.8.30	818		
1896.9.21			ヲ十三号	13.8.25	467		
1910.11.5（再版）			ニノ十六号	13.8.30	826		
1900.6（3版）			タ十四号				
1906.6.5				13.8.30	809		
1902.3.4			ツ三五号				
1900.10.21				13.8.25	517	10銭	
	50銭	7銭	ツ二五号	13.8.30	825		
1910.10.20（再版）			メ四十二、十四号	15.5.5			
1896.10.28 1902.3.10	80銭	15銭	ツ三号				合冊
1903.5.1			レ十三号	13.8.30	831		
1902.12.20（5版）			二冊レ二十七号	15.4.1			帳簿紙片あり
1910.10.5			メ四十五へ 二十二号二冊	13.8.27	675		
1901.11（再版）			タ十一号	15.9.25			
1895.7（再版）	70銭	15銭	ヨカヌ	15.8.20			
1900.10.8				15.9.27	1121	15銭	
1901.3.5				13.8.26	571		帳簿紙片あり
1906.3.5（再版）			ネ十一号	13.8.25	479		
1903.7.10			レ十三号	13.8.30	610		

	請求記号	書名	著編者	発行元
219	W913.7/ｳｽ/辻家貸本	碓井峠大仇討	玉田玉秀斎（口演）	中川玉成堂
220	W913.7/ｳﾐ/辻家貸本	海坊主お龍	夢郷庵	岡本偉業館
221	W913.7/ｳﾜ/辻家貸本	宇和島神霊記	四代目石川一口（講演）	駸々堂
222	W913.7/ｴｲ/辻家貸本	英雄／清水冠者義高	揚名舎桃李（講説）	中村惣次郎
223	W913.7/ｴｿﾞ/辻家貸本	蝦夷錦古郷の家土産	三遊亭円朝（口述）	大川屋書店
224	W913.7/ｴﾄﾞ/辻家貸本	江戸神田／御陣原仇討美談	放牛舎桃林（講演）	求光閣書店
225	W913.7/ｴﾄﾞ/辻家貸本	江戸美人	春錦亭柳桜（口演）	大川屋書店
226	W913.7/ｵｳ/辻家貸本	奥州二本松／力士の仇討	神田伯龍（講演）	中川玉成堂
227	W913.7/ｵｳ/辻家貸本	近江屋お花	芳茗舎桃玉（口演）	井上一書堂
228	W913.7/ｵｵ/辻家貸本	大岡政談／鰯屋騒動	双龍斎貞鏡（講演）	萩原新陽館
229	W913.7/ｵｵ/辻家貸本	大岡政談名古屋土産／鍵屋政談	揚名舎桃李（講演）	上田屋書店
230	W913.7/ｵｵ/辻家貸本	大久保政談／松前屋五郎兵衛	桃川燕林（講述）	文事堂
231	W913.7/ｵｶﾞ/辻家貸本	小笠原実記	真龍斎貞水（講演）	井上一書堂
232	W913.7/ｵｸﾞ/辻家貸本	小栗判官	松林東慶（口演）	鍾美堂本店
233	W913.7/ｵｼﾞ/辻家貸本	お女郎忠次	桂文楽（口演）	修文舘
234	W913.7/ｶｲ/辻家貸本	快傑／長阪孫九郎	石川一口（講演）	中川玉成堂
235	W913.7/ｶｲ/辻家貸本	怪力無双／石原平四郎	四代目石川一口（講演）	積善館本店
236	W913.7/ｶｲ/辻家貸本	怪力無双／拳骨和尚	玉田玉秀斎（講演）	此村欽英堂
237	W913.7/ｶｹ/辻家貸本	掛川大評定／北条太郎	岡本鶴治（講演）	岡本偉業館
238	W913.7/ｶﾀ/辻家貸本	敵討／三十三間堂	錦城斎貞玉（講演）	日吉堂
239	W913.7/ｶﾀ/辻家貸本	敵討／三荘太夫	田辺南麟（講演）	博盛堂
240	W913.7/ｶﾀ/辻家貸本	敵討／玉川宇源太	真龍斎貞水（講演）	朗月堂
241	W913.7/ｶﾀ/辻家貸本	敵討／冨士太郎	松月堂楳林（講演）	此村欽英堂
242	W913.7/ｶﾀ/辻家貸本	敵討札所之霊験	三遊亭円朝（口述）	大川屋書店
243	W913.7/ｶﾀ/辻家貸本	敵討澱川堤／速見秀夫	桃井桃玉（口演）	井上一書堂
244	W913.7/ｶﾀ/辻家貸本	加太義勇伝	旭堂小南陵（講演）	博多成象堂
245	W913.7/ｶﾀﾞ/辻家貸本	加太弥太郎	藤井南龍（講演）	博多成象堂
246	W913.7/ｶﾅ/辻家貸本	復讐美談／金井主水	神田伯龍（講演）	駸々堂
247	W913.7/ｶﾅ/辻家貸本	豪傑／金沢義政	神田伯龍（講演）	此村欽英堂
248	W913.7/ｶﾏ/辻家貸本	かまわぬ坊 新かまわぬ坊	江見水蔭	春陽堂 駸々堂
249	W913.7/ｶﾞﾓ/辻家貸本	蒲生三勇士／筒井小源太	旭堂小南陵（講演）	名倉昭文館
250	W913.7/ｶﾜ/辻家貸本	川中島大合戦	四代目石川一口（講演）	大阪島之内同盟館
251	W913.7/ｶﾝ/辻家貸本	寛永豪傑／鷲津新六郎	玉田玉秀斎（講演）	岡本偉業館
252	W913.7/ｶﾝ/辻家貸本	観音霊験／敵討雷太郎	神田伯林（口演）	大川屋書店
253	W913.7/ｷｸ/辻家貸本	菊模様千代亀鑑	三遊亭円朝（口演）	大川屋書店
254	W913.7/ｷﾌﾞ-2/辻家貸本	紀文大尽　後編	伊東凌潮（講演）	三芳屋書店
255	W913.7/ｷﾖ/辻家貸本	侠客／金子春太郎後日譚	立川燕入（講演）	名倉昭文館
256	W913.7/ｷﾖ/辻家貸本	侠客／くりから太吉	神田伯龍（講演）	中川玉成堂
257	W913.7/ｷﾖ/辻家貸本	侠客／黒駒勝蔵	旭堂南陵（講演）	中川玉成堂

刊年	保証金	見料	符牒	消毒承認日	番号	売価	備考
1901.10.6				13.8.26	585		帳簿紙片あり
1902.10.25							
1911.4.5			ニノ十五号	13.8.26	614		
	50銭	7銭		13.8.26	649		
1898.3.20	60銭	10銭	ヲ十五号	13.8.31	956		
				13.8.31	990		
1901.6.5			ナ十二号	15.9.2		10銭	
1904.7.1			上下ロ五号	13.9.4	1216		
1907.12.5				13.9.4	1224		
1912.2.5			ニノ十五号	13.8.30	920		
1912.3.21				13.8.30	916		
1903.7.10（5版）				15.8.1			
1901.8.1				15.9.21			
1911.2.10			ヘノ七号	15.6.3			
1911.4.20			ヘノ七号	15.6.3			
1910.6.30			ニノ十四号	15.6.3			
1911.7.1（再版）				15.5.5			
1902.4.8				13.8.25	617		帳簿紙片あり
1911.4.5				15.5.5			
1910.2.25				15.5.5			
1910.6.20				15.5.5			
1903.2.7				13.8.25	497		
1909.5.20（25版）				13.8.25	496		
1909.7.15			ロ十六号	13.8.27	723		帳簿紙片あり
1908.1.15（再版）			ラ十九号	13.9.4	1283		帳簿紙片あり
1909.4.30			ニノ十六号	15.6.3			
1910.8.5（再版）			メ四十二、十二号	15.5.5			
				13.8.27	751		
1904.2.5				13.9.4	1243		帳簿紙片あり
1909.2.20			ニノ十六号	13.8.27	669		
1910.5.10			ニノ十四号	13.8.27	735		
1910.1.1				13.8.27	753		
1910.4.10			ニノ十六号	15.9.19			
1905.2.10				13.9.4	1242		
1910.3.28			ニノ十四号	13.8.27	754		
1910.10.1（2版）	50銭	8銭	ニノ十六号	15.6.3			
1903.2.14			タ十三号	13.8.27	759		
1910.11.10（再版）			ニノ十六号	13.8.27	663		
1903.12.5				13.9.1	1005	10銭	
				13.9.4	1280	10銭	
1906.10.10（再版）				13.8.26	603		
1910.4.25（再版）			ニノ十六号	15.6.3			

	請求記号	書名	著編者	発行元
258	W913.7/ｷﾖ/辻家貸本	俠客／小桜千太郎	玉田玉麟（講演）	名倉昭文館
259	W913.7/ｷﾖ/辻家貸本	俠客／唐犬権兵衛	岡本鶴治（口演）	岡本偉業館
260	W913.7/ｷﾖ/辻家貸本	俠客／鳴神重三	玉田玉秀斎（講演）	矢島誠進堂書店
261	W913.7/ｷﾖ/辻家貸本	俠客春雨傘	松林伯知（講演）	
262	W913.7/ｸﾘ/辻家貸本	栗原百助	松林百燕（講演）	萩原朗月堂
263	W913.7/ｸﾞﾝ/辻家貸本	軍学／山鹿甚五左衛門	瓢々亭玉山（講演）	
264	W913.7/ｹﾔ/辻家貸本	講談／毛谷村六助	尾崎東海（講演）	岡本偉業館
265	W913.7/ｹﾞﾝ/辻家貸本	元和豪傑／花房志摩	春風亭露玉（講演）	岡本増進堂
266	W913.7/ｹﾞﾝ/辻家貸本	元和豪傑／妙見峠大仇討	春風亭露玉（講演）	岡本増進堂
267	W913.7/ｺｲ-2/辻家貸本	探偵実話／恋と情　後編	二代目太年社燕楽（講演）	矢島誠進堂書店
268	W913.7/ｺｲ-3/辻家貸本	探偵実話／恋と情　続編	二代目太年社燕楽（講演）	矢島誠進堂書店
269	W913.7/ｺｳ/辻家貸本	甲越軍記　三十六段車懸	四台目石川一口（講演）	大阪島之内同盟館
270	W913.7/ｺｳ/辻家貸本	講談／有馬猫退治	玉田玉麟（講演）	岡本偉業館
271	W913.7/ｺｳ/辻家貸本	講談／真田昌幸	西尾魯山（講演）	岡本偉業館
272	W913.7/ｺｳ/辻家貸本	講談／真田幸村	西尾魯山（講演）	岡本偉業館
273	W913.7/ｺﾞｳ/辻家貸本	豪傑／穴沢静馬	玉田玉秀斎（講演）	立川文明堂
274	W913.7/ｺﾞｳ/辻家貸本	豪傑／荒尾龍之助	玉田玉秀斎（講演）	矢島誠進堂書店
275	W913.7/ｺﾞｳ/辻家貸本	豪傑／斑鳩平次	広沢虎吉（口演）	岡本偉業館
276	W913.7/ｺﾞｳ/辻家貸本	豪傑／犬若奥羽漫遊記	玉田玉秀斎（講演）	此村欽英堂
277	W913.7/ｺﾞｳ/辻家貸本	豪傑／犬若五郎左衛門	玉田玉秀斎（講演）	此村欽英堂
278	W913.7/ｺﾞｳ/辻家貸本	豪傑／犬若武勇伝	玉田玉秀斎（講演）	此村欽英堂
279	W913.7/ｺﾞｳ/辻家貸本	豪傑／井上大九郎	二代目浅川富士丸（口演）	至誠堂
280	W913.7/ｺﾞｳ/辻家貸本	豪傑／井上大九郎　後編	二代目浅川富士丸（口演）	大阪島之内同盟館
281	W913.7/ｺﾞｳ/辻家貸本	豪傑／鬼勝丸	神田伯龍（講演）	積善館本店
282	W913.7/ｺﾞｳ/辻家貸本	豪傑／鬼小島弥太郎	玉田玉秀斎（口演）	此村欽英堂
283	W913.7/ｺﾞｳ/辻家貸本	豪傑／桂市兵衛	玉田玉秀斎（講演）	立川文明堂
284	W913.7/ｺﾞｳ/辻家貸本	豪傑／金沢八郎	神田伯龍（講演）	此村欽英堂
285	W913.7/ｺﾞｳ/辻家貸本	豪傑／金森源太郎	吉田奈良丸（口演）	此村欽英堂
286	W913.7/ｺﾞｳ/辻家貸本	豪傑／蟹江才蔵	玉田玉秀斎（口演）	岡本偉業館
287	W913.7/ｺﾞｳ/辻家貸本	豪傑／木曾川三郎	石川一口（講演）	立川文明堂
288	W913.7/ｺﾞｳ/辻家貸本	豪傑／粂の鉄扇斎	玉田玉秀斎（講演）	岡本偉業館
289	W913.7/ｺﾞｳ/辻家貸本	豪傑／粂の平内	玉田玉秀斎（講演）	岡本偉業館
290	W913.7/ｺﾞｳ/辻家貸本	豪傑／後藤武勇伝	石川一口（講演）	立川文明堂
291	W913.7/ｺﾞｳ/辻家貸本	豪傑／最後の蟹江才蔵	玉田玉秀斎（講演）	岡本偉業館
292	W913.7/ｺﾞｳ/辻家貸本	豪傑／最後の粂の平内	玉田玉秀斎（講演）	岡本偉業館
293	W913.7/ｺﾞｳ/辻家貸本	豪傑／最後の薄田隼人	石川一口（講演）	立川文明堂
294	W913.7/ｺﾞｳ/辻家貸本	豪傑／坂田信行巡国記	玉田玉秀斎（講演）	柏原圭文堂
295	W913.7/ｺﾞｳ/辻家貸本	豪傑／関口頼母	玉田玉秀斎（講演）	立川文明堂
296	W913.7/ｺﾞｳ/辻家貸本	豪傑／其後の髙浪八郎	広沢虎吉（口演）	岡本偉業館
297	W913.7/ｺﾞｳ/辻家貸本	豪傑／髙浪八郎	広沢虎吉（口演）	岡本偉業館
298	W913.7/ｺﾞｳ/辻家貸本	豪傑／武田八剣士	竹川粂八（講演）	名倉昭文館
299	W913.7/ｺﾞｳ/辻家貸本	豪傑／竹之内大蔵	玉田玉秀斎（講演）	立川文明堂

刊年	保証金	見料	符牒	消毒承認日	番号	売価	備考
1904.9.5				13.9.4	1212		
1910.2.20			ニノ十四号	13.8.27	712		
1903.9.15				13.9.2	1096	10銭	帳簿紙片あり
1911.11.25（再版）			第二ノヘ十五号	13.8.27	880		
1910.12.15			ハノ十七号	15.9.19			
1910.2.5				13.9.4	1245		
1903.8.15			レ十三号				
1909.12.10			ハノ十六号				
1910.10.15			ニノ十九号	13.8.27	671		
1908.9.30			ニノ十六号	15.9.19			
1903.8.20			ソ十一号	13.8.27	701		
1904.8.18			ネ十二号				
1896.7.25			ワモタヌ	13.8.31	952		帳簿紙片あり
1899.6.27			ソ九号				
1898.4.5	50銭	7銭	カ七号	15.9.24			
1912.10.1				15.5.5			
1912.10.1				15.5.5			
1912.1.15			ヘノ七号	15.9.19			
1901.2.25			ヨ十四号	13.8.27	757		帳簿紙片あり
1910.4.10（再版）			ハノ十四号	13.8.27	726		
1899.2.10（再版）			カ十五号	13.8.27	690		
1907.10.15（再版）				13.7.4	1298		
1902.10.16				13.9.4	1215		
1900.9.5	50銭	8銭	カ二十号	13.8.27	731		合冊
1904.4.8			ソ十二号	13.9.3	1128		
1902.10.15				13.9.3	1188		
1899.8.14			レ八号	15.8.20			
1907.6.5（2版）			ラ十七号	13.8.27	718		
1898.11.22			ワ十五号	13.8.25	480		
1909.5.20（再版）			ロ十六号	13.8.27	683		帳簿紙片あり
1900.5.25				13.9.4	1294	10銭	
1899.12.5（再版）	50銭	7銭	カタカ	13.8.31	979		
1906.9.20			ネ十二号	13.8.26	594		
1896.7.19	30銭	6銭	ロ十六号	13.8.30	840		
1909.10.5				13.8.30	813		
1899.5.13			ヨタヌ				
1906.6.5（改版）				15.8.20			
1906.6.5（改版）				15.8.20			
1908.9.1				13.8.30	803		
1903.5.20（再版）	25銭	3銭5厘	ラ十号	13.8.31	987		

	請求記号	書名	著編者	発行元
300	W913.7/ｺﾞｳ/辻家貸本	豪傑／後の蟹江才蔵	玉田玉秀斎（講演）	岡本偉業館
301	W913.7/ｺﾞｳ/辻家貸本	豪傑／後の粂の平内	玉田玉秀斎（講演）	岡本偉業館
302	W913.7/ｺﾞｳ/辻家貸本	豪傑／後の高浪八郎	広沢虎吉（口演）	岡本偉業館
303	W913.7/ｺﾞｳ/辻家貸本	豪傑／真柄十郎三郎	松月堂魯山（口演）	矢島誠進堂書店
304	W913.7/ｺﾞｳ/辻家貸本	豪傑／楽巌寺十郎	玉田玉秀斎（講演）	立川文明堂
305	W913.7/ｺﾞｳ/辻家貸本	豪傑／後の物外和尚	玉田玉秀斎（講演）	此村欽英堂
306	W913.7/ｺﾞｳ/辻家貸本	豪勇／瀧夜叉姫	二代目浅川富士丸（口演）	至誠堂
307	W913.7/ｺﾞｳ/辻家貸本	豪勇無双／鬼丸花太郎	玉田玉秀斎（講演）	積善館本店
308	W913.7/ｺﾞｳ/辻家貸本	豪勇無双／郷の虎丸	玉田玉秀斎（講演）	松本金華堂
309	W913.7/ｺﾞﾄ/辻家貸本	豪傑／後藤又兵衛	石川一口（講演）	立川文明堂
310	W913.7/ｻｶ/辻家貸本	天下豪傑／坂田信行東下り	玉田玉秀斎（講演）	柏原圭文堂
311	W913.7/ｻｸ/辻家貸本	桜川五良蔵	神田伯龍（講演）	中川玉成堂
312	W913.7/ｻｸ/辻家貸本	佐倉義民伝	邑井一（講演）	上田屋書店
313	W913.7/ｻｸ/辻家貸本	復讐美談／佐倉騒動	錦城斎貞玉（講演）	銀花堂
314	W913.7/ｻﾞｺ/辻家貸本	座光寺源三郎	松林伯円（講演）	青木嵩山堂
315	W913.7/ｻﾅ/辻家貸本	真田三傑／大力重太	福亭羽衣（口演）	矢島誠進堂書店
316	W913.7/ｻﾅ/辻家貸本	真田三傑／忍術佐助	福亭羽衣（口演）	矢島誠進堂書店
317	W913.7/ｻﾅ/辻家貸本	真田三代記／真田大助	西尾魯山（講演）	岡本偉業館
318	W913.7/ｻﾅ/辻家貸本	難波戦記後日譚／真田大助	神田伯龍（講演）	博多成象堂
319	W913.7/ｻﾅ/辻家貸本	真田幸村／九州漫遊記	玉田玉秀斎（講演）	中川玉成堂
320	W913.7/ｻﾊ/辻家貸本	佐原喜三郎	春風亭柳枝（口演）	岡本偉業館
321	W913.7/ｻﾗ/辻家貸本	天明女侠客／更科お玉	玉田玉秀斎（講演）	岡本増進堂
322	W913.7/ｻﾝ/辻家貸本	三十六番／豊公御前角力	神田伯龍（講演）	田中宋泉堂
323	W913.7/ｻﾝ/辻家貸本	山賊芸者 山賊芸者　下編	無名氏	上田屋書店
324	W913.7/ｼﾉ/辻家貸本	安政三勇士／篠塚力之助	旭堂小南陵（講演）	柏原圭文堂
325	W913.7/ｼﾔ/辻家貸本	講談西遊記／沙悟浄	松林円照（口演）	至誠堂
326	W913.7/ｼﾖ/辻家貸本	将軍家陰謀／毒殺騒動	錦城斎貞玉（口演）	いろは書房
327	W913.7/ｼﾞｮ/辻家貸本	女傑／金森芳枝	吉田奈良丸（講演）	此村欽英堂
328	W913.7/ｼﾝ/辻家貸本	新撰組／十勇士伝	松林伯知（講演）	いろは書房
329	W913.7/ｽｲ/辻家貸本	水府豪傑／大鳥平八郎	神田伯龍（講演）	積善館本店
330	W913.7/ｽｲ/辻家貸本	水府勇士／田宮新十郎	四代目石川一口（講演）	岡本偉業館
331	W913.7/ｽｻﾞ/辻家貸本	探偵文庫／数罪の探偵	松林若円（講演）	駸々堂
332	W913.7/ｾｲ/辻家貸本	勢州／桑名の大仇討	石川一口（講演）	中川玉成堂
333	W913.7/ｾｷ/辻家貸本	復讐奇談／関取二代鑑	桃川燕林（講述）	文錦堂書店
334	W913.7/ｾﾝ/辻家貸本	仙台豪傑／熊田甚五兵衛	玉田玉秀斎（講演）	中川玉成堂
335	W913.7/ｾﾝ/辻家貸本	仙台三勇士	揚名舎桃李（講演）	国華堂書房
336	W913.7/ｾﾝ/辻家貸本	先代萩	増井南山（講演）	井上一書堂
337	W913.7/ｾﾝ/辻家貸本	仙台誉対決	増井南山（口演）	井上一書堂
338	W913.7/ｾﾞﾝ/辻家貸本	澱川堤之後編／ 善光寺娘の仇討	桃井桃玉（口演）	井上一書堂
339	W913.7/ﾀﾞｲ/辻家貸本	大道寺源左衛門	神田伯龍（講演）	駸々堂

刊年	保証金	見料	符牒	消毒承認日	番号	売価	備考
1899.2.20（再版）			ワモタラ	13.8.27	740		
1907.2.5			ハノ十九号	13.8.26	645		
1905.10.10				13.8.26	633		
1908.7.25（再版）				13.9.4	1200		
1902.2.1（3版）			タ十三号	15.9.23		10銭	
1902.1.1	50銭	8銭	タ四号	13.9.3	1195		
	30銭	6銭		13.9.3	1189		
1903.1.2				13.8.25	513		
1903.2.19				13.8.25	511		
1903.3.29				13.8.25	499		
1903.10.18			ソ十一号	13.8.25	490	10銭	
1899.8.31			ワ十二号				
1893.11.6	50銭	7銭	タカ	13.8.31	991		
1907.12.5			ロノ二五号	13.8.30 15.10.9	819		
1903.11.15				13.9.4	1299		
1897.12.27				15.9.23			
	50銭	7銭		13.8.26	577		
1910.12.15			上下大五、二十四号	15.9.19			
1900.10.12（再版）			ヨ十二号	15.9.27			
1898.4.30				13.8.25	547		
	50銭	7銭	ヨ十五号	15.9.24			帳簿紙片あり
1906.6.5（改版）			ナ十一号				
1902.1.16				15.9.28			
1899.2.23（再版）			ワ十号	15.4.7			
1895.4（再版）			カ二十二号	13.9.3	1198		
1897.10.19	60銭	10銭	タ三号	13.8.31	960		
1912.2.10（4版）				13.8.26	647		
1899.2.23（再版）	50銭	6銭	ワ七号	13.9.2			
1899.11.5	50銭	7銭		15.9.24			
1910.6.20（再版）			ヘ二五号	15.5.5			
1902.5.1	50銭	8銭	第二ノホ⌉モ上下	13.8.27	672		帳簿紙片あり
1907.5.17（再版）			ナ十三号				
1899.3.20（3版）			ワ十一号				
1902.1.7	50銭	8銭	タ十五号	13.8.26	565		帳簿紙片あり
1909.7.5			ロ十三号	13.8.30	861		帳簿紙片あり
1903.6.20			ニノ十一号	15.5.5			
1900.3.4			タ十三号	13.8.26	629		帳簿紙片あり

	請求記号	書名	著編者	発行元
340	W913.7/ﾀｶ/辻家貸本	加賀騒動／高田善蔵	古名弁山（口演）	駸々堂
341	W913.7/ﾀｹ/辻家貸本	武田八剣士／武勇の旗場	竹川粂八（口演）	名倉昭文館
342	W913.7/ﾀｹ/辻家貸本	武田八剣士／柳生仙吉	竹川粂八（講演）	名倉昭文館
343	W913.7/ﾀｹ/辻家貸本	復讐美談／武内熊之助	四代目石川一口（講演）	積善館本店
344	W913.7/ﾀﾞﾂ/辻家貸本	妲己お百	東光斎楳林（講演）	大阪島之内同盟館
345	W913.7/ﾀﾏ/辻家貸本	三国九尾／玉藻前	神田伯龍（口演）	中川玉成堂
346	W913.7/ﾁｭ/辻家貸本	忠孝常世物語	邑井吉瓶（講演）	
347	W913.7/ﾁﾝ-1/辻家貸本	鎮西八郎為朝／ 椿説弓張月　巻之一	真龍斎貞水（講演）	三新堂
348	W913.7/ﾁﾝ-2/辻家貸本	鎮西八郎為朝／ 椿説弓張月　鬼夜叉之巻	真龍斎貞水（講演）	三新堂
349	W913.7/ﾁﾝ-3/辻家貸本	鎮西八郎為朝／ 椿説弓張月　白縫之巻	真龍斎貞水（講演）	三新堂
350	W913.7/ﾃﾝ/辻家貸本	天下三浪士	浅川富士丸（口演）	至誠堂
351	W913.7/ﾃﾝ/辻家貸本	天狗小僧	松林若円（講演）	駸々堂
352	W913.7/ﾃﾝ/辻家貸本	天明義民伝	井上笠園	駸々堂
353	W913.7/ﾃﾝ/辻家貸本	天明侠客／飛倉峠大仇討	玉田玉秀斎（口演）	岡本増進堂
354	W913.7/ﾃﾝ/辻家貸本	天明豪傑／浜松松兵衛	玉田玉秀斎（講演）	岡本増進堂
355	W913.7/ﾃﾝ/辻家貸本	天明八人白浪	西尾東林（講演）	博多成象堂
356	W913.7/ﾄｳ/辻家貸本	東台侠客／新蔵兄弟	放牛舎桃林（講演）	
357	W913.7/ﾄｳ/辻家貸本	東叡山大仇討／結城武勇伝	玉田玉秀斎（講演）	岡本偉業館
358	W913.7/ﾄｳ/辻家貸本	東金奇聞／猫塚の由来	西尾魯山（講演）	駸々堂
359	W913.7/ﾄｸ/辻家貸本	徳川四天王随一／ 本多平八郎忠勝	春桜亭小三（口演）	上田屋書店
360	W913.7/ﾄﾞｸ/辻家貸本	毒婦／霞のお千代	玉田玉麟（講演）	岡本偉業館
361	W913.7/ﾄﾉ/辻家貸本	安政名物男／殿様小僧蔦吉	芳茗舎桃玉（口演）	井上一書堂
362	W913.7/ﾄﾞﾓ/辻家貸本	土佐名画／吃又平の伝	宝井琴柳（口演）	銀花堂
363	W913.7/ﾄﾖ/辻家貸本	豊臣太閤記		中村鍾美堂
364	W913.7/ﾅﾘ/辻家貸本	業平文治漂流奇談	三遊亭円朝（演述）	大川屋書店
365	W913.7/ﾆｼ/辻家貸本	錦の袖	桃川燕林（口演）	上田屋書店
366	W913.7/ﾆｯ/辻家貸本	日光山大仇討／明星金吾	玉田玉秀斎（講演）	矢島誠進堂書店
367	W913.7/ﾇﾚ/辻家貸本	北海奇譚／濡衣娘清玄	松林伯円（講演）	中村鍾美堂
368	W913.7/ﾈｷﾞ/辻家貸本	根岸肥前守	松月堂呑玉（口演）	駸々堂
369	W913.7/ﾈｺﾞ/辻家貸本	石山軍記／根来小密茶	旭堂南鶴（講演）	中川玉成堂
370	W913.7/ﾉﾁ/辻家貸本	後の海坊主お瀧	夢郷庵	岡本偉業館
371	W913.7/ﾉﾁ/辻家貸本	豪傑／後の金森源太郎	二代目吉田奈良丸（口演）	此村欽英堂
372	W913.7/ﾊｺ/辻家貸本	箱根権現／躄仇討	正流斎南鱗（講述）	中村鍾美堂
373	W913.7/ﾊﾝ/辻家貸本	板額お藤	錦城斎貞玉（口演）	いろは書房
374	W913.7/ﾊﾞﾝ/辻家貸本	塙の太郎／妖怪退治	玉田玉秀斎（講演）	中川玉成堂
375	W913.7/ﾊﾞﾝ/辻家貸本	元和豪傑／塙団右衛門	春風亭露玉（講演）	岡本増進堂
376	W913.7/ﾋｻ/辻家貸本	加賀騒動／久松桃太郎	四代目石川一口（講演）	博多成象堂

刊年	保証金	見料	符牒	消毒承認日	番号	売価	備考
1901.12.5			ツ三五号				帳簿紙片あり
1901.5.1			タ十一号	13.8.30	919		帳簿紙片あり
1901.8.18	50銭	7銭		15.9.27			
1903.2.10				15.8.20			
1901.12.1			タ十三号	15.8.20			
1902.6.5			タ十三号	15.8.20			帳簿紙片あり
1902.4.6			レ十三号	13.8.31	988		
1908.7.25			ラ十二号	13.8.26	608		帳簿紙片あり
1908.3.5			ハノ四号	13.8.25	487		
1911.3.5				15.5.5			
1908.7.20（41版）			大正二年二冊へ 二十六号	13.8.26	635		
1903.1.1				13.8.30	837		
1898.1.1			ヨ十二号	15.9.2		10銭	
1902.1.26				13.8.26	567		
1910.5.25			第二ノへ五号	15.5.5			
				15.9.27			帳簿紙片あり
1898.12.12							帳簿紙片あり
1898.7.14			ワ十二号	13.8.30	855		
1899.2.10（再版）	50銭	8銭	ワ十三号	15.9.23		10銭	
1910.9.30			ニノ十九号	15.6.3			
	50銭	7銭		15.9.25			
1902.8.10	50銭	7銭		13.8.26	615		
1899.11.7			カタヤ	13.8.26	596		
1909.10.20				13.9.4	1297		
1902.9.18	50銭	8銭		13.9.2	1056		
1902.7.15			レ十二号	13.9.4	1218		
1920.6.10（10版）	50銭	8銭	大十、二十五号	15.10.9			
1903.10（7版）			ロ十二号	13.8.26	654		
1897.3.3			ル十五号	13.9.4	1293		
1906.12.25			ネ十二号	13.9.4	1213		
1900.12（再版）			ホ二五号	13.8.30	857		
1911.7.10				15.6.3			
1899.5.5			ヨタラ	15.9.23		10銭	
1913.2.1（4版）			第二ノへ十五号	15.5.5			
1903.11.10			十六号	13.9.4	1211		帳簿紙片あり
1906.6.15			ネ十一号	13.9.4	1214		
1909.5.15			ロ十二号	13.8.27	732		
1907.10.15（48版）	1円	20銭	ロ七五号	15.9.20			

	請求記号	書名	著編者	発行元
377	W913.7/ﾋｻ/辻家貸本	加賀騒動／久松桃太郎後日談	四代目石川一口（講演）	博多成象堂
378	W913.7/ﾋｻ/辻家貸本	久松桃太郎旅日記	四代目石川一口（講演）	博多成象堂
379	W913.7/ﾋﾞｼﾞ/辻家貸本	怪談／美人の油画	松林伯知（講演）	瀧川書店
380	W913.7/ﾋﾉ/辻家貸本	檜山実記／関良助	神田伯龍（講演）	中川玉成堂
381	W913.7/ﾋﾉ/辻家貸本	檜山実記／相馬大作	神田伯龍（講演）	中川玉成堂
382	W913.7/ﾋﾉ/辻家貸本	檜山実記／伊達三次	神田伯龍（講演）	中川玉成堂
383	W913.7/ﾌｶ/辻家貸本	深見十左衛門	松林伯知（講演）	名倉昭文館
384	W913.7/ﾌﾞｷ/辻家貸本	武侠／根来三十六番斬	広沢当昇（講演）	岡本偉業館
385	W913.7/ﾌｸ/辻家貸本	福島三浪士	神田伯龍（講演）	中川玉成堂
386	W913.7/ﾌﾞｼﾞ/辻家貸本	武術の誉／佐久間三郎	月の舎美華（演）	岡本偉業館
387	W913.7/ﾌﾞｾﾞ/辻家貸本	豊前島大仇討	四代目石川一口（講演）	岡本偉業館
388	W913.7/ﾎｳ/辻家貸本	豊公上覧／入鹿ヶ原大仇討	神田伯龍（講演）	田中文泉堂
389	W913.7/ﾏｶﾞ/辻家貸本	馬術の誉／曲垣平九郎	放牛舎桃湖（講演）	一二三館
390	W913.7/ﾏﾂ/辻家貸本	三光誉の侠客／松王峰五郎	玉田玉麟（講演）	名倉昭文館
391	W913.7/ﾏﾙ/辻家貸本	明智の残党三羽からす／ 丸山太郎秀国	月の舎美華（口演）	此村欽英堂
392	W913.7/ﾐﾄ/辻家貸本	水戸黄門漫遊記	旭堂小南陵（講演）	
393	W913.7/ﾐﾄ-3/辻家貸本	西国巡覧／水戸黄門実記	神田伯龍（講演）	柏原圭文堂
394	W913.7/ﾐﾉ/辻家貸本	身延山貞婦の仇討	錦城斎貞玉（講演）	中村惣次郎
395	W913.7/ﾑｺ/辻家貸本	向疵与三郎	松林伯円（講演）	岡本偉業館
396	W913.7/ﾑﾃ/辻家貸本	無敵流剣士／後藤半四郎	一龍斎貞山（講演）	松本金華堂
397	W913.7/ﾒｲ/辻家貸本	大岡政談大全／ 村井長庵善悪	神田伯山（講演）	
398	W913.7/ﾒｲ/辻家貸本	明治仇討／信州小僧	松林伯海（口演）	至誠堂
399	W913.7/ﾒｲ/辻家貸本	名智政談／敵討荒馬吉五郎	双龍斎貞鏡（講演）	文明林書店
400	W913.7/ﾒｲ/辻家貸本	名誉拳骨／物外和尚	玉田玉秀斎（講演）	此村欽英堂
401	W913.7/ﾓﾘ/辻家貸本	分福茶釜／茂林寺奇談	揚名舎桃李（口演）	三新堂
402	W913.7/ﾔｴ/辻家貸本	八重垣流元祖／吉岡一味斎	神田伯龍（講演）	田中文泉堂
403	W913.7/ﾔｷﾞ/辻家貸本	柳生十兵衛旅日記	桃川燕林（講演）	大川屋書店
404	W913.7/ﾔﾏ/辻家貸本	山田真龍軒	真龍斎貞水（講演）	大川屋書店
405	W913.7/ﾔﾏ/辻家貸本	やまと姫	柳風亭円橋（講演）	愛智堂
406	W913.7/ﾕｲ/辻家貸本	由比ヶ浜大仇討	玉田玉秀斎（講演）	中川玉成堂
407	W913.7/ﾕｳ/辻家貸本	勇士仇討／吉岡浅之助	揚名舎桃玉（講演）	大川屋書店
408	W913.7/ﾕｳ/辻家貸本	勇婦／結城萩野	玉田玉秀斎（講演）	岡本偉業館
409	W913.7/ﾖﾂ/辻家貸本	四ツ車大八	松月堂呑龍（講演）	駸々堂
410	W913.7/ﾜｶ/辻家貸本	和歌の浦／二十六人斬	玉田玉秀斎（口演）	矢島誠進堂書店
411	W913.7/ﾜｼ/辻家貸本	由比ヶ浜十八番切／ 鷲尾小太郎	玉田玉秀斎（講演）	中川玉成堂
412	W913.7/ﾜｼ/辻家貸本	鷲尾武勇伝	玉田玉秀斎（講演）	中川玉成堂
413	W913.7/ﾜﾀ/辻家貸本	渡辺水庵武勇伝		井上一書堂
414	W916/ﾆｸ/辻家貸本	肉弾　旅順実戦記	桜井忠温	丁未出版社

刊年	保証金	見料	符牒	消毒承認日	番号	売価	備考
1898.10.9（再版）	70銭		ワ三十五号	13.8.27	714		
1891.5.12	50銭	7銭	ヲ十五号				
1908.6.5	50銭	8銭	ホノラ三号	13.8.30	877		
1900.3.29（7版）				13.8.30	846		
1899.11.29（6版）			タ十七号	13.8.30	848		
			メ三十九、三冊六十九号	13.8.30	882		
				13.8.27	694		
				13.8.27	681		
	50銭	10銭		13.8.30	889		
	40銭	8銭		13.8.30	852		
1893.1.28（再版）	70銭	15銭	ニノ乛モ	13.8.27	667		帳簿紙片あり
1893.3.25（3版）	70銭	15銭	ソ十号	13.9.1	1012		
1894.5.13	50銭	4銭	ロ十号	14.10.3	227		
1901.10.10（再版）				13.8.27	678		
1902.11.25（3版）	70銭	15銭		13.8.27	705		
1901.9.15				13.8.27	719		
1908.10.26（10版）	70銭	15銭	大正二ヘ三十号 二冊	15.10.3			
1909.4.28（7版）	70銭	15銭	二冊大正二、三十号	15.9.30			
	1円20銭	20銭	大三、五十号	15.9.27			
	60銭		メ四十四、八号				帳簿紙片あり
1894.1.2	50銭	10銭	二冊レ廿五号	13.8.30	883		
	50銭	10銭		13.8.27	733		
1901.9.25（3版）	50銭	7銭	タ廿三号	13.8.27	688		
1896.12.25（3版）				13.8.27	664		
1898.3（6版）			二冊カ三十五号	13.8.30	890		帳簿紙片あり
1899.9.11（8版）			二冊カ三十五号				帳簿紙片あり
1903.12.28	2円50銭	25（20）銭	ラ四十号	15.3.5	518		
1893.3.6			二冊ヨ二十五号	13.8.27	676		帳簿紙片あり
1893.3.6				13.8.27	668		
			メ四十一、三十号				
1897.2.22							
1897.5.18	70銭	15銭		13.8.30	899		
1897.7.25	70銭	15銭	三冊レ三十号	13.8.30	847		
1897.12.15	70銭	15銭	二冊ラ廿号	13.8.27	746		
1898.4.1	50銭	15銭		13.8.27	769		
	60銭	10銭	ヲ十七号	13.8.27	670		
1900.11.28			ヨ十八号				
1896.2.5	50銭	6銭		15.9.21			
	50銭	7銭		15.10.31			

	請求記号	書名	著編者	発行元
415	W933.6/ｱﾔ/辻家貸本	怪の物	黒岩涙香（訳）	扶桑堂
416	W933.6/ｹﾂ/辻家貸本	決闘の果	黒岩涙香（記述）	大川屋書店
417	W933.6/ｺﾞｳ/辻家貸本	郷土柳子の話	黒岩涙香（訳）	扶桑堂
418	W933.6/ｻﾝ-1/辻家貸本	探偵文庫／三人探偵	丸亭素人（訳）	今古堂書店
419	W933.6/ｻﾝ-2/辻家貸本	探偵文庫／三人探偵　後編	丸亭素人（訳）	今古堂書店
420	W933.6/ｽﾃ-1/辻家貸本	捨子舟　上編	黒岩涙香（訳）	扶桑堂
421	W933.6/ｽﾃ-2/辻家貸本	捨子舟　中編	黒岩涙香（訳）	扶桑堂
422	W933.6/ｽﾃ-3/辻家貸本	捨子舟　下編	黒岩涙香（訳）	扶桑堂
423	W933.6/ｾｲ/辻家貸本	探偵文庫／生殺自在	丸亭素人（訳）	
424	W933.6/ｿﾉ/辻家貸本	探偵文庫／其囚人	丸亭素人（訳）	
425	W933.6/ﾋｼ/辻家貸本	非小説	黒岩涙香（訳述）	扶桑堂
426	W933.6/ﾋﾞｼ/辻家貸本	美少年	黒岩涙香（訳）	扶桑堂
427	W933.6/ﾌｼ/辻家貸本	不思議	水田南陽（訳）	扶桑堂
428	W933.6/ﾕｳ-1/辻家貸本	幽霊塔　前編	野田良吉(訳)・黒岩涙香(閲)	扶桑堂
429	W933.6/ﾕｳ-2/辻家貸本	幽霊塔　後編	野田良吉(訳)・黒岩涙香(閲)	扶桑堂
430	W933.6/ﾕｳ-3/辻家貸本	幽霊塔　続編	野田良吉(訳)・黒岩涙香(閲)	扶桑堂
431	W953.6/ｱｱ-1/辻家貸本	噫無常　前編	黒岩涙香（訳）	扶桑堂
432	W953.6/ｱｱ-2/辻家貸本	噫無常　後編	黒岩涙香（訳）	扶桑堂
433	W953.6/ｲｴ/辻家貸本	家なき児　前編	菊池幽芳（訳）	
434	W953.6/ｷﾖ/辻家貸本	巨魁来	黒岩涙香（訳）	
435	W953.6/ｹﾂ-1/辻家貸本	革命史譚／血痕録　前編	丸亭素人（訳）	今古堂書店
436	W953.6/ｹﾂ-2/辻家貸本	革命史譚／血痕録　後編	丸亭素人（訳）	今古堂書店
437	W953.6/ｺｺ/辻家貸本	心と心	黒岩涙香（訳）	扶桑堂
438	W953.6/ｻﾞﾝ/辻家貸本	惨毒	丸亭素人（訳）	今古堂書店
439	W953.6/ｼﾋﾞ-1/辻家貸本	死美人　初編	黒岩涙香（訳）	扶桑堂
440	W953.6/ｼﾋﾞ-2/辻家貸本	死美人　後編	黒岩涙香（訳）	扶桑堂
441	W953.6/ｼﾖ/辻家貸本	鐘楼守	尾崎紅葉（訳）	早稲田大学出版部
442	W953.6/ﾀﾞｲ-1/辻家貸本	大疑獄　前編	丸亭素人（訳）	今古堂書店
443	W953.6/ﾀﾞｲ-2/辻家貸本	大疑獄　後編	丸亭素人（訳）	今古堂書店
444	W953.6/ﾂﾊﾞ/辻家貸本	椿姫	長田秋濤（訳）	
445	W953.6/ﾆﾝ-1/辻家貸本	人外境	黒岩涙香（訳）	扶桑堂
446	W953.6/ﾆﾝ-2/辻家貸本	人外境　中編	黒岩涙香（訳）	扶桑堂
447	W953.6/ﾆﾝ-3/辻家貸本	人外境　下編	黒岩涙香（訳）	扶桑堂
448	W953.6/ﾌﾞｼ-1/辻家貸本	武士道　上編	黒岩涙香（訳）	扶桑堂
449	W953.6/ﾌﾞｼ-2/辻家貸本	武士道　後編	黒岩涙香（訳）	扶桑堂
450	W953.6/ﾕｳ/辻家貸本	有罪無罪	黒岩涙香（訳）	大川屋書店
451	架蔵	小説／兄の仇	藐姑射	駸々堂
452	架蔵	怪談／雨夜の星	柳菊小史	菅谷与吉
453	架蔵	片鬢	尾崎紅葉・小栗風葉	

刊年	保証金	見料	符牒	消毒承認日	番号	売価	備考
1890.2.17	60銭	15（10）銭	メ三十三、 廿二号ワカ又	13.8.30	581		帳簿紙片あり
1903.8.15			ツ十一号	13.8.26	581		
	25銭			13.9.1	1017		
1900.8.5（再版）			カ二十五号	13.9.1	1015		
1900.9.20（12版） 1898.11.15（7版）	1円	16銭	メ四十、ㄱモ号 大五、ㄱモ号	15.9.20			合冊
	50銭	7銭					
1895.10.2（14版） 1895.12.2（3版）			ヲㄱモ ヨ十四号				
1901.1.27（14版）	2円	35銭		15.3.5	511		

	請求記号	書名	著編者	発行元
454	架蔵	片手美人	黒岩涙香（訳）	大川錠吉
455	架蔵	奥平源八郎／浄瑠璃坂大仇討	玉田玉秀斎（講演）	中川玉成堂
456	架蔵	関原誉凱歌	桜庭居士（著）・河竹新七（校）	
457	架蔵	小説／大暗殺	稲岡奴之助	駸々堂
458	架蔵	当世五人男　前編 当世五人男　後編	村上浪六	青木嵩山堂
459	架蔵	迷子札	翁家さん馬（口演）	
460	架蔵	三日月 後の三日月	村上浪六	春陽堂
461	架蔵	小説／寄生木	徳冨蘆花	警醒社書店

終章

本書では、丁子屋平兵衛・大島屋伝右衛門・大川屋錠吉ら貸本問屋がどのような書籍を、いかにして出版・流通させていたかという実態解明に加えて、蔵書内容をはじめとする近世・近代における貸本屋の具体的な営業の様相を明らかにすることを試みた。

第一部「貸本問屋の史的展開」では、まず文化年間に江戸・大坂において成立した貸本屋組合のうち、江戸貸本屋組合が後の貸本問屋という業態の誕生にも影響を及ぼしたことを指摘した（第一章）。そうした影響の様子を体現した存在として、江戸貸本屋組合の世話役であった丁子屋平兵衛があげられる。三代続いた歴代平兵衛のうち、初代平兵衛は貸本屋・版元としての丁子屋の土台を築き上げ、続く二代目は実兄である大坂屋半蔵を介して曲亭馬琴との距離を縮めていき、その著作を刊行するなかで丁子屋を全盛期へと導いた。貸本屋組合の世話役から版元、そして貸本問屋へという丁子屋の発展には、江戸貸本屋組合内、すなわち江戸市中の貸本屋に向けられた販路の利用があったと考えられる（第二章）。

丁子屋が確立したといってもよい貸本問屋という業態は、大島屋伝右衛門へと波及した。丁子屋と同様に貸本屋から版元、そして貸本問屋となり三代続いた大島屋は、滑稽本や人情本をはじめとする中本の出版および求版に力を入れ、それらを明治期まで印行していた（第三章）。また、大島屋は丁子屋や上方の河内屋茂兵衛らの助力を得ながら、全国的な書籍流通網を形成していたが、それだけでなく貸本屋である池田屋清吉のほか、池田屋利三郎・池田屋幸吉ら池田屋一統とも称すべき者たちとの間で、独自の流通網を築き上げていた（第四章）。

三代目大島屋伝右衛門と同じく、浅倉屋久兵衛のもとで奉公していた大川屋錠吉もまた、丁子屋や大島屋のように、貸本屋から版元、そして貸本問屋へと発展した。大川屋は明治二十七〜二十八年ごろまで貸本業を続けながら、並行して書籍の出版・取次・販売を開始していた。貸本屋・版元（あるいは貸本問屋）という書籍を供給される側・供給する側の二つの視点を持ちあわせていた大川屋は、日々刻々と変わりゆく世のなかで、どのような書籍に需要があるかをいち早く察知し、それらを供給することができた（第五章）。また大川屋は、貸本問屋に加えて赤本屋としての一面をも持っていた。大川屋は書籍、特に明治期の赤本を新たに開版するのではなく、ほかの書肆から求版し、それらを書肆だけでなく絵草紙屋にまで至る広域的な流通網に乗せていた。この流通網は、大川屋によって一から築き上げられたものではなく、近世から続く地本の流通網を継承したものであった（第六章）。

これまでみてきたように、丁子屋・大島屋・大川屋ら三者は、いずれも貸本屋から版元、版元から貸本問屋という段階を経ている。丁子屋と大島屋についてはわかっていないものの、少なくとも大川屋は書籍の出版・取次・販売を開始してからも、しばらくの間は貸本業を継続していた。貸本問屋という業態には、その時々でどのような書籍が貸本をとおして読まれているのか、あるいは読まれていたのかを、貸本屋として直接見聞きした経験が活かされている。また、三者はそれぞれ広域的な流通網を保持しており、そこへ娯楽的書籍を乗せている様子も明らかとなった。さらに大島屋は、明治期に至るまで変わることなく中本を世に送り出していた。貸本問屋に注目することで、近世・近代という時代区分に囚われない、娯楽的書籍の受容の様相をも窺い知ることができるのである。

第二部「貸本問屋の出版書目」では、大島屋・丁子屋・大川屋ら貸本問屋が、出版・蔵版・求版した書籍を年代順に配し、彼らの出版活動の変遷を明らかにした。大部にわたるため、具体例を取り上げはしないものの、それぞれが貸本向けの娯楽的書籍を豊富に取り扱っていたことは一目瞭然である。ここで注目しておきたいのは、そうした書籍のなかに、求版されたものが多くみられる点と、時折実用的な内容のものが紛れている点である。各々が書籍を求版している様子は各書から読み取れるが、とりわけその数が多いのは大川屋である。明治二十年以降の書籍は、その大半が求版されたものといってよい。娯楽的書籍に限らず、書籍の出版は投機性を孕んでいる。そうしたリスクを回避するためにも、すでに出版され、ある程度売れている書籍を求版していたのであろう。実用的な内容のものも、そうしたリスクとの関係が考えられるが、それだけでなく本替による同業者との取引用としても重宝されたに違いない。安定した収入をもたらすだけでなく、取引を充実させることのできる手堅い商品として、実用的な書籍も出版、あるいは求版していたのである。

第三部「貸本文化の変容とその諸相」では、まず架蔵する『真情春雨衣』初編下巻に裏打ちされていた記録（当座帳）から、貸本屋小林某の万延二年（一八六一）ごろの蔵書内容と見料とを具体的に示した。また、同じく架蔵する『吾妻みやげ』に裏打ちされていた記録から、大坂天満で営業していた春日堂播磨屋伊三郎の貸本営業に加え、文房具・小間物・浮世絵をも商っていた様子を浮かび上がらせた（第一章）。

次に、第一部第四章「大島屋伝右衛門と池田屋一統――売薬「処女香」を端緒として」でも取り上げた貸本屋池田屋清吉の実態を貸本屋旧蔵書に貼付された記録などから浮かび上がらせた。架蔵する『大岡政談村井長庵調合机』に貼り込まれていた記録類や摺物により、池田屋の明治十年代の蔵書内容や貸本営業の様子、また日々の生活の様子をも明らかにした。蔵書内容や貸本営業の様子からは、明治十年代にも近世期の書籍がまだ受容されていたことがわかった（第二章）。

そして、石川県立図書館辻家貸本文庫や架蔵する書籍の分析をとおして、貸本屋兼古本屋の春田書店の蔵書内容や貸本業・古本業の実態を明らかにするなかで、同地における書籍受容の様相を明らかにした。石川県立図書館辻家貸本文庫は、かつて明治から大正にかけての間、金沢市尾張町で営業していた春田書店の旧蔵書の一部であった。同文庫の書籍にみられる摺物や符牒等を精査するなかで、春田書店の貸本屋、また古本屋としての営業の様子に加え、金沢という地で同書店が書籍の流通・受容の一端を担うとともに、娯楽と教育を根底で支えていたことが明らかとなった（第三章）。

このように、第一部および第二部により、丁子屋平兵衛・大島屋伝右衛門・大川屋錠吉ら貸本問屋の活動や書籍流通の様相に加えて、彼らが出版した具体的な書目を知り得ることができた。これにより、貸本問屋がどのような書籍を、いかにして流通させていたのか、その一端が明らかとなった。書籍の出版・流通をはじめとする貸本問屋の業態に迫ることができたのは、本書の一つの到達点である。また、第三部では幕末から明治・大正期までの貸本屋の具体的な蔵書内容や営業の様子を浮かび上がらせた。以上の三部をとおして、「貸本問屋→貸本屋→読者」という貸本問屋を起点する娯楽的書籍の出版・流通・受容の流れを捉えられることができた。

本書が今後の出版文化史・貸本文化史研究のさらなる発展に寄与することを願ってやまない。

あとがき

本書は二〇二一年度に中央大学へ提出した博士学位論文「貸本問屋の研究」をもとに、その後の調査・研究で得られた成果を加え、加筆・修正したものである。各論の初出は次のとおり。

序　章　博士学位論文「貸本問屋の研究」（中央大学、二〇二二年三月）所収のものを加筆・修正

第一部　貸本問屋の史的展開

第一章　江戸・大坂における貸本屋組合の成立
『近世文芸』第一一八号（日本近世文学会、二〇二三年七月）

第二章　丁子屋平兵衛の躍進——貸本屋世話役から貸本問屋へ
博士学位論文「貸本問屋の研究」（中央大学、二〇二二年三月）

第三章　中本受容と大島屋伝右衛門
『近世文芸』第一〇九号（日本近世文学会、二〇一九年一月）

第四章　大島屋伝右衛門と池田屋一統——売薬「処女香」を端緒として
『出版研究』第五十号（日本出版学会、二〇二〇年三月）
第五章　黎明期の初代大川屋錠吉
『文学・語学』第二三〇号（全国大学国語国文学会、二〇二〇年十二月）
第六章　赤本屋としての初代大川屋錠吉
『日本文学研究ジャーナル』第二十六号（古典ライブラリー、二〇二三年六月）

第二部　貸本問屋の出版書目
第一章　丁子屋平兵衛出版書目年表稿
博士学位論文「貸本問屋の研究」（中央大学、二〇二三年三月）
第二章　大島屋伝右衛門出版書目年表稿
『書物・出版と社会変容』第二十一号（「書物・出版と社会変容」研究会、二〇一八年十月）
第三章　初代大川屋錠吉出版書目年表稿
博士学位論文「貸本問屋の研究」（中央大学、二〇二三年三月）

第三部　貸本文化の変容とその諸相
第一章　貸本屋の諸相
博士学位論文「貸本問屋の研究」（中央大学、二〇二三年三月）
第二章　誠光堂池田屋清吉の片影

『中央大学国文』第六十号（中央大学国文学会、二〇一七年三月）

第三章　近代金沢における書籍受容と春田書店

『中央大学国文』第六十三号（中央大学国文学会、二〇二〇年三月）

終　章　書き下ろし

大学二年生となった二〇一三年、東京古書会館や南部古書会館で開催されている古書即売展へ通うようになった。図書館とは異なり、書籍が乱雑に置かれた古書即売展は、まるで宝探しをするようで楽しく、すぐにその虜となった。中野三敏氏や林望氏の著作をとおして、書籍そのものが持つ魅力を知り、初めて和本を買い求めたのもその年の夏だった。最初に購入した和本は、『諸国名物往来』（文政七年〈一八二四〉刊）と細川並輔著『消息往来大全』（弘化二年〈一八四五〉刊）の二冊。ありふれた往来物だが、モノとしての書籍、とりわけ和本という存在は、当時の私の知的好奇心を大いに刺激した。こうして古書即売展での和本収集は、次第に日常に欠かすことのできないものへとなっていった。しかしながら、学生の身では懐事情も厳しく、手が届くのはせいぜい一〇〇〇円から二〇〇〇円程度の雑本ばかり。だが、雑本といえども和本は和本。何かを集める趣味とは無縁だった生活、そして何よりその後の人生が、和本との出会いによって大きく変わることとなる。

二〇一四年の秋、ご縁があり国文学研究資料館の青田寿美先生のもとで働き始めた。蔵書印データベースのレコード作成や、それに伴う資料の撮影が主な業務であり、和本の収集を始めていた当時においては、まさに天職ともいえる仕事だった。その後も資料整理等補助員、プロジェクト研究員、リサーチアシスタントと役職を変えながら、二〇二二年三月までこの業務に携わることとなる。青田先生からは、印文の読み方やそのコツをご教授いただいただけでなく、アドミュージアム東京や静岡大学附属図書館での文献調査にもお誘いいただいた。さらには、日本学術振興会特別研究員PDとして受け入れてくださるなど、研究活動への温かいご支援を賜った。近郊で研究発表があれば足を運んでくださり、論文をお渡しすればいつも丁寧なコメントをくださる先生の存在が、どれだけ励みとなったかは言葉に尽くせない。

卒業論文では、田にし金魚の洒落本『契情買虎之巻』（安永七年〈一七七八〉刊）を題材に選び、その人気の要因や読者層、さらには派生作品について考察した。執筆する上で障害となったのは、『鳳凰染五三桐山』をはじめとする派生作の所蔵の少なさである。そこで派生作の一つ『五山桐山嗣編』で論文を書かれていた鈴木圭一先生に、架蔵される『契情買虎之巻』関連の書籍を調査させていただきたいと手紙でお願いしたところ、快くお引き受けくださった。先生は当時私が通っていた国学院大学までわざわざ来てくださり、自由に閲覧させてくださった。また大学院進学後には、先生のご自宅を訪問し、ご蔵書を全て見せていただく機会にも恵まれた。自身の研究のために、和本をはじめとする書籍を文字どおり家が埋め尽くされるほど集める情熱、そしてそれらを惜しげもなく後身にみせてくださる先生の姿勢は、研究者としての私の指針となっている。

卒業論文の構想中、書籍の受容をどのように論じるべきか悩んでいた私は、古書即売展で鈴木俊幸先生の『江戸の読書熱』（平凡社、二〇〇七年）と出会った。「書籍の存在を規定するのはそれを手にする享受者である。世に認知されない書籍は存在していないに等しく、あらゆる書籍はそれを享受する人間がいてはじめてその存在と意義とを主張しうる」と始まる本書は、卒業論文執筆時のみならず、今に至るまで私の思考や研究に影響を与え続けている。先生が発行されていた雑誌『書籍文化史』について手紙でお問い合わせしたのは、『書籍流通史料論序説』（勉誠出版、二〇一二年）などの著作も読んだころだったであろうか。後日ご厚意でお送りいただいた雑誌を読んでいたころはまだ、まさか自分が中央大学大学院へ進学することになろうとは夢にも思わなかった。先生のもとで学び、その大きな背中に追いつこうと懸命に走り続けていたからこそ、こうして本書を刊行することができたのであり、現在がある。

ここでお名前をあげた青田寿美先生、鈴木圭一先生、鈴木俊幸先生だけでなく、これまで多くの方々と出会い、ご支援・ご協力を賜ってきた。学部で指導をしてくださった岡田哲先生と中村正明先生、初めての口頭発表の場でもある「書物・出版と社会変容」研究会でお世話になった若尾政希先生、鈴木俊幸先生がサバティカルだった一年間、大学院での授業を担当されて以降、何かと気にかけてくださった井上泰至先生、日本近世文学会での口頭発表で司会を担当してくださって以降、お世話になっている木越俊介先生、博士論文の副査をしてくださった中川照将先生と山田俊治先生、所属先である国文学研究資料館の先生方など、あげればきりがない。

和本との出会いがなければ、大学院へ進学することも、こうした方々と出会うことも、現在まで研究を続けていることもなかったであろう。私の人生を大きく変えた和本との出会いに、またこれまで出会った全ての方々に、そして大学院への進学に反対することもなく、温かく見守ってくれた両親、いつも傍らで支えてくれた妻に心からの感謝を捧げたい。

最後に本書の刊行を引き受けてくださった勉誠社ならびに編集を担当された同社の吉田祐輔氏に御礼申し上げます。

二〇二四年十一月

松永瑠成

附記　本書への図版の掲載を許可してくださった所蔵機関にお礼申し上げます。また本書の出版は、日本学術振興会研究成果公開促進費（学術図書）の助成を受けたものである（課題番号　24HP5033）。

古筆見の仕事
真偽の先にあるもの〔書物学　第26巻〕

「古筆見」と「古筆家」はいかに成立・展開していったのか。鑑定書や鑑定印にはどのような種類があるのか。古筆見・古筆家の営為や文化史的意義を多角的に考察する。

編集部 編・本体二〇〇〇円（＋税）

100年くらい前の本づくり
近代日本の製本技術〔書物学　第24巻〕

近代初期洋装本の解体調査・書誌調査から見えてくる製本の裏側、過渡期の書物のあり様を具に検討することにより、日本における洋装本定着の端緒を明らかにする。

編集部 編・本体二〇〇〇円（＋税）

活字
近代日本を支えた小さな巨人たち〔書物学　第21巻〕

「活字」はどのようにその相貌をかえ、人びとの生活の中に息づいていったのか――。人びとと「活字」の紡いだ歴史を照らし出す。

編集部 編・本体一八〇〇円（＋税）

江戸の欲望／江戸という欲望
〔書物学　第9巻〕

今なお現代の憧憬をあつめる、遥かなる「江戸」――。われわれは一体そこに何を見ようとしているのか？　欲望が新たな世界像を作り出していく様相を明らかにする。

編集部 編・本体一五〇〇円（＋税）

江戸時代前期出版年表
〔万治元年～貞享五年〕

出版文化の華開いた万治元年から貞享五年の三十年間に刊行された出版物の総合年表。文学、歴史、出版史、書誌学、図書館学の研究者、図書館必備の一冊。

岡雅彦 編・本体三二〇〇〇円（＋税）

江戸時代初期出版年表
〔天正十九年～明暦四年〕
（オンデマンド版）

出版文化の黎明期、どのような本が刷られ、読まれていたのか。江戸文化を記憶し、今に伝える版本の情報を網羅掲載。広大な江戸出版の様相を知る。

岡雅彦 ほか編・本体二五〇〇〇円（＋税）

元禄・正徳 板元別出版書総覧

元禄九年から正徳五年に流通していた七四〇〇に及ぶ出版物を、四八〇以上の板元ごとに分類し、ジャンル別に網羅掲載。諸分野に有用な基礎資料。

市古夏生 編・本体一五〇〇〇円（＋税）

近世・近代初期書籍研究文献目録

前近代から近代初期における書物・出版に関わる、のべ一四〇〇〇以上の研究文献を網羅的に分類・整理。日本文化史・思想史研究必備の書。

鈴木俊幸 編・本体八〇〇〇円（＋税）

近世後期江戸小説論攷

山東京伝、石川雅望の作品を軸に、作品の背後にある知的空間、それらを縦横無尽に駆使していった作者たちの営みを、作品そのものや、関連する資料から炙りだす。

山本和明 著・本体一〇〇〇〇円（＋税）

近世戯作の〈近代〉
継承と断絶の出版文化史（オンデマンド版）

社会の変容に出版をめぐる人びとはいかに対応したか。資料の博捜により移行期の出版文化のあり方を活写し、近世と近代における継承と断絶の諸相を明らかにする快著！

山本和明 著・本体九〇〇〇円（＋税）

幕末明治の社会変容と詩歌

幕末明治期、「詩」や「歌」は、いかなる政治的社会的役割を担ったのか。和歌や新体詩の展開を史的展開に位置づけ、社会的行為としての文芸の営みを描きだす。

青山英正 著・本体一〇〇〇〇円（＋税）

生産・流通・消費の近世史（オンデマンド版）

具体的なモノの移動に着目し、その生産・流通・消費の有様を把握。環境・資源・生態系との対話から産まれた技術や生業の複合性から近世の人々の生活を描き出す。

渡辺尚志 編・本体八〇〇〇円（＋税）

江戸時代の貸本屋
庶民の読書熱、馬琴の創作を支えた書物流通の拠点

長年にわたり諸資料を博捜してきた筆者が、江戸時代の貸本屋の展開、そして、書物と人びととのかかわりの諸相を描き出す書籍文化史論。

長友千代治 著・本体五〇〇〇円(+税)

江戸庶民の読書と学び
増補改訂版

当時の啓蒙書や教養書、版元・貸本屋の記録など、人びとの読書と学びの痕跡を残す諸資料の博捜により、日本近世における教養形成・書物流通の実情を描き出す。

長友千代治 著・本体四八〇〇円(+税)

江戸庶民のまじない集覧
創意工夫による生き方の智恵

江戸時代に出版・書写された資料を博捜、効能別に分類し、二四〇点以上の図版とともに紹介する「まじない」百科事典!

長友千代治 著・本体六〇〇〇円(+税)

江戸時代生活文化事典
重宝記が伝える江戸の智恵

学び・教養・文字・算数・農・工・商・礼法・服飾・俗信・年暦・医方・薬方・料理・食物等々、江戸時代に生きる人々の生活・思想を全面的に捉える決定版大事典。

長友千代治 編著・本体二八〇〇〇円(+税)

書物・印刷・本屋
日中韓をめぐる本の文化史

書物史研究を牽引する珠玉の執筆者三十五名による知見を集結、三九〇点を超える図版資料を収載した日中韓の知の世界を彩る書物文化を知るためのエンサイクロペディア。

藤本幸夫 編・本体一六〇〇〇円（＋税）

書籍文化史料論

チラシやハガキ、版権や価格、貸借に関する文書の断片など、人々の営為の痕跡から、日本の書籍文化の展開を鮮やかに浮かび上がらせた画期的史料論。

鈴木俊幸 著・本体一〇〇〇〇円（＋税）

書籍流通史料論 序説

貸本屋や絵草紙屋、小間物屋等の営業文書や蔵書書目・看板・仕入れ印など、書籍流通の実態を伝える諸史料を博捜。書籍文化史の動態を捉える。

鈴木俊幸 著・本体一〇〇〇〇円（＋税）

出版文化のなかの浮世絵

世界の第一線の論者に導かれ、伝存する作品や資料に残る痕跡から、かつて生活とともにあった「浮世絵」という多色刷りの文化遺産を時代の営みのなかに捉え返していく。

鈴木俊幸 編・本体三八〇〇円（＋税）

著者略歴

松永瑠成（まつなが・りゅうせい）

1994年、千葉県生まれ。国学院大学文学部日本文学科卒業。中央大学大学院文学研究科国文学専攻博士後期課程修了。博士（文学）。日本学術振興会特別研究員PDを経て、現在は国文学研究資料館研究部特任助教。専門は近世・近代日本における出版文化、および貸本文化に関する研究。

主な論文に「近代金沢における書籍受容と春田書店」（『中央大学国文』（63）、2020年）、「黎明期の初代大川屋錠吉」（『文学・語学』（230）、2020年）、「赤本屋としての初代大川屋錠吉」（『日本文学研究ジャーナル』（26）、2023年）、「江戸・大坂における貸本屋組合の成立」（『近世文芸』（118）、2023年）などがある。

貸本問屋と貸本文化
——娯楽的書籍の出版・流通・受容

（令和六年度日本学術振興会科学研究費補助金「研究成果公開促進費」助成出版）

著者　松永瑠成
発行者　吉田祐輔
発行所　㈱勉誠社
〒101-0061 東京都千代田区神田三崎町二―一八―四
電話　〇三―五二一五―九〇二一㈹

二〇二五年二月二十八日　初版発行

印刷製本　平河工業社

ISBN978-4-585-32063-0　C3021

索引

書名

凡例

本書第1部・第3部・終章に記載された書名(研究書を除く)を採録し、五十音順に配列した。原則として大正時代までのものを対象とし、角書きは省略している。別称や略称がある場合は、見出し語の後に[ ]で示した。

あ

か

さ

た

は

ま

や

人名・店名・社名

凡例

本書第1部・第3部・終章に記載された人名・店名・社名を採録し、五十音順に配列した。原則として大正時代までのものを対象とし、研究者は採録対象から除外した。別称や略称がある場合は、見出し語の後に[　]で示した。

た

な

や

ら

わ